독립운동으로 보는
근대인의 초상

지사와 혁명가와 여성들

독립운동으로 보는
근대인의 초상

지사와 혁명가와 여성들

김영범 지음

경인문화사

저자 서문

3.1운동 100주년 맞이쯤부터 독립운동사에 대한 시민적 관심과 애정이 분출하기 시작했다. 최근 몇 년 사이 우여곡절과 진통을 좀 겪기는 했어도 시민사회 저변에서는 독립운동의 기본정신을 확인하고 보듬어내려는 노력, 묻히고 잊혀가는 독립운동가를 한 분이라도 더 찾아내고 추념·기억하려는 기운이 고조되어 왔다. 참으로 다행이고 고무적인 일이다. 졸고들을 모아 엮어 이 책을 내는 것도 그런 기운을 받아서라고 감히 말하고 싶어진다.

학술적 근거를 확실하게 갖춘 독립운동가 전기나 인물론을 서책으로 써내 선보이고픈 생각이 진작 있었다. 다만, 한 편의 글이라도 더 담아서 내용을 확충하고픈 욕심에 기약 없이 출간이 자꾸 미루어졌다. 하지만 금년은 다르다. 광복 80주년 되는 해이니 비록 나만의 것일지라도 어떤 기념 표지가 있어야겠고, 더욱이 헌정질서 파괴의 내란 기도를 시민들의 힘으로 막아내고 물리쳐 그야말로 나라를 '다시 구해낸' 해가 아닌가. 그에 대한 응답도 책상물림의 것일지언정 내놓아야 하겠다 싶으니, 더는 미루지 않기로 했다.

지난 10여 년 어간에 발표했던 독립운동가 연구 논문들을 우선 추려서, 적절히 수량을 정하고 범위도 잡아보았다. 순서를 정하고 부를 만들어 구성해보니, 의열단의 민족운동, 개인 단독의 의열거사들, 무장독립운동과 광복군사운동, 진보적 민족혁명운동으로 물길과 흐름이 나뉘고 모인다. 전체적인 형상은 그러한데, 그 안의 모든 서사는 인물 중심으로 되어 있다. 그들 각인의 삶의 행로를, 또한 죽음까지도, 연결해보고 대비도 하면서 다시금 살펴보는 나의 눈에 '근대 한국인'의 다면적 초상들이 하나씩 들어와 박힘을 느낄 수 있었다. 그런 연유로 정해진 책제이고, 부제는 등장인물들의 범주적 특성에 맞게 붙여본 것이다. 식민지 체험과 그 상흔이 깊게 각인된 한국적 '근대'의 형성에 독립운동은 저대로 얼마만큼 관여하고 영향 미쳤는지를 계속 물어보고 탐구해야 함이 맞다면, 한국적 '근대인'의 어떤 전형성이 구축되고 표출되는 데도 독립운동에의 투신·참여 경험이 상당 정도 연관·투영되었을 것이라는 가설도 충분히 성립할 것이다.

이 책에 담기는 인물 군상이 각 장의 표제에 명기되는 주인공들로만 한정되지는 않는다. 생애 경로에서 그와 직접 관계 맺었거나 시·공간적 맥락상의 간접적 관계망 속에 들어서 있던 수많은 이름이 같이 등장한다. 그들 관계의 성격도 하나로 고정되지 않고 각양각색이다. 신뢰와 협력, 친교와 연대, 동반과 애정만 아니라, 불신과 알력, 갈등과 불화, 배신과 결별 등의 방향에서도 다양한 모습들이 복잡하게 연출된다. '적과 동지'의 이분법으로만 구분할 수 없이 애매한 경우도 많다.

독립운동가 역시 사람이고, 독립운동도 사람이 하는 일이었다. 거기에는 공적 대의명분만 아니라 개인 품성과 세계관, 사적 욕망과 이해관계, 구조적 압력과 주체적 결정, 운명의 주박과 우연한 조우, 의도적 지모와 부지 중 실책... 그 모든 것이 함께 녹아들어 있기 마련이었다. 활동 공적으로만 아니라 인간상 자체로 우리를 매료시킬 인물이 적지 않지만, 생존 유지에 유독 연연하거나 자기 이익에만 매몰되어 결국은 누추·비루한 모습을 드러낼 인물도 섞이어 같이 움직이고들 있었다. 때문에 독립운동 스토리를 탐사해 들여다보노라면, 가슴 아프고 실망스럽고 화가 치미는 장면들과 마주침도 부지기수이다. 그렇다고 그것들을 그저 피해만 가거나 덮어둘 수만은 없다. 설령 '흑역사'가 될 만큼의 치부일지라도 사실대로 엄정하게 밝혀서, 후대에도 그 앎이 공유되고 같이들 성찰도 해볼 수 있어야 하는 것이다. 그것이 '역사'의 진짜 효용이지 않은가? 그래서 역사는 준엄하고 기록의 힘이 위대한 것 아니던가?

이 책도 그런 의미로의 도움이 얼마간이라도 될 바 있다면 참 좋겠다는 생각이다. 그보다 좀 더 큰 소망이라면, 선열들의 드높았던 의기와 웅장했던 포부가 오늘 여기서도 되살려 전승되면서 앞날의 민족공동체적 삶의 푯대 세우기에 적절히 참조도 되었으면 하는 것이다. 이것은 독립운동사와 그 인물들의 이야기가 낡은 설화로만 치부되지는 않았으면 하는 바램과도 결을 같이한다.

학술적 논고였던 본래의 글들을 옮겨 실으면서 완전히 해체-재구성하여 편하게 읽힐 독서물로 변환시켜내지는 못하였다. 수다한 문헌주와 설명주도 보기에 번잡하겠지만 그대로 둔다. 다만, 한자(어) 노출을 최소화하고, 부·장·절의 제목들을 가급적 많이 친숙한 어휘들로 표현해보았다. 실리는 모든 글을 꼼꼼히 손보면서 기발표 이후로 새로 얻은 정보를 죄다 반영시켜 수정과 보완을 기하기도 했다. 목차를 정하고 편제를 끝내고야 발견되는 사실 하나 — 각 장의 주제 인물이 예외 없이 영남지역 출신으로 국한되고 있다는 것이다. 일부러 그리하려 했음이 결코 아닌데도 결과적으로 그리되고 말았다. 저자의 그동안 공부에서 시야의 폭이 그만큼 좁았고 연고지의 수요로부터 그다지 자유롭지도 못했던 것이 아닌가 하는 자책으로 마음이 무겁다. 그래도 내심에는 현재의 이 지역(출신) 사람들에게 경종 비슷한 소리를 계속해서 들려주고픈 마음이 진하게 있어왔지 싶다. 보시라, 오늘의 그대들과는 무척이나 다른 면모, 다른 성향이던 이들이 바로 여기서 태어나 이렇게 살아갔음을. 아무튼 강호 제현의 넓은 이해 있기만을 빈다.

15년 전의 졸저 『혁명과 의열』에 이어 경인문화사와 또 인연 맺고 신세를 진다. 한정희 대표님의 도량 큰 후의에 깊이 감사하며, 양은경 과장님을 비롯한 편집실 여러분의 정성과 노고에도 사의를 표한다. 혹시라도 내용·표현상의 오류가 있다면 전적으로 저자의 책임 사안이다. 아무쪼록 독자들의 마음에 가닿고 감흥 일으킬 바 조금이라도 있는 책이 되기를 바랄 뿐이다.

역사로 새겨질 2025년 격동의 4월에
각산 아래 우거에서 김영범 적음

목 차

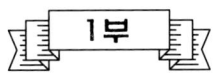

의열단의 이름으로, 그 정신으로

1장 의열단 산파에서 신간회 지도자로: 백민 황상규

시대와 인간	15
황상규의 출신 배경과 초년 이력	17
1910년대의 국내 항일결사 참여	22
만주에서: 무장독립운동 추진과 의열단 창립	27
서울에서: 의열단의 첫 국내거사 추진과 실패	34
다시 밀양에서: 지역사회운동과 항일기세 거양	47
신간회운동에 헌신	52
서거와 추모의 장면들	66
황상규의 인간상과 그 생애의 의미	69

2장 의열단운동의 서장을 열다: 박재혁의 부산의거

의열단원 박재혁	75
박재혁 의거의 주된 배경과 동인	76
부산이 의열단운동의 첫 거점이었음을 기억할 사	82

3장 망설임 하나 없이, 거침도 없이: 투탄의사 최수봉

밀양을 다시 들여다 본다	87
밀양경찰서 구내의 투탄폭발 사건	88

사건 배경: 최수봉의 성장과 뜻을 세워감	90
투탄거사 결의와 준비	105
재판과 순국, 그리고 여진	113
밀양경찰서 투탄의거의 진상과 역사적 의의	118

4장 시대의 불의에 온몸으로 맞서기: 의열단 부단장 이종암

'경북 의열단사건'과 이종암	125
전도유망 은행원이 항일투쟁의 장으로 뛰어들다	127
계속되는 항일의거 참여와 추동, 그리고 연이은 좌절	131
이종암이 겪는 막심한 고초와 비통한 최후, 그리고 유족의 신산한 삶	138
무엇이 기억되고 무엇이 사라지나	140

5장 의열단운동과 부산사람들

의열단운동 속의 부산을 찾아서	143
의열단운동의 전개와 확장, 그리고 시기별 특성	146
초기 의열단운동과 부산	154
의열단운동의 전기 국면과 부산사람들	163
중·후기 국면의 의열단운동과 부산사람들, 그 네트워크	170
의열단운동과 부산의 예사롭지 않은 관계	181

2부

마음과 뜻을 모아 줄기차게 광복으로

6장 저들을 도저히 용서할 수 없다: 장진홍의 용맹 의열

백주의 폭탄사건	189
곡절 많은 수사 끝의 장진홍 피체	190
장진홍은 누구이며, 거사 전에는 어떻게 살았는가	191

거사 추진 및 실행의 경위와 경과	195
대구의거 이후에 벌어진 일들과 후속 폭탄거사 추진	199
피체 후에도 계속된 항거와 재판 후의 자결	201
장진홍의 인생행로와 의거, 그 역사적 위치와 의미	203

7장 군자금을 만들고 독립전쟁을 준비하자: 박시목의 긴 호흡

'최후의 결전'으로 가는 발걸음	207
독립운동의 첫걸음 내딛기와 숨 고르기	209
독립운동의 저변 다지기와 새로운 출정	220
항일결전 준비의 극비공작 기획과 추진	225
항일결전 준비 공작의 중도 좌절과 결말	237
운명과 선택	244

8장 부부는 용감하였다: 민산 김교삼과 장수연의 합심 동행

선산이 낳은 근대인물의 반열에서	249
출생과 성장과 혼인관계	253
독립운동 장으로의 진입과 초기 활동	256
중국 항일전선에서의 활약	268
1946년 이후의 재북 정치활동과 그 종막	279
가문의 단단한 결속과 민족주의자의 길	290

9장 광복군사운동과 대구사람들

대구는 어떤 곳인가	295
배경 짚어보기와 전제	297
3.1운동과 무장독립운동의 관계	297
만주에서 무장독립운동에 참여한 대구사람들	303
대구 일원에서의 군자금 획득운동	307
중국 관내의 광복군사운동에 참여한 대구사람들	319
대구사람들의 광복군사운동 참여, 그 흐름과 특성	325

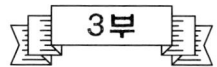

험난해도 가야 했다, 오롯이 나의 길을

10장 민족혁명으로의 전력투구: 현정건의 분투와 헌신의 일생

기억되지 못해 온 독립투사	333
출생과 성장	335
청년기의 상해시절 10년: 1910~1919	342
사회주의 민족운동가로 입신과 활동	351
민족혁명의 교두보 구축과 통일전선운동	360
독립운동의 기반 다지기 활동	366
피체와 옥고와 별세	371
신념에 찬 민족혁명운동의 행로와 그 기품	377

11장 기생에서 혁명가로 비상하노니: 현계옥의 자기해방의 길

문제적 근대여성, 현계옥	383
기생일 적에 얻은 사랑과 입신	386
1919년 이후의 새로운 삶과 행동	399
홀로서기와 그 후의 행로	419
해방과 자립으로의 끝없는 여정	424

12장 모럴과 모던 사이의 '또 다른 신여성': 윤덕경의 선택과 결단

나도 할 말이 있다	429
윤덕경의 생애와 특이 면모들	431
근친 참관자 현진건의 문사적 개입과 정리	444
윤덕경의 삶과 죽음의 숨은 함의들	455
상쟁하는 욕망과 '신여성 되기'의 두 갈래 길	465

찾아보기 • 469

의열단의 이름으로, 그 정신으로

1장
의열단 산파에서 신간회 지도자로:
백민 황상규

시대와 인간

　사람은 누구나 자기 시대의 풍파를 헤치며 살아가는 동안에 의식하든 못 하든 역사적 질곡과 구조적 제약 속에 놓인다. 개별 인간주체가 그것을 다 감당해 이겨내며 자기 의지와 선택만으로 살아간다는 것은 실현되기 지난한 욕심일 것이고, 그래서 운명론에 자주 압도되기도 하는 것이겠다. 그럼에도 주체적 인간이고자 하는 이들은 그런 질곡과 제약에 어떤 식으로든 도전하고 부딪쳐가며 개인적 인생목표를 추구하거나 집단적 과제를 짊어지고 분투한다. 그런 모습들을 종종의 역사적 리듬과 맥락 속에서 포착하고 가려내어 제대로 그려낸다면 그 인물연구는 나름의 울림이 있고 교훈도 주면서 성공작이 될 것이다.

　이런 관점에서 독립운동사의 한 부분 또는 고리가 될 독립운동가 연구도 고유의 의미를 갖는다. 또한 그런 의미에서, 학술저서, 평전, 단품 논문 등의 형태들로 독립운동가 연구물이 근래 들어 부쩍 늘어난 것은 고무적이다. 여러 기관의 데이터베이스 구축과 자료집 속간 등으로 정보원(情報源)이 확충되고 활용이 쉬워진 데서도 전보다 더 완성도 높고 신뢰 가는 작품들이 계속 만들어져 나와서 역사적 인물들에 대한 우리의 지식과 이해 증진에 보탬이 되어주기를 기대하게 된다.

그런 점들을 염두에 두면서 독립운동가 황상규(1890~1931)의 생애와 초상을 전면적으로 한 번 그려보고자 자료를 더듬고 선행논저들을 참고하여 이 글을 쓴다. 경북 안동과 나란히 '독립운동의 성지'로 일컬어지는 경남 밀양 출신으로, 그곳이 낳은 저명 독립운동가들의 정신적 기둥이었고 당대의 지역 청년지사들의 향도(嚮導)이며 멘토 역할을 해주던 이였음에도 그를 독립적으로 다루어 조명해본 연구물이 아직 없었다.

그리하여 황상규의 생애사 전체를 살펴보는 중에 새로운 사실이 포착·발굴되고 세부적 사건·일화들의 인과적 계기(繼起)에 대한 설명이 더 정연해진다면, 그의 역사적 위치 및 공적에 대한 재인식과 온당한 평가는 물론이려니와 초기 의열단사와 후기 신간회운동사에 대한 시야 확장과 이해의 심화도 상당 정도 기해내는 바 있을 것이라 본다. 그 작업은 황상규의 개인사에 집중하면서도 20세기 전반기의 밀양지역사와 '밀양 독립운동사'1 연구의 한 부분으로 포섭될 것이고, 부분적으로는 경남의 여러 인근지역 독립운동사와 관련되기도 할 것이다.

작업의 성격상 이 글에서는 관련 논저들에서 논급된 바 있거나 이미 알려진 얘기도 반복·재론되는 대목이 불가불 있을 수 있다. 실은 그런 얘기들을 유기적 연결성의 원리로 조립해가면서 제 의미를 드러내도록 하여, 단순 흥미 차원의 단편적 전설이나 소재주의적 담화로 그치지 않도록 함이 중요할 것이다. 기왕의 관련 지식이나 통설들에는 객관적 사실성 우선의 견지에서 짚고 넘어가지 않을 수 없는 오류나 오해와 더불어, 미처 못 채워낸 공백도 적잖이 들어있어 보인다. 그러므로 비판적 시각의 유지와 꼼꼼한 비교·검토가

---

1 그것의 전반적인 흐름과 주요 사실들은 강만길 편, 『밀양의 독립운동사』(밀양문화원, 2003)로 일차 정리되었고, 그 후 손정태 엮음, 『밀양의 항일독립운동가』(2014)와 최필숙, 『일제강점기 미리벌의 분노와 희망』(2017)에서 인물 중심의 새로운 서사를 얻어갔다. 두 책 다 (사)밀양독립운동사연구소에서 간행한 것이다.

자료독해에서부터 필요하다 싶고, 관련 선행논저들에 대해서도 마찬가지로 적용되어야 할 규준이다.[2]

기본적으로 이 글에서는 독립운동가 연구의 입장이 취해질 것이다. 그렇다고 황상규의 '독립운동' 사실들만을 공적서처럼 무미건조하게 배치 나열하지는 않으려 한다. 자료가 허용하는 한 삶의 사적 경로 부면에도 시선 주어 살피고, 가정사와 내면세계도 촘촘히 들여다보고 추찰할 것이다. 그리고 그의 인생행로 전체와 거기 얽혀들었던 안팎의 계기들 및 주·객관적 변수들이 조형해냈을 그만의 독특한 초상을 제대로 복원-재현시켜보려 한다. 서술 근거를 정확히 제시하고 논지를 충분히 부조하며 명료한 설명에 이르려다 보면 각주가 좀 번다하고 얘기가 길어질 수 있음도 미리 말해놓고 싶다.

황상규의 출신 배경과 초년 이력

황상규는 본관이 창녕이고,[3] 1890년[4] 4월 19일 경상도 밀양도호부의 관아 소재지인 노하동(현재는 경남 밀양시 내이동[5])에서 태어났다. 황문옥(黃文玉,

---

2 그래서 필자는 관련 논저를 참고하더라도 매 사안에 새로 접근하여 원자료로 확인하고 연구목표에 상관되는 새 사실들을 발굴하여 기존 성과의 수보(修補)도 요구되는 만큼 해가면서 나름의 구문법으로 서술하려 한다. 사안마다 선행논저를 의무일 듯 망라하여 각주에 열거함은 지나치게 번잡하고 분량만 늘리는 일이 되어버릴 것이기에 약하기로 하겠다.

3 2015년도의 전국 인구 총조사에서 창녕 황씨는 3,001명이었다.

4 호적상 생년은 1891년이다. 그러나 1890년생으로 추정되게끔 하는 기술들이 여러 1·2차 자료에서 보인다(일례로, 『조선일보』 1931.9.4, 「의열단 초대단장 황상규씨 별세」의 "향년 42세"). 1963년에 작성된 그의 「서훈공적 조서」에도 1890년생으로 기재되었고, 독립운동사편찬위원회, 『독립운동사』 제7권(1975), 316쪽에도 1890년으로 적혀있다. 이에 황상규의 실제 생년은 1890년이었을 것으로 필자는 본다.

5 1895년 밀양도호부는 대구부 밀양군이 되었다가 이듬해의 13도제 실시 때 경남 밀양군으로 바뀌었다. 내이동은 1914년 일제의 지방제도 개편 때 부내면 소속으로 처음 생긴 동명이고, 1918년경 부내면의 분할로 밀양면 내이동이 되었다. 밀양면은 1931년 밀양읍으로 승격되고, 1989년 밀양읍이 밀양군에서 분리되어 밀양시로 승격되었다가 1995년 밀양군도 밀양시로 통합되어 오늘에 이르고 있다.

1853~1927)과 김해 허씨 경순(許敬順, 1861년생) 슬하의 2남 3녀 중 장남으로였다.

호는 백민(白民)이고, 별명은 관운장(關雲長)이었다.[6] 백민은 '백의민족'의 준말 아니면 '헐벗은 민초'라는 뜻이었을 것이다. 1919년 만주 길림에서 활동할 때는 허택(許鐸)과 허옥(許鈺)을[7] 가명으로 썼다.

출생 시의 가정배경이 불명이긴 하나, 판결문의[8] 직업 표기가 '농업'인 것으로 보아 농민 집안이었음이 확실시된다. 1920년대 후반기의 여러 자료에서 그의 경제적 처지가 매우 곤궁하다고 말해지곤 했는데, 집안 형세가 원래 좀 빈한했던 데다 국외 망명과 옥살이로 10년 정도 집을 비워 돌보지 못한 때문이기도 했을 것이다.

그의 학업 이력도 명확하지는 않다. 하지만 대한제국 시기 혹은 경술국치 이후에 집성학교를 졸업했다는 일부 문헌의 서술은 분명 잘못된 것이다. 집성학교는 1920년에 밀양향교의 보수된 명륜당 건물에서 보통과 4년제로 개교했으므로, 황상규가 그 학교를 다녔을 리가 만무하다. 다만 1906년 3월 같은 건물에서 4년제 사립학교로 문을 열었다가 일제의 압박으로 1910년 11월경 폐교되어버린 진성학교(進成學校)의 뒤를 잇는다는 뜻이 그 교명에 담겨있

---

[6] '관운장'은 『삼국지』 속의 명장 관우의 자와 같은데, 한자 표기가 일부 문헌에서처럼 '關雲將'이 아니라 '關雲長'이었다. 이 별명은 황상규가 관우를 바로 연상시키는 풍모와 성품의 인물이었음을 말해주는 것이기도 하겠다.

[7] 『동아일보』(1920.7.30), 「폭발탄대의 대검거」; 경상북도경찰부, 『고등경찰요사』, 1934, 199쪽 참조. 『조선일보』(1920.7.30), 「의열단 폭탄사건」에는 이명이 "許각 혹은 許택"이라고 적혀 나왔고, 1949년 반민특위에 체포 기소된 김태석은 황상규의 가명이 '허택(許澤)'이었다고 진술했다(「4282년 특형 제5호, 김태석사건」, 『반민특위 재판기록』 9, 다락방, 1993, 199쪽). 이로써 황상규의 가명에서는 鐸의 발음이 '탁' 아닌 '택'이었고 그러기에 김태석도 한자표기를 '澤'으로 기억했으리라고 미루어 알 수 있다. 『조선일보』 기사의 한자 병기가 안 된 '許각'은 '鈺'이 '珏'으로 오기된 경찰의 수사발표문을 그대로 받아적은 기사 원고가 제대로 교정됨이 없이 그냥 인쇄로 넘겨졌기 때문이 아니었을까 한다.

[8] 「1921년 형공 제254~257호, 곽재기 외 14인 판결문」(경성지방법원, 1921.6.21). 앞으로 이 판결문을 인용할 시는 전거의 정확성을 기하고 독자의 대조 편의도 돕기 위해 독립운동사편찬위원회, 『독립운동사 자료집』 제11집(1976)에 실린 역문의 쪽수를 명기토록 하겠다.

었다고 하니,[9] 그가 '집성학교'를 다녔다는 것은 1906년 이후의 몇 년간 '진성학교'를 다닌 사실의 착오 기술일 것이다. 또 하나는 그가 동화학교에서 수학했다는 얘기인데,[10] 실증으로 확인되는 것은 아니다. 진성학교 재학 중이던 황상규가 1908년 6월 5일 중학과정으로 개교한[11] 동화학교에 나이와 지력(知力)이 감안되면서 입학했을 가능성이 다분하기는 하다.

이어서 1909년 10월에는 아래의 기사에서와 같이 그가 야학교사로 발탁되고 있었다.

> 密陽郡 城內 勞働夜學校는 上年 7月에 刱立흔 者인딕 現今 校費艱絀하야 敎授維續하더니 該郡 官憲 諸氏가 此를 目擊하고 一同 名譽敎授로 奮○하야 本月 25日에 敎科抽籤式을 擧行하눈딕 國語漢文에는 郡主事 李應憙씨오 日語에는 재판소 繙譯官補 李韓壽씨와 技手 表正淑씨오 算術에는 公立普通學校 訓導 盧百容씨와 郡主事 崔元植씨오 體操에는 <u>黃尙奎씨가</u> 分掌하여 熱心敎授하왼 生徒가 二百餘名에 達하야 諸氏의 義務는 人皆讚頌흔다더라.[12]

1908년 7월 밀양 읍내에 노동야학교가 개설되었는데, 교비 조달이 어려워 근근이 운영되고 있음에 군내 관리들이 명예교수 됨을 자원했고, 1909년

---

9   집성학교와 진성학교에 관한 이상의 서술은 이운성 편저, 『밀양향교지』(밀양향교지 간행위원회, 2004), 388-401쪽에 의함. 『대한매일신보』(1909. 4. 30), 「進校漸成」과 『황성신문』(1909. 5. 21), 「進校進就」에도 진성학교 관련 기사가 나온다.
10 일례로, 김후경, 『대한민국독립운동공훈사』(3판, 광복출판사, 1986), 1127쪽의 "가정이 빈한하여 서당과 동화학원에 다니었을 뿐, 주로 가정에서 독학 자습하였다."는 서술이 그렇다. 살아있을 때 그의 학력이 '독학'으로 표기된 적도 있다(『삼천리』제5호, 1930. 4, 「인물순례 제2편, 사회단체」).
11 『대한매일신보』1908. 9. 22, 「私立密陽路下洞同化學校趣旨書」에, "本洞에 民力으로 流獘矯구 次曾辦흘 財團이 壹校의 經費를 支응키 難ᄒ나 子弟의 교育과 ᄀ명의 進步를 人後에 至흘가 慮切ᄒ야 大小民人이 壹齊合心ᄒ야 該財團을 校物로 移屬ᄒ고 학校를 設立"했다고 하여, 노하동의 기존 민간재단[윤명화가 1990년대에 채록해둔 윤상선의 회고담에 의하면 동방서재(東方書齋)였던 것 같음]을 재원으로 하는 동화학교가 설립되었음을 알리면서 윤희용(尹熺瑢) 등 11인의 발기인 명단을 열거하고 교장 윤병연(尹秉淵) 외 교원 명단도 같이 밝혀 기재했다.
12 『황성신문』(1909. 10. 29), 「勞働夜學 名譽敎授」. 밑줄은 인용자의 것임.

10월에 담당교과 추첨 결과로 체조 과목을 황상규가 맡게 되었다는 것이다. 이 학교의 정식 명칭은 밀흥야학교(密興夜學校)이고, 김원봉의 부친 김주익(金周益)이 교장이었으며, 윤세주의 부친으로 그 무렵 대한제국 황궁의 시종(侍從) 벼슬을 했던 윤희규(尹熺奎)가 농우를 팔아 50원을 희사한 외에 유학(幼學) 전홍표(全鴻杓)가 20원 등으로, 밀양 유지 50여 명이 다투어 성금을 내고 있었다.[13]

위 기사에서 황상규는 유일하게 관직명 덧붙임 없이 이름만 들어졌다. 무관(無冠)의 그가 약관 20세에 관리들과 나란히 '명예교수' 직을 맡았으니, 그리 될 만한 이유가 분명 있었을 것이다. 그때 동화학교의 우등생이어서 추천된 것일 수 있고, 교장 김주익의 매제(妹弟)였음이[14] 결정적인 배경으로 작용했을 지도 모른다.

아마도 이 경력을 디딤돌로 하여 황상규는 군내 상동면의 고명학교(高明學校)와[15] 모교인 동화학교 교사로도 재직한 것 같다. 고명학교에서는 『동국사감(東國史鑑)』이라는 역사교재를 저술하여 가르쳤다 하며,[16] 동화학교는 전홍표 교장[17] 밑에서 김대지(金大地, 1891년생)와 함께였다.[18] 그리고 1910~11년경

---

13 『대한매일신보』(1909. 10. 9), 「廣告: 密陽郡密興夜學校趣旨書」.
14 이 관계의 성립에 대해서는 본장 말미에 서술할 것이다.
15 1909년 당시 밀양군 관내에 공립 1개교, 인가 사립 12개교가 있었고, 그중에 진성학교, 동화농업학교, 고명학교 등의 교명이 보인다. 고명학교는 직원 5명, 학생 25명 규모였다(『경남일보』1910. 1. 19, 「경상남도 각 사립학교」참조).
16 국가보훈처, 『독립유공자 공훈록』제8권, 1990, 269쪽. 이 얘기는 현채(玄采)가 1906년에 역술하여 간행한 중등교과서 『동국사략(東國史略)』과 관련 깊어 보인다. 1909년 3월 대한제국 학부가 '불인가' 발매금지하고 통감부가 출판법을 내세워 압수했던 그 책의 제호와 내용을 황상규가 약간 변용시킨 학습서가 아니었을까 하는 것이다.
17 광무연간(1897~1906)에 전홍표(1869년생)가 동화학교를 설립했다는 세간의 전설은 사실과 어긋난다. 여러 자료를 종합해보면, 사립 개창학교(開昌學校) 재직자이던(『황성신문』 1904. 9. 14, 「損貲增校」)의 "밀양 개창학교 전홍표씨가 본사이 寄函ᄒᆞ야…." 참조) 그가 1910년 이후에 제2대 교장 윤희영(尹熺榮)의 뒤를 이어 동화학교 교장으로 전임(轉任)한 것으로 판단된다.
18 줄리아 리(김주영), 『줄리아의 가족 순례기』, 레드우드, 2014, 46쪽 참조. 김주영은 김대지의 손녀이다.

동화학교 교사 시절의 제자가 최수봉(崔壽鳳)·김상윤(金相潤)·김원봉(이상 나이 순) 등이었다고 한다.

그가 '고명학원'과 '동화학원'을 설립, 또는 '전홍표로부터 인수'했다는 일부 문헌의 얘기는 그렇게 교사였던 사실이 과장 또는 와전된 결과일 것이다. 그 무렵의 연령도 그렇고, 조촐한 학력과 빈한한 가세 어느 것으로 보든지 신빙성 없는 풍문에 불과하다. 그가 마산의 창신학교를[19] 설립했다는 얘기도 마찬가지이다. 그 학교 교사로 재직했던 자산(自山) 안확(安廓)과[20] 함께 1916년 말 무렵부터 비밀결사 활동을 같이했음에[21] 연유하여 유포된 얘기일 것이다.

정리하면, 황상규는 1906년경부터 밀양의 진성학교를 다녔고, 그러다 1908년 동화학교가 개교하니 바로 전학했던 것 같다. 1909년에 밀홍야학교의 체조교사로 봉직함에 이어 고명학교의 교사가 되었다가 1910년부터 동화학교 교사로 약 1년간 재직했다고 말할 수 있다. 교사로서의 그의 활동은 민중계몽과 애국주의로 지향되고 있었음을 알 수 있고, 따라서 국망 직전의 마지막 구국계몽운동의 자장 안에 놓인 것이었다. 그의 교직 이력이 설립 운운으로 둔갑하면서까지 후대의 여러 문헌들에서 거듭 기술된 것은 의욕 넘치던 신진교육자로서의 그런 활동내역이 도드라져 보이면서 지역민들의 기억에 깊이 박히고 오래 구전되어 왔음을 보여주는 것이다.

교직경력 시작 전에 황상규는 내이동 중인 가계의 김해 김씨 내흡(來洽)의 3녀인 1890년생 김시악(金時岳)과 결혼하였다. 기독교도이던 그녀는 김주익의

---

[19] 창신학교는 1908년에 기독교 선교사들의 주도와 교단의 재정출연으로 세워진 학교였다(창신기독학원 편, 『창신 백년사』, 2008 참조). 그 초기 역사의 지면들에(창신중·공업고등학교 편, 『창신60년사』, 1969와 위의 『창신 백년사』) 황상규의 이름은 전혀 나오지 않는다.

[20] 안확에 대해서는 창신중·공업고등학교 편, 『창신 60년사』, 53쪽; 창신기독학원, 『창신 백년사』, 142-143쪽; 송성안, 「자산 안확과 마산」(『경남지역문제연구원 연구총서』 8, 2003); 정승철, 「자산 안확의 생애와 국어 연구」(『진단학보』 116호, 2012)가 참고 된다.

[21] 이에 대해서는 2장에서 후술할 것이다.

누이이자 김원봉의 고모였다. 황상규 부부의 장녀인 계수(桂秀)가 1909년 4월 생이었으므로, 늦어도 1908년 상반기에는 혼인해 있었다고 볼 수 있다. 이어서 1913년 1월에 장남 용암(龍岩)이, 1916년 7월에 차녀 기화(奇華)가, 1918년 9월에 차남 태철(泰徹)이, 그리고 출옥 1년 후인 1927년 12월에 3남 만용(晩容)이 태어났다. 평범하게 살았으면 단란한 가정을 이루기에 족했을 것이다.

1910년대의 국내 항일결사 참여

황상규가 신혼생활과 교사직을 영위하는 중이던 1910년에 '한일합병'으로 나라가 망하였다. 그로부터 몇 년 후 그는 독립운동 비밀결사 광복단의 단원이 되었다고 한다.[22] 멀리 소백산맥 아래의 경북 영주군 풍기에서 의병운동 경력자이고 연배도 한참 위인 채기중(蔡基中)·유창순(庾昌淳) 등의 발기로 1913년 초경에 결성된 광복단의 존재를 황상규가 어떻게 알고 접촉하여 가입까지 하게 되었는지의 경위는 알려지지 않는다. 뒤에 보겠지만 일합사(一合社) 활동을 매개로 어떤 연결고리가 생겼을지 모른다는 추측만 해볼 수 있을 뿐이다. 광복단 조직 내에서 그의 위치와 비중이 어떠했으며 수행한 역할은 무엇이었는지도 파악되지 않는다.

황상규가 1915년 8월 광복단을 모체로 하여 대구에서 새로 결성된 전국적 비밀결사 (대한)광복회의 총사령 박상진(朴尙鎭)의 '심복인'이었고 "박상진의 뜻

---

22 문일민의 『한국독립운동사』(애국동지원호회, 1956), 91쪽에 '黃相圭'가 광복단을 조직한 13인 중 1인으로 기명되어 있다. 그러나 조동걸은 황상규가 광복단 결성 이후에 가입한 것으로 보았고(『대한광복회의 결성과 그 선행조직』, 『한국민족주의의 성립과 독립운동사연구』, 지식산업사, 1989, 263쪽), 김희주도 견해를 같이했다(「일제하 대한광복단의 조직변천과 특질」, 『정신문화연구』 95, 2004, 156쪽). 김주영은 부친의 회고담을 근거로 조부 김대지가 황상규와 함께 1914년에 광복단에 가입했다고 기술하였다(김주영, 「푸른 얼」, 『장백산』, 1989년 5월호, 49쪽).

에 따라 열성적인 활동"을 했다는 말도[23] 있다. 이는 황상규가 광복회에도 당연지사이듯 가입하여 열성 조직원으로 활동하면서 그 최고지도자와도 밀접한 관계에 있었다고 함이다. 그 정도로 가까워진 내력이나 연유가 확인되지는 않지만, 양인이 형제처럼 같이 움직이는 사이였음을 보여주는 일화가 하나 있다. 해월 최시형의 아들이고 독립운동에 깊이 발을 들여놓기도 했던 최동희(崔東曦, 1890년생)의 질손(姪孫)되는 최정간(崔楨幹)의 문중사(門中史)적 서책에서 그것을 접할 수 있다.

그에 따르면, 1916년의 어느 봄날 최동희에게 친우 박중화(朴重華)가 전갈해오기를 경주사람 박상진과 밀양사람 황상규가 비밀리에 만나고 싶어 한다는 것이었다. 응낙하니 며칠 후에 두 사람이 서울 가회동의 최동희 집으로 와서 저택 뒤편의 정자로 안내되었다. 만나보니 황상규는 최동희와 동갑내기로, "두 눈의 이글거리는 불빛에서 항일의지를 느낄 수 있었다."고 한다.[24] 찾아온 이유는 최동희의 외숙부인 손병희(孫秉熙)의 행적에 대해 강력히 충고하기 위해서였다. 최동희는 그 충고를 고맙고 진지하게 경청했고, 그와 두 손님 사이에는 신뢰와 존중의 정이 생겨났다.[25] 그렇게 맺어진 우정으로 최동희는 그해 늦가을, 일본 고베(神戶)를 거쳐 중국 상해로 망명할 적에 서울을 떠나기에 앞서 일부러 기별해 만나보고 후일의 조국독립과 그 운동을 기약하는 지우(知友)들 중에 황상규도 포함시켰다.[26]

그 무렵 밀양에서 결성되어 점차로 전국적 조직으로의 확장을 꾀하던 비

---

23 채광식,『소봉 채기중선생 전기』, 상주: 소봉선생숭모회, 2001, 92쪽.
24 최정간,『해월 최시형가의 사람들』, 웅진출판, 1994, 165-166쪽.
25 꼭 그 충고 때문이었다고만 할 수는 없을지 모르지만 하여튼 최동희는 1916년 9월 손병희에게 천도교 내부 개혁, 시천교(侍天敎)와의 통합, 갑오(1894)년 혁명 때 산화한 영혼을 생각해 항일운동을 전개할 것 등을 건의했다. 그렇지만 건의는 받아들여지지 않았고, 이에 최동희는 손병희와 결별을 고하게 된다(최정간, 같은 책, 168-169쪽).
26 최정간, 같은 책, 178쪽. 이 사실은 1922년 3월 최동희가 서울 계동 자택에서 조카 최남주(崔南柱)와의 대화 중에 밝혀 말한 것이라 한다. 최남주는 저자 최정간의 부친이다.

밀결사가 하나 있었는데 일합사(一合社)가 그것이다. 이에 대해 윤치형(尹致衡, 1893년생)이 훗날 회고 기술한 바로는[27] "젊은 몇몇이 모여 조국독립을 위한 투쟁을 목표로 조직한 비밀결사"였고, '일합'이란 "조국독립을 위하여 청춘의 일편단심을 합한다"는 뜻이었다고 한다.[28] 그리고 "동지들은 주로 밀양사람 중심이었고 대구와 마산 등지의 동지들과도 서로 연락하여 기맥을 통해가면서 결속하고 있었다."고 한다. "이때 우리들의 나이는 20세 전후였다"고 한 데서, 윤치형의 생년을 기준으로 하면 결성 시점이 1913년 전후였다고 보는 것이 맞겠다. 하지만 흔히들 회고담이 그렇듯이 조금 앞당겨 표현된 것일 수 있고, 일합사 관련의 다른 객관적 자료에 비추어보면 1915년경이었을 것으로 추정된다. 계속되는 회고에서 윤치형이 "형식상 친목단체처럼 만들어놓고 항일투쟁의 때가 오기만을 기다리고 있었다."고 했다시피, 눈에 띌 활동은 없이 일종의 예비조직으로 유지되고 있었던 것 같다. 그러니까 그의 회고대로라면, 일합사는 마산-밀양-대구로 연계되는 청년 친목단체로 위장하고 결성되어 때를 기다리던 비밀결사이던 것이다.

일합사의 외연 확대와 활동 본격화는 1916년 말부터 시도된 것 같다. 일제의 수사보고 및 정보자료에 따르면,[29] 1891년 경남 동래군 기장면 태생인데 16세 때 밀양의 외가로[30] 이사해 있던 구영필은 1913년 4월경 서간도로 건너

---

27 윤치형, 「의열단 밀양폭탄사건 회고 (상)」, 『국제신보』 1962년 6월 26일자.

28 이와 달리 '일합'이란 1891년생 동갑으로 각자의 호를 일우(一又)·일몽(一夢)·일봉(一峰)으로 지어놓고 있던 구영필(具榮佖)·이수택(李壽澤)·김대지 3인이 언제까지나 합심·합력하자는 결의(結義)를 담아내는 표현이었을 것으로 보이는 면이 다분히 있다. 그 후에 계속되는 3인의 밀접한 행보를 볼 때 그렇다는 것이다. 그렇게 만들어진 일종의 동갑계가 점차로 인근의 다른 이들을 끌어들여 키워지면서 구영필이 전적으로 주도하는 비밀결사처럼 되어간 것일 수 있다.

29 「高警 제7396호, 國權回復ヲ標榜スル秘密結社發見處分ノ件」(평안남도 경무부장, 1918. 4. 8), 『不逞團關係雜件—朝鮮人의 部—在內地』 2; 「秘 號外(1918년 5월 31일조), 朝鮮人槪況 제2」(1919. 3. 16), 『不逞團關係雜件—朝鮮人의 部—在歐米』 7輯. 이 글에서 『不逞團關係雜件』은 모두 국사편찬위원회 한국사데이터베이스의 것이다.

30 누가 그의 외가 쪽 사람들이었는지에 대해서는 이성호, 『영고탑 가는 길』(동천문학사, 2015), 10쪽의 〈

가 여러 곳을 둘러보고 1915년 9월 귀국하였다.[31] 그리고는 1916년 12월경 밀양에서 김대지·황상규와 협의하여, 국권회복운동의 기반을 다지려면 국내외 동지를 규합하여 결사를 형성해야 한다는 데 뜻을 모으고, 결사체의 이름은 '합사'로 내정하였다.[32] 구영필은 김대지로 하여금 활동계획서인 「합사 진행책」을 기초토록 하여, 그것을 마산의 안확과 명도석(明道奭)에게 보여주고 설명하여 찬동 받았다고 한다.[33] 수사당국은 합사가 실업·군사·외교 부문의 광범위한 준비와 실력행사로 국권회복을 꾀하는 거대조직으로 구상된 것이고, 국외 독립운동자들과 연계됨에 의해 상당 정도 조직이 진전된 것 아닌가라고 의심했다.

이 일에 황상규가 구영필·김대지만큼 적극적으로 관여했는지는 분명치 않고, 이렇다저렇다 단언하기가 어렵다. 수사 발표대로라면 너무 거창해 실현 가능성이 미약해 보였을 그림에 그가 전폭적인 찬의를 표했는지도 알 수가 없다. 뒤에 가서 보겠지만[34] 구영필과이 사이에 악연(惡緣) 비슷하게 궂은일도 있게 되는 만치, 둘 사이는 본래 썩 원만치가 않았고 '일합'의 '3일로부터 황상규가 좀 따돌려지고 있었던 것도 같다. 그렇지만 일합사의 구상과 계획이 박상진이 품고 있던 '(독립)혁명' 계획과 상당 정도 부합하는 면은 있었다. 그래서

일우 구영필의 가계도>를 볼 것.

31 피살 직후 나온 보도기사에는 그가 1912년 동지 몇 사람과 같이 유하현 삼원포로 가서 1년 동안 활동하다 귀국하고 다시 3년 동안 무슨 계획을 하여 봉천성에 나갔다고 했다(『동아일보』 1926. 10. 18, 「군정서 창설자」).

32 구영필 등의 피체 후 취조를 맡았던 김태석은 '일심사(一心社)'로 기억해냈고(앞의 『반민특위 재판기록』 9, 199쪽), 그에 따라 윤종일은 일합사가 일심사로 개칭된 것으로 보았다(윤종일, 「一友 구영필(1891~1926)의 생애와 독립운동」, 『한국사상과 문화』 제60집, 2011, 230쪽). 그러나 필자는 김태석의 이 부분 기억에 착오가 있었던 것으로 본다.

33 1919년의 한 일제자료에는 합사가 "구영필의 주창으로, 안확(元 경시청 편입 갑호)과 명도석의 동의를 얻어 조직된 것"으로 기술되어 있다(『朝鮮人近況 槪要』, 1919. 5. 15, 『不逞團關係雜件—朝鮮人의 部—在內地』6).

34 본 장의 5절 3항('군자금 유용 혐의의 연원과 실체')에서이다.

황상규가 상의 삼아 그것을 언표했을 가능성이 있고, 그랬다면 후자는 공명하고 지지하며 격려도 했을 것이다.

광복회는 군자금과 무기 획득을 위한 의협적(義俠的) 거사를 수차 감행한데다 결정적으로는 1917년 11월 칠곡에서 벌어진 장승원(張承遠) 암살사건의 배후임이 일경에 포착되어 추적을 받게 된다. 게다가 천안에서의 이종국(李鍾國)의 밀고도 더해져 전국적인 조직망이 하나씩 드러나면서 1918년 1월 이래 지도부와 회원 다수가 계속 검거되는 상황으로 내몰렸다. 물론 황상규도 추적·검거 대상이 되었을 것이다. 하지만 그는 피검되지 않았다. 기민한 도피-은신 말고는 달리 설명될 길이 없다. 큰 결심을 하고서 그때 만주로 얼른 떠나버린 것일 수 있다.

하필 그때 1918년 2월경에 구영필도 만주 봉천에서 평남경찰부로 붙잡혀 갔다. 조직이 발각되어 수사가 개시된 조선국민회 사건에 연루되어서였다. 그런데 평양으로 압송되어 김태석 경부에게 조사받던 중에 합사 조직이 드러나버렸다. 그로 인해 김대지와 안확·명도석도 붙잡혀갔고, 1918년 5월 평양 복심법원에서 보안법 위반 죄목으로 구영필 6개월, 김대지 4개월의[35] 징역형이 선고되어 복역하였다.[36]

지금까지는 황상규의 만주행 망명 시점이 1918년 말로 추정되어 왔는데, 상술한 구체적 정황들을 갖고 추리해보면 1918년 1~2월경이었을 공산이 크다. 차녀 기화가 1918년 3월에 사망했는데 아버지로서의 관서신고 의무가 1928년에야 이행된 것도 그 때문이었을 수 있다.

망명길의 종착지는 길림이 되었다. 이것은 1915년 12월에 광복회 만주본

---

[35] 각인의 형량은 『동아일보』(1926.10.18), 「군정서 창설자」와 윤보현, 『대한독립운동약사』(신흥인쇄소, 1980), 136쪽에 의함.

[36] 윤치형은 본인과 윤세주도 잡혀갔지만 불기소 방면되었다고 앞의 회고문에 적었는데, 다른 자료에서 사실로 확인되지는 않는다.

부(일명 길림광복회)가 거기에 설치되어[37] 부사령 김좌진이 진치고 있었음과 유관해 보인다. 신의주 대안의 안동현에 동향인 선배 독립운동자 손일민(孫逸民)이 광복회의 연락기관 겸 만주거점의 하나로 운영하는 여관이 있었으니, 거기서 만나 상의하고 길림으로 안내되어 동행했을 것으로 여겨진다. 망명 시점에 관한 이 추정을 확증해주는 회고가 후일 나왔으니, 1918년 6월 최동희가 상해에서 길림으로 옮겨갔을 때 '그해 봄 무렵에' 그리로 망명해 와 있는 황상규와 재회했다고[38] 함이다.

만주에서: 무장독립운동 추진과 의열단 창립

길림군정사 및 대한군정서 건립 참여와 그 전후의 활동

1919년 2월 24일 황상규는 길림성 북문 밖의 시당(時堂) 여준(呂準) 집에서 박찬익(朴贊翊)·조소앙(趙素昻)·김좌진·손일민 등 망명객 12명과 대좌하고 향후의 독립운동 추진 방법을 논의하였다.[39] 2월 27일에 다시 모인 그들은 대한독립의군부(大韓獨立義軍府)를 결성하고 여준을 총재로 추대함과 아울러 부서와 책임자를 정하였다. 황상규는 재무를 맡게 되었다.

당장에 실행할 사업방침이 결정됨에 따라, 상해 파견 연락대표 조소앙, 서·북간도 방면의 연락은 성낙신(成樂信)·김문삼(金文三), 마필·군기(軍器) 구입 목적의 러시아행은 김좌진, 국내 자금모집은 정운해(鄭雲海)가 맡도록 분담 배정되어 각자 임지로 떠났다. 상해 향발 전의 조소앙과 그의 아우 조용주(趙鏞周)

---

37 이성우, 「대한광복회 만주본부의 설치와 활동」, 『호서사학』 제34집, 2003 참조.
38 최정간, 『해월 최시형가의 사람들』, 189쪽 참조.
39 정원택(홍순옥 역), 『지산외유일지』, 탐구당, 1983, 178쪽과 남파박찬익전기간행위원회, 『남파 박찬익 전기』, 을유문화사, 1989, 144쪽. 앞의 자료에는 날짜가 음력으로 표기되었는데, 여기서는 양력으로 환산하여 적는다.

가 같이 기초한 「대한독립선언서」가 국외 독립운동진영의 지도적 인사 39인 연기명으로 곧 발표되는데, 황상규도 서명자 중 1인이었다. 선언서는 "육탄혈전으로 독립을 완성할지어다"는 절규로 맺음으로써, 독립군 조직에 의한 무장투쟁을 요청함과 동시에 그에 버금갈 감사대(敢死隊) 조직의 작탄투쟁(炸彈鬪爭)을 희원·예고하고도 있었다.

독립의군부의 재무 책임자이자 최연소 간부로서 황상규는 둔전(屯田) 사업지 물색차 길림을 찾아왔던 김약수(金若水)가 귀국하며 내놓고 간 일화 1만엔, 황무지 개간을 위해 길림을 찾았던 평양인 김아무개가 희사한 일화 6천엔, 충남인 정명선(鄭明善)이 제공한 1천엔 등을[40] 관리하였다. 그 돈은 독립선언서 인쇄비와 발송비, 각처 파견자의 여비, 마필·무기 구입비 등으로 나뉘어 쓰였다.

이렇게 무장독립운동 준비조직으로 발족한 대한독립의군부는 4월 들어 길림성 내 우마행(牛馬行)의 화성동(華盛東)에[41] 군정사(軍政司) 주비원(籌備院)을 설치하여,[42] 향후 무장독립운동을 추진하고 이끌어갈 지도부의 형성과 독립군 건립을 위한 인적·물적 자원의 확보를 꾀하였다. 참모부·교육부·재무부 3개 부서를 두고서[43] 일을 진행시켜간 주비원은 얼마 후 조선독립군정사(통칭 길림군정사)를 성립시켰다. 신조직의 지도부는 여준·이상룡(李相龍)·유동열(柳東說)·박찬익·조성환(曺成煥)·김좌진 등이었고, 8월 초에는 유동열이 독판(督辦)이 되어 있었다.[44]

군정사에도 주비원 때와 비슷하게 교육국·군무국·재무국의 3국이 두어졌는데, 황상규는 재무국 회계과장이 되어 군자금 출납 사무를 관장하였다. 5월

---

40 이들 인명과 금액 및 화폐단위는 정원택, 『지산외유일지』, 182쪽에 의함.
41 국회도서관 편, 『한국민족운동사료: 3.1운동편 其三』, 1979, 580쪽.
42 「강택진 경찰신문조서(제3회)」(1920.11.18), 국사편찬위원회, 『한민족독립운동사자료집』 42, 2000, 165쪽 참조.
43 「강택진 검사신문조서(제2회)」(1920.12.2), 같은 『자료집』 42, 187쪽.
44 국사편찬위원회, 『대한민국임시정부 자료집』 7, 2005, 177쪽 참조.

에 상해서 그리로 건너온 구영필은 군무국 군수과장으로 보임(補任)되었다.[45]

그러나 군정사의 기세는 당초의 여망만큼 쑥쑥 뻗어가질 못하고 오히려 저락해 간 것 같다. 그것은 1919년 9월 길림을 찾아간 한 방문객의 다음과 같은 견문기에서 엿볼 수 있다.

> "軍政司는 成立 以來로 成績이 一時 良好하야 募集金錢이 二萬四千元에 達하엿고 各地로 代表를 送한 일도 有하엿스나 今日은 其 文簿만 직히고 잇슬 다름이라 하나이다…(중략)…統轄의 人物이 업스므로 困難이 莫甚하며 二十餘人 同志 中에도 相不和合하야 事業의 進行이 敏捷치 못한지라."[46]

예상외로의 이러한 침체 상황을 타개하는 길은 외부로부터 왔으니, 대한정의단(大韓正義團)의 제의가 그것이었다. 1919년 5월 북간도 왕청현 춘명향(春明鄕)의 서대파구(西大坡溝)에서 대종교계 중광단(重光團)의 확대개편 조직으로 성립한 대한정의단은 동년 8월에 산하 무장단체로 대한독립군정회를 설립하였다. 그러면서 독립군 편성 및 군사훈련을 전담할 군사전략가 영입의 필요성에서 초빙되어 간 김좌진의 중계로 단장 서일(徐一)이 길림군정사에 연락을 취해 제휴를 제의하였다. 그리하여 10월에 군정사 간부 여준·박찬익·황상규 등이 서대파로 가서 대한정의단 간부 현천묵(玄天默)·계화(桂和)·김좌진·정신(鄭信)과 만나 연석회의를 열었다. 그 결과, 군정사와 군정회의 연계에 의한 실행기관으로 대한군정부(大韓軍政府)가 성립하였다. 동년 12월에 군정부는 성립 사실을 임시정부에 보고하면서 국무원 포고 제205호에 의해 대한군정서

---

45 『동아일보』(1926. 10. 18), 「군정서 창설자」.
46 특파원 나라생(羅羅生), 「길림에서」, 『독립신문』 제18호(1919. 10. 7). 보고자 나라생은 나경석(羅景錫)이었을 것으로 추정된다. 이어지는 보고문에 그는 길림의 한인 호수가 10호(여관업 3, 요리업 1, 농업 6), 인구 100명(여성 30명 포함)이고, 그중 독립운동 지사가 30인, 학생 8명이라고 적어놓았다.

(속칭 북로군정서)로 개명하였다.[47]

왕청현의 대한군정서 본부는 총재부(총재 서일) 예하의 다수 집행부서들과 군사부문을 전관하는 사령부(사령관 김좌진)로 구분되는 조직체계를 갖추었고, 길림에는 분서(分署)를 두었다.[48] 자료에서 종종 접하는 '길림군정서'란 이 대한군정서 길림분서를 말하는 것이었다고 하겠으며, 종래의 길림군정사가 길림군정서로 이름만 바뀌어 계승된 관계인, 사실상의 동일조직체인 것이었다. 몇몇 일제 정보자료에[49] 대한군정부 성립 후나 그것이 군정서로 개명된 후에도 길림군정사가 해체되지 않고 계속해서 존치한 것처럼 서술되었음도 그로 인해서였다고 보아도 될 것이다.

황상규의 가명이었다는 '허택'을 군정부가 군정사(軍政社)로 개명된 후의 재무부장으로 파악한 일제 관헌자료가 있다.[50] 그런데 이 '軍政社'는 대한군정서 본부를 말하는 것이 아니라, 길림분서 즉 길림군정서이고, 결국은 종래의 軍政司의 후신인 것이다.[51] 발음이 동일한 후자와 구별 짓기 위해 '社'로 표기했

---

47 이 과정의 상세 내용은 신용하, 『의병과 독립군의 무장독립운동』(지식산업사, 2003), 240-243쪽을 볼 것.
48 윤복영(尹復榮)이 '길림분서'의 고문이었다고 하는데(문일민, 『한국독립운동사』, 310쪽), 재임의 정확한 시점이 언제였는지는 밝혀져 있지 않다.
49 예컨대 다음과 같다. "1919년 12월 24일 군정사 단원 여준·박찬익·申相武·손일민·金永一·姜仁甫·裵良 등 20여 명이 同地[길림] 虎門 밖 군정사 사무소에서 회동하여 비밀회의를 열고…"(「高警 제1813호, 國外情報—不逞鮮人ノ鮮內侵入計劃」, 1920.1.26, 『不逞團關係雜件—朝鮮人의 部—在滿洲의 部』 14); "1920년 3월 1일 오전 8시, 길림 부근 在住 불령선인 약 80명은 길림 파호문 밖에 거주하는 군정사 군무장 裵良 집에 모여 3.1운동 기념회 및 희생자 추도회를 열고…"(「普通報 제9호, 鮮人騷擾事件」, 1920.3.18), 『不逞團關係雜件-朝鮮人의 部-在滿洲의 部』 15).
50 「普通報 제26호, 吉林近縣居住朝鮮人ノ概況」(관동군 참모부, 1920.11.16), 『不逞團關係雜件—朝鮮人의 部—在滿洲의 部』 23.
51 현전 자료 중 군정서 본부의 조직체계와 간부진 명단을 보여주는 것으로 가장 이른 시점의 것은 1920년 7~8월경 작성된 「진중일지」인데(독립운동사편찬위원회, 『독립운동사』 제5권, 1973, 368-369쪽), 재무부장은 서일의 측근이고 대한정의단 간부였던 1881년생 계화로 명기되어 있다. 그때의 간부진 명단과 계화의 직책은 군정부·군정서 성립 때부터의 것이 그대로 유지되고 있었다고 생각된다. 1920년 말경 일본군이 작전 중의 노획문서로 파악해낸 군정서 조직계통도에는 자금 관련 부서가 모연국, 재무국, 경리국으로 3분되고 업무도 금품의 의연 징모, 징모금품의 수납 보관, 그것의 출납만을 각각 전담하게끔 엄격히 구획된 것으로 나타난다(국회도서관 편, 『한국민족운동사료: 3.1운동편 其一』, 1977,

다고 여겨지며, 軍政司 때 '회계과장'이던 직명이 軍政社에서 '재무부장'으로 바뀐 것이라면 허택은 황상규였음이 확실시된다.

작탄투쟁 조직 설립의 기획과 의열단 창립 주도

조선독립군정사가 대한독립군정회와의 결합에 의해 대한군정부를 거쳐 대한군정서의 한 부분으로 발전해가던 중에 황상규는 군사운동과는 좀 다른 방향에서의 무장독립운동의 길도 모색하고 있었다. 그 기초 동력은 그해 1919년 봄 이래 가을까지 길림으로 들어온 청년들에게서 얻어졌고, 의열단 창립이 그 귀착점이었다.

시점을 거슬러 올려보면 1919년 1월에 길림으로 찾아 들어간 청년지사가 한 명 있었으니 1896년생 김약수가 그였다. 전년도 9월경에 김원봉·이명건(李命鍵)과[52] 셋이 함께 중국으로 건너가 남경에서 금릉대학(金陵大學) 입학을 준비하던[53] 그는 군대양성을 위한 둔전 조성의 가능성 타진과 후보지 물색을 위해 혼자 길림으로 가본 것이고, 그 일대를 둘러보면서 황상규 등의 여준그룹과 몇 차례 접촉도 했다. 답사 결과 둔전 경영이 생각만큼 쉽지 않으리라는 걸 알게 된데다 지참했던 돈에 문제가 좀 생기기도[54] 하니 그는 2월에 서둘러 길림을 떠났다. 그러면서 그는 남경의 두 벗에게 봉천으로 오도록 연락하여 재회했다.[55] 거기서 그는 3.1운동 발발의 정세에 부응하겠다면서 이여성과 함께

(698쪽). 그러나 길림군정서에서는 그런 조직분화와 직무분장이 본부처럼 그대로 적용되지는 않았을 것으로 여겨진다.

52 이명건은 소년기에 동생 이쾌대(李快大)와 함께 한국사와 한학 등을 황상규에게 배웠다고 하며, '여성(如星)'이라는 호도 황상규에게서 지어 받아 계속해서 본명처럼 썼다. 이 사실은 이여성이 1940년에 최남주에게 해준 말이라 한다(최정간, 『해월 최시형家의 사람들』, 234쪽).

53 김약수, 「나의 해외망명시대—길림과 남경에서」, 『삼천리』 제4권 제1호, 1932, 33쪽 참조.

54 3인이 출국하여 중국으로 갈 때 이여성이 갖고 간 돈 6만원 중에 2만원을 받아 김약수가 길림에 갔었는데, 그중 1만원을 상당한 강박에 의해 여준그룹에 공여했음을 말한다.

55 박태원, 『약산과 의열단』, 백양당, 1947, 17·20쪽.

국내로 들어갔고, 김원봉만 길림으로 향해 갔다.

훗날 김원봉은 지향하는 운동노선의 차이를 그 갈라섬의 이유로 들었지만, 독립전선에서 생사를 같이하기로 맹약했던 터에 그것이 다였다고 보기는 어렵다. 아마도 황상규의 특별한 당부나 전갈의 말을 김약수가 두 친구에게 전해주고 나서 일종의 담판 짓기가 있었던 것으로 추측된다. 김원봉으로서는 고모부이면서 동화학교 시절에 가르침도 주었던 황상규의 소식에 덧붙여져 있었을 부름의 메시지에 그대로 따르려는 반면에, 김약수는 길림 쪽의 실정과 거기서 당한 일에 실망한 나머지 귀국을 고집했을 것이고, 이여성은 얘기를 들어본즉 후자의 결정에 동조할 수밖에 없었을 것이다. 그것은 세 사람 각자의 본래 체질이나 성향과 무관하지 않은 선택이기도 했다.

아무튼 길림으로 가서 황상규와 재회한 김원봉은 6월경에 신흥무관학교를 찾아갔다. 자신의 원래 포부대로 군사교육을 이수하려는 생각도 물론 있었겠지만, 황상규의 의중이 실린 특별지시를 받고서였겠다. 그 지시대로 이종암(李鍾岩) 등 여러 명의 생도를 믿을 만한 동지로 포섭한 김원봉은 10월의 속성과정 졸업과 더불어 전원 동행하고 길림으로 귀환하였다. 그 사이 길림에는 밀양의 윤치형·윤세주·한봉근(韓鳳根)과 청주(淸州)의 곽재기(郭在驥) 등이 망명해와 있었다. 그렇게 길림에 집결한 청년지사들 중 3.1운동 이전 시기의 항일결사 참여 이력자는 2선으로 물러서서 조력자 역할만 하기로 황상규가 조정하고, 신진그룹의 청년 10명만으로[56] 폭탄제조·사용법 공동학습 등의 경로를 거쳐 11월 10일 창립된 것이 의열단이다.

이렇듯 의열단 창립 기획 및 준비의 주역은 황상규였고, 김원봉은 그를 도와 창단동지들을 규합해오는 역할을 맡아 했다. 진정한 '산파'는 황상규이고

---

[56] 여러 종의 자료들을 재검토하며 숙고해본 결과로 필자는 의열단 창립단원이 통설처럼 13인이 아니라 10인이었다고 보게 되어 그것을 새로운 주장으로 낸 바 있다. 상세한 논의는 졸고, 「의열단 창립단원 문제와 제1차 국내거사기획의 실패 전말」, 『한국독립운동사연구』 제58집, 2017)을 볼 것.

김원봉은 그 '조수'였다고 보아야 할 이유인 것이다.[57]

거개가 신흥무관학교 졸업생이거나 밀양 동향인이던 창립단원들은 피를 나눈 형제처럼 단단한 의리로 뭉치고자 했다. 그런 의미에서 그들은 '의형제'였고, 그중 맏이라는 뜻의 '의백(義伯)'도 정하고자 했다. 이에 관해『약산과 의열단』에는 "선거에 의하여 약산이 의백—곧 단장으로 추대되었다"고 적혀있어서,[58] 김원봉이 처음부터 단장이었다는 통설의 강력한 근거가 되어왔다. 그런데 그와 달리, 황상규가 '초대 단장', '제1세 단장'이었다는 표현과 '창단 당시의 의백 즉 단장'이었다는 주장이 그의 부음(訃音) 기사와[59] 일부 문헌에[60] 나온다. 그런가하면 곽재기가 창단 시점의 '임시단장'이었다는 이수택의 경찰진술도[61] 있다. 이 문제가 그리 간단치 않고 얼마간 진통도 있었음이 짐작된다.

이에 관해서는 의열단 건립에 관계했던 10여 명의 청년지사 중 정식 단원이 되지는 않기로 조정된[62] 윤치형·이수택·배중세 등의 과거 항일조직 가담자 그룹과 창립단원이 된 10명의 신진그룹 사이에 입장과 생각이 달랐다는 데서 해답의 실마리를 잡을 수 있다. 전자는 연치와 이력을 중시하는 일반적 관념으로 황상규가 의백/단장이 되는 것이 마땅하다고 여겼으나, 후자 쪽의 일부

---

57 필자는 이와 같은 관점과 해석을 졸저,『한국 근대민족운동과 의열단』(창작과비평사, 1997)의 제2장에서 제시한 바 있다. 근래에 비로소 볼 수 있었던 윤치형의 「서훈공적 조서」(1963)에 "의열단은 시초 어디까지나 고(故) 백민 황상규선생의 지도하에 조직되었으며…"라고 적혀있음도 그 견해를 받쳐주는 한 근거로 삼고 싶다.
58 박태원,『약산과 의열단』, 26쪽.
59 『조선일보』(1931.9.4), 「의열단 초대단장 황상규씨 별세」;『조선일보』(1931.9.5), 「의열단 第一世 단장 故 황상규씨 장의」.
60 이종범,『의열단 副將 이종암전』(광복회, 1970), 72-73쪽과 앞의『독립운동사』제7권, 530-531쪽 등이다.
61 『(이수택) 문답조서·판결문』1924(독립기념관 소장), 143쪽 참조.
62 창단 회합에 황상규와 윤치형이 불참한 것, 배중세(裵重世)가 그 자리의 ('참석자' 아닌) '참관인'이었다는 것(이종범,『의열단 副將 이종암전』, 65쪽), 창립단원 신철휴(申喆休)가 "황상규는 단원이 아니"라고 경찰신문에 응답한 것(『독립운동사자료집』제11집, 669쪽) 등이 그 점을 방증한다.

는 신생조직의 결사대적 기풍에 걸맞게 무관학교 졸업자인 단원이, 특히 창단 주역의 1인이고 리더십도 보여온 김원봉이 뽑혀야 한다는 의론이 일었던 것 같다.

그렇게 양쪽의 의견과 주장이 엇갈려 있던 중에 열린 창단 회합에서 전자의 의견이 우세하여 황상규가 불참했음에도 단장으로 내정되었음 직하다. 그러나 후자 쪽 일부의 반발이 있어서, 황상규 본인의 의사를 물어서거나 회의를 한 번 더 열어 최종결정키로 미룬 것 같다. 그리고 그때까지의 임시적 조치로 창립단원 10인 중의 최연장자인 곽재기가 임시로 단장 역할을 맡아 하는 것으로 일단 논란을 봉합했을 것이다. 그 후 황상규 자신이 단안을 내려 단장직을 받지 않고(되돌리고) 대신에 김원봉을 천거하는 의사를 표함으로써 결국 후자가 '선출'되고 곽재기는 부단장으로 지명 보임된 것이라 생각된다. 황상규는 그때부터 단의 '고문' 역을 자임했을 것으로 보이는데, 그 역할은 의열단이 곧바로 국내 일제기관 강습거사 계획을 세우고 추진해갈 때 서울에서 수행된다.

서울에서: 의열단의 첫 국내거사 추진과 실패

국내잠입과 폭탄거사 추진

의열단은 "천하의 정의로운 일"의 출발점이 될 작탄투쟁을 단원 총출동으로 처음부터 '맹렬히' 벌이기로 하였다. 우선은 서울을 직공하되 남산 왜성대(矮星臺)의 조선총독부, 황금정 2정목의 동양척식회사, 태평통 1정목의 경성일보·매일신보사, 세 곳을 표적으로[63] 정했다. 부단장은 전선사령관 격으로 국

---

[63] 『동아일보』(1920.7.30), 「폭발탄대의 대검거」; 『조선일보』(1920.7.30), 「의열단 폭탄사건」.

내 현지 지휘자가 되고, 단장은 상해에 가 있으면서 총사령관 역할과 함께 사후선전을 맡아하기로 하였다.

거사용 무기 구득이 선결문제였는데, 창단 직후부터 기울인 노력이 1920년 3월에 1차 결실을 보았다. 단장·부단장이 상해로 내려가 백방으로 알아보며 애쓴 결과 폭탄 제재(製材)들을 구입하여 대·중·소형 폭탄 1개씩을 완제했다. 뒤이어 4월 초순에 폭탄 13개(점화식 7개, 투척식 6개) 제조용 폭약과 탄피, 권총 2정, 탄환 1백 발을 추가 구입할 수 있었다.

무기구득 성공의 연락을 받은 황상규는 그때부터 시작된 단원들의 밀입국에 동행하였다. 윤세주와 함께 길림을 떠난 그는 안동현으로 가서 당지 주재원인 이낙준(李洛俊)의 집에서 일시 유숙한다. 그리고는 상해로부터 올라온 곽재기·이성우(李成宇)·김기득(金奇得; 이명 김태희[金台熙]) 3인과 거기서 회동하고 폭탄의 국내수송, 국내상황 조사, 자금변통 문제 등에 관해 상의하였다. 그러고 난 후 그는 서울로 잠입하여 견지동(공평동이라고도 함)의 전동여관(典洞旅館)을 첫 은신처로 잡았다. 서상락(徐相洛)·김상윤·김기득도 서울에 남고, 한봉근·신철휴·윤세주는 밀양으로 내려가 본가에 은신해 있으면서 대기한다.[64]

그러면 단원이 아니면서도 황상규가 길림에 남지를 않고 군정서 관련 직무를 소홀히 하게 되면서까지 굳이 국내로 들어간 이유는 무엇일까? 사실상의 정신적 의백으로서 앞장서 최전선으로 나가는 감투정신의 발로였을까? 그런 모범을 스스로 보여주면서 후배들을 격려하고 필요한 만큼의 현지지도도 하고 싶었던 것일까? 어느 하나로 잘라 말할 수도 없지만, 그런 이유로였다고 한정해 말할 근거도 딱히 없다.

서울로 들어가 있었다고 해서 황상규가 하려는 일이 의기충천의 후배청년들과 같이 폭탄거사에 직접 참여하려 한 것일까? 결론부터 말하면 그런 것이

---

64 위의 두 기사와 『매일신보』(1920. 7. 30) 「폭탄범인 체포 전말」 참조.

아니었다. 그가 의열단원들과 더불어서 밀입국한 목적은 다른 데 있었다. 앞서 1919년 길림에 가 있을 적인 9월에 최동희가 조선독립군정사에 평회원으로 참여했고, 국내로 무장단을 밀파해 일제 요인을 암살할 계획을 유동열·황상규 등과 협의해 세우기도 하다가 11월에 귀국해 있었다.[65] 그때 군정사 시절에 최동희가 길림의 김희순이란 노인에게 손병희를 내세워 2만 조(弔)를[66] 빌려서 유동열·황상규를 지원했다고도 한다.[67]

그 상환이 있기 전인 1920년 5월 하순에 서울 모처에 잠복 중이던 황상규는 가회동의 최동희 집을 남몰래 찾아갔다. 그리고는 오랜만에 상봉한 동지에게 "좋은 사업이 있어서 경성으로 들어왔다"면서 협조를 구하고, 의열단의 거사계획을 자세히 설명해준 후 거사자금 1천원의 주선을 청하였다. 최동희는 선선히 수락하고, 돈이 준비될 때까지 황상규를 홍삼 장수로 위장시켜 사랑채에 머물게끔 했다. 요청받은 1천원을 마련키 위해 최동희는 천도교 대종사장(大宗師長) 정광조(鄭光朝)에게 변통을 요구했으나 거절당하자 의형제 이상우에게 주선을 부탁해 인천의 한 미두상에게서 3개월 기한으로 빌려온 700원을 황상규에게 건네주었다.[68] 그러니까 황상규의 이번 밀입국 목적은 1차적으로 거사자금의 변통이요, 폭탄거사가 성공하면 서울의 부호들을 찾아다니며 길림군정서를 위한, 더 크게는 만주에서의 무장독립운동을 위한 거액의 군자금을 받아내는 것이었다고 봐야 한다. 그는 그때 의열단의 고문이기도 했지만 군정서의 재무부장 직책에 그 자신도 더 무게를 두고 있었다고 보는 것이 합당하다.

---

65 최정간, 『해월 최시형가의 사람들』, 222쪽.
66 1조는 1,000전 즉 10원 상당의 중국화폐 단위였다. 그러므로 2만 조는 2,000원에 해당한다.
67 나중에 최동희가 그 돈을 돌려주지 못하자 김희순이 가회동 최동희의 집을 찾아와 11개월이나 버티고 눌러앉고 계속 독촉하므로 결국 1만 3천조에 집을 팔아 김노인에게 6만 4천조(약 2천원 상당)를 상환했다. 이런 사실이 최동희의 1921년 9월 29일자 일기에 씌어있었다고 한다(최정간, 『해월 최시형가의 사람들』, 240·244쪽).
68 같은 책, 230-231쪽 참조.

그 어간에 폭탄 밀반입이 4월 중순과 5월 중순 두 번에 걸쳐, 안동 주재 연락교통 주임인 이병철(李丙喆)의 능숙한 중계로 성사되었다. 1차분 3개는 밀양 내일동의 동지 김병환(金餠煥)의 미곡점에 은닉되었고, 2차분 13개는 부산에서 배중세가 수령하여 창원군 동면 무점리 강상진(姜祥振)의 집 창고로 옮겨놓고 보관시켜졌다.[69]

재경 일제기관을 공격목표로 정해놓았음에도 두 번 다, 16개 모두를 멀리 밀양과 창원까지 갖고 가 보관한 것은 무슨 이유에서였을까? 전적으로 보안 문제 때문이었다고 말할 수 있다. 서울에는 거사가 결행될 때까지 믿고 안전하게 맡길 만한 현지인과 장소를 구해놓지 못했고, 혹시 모를 경찰의 탐지나 화물검색을 모면하기 위해서라도 미곡 화물이 연고지인 밀양과 부산의 곡물점으로 한 차례씩 부쳐지는 것이 가장 자연스러워 보임과 함께 안심도 될 것이었다. 조력자그룹의 일원으로서 무기 관리를 전담키로 되어 있던 배중세·이수택의 주 활동지가 부산~마산 일원이었다는 점도 같이 작용했을 것이다. 그러다 거사일이 정해지면 폭탄은 모두 한꺼번에 서울로 운반될 것이었다. 밀양에 가 있던 윤세주와 신철휴가 5월 이후에는 상경 은신해 있었다는 것도 폭탄이 전부 서울에서 쓰일 예정이었음을 말해준다.

상해의 김원봉은 '3주 내'로 기한을 정하며 조속 결행을 요구했다. 그러나 이수택이 곽재기의 독촉에도 불구하고 '준비 미흡,' "재산가에게 출금 받아서 거사 때 뿌릴 격문을 인쇄해야 한다"라는[70] 등의 이유를 대며 번번이 실행을 미루거나 못하도록 만들었다. '조급행동은 불찬성'이라면서 그 말에 동조하는 단원도 없지 않아 있었다. 그래서 결행이 자꾸 지연되었다.

---

69 경상북도 경찰부, 『고등경찰요사』, 197·199쪽 참조.
70 『독립운동사자료집』 제11집, 669쪽 참조.

거사 실패와 피체 후 수형

6월 중순에 김원봉은 기다리다 못해 안동현의 이낙준에게 지령서신을 보냈다. "20일 내로 결행하고, 결행자와 일시를 즉시 알려달라"는 내용이었다. 그 편지를 갖고 즉시 서울로 들어간 이낙준은 곽재기·김기득에게 연락하여 숙소인 서대문정 정태준(鄭泰駿)의 집으로 오도록 했다. 황상규도 그 연락을 받고 가서 6월 21일 밤에 지령내용을 전해 들었다.[71]

그런데 실은 며칠 전 6월 16일에[72] 뜻밖의 돌발사태가 벌어져 있었다. 이성우와 윤세주가 각자의 은신처인 인사동과 교남동에서 일경에 붙잡혀간 것이다. 이 사실을 뒤늦게 알아챈 황상규 등 4인이 6월 24일 정태준의 집에 다시 모여 대책회의를 가졌고, 김기득이 부산으로 가서 이수택에게 독촉 내용을 전하고 폭탄을 받아오도록 결정했다. 그래서 25일경 부산으로 간 김기득이 이수택을 만나, 두 동지의 피체 사실도 전해 말하면서 이제 결행해야겠으니 폭탄 16개를 모두 내달라고 하였다. 그러나 이수택은 수일 후 자기가 직접 갖고 상경하겠다면서 내주지를 않았다.[73] 빈손으로 귀경하던 김기득은 남대문역(지금의 서울역)에서 체포되고 말았다.[74]

곽재기와 함께 마포로 피신했던 황상규는 수창정(현 종로구 내수동) 이병기(李炳基)의 집으로[75] 옮겨가 은신했으나, 경기도경 고등과의 일인 경부 다베고

---

71 『독립운동사자료집』제11집, 668·670쪽 참조.
72 『동아일보』(1921.6.8), 「밀양폭탄사건 곽재기 등의 공판」
73 『독립운동사자료집』제11집, 668쪽. 김기득을 보내놓고 다시 상의한 황상규와 곽재기는 경찰의 경계가 엄중해진 상황이니 지금은 폭탄을 서울로 반입하지 않는 것이 좋겠다고 결론지었다고도 한다.
74 『조선일보』(1924.5.8), 「밀양폭탄사건의 眞狀」;『시대일보』(1924.5.9.), 「밀양폭탄사건 수괴 이수택의 공판」
75 이는 경상북도 경찰부, 『고등경찰요사』, 199쪽의 황상규 주소지 표기를 원용한 것임. 황옥(黃鈺)은 당주동 이병의(李炳義)의 집이었다고 1949년에 증언했는데 김태석은 아니라고 했다(『반민특위 재판기록』9, 198쪽).

(田邊孝)에게 급습당해 곧 체포되고 말았다.[76] 마산과 밀양을 거쳐 부산으로 가서 상해로의 탈출을 꾀한 곽재기는 7월 5일 여관에서 체포되었다.[77] 이낙준도 붙잡혔는데, 안동행 귀로에서였을 것이다.[78]

당시 경기도경 고등과 소속의 신참 경부였던 황옥은 1949년 반민특위 조사에 증인으로 나와, "[수사책임자] 김태석이 황상규를 천장에 달아매고 악형하여, 혀를 세 치나 뺀 채 반죽음[假死] 상태였다"고 증언하였다. 이에 김태석은 극구 부인하며 말하기를, 곽재기와의 대질신문에서 황상규가 밀양 김병환의 집에 폭탄이 맡겨져 있음을 자백하므로 7월 8일 김병환의 집을 급습 수색하여 폭탄을 찾아낸 것이라 하였다.[79] '밀양폭탄사건'의 수사결과가 7월 29일 총독부 경무국에 의해 발표되고, 이틀 후 황상규 등 피검자 7명 전원이 경성지법 검사국으로 송치되었다.[80]

피검자들을 고문해서라기보다는 어느 막후협조자의 밀보를 통해 2차 반입 무기도 있음을 알아낸 일경은 추가수사에 들어갔다. 그에 따라 8월 9일에 윤치형이 경기도경 순사에게 체포되었고, 9월 중순 이래로 이주현(李胄賢) 등의 2차분 무기 은닉 관련자들이 연이어 경남경찰부에 피검되어갔다. 그러면서 창원의 무기는 9월 20일에 발각 압수되어버렸다. 이 2차 검거와 폭탄 압수

---

[76] 「황상규 공적조서」(원호처, 1963)에 그의 피체 일자가 6월 21일로 기재되어 있다. 그러나 곽재기는 황상규가 6월 25일까지 자기와 함께 움직였다고 경찰에서 진술하였다. 이것이 사실대로라면 제3자가 만든 공적조서의 일자 기재에 착오가 있었던 것이고, 전자가 맞다면 곽재기가 급박상황에서 자기 주도로 행해진 여러 일과 결정들을 황상규와 같이 한 것처럼 거짓 진술했다는 것이 된다. 여기서는 후자를 취하는 입장이다.

[77] 『독립운동사자료집』제11집, 668쪽; 『매일신보』(1927. 1. 23), 「희비교차의 곽재기」 참조.

[78] 곽재기·이성우·윤소룡(윤세주)·김기득 모두 6월 20일에 피체되었다는 송상도, 『기려수필』(탐구당, 1971), 281·283쪽의 서술은 잘못된 것이다. 곽재기·이성우·신철휴·김기득·한봉근·윤소룡이 6월 16일 인사동의 모 중국요리점 2층에서 거사실행 계획을 짜고 있던 중에 경찰에 급습당해 한꺼번에 잡혀갔다는 신철휴의 회고담(이종범, 『의열단 副將 이종암전』, 85쪽)도 대부분 사실과 다른 내용이다.

[79] 『반민특위 재판기록』9, 189-190, 197-198쪽.

[80] 『조선일보』(1920. 8. 1), 「밀양폭탄 수괴 등 7명 압송」.

는 '진영사건(進永事件)'으로 별도의 이름이 붙여졌다.[81] 국내에 들어와 있었는데 사건수사 종결 및 기소 때까지 피신하여 체포되지 않은 단원이 김상윤·서상락, 체포 후 방면자가 한봉근·이일몽으로, 합해야 4명이었다.

"기미운동이 일어난 그 이듬해에 가장 세상을 놀라게 한 큰 사건"[82]이었다는 의열단의 국내거사 1차 계획은 이렇게 완전한 실패로 귀결되고 말았다. 이런저런 이유로 결행이 거듭 지연되던 끝에 미수로 그치고 만 셈이었으니, 황상규로서는 허탈감만 아니라 뒤늦게 드는 의심도 적지 않았을 것이다. 그래서일까. 그는 취조 중의 갖은 악형과 고문에도 입을 굳게 다물고 결코 열지 않았다고 한다. 때문에 그의 혐의점은 다른 피의자들의 진술을 통해서만 겨우 알아내고 부분적으로만 적시할 수밖에 없어서, 거의 '백지 기소'처럼 되었다는 것이다.[83] 그 때문인지, 의열단 폭탄사건 판결문의 판시증거 부분에서는 유독 황상규의 진술조서만 인용되지가 않았고, 판결문 전체의 어디서도 그의 진술 내용은 일절 나오지를 않는다.

예심 종결과 더불어 황상규는 1921년 3월에 기소되고, 14명의 다른 피고와 함께 경성지방법원의 재판정에 세워졌다. 그리고 1921년 6월 21일, 그에게 '폭발물취체벌칙'과 '1919년 제령(制令) 제7호' 위반 죄목으로 징역 7년형이 선고된다.[84] 최동희는 그날 자 일기에 선고공판 방청기와 황상규와의 눈인사 소감을 써놓았다. 이어서 6월 24일의 일기에는 "오늘 황상규군에게서 옥중서신을 접한즉, 앞으로 7년을 철창생활을 할 날과 다년간 사회에서 휴식할 이야기

---

81 부산에서 창원으로의 2차분 무기 이동을 중계했고 배중세가 은신하기도 했던 강원석(姜元錫)의 곡물점이 진영역 앞에 있음을 염두에 둔 작명이었을 것이다.
82 『시대일보』(1926. 4. 25), 「밀양사건 주동인물 황·김 양씨 출옥」.
83 손정태 엮음, 『밀양의 항일독립운동가』, 250-252쪽의 '독립선구자 백민 황상규열사 추모사업회, 「(결성)취지문」(1975. 8. 15)' 참조.
84 피고 중에 유죄 판결이 나온 다른 11명의 선고형량은 다음과 같았다: 곽재기·이성우 8년, 김기득·이낙준·신철휴·윤소룡 7년, 윤치형 5년, 김병환 3년, 배중세 2년, 이주현·김재수 1년(집유 2년).

며 여러 친구에게 안부를 부탁할 것, 그리고 서적들을 차입해줄 것을 부탁하였다. 나는 이 편지를 보고 창문을 열고 비통한 마음으로 나의 무능함을 금치 못하였다."고 적었다.[85] 황상규가 판결 직후 편지 써 보낸 상대가 최동희였고 후자는 비통함과 자탄의 염을 금치 못하였음에서도 두 사람의 우정과 동지애는 진실로 깊었음을 넉넉히 알 수가 있다.

군자금 유용 혐의의 실체와 진상

1920년 4월과 11월의 일제기관 정보자료에, 軍政社 재무부장이라 칭하는 許鐸이 길림성 내 여러 현(縣)의 한인 농민들로부터 군자금 4만 3천여 원을 강징(强徵)하여 그 중 태반을 감추고는 몰래 향리로 보내는 식으로 사복(私腹)을 채웠으며 나머지 돈으로는 주색을 탐하여 내홍(內訌)이 불거졌다는 첩보보고가 들어있었다. 덧붙여 그가 1920년 2월 초순에 길림성 내 이도마두(二道碼頭)의 요리점에서 크게 놀고 귀가하던 중, 10여 명 한인들의 비난을 받게 되자 물리적 충돌이 벌어졌고, 이 일이 군정사 해산의 한 원인이 된 것으로 말해진다고도 하였다.[86]

그런가 하면 의열단 폭탄사건의 수사책임자였던 김태석은 1949년의 반민특위 조사에서 아래와 같이 놀라운 진술을 하였다.

> 길림군정서 회계과장 許澤(황상규)이 총독 이하 요인암살 목적으로 폭탄 다수를 입국시켰는데, 책임자 황상규는 이 거사를 빙자하고 모금하여 주색에 탐하고 행동과인 이성우와 윤소룡은 파고다공원 후면 하숙에서 면의(棉衣)를 입은 채 너음을 경과하게 됨에, 그 울분함을 못 이기어 김진규(金珍奎)·안태익(安泰翊)에 밀고하라고

---

85 최정간, 『해월 최시형가의 사람들』, 232-233쪽.
86 「普通報 제26호, 吉林近縣居住朝鮮人ノ槪況」(관동군 참모부, 1920.11.16), 『不逞團關係雜件―朝鮮人의 部―在滿洲의 部』 23 참조. 「機密公 제50호, 鮮人ノ動靜ニ關スル報告ノ件」(재길림 총영사→조선총독, 1920.4.13), 『不逞團關係雜件―朝鮮人의 部―在滿洲의 部』 16, 317쪽에도 許鐸이 군자금 4만 3천 원을 사적으로 써버려서 일반 조선인들의 신용을 잃었다는 서술이 보인다.

부탁하였고 [그래서] 김진규·안태익이 [우리한테] 말하였다.[87]

피고[김태석]는 한국의 동지들 간에 행한 비인도성(非人道性)을 느끼고, 이성우·윤소룡 두 청년은 너음에 면의를 입고 지내게 하고 소위 책임자란 황상규 등은 기생들을 데리고 호유한 사실에 격분하였다. 피고가 이성우·윤소룡에게 자수한 셈 되니 죄를 면하게 해달라는 희망이 없는가 한즉 없다 하면서 책임자들이 무성의한 것을 통탄하오 하였다.[88]

요컨대 황상규가 거사를 빙자하여 모금한 돈으로 주색을 탐하고 다른 동지들은 돌보지 않으니 격분한 이성우·윤소룡이 밀정에게 자진 제보한 결과로 자기들의 일망타진 작전이 가능했다는 것이다. 앞의 재만 일제기관의 첩보보고와 서로 받쳐주듯 조응하는 것인데, 믿어지지 않을 만큼 놀라운 내용이다. 그러므로 실제 그러했는지를, 어디까지가 사실이었을지를, 검증해볼 필요가 있다. 만약 사실이라면 어떤 곡절이 있었는지도 살펴봐야 할 것이다.

우선, 김태석이 '許鐸'이라 한 許鐸이 황상규의 가명이었음은 사실이었던 것 같다. 1920년 4월의 일제 정보자료에도 許鐸이 곽경(郭敬, 곽재기의 이명)과 함께 상해로 갔다고 첩보되었으니[89] 더 그렇다. 행선지는 틀리지만, 그 무렵 곽재기와 황상규가 길림에서 같이 사라졌음은 정확히 포착된 것이다. 그렇다면 황상규는 길림에서도 서울에서도 매우 부도덕한 횡령범이요 몰염치의 방탕아였다는 얘기가 된다. 하지만 이해 안 되는 대목이 여럿 있다. 추찰하여

---

[87] 『반민특위 재판기록』 9, 189쪽. 인용자가 문장을 현행 맞춤법대로 약간 고친 것임. '면의'는 우리말로 무명옷과 솜옷의 두 가지 뜻을 갖는데 여기서는 솜옷일 것이다. '너음'은 '여름'의 평안도 방언인 '너름'의 오기일 것이다.
기김일훈(金一勳)이라는 별명을 가진 25세쯤의 許澤이 1919년 12월 현재 한족회 길림지부장이라는 첩보보고가 있었는데(『普通報』 제23호, 鮮人騷擾事件」 관동군 참모부, 1919. 12. 23, 『不逞團關係雜件—朝鮮人의 部—在滿洲의 部』 14), 황상규와 동일인이었다고 봐야 할지 판단이 어렵다. 배포된 이 정보자료를 봤던 김태석이 許澤이라는 이름을 다른 자료에서의 許鐸과 같은 인물로 여겼을 수도 있다. 아니면, 오래된 기억 속에 혼동이 생겼을 수 있다.
[88] 『반민특위 재판기록』 9, 190-191쪽.
[89] 「機密公 제50호, 鮮人ノ動靜ニ關スル報告ノ件」(1920. 4. 13, 재길림 총영사→조선총독).

사실 여부를 검증하고 연유를 캐내 볼 필요가 있는 것이다.

김태석의 진술은 사건 발생 30년 후의 것이라는 점을 먼저 염두에 두어야 한다. 황상규·이성우·윤소룡 등 당사자 모두가 세상을 뜨고 없는 시점의 것이기도 했다. 더욱이 1920년 2월의 상해판『독립신문』지면에서도 '7가살' 중 '창귀(倀鬼)'의 전형으로 지목되었던 김태석은 1949년 당시 반민족행위자로 중벌을 받을지 모르는 절대적 궁지에 처해있었다. 그러니 자신의 죄와 벌을 덜어 보려고 전전긍긍하면서 반성과 뉘우침 없이 변명하기 바쁜 그였다. 그런 그가 이 사안에서는 뜬금없이 도의심과 정의감을 내세우며 무슨 폭로증언이라도 하는 식으로, 황상규 외 의열단원들이 피체된 일의 책임을 그들 자신에게 전가하는 식의 발언을 한 것이다. 그러므로 얼마만큼 사실로 믿어야 할지 가늠해보기 전에,[90] 그의 진술 이면에 숨겨진 모종의 배경이나 다른 의도는 없었던 것인지를 먼저 살펴봐야 한다.

서울로 들어온 후 황상규가 설령 모금했다손 치더라도, 늘 긴장되는 상황이어서 은신처도 수차 바꾸어야 했던 그가 3개월 동안에 얼마나 모금했을지가 미지수이다. 최동희의 집에 은신해 있으면서 그가 빌려와 건네주는 돈 700원을 받았을 뿐이다. 그래도 어느 사이 은밀히 모금이 되었고 그 돈의 일부로 '주색을 탐'하거나 '호유(豪遊)'하기도 했다고 쳐도, 과연 그것 때문에 이성우와 윤세주가 자기들을 밀고하라고 제3자에게 부탁했을 것인가? 그런 식의 자폭성(自爆性) 우행(愚行)이 범해졌을 리는 절대로 만무하다. '자수한 셈'이라면 정상참작이 되었을 이성우의 형량이 10년 구형에 8년 선고, 윤소룡이 8년 구형에 7년 선고의 중형이었음에서도 김태석의 말은 믿기가 힘들다. 출옥 후에 황상규와 윤세주가 긴밀한 관계로 동행해간 재향 사회운동의 행로를 보더라도,

---

[90] 반민특위 조사를 받던 중에 김태석은 1920년을 전후하여 자기가 처리했던 강우규(姜宇奎)의 폭탄사건, 의열단 사건, 보합단(普合團) 사건, 황정연(黃正淵) 사건 등의 내용과 관련자를 기억착오 때문인지 고의로인지 종종 뒤섞어 말하곤 했음도 여러 통의 진술조서에서 발견된다.

또한 1928년 3월 출옥한 이성우가 북만주의 본가로 돌아가기 전에 '밀양 친지들의 후의'를 받아들여 그리로 가서 정양했음을[91] 보아도 그렇다. 결국 김태석의 진술은 황상규와 그의 동지들을 능멸·매도함으로써 지난날의 독립운동 전반에 대한 일반인들의 의심과 환멸을 은근히 일궈내려는 의도의 중상모략이던 것으로 보지 않을 수 없다.

황상규가 국내에서 모금한 사실이 전혀 없다고 말할 수 있는 것은 아니었다. 하지만 그것은 1919년 4월 이후로 1920년 봄의 밀입국 전까지 사이에 조선독립군정사 회계과장과 길림군정서 재무부장으로 있을 적의 일이다. 손영필(孫永弼)·윤치형 등을 통해 밀양의 한춘옥(韓春玉)·손호관(孫浩瓘)·손영돈(孫永暾)·권화술(權華述) 등에게서 도합 18만원을 모금했다거나, 동척 관리원 양인보(楊仁甫)를 설득해 창녕의 1년분 소작료분 수납 곡물의 매각대금 전액을 기부하게끔 했다는 얘기가 전해져오기도 한다.[92] 그렇지만 그 전언에서 황상규가 상해 임시정부의 재정위원이 되어서 그랬다고 함은 사실과 상위하고, 임시정부로 보내게끔 했다는 부분은 그러도록 할 이유가 그로서는 없었다. 그렇다면 앞서의 서술내용 전체를 더 살펴보고 확인도 해봐야 할 필요가 생긴다.

1919년 4월 23일의 임시의정원 제2회 회의에서 선임된 '재무부 위원'은 김철(金澈)·구영필 등 8인이었지, 황상규는 아니었다.[93] 그렇게 재무위원이 된 구영필이 봉천 방면으로 특파되어 군자금 모집활동을 벌였는데 징집된 4만여 원을 착복하고 1920년 3월경 북만주 영고탑(寧古塔)으로 이주하여 토지와 가옥을 사들였다는 일제관헌의 정보보고가 뒤늦게 나온다.[94] 게다가 '착복' 사실

---

91 『동아일보』(1928. 3. 10), 「밀양폭탄 首犯 이성우」.
92 독립선구자 백민 황상규열사 추모사업회, 「(결성)취지문」(1975. 8. 15); 밀양지편찬위원회, 『密陽誌』, 밀양문화원, 1987, 693쪽.
93 국사편찬위원회, 『대한민국임시정부 자료집』 별책2(조선민족운동연감), 2009, 22쪽 참조.
94 「朝特報 제4호, 寧古塔附近ニ於ケル鮮支人ノ現況」(1922. 2. 6), 金正明 편, 『朝鮮獨立運動』 II, 東京: 原書房, 1967, 1026쪽.

과 금액이 앞서 나왔던 바 許鐸의 소행이라는 것과 유사한 점이 있다. 그렇다면 구영필이 봉천 방면에서의 군자금 모집활동 때 '군정사 회계과장' 명의를 사칭했거나, 밀양과 창녕에서 거액을 모금해간 이가 실은 '임시정부'를 내세운 구영필이었을 가능성이 다분히 있어 보이는 것이다.

이 지점에서 반드시 짚어두고 가야 할 것이 의열단 폭탄사건 수사 과정에 김태석과 구영필 간의 은밀한 협력-거래가 있었다는 사실이다.[95] 또한 구영필은 1920년 여름의 일시 입국 후 아무런 제약 없이 밀양에서 6개월가량 체류했는데, 그때야말로 모금의 적시·절호의 기회였다. 앞서 거명했던 밀양부호 출연인(出捐人)들도 한미한 집안 출신의 황상규는 접근해 청하기는 원천적으로 어려울 인물들이지만, 구영필이라면 한씨 부자집이 외가라는 든든한 연줄과 후광이 있어서 접근과 설유가 아주 쉬울 이들이었다.

길림에서의 4만 3천여 원 모금은 일제 첩보대로 사실이었을지 모른다. '그 중 태반을 횡령'했다는 것도 아무 근거 없이 나온 얘기만은 아니었을 수 있다. 문제는 그 돈의 진짜 행방과 용도였다고 생각된다. 나중에 보겠지만 황상규와 그의 가정이 언제나 극빈상태였음에 상도하면, 문제의 금액을 "몰래 향리로 보내는 식으로 사복을 채웠"다는 것은 턱없이 잘못된 정보일 수밖에 없다. 그 돈은 아마 초창기의 의열단 유지비용, 즉 예비 창립단원들의 합숙훈련비와 길림을 떠나기 전까지의 집단생활비, 국내잠입 시의 교통비와 재경체류비 등의 여러 용도로 지출되었을 것이다. 그랬음에도 일제 정보망을 의식하여 의열단 창립 사실 및 거사계획과 그에 관련된 지출내역을 죄다 감추려다 보니 엉뚱한 거짓내용을 사실인 양 위장해 일부러 발설했거나 주변의 억측이 사실처럼 와전되면서 일제기관에도 그대로 첩보된 것이 아니겠는가 한다. 그

---

[95] 이 문제는 많은 거증과 상당한 분량의 논의를 요하므로 여기서는 지면사정으로 상술하지 못하고 핵심요점만 언급해둔다. 구체적인 사실 적시와 그에 대한 상세 설명은 졸고, 「의열단 창립단원 문제와 제1차 국내거사기획의 실패 전말」, 32-45쪽에서 행해졌다.

런 내용을 기관 간에 유통되는 정보자료에서 읽었던 김태석이 서울잠입 이후의 황상규의 행동에 그대로 갖다 붙이고 '밀고'된 이유로도 삼아서 반민특위 조사에서 자기의 죄를 덜어보려 한 술수가 앞의 인용문대로 부려진 것이었을 가능성이 매우 커 보이는 것이다. 그렇다면 황상규는 살아서 1920년에, 별세 후 1949년에 두 번을 난도질 같은 무고를 당한 것이다. 그러나 길림에서의 모금액 사용처가 일제 첩보망에 걸려들지 않게끔 하기 위해 그가 크나큰 오해의 과녁이 될 것임이 뻔한데도 불구하고 끝까지 감추어낸 수법을 보면 오히려 지극히 지혜로우며 공(公)을 위해 자기희생을 마다 않는 훌륭한 인품의 보유자였음을 미루어 넉넉히 알 수가 있다.

    1920년 7월의 경찰 내부보고에서는 '재외 불령선인'들의 국내잠입 및 암약 '첩보'를 3월 하순에 경기도 제3부(즉 경기도경)가 입수해 수사를 속행하고 단서를 잡아 체포의 개가를 올린 것이라 하였다.[96] 첩보 입수 시점으로 볼 때는 최초 제보자가 '김진규·안태익'이 아닌 제3의 인물이었을 가능성이 매우 크다. 설사 그 두 사람이 밀정이었을지라도, 경찰이 밀입국 의열단원들의 신원 및 행방 관련 정보를 어느 정도 수집·확보해놓고는 체포작전을 개시했을 때 정확한 은신처를 알아내는 데나 이용되었을 것이다. 그렇다면 의열단원들의 밀입국 첩보와 그들의 은신처에 대한 '밀고'는 별개의 통로로 이루어졌을 가능성이 큰 것이고, 이에 대해서는 별고에서[97] 상세히 밝혀 설명하였다.

---

96 「高警 제22281호, 불령선인 흉해[행] 기도 발견검거의 건」(1920. 7. 17), 『독립운동사자료집』 제11집, 91-94쪽.
97 졸고, 「의열단 창립단원 문제와 제1차 국내거사기획의 실패 전말」, 36-47쪽을 볼 것.

다시 밀양에서: 지역사회운동과 항일기세 거양

재향 사회운동에 진력

징역 7년 형을 받은 황상규는 마포의 경성형무소에서 옥고를 겪고, 1926년 4월 24일 김기득과 함께 옥문을 나왔다.[98] 미결구류일 수 200일이 형기에 산입되고, 수형 중인 1924년 1월에 일반감형이 있었기에, 피체 후 5년 10개월 만이었다.

출옥하고 황상규는 밀양 본가로 돌아갔다. "집안이 매우 구차하여 그동안의 가족들의 생활은 형언할 수 없이 처참하였다"고 출옥기사에 묘사되었을 만큼 가정사정은 말이 아니게 되어 있었다. 8년 전 망명 직후에 세 살 차녀가 사망했는데, 아홉 살배기 차남도 한 달 전 3월에 세상을 떠나고 없는 것이었다. 두 자녀의 요절은 영양실조나 질병을 제때 구완해내지 못해서였을 것이니, 가장이요 아비로서 그의 심정은 참으로 비통하고 참담했을 것이다.

그렇다고 그냥 주저앉아있을 그는 아니었지만, 몸과 마음을 추스를 시간도 좀 필요했다. 마침 윤치형도 3.13 만세시위사건의 궐석재판에서 선고된 형량까지 합해 6년 반의 형기를 마치고 같은 달에 출옥했는지라, 지인들이 두 사람을 위로하고 서로의 정회를 풀어내는 자리를 5월 초에 마련해주었다.[99] 그런 환대와 애정을 마음에 고이 담으면서 황상규는 한동안 가정재건과 건강회복에 주력했다. 그리고는 출옥 후 만1년이 되고서부터 밀양의 사회운동 공간으로 성큼 들어서기 시작했다.

---

98 『동아일보』(1926. 4. 25), 「총독부폭파 직접단 2인 만기출옥」; 『시대일보』(1926. 4. 25), 「밀양사건 주동인물 황·김 양씨 출옥」.

99 그 정경이 애틋하여 여기 인용해본다. "출감한 황상규와 윤치형 양씨를 위로코자 밀양 知舊 50여 인이 5월 2일 오후 2시경에 三門里 竹頭에 회합하여 서로 그리던 정회를 토로하며 과거 千萬愁를 씻어버리고 화기애애한 중에서 嶺南樓를 배경 삼아 촬영 후 7시에 해산하였더라."(『동아일보』 1926. 5. 5, 「황윤 양씨 위로」).

먼저 그는 청년운동에 동참하는 모습부터 보였다. 그동안 활동이 부진했다는 밀양청년회가 정기총회를 개최한 1927년 3월을 기해서였다. 조금 전 2월에 출옥한 윤세주도 바로 몸을 일으켜 행보를 같이하는바, '밀양 청년운동의 대부'로 일컬어지던 김병환이[100] 임시의장이 되어 주재한 총회에서 황상규·윤치형·윤세주 3인이 신임 집행위원으로 나란히 이름을 올린 것이다. 지도력과 투쟁성을 겸비한 의열단 동지들이 새로 호흡을 가다듬고 청년회의 대오 정비와 혁신에 나설 태세였다.

그러한 황상규의 첫 행보는 경남도 당국의 일방행정에 맞서는 주민운동에 적극 참여함으로 내디뎌졌다. 군청 청사를 내일동에서 삼문동의 역전으로 옮기려는 데 반대하여 5월 3일 밤에 군청 앞 광장에서 개최된 진정위원보고회에서 황상규가 축사하고 대책위원회의 일원으로 선임되었다.[101] 대부분 일본인이지만 대대로의 밀양사람도 일부 끼어있는 몇몇 지주의 이득이 다수 군민의 편익을 소멸시킬 이유가 될 수 없다는 뜻도 담긴 이 반대운동은 점점 기세를 더하여 연말에 최고조에 이르더니 이후 2년여 동안 계속되었다. 군청 이전을 대놓고 촉구하는 한춘옥·한봉인 쪽에 공개적으로 반대하는 모습이 되어버려 곤혹스럽기는 하지만 그래도 황상규는 단호히 공익 편에 섰다.

그해 10월의 청년회 정기총회에서 황상규가 집행위원장으로 선임되지만 즉시 사임한다. 전국적 추세대로 회원의 연령제한 문제가 제기되자 김병환·윤치형을 포함하는 30세 이상 임원진이 전원 사임함에 보조를 같이한 것이다. 대신에 그는 신간회운동으로 눈을 돌려 지회 설립을 추진해가는 한편으로, 수시로 발생하는 지역내 현안들에도 관심을 가져 교육문제 중심으로 해

---

100 김병환은 1924년 1월 출옥 후 1925년 11월 밀양청년회 집행위원장으로 선출된 지 1주일 만에 이종암의 비밀활동('경북 의열단사건')에 연루된 혐의로 피검 수감되었고 1926년 11월에야 예심의 면소(免訴) 결정으로 석방되어 나왔다.
101 『매일신보』(1927. 5. 6), 「去益 확대되는 군청이전 문제」.

결 또는 개선에 힘썼다. 일례로, 1927년 11월 9일 밀양공립농잠학교 1·2학년생 80여 명 전원이 동맹휴학에 돌입하자 학부형 및 유지 60여 명이 모여서 대책을 논의할 때 그는 정광호(鄭光浩) 등 다른 4인과 함께 교섭위원이 되어 중재활동에 나섰다.[102] 같은 달 17일, 밀양공보교 6학년생 김외득(金外得)이 운동장 보수를 위한 모래·흙 운반에 동원되었다가 심장마비로 사망했다. 이에 황상규는 조사위원 대표로 선임되어 책무를 다하고, 교장과 담임교사에게 사과문과 재발방지 서약서 제출을 요구해 관철시켰다.[103]

이 사건을 계기로 밀양공보 학부형회는 교육시설·환경 문제에 적극 개입하여 개선 요구의 목소리를 내기 시작한다. 처음 표출된 것은 1928년 3월 부회장 황상규 외 5인의 교섭위원이 퇴락한 2층 교사(校舍)의 개축을 경남도 당국에 건의함으로였다.[104] 그러나 당국은 외면하고 소극적인 태도만 고수하였다. 이에 발분한 학부형회가 황상규의 사회로 5월 7일 열린 임원회에서 개축 기성회 발기회를 결성하고, 5월 28일 창립총회를 열어 활동을 개시하였다.[105] 그런 열의와 노력이 결국은 효과를 보아, 7월에 밀양군에서 2만 70원의 신축예산을 편성하고 12월에 기공하기로 하였다.[106]

밀양여자청년회가 운영해온 여자야학이 1927년 가을 들어 교실문제에 봉착했을 때도 황상규가 교섭위원의 일원이 되어 여청 간부진의 해결노력에 힘을 실어주며 많이 애썼다. 그 덕에 야학교실은 이듬해 1월 초에 비협조적인 교회당에서 연계소(蓮桂所)로 옮겨갈 수 있었다.[107] 1928년 여름에는 7월 6일

---

102 『동아일보』(1927.11.16), 「밀양농잠 맹휴문제」.
103 『중외일보』(1927.11.21), 「사토운반 중에 밀양공보생 즉사」; 『동아일보』(1927.11.23), 「밀양공보교 학생참사사건」.
104 『동아일보』(1928.3.17), 「교사개축을 도 당국에 진정」 참조.
105 『동아일보』(1928.5.10), 「밀양보교 개축운동」. 황상규는 기성회 임원으로는 참여하지 않았다.
106 『중외일보』(1928.7.8), 「밀양공보교 신축예정 편성」.
107 『동아일보』(1928.1.20), 「밀양여자야학」.

재동경 조선농우연맹(朝鮮農友聯盟) 순회강연단의 내방강연회에서 사회를 보고,[108] 8월 19일 밀양공보교 운동장에서 열린 제3회 경남축구대회에서 회장이 되어 개회사를 했으며,[109] 같은 날 밤 청년회관에서 열린 밀양유학생 간담회에도 내빈으로 참석하여[110] 격려해주었다. 지역의 교육·계몽 관련 행사마다 주최측 대표나 든든한 병풍 격으로 꼭 참석해 후배 청년층을 한껏 격려하고 의기도 높여주곤 한 것이다.

항일언론 육성운동 부조

이렇듯 지역사회의 주민운동·청년운동·계몽운동과 교육문제 해결에 진력하는 한편으로 황상규는 전국적 차원의 항일언론운동에도 참여하였다. 인근 의령 출신의 민족자본가요 독립운동가인 안희제(安熙濟)의 주도로 발의된바, 중외일보사를 주식회사로 전환시킬 것에 호응하고 직접 추동도 함으로써였다. 그 시도의 취의(就義)는 주주출자 방식의 도입으로 중외일보의 열악한 재정기반을 보충 강화하여 항일민족지로 키워가면서 일제의 극심한 언론통제에 대항하자는 데 두어지고 있었다. 그리하여 1928년 6월 28일의 '주식회사 중외일보사' 발기회에서 발기인 24명이 2,400주를 인수하고 400주는 남부지방에서 일반에 공모하기로 결의되었다. 9월 11일 발기인 총회가 열린 후 현존 중외일보사와의 교섭이 개시되고, 11월 23일 서울 돈의동의 명월관 본점에서 주식회사 창립총회가 개최되었다. 이 자리에 황상규는 공모주주의 한 사람으로 나가서 다른 27명의 주주와 동석하였다.[111]

---

108 『동아일보』(1928. 7. 6), 「조선농우연맹 순회강연일정」; 『중외일보』(1928. 7. 11), 「농우연맹 순강 제2일」. 곽중곤(郭重坤) 등 3인이 「현대사회와 농촌문제」 등의 연제로 강연하였다.
109 『중외일보』(1928. 8. 23), 「밀양에서 개최된 경남축구대회」. 밀양청년동맹, 재경밀양유학생친목회 축구단, 김해청년동맹, 동래축구단(우승) 등 6개 단체가 참가한 정례행사였다.
110 『중외일보』(1928. 8. 24), 「밀양유학생 간담회」.
111 「京鍾警高秘 제15854호, 株式會社中外日報社創立總會 ノ 件」(1928. 11. 24), 국사편찬위원회 한국사 데이터베이스(이하 '국편 데이터베이스').

거기서 보고된 출자내역으로는 106명의 주주가 2,876주를 인수한 것으로 나타났다.[112] 이상협(李相協) 등 기왕의 경영진을 포함한 9인만 주소지가 서울이고, 나머지 97인은 모두 경남·북 각 부(府)·군의 부호 다수와 약간 명의 민족운동가들이었다. 빈궁한 황상규는 5주밖에 인수하지 못했지만, 밀양인으로는 유일한 주주였다. 경찰의 관측으로는 그가 부사장 김홍권(金弘權) 및 대구의 주주 이경희(李慶熙)와[113] 기맥 상통하여 경남북 중심의 민족주의자를 망라하는 '민족적 언론기관'을 세우기를 열망하고 있다고 했다.[114] 실제로 그 관측처럼 이우식 등 새 주주들의 경영권 인수로 지배구조가 바뀐 중외일보사는 1929년 9월에 임원진을 개편하여 안희제가 사장으로 취임하고 6개월 후에는 발행인 겸 편집인 명의까지 그가 접수했다. 그럼으로써 당초 의도대로의 최선봉 민족지가 되어 항일언론투쟁의 전면에 나설 수 있게 된 것이다.[115]

후술하겠지만 황상규가 신간회 서기장 및 본부 서무부장으로 재임 중이던 1929년 10월 31일은 한글창제 기념일이었고, 그날 그는 서울의 조선교육협회에서 개최된 조선어사전편찬회 발기총회에 참석하였다. 108명의 발기인 중 1인으로였다.[116] 이것은 그 편찬사업에 깊이 관여해 재정후원자가 되고 있던 이우식의 귀띔과 요청에 흔쾌히 응해서였을 것이다. 이렇듯이 그는 항일언론 육성과 한글보전운동에 적극 참여하고 성심껏 부조함으로써 문화투쟁의 길에도 동참하고 있었다고 말할 수 있다.

---

112 최대 주주는 290주를 인수한 의령의 이우식(李祐植)과 250주 인수자인 진주 부호 허낙구(許洛九)였고, 단 1주 인수 주주도 여러 명 있었다.
113 황상규보다 열 살 많은 이경희는 1923년 '황옥경부사건'에 연루되어 1년간 옥고를 겪었고 1927년 신간회 대구지회의 초대 회장을 지냈다는 데서 서로 남다른 동지애가 느껴질 만했다.
114 「京鍾警高秘 제1572호, 株式會社中外日報社ノ狀況ニ關スル件」(1929. 2. 6), 국편 데이터베이스.
115 항일언론운동과 연계된 중외일보의 지배구조 변화와 그 후의 경영 추이에 대한 자세한 설명을 졸저, 『혁명과 의열』(경인문화사, 2012)에서 해본 바 있다. 그 책의 538-541쪽을 볼 것.
116 『동아일보』(1929. 11. 2), 「사회각계 유지 망라 조선어사전편찬회」 참조.

신간회운동에 헌신

자치론에 반대하는 절대독립 노선의 민족주의자들과 사회주의자들의 일대 협동전선 조직으로 1927년 2월 서울에서 신간회가 결성된 후 전국 각지에서 호응이 분출하여 지방조직 구축이 속속 이루어져 갔다. 이 신간회운동에 황상규도 열성으로 참여하고, 지회 대표를 거쳐 중앙본부의 고위 간부가 되어 신병을 무릅쓰고 해내는 헌신적 직무수행의 모습을 보여준다. 이제 그 과정과 내용을 차례로 살펴보도록 하겠다.

신간회 밀양지회장 활동

신간회운동에 대한 지지가 그대로 투영되는 바의 지회 설립 움직임은 밀양에서도 시동되어, 창립준비회가 1927년 12월 11일 청년회관에서 열렸다. 1주일 전에 당한 부친상의 슬픔 속에서도 황상규는 준비위원 13인 중 1인으로 선출되어 선전부와 서무부 위원을 겸임하게 된다.[117] 뒤이어 12월 19일 오후에 열린 신간회 밀양지회(이하 '밀양지회' 또는 '신간지회') 창립대회에서 그는 임시의장으로 지명되어 회의 진행을 주재했고 임원선거 순서가 되니 회장으로 선출되었다(부회장은 김병환). 그 후 선전홍보와 조직확충에 힘을 쏟아 창립 며칠 만에 회원 수를 50명에서 130여 명으로 급증시킨[118] 황상규 이하 지회 간부들은 원칙과 방향을 정해놓고 부지런히 움직이며 다양한 활동을 폈으니, 대략 다음과 같은 것들이다.

우선 1928년 3월에 1인당 1원으로 1구좌 원칙의 로치데일(Rochdale)식 협동조합이 설립되는데, 지회 간부진 중심으로 창립을 발기하여 여러 달 준비한

---

117 『동아일보』(1927. 12. 13), 「밀양신간지회 來19일 설립」.
118 『동아일보』(1927. 12. 22), 「신간지회 설립」; 『조선일보』(1927. 12. 23), 「신간회 각지소식」 참조.

결과였다.[119] 윤치수(尹致琇)·이완희(李完熙) 등의 3인 자산가와 8인 준비위원의 출연으로 자본금 5천원을 조성해놓고 일용잡화와 곡물·소금·비료·면포 등의 판매점을 개설하여 회원제로 운영하는 일종의 소비조합으로였다. 황상규는 3월 17일의 창립총회에서 준비위원 대표로 개회사를 하고, 10월 6일에 제3대 조합장으로 선임되어[120] 전무이사 윤세주와 함께 조합발전 방안을 여러모로 강구하였다.[121]

그는 협동조합운동이 경제운동으로 시작하지만 종국의 목적은 정치운동과 무관하지 않다고 생각하였다. 협동조합이 지역주민들의 소통 증진과 상호신뢰, 협력과 단결을 높이는 매개체가 될 것으로 믿었고, 전국적 연대의 효과도 크리라 전망했다. 그래서 그는 윤치형을 서울 와룡동의 협동조합운동사 본부에 집행위원으로 보내고 제7회 정기대회에 참석하게도 했다.[122]

반면에 그는 기득권에 연연하여 시대의 흐름에 역행하는 세력이나 단체의 준동은 철저히 견제 또는 격퇴코자 하였다. 그래서 1927년 12월에 돌연히 설립 발기된[123] 밀주유림친목회에 대응할 방책 강구를 신간지회 제1회 정기대회의 한 의제로 삼고, 그 봉건퇴행적 책동에 대한 조사활동을 김병환·윤세주 등 4인 위원이 열흘간 수행토록 지시하였다.[124] 그래서였을까. 두 달 후에 신간지회는 오랫동안 밀양 유림들의 집회소이자 사족구락부 역할을 해온 내이동의 연계소로 사무실을 옮길 수 있었다.[125] 바야흐로 신간지회가 제 위치를

---

119 『동아일보』(1928. 3. 16, 3. 20), 「밀양협동조합」.
120 『동아일보』(1928. 10. 13), 「밀양협조 이사회」.
121 『동아일보』(1929. 6. 25), 「회합」.
122 「京鍾警高秘 제4531호, 協同組合運動社執行委員會開催ノ件」(1929. 4. 10); 「京鍾警高秘 제4827호, 協同組合運動社定期大會ニ關スル件」(1929. 4. 15), 국편 데이터베이스.
123 『조선일보』(1927. 12. 17), 「밀주유림친목회 발기」.
124 『조선일보』(1927. 12. 23), 「신간회 각지소식」.
125 『조선일보』(1928. 2. 15), 「밀양지회 이전」.

굳히고 목소리를 내면서 지역사회의 새 실세로 떠오름을 보여주는 상징적 사건이었다.

1928년 4월에는 밀양 수산제(守山堤) 아래 국농소(國農沼)의 소작쟁의가 발생함에, 21일의 신간지회 총무간사회의에서 조사보고를 듣고 근본적 해결방침 연구를 결의하였다.[126] 10월 초에는 밀양지역 각 사회단체와 함께 관북이재민동포구제회를 조직하여 160원을 모금하였다.[127] 또한 12월 29일에는 신간지회 제2회 정기대회 사회를 보면서 '지방 풍기에 관한 건' 등 토의안건 11개를 처리하고, 밤 9시 반부터 창립 2주년 기념식을 거행했으며, 10시 반부터 자정까지는 신임간사회를 주재하는 등으로, 강행군을 마다하지 않았다.[128]

이듬해 1929년 1월 3일에도 5시간 반 동안 간사회를 주재하여 매월 1일을 금연단일(禁煙斷日)로 정하는 등의 결의를 끌어내고, 사흘 후 1월 6일에 또 간사회를 열어 본부대회 건의안 및 당년도 사업계획을 토의하였다.[129] 1월 12일의 총무간사회에서는 지회 산하에 13개 반을 조직하여 회원들을 적절히 배치 편성할 것을 결의하였고,[130] 3월 26일의 정기간사회에서 회원 원유회(園遊會)와 상식강의 개최를,[131] 5월 8일의 임시간사회에서는 경북의 가뭄재해 구제 모금을 위한 음악회 개최를 결정하기도 했다.[132]

이들 활동에 대해 지나치게 지역밀착형이라거나 대중추수적일 뿐이라고 비판함은 온당치 못해 보인다. 그보다는 지역주민을 항시 중심에 두는 사고,

---

126 『동아일보』(1928. 4. 27), 「신간밀양지회 간사회」.
127 『동아일보』(1928. 10. 13), 「참담한 한수재와 각지 동포의 동정, 밀양」.
128 『동아일보』(1929. 1. 1), 「밀양신지대회」; 『동아일보』(1929. 1. 9. ·1. 11), 「밀양신간 간사회」.
129 『동아일보』(1929. 1. 6.), 「밀양신간 간사회」.
130 『조선일보』(1929. 1. 16), 「밀양지회 간사회」 참조. 이 조치가 갖는 운동론적 의미가 강만길 편, 『밀양의 독립운동사』, 418-419쪽에 상설되어 있다.
131 『동아일보』(1929. 3. 30.), 「신간밀양 간사회」 및 「원유회 발기」; 『조선일보』(1929. 4. 2), 「밀양신간지회 제5회 간사회」.
132 『조선일보』(1929. 5. 12), 「신간밀양지회 임시간사회」.

그들의 생활세계에 깊은 관심을 가지면서 같이 호흡해가려는 자세가 견지되는 모습이었다고 보는 것이 옳겠다. 그런 활동 속에서 신간지회는 청년·농민·노동·여성 등 부문운동의 유관단체들과 보조를 같이하고 상호협력과 지원을 주고받으면서 밀양의 민족운동과 사회운동의 기반을 다져가고 있었다. 그 중심에 의연히 황상규가 서 있던 것이다.

신간회 본부 진입과 중앙간부 활동

신간회 본부가 경찰의 금지로 좀처럼 열리지 못하는 전체대표대회를 대신할 복(複)대표대회를 개최하기로 결정함에 따라 밀양·양산·울산의 3개 지회로 구성되는 양산구(區) 회의가 1929년 5월 29일에 열린다. 그리고 거기서 황상규가 중앙에서 배정된 1인만의 복대표로 선임되어,[133] 6월 28·29 양일간 서울 중앙기독교청년회관에서 열린 복대표대회에 참석하게 되었다.

신간회운동사의 중요 분기점이 될 이 대회에서 그는 작심이라도 한 듯이 맹활약을 보였다. 우선, 제1일 저녁에 서린동의 명월관 지점에서 열린 대표위원 환영회에서 조선일보 사장 신석우(申錫雨)의 환영사에 답사한 2인 중 1인이었다.[134] 29일 오후에 임원선거를 위한 전형위원을 정하는 자리에서는 경남의 복대표들에 의해 경남구역 위원으로 선출되었다. 연후에 전형위원들이 56명의 중앙집행위원(이하 '중집위원')과 13명의 중앙검사위원을 선출하기 위해 4배수의 후보를 구두 추천하는 순서가 되자 그가 "중집위원장 당선자인 허헌(許憲) 다음으로 최다 횟수의 추천권을 행사하며"[135] 기염을 토하였다. 그 덕분인

---

133 『동아일보』(1929. 6. 2), 「3군 신간소구회」.
134 「京鍾警高秘 제8559호의 2, 新幹會代表委員歡迎會ニ關スル件」(1929. 6. 29), 국편 데이터베이스.
135 충북 청주구 복대표였던 안철수(安喆洙)의 회고 증언에 의함(이균영, 『신간회 연구』, 역사비평사, 1993, 180쪽).

지 경남 복대표 4인[136] 전원이 중집위원으로 선출되었다. 6월 30일 오후에 돈의동의 명월관 본점에서 구 간부진과 복대표단과의 간담회가 열렸을 때도 감연히 일어나 소감 위주로 발언하였다.[137]

압권은 7월 4일 중앙청년회관에서 열린 제2기 제1회 중앙집행위원회(이하 '중집위') 회의에서 황상규가 압도적 득표로 서기장에 당선되었음이다.[138] 서기장은 신간회 1기의 부회장에 상당하는 직책인데, 당선발표 직후 그는 신병을 이유로 사의를 표하였다. 그러나 받아들여지지가 않아서 그는 허헌 위원장과 함께 쌍두마차로 2기 신간회를 이끌어가게 된다. 동시에 사회주의자들과의 기세 겨룸에서 밀리지 않을[139] '민족주의 좌파의 맹장'이 되어야 했고, 실제로 복대표대회 개회 이후로 내내 그러는 중이기도 했다. 서기장으로서 그는 허헌·이관용(李灌鎔) 등 5인 전형위원과 함께 중앙상무집행위원 12인 및 본부 각 부장·부원 선임에 참여했는데, 서무부장은 중집위 서기장이 겸임토록 결정되어 그 직도 맡게 되었다.[140] 그리하여 전임 총무간사 조헌영(趙憲泳)으로부터 사무인계를 받고, 7월 10일 중앙상무집행위원회(이하 '중앙상무위') 제1회 회의를 여는 것으로 집무를 개시하였다.[141]

---

136 황상규 외에, 부산구 박문희(朴文熹), 마산구 여해(呂海), 진주구 김진환(金辰煥)이었다.
137 「京鍾警高秘 제8559호의 5, 新幹會新舊幹部及代表委員懇談會ニ關スル件」(1929.7.1), 국편 데이터베이스.
138 37인 위원의 무기명 투표 결과, 황상규 23표, 김병로(金炳魯) 12표, 조만식(趙晚植)·김항규(金恒圭) 각 1표였다(「京鍾警高秘 제8916호, 新幹會中央執行委員懇談會ニ關スル件」, 1929.7.5). 이하의 신간회 관계 「京鍾警高秘」 문서는 모두 독립기념관 한국독립운동사 정보시스템에 들어있는 것들이다.
139 이균영의 분석에 따르면, 출석 복대표가 27명이던 가운데 신상파악이 가능한 24명 중의 16명이 조선공산당에 가담하거나 사상단체에 관여하여 '(사회)주의자'로 불리던 인사들이고, '민족좌파'로 분류될 수 있는 인물은 황상규·서세충(徐世忠)·신상태(申相泰)·안철수 정도였다(이균영, 『신간회 연구』, 170-171쪽). 임원선거 결과도 1기 간부 중에서 권동진(權東鎭)·홍명희(洪命熹)·이관용 등 5명 이외의 전원이 교체되는 한편, 화요회계와 서울청년회계 중심의 사회주의자들이 대거 진출하여 중집위원(후보 포함) 및 검사위원 총원 78명 중 38명으로 50%에 육박했다(이균영, 같은 책, 186-198쪽에 의함).
140 다른 5개 부장의 선임 결과는 다음과 같았다: 조직부장 김항규, 선전부장 이종린(李鐘麟), 조사부장 이춘숙(李春塾), 교육부장 조병옥(趙炳玉), 출판부장 박희도(朴熙道; 취임 거부).
141 「京鍾警高秘 제9242호, 新幹會中央常務執行委員會ノ件」(1929.7.12); 「京鍾警高秘 제9243호, 新幹會本部通文郵送ノ件」(1929.7.12).

중집위 회계로서[142] 재무부장을 겸하게 된 김병로는 밀양과의 인연이 묘하게 거듭됨에 감회가 새로웠을 것이다. 1919년 4월 16일에 판사로 임명됨과 동시에 부산지법 밀양지청에 부임하여 근무하다 8개월 만에 사직한 그였다.[143] 그 재임 중의 밀양폭탄사건 재판으로 의열단이라는 존재가 뇌리에 박혔을 텐데, 이제 그 중심인물과 마주하고 동행도 하게 된 것이다.

황상규를 보좌할 서무부원은 2명이었는데, 그중 이주연(李周淵)은 함남 단천 출신의 청년 항일운동가였다.[144] 황상규와 꼭 같이 7년의 옥고를 겪고 같은 날 함흥형무소에서 출옥한 의열단 동지 이낙준의 고향인 파도면 출신이기도 했는데, 이낙준이 1929년 8월 말에 신간회 단천지회 집행위원장으로 선임되어 있었다.[145] 황상규로서는 그만큼 남다른 정이 느껴졌을 것이고, 이주연은 이주연대로 이념적 성향은 다르지만 매사 열정과 진지함으로 영민·능숙하게 소임을 수행해내 황상규의 기대와 신임에 부응해주었다.

적어도 1년 이상인 임기 중에는 서울에 상시 재류하고 있어야 했지만, 가족을 불러올려 같이 살 수 있는 경제적 여유를 황상규는 갖고 있지 못하였다. 오히려 본인 혼자의 생활비마저도 본부의 지원을 받아야 하는 처지였다.[146] 최고 간부 3인이 각자 납부하게끔 되어 있는 본부 운영비 1천원도 그로서는

---

142 회계 책임자 선거에서 김병로 34표, 이항발(李恒發)·김항규·홍명희 각 1표였다
143 한인섭, 『식민지 법정에서 독립을 변론하다』, 경인문화사, 2012, 57쪽. 그 후 김병로는 1920년 12월에 변호사 등록을 하고 개업하여 독립운동자 피고의 변론에 주력해간다.
144 조사부원도 겸임하게 된 1903년생 이주연은 서울 중동학교를 졸업하고 귀향하여 1922년 단천청년회 창립 때 집행위원으로 선임되어 활동하다 1927년 신간회 단천지회 설립을 주도하여 정치문화부 총무간사가 되었고, 1929년 1월에 단천청년동맹 집행위원장, 4월에 단천농민동맹 집행위원으로 선출되기도 한 지역 운동계의 맹장이었다.
145 『조선일보』(1929. 9. 4), 「신간단천지회 제4회 간사회」
146 김병로는 회고하기를, "상임위원 중에는 생활의 보조를 하여야 할 사람도 있는 관계로 매월 총경비로는 다액을 요하였"다고 했다(김병로, 「수상 단편」, 김진배 편저, 『가인 김병로』, 가인기념회, 1983, 280쪽). 그 보조 대상에 황상규도, 어쩌면 황상규만, 들어있었음이 확실해 보인다.

감당이 안 되게 큰 금액이었다.[147] 그래서 그는 본부 사무실이 있는 종로에서 [148] 가까운 송현동(현재의 광화문 옆 동십자각 부근)의 어느 셋집을 빌려 숙소로 삼 았다.

중집위 서기장이면서 집행부 서무부장이라는 황상규의 직임은 본부 운영의 실질적 책임을 지고 다양한 성향의 지회들도 통솔하는 일이었다. 그만큼 쉴 새 없이 많은 일을 살펴보며 다루어야 했고, 그래서 늘 분주했다. 집행부 안팎의 많은 사람들과 수시로 대면하고, 빈번하게 열리는[149] 회의 준비와 진행과 기록유지에도 만전을 기해가야 했다. 회의결과 및 본부 사업경과나 요구사항 등을 담아서 그의 직명으로 작성된 정기·부정기의 등사본 통문을 '신서발(新庶發) ○○호'라는 문서기호를 붙여 근 140개의 지회로[150] 그때그때 내보내야 했고, 지회로부터 오는 보고문이나 요청사항을 수시로 접수해 처리하고 회신도 해주어야 했다.

그 모든 일을 그가 다 수행하는 것은 아니고 부원과 나눠 맡아 하거나 주로

---

147 1929년 7월에 경찰이 신간회의 내정(內情)을 탐지한 보고문에, "허헌, 김병로, 황상규 3인이 당선 후 1천원씩을 납부키로 했는데, 허헌과 김병로는 변호사이니 그럴 만한 실력이 되지만 황상규는 의열단원으로서 희생이 많았는지라 그럴 만하지 못하다. 가족을 경성으로 불러올려 생계를 도모할 비용 및 장소가 있는지도 동지간에 의문시되고 있다"고 하였다(「京鍾警高秘 제9756호,「新幹會ノ動靜ニ關スル件」, 1929. 8. 1).

148 본부 사무실은 창립 때 관수동 이갑수(李甲洙)의 저택 사랑채에 두었다가(조지훈,「신간회의 창립과 해소」,『신간회 연구』, 동녘, 1983, 11쪽), 제2기 출범과 더불어 한규설(韓圭卨)의 은밀한 기부금으로 빌린 종로 3정목 80번지의 건물로 옮겼고, 한 달 후 종로 2정목 45번지(탑골공원 남동쪽 큰길 건너편이었음; 장규식,「일제하 종로의 민족운동 공간」,『한국근현대사연구』제26집, 2003, 87쪽)로 재이전하였다.

149 중앙상무위 회의만 하더라도 처음에는 매월 5·15·25일 3회 개최로 예정되어 있었지만, 실제로는 긴급사안(초기에는 광주지회사건, 갑산화전민사건, 태평양문제연구회 조선대표 문제 등)이 있을 때마다 소집되어, 7월에는 2~3일 간격으로 열린 적도 여러 번 있었고, 8월 들어서도 개최 날짜나 주기가 아주 불규칙하였다.

150 신간회 지회 수는 1927년 12월에 100개를 돌파했고 1928년 12월 현재 143개였다(경기도경찰부,『治安槪況』, 1929, 24쪽; 신용하,「신간회의 민족운동」, 독립기념관 한국독립운동사연구소, 2007, 153쪽). 1929년 11월 23일의 제2회 중집위 회의에서 보고된 바로는 전국 232개의 부·군·도(島) 중 120개 지역에 해외지회 4개를 더하여 총 138개 지회가 설립되어 있었다(이균영,『신간회 연구』, 205쪽).

지휘감독을 하는 것이라 할지라도 적은 일은 결코 아니었다. 본래의 직임 말고도 할 일은 자꾸 더 생겨났다. 본부 간부진의 지방순회강연 계획에 따라 호남대(湖南隊)의 일원으로 7월 24일에 전남북 13개 지회 순회에 나섰고, 성사 가망이 얼마나 되는지도 모를 회관신축 추진도 그의 소관 업무였다.

7월 28일에는 김병로가 특파되어 수행한 갑산화전민사건[151] 진상조사의 결과보고 연설회가 개최될 예정이었는데 경찰이 금지하였다. 이에 신간회 본부는 8월 4일 천도교기념관에서 '언론압박규탄 대연설회'를 개최하며 김병로·이주연·안철수와 함께 황상규가 연사로 나가기로 했다.[152] 그러나 경찰의 집회금지령으로 이 또한 실행되지 못하였다. 이에 총독부를 방문하여 엄중히 항의하기로 하는 결의가 중앙상무위에서 나오면서 항의위원으로 김병로·이관용과 황상규가 지명되었다.[153]

그러던 중 밀양에서 신간지회와 청년동맹 사이에 분규가 생겨 전자가 청맹의 신임 집행위원장을 성토하는 강연회 개최를 준비 중이라는 급보가 날아들었다.[154] 이에 8월 28일의 중앙상무위 회의에서 황상규가 가서 임의 조정·

---

151 1929년 6월 중순에 함북 갑산군 보혜면에서 일경 11명과 영림서원 6명이 작당하여 백두산록 평평물(폭포동)의 화전민 가옥 73호에 방화하고 13호를 파괴하는 만행을 저지른 사건이다. 구체적 내용과 김병로의 조사활동에 대해서는 김진배 편저, 『가인 김병로』 288-294쪽의 김병로 회고를 볼 것.

152 「京鍾警高秘 제11097호, 新幹會緊急中央常務執行委員會」(1929.8.18); 「京鍾警高秘 제11984호, 新幹會本部通文郵送ノ件」(1929.9.5).

153 「京鍾警高秘 제11097호, 新幹會緊急中央常務執行委員會」(1929.8.18). 8월 31일의 총독부 항의방문은 김병로와 조병옥이 갔고, 황상규는 밀양 출장으로 동행하지 못하였다.

154 「京鍾警高秘 제11573호, 新幹會臨時中央執行委員會集會取締狀況報告」(1929.8.29).
1929년 7월 29일의 밀양청년동맹 창립 1주년 기념 임시대회에서 회원연령 상한을 25세로 낮추기로 결의하고 집행위원 개선도 있었다. 이것은 신간회와의 인적 분할선을 명백히 긋겠다는 것인데다 상한선을 너무 낮춘 것 아니냐고 불만을 품은 신간지회 측이 문제 삼아 마찰이 빚어진 것일 수 있다. 그런데 청년동맹 집행위원장 안병욱(安秉旭) 대신 임시대회 의장이 되어 사회를 보고 신임 집행위원으로 선출도 된 이가 박태수(朴太守)였으므로 공격이 그에게 집중된 것으로 보인다. 위의 자료에서는 박임수(朴王守)라 했는데, 그는 밀양지회 창립 이래 그때까지 쭉 간부였고 청년동맹과는 거의 무관한 인물이었다. 고로 자료 속의 '박임수'는 '박태수'의 와전 또는 오기였음이 분명하다.

처리토록 결정되었다. 그날 밤 그는 10일간 출장 일정으로 하향하여,[155] 9월 6일 신간지회 제2회 임시대회에서 집행위원장 직을 김형달(金炯達)에게 넘기고[156] 9월 15일 상경 귀임하였다.[157]

그렇게 황상규가 일시 귀향해 있는 동안에 신간회 경남도지회연합회 설립 문제가 밀양지회 회원들 간에 재논의되어,[158] 연합회 설립을 김해지회와 함께 발의하였다. 그리고 11개 지회 참여 하의 발기대회를 9월 15일 마산에서 개최키로 합의하였다. 그러나 당일 개회 직전에 전달된 경찰의 금지령으로 유회되어버렸고, 이에 출석한 대표들의 서면발기로 대체하였다. 설립대회는 10월 11일 김해에서 개최키로 하고 그 준비를 밀양지회가 김해지회와 함께 위임받아 재추진하였다. 그러나 역시 경찰의 금지로 좌절되어버렸다. 이에 다시 추진하여 11월 10일 김해에서 열기로 하였다. 하지만 경찰이 거듭된 방해와 금지령으로 연합회 결성은 끝내 성사되지 못하였다.[159] 그래도 이 문제에 관해 밀양지회는 집요한 노력을 기울였고, 그것은 황상규의 강력한 주장과 권고가 다시 나온 데 따라서였을 것인 가능성이 크다.

광주학생운동의 열풍 속에서

밀양을 다녀온 후 한 달여간 별다른 움직임이 없어 보이던 황상규는 11월 들어 다시 바빠졌다. 광주에서 조·일 학생충돌사건이 발생했고 시민시위로 확대되어 가는데, 당국의 수습 조치가 조선인 학생 대량검거와 휴교령 등에

---

155 「京鍾警高秘 제11984호, 新幹會本部通文郵送 / 件」(1929.9.5).
156 『동아일보』(1929.9.10), 「밀양 신간대회」.
157 『중외일보』(1929.9.16), 「소식」.
158 1928년 2월에 밀양지회가 '3개 이상 지회의 연합기관 설치'를 대표대회 건의안으로 확정한 바 있다 (『조선일보』1928.2.12, 「밀양지회 간사회」).
159 『중외일보』(1929.9.18), 「경남 신간연합회 발기대회 금지」; 『동아일보』(1929.10.4.), 「신간도련 설치 공문발송 금지」; 『동아일보』(1929.10.7), 「신간경남도련 설립대회 연기」; 『동아일보』(1929.11.7), 「도에 교섭도 무효」.

그쳐 미봉적이고 편파적인 때문이었다. 11월 4일 광주지회의 보고로 사태를 인지한 신간회 본부에서는 중앙상무위를 긴급 소집하여 대책을 협의하고 조사단 급파를 결정하였다.

이에 따라 지도부의 허헌·황상규·김병로 3인이 11월 9일 오전에 특급열차를 타고 광주로 내려갔다.[160] 그날 밤 송정리역에 도착한 일행은 마중 나온 광주·나주·담양·장성 4개 지회의 간부들과 상면하고 광주시내 수기옥정의 광양여관으로 안내받아 여장을 풀었다. 그리고 광주지회원 장석천(張錫天)을 만나 사건 설명을 청취하였다.[161] 다음 날 10일에 조사단은 정사복 경찰의 감시하에 광주고보 학부형회 위원들을 만나보고 광주고보와 광주중학을 차례로 방문하여 사건진상을 조사하였다. 이어서 11일에는 광주경찰서장과 광주지법 검사정(檢事正)을 찾아가 만나, 70여 명의 조선인 학생만을 구속한 불공평성에 엄중 항의하고 당일 귀경하였다.[162]

현지조사 결과는 11월 15일의 제20회 중앙상무위 회의에서 황상규가 보고하였다.[163] 상무위는 진상조사서를 작성하여 발표할 것과 '진상보고·비판 대연설회'도 개최할 것, 연설회의 시일·장소·연사는 조사단에 일임함을 결의하

---

160 『중외일보』(1929. 11. 9), 「광주사건 원만 해결코자」에는 이들 3인에 다른 1명의 '법조계 인사'가 동행하는 것처럼 좀 애매하게 쓰여 나왔다. 후일 조병옥은 『나의 회고록』(민교사, 1959), 104-105쪽에 본인도 그때 광주에 같이 다녀온 것처럼 자세히 써놓는데, 인원이 위 기사와 맞아떨어진다. 그러나 첫 보도 이틀 후인 11월 11일자의 『중외일보』 기사(「신간회위원 3씨 광주에서 활동중」)는 신간회의 광주학생운동 조사단원이 3인임을 제목에서부터 확실히 했고, 『동아일보』·『조선일보』의 11월 10일자 및 11월 13일자의 관계기사들도 거명까지 하면서 3인임을 분명히 보여준다. 그러므로 앞의 『중외일보』 11월 9일자의 기사는 오보였음이 확실시되고 조병옥의 회고는 믿기 어려운 것이 된다.

161 장석천도 광주역에서 "허헌, 황상규, 김병로 3인"을 맞이하여 여관으로 안내하고 사태를 설명했다고 경찰에서 진술했다. 「장석천 경찰신문조서(제4회)」(1930. 1. 15), 국사편찬위원회, 『한민족독립운동사 자료집』 50, 2002, 38쪽.

162 이상의 신간회 조사단의 족적은 주로 『중외일보』(1929. 11. 11), 「신간회위원 3씨 광주에서 활동중」과 김진배 편저, 『가인 김병로』 282-283쪽에 의한 것임.

163 『중외일보』(1929. 11. 20), 「신간본부 위원회, 황상규씨 보고」.

였다.[164] 11월 23일에 열린 제2회 중집위 회의에서도 황상규가 조사결과를 보고했다. 중집위는 대연설회 개최에 동의하고 일정은 중앙상무위에 일임하니, 허헌·홍명희·조병옥·이관용 등을 중심으로 연설회 개최를 추진하였다. 그 과정에 본부 간부진과 경성지회원들 대상의 협의가 있게 되자 황상규도 참석했다. 그러나 연설회는 총독부의 금지 조치로 열리지 못하였다.

그런 동안에도 전남지역에서는 학생시위가 속발했고, 서울에서도 12월 2일 이후로 각 사회단체와 학생들이 항일운동의 전국화를 위한 격문을 다량 살포하고 맹휴에 돌입했다. 이를 이어 5일에 시위가 시작되더니, 나흘 후에는 연합시위로 확대되었다. 상황이 이렇게 엄중해지자 허헌이 12월 10일 각계 인사 11명을 자택으로 초치하여 대시위운동 발기회를 갖도록 했다. 논의 끝에 시위운동의 촉발제 삼아 진상발표 대연설회 즉 '민중대회'를 14일에 안국동 네거리 등 여러 곳에서 개최키로 결정되었다. 신간회 간부로서 동석한 이는 허헌·권동진·홍명희·조병옥·이관용과 경성지회장 한용운(韓龍雲)이었고, 의외로 황상규는 참석자가 아니었다. 이 계획에 그가 동의하지 않아서였을까? 아니면 다른 어떤 이유나 사정이 있었던 것인가?

아무튼 이 계획을 탐지해낸 경찰은 허헌과 조병옥을 호출하여 민중대회 금지를 통보하였다. 그리고는 13일 새벽에 신간회 본부를 포위하고 일제검거에 돌입하여, 허헌을 비롯한 20명을 체포해갔다. 황상규는 이날의 피검자에 들어있지 않았는데,[165] 그로부터 며칠 사이에 피검자가 신간회 간부 및 회원 44명과 근우회·청총·노총 등의 단체 관계자 47명을 합하여 91명으로 늘어난

---

164 『조선일보』(1929. 11. 20), 「광주학생사건 비판연설회」. 그 사이 광주에서는 11월 12일에 광주고보와 광주농업학교 학생 550여 명이 제2차 시위운동을 벌였는데, 그중 280명이 검거되고 광주 시내 사회단체 간부 100여 명도 같이 피검 구속된 것으로 보도되었다(『동아일보』 1929. 12. 28, 호외).
165 신간회 본부의 위원 혹은 간부로서 11월 이후에 피검된 이는 허헌 외 12명이었다(『京鍾警高秘』 제454호, 新幹會本部通文發送 / 件」, 1930. 1. 10). 그러나 그 명단에도 황상규는 없었다.

¹⁶⁶ 반면에 대회는 끝내 열리지 못하였다. 거듭된 좌절은 신간회운동의 전도에 암운을 드리우고 있었다.

귀향 투병과 같이 온 신간회운동 퇴조

간부진 다수 피검으로 신간회 본부의 기능은 일시 마비되었다. 12월 20일에 어렵게 열린 제23회 중앙상무위에서는 서무부장·교육부장·조직부장·출판부장·조사부장 직무를 각각 김병로·서정희(徐廷禧)·임서봉(林瑞鳳)·박문희·김병로가 대행토록 결정하고,¹⁶⁷ 다음 달 초부터 그렇게 시행되었다.¹⁶⁸ 이처럼 재정부장 김병로가 '서무부장'과 조사부장을 겸직함에 더해, 유고 상태인 위원장의 직무까지 대행하기로 되었다.

이 결정은 중집위원장 및 중앙검사위원장 다음으로 직위서열이 세 번째이고 선임부장이기도 한 황상규가 정상적인 직무수행을 못할 상황임을 뜻하는 것이었다. 그 상황은 무엇이었던가? 직접적인 답은 그가 12월 5일에 밀양으로 하향했다는¹⁶⁹ 공식기록에서 얻어진다.

왜 하향한 것인가? 당시 신간회운동에 참여했던 이병헌(李炳憲)의 다음과 같은 술회에서 답을 얻을 수 있다.

> "민중대회 사건으로 중앙집행위원장과 중앙검사위원장을 비롯한 중앙본부의 간부들과 경성지회장 등이 모두 복역하게 되자 신간회의 운영은 불가피하게 가인(街

---

166 『동아일보』(1929.12.14), 「종교 사회 각 방면 중요인물 속속 검거」. 이들 중 허헌·조병옥·홍명희·이관용·이원혁(李源赫)·김무삼(金武森) 6인이 구속 송치되어 재판받고, 그 전원이 1년 4개월에서 1년 6개월의 징역형을 선고받는다.
167 「京鍾警高秘 제454호, 新幹會本部通文發送 ノ 件」(1930.1.10.)에 첨부된 「新庶發 제131호, 12월중 본부사업 통지」(1930.1.9) 참조.
168 『조선일보』(1930.1.1), 「신간본부 위원회, 여러 가지 중요사항 결정」.
169 「京鍾警高秘 제454호, 新幹會本部通文發送 ノ 件」(1930.1.10). 서무부원 이주연도 12월 6일에 단천으로 내려갔다.

人)의 손에 넘어가게 되었다. 제3인자 격인 서기장 황상규가 와병 중이어서 더욱 그러했다."[170]

'와병 중'이라는 표현은 그의 병세가 가볍지 않았음을 말해주는 것인데, 숙환이 도졌거나 악화 증상이 나타났다는 의미일 것이다. 5개월 전 서기장 피선 즉시 사의(辭意)를 표하며 신병 때문이라고 말했음과 관계 깊었다. 그 말은 그냥 해보는 겸사(謙辭)가 아니라 진심 어린 것이었고, 그 후로도 병증이 계속 진행되어 더 심해지고 있었던 것이다. 1920년의 피체 때 당한 모진 고문과 그 후의 옥고로 인한 득병이었고, 1927년부터의 재향 사회활동에 너무 열의를 쏟다 보니 무리했던 것이며, 몇 달 전 상경 후의 독거생활과 수다한 업무와 분주한 일상도 악화 요인으로 작용했을 것이다.

1930년 1월 11일의 제24회 중앙상무위 회의에서는 "서기장 황상규씨를 지급(至急) 상경 취임키로 타전키로 결의"하고 12일에 전보를 보냈다. 그러나 13일에 "금족(禁足), 상경 불능"이라는 답전이 왔다.[171] '금족'은 담당 의사의[172] 명령이었을 것이고, 그 정도로 상태가 나빠져 있음이 함축된 표현이다. 동년 7월에도 본부에서 황상규의 즉시 상경을 요청한 모양으로, 동월 13일 "서기장 황상규씨, 즉시상경 불능 회신"이 있었다고 했다. 이에 출판부장 박문희가 서무부 사무도 대행토록 조치되었다.[173]

---

170 이병헌, 「신간회운동」, 『신동아』 1969년 8월호, 202쪽; 김학준, 『가인 김병로평전』, 민음사, 1988, 195쪽 재인용.
171 「京鍾警高秘 제1516호, 新幹會本部通文郵送ノ件」(1930. 2. 6).
172 황상규의 주치의는 밀양 삼성의원(三省醫院) 원장이면서 그의 후임자로 신간지회 집행위원장이 되어 있는 김형달이었다.
173 「京鍾警高秘 제14486호, 新幹會本部通文ノ件」(1930. 10. 7).
1930년 5월 16일 서대문형무소에서 허헌이 김병로에게 보낸 편지에(「在獄 巨頭의 최근 서한집-허헌으로부터」, 『삼천리』 제9호, 1930) "백민은 병이 매우 위독하시다 하오니 실로 근심이오며…"라는 구절이 있었다.

1930년 9월에 신간회 본부에서 복대표대회를 개최하려 했으나 경찰이 금압하였다. 하는 수 없이 11월 9일에 16명 위원 참석리의 중앙집행위원회를 전체대회 대신인 것으로 가름하면서 김병로를 중집위원장으로 선임하였다.[174] 그로써 신간회는 파란의 제3기 국면으로 접어들고, 황상규는 1년 가까이 직무를 수행해내지 못한 서기장 겸 서무부장 직을 정식으로 벗었다. 와병 중임에도 불구하고 이때 중앙집행위원으로 재선된 것은 일종의 예우 겸 위무의 의미로였을 것이다.

　12월 17일 경성지회가 위 중집위 회의의 효력을 부정하는 결의문을 발표하고, 김병로 체제의 '온건타협 노선'을 공격하는 「통의문(通議文)」을 전국 지회들에 발송하였다. 그렇다고 이 조치가 신간회 해소를 주장했거나 해소론과 직결된 것은 아니었다. 오히려 경성지회는 얼마 후 12월 30일에 해소운동 반대성명을 발표한다. 해소론은 그해 4월에 엠엘계 사회주의자 진영에서 각종 논설로 주창하기 시작한 것이었고, 한참 후 12월 6일의 부산지회 제5차 정기대회에서 부산청년동맹 위원장인 사회주의자 회원 김봉한(金鳳翰)이 공개적으로 제기한 이래로 몇몇 지회가 잇따라 해소 결의를 내며 호응해 갔다. 이에 대해 밀양지회는 1931년 1월 24일의 정기대회에서 장시간 토의 결과 '해소 반대'를 결의하였다.[175] 인근 마산지회(1.20)와 양산지회(4.16)도 해소 반대 혹은 보류를 결의하였다. 황상규의 입장도 일관되게 그와 같았다. 그러나 반대론은 점점 밀리고 대세는 결정되었음이나 다름없이 되어갔다. 결국 신간회는 1931년 5월 16일의 제2차 전체대회에서 해소 결의를 하며, 그것은 곧바로 해체로 귀결되었다.

---

[174] 밀양지회는 그 하루 전 11월 8일에 긴급 상무위 회의를 열고, 김병로 체제의 본부가 중집위 회의로 전체대회를 대체하는 것에 결연히 반대한다는 입장을 표명했다(『동아일보』 1930.11.11, 「신간중앙위원 대행권 불승인」).
[175] 『동아일보』(1931.1.27), 「밀양은 해소 반대」.

서거와 추모의 장면들

신간회 해소 결의가 있은지 넉 달 후인 1931년 9월 2일 밤, 밀양 내이동 1008번지 자택의 병석에 누워있던 황상규가 세상을 떠났다. 주치의 김형달은 출옥 당시의 폐결핵이 복막염이 되더니 결핵성 장(腸) 가다루[카타르]로 변했음이 사인이라고 진단했다.[176]

"나는 죽어도 집에서는 죽지 않고 대중을 위하여 밖에서 일하다가 밖에서 죽겠다."고 늘 다짐했다는[177]

그가 옥중 득병으로 말미암아 한참 나이 42세에 집에서 영원히 눈을 감고 만 것이다. 출옥 후 연이어 짊어져 간 많은 과업과 잡무들, 그것들이 빚어냈을 과로와 번민들이 그의 병세를 남모르게 악화시켰음이 분명하다. 부음 기사의 제목에는 "대중의 벗으로 공적이 파다(頗多)"라는 부제가 달렸으며, "씨의 성질은 지극히 강직하며 용감하여 기대를 많이 받았다"[178]평언이 기사 말미에 붙었다.

신간지회 등 밀양의 13개 사회단체 대표자들은 단체연합으로 장례를 치르기로 협의 결정하고, '고 동지 백민 밀양사회단체연합 장의위원회'를 꾸려냈다.[179] 밀양경찰서는 관내 전 경찰력을 동원해 9월 3일부터 비상경계에 들어갔고, 연합장은 허락하나 조문·조전·만장·조기·약력문 등 일체를 검열받을 것과, '조선운동선구자 백민황상규지구(白民黃尙奎之柩)·묘'라는 명정문과 묘비명은 금지한다고 장의위원회에 통보했다. 그리고는 10여 개의 조기·조문·만장

---

176 『조선일보』(1931. 9. 5), 「고 황상규씨 장의」
177 『동아일보』(1931. 9. 4), 「전 신간회 서기장 황상규씨 별세」
178 위와 같음.
179 『조선일보』(1931. 9. 6), 「고 백민 황상규씨 단체장 준비 진행」. 이 기사에 장의위원 30명의 이름이 직책과 함께 모두 열거된 것은 매우 이례적인 일이었다.

등을 압수하고 약력보고의 문구도 대부분을 삭제하므로, 장의위원회에서는 결국 명정과 묘비문에서 '조선운동선구자'를 뺀 '백민황선생상규지구·묘'로 고치고 약력보고는 하지 않기로 물러섰다.[180]

장례일인 9월 6일에는 밀양 읍내가 조문 인파로 길이 막혀 차량 운행이 안 되고, 영결식장인 내이동 광장에 운집한 인파가 만여 명에 달하였다.[181] 마산·대구·약목(若木)·부산·동래·양산·진주·김해 기타 각 군에서 온 사회단체 대표들과 동지 수백 명이 조기와 조문 등을 갖고 참렬하였다. 악대의 주악이 울려 퍼지고, 장의위원장 정웅(鄭雄)의[182] 식사와 영결문 낭독에 참례객들은 통곡하였다. 1백여 통의 조문과 조전이 일일이 낭독되었고, 1백여 개의 조기와 만장이 앞세워진 가운데 밀양청년동맹 외 각 단체가 교대로 상여를 운구하였다.

경찰 당국은 장례행렬이 어느 순간 대규모의 시위대나 봉기군중으로 바뀔까 봐 겁을 먹었다. 그래서 경남도경은 경북도경에 응원을 요청해 수십 명의 형사대를 파견받아 요소요소에 잠복 배치했고, 장일에도 30여 명의 정사복 경관대가 경계하던 중 "돌연히 장의 행렬의 길을 막고 명정을 빼앗아 딴 길로 가기를 강요했다. 행렬 선두가 경찰과 충돌하는 사이에 후미 쪽에서 함성을 지르며 앞으로 밀고나가"[183] 오후 3시경에야 영구가 부북면 용지리의 선영 하에 가까스로 도착하여 하관 안장되었다.

---

180 『조선일보』(1931.9.8), 「약력보고도 삭제」.

181 이하의 장례 상황 서술은 『조선일보』(1931.9.8), 「백민 황상규씨 장의」와 『동아일보』(1931.9.9), 「황상규씨 안장」에 의함.

182 장의위원장의 이름이 『동아일보』(1931.9.5), 「고 황상규씨 사회단체장의」에서는 정광(鄭光)이나 『동아일보』(1931.9.9), 「황상규씨 안장」에 정웅(鄭雄)으로 나온다. 『조선일보』(1931.9.6), 「고 백민 황상규씨 단체장 준비 진행」에도 장의위원장이 '정웅'으로 나오는데, 기사에서 정웅은 '재동경 밀양학생회 대표'로 소개되었다.

183 이 인용 부분은 『동아일보』(1931.9.15), 7면 하단에 밀양지국발로 난 '취소' 기사를 역으로 취한 것이다. 장례식 전후의 여러 정형과 경찰당국과의 대립에 관한 일화들은 안재구, 『할배, 왜놈소는 조선소랑 우는 것도 다른강?』(돌베개, 1997), 160-164쪽에도 상세히 그려져 있다.

이튿날 9월 7일 오후에 서울 경운동의 천도교기념관에서 권동진 외 재경 동지 200여 명이 참석한 추도식이 거행되었다. 신간회 간부로 동고동락했던 사회자 서정희의 식사와 안재홍(安在鴻)의 추도문 낭독, 약력보고, 이종린·김병로의 애도사가 이어졌고, 전원 기립 3분간 묵도 후 홍제소년군악대의 은은한 주악으로 식이 끝났다.[184] 이종린의 애도사에서는 황상규가 "명실이 상부한 인물, 열정이 강한 인물, 지혜와 성심이 있고 수완도 있는 인물"로 묘사되고, 그런 성품으로 "현세에서 일시의 안락도 누림 없이 일생을 고통으로 시종하는 가운데 난관에 봉착해도 절대로 굴함이 없이 헤쳐나가며 활동"한 것으로 회고되었다.[185]

별세 직후의 신문보도는 황상규의 가정이 "가난에 가난을 더하여, 있는 집도 남의 집과 다름없는 것이었고, 한 뼘의 땅도 없는 가정에 70여 세의 노모, 출가한 장녀, 밀양농잠학교를 졸업한 장남과 여섯 살짜리 막내아들, 그리고 당년 40세의 부인이 남겨졌다"고 유족의 정황을 전하였다.[186] 1913년생인 장남 황용암은 1927년 이후로 밀양의 소년운동을 주도하고 1932년경에는 청년운동·학생운동·합동노조운동으로 항일투쟁에 앞장서다 수차 경찰에 검속당하는 등,[187] 부친의 위명(威名)을 지키고 그 정신을 그대로 이어받는 모습을 내보였다. 그는 1935년 12월부터 3년 이상 동아일보 밀양지국 기자로 일하였고,[188] 삼성의원의 조수로 있으면서 김형달에게 배운 의술로 빈민들에게 인술

---

184 『동아일보』(1931. 9. 10), 「재경동지가 회합 황상규씨 추도」; 『조선일보』(1931. 9. 9), 「고 황상규씨 추도식」 참조. 이 추도식도 종로경찰서에 사전 신고하여 허가받고, 순사부장과 순사 1명의 감시 속에 치러졌다.
185 「京鍾警高秘 제11101호, 集會取締狀況報告(通報)」(1931. 9. 8).
186 『조선일보』(1931. 9. 5), 「고 황상규씨 장의」; 『동아일보』(1931. 9. 9), 「황상규씨 안장」.
187 『중외일보』(1930. 4. 2), 「밀양소년동맹 집행위원회」; 『동아일보』(1932. 3. 1), 「밀양검거사건」; 『조선중앙일보』(1933. 3. 27.), 「밀양사회단체 개황」.
188 『동아일보』(1935. 12. 22)., 「근고」; 『동아일보』(1938. 5. 31), 「아랑의 굳은 정렬」.

을 베풀었다.[189] 해방 후 1947년에는 외사촌 김원봉의 비서가 되어 피신을 돕고 북행에 동행했다가 후일 남으로 돌아와 부산의 박기출(朴己出)의 원조를 받기도 하며 지내다 1971년 서울서 별세했다.[190]

황상규의 인간상과 그 생애의 의미

개화와 척사, 수구와 혁명, 우국과 출세의 상충하는 의지와 욕망들이 반도의 좁은 땅에서 교차하며 뒤범벅되고 있던 풍운의 시간 1890년에 백민 황상규는 경남 밀양에서 태어났다. 유림과 향반 세력이 강한 고장의 한미한 빈농가정 출신이었음으로 해서 그는 거의 독학과 초·중등 과정의 속성 수학만으로 지적 갈증을 달래고 입신의 포부를 키워가야 했다.

그래도 심지 굳고 장래가 촉망되는 인재로 인정받아 20세 때부터 사립학교 교원으로 연이어 발탁되면서 구국계몽운동의 대열에 몸담아 갔고, 읍내 유력자 집안의 규수와 결혼도 하게 되었다. 그 직후 닥쳐온 경술국치는 그에게 단란한 가정 꾸리기라는 사적 생활세계보다 국권회복과 조국독립이라는 공적 대의에 더 관심 갖고 경도하게끔 만들었다. 그래서 그는 1913년 창립된 항일결사 광복단을 거쳐 1916년에 박상진 휘하의 광복회 주요 회원이 되어 활동했다. 또한 그때쯤 밀양에서 독립운동의 국지적 예비조직으로 결성되어 있던 (일)합사의 전국적 확대 계획과 비밀활동에도 얼마간 관여한 것으로 보인다.

1918년 들어 광복회와 일합사 조직 둘 다 일제 경찰에 포착되어 추적을 받게 됨에 피신한 그는 만주 길림으로 건너가 그곳의 망명지사들과 함께 독립

---

189 안재구, 『할배, 왜놈소는 조선소랑 우는 것도 다른강?』, 160·161·164쪽.
190 안경환, 『황용주: 그와 박정희의 시대』, 까치, 2013, 249-250쪽 참조.

운동 본격화의 진로를 모색하였다. 거기서 그는 1919년 3월에 발표되는 「대한독립선언서」의 서명자가 되고, 그 선언에서 천명된 '육탄혈전'의 실현태일 무장독립운동의 준비조직으로 조선독립군정사가 창립되고 활동해감에 참여하고 자금모집과 회계 책임자로 일하였다. 이어서 그해 10월에 항일무장투쟁 실행조직인 대한군정부(12월에 '대한군정서'로 개명)가 결성되는 데도 일익을 담당하고, 대한군정서 길림분서(통칭 '길림군정서')의 재무부장이 되었다.

다른 한편으로 그는 청년결사대에 의한 항일 작탄투쟁을 구상하고 그 실행조직 설립을 기획한 후 처조카요 제자인 김원봉의 민활한 조력에 힘입어 의열단을 창립해냈다. 비유컨대 의열단의 '산파'인 그는 창단 때 '의백' 즉 단장으로 추대되었으나 고사하고 김원봉에게 그 직을 넘기는 대신에 고문 역할을 자담하였다. 조선독립군정사와 길림군정서 시절에 그가 거둔 군자금 중의 2만 원가량을 빼돌려 착복했다는 풍설이 생겨서 봉욕을 겪기도 하였지만, 실은 의열단 창립 전후의 다용도 비용으로 전용한 것이었기에 그 비밀을 지키느라 함묵하고 불미스러운 의혹을 죄다 껴안아 감내한 것으로 풀이된다. 창단 후의 첫 실천행보로 기획된 국내 일제기관 강습거사가 추진될 때 단원들과 함께 서울에 잠입해 은신해 있으면서 군자금 모집을 시도하고 거사가 성공적으로 결행되도록 후견하다 누군가의 밀고로 체포당해 결행은 미수로 그치고 실패하고 말았다.

거의 6년간의 옥고를 겪고 1926년 봄에 출옥한 그는 망명 후 및 재옥 중에 어린 두 자녀가 극빈에 시달리다 사망했음에 통절한 심고를 겪어야 했고, 옥고 중에 걸린 폐결핵 증세를 견뎌가야 했다. 그럼에도 그는 낙망도 좌절도 없이 떨쳐 일어나, 1927년 봄에 밀양 사회운동의 장으로 들어서서 청년회 활동과 지주의 이익에 매몰되는 군청이전 반대운동을 이끌어갔다. 그리고 그해 가을부터는 지역사회의 현안문제들에 더욱 관심을 가지면서 특히 교육문제의 해결 또는 개선에 주력하였다. 다른 한편으로는 1928년부터 안희제 등 경남의 민족지사들이 추진·주도해간 사업인바 주식회사로의 전환을 통한 경영권 인수에 의해 중외일보를 선봉 민족지로 바꿔내는 일에도 적극 참여하여, 물심양면의 지지와 후원을 다하였다.

황상규는 신간회운동의 역사에도 중요하고 기록되고 오래 기억될 만한 이다. 그는 1927년 12월 신간회 밀양지회 창립을 주도하여 성사시키고 초대 회장이 되었다. 그리하여 단시일 내 회원 급증의 호응을 끌어냈을 뿐 아니라, 불협화음 없이 지회 간부진을 통솔하고 여러 부문운동의 단체들 및 역내 엘리트층과의 협력·조정을 기해낸다. 그럼으로써 밀양협동조합이 설립되도록 주도하고 조합장에도 선출되어 다방면의 활동을 벌이며 성과를 내갔다. 그것을 지나치게 지역밀착형이고 대중추수적인 운동노선에 머문 것이었다고 비판하기보다는, 생활세계 우선, 지역주민 중심의 사고를 견지하면서 신간지회 직속의 13개 반 조직 등을 통해 밀양의 사회운동과 민족운동의 기초를 알게 모르게 다져간 것이었음에 유의해보아야 한다. 요컨대 그것은 현대적인 풀뿌리 지역운동·주민운동의 수십 년 전 효시이자 한 전범이었다고 볼 만한 것이다. 그렇게 그는 신간회운동 참여 이후로 유능한 조직가, 혜안 있는 기획자, 심지 굳은 지도자의 진면목을 한몸으로 구현해내고 있었다.

그러던 중 1929년 6월의 신간회 복대표대회에 양산구 복대표로 참석한 그는 제2기 신간회 본부 조직이 구성되던 중의 적극 발언자로, 간부 전형위원으로 활약하였고, 그 자신 중앙집행위원회 위원과 서기장, 집행부 서무부장으로 선출되어 기염을 토하였다. 그렇게 그는 위원장 허헌과의 쌍두마차로 2기 신간회를 이끌어갈 위치에 서게 되었고, 그 후 김병로·조병옥 등의 다른 부장들과 호흡을 맞추며 내부 민족주의 계열의 선봉장이 되어 갔다. 빈궁한 가계 사정으로 인하여 가족을 불러올리지 못하고 혼자 유숙하면서 그 비용조차 본부의 지원을 받아야 하는 처지였음에도 그는 좌고우면 없이 본부 운영의 실질적 책임자로서 감당해야 할 직무를 언제나 헌신적으로 수행함에 분주하였고 그만큼 성실하였다.

　영민한 서기 이주연의 능숙한 보좌에 힘입어 일상 직무는 차질 없이 처리되어 갔지만, 일제 당국의 상시적 감시·통제와 사사건건의 간섭 때문에 그는 의욕과 포부를 다 펴내지를 못하였다. 의중에 두었던 정치투쟁 성격의 항일사업들도 기획과 결의만큼 이행되질 못하였다. 그런 상례적 좌절은 심고와 번민을 더하게 했고, 그것은 독거생활로 인한 건강관리 소홀과 더불어 신병을 악화시켜만 갔다. 9월 중의 일시 귀향 중에 경남도지회 연합회 설립을 독려하여 밀양지회가 주도적으로 추진도 하게끔 만든 그였지만, 11월에 광주학생운동이 발발했을 때는 진상조사와 관계당국에 대한 항의 활동 및 진상보고 연설회 개최 시도 이상의 선후책(善後策)이나 운동확산책을 강구해내지 못하였다. 그것은 전국적 차원의 노·농·학 대중조직 운영이나 대중투쟁의 경험이 없었기에 그 방면에 익숙지 못했던 그의 근본적 한계점일 수 있었다.

　병세 악화로 12월 초순에 급거 귀향한 그는 서울의 민중대회사건 관련 검거망에 걸려들지는 않았지만 상태가 호전되지 않아 계속 병석에 누워있어야 했고, 결국 1931년 9월초에 영면하였다. 그의 장례는 전국 각지로부터의 조문과 수많은 동지들의 애도 속에 경찰이 사뭇 긴장하고 경계조치를 해놓아야 할 만큼 성대히 치러졌고, 서울에서도 신간회 동지 중심의 추도식이 별도로 거행되었다. 하지만 남겨진 노모와 처자 가족들은 여전히 극빈에 허덕이며 간난고초를 이겨가야만 했으니, 가장으로서는 완전히 실패했음이 황상규의 또 다른 모습이기도 했다. 그러나 그런 한계와 슬픔은 그에게만 국한된 것이 아니라 그 시절의 직업적 독립운동가 대부분이 공통으로 안고 겪는 바였음을 부인할 수 없다. 오늘날의 많은 사회운동가들과 종종의 조직들 속의 '열심당원'들 역시 그러하리라.

　그런 백민을 한 명의 '역사적 인간'으로 위치시켜보려 한다면, 어떤 존재로 보고 어떻게 평가할 수 있을 것인가?

언뜻 보면 책 쓰고 교편이나 잡고 앉았을 단아한 선비의 인상이면서도, 일찍이 광복단과 광복회로부터 시작하여 길림군정서를 거쳐 의열단으로 한 매듭이 지어진 전투적 독립운동의 길과, 출옥 귀향 후의 청년회운동·주민권익보호운동·교육현안해결운동·협동조합운동으로 꼬리를 물고 이어져간 재향 사회운동, 그리고 신간회운동으로 귀결된 비타협적 민족운동의 길, 그 여러 길을 한 치의 흔들림도, 한 시의 머뭇거림도 없이 의연 당당히 걸어간 용장이면서 덕장(德將)이 황상규, 바로 그 사람이었다. 일견 형용모순이어도 보일 '선비형 용장'과 같은 모습이 오히려 더 주위의 다수 동지와 지역사회의 후배 운동자들에게는 귀감과 사표로 여겨졌을 것임을 우리는 많은 대목에서 느낄 수가 있다. 그의 뒤를 이어 의열단을 지휘하고 민족혁명당과 조선의용대를 건립하여 남다른 지도력을 발휘해 간 김원봉이나, 후자의 평생 동지였고 '의열단·민족혁명당·조선의용대의 영혼'으로도 지칭되는 윤세주의 줄기찬 항일투쟁 행로와 불요불굴의 자세만 하더라도 황상규의 영향을 빼놓고는 제대로 다 말할 수가 없다. 그러기에 백민은 그 두 사람을 위시한 밀양 출신 항일투사들과 여타의 많은 후배 독립운동자들에게 오래도록 영감과 용기를 주는 정신적 지주가 되었다고 할 수 있다.

어떤 인물을 다루며 글을 쓸 때면 자칫 그를 모종의 전형, 상징, 혹은 모범으로 내세워 일방적인 강변을 하기가 쉽다. 어쩌면 필자도 그런 우를 범하고 있을지 모른다. 그러나 본문 내용에서 보았고 서울 추도식에서 이종린이 했던 평언과도 같이, 황상규는 지혜와 열정과 성심, 명실상부와 의지견결의 풍모로 오래 기억될 인물임이 분명했다. 그런 기질과 성품으로 그는 자기의 인생행로에서 봉착하는 난관과 불행들을 담담히 받아들이는 이상으로, 맞서 돌파하고 새 길을 터 가려 했다. 쉽게 피하거나 주저앉아 굴함이 없었다. 그것은 그 특유의 개척정신·감투정신, 달리 말하면 의열정신의 발로인 것이었다. 그런 의미에서 그는 당대인과 후대인 모두의 사랑과 존경을 받기에 족한 불굴의 독립운동가였을 뿐 아니라,[191] 언행일치의 진실된 모습으로 뭇사람의 마음을 사로잡을 진정한 리더의 모델이 되기에 부족함이 없었다고 하겠다.

---

[191] 1963년 대한민국정부는 건국훈장 독립장을 추서하였고, 2009년 8월에 밀양시는 내이동에서 부북면 방향의 가로를 '백민로'로 명명하여, 후대인들도 그를 잊지 않고 오래 기리게끔 하고 있다.

2장
의열단운동의 서장을 열다:
박재혁의 부산의거

의열단원 박재혁

　박재혁, 그는 1920년 9월 14일 오후 2시 30분경에 부산부 내 용두산 남동쪽 금평정(琴平町, 현 동광동)의 부산경찰서에 중국 고서 판매상으로 위장하고 들어가 폭탄을 내던져 터뜨렸다. 1895년 부산 범일동 태생으로 당년 26세의 헌헌장부였다. 특출한 기지와 용기로 폭탄거사를 감행한 그는 한국독립운동에서의 의열투사 즉 '의사'의 반열에 일찍이 오를 만했다.

　그런데도 그의 이름과 의거 사실이 일제 강점기에는 독립운동 진영에도 잘 알려지지 않은 것 같다. 대한민국 임시정부가 자체 수집한 자료들로 편간해낸 사료집에도, 독립운동 연감에도 기재된 적이 없다. 1921년의 국내 일간지들에 재판 경과와 옥중 순국 기사가 수차 실렸는데도 그러했다. 이유를 굳이 따져보지는 않겠지만 아무튼 그렇게 외면 또는 무시되어버린 셈이었는데, 그런 중에 의열단 안에서만 간간이 언급되고 추념도 되었다. 그러다 광복 후 1947년에 출간된 박태원의 『약산과 의열단』에 그의 의거가 흥미롭게 서술되어 비로소 널리 알려짐의 통로가 열렸다.

　실은 그 책에서도 사실과 어긋나는 과장이나 애매모호한 서술이 더러 보이기는 한다. 그래도 박재혁과 의열단과의 관계에 대해 가장 믿을 만한 정보는 그로부터 얻어진다. 그에 따르면, 표면상 단독거사였던 박재혁의 부산경찰서 투탄의거는 중국 상하이의 의열단 본부에서 기획되어 의열단장 김원봉의 직접 지령으로 추동된 것이었다. 그러므로 그 거사는 '박재혁 의거'였음과 동시에 '의열단의 기획의거'였다. 창단 후 처음 실행된 폭탄거사였고 결과가 성공적이었음도 의미 깊었다. 그런 인식에서 출발하여 의열단과 박재혁과의 관계를 가능한 대로 천착하고 폭넓게 조망해볼 필요가 있다.[1]

박재혁 의거의 주된 배경과 동인

의열단의 대일 암살파괴운동 노선

주지하듯이 의열단은 1919년 11월 10일 만주 지린에서 항일 비밀결사로 창립되었다. 20대 청년 10명의 합심 동참에 의해서였다. 창립단원들은 숙의하여 10개 조의 공약을 만들었는데, 그 제1조가 "천하의 정의로운 일을 맹렬히 실행함"이었다. 이 다짐의 구체적인 내용은 일제의 강점통치에 정면으로 맞설 '암살파괴운동'으로 잡혀갔다. 의열단의 최초 행동노선이 그렇게 설정된 것이다.[2] 그래서 암살대상 일곱 부류[7가살(可殺)]와 파괴대상 다섯 가지[필자가 고안해 쓰는 용어로는 '5당파(當破)']를 구체적으로 정해놓고 명시도 하였다. 살펴보면 그것은 식민지배의 중추기관(정치기관·수탈기구·선전기관·폭압기구)

---

1 이 글의 골조와 내용은 기왕의 졸저·졸문들에서 피력했던 관점과 견해들에 기초해 구성하되 2021년 현재까지의 새 자료들에 입각해 일부 수정·보완한 것이다. 본문에서 일일이 전거 주를 다는 것은 약하고 말미의 참고문헌 일괄 제시로 대신하려 한다.

2 의열단은 1935년 7월 중국 난징(南京)에서 '통일 대당(大黨)'으로 성립한 민족혁명당의 조직틀 속으로 '해소'되면서 존립을 스스로 마감하였다. 그때까지의 16년간 의열단운동에서는 환경·정세의 변화에 따른 노선 변경이 있었고 발현되는 특성도 달라져갔다. 그래서 의열단운동사는 전기(1920~25), 중기(1926~31), 후기(1932~35)의 세 단락으로 나뉘는 것이다. '의열단운동'이란 창립 이후로 의열단이 스스로 기획하면서 벌여간 항일투쟁·독립운동·민족운동·혁명운동의 범위와 내용을 모두 아우르는 의미로 쓰는 말이다.

이고, 그 사령탑이요 수뇌부이며, 그것들의 수족처럼 되어간 자들을 통틀어 지목한 것이었다.

그리하여 '암살파괴운동'을 줄기차게 벌여가는 것이 의열단운동의 제1기 즉 전기 국면의 중심노선이면서 특성도 되었다. 강력한 내부결속과 조직응집성에 기하여 국내외의 주요 일제기관을 강습·타격할 폭탄거사를 반복해 추진하고 군·정 요인 암살도 누차 기도한 것이다. 그렇게 일제의 물적·인적 중추부를 직접 강타하고 응징하는 활동을 훗날 독립운동사에서 '의열투쟁'으로 일컫게 되었는데, 의열단의 의열투쟁 국면에서 거둔 최초의 성공 사례가 바로 박재혁 의거였다.

의열단의 제1차 일제기관 강습거사의 좌절

창단 직후에 의열단은 국내의 주요 일제기관 동시타격을 기획하고 일대 폭탄거사를 추진하였다. 표적은 서울의 조선총독부, 동양척식회사, 경성일보·매일신보사 세 곳으로 정해놓았다. 가장 먼저는 단장 김원봉과 부단장 곽재기(郭在驥) 및 선임단원 이성우(李成宇)가 상하이로 같이 가서, 폭탄 16개 제조에 충당될 재료들과 권총 및 탄환을 어렵게 사들였다. 그리고는 시험 삼아 제조해낸 폭탄 3개와 나머지 13개분 재료 등의 무기 일체를 압록강 하류의 중국 안동현(安東縣)으로 보내고, 거기서 옥수수 가마 화물에 섞어 숨겨놓는 방법으로 1920년 4월과 5월 두 번에 걸쳐 국내로 밀송했다. 화물이 무사히 송달·인수되니 완제품 폭탄 3개는 밀양의 어느 동지 집에, 나머지 무기류는 창원의 한 농가로, 나누어 숨겨두어졌다.

그런 한편으로 의열단 창립의 기획부터 성사까지의 주역이었으며 창단 이후의 후견인도 되고 있던 황상규(黃尙奎), 그리고 거사 실행까지의 모든 과정을 국내 현지에서 관장하고 지휘해갈 부단장 곽재기 외 단원 7명이 3월부터 속속 국내로 잠입하였다. 그들 대부분은 경성부 내의 여러 곳에 각각 은신해 있으면서 거사 결행시의 역할 분담도 해놓고 대기하였다. 단원은 아니지만 조력자 그룹에 속하는 이수택(李壽澤)·배중세(裵重世)·윤치형(尹致衡) 3인도 부산으로 들어가 각자 임시거처를 마련하고 대기하였다.

창원군 동면 무점리에 숨겨둔 무기류의 관리와 추후 서울로의 이송은 이수택이 책임지며 주관토록 되었다. 그리된 데는 예전부터 그와 각별한 관계이던 구영필(具榮佖)의 의중과 입김이 작용해서였다. 동래군 기장 태생인데 밀양의 외가로 가서 살다가 1910년대 중반에 만주 펑톈(奉天)으로 건너가 활동 중이던 구영필은 1919년 4월의 임시의정원 성립 때 재무부 위원으로 선임되었고, 의열단 창립 때도 일부 간여했다고 알려진 이다. 그런 위세와 영향력이 밀양 출신이고 안동 주재 연락원이던 이병철(李丙喆)을 통해 의열단의 행동계획에도 얼마간 미치게 되었던 것이다.

이수택은 거사 결행을 위한 폭탄 인도를 곽재기가 요청했을 때 납득키 어려운 이유를 대면서 연기시키고 마산으로 밀양으로 계속 잠행만 했다. 거사 소식이 없음에 의아하고 초조해진 김원봉이 결행 독촉 통지를 보내오니, 서울의 황상규와 곽재기는 김기득(金奇得)으로[3] 하여금 부산으로 가서 이수택에게 폭탄을 내달라고 전갈토록 했다. 그런데도 후자는 즉시 이송을 거부하고 후일로 다시 미뤘다.

그 직후 이성우, 윤세주(尹世胄), 황상규가 은신처를 급습한 경기도경찰부의 형사들에 의해 연이어 체포되고, 귀경길의 김기득도 서울역에서 붙잡혀갔다. 다급해진 마음에 직접 폭탄인수 문제를 해결코자 부산으로 내려간 곽재기는 영주동의 복성여관에서 곧 체포되고 말았다. 그런 와중에 남몰래 일시 귀국해 밀양에 와있던 구영필의 제의대로 동래군 구포리로 가서 경남은행 지

---

3 서울 태생으로 본명이 김태희(金台熙)인 김기득은 17세부터 20세까지(아마도 1916~1919년) 부산역 전신계 직원으로 근무하면서 초량동에서 거주한 바 있다. 서울에서 3.1운동에 참가한 후 상하이로 건너가 있던 그는 1920년 3월경에 의열단에 가입하였다.

점장 김재수(金在洙)의 사택에 은신했던 윤치형도 이튿날 아침에 급습한 경기도경 형사에게 붙잡혀 부산경찰서로 넘겨졌다. 그때 동석해 있던 이수택은 가짜이름과 신분을 대며 자기는 무관함을 주장하니 즉시 풀려났다.

밀양의 폭탄 3개는 7월 8일에 김병환(金鉼煥)의 가택이 수색된 끝에 압수되고, 창원에 숨겨둔 무기류도 9월에 가서 은닉처 발각으로 압수되어버렸다. 일제 경찰당국은 전자를 '밀양폭탄사건'으로, 후자는 '진영사건'으로 이름 붙여 구별지었다. 하지만 그 내실은 하나로 묶일 사건이었다. 결과적으로 20여 명 피체에 15명이 기소되고, 그중 12명에게 유죄판결과 징역형이 선고되었다.

대략 위와 같은 경위로 의열단의 첫 국내거사는 추진 막바지에 실행이 좌절되어버렸다. 김원봉과 함께 상하이에 있다가 특명을 받고 7월에 급거 입국한 이종암(李鍾巖)의 마지막 결행 시도도 배중세의 비협조와 이수택의 냉담한 거부로 인해 역시 좌절되고 말았다. 그 배후에 구영필과 경기도경 김태석(金泰錫) 경부의 은밀한 결탁이 있었고 거기에는 또 둘만이 아는 연유가 있었음의 진상이 근래에 규명되었거니와, 의열단과 부산과의 첫 인연은 씁쓸한 뒷맛을 남기는 것이 되고 말았다.

박재혁의 의열단 가입과 의거 준비

의열단운동의 첫 매듭은 그렇게 심히 꼬여버렸다. 상하이에서 거사 성공의 희소식이 당연히 오기를 기다리던 중인 김원봉은 단원 대거 피체와 거사 실패 소식에 몹시도 놀라고 당황하였다. 실패의 내막이 그때 충분히 파악된 것은 아니었지만, 표면적 사실들과 그 정황 정도는 신문보도로도 알게 되고 짚어볼 수 있었다. 이에 김원봉은 복수의 일념을 불태우며 새 거사를 곧 추동키로 한다.

내심의 표적은 진주의 경상남도경찰부였을 것이다. 의열단의 첫 거사를 좌절시켜버린 음모적 공작의 소굴은 경기도경이었지만, 김원봉으로서야 폭탄을 찾아내 압수하고 부단장 이하 여러 동지를 체포해간 수사 주체는 당연히 경남경찰이라고 짐작했을 것이기 때문이다.

그러나 종국에는 부산경찰서 타격이 행동목표로 결정되었다. 그것은 신입 단원 박재혁이 거사 실행을 맡기로 했음과 직결되는 바였다. 현지 사정과 지리를 잘 알고 불필요한 이동 없이 은신도 쉬운 출신지에서가 훨씬 더 성공적인 거사를 도모할 수 있을 것이기 때문이다. 게다가 부산은 일본 '내지'와 식민지 조선과의 교통 요지이고 일본인이 많이 들어와 사는 곳이기도 해서, 거사가 성공하면 나타날 충격효과가 적지 않을 터였다.

박재혁은 부산공립상업학교 재학 중에 『동국역사(東國歷史)』 등사 배포와 비밀결사 구세단(救世團) 조직 등의 항일운동을 친우들과 함께 벌였으리만치 본래 심지 굳은 항일지사였다. 도미(渡美)를 위한 영어공부 목적으로 1917년에 상하이로 가 있다가 1년 후 귀국했고, 얼마 후 싱가포르로 다시 건너가 일본계 무역회사의 직원이 되어 인삼판매업에 종사했다.

그러던 중 1920년 3월에 상하이로 업무출장을 갔다가 프랑스조계에서 김원봉을 만나게 되었다. 또한 그를 통해 어릴 적부터의 친구 김인태(金仁泰)의 아우 김병태(金鉼泰)와 재회했다. 김병태는 일본유학 중이던 1918년 12월에 중국으로 건너가 있다가 1년 후 상하이에서 김원봉을 만나 의열단원이 되어 있었다.[4] 박재혁도 상하이에서 의열단 가입을 권유받는데, 바로 수락하지는 않았다.

1920년 4월에 다시 상하이로 간 박재혁은 7월 19일에 귀향하기까지 계속 체류하였다. 이는 그가 어떤 결심 아래 회사를 사직하고 싱가포르를 떠나왔음을 말해준다. 그 3개월 동안의 어느 때 그는 의열단에 가입했다. 박재혁의 7월 귀향은 '가사정리 차'였다는데, 이종암이 국내사정 파악 차 밀입국한 때도 7월이었다.

---

4 그 후 김병태는 의열단운동의 전 시기에 걸쳐 김원봉과 늘 같이 움직이면서 충실히 그를 보좌한다. 그러니만큼 의열단 안팎에서 그는 '김원봉의 비서'로 알려졌다.

7월 29일 총독부 경무국에서 '밀양폭탄사건' 수사 결과와 관련자 검거 내역을 언론에 공개하니 그 이튿날 신문에 크게 보도되었다. 그 직후 상하이의 김병태가 박재혁의 부산상업학교 동기동창인 좌천동의 김영주(金永桂)에게 우편환으로 100원을 보내왔다. 박재혁은 그 돈을 전달받아 여비로 삼고 8월 6일 부산을 떠나 상하이로 향하였다.

김원봉과의 재상면 때 그는 투탄의거 실행을 요청받았다. 다수의 동지를 체포해 간 경찰에 복수함과 아울러 의열단이 건재함도 보여주자는 뜻이라 했다. 박재혁은 흔연히 수락했다. 투탄 표적은 두 사람이 상의 끝에 부산경찰서로 정했다. 그러자 러시아산 원통형의 폭탄 1개와 준비금 300원이 주어졌다. 신임 총독 사이토 마코토(齋藤實)가 부산으로 들어옴에 맞추어 8월 12일 하시모토 슈헤이(橋本秀平) 경시가 부산경찰서장으로 다시 임명되는데, 그는 고서 수집이 특별한 취미인 것으로 알려졌다. 이 점에 착안하여 박재혁이 고서적상으로 위장하고자 중국 고서를 다량 구입하는 데 쓸 비용으로 300원이나 지급된 것이다.

사들인 고서 뭉치 속에 폭탄을 숨겨놓은 고리짝을 휴대하고 박재혁은 8월 31일 상하이를 떠났다. 일부러 나가사키(長崎)와 대마도의 이즈하라(嚴原)를 거치고 9월 7일 부산항에 도착한 박재혁은 최천택(崔天澤)·김영주와 어울려 1주일간 정양하며 사전정찰을 마치고 드디어 9월 14일에 부산경찰서로 들어가 타격한 것이다.

박재혁 의사의 최후와 그 정신 계승

폭탄 파편이 복부와 무릎뼈를 강타하는 바람에 박재혁은 중상을 입고 현장에서 포박당해 끌려갔다. 1심 무기징역, 2심 사형 선고를 거쳐 상고심에서 사형이 확정되었다. 대구형무소에 갇힌 그는 "왜놈 손에 사형당하기 싫다"면서 단식에 돌입했고, 9일 만인 1921년 5월 11일 숨을 거두어 세상을 떴다. 드높은 기개로 의열단 투쟁의 첫 봉화를 들어 올린 순정 '의사'의 최후는 그렇게 장렬했다. 그의 의거는 석 달 후 12월 27일에 최수봉이 밀양경찰서를 직격하는 투탄의거로 이어지고, 후인 또한 1921년 7월 9일 대구형무소에서 사형 집행으로 순국한다.

두 의거를 디딤돌 삼아 의열단은 제1차 일제기관 강습거사 계획의 실패를 만회하고 거뜬히 재기할 수 있었다. 그 후로 조선총독부 청사 진입 투탄(1921. 9; 김익상 의거), 상하이 황포탄 의거(1922. 3), 무려 36개의 폭탄으로 서울의 일제기관과 그 요인을 강습하려던 제2차 총공격계획 추진(1923. 3), 도쿄 황궁 앞 이중교 투탄(1924. 1; 김지섭 의거), 경성의 동양척식회사·식산은행 습격 투탄(1926. 12; 나석주 의거) 등으로, '일본 강도'를 경악시키고 전전긍긍케도 하는 의열단의 매서운 투쟁이 꼬리를 물고 이어졌다. 박재혁이 선구적으로 시현한 용맹·과감의 의열정신이 면면히 계승된 것이라 해도 지나친 말이 아닐 것이다.

부산이 의열단운동의 첫 거점이었음을 기억할 사

알고 보면 부산은 의열단운동의 첫 거점이었다. 또한 주요 배후지이기도 했다. 부산 출신 청년지사들이 의열단운동에 동참 또는 관여하는 양상이 초기부터 나타났고 계속 이어지기도 했음에서[5] 그렇다. 하지만 의열단(운동)과 부산과의 관계가 그리 단순키만 한 것은 아니기도 했다.

의열단 창립단원 10인 중에 부산 출신은 한 명도 없었다. 물론 그 무연(無緣)은 순전히 우연의 소치였을 수 있고, 그리 큰 흠이 되는 것도 아닐 터였다. 오히려 그 후로는 아주 일찍, 그러니까 창단 후의 첫 거사 추진 때부터, 의열

---

5 이에 대해 자세한 내용은 이 책의 제6장(「의열단운동과 부산사람들」)을 보시오.

단(운동)과 부산사람의 인연이 맺어지기 시작했다. 가장 먼저는 1차분 폭탄이 이송·전달되는 과정에 있었던 장건상(張建相)의 조력이었다.

상하이에서 김원봉 등이 폭탄 3개를 안동의 영국인 세관원 S. 보잉을 수취인으로 하여 우편 소포로 보낼 수 있었음은 그저 모험적으로이거나 막연히 선심을 기대해서가 아니었다. 그것은 1916년부터 1919년 초까지 안동현 세관의 직원으로 일한 바 있는 장건상이 보잉에게 사전연락을 취하여 협조를 청했기에 가능해진 바였다. 그러므로 부산 출신으로서 의열단운동과의 인연을 가장 먼저 맺고 도와준 이는 장건상이었다고[6] 특정할 수 있다.

제2차로 무기를 숨겨 넣고 탁송된 20개의 옥수수 가마 화물의 도착지는 부산진역의 '김명국(金鳴國) 운송점'이었다. 배중세가 부산에서 차린 곡물점의 직원 이주현(李冑賢)이 그것을 수령했고, 창원으로 옮겨 은닉시켜진 그 무기류의 관리책임자는 부산 재류 중이던 이수택이었다. 그러니까 부산은 의열단이 경성의 식민통치 사령부를 처음 타격하기 위한 거점이자 전진기지가 되고 있던 것이다.

그런데 그런 가연(佳緣)의 다른 한쪽에서 예상치 못한 악연이 싹 틔워지다 마침내 고개를 쳐들었다. 의열단의 후견자임을 자처하던 구영필이 뒤로는 몰래 배신하여, 최초 거사 좌절의 장본인이 되어버린 것이다. 그의 출생지가 기장이었으니, 의열단운동의 첫걸음에 재 뿌리는 이상으로 아주 망쳐놓은 존재는 부산사람 가운데서 나타난 셈이었다. 경기도경찰부의 검거작전에 의해 곽재기와 윤치형이 체포된 것도 부산에서였다.

---

6 그는 1882년 경상도 인동군(현 구미시 인동동)에서 태어났지만 이듬해 가족 전원이 동래부 좌천동으로 이주해갔기에 거기서 유·소년기를 보내고 완전히 부산사람이 되었다. 1908년 미국유학을 떠났던 그는 1916년 대학을 졸업하자마자 상하이로 직행했고, 거기서 신규식(申圭植)의 권유대로 안동으로 가서 세관 직원으로 근무하며 망명 지사들의 길 안내를 도맡아 한다. 김원봉과도 그 과정에 알게 되었다. 1919년 3월에 장건상은 상하이로 돌아가 임시정부 수립에 참여하고 11월에 외무차장이 되어 두 달 남짓 재임한다.

그렇게 1920년 여름에 부산과 의열단 사이에 기묘한 악연이 생겨버렸다. 그것은 의열단운동에 다른 부산사람들이 적극 동참하거나 앞장서 나섬으로써만 끊어낼 수 있었다. 그래서였는가. 그 반대편에서의 인연을 장건상 다음으로 의열단과 맺어간 이가 박재혁이다. 그 선연(善緣)의 중매 역할도 부산 출신 의열단원 김병태가 일부 맡아하였다.

그리하여 박재혁은 대일항쟁의 최전선으로 결연히 나아가 목숨을 내놓고 단독거사를 결행하였다. 지극한 자기희생의 그 의거로 부산은 의열단운동이 첫 개가를 올리는 현장이 되었다. 또한 그 의거의 성공이 의열단을 나락으로부터 끌어올리는 구원의 손이 되어주었다. 이것이야말로 우리가 확실하게 인식하고 기억도 해가야 할 역사적 사실이 아닐 수 없다.

참고문헌

박태원, 『약산과 의열단』, 백양당, 1947.

김삼근 편, 『부산출신 독립투사집』, 박재혁의사비건립동지회, 1982.

김영범, 『한국 근대민족운동과 의열단』, 창작과비평사, 1997.

김영범, 『의열투쟁 Ⅰ―1920년대』, 독립기념관 한국독립운동사연구소, 2009.

김영범, 『혁명과 의열―한국독립운동의 내면』, 경인문화사, 2010.

김승, 「박재혁의 부산경찰서 폭탄투척사건」, 『문화전통논집』 14, 경성대 한국학연구소, 2007.

김영범, 「민족운동의 주체로서 民: 갑오농민전쟁과 의열단운동의 경우」, 『민중의 귀환, 기억의 호출』, 한국학술정보, 2010.

김영범, 「1920년 밀양 항일폭탄의거의 배경과 전말」, 『한국민족운동사연구』 85, 한국민족운동사학회, 2015. (본서의 제3장)

김영범, 「독립운동가 백민 황상규의 생애와 초상」, 『지역과 역사』 40, 부경역사연구소, 2017. (본서의 제1장)

김영범, 「의열단 창립단원 문제와 제1차 국내거사 기획의 실패 전말」, 『한국독립운동사연구』 58, 독립기념관 한국독립운동사연구소, 2017.

박철규, 「의열단원 박재혁의 생애와 부산경찰서 투탄」, 『항도부산』 37, 부산시사편찬위원회, 2019.

김영범, 「민산 김교삼의 민족운동과 광복 후 정치활동」, 『한국민족운동사연구』 105, 2020. (본서의 제13장)

김영범, 「의열단운동과 부산: 독립운동가 네트워크를 중심으로」, 〈박재혁 의사 순국 100주년 기념 학술회의〉(5.12, 일제강제동원역사관) 발표문, 2021. (본서의 제6장)

3장
망설임 하나 없이, 거침도 없이:
투탄의사 최수봉

밀양을 다시 들여다 본다

1920년은 경남 밀양사람들에게 한동안 잊히지 않는 특별한 해가 되었을 것 같다. 그 1년 전에 밀양군 관내에서만 아홉 차례나 벌어진 독립만세 시위의 열기와 감격이 가시지 않고 있던 차에 이 해의 여름과 겨울에 일제 식민통치 권력을 겨냥한 '폭탄사건'이 연이어 발생하고 그 사이 가을에는 수백 명의 주민이 경찰서를 습격하는 일까지 벌어졌음에서다.

일련의 그 사건들 중에 만세시위나 1920년 여름의 '밀양폭탄사건'은 그래도 자주 운위되고 그 실상과 진상이 거의 다 밝혀졌다. 그러나 그해 겨울의 폭탄사건 즉 '밀양경찰서 투탄사건'은 그렇지 못한 채, 거사자 최수봉(崔壽鳳)의 고향 마을 입구에 세워진 추모기적비(追慕紀績碑)만이 오가는 길손들의 눈길을 잠시 잡아끌 뿐이다. 이에 그 투탄거사 실행의 전말을 최수봉의 생애 행로를 중심으로 정확히 구명해내고 그 의미도 고구해보기 위해 이 글이 작성된다. 논제 범위에서 그간 공백으로 남아있던 부분을 자료 재독해와 복원적 추리를 통해 메우고 잘못 알려져 온 부분은 바로잡는 가운데 그 의거의 역사적 의의를 검출해보려는 것이다.

과거사를 잘 이해하려면 우선은 사실 자체가 정확히 인식되어야 한다. 이 사건 역시 그러하고, 그런 견지에서 일종의 미시사적 접근에 의해 사건의 전모를 재구성해보는 작업이 우선 요구된다. 사건내용이 여러 문헌에 서술되어 있으니[1] 그것으로 충분하다고 말할 수도 있겠다. 하지만 허술한 구성으로 인해 앞뒤 연결이 잘 안되는 경우가 있고, 세부사실 관련의 착오나 정황묘사 과장으로 후대의 역사지식을 오도하는 문헌도 있다. 그래서 상황을 그대로 재현해내듯 가감 없는 서술이 이 사건에 대한 정확한 인식과 이해 증진을 위해 먼저 요청되는 것이다. 여기서는 일제 관헌의 수사보고서, 당시의 신문기사, 판결문 등의 1차 자료들을 섭렵하고, 그 내용을 서로 보완시켜 종합함으로써 그런 서술을 기해보려 한다.

밀양경찰서 구내의 투탄폭발 사건

1920년 12월 27일(음 11.18), 경남 밀양군 부내면(후일 밀양면) 내일동의 관아 자리 인근 서남쪽에 위치한 밀양경찰서에서[2] 돌발사건이 하나 벌어졌다. 누

---

[1] 이 주제에 관한 학술논문은 나온 바 없고 개설적 서술이나 일화 소개 수준의 짤막한 글들만이 다음과 같이 있었다.
　① 박태원,『약산과 의열단』, 깊은샘, 2000(초간은 백양당, 1947), 55-58쪽.
　② 변지섭,『경남독립운동 小史』, 삼협인쇄사, 1966, 154-156쪽.
　③ 송상도,『기려수필』, 국사편찬위원회, 1971, 303-304쪽.
　④ 독립운동사편찬위원회,『독립운동사』제7권(의열투쟁), 1975, 319-321쪽.
　⑤ 김용국,『의사와 열사들』, (사)민족문화협회, 1980, 118-121쪽.
　⑥ 김창수,「항일 의열투쟁사」, 독립기념관 한국독립운동사연구소, 1991, 136-138쪽.
　⑦ 강만길 편,『밀양의 독립운동사』, 밀양문화원, 2003, 162-163쪽.
　⑧ 채영국,「최수봉 의거」,『한국독립운동사 사전』7, 독립기념관 한국독립운동사연구소, 2004, 128쪽.
　⑨ 김영범,『의열투쟁 Ⅰ―1920년대』, 독립기념관 한국독립운동사연구소, 2009, 153-155쪽.
　⑩ 손정태 엮음,『밀양의 항일독립운동가』, (사)밀양독립운동사연구소, 2014, 218-228쪽.

[2] 이때의 밀양경찰서 위치는 현재와 많이 다르다. 조선시대의 밀양군 아사(衙舍) 서남쪽에 토포청(討捕廳)이 있었는데, 1906년 경무서가 설치되면서 폐설되었다. 경무서는 이듬해 '경찰서'로 명칭이 바뀌었다가 망국 후 1910년 12월 '부산헌병대 밀양분견소'로 변경되더니 1919년 8월 밀양경찰서로 환원되었다. 한편, 아사 서편 200보쯤 지점의 부사(府舍, 일명 호장청[戶長廳]) 자리에 밀양공립보통학교(그

군가 몰래 청사로 들어가서 폭탄을 던져 폭발시킨 것이다. 사건의 전체 경과는 이러하다.

월요일인 그날 오전 9시 40분경, 경찰서장 와다나베 스에지로(渡邊末次郞) 도경부(道警部)가 서원 19명 전원을 청사 내 사무실에 2열로 세워놓고 연말 특별경계를 당부하며 주례 훈시를 하고 있었다. 그때 남쪽 정문을 통해 한 남자가 경찰서 경내로 들어서더니 청사를 향해 재빨리 다가갔다. 그리고는 현관 오른쪽 두 번째 창문 앞의 한 칸쯤 떨어진 지점에 멈춰서서, 팔을 한 번 휘둘러 뻗으며 창문 안쪽의 사무실을 향해 무언가를 던졌다.

유리창을 뚫고 날아 들어간 그 물체는 순사부장 쿠스노키 게이고(楠慶吾)의 오른팔 관절부에 맞고는 옆 책상 위로 툭 떨어졌다. 난데없는 유리창 파열음에 놀라서 일제히 그쪽으로 고개를 돌려보는 순사들의 눈에 창문 너머 한 사내의 모습이 들어왔다. 날아와 떨어진 것은 얼핏 봐도 폭탄이었는데, 인체에 부딪혀 충격이 약해진 때문인지 불발이었다.

돌발 사태에 놀란 서원들이 우르르 달려나가는데, 현관 앞에서 복도를 향해 또 한 발이 던져졌다. 그것은 골마루 바닥으로 떨어져 부딪치곤 큰 폭음을 내며 터졌다. 폭발의 위력은 약해서, 실내의 식기와 다기들만 일부 깨지고 부서졌다. 타박상을 입은 순사부장 외에는 다치거나 죽은 자도 없었다.[3]

그 상황에서 서원들이 일시 우왕좌왕하는 사이에 투탄자는 몸을 돌려 황급히 정문을 빠져나갔다. 그리고는 밀양성 서문 쪽을 향하여 내달렸다. 순사

전신은 사립 개창학교)가 있었다(밀양문화원, 『밀양지』, 1987, 501쪽). 공설시장과 붙어있던 밀양공보가 3·1운동의 중심처가 되었기 때문에 일제당국은 1920년 삼문리에 교사를 신축하여 이전시켜버렸다. 이전해 간 밀양공보 자리로 경찰서를 이전키로 하여 재래식 건물을 헐고 청사 신축공사에 착수한 것이 1921년 10월의 일이었다(『동아일보』 1921.10.1, 「밀양경찰서 移建」). 그러므로 1920년 12월 당시의 밀양경찰서는 밀양성 서문 가까이, 예전의 토포청 자리에 있었다고 봐야 한다.

[3] 『조선일보』 1921년 1월 3일자의 기사에는 순사부장이 중상을 입은 것으로 보도되었다. 정황을 약간 극화해 서술한 박태원의 『약산과 의열단』(57쪽)에는 "유리창이 모두 깨어지고 탁자와 의자도 모두 부서지고…인명 상한 자는 없었다."고 되어있다.

몇몇이 고함치며 쫓아가는데, 10정(町) 남짓⁴ 거리의 한길을 계속해서 달음박질치던 투탄자는 돌연 내이동 황석이(黃石伊)의⁵ 집으로 꺾어 들어갔다. 그리고는 부엌에서 식도를 찾아 꺼내 자기 목을 찔렀다. 뒤쫓아 달려간 마치다(町田) 외 2명의 순사가 다량의 출혈과 함께 실신하여 쓰러져 있는 그를 발견하고 포박했다. 투탄자의 목에는 길이 2.5㎝, 깊이 1.5㎝ 가량의⁶ 큰 자상(刺傷)이 나 있었다.

순사들이 그를 급히 재등의원으로 옮겼고, 의사 사이토(齋藤)는 "곧 절명하진 않겠는데 오래 버티진 못하겠다"는 진찰소견을 냈다. 그래도 응급처치 후 2주간의 가료⁷ 끝에 범인은 회생하였다. 중상을 입은 상태라 취조가 어려운 중에도 경찰이 밝혀낸 그의 신원은 밀양군 상남면 마산리에 거주하는 27세의 청년 최수봉이었다.

사건 배경: 최수봉의 성장과 뜻을 세워감

출생과 그 사회경제적 배경

최수봉은 1894년 3월 3일 농촌마을 마산리에서 태어났고, 호적명은 경학(敬鶴)이었다.⁸ 본관은 경주이고 사성공파(司成公派)의 후손이라고들 하는데,

---

4 『조선일보』1921년 1월 3일자의 기사에는 순사부장이 중상을 입은 것으로 보도되었다. 정황을 약간 극화해 서술한 박태원의 『약산과 의열단』(57쪽)에는 "유리창이 모두 깨어지고 탁자와 의자도 모두 부서지고... 인명 상한 사는 없었다."고 되어있다.

5 『매일신보』(1921.1.20),「폭탄범 최수봉」, 송상도의 『기려수필』 304쪽에는 '黃石'으로 되어 있다.

6 앞의 『매일신보』(1921.1.20) 기사에는 각각 25센티미터와 15센티미터로 되어 있는데, 목 부위의 상처로 보기에는 너무 긴 수치이다. 소수점이 잘못 탈락되었다고 보아 본문과 같이 적는다.

7 『독립운동사』 제7권, 320쪽.

8 『약산과 의열단』에서 박태원은 '경학'이 자(字)라 하였다. 반면에 이운성(李雲成)이 찬(撰)한 〈최수봉 의사 추모기적비〉(2002년 건립, 이하 '기적비')에는 본명이 경학이고 수봉은 후일 고쳐 쓴 이름이라고

『경주최씨 대동보』의 사성공파 부분에 그의 이름은 나오지 않는다.[9] 그의 가정배경에 관해서도 가난한 농가 출신이라는 것[10] 말고는 얻어지는 여타 정보가 없다.

밀양군에는 밀양강과 낙동강의 흐름에 의해 충적된 비옥한 토지가 많았다. 그래서 러일전쟁 이전부터 일본 식민회사 및 이주민 대지주의 토지 침탈이 가속화하고 있었다. 군 중심지인 부내면과 낙동강 수운의 중심지인 삼랑진이 더욱 그러했지만, 부내면과 삼랑진 사이에 위치해 있으면서 약 30리 길이의 충적토 지대를 갖고 있던 상남면도 예외가 아니었다.

두 강이 자주 범람하여 수해가 빈발했던 탓에 미개간지가 대부분이고 밀양강 서쪽의 낮은 구릉지대에만 마을과 경작지가 조성되어 있음을 일본인들은 재빨리 간파했다. 그래서 그들은 러일전쟁 전후로 상남면 일대에 들어와서, 수리조합을 결성하고 제방과 배수로 등 수리시설을 설치하여 토지를 개간한 후 비옥한 농지로 만들어 소유하기 시작했다.

그렇게 해서 상남면 기산리 인근과 예림리 일대에 일본인 이민촌인 유아사무라(湯淺村)가 생겨났고, 마산리 인근에도 수리시설을 토대로 동양척식회사의 대규모 토지가 조성되었다. 점탈된 두 지역의 일본인 지주 및 동척의 토

되어 있다. 1921년의 수차 신문보도에서 『매일신보』는 거의 '수봉'을, 『동아일보』는 시종 '경학'을 썼다. 이 글에서는 직접 인용인 경우가 아닐 때는 모두 기적비에 새겨진 대로 '최수봉'으로 통일시켜 표기할 것이다.

9 작성연대 및 편찬자 미상의 필사본인 『慶州崔氏 培盤派譜』 제1권, 79-80쪽에 28세손 현원(鉉遠, 고종 갑자[1864]생)과 여산(礪山) 송씨(宋氏) 사이의 차남인 해경(海經, 고종 갑오[1894]생)이 숙부 현달(鉉達, 고종 정묘[1867]생)의 양자가 된 것으로 나오고, "나라에 충성하여 밀양군 왜 헌병소를 습격하고 피체되어 대구감옥에서 순절"한 것으로 병기된 이력이 최수봉의 그것과 같다. 그런데 '자(字) 수봉(守奉)'으로 적혀있어서 '壽鳳'과는 표기가 다르고, 아들의 이름 '문식文植'은 기적비에 명기된 양자의 이름과 다르다. 따라서 이 족보상의 '崔海經'을 최수봉과 동일인이라고 보기 어렵다. '배반파'는 본래 표기가 排盤派로, 조선 중기 때 사성공파로부터 갈라져 나간 월성 최씨의 4대 지파(支派) 중 하나이다.

10 "가난한 농가에서 태어났다"(김창수, 『항일 의열투쟁사』, 136쪽)는 것이 그의 가정배경에 관한 유일한 정보인데, 이 서술의 근거는 불명이다.

지는 조선토지조사사업에 의해 소유권이 등기·인정되었다. 일부 자작지를 제외하고 그 땅의 대부분은 부내면과 상남면 주민들이 소작하였다.[11]

그런 상황에서 최수봉의 본가와 그 일가 문중은 구체적으로 어떤 사회경제적 위치와 상태에 놓여 있었을까? 일본인 회사와 지주들로부터 혹시 피해를 입거나 핍박받은 바는 없었을까? 이에 대해 확인되는 것이 현재로는 없지만, 계속 추적하여 밝혀보아야 할 것이다.

성장기의 방황과 정박

최수봉은 "천품이 영특하고 기상이 뛰어나, 소년시절부터 향학의 열성이 남달랐다."고[12] 말해진다. 향리의 개량서당을 다니면서 한문과 유교적 가르침을 익히고 신지식도 섭취한 후 밀양성 내의 공립보통학교에 입학해 다녔다는 것이다. 마산리 집에서 부내면 내일동의 공보교까지는 40리가 되니, 꽤 먼 거리를 통학한 셈이다.

약산 김원봉은 네 살 위의 최수봉을 마치 후배였던 것처럼 술회하면서도 "어린 때, 서로 좋은 동무"였다고 했다.[13] 마산리와 약산의 집이 있던 내이동도 밀양강을 사이에 두고 30리 이상 떨어진 곳이었다. 그러므로 수봉이 어렸을 적에 그의 집이 내이동 근처로 이사한 것이 아닌 한에서는(그랬을 리도 없지만) '어린 때'란 유년기가 아니라 소년기의 학창시절을 말하는 것이었다고 보아야 할 것이다.

그 시절의 일화 하나를 약산이 떠올려 소개한 것이 있다. 일본인 교사가 조선사를 가르치던 중에, 한민족의 시조인 단군은 자기네 대화족(大和族)의 시

---

11 홍승권 외, 『부산·울산·경남지역 항일운동과 기억의 현장』, 선인, 2011, 131-132쪽; 김영범, 『의열단·민족혁명당·조선의용대의 영혼, 윤세주』, 독립기념관 한국독립운동사연구소, 2013, 23쪽 참조.
12 기적비 및 손정태 엮음, 『밀양의 항일독립운동가』, 218쪽.
13 박태원, 『약산과 의열단』, 56쪽.

조로 추앙되는 스사노 오노미코토(素盞嗚尊)의 아우라고 말하였다. 두 인물의 생존기 연대만 볼지라도 전혀 이치에 닿지 않을 그 말이 최수봉은 가소롭고 괘씸하여, 학기말의 구두시험 때 "소잔명존이는 우리 단군의 중현손(重玄孫; 9대손에 해당하는 말)이오."라고 서슴없이 답했고 그로 인해 퇴학당했다는 것이다.[14] 최수봉의 곧고 솔직한 성품을 그대로 보여주는 일화였다.

그 후(1910년이었음이 확실해 보임) 최수봉은 내일동의 예전 군관청 자리에 1908년 설립되어 있던 동화학교(同化學校)로 편입학하여,[15] "전홍표(全鴻杓) 교장 밑에서 2년간 수학"하였다.[16] 그 짧은 기간에도 최수봉은 전홍표와 황상규(黃尙奎)·김대지(金大地) 등의 지사적 의기가 충만한 교사들의 가르침을 받으며 강렬한 조국애와 항일의식을 키워갈 수 있었다.

1912년에 최수봉은 부산부 북면 산속의 범어사(梵魚寺)가 운영하는 명정학교(明正學校)에 들어간다. '선찰(禪刹)의 대본산(大本山)'으로 이름 높던 범어사가 1907년에 설립하여 부윤(府尹) 한치유(韓致愈)를 교장으로 위촉해 운영하는 사립 초등학교였다. 1911년 말에는 졸업생 9명에 재학생이 주간 40여 명, 야간 20여 명으로, 원근의 평판이 좋아 입학 희망자가 다수였다고 한다.[17]

---

14 같은 책, 56-57쪽 참조. 김원봉이 1910년 4월 밀양공보 2학년에 편입해 1911년 11월까지 다녔음이 확인되는데(밀양공보 학적부에 의함), 최수봉의 공보교 재학 시점도 그 기간과 거의 겹쳐 있었을 것으로 여겨진다.

15 『매일신보』(1921.1.20), 「폭탄범 최수봉」.
송상도, 『기려수필』, 304쪽에 최경학이 "나이 스물일곱에 사립 동화학교에서 처음 배웠다(年二十七初學私立同和校)"고 되어 있다. 27세 때라면 1920년이므로 명백한 착오 서술이다. '十七'을 쓰던 중에, 혹은 쓴 것인데, '二' 자가 그 앞에 잘못 첨기되어버린 것이 아닌가 한다. 그렇다면 그의 (밀양공보 퇴학과) 동화학교 (편)입학은 1910년의 일인 것이 된다.

16 『독립운동사』 제7권, 319쪽.

17 『매일신보』(1911.12.13), 「각 지방에서: 범어사의 명정학교」 기사에서 "경상남도 부산부 북면 범어사 사립 명정학교는 설립혼 지 于今 4년에 졸업생이 9인이오, 晝학생이 40여 명이오, 夜학생이 20여명 에 달하였는데..."라고 명정학교의 개황이 간략히 소개되고, "본교 교육의 진취가 日增月加하여 장래 희망자가 多하다 하니, 조선불교 興旺할 기초는 범어사 명정학교라고 謂하여도 과언이 아니라고 人皆稱頌한다더라"는 호평이 덧붙여졌다. 훗날 1919년 3월 19일에 명정학교 학생들이 동래에서 범어사의 지

최수봉이 "기독교 집안에서 태어났다"는 얘기가 있고 그런 줄로 믿어져도 왔다. 그렇다면 그는 소싯적부터 기독교에 입문케 되었을 것이다. 동화학교의 폐교로 새 배움터를 찾았을 때도 인근 마산의 창신학교(昌信學校)와 같은 기독교계 학교로 들어감이 자연스러웠다. 그런데 그는 이상하게도 부산의 불교계 학교로 옮겨갔다. 이것은 무엇을 말해주는가? 왜 그랬던 것일까?

밀양 상남면의 마산교회 설립자의 장남과 그 자녀 2대의 전언에 의하면, 최수봉의 부모는 교회에 나간 적이 없다고 한다.[18] 기독교인이 아니었다는 것이다. 투탄거사 후 체포된 최수봉은 검사국에서 진술하기를, 동화학교 수학 후 범어사 명정학교를 다니다 "7,8년 전부터 예수교를 믿고 밀양읍내 교회에 출입했다."고 하였다.[19] 기독교 신자가 된 때는 일러야 1912년이었다는 얘기가 되는 것이다.

1912년 2월, 내일동 532번지에 24간의 예배당이 신축되어 '밀양읍교회'라 이름 붙여졌다. 성내 대성(大姓) 양반들의 반대를 무릅쓰고 밀양성 안에 처음 세워진 교회였다. 1908년부터 자택에서 예배하다 나중에는 성 밖의 부북면 춘화리로까지 가서 교회를 다니던 내이동의 독신자(篤信者) 고삼종(高三宗)이 자기 땅을 헌납함에 의한 것이었다.[20] 최수봉이 1912년 또는 1913년경부터 출입했다는 '밀양읍내 교회'란 이 밀양읍교회를 말함이었을 것이다.[21] 마산리

방학림 학생 및 주민들과의 합세로 만세시위를 벌였음의 여파로 곧 폐교되어버린 것처럼 말하는 이들이 있지만 폐교는 사실이 아니다. 명정학교는 계속 존치하여 1926년 12월에 보통학교로의 승격 허가를 받으며(『동아일보』1926.12.13, 「보통학교로 승격, 동래 명정학교」; 동, 12.26, 「사립 명정학교」), 1931년에 공립보통학교로 전환된다(『동아일보』1931.4.18, 「명정학교는 공보로 변경」).

18 이는 그 교회의 박시영 목사가 2004년에 증언한 것이다. 박선경, 「의열단에 가담했던 기독교인들의 신앙관 연구」, 계명대학교 대학원 신학과 박사학위논문(이하, '박선경, 박사학위논문'), 2005, 124쪽 참조.
19 『매일신보』(1921.1.20), 「폭탄범 최수봉」.
20 박선경, 박사학위논문, 127쪽과 대한예수교장로회 밀양교회 홈페이지의 '교회 연혁'(http://www.mpck.net/noe01/m1/menu12.php; 2015.4.30 검색) 같이 참조.
21 밀양읍교회는 밀양군에서는 열 번째이나 밀양 성내에서는 처음 세워진 교회였다. 그 후로 1912년 7월의 제3회 경상노회가 부산진교회와 대구남문교회(현 대구제일교회)의 뒤를 이어 이 교회에서 열

에도 주민 박건선·박윤선 형제가 1908년경에 예배당을 신축하여 교회를 세웠지만, 최수봉이 1912년 명정학교 입학차 집을 떠나기 전에 그 교회에 다녔으리라고 보기는 어려운 점들이 아래와 같이도 있었다.

최수봉의 교회 출입은 집안의 심한 반대에 부딪혔다. 그런데도 그가 교회에 나가기를 멈추지 않고 독립운동자들과도 가까이 지내자, 가문에서 축출하여 족보 등재에서도 제외시켰다고 한다.[22] 부모의 그처럼 완강한 반대에는 분명 이유가 있었을 것이다. 아들의 종교 선택과 신앙 입문을 무턱대고 반대한 것이라고 보기는 어려운 것이다. 전통유림이나 양반 가문에서는 아직도 '서학'과 기독교를 멀리하고 반감까지 갖는 경우가 많았지만, 최수봉의 집안이 그 반열에 서 있던 것 같지는 않다.

그러면 어떤 연유로였을까? 혹시 최수봉의 부모가 독실한 불교도인 때문인 것은 아니었을까? 그렇다고 한다면, 두 번 중단되어버린 아들의 학업이 안정적으로 이어져 마쳐질 방도를 부모 되는 입장에서 찾은 것이 불교계의 명정학교 입학이었을 것이다.

명정학교에 들어갔을 때 19세의 장정인 최수봉이 친인척이나 지인 집에 맡겨져 기숙했을 것 같지는 않다. 통학하기가 매우 불편한 산중에 학교가 있었다니[23] 더욱 그렇다. 어쩌면 부모는 최수봉을 아예 범어사에 의탁시켜, 산문(山門)에 거처하며 학교 다니게끔 하고 졸업 후에는 불교 계통의 업으로 나가면 좋다고 생각했을 수 있다.

그런데 최수봉은 부모의 그런 속마음 혹은 소망과 달리, 1년 만에 명정학교를 자퇴하고 말았다. 이유를 명확히 알 수는 없으나, 원래 최수봉 자신이 내

렸을 정도로, 밀양은 물론이고 경상도 지역에서 중심적 역할을 감당하는 교회가 되어갔다(박선경, 박사학위논문, 127-128쪽).
22 박선경, 박사학위논문, 125쪽.
23 그래서 주민들이 학교 이전을 강력히 요청하기도 했다(『동아일보』1922.11.25, 「명정학교 이전 결정」).

키지 않은 입학이었던데다 그 학교의 교육내용이라든지 접하는 불교계의 행태가 마음에 와닿질 않거나 그의 강렬한 반일감정과 많이 어긋나기 때문이었을지도 모른다. 예컨대, 이런 일이 있었다. 그가 명정학교에 입학한 해인 1912년 6월에 범어사와 경북 영천의 은해사(銀海寺)가 같이 돈을 내서 대구 남문 밖에 건축한 포교소의 낙성연 겸 개소식이 성대히 거행되었다. 내빈 5백여 명에 신도와 관람객 수천 명이 운집한 식전에는 명정학교와 은해사 내 해창의숙(海昌義塾)의 재학생 80여 명도 열석하였다. 그런데 그 현장에서 "녹문(綠門)에 국기를 교차하고 만국기표(萬國旗票)는 만공(滿空)"한 광경이 연출되었다.[24] 그 '국기'란 무엇이었던가? 일장기일 수밖에 없다. 그러니 이 장면은 최수봉의 마음에 큰 파문을 일으켜, 실망감 이상으로 분노까지 치밀어올랐을 수 있다. 밀양공보 시절의 반항 일화를 보더라도 그렇거니와, 경술국치 이래 늘 불평하는 마음을 가져서 '합방'을 반대하고 총독정치를 반대하며 "꿈속에서도 필경 조선독립을 생각했다"는[25] 그였으니 말이다.

명정학교 자퇴 후 1916년 초까지의 약 3년간 최수봉이 어디서 무엇을 했는지를 알 수 있게끔 해주는 1차 자료는 발견되지 않는다. 1912년 조선총독부 임시토지조사국 조사과 서기로 임용되어, 1913년 측량과 기수, 1914년 측지과 기수(技手)로 발령받고 일하다[26] 동년 11월 30일 의원 면직된[27] 崔壽鳳이 있기는 하다. 밀양 출신이고 1920년대에 대종교의 제3대 교주가 되는 윤세복(尹世復)과 1920년 전후로 중국 안동현에서 국내외 독립운동의 연락중계자 역할을 맡아 한 이병철(李丙喆)도 1907년부터 시작된 탁지부(度支部) 기수 직의 연장이기는 했지만 총독부의 임시토지조사국 기수 직을 공히 1911년 10월까지

---

24 『매일신보』(1912.6.6), 「불교계 大放光」
25 송상도, 『기려수필』, 304쪽.
26 『조선총독부급소속관서 직원록』1912~1914 각년도판 참조.
27 『조선총독부 관보』 제700호(1914.12.2).

유지한 바 있음에서, 또한 '최수봉'의 한자표기가 완전히 같음에서, 상기의 토지조사국 서기·기수가 이 글의 최수봉과 동일인이었을 가능성도 다분히 있어 보인다.

반면에, 쉽게 동일시하기가 어려운 점도 있다. 바로 윤세복과 이병철의 사례가 보여주듯이 문제의 총독부 기수 직은 어느 정도의 학력이나 경력을 갖출 것이 요구되었을 텐데 최수봉은 그런 자격조건을 충족시키지 못하는 상태였다는 것이고, 최수봉에 대한 경찰의 취조와 사건수사 결과를 담아낸 신문보도에 그의 기수직 이력이 전혀 언급되지 않은 데서도 그렇다. 하기는 최수봉이 진술했더라도 경찰 쪽에서 그것만은 공표됨을 꺼려서 감추고 보도자료에 넣지 않았을 가능성은 있다. 그러하니 최수봉이 기수 직에 있었다 아니다의 어느 쪽이 진실이었을지를 가늠하기가 매우 어렵다. 그러하니 이 이력이 이 글의 최수봉에 해당하는 것이었는지의 여부는 괄호 속에 넣어둘 수밖에 없다.

그럴 수밖에 없는 또 하나의 이유는 독립운동사 관계의 두어 권 편술서와 [28] 국가보훈처의 『독립유공자 공훈록』(제8권, 1990)에 그가 "1913년 평양 숭실학교에 입학하여 3년간 수학"했다고 짧게나마 기술되어 있기 때문이기도 하다. 이것은 최수봉이 1963년 건국훈장 국민장(1977년 '독립장'으로 명칭 변경)에 추서될 때 그 근거로 작성된 공적조서에는 기재되지 않은 바였고, 애국동지원호회 판의 『한국독립운동사』(1956)나 김승학의 『한국독립사』(1965)에도 없는 내용이다. 그렇다면 무엇에 근거해 후대의 그런 서술이 나왔는지가 궁금하고 의문시된다. 실은 미심쩍은 바도 있는 것이, 숭실학교 졸업자로서 1982년에 건국공로 대통령표창(1990년 건국훈장 애족장으로 훈격 변경)을 받은 경북 경산 출신의 1890년생 최경학(崔敬學)의 학력 사항이 그의 서훈을 위한 자료가 유관기관에 제출되어 정말 그의 것이었다고 함이 확인되기 전에는 과거의 독립운

---

28 『독립운동사』 제7권, 319쪽; 김후경, 『대한민국 독립운동공훈사』, 광복출판사, 1986, 1058쪽.

동사편찬위원회 같은 데서 혹시라도 최수봉의 호적명인 '崔敬鶴'의 것으로 오인, 혼동되고 있던 것은 아닌가도 해서이다.

'崔敬學'은 1917년 3월 22일의 숭실학교 대학부 졸업생 16인 명단에 나오는 이름이다.[29] 대구의 계성학교(啓聖學校)를 나온 그는 숭실학교에 들어가 졸업한 후 대구로 돌아와 모교의 교사로 재직하던 중에 1919년 3월 8일 대구 중심가에서 벌어진 만세시위를 준비하고 현장에서 앞장섰다가 체포되어 1년 6개월 징역으로 확정형을 받았다.[30] 그리고 최수봉처럼, 그러나 그보다 앞선 시점에, 대구형무소에 갇혀있었는데, 재감 때 형무소 측에서 촬영한 죄수복 차림의 전신사진이 최수봉(='최경학')의 것으로 속단되어 공간서(公刊書)에도 잘못 실리는 일이 오래 계속되어 오기도 했다.

이런 점에서는 최수봉의 숭실학교 수학설의 신빙성이 많이 떨어지니 받아들이기를 유보함이 마땅해 보인다. 그런데 다른 한편으로는, 전술했듯이 그가 1912~13년경에 열심히 교회에 나가고 있었다든지, 후술하겠지만 1916년 5월 이후로 몇 년간 평북 관내에서 활동했다는 점에서는 개연성이 전혀 없는 것은 아니어도 보인다. 사정이 이러하므로, 여기서는 최수봉의 숭실학교 입학을 사실로 확정짓지는 않으면서도 하나의 가능성을 상정해본다는 의미에서만 관련 사실들을 추려서 제시하고 약간의 논의를 보태보기로 한다.

숭실학교는 미국인 북장로교파 선교사 배위량(裵緯良, William Martyne Baird, 1862-1931)이 1897년 평양 신양리의 사저에 중등과정의 학당을 개설하여 발족시킨 기독교계 사립학교였다. 그는 내한 후 1891년부터 4년간 부산·대구 지역에 대한 선교를 담당하였고,[31] 1893년 영남 일대의 순회전도 중에 밀양에

---

29 『매일신보』(1917. 3. 27), 「出世初의 연설」 참조.
30 「1919년 刑控 제329호 판결문」(대구복심법원, 1919. 5. 31); 「1919년 刑上 제411·412호 판결문」(조선총독부 고등법원, 1919. 7. 21).
31 미국 인디애나주 출신의 문학박사이자 목사이던 배위량은 조선선교사로 임명되자 1891년 1월에 내한하여 1895년까지 부산에 거주하며 부산·대구 지방의 선교에 진력하였다(『동아일보』 1931. 11. 30, 「배박사의 사업과 약력」).

도 들러 상동면 유천리에서 1박했는데 주민 반응이 냉담하기는 했지만 그래도 밀양에의 첫 전도자가 된 것이었다.[32] 그 후 서울의 예수중학교(경신학교의 전신) 교장직(1896~97)을 거쳐 평양으로 전임되자 곧 학당을 개설한 것으로, 1900년 정규 중학교가 되고 1905년 9월에는 대학부가 설치된다.[33] 대학부를 포함하여 입학생 수가 1905년부터 100명을 넘어섰고, 1907년에는 367명에 달하였다.[34]

초기 입학생은 관서지역 출신 일색이었으나 점차 다른 지역 출신인 입학생도 생겨났는데, 선교사와 교회 지도자의 추천을 받는 것이 아주 중요했다. 1912년의 대학부 입학자격은 중학교 졸업자 중 18세 이상으로 세례를 받은 자였다. 최수봉은 그때 중졸 학력 미달이었고 세례를 받았다고 보기도 어려우니, 입학했다면 대학부가 아닌 중학부로였을 것이다.

입학했다면 미국 북장로교 선교부의 신임이 두텁던[35] 고삼종이 주선을 했거나 '교회 대표 입학생'으로 추천해주어서였을 수 있다. 1914년까지 밀양은 부산·경남 지역의 다른 곳들과 달리 호주 장로교 선교부로 이관되지 않고 미국 선교부 관할로 남아있었다. 독실한 신앙심을 행동으로 보여주는 고삼종이 있기 때문에도 북장로교 선교부에서는 밀양읍교회와 밀양을 중시했고, 대구선교부 소속의 안의와(安義窩, James Edward Adams)와 인노절(印魯節, Roger Earl Winn) 선교사가 관심 깊게 후견해주고 있었다.[36]

---

32 대한예수교장로회 무지개전원교회(상남면 마산교회의 개명 후 현재 이름) 앞마당의 '역사의 숲' 패널에 기재된 내용임(2015.4.30 확인).
33 대학부는 1925년에 '숭실전문학교'로 바뀐다.
34 숭실학교의 설립과 발전에 관한 이 부분의 서술은 『숭실대학교 90년사』(숭실대학교, 1987), 42-107쪽에 의거함.
35 『매일신보』(1922.9.18), 「형제가 유산으로 쟁송」 참조.
36 박선경, 박사학위논문, 128쪽 참조.

고삼종이 아끼는 자녀 중에 1887년생인 차남 고인덕(高仁德)이 있었다.[37] 아버지를 따라 독실한 기독교 신자로 성장한 그는 1908년, 안의와 선교사가 그 2년 전에 설립한 대구 계성학교에 입학해 다녔다. 고인덕은 정의감이 강하고 신념에 투철하며 열정적인 성품이었고, 일제의 한국 강점과 식민통치에 끝까지 저항하여 '정의로운 하나님 나라'를 이 땅에 구현해내야만 한다고 늘 생각했다. 그런 면모였기에 그가 최수봉과는 7년이나 연상이면서도 진작부터 의기 상통으로 친교한 것 같다. 최수봉이 밀양읍교회를 다니게 된 것도 그래서였을 것인데, 하지만 기독교에 막 입문한 최수봉의 신앙심이 고인덕만큼 독실하지는 아직 않았을 것이다.

그런 맥락에서 최수봉의 중단된 학업을 다시 이어주는 겸, 그의 민족의식에 기독교정신을 접목시켜 심화되게끔 하려면 숭실학교 입학이 최적의 방법이 되리라고 고인덕은 여겼을 것이다. 밀양읍교회와 고삼종 개인 둘 다와의 인연이 깊은 계성학교가 대구에 있음에도 최수봉이 멀리 평양의 숭실학교로 가게 된 것은 고인덕이 계성학교를 2학년 때 중도 퇴학했음과[38] 연관이 있지 않았을까 싶다.

이상의 추리가 어느 정도 사실에 들어맞거나 일리 있는 것이라면, 최수봉은 1913년에, 아마도 가출을 감행하듯 부모와의 상의도 없이, 평양으로 가서 숭실학교에 입학했다고 말할 수 있겠다. 그렇지만 아직은 하나의 개연성이고 가설일 뿐이지, 확정적인 것은 아니라 함도 다시금 말해두고자 한다.

세상으로 나아감과 뜻을 세워 굳힘

입학허가를 받아서 최수봉이 숭실학교를 다녔을지라도 그 기간은 4년 과

---

37 고인덕을 장남으로 서술해놓은 문건도 보이는데 사실과 다르다. 고삼종의 장남은 고주옥(高周玉)이었다.
38 『동아일보』(1926. 12. 24), 「신앙자로 운동에」.

정[39] 중의 3년으로 그치고 만 것으로 보인다. 1916년 음력 5월경에 그가 평북 창성군으로 북행하여, 그곳 사금광의 광부 생활을 약 1년간 했다고 하므로[40] 그렇다. 숭실학교는 시험을 통과해야만 진급시키는 등으로 학사관리가 엄격한데다 학업 도중의 가정형편이나 교회 사정 때문에 전 과정을 다 마치는 학생이 드물었다고 한다.[41] 최수봉의 중퇴가 실제로 있었던 일이었다고 본다 하더라도 그것이 학업부진 때문인지 학비문제 때문이었는지는 알 수가 없다.[42] 그 어느 경우도 아닌, 그에게 찾아든 어떤 회의와 그에 뒤따른 새로운 모색의 독자적 결정 때문이었을 수도 있다.

창성금광은 구한말 프랑스의 이권 침탈 대상이었다. 1901년 대한제국 정부를 압박하여 광산채굴권을 획득한 프랑스는 1907년에 주한 공사를 통하여 재차 강요한 끝에 궁내부 소속의 평양광업소 관할이던 창성금광을 채광지로 챙겨 받았다. 이어서 1909년에 프랑스인 자본가 살타렐(M. Saltarel)이 2개 광구를 선정하여 광업권을 따냈다. 남부 광구는 동창·대창·청산 3개 면 일대였고, 북부 광구는 남창·창성·우면 일대로, 면적이 무려 1억2천만 평에 달하였다. 1910년 동창면 대유동에서 양질의 대규모 광맥이 발견되는데, 이 금광은 미국 보유의 운산금광 다음으로 성공적인 광산이 되었다. 1912년에는 일본인 야스이가와 게이치로(安川敬一郎)가 창성군 내의 10여 개 광구를 허가받아 적극적인 채금에 나섰으며, 일대의 중석광도 일본의 야마구치(山口)광업소에서

---

39 숭실학교의 수업연한은 1909년부터 5년에서 4년으로 바뀌어 있었다.

40 「高警 제873호, 密陽警察署ニ於ケル爆彈犯人ノ檢擧」(1921.1.13), 김정명 편, 『조선독립운동』제1권 분책, 東京: 原書房, 1967, 486-487쪽; 국회도서관 편, 『한국민족운동사료: 3.1운동편 其一』, 1977, 706-707쪽.

41 『숭실대학교 90년사』, 77-78·96쪽 참조.

42 그가 학업을 중단한 것은 일제 당국이 숭실학교를 불온학교로 지목하여 폐교 조치한 때문이라고 써놓은 글이 있는데, 이는 사실과 다르다. 일제가 한국을 강제 병합한 직후부터 「조선교육령」(1910), 「사립학교규칙」(1911), 「개정 사립학교규칙」(1911) 등을 공포하여 조선 내의 각종 사학 진흥을 억압하니 숭실학교도 경영에 어려움을 겪고 학생 수가 급감하긴 했지만, 폐교된 것은 아니었다.

채굴하기 시작했다.[43] 당시 500명 정도의 그곳 금광 노동자 중 한 명이었을 최수봉이 일한 곳이 프랑스인 광구였는지 일본인 광구였는지가 분명치는 않으나, '외인 경영의 광산'이었다는 일제 경찰문서의[44] 표현으로 보면 전자였을 가능성이 훨씬 크다.

그러면 그는 왜 금광에 들어간 것일까? 단순 호구지책이었을까? 돈을 좀 벌어야겠다는 생각에서였을까? 단지 거기서 세상 견문을 크게 넓혀보고 싶어서였을까? 아니면, 모종의 좌절감 끝의 단순도피성 행동이었을까?

어느 것이든 '그렇다'고 볼 수는 있겠지만, 실은 그렇게 보기가 어렵다. 오히려 그것과는 다른 유의 어떤 결의를 그 무렵에 다지고 있었음과 연결된 행동이 아니었을까 한다. 조국의 독립을 막연히 소망만 하고 있거나 먼 훗날의 일로 치부해두고 마음속의 '준비'만 하고 있을 것이 아니라 독립운동에 직접 뛰어들어 무엇이든 일익을 담당해야 한다는 생각을 품어보다가 점점 그리로 경도되어 마침내는 모종의 결의를 확실하게 해냈으리라는 것이다.

그의 그런 생각은 1916년 9월 광복회 부사령이면서 만주본부 책임자인 이진룡(李鎭龍)이 대원 6명을 이끌고 평북 영변군에서 평양발 운산행 송금마차를 기습한 사건의[45] 소식을 접하면서 강화된 것일 수 있다. 광복회 평안도지부의 은밀한 동향을 때때로 들어 알게 되면서 관심을 가지고 자극도 받았을지 모른다. 지부장은 정주의 대부호 조현균(趙賢均)이었는데,[46] 최수봉이 광부생활을 그만둔 후에는 정주에서 우편배달부 일을 했고 그때 친교했던 임아무

---

43 창성군 광산에 대한 이상의 서술은 이배용, 『한국근대광업침탈사연구』(일조각, 1989), 2·30·34·196-199·242-243쪽의 내용을 정리한 것임.
44 「高警 제873호, 密陽警察署ニ於ケル爆彈犯人ノ檢擧」(1921.1.13).
45 이 사건에 대해서는 정제우, 「이진룡 의병장의 항일무장투쟁」,『한국독립운동사연구』 제8집, 1994), 21-22쪽을 볼 것.
46 광복회 평안도지부와 조현균에 대해서는 조준희, 「대한광복회 연구: 황해도지부와 평안도지부를 중심으로」,(『국학연구』 6, 2001)와 조준희, 「대한광복회 평안도지부장 경재 조현균」,『한국민족운동사연구』 24, 2000)이 참고된다.

개(任某)가 요청하길래 투탄거사를 한 것이라고 후일 법정에서 진술한 것도[47] 예사롭지 않은 바이다.

우편집배원 일은 봉투의 흘려 쓴 한자까지도 제대로 읽을 줄 알아야 했기에 아무라도 할 수 있는 일은 아니었지만, 어떻든 최수봉이 그 직업을 택했다는 것이 주목되는 부분이다. 대체로 다음과 같은 각도에서 생각해볼 수 있지 않을까 한다. 즉, 그 일을 하게 되면 담당구역 내의 관공서와 주민들 거택에 아마도 경찰 다음으로 심상하게 자유로이 드나들 수가 있고, 그러면 각서·각인의 동향과 변동 상황도 그때그때 바로 알 수가 있으며, 관내·외를 막론하고 발송인과 수신인 되는 이들의 성명·주소만 아니라 상호 교제·연락의 범위와 밀도 및 연결망까지도 파악할 수 있는 것이었다. 일정 지역 내에서라도 항일운동의 인적 기반 확보나 강화를 꾀한다면 이만큼 도움 되는 직업도 드물었을 것이다. 그 점에서 최수봉의 직업선택은 매우 의도적인 것임과 아울러 나름의 의미가 컸다고 할 수 있고, 그 무렵의 그의 생각과 행보의 지향점을 추리해볼 수 있는 중요 단서도 된다.

광부와 우편집배원 생활 이후의 그의 행적은 분명하게 드러나는 바가 없고, 서간도로 들어가서 봉천과 안동 사이를 왕래하며 동지 규합을 시도했다는 2차적 기술이 있을 뿐이다.[48] 그런데 봉천과 안동은 당시 재만 한인독립운동의 주요 거점의 하나로서 밀양 출신인 손일민(孫一民)·구영필(具榮佖)·이병철을 포함한 독립지사들이 여러 명 재류하고 있었으며, 김대지도 봉천과 밀양을 오가며 활동하다 1918년 봄에 구영필과 더불어 일경에 피검된다. 그렇다면 최수봉의 그 지역 왕래는 단순 방랑이 아니라, 그만의 웅지를 펼 기회를 만

---

47 『매일신보』(1921.1.20), 「폭탄범 최수봉」에 "우편배달부로 다닐 즈음에 同郡 정주군..." 운운이 나오고, 송상도, 『기려수필』, 304쪽과 『독립운동사』 제7권, 319쪽에도 우편배달부 일을 정주에서 한 것으로 볼 수 있는 서술이 나온다.

48 『기려수필』, 304쪽과 『독립운동사』 제7권, 319쪽에는 이것이 숭실학교 중퇴 후 광산노동 이전의 행보였던 것으로 기술되어 있다.

들고자 모색하며 준비해가던 모습의 하나였다고 하겠다.

 이와 관련하여, 고인덕이 '구주대전'의 종전 직후인 1918년 음력 11월에 만주로 건너갔고 3.1운동 이후로는 길림과 상해 사이를 자주 오가며 독립운동의 길을 찾았다는[49] 점도 주목해볼 만하다. 최수봉의 서간도행과 고인덕의 만주행은 서로 무관하고 분리된 행동이 아니라, 내밀하게 연결되어 같이 이루어진 것일 수 있다. 고인덕은 1919년 상해에서 구입한 폭약과 폭탄제조기를 휴대하고 귀향한 후 그것을 쓸 기회를 엿보았는데, 1920년 밀양경찰서 투탄거사가 계획되었을 때 그 재료와 기구를 갖고서 만들어낸 폭탄이 최수봉에게 건네진 것이기도 했다.[50] 일련의 이런 사실들은 최수봉과 고인덕 사이에 일찍부터 긴절한 기맥상통과 밀접한 연계행동이 있어왔음을 다시금 말해주는 것이다.

---

[49] 『기려수필』, 303쪽. 당시 길림에는 1915년 12월에 손일민·우재룡(禹在龍)·주진수(朱鎭洙) 등에 의해 조직된 '길림광복회'가 '광복회 만주본부'로 기능하고 있었다(이성우, 「대한광복회 만주본부의 설치와 활동」, 『호서사학』 34, 2003, 152-158쪽). 그 후 손일민은 안동에 여관을 차려 연락기관으로 삼기도 했다.
[50] 『기려수필』, 304쪽에는 최수봉이 직접 폭탄을 제조했다고 서술되어 있는데, 사실과 다르다.

투탄거사 결의와 준비

최수봉의 귀향 후 동정과 지역정세

최수봉이 다년간의 외지생활을 접고 귀향한 것이 정확히 언제였는지는 불명이다. 이르게 잡으면, 광무황제 승하(1919.1.22.)와 3월 초로 예고된 인산일(因山日)을 하나의 계기로 삼으려는 국내외 독립운동계의 움직임이 한창 일고 있을 때인 1919년 2월경이었을 것도 같다. 관련지어 최수봉이 밀양 읍내 장터에서의 3·13 만세시위에 참가했다는 설도 있는데, 일경이 출동하여 시위자를 마구 체포하려들 때 급히 현장을 빠져나가 타관(他關)으로 일시 피신했다고 한다.[51]

그런 유의 행적은 경찰의 시선이나 정보망에 잘 포착되지 않고, 따라서 공식문서에 기술되어 나타날 리도 거의 없을 것이라서인지,[52] 위의 주장은 확실한 근거를 가진 것이 아니다. 그렇다고 해서 무조건 배척해버릴 일은 아니지만, 그 시위에 대한 관계자 증언으로든 문서기록으로든 간에 실증이 나오지 않는 얘기를 출처 불명의 모호한 구전이나 불확실한 정황추측만 갖고서 성급히 사실화해서도 곤란할 것이다.

3.13 만세시위는 친족간인 윤세주와 윤치형이 기획과 준비를 주도하고 전홍표가 그 자문을 맡았으며, 동화학교 출신자인 정동찬(丁銅燦)·김소지(金小池)·박소종(朴小宗) 등도 사전 모의 및 준비에 참여하여 성사된 것이었다. 그런데 이상하게도 최수봉만은 그 과정에 참여한 흔적이 전혀 나타나 보이지를

---

51 기적비; 손정태 엮음, 『밀양의 항일독립운동가』, 219쪽.
52 당시 밀양군 관내의 경찰력 포진 상황을 보면, 내일동의 헌병분견소 관할 하에 헌병파견소·출장소가 부내면 이외의 12개 면 중 5개 면에 설치되어 있었는데 상남면은 해당되지 않았다. 그만큼 경찰의 사찰망이 상남면 주민들에 대해서는 상대적으로 느슨했거나 미치지 못했을 것이다. 그러므로 최수봉도 평소 당국의 주목을 받았거나 특별감시 대상이 되지는 않았던 것으로 생각된다. 투탄거사 후의 수사기록에도 최수봉의 이전 행적에 대한 경찰 자체의 정보나 관찰결과가 원용된 것이 전혀 없었고, 오히려 아주 생소한 인물인 것처럼 취급되고 있었다.

않는다. 하지만 영 이해 못할 바는 아니다. 사전준비 과정의 참여자를 의도적으로 밀양 읍내('성내') 사람들로 국한시켰을 수도 있기 때문이다. 거사 기일이 촉급한데다, 은밀한 모임과 왕래의 동정이 만에 하나 경찰에 포착되어버리거나 일반 주민에게 목격되어 말이 퍼져나갈 우려도 있기에 취해진 고육지책으로 그럴 수 있었다.

해가 바뀌어 1920년이 되자, 전년도 11월 만주 길림에서 창립된 의열단이 제1차 국내 적기관 강습거사 계획을 세우고 추진하여 4월부터 폭탄 밀반입과 실행준비 작업을 착착 진행해갔다. 그러나 그 동향이 경기도경찰부에 탐지되어 수사 개시가 되고, 결국은 밀입국 단원 다수와 국내 조력자들이 6월 중순부터 연달아 붙잡혀갔을 뿐 아니라 밀양 내일동의 김병환(金鉼煥) 집에 숨겨 보관해 둔 폭탄 3개도 압수되고 말았다. 이윽고 7월 29일에 총독부 경무국이 사건을 공개하고 피검자 16명의 명단 및 신원과 함께 수사결과를 발표하자, 동아·조선·매일 3개 신문이 '밀양폭탄사건'이라는 이름으로 호외를 내고 대서특필 보도하였다. 그 후 9월에는 창원군 진영 쪽으로 밀반입해 감추어 둔 폭탄 13개가 적발 압수되고, 배중세(裵重世) 등의 여러 관계자와 현지 조력자들이 연이어 피검된다('진영사건').

그런데 이 사건 관련으로도 최수봉의 이름은 나온 바가 전혀 없다. 사실상 그는 이 거사계획의 국내 추진과정에 완전히 국외자로 있었거나, 아니면 아직도 만주 또는 타관 어딘가에 가 있어서 참여 또는 협조 자체가 아예 불가능한 처지였을지 모른다.[53] 최수봉이 밀양에 재류 중인 시점이 확인되기로는

---

[53] 3·13 시위 현장에서의 피신 후 최수봉이 만주로 건너가 김원봉 등 고향 친우들을 만나고 의열단에 가입했다는 얘기가 밀양 일각에서 나오니 그렇게들 믿어지는 것 같다. 그러나 어떤 자료로도 뒷받침되지 않으므로, 사실과 거리가 먼 얘기라 볼 수밖에 없다. 만일 그랬다면, 이 거사계획 자체와 이 사건 관련의 각종 기록에서 최수봉만 유독 그렇게 철저히 단절·배제되었을 리가 없는 것이다. 2차 자료 성격의 여러 문헌에서(채근식,『무장독립운동비사』, 공보처, 1949, 181쪽; 문일민,『한국독립운동사』, 애국동지원호회, 1956, 215쪽; 김승학,『한국독립사』 1965의 임준원 증보판(상), 통일문제연구회, 1972, 223쪽) 최수봉의 의열단 가입을 "1920년 6월에 입국한 이성우 (등)"에 의해서라 했는데, 후자의 입국 시점

아무리 올려잡아도 1920년 8월 중의 것이었다. 그때가 '밀양폭탄사건' 수사결과 발표 직후였다는 것도 눈여겨 보아둘 부분이다. 애석하기 짝이 없고 통분됨이 이를 데 없을 의열단의 대실패와 그의 밀양 귀환-출현에 아무런 연관이 없었을까 해서이다.

그 실패를 의열단이 부분적으로 만회하면서 자기 존재를 관헌 당국과 사회 일반에 각인시켜 준 것이 단원 박재혁의 부산경찰서 투탄 의거였다. 9월 14일의 일이었는데, 이 의거 소식을 최수봉은 어떻게 받아들였을까? 그런 의거를 본인이 행하는 장면도 혹시 상상해보았을까? 결과적으로는 박재혁 의거가 이어달리기 식으로 석 달 후에 감행되는 최수봉 의거의 모델이 되었다고 볼 만도 한 것이다.[54]

박재혁 의거가 있기 이틀 전인 9월 12일에는 밀양읍내 주민들의 '경찰서 습격사건'이 벌어졌다. 이 사건은 그해 8월에 기승을 부린 콜레라 방역작업의 노고를 위로하는 합동연회 자리에서 밀양경찰서의 노구비(野久尾) 순사부장이 한인 순사 3인을 심하게 구타 폭행한 데서 발단이 주어졌다. 매 맞고 실신하여 이송되는 순사의 모습을 목격하고 그 정황을 파악해낸 주민들이 몹시 분개해 있다가 마침내 수백 명이 노도처럼 경찰서로 밀고 들어가 사무실 집기와 유리창을 닥치는대로 부수고 깨버리며 매섭게 항의 의사를 표해낸 것이다. 당황한 서장이 강경진압을 시도하자, 이번에는 한인 순사와 일본인 순사 간에 일대 격투가 벌어졌다.[55] 몹시도 기묘한 상황이 연출된 이 사태의 기세는 박재혁 의

이 틀린 서술이고, 이성우와 최수봉의 접촉 사실이 확인되지 않는데다 그랬을 개연성도 희박하다. 후술하겠지만 최수봉이 의열단에 가입하여 단원이 된 것은 동년 8월경에 김상윤·이종암과 접촉하게 된 후라고 보아야 옳다.

54 박태원, 『약산과 의열단』, 56-58쪽에도 제1차 의거의 실패에 통분하고 박재혁 의거에 고무되어 최수봉이 밀양경찰서 타격을 결심한 것이라고 적혀 있다.

55 이 사건의 원인과 전말에 대해서는 『매일신보』(1920. 9. 17), 「수백의 군중, 밀양경찰서를 습격」 기사와, 경상남도경찰부, 『고등경찰관계적록』(1936), 28-29쪽을 같이 볼 것. 사건의 여파로 서장 휴직, 순사부장 및 한인 순사 10명의 징계면직이 이어졌다.

거의 성공 못지않게 최수봉의 결심과 용기를 더욱 북돋아 주었을 것이다.

거사 결의와 준비

최수봉이 투탄거사를 결심하고 실행케 된 과정과 그 준비 경과는 피체 후의 경찰 취조·수사 보고 및 판결문과 일련의 신문보도, 그리고 후자들에서 인용되는바 검사국 예심 및 공판정의 진술 등에서 알아낼 수 있다. 그런데 그것들 간에 상위한 내용이 상당수 있어서 사실 재구성이 쉽지 않다. 진상에 최대한 가까이 다가서려면, 우선 그것들의 요지를 하나씩 옮겨 적어보며 검토함이 필요할 것 같다.

총독부 경무국은 부산지방법원 검사국으로 사건이 송치된 다음 날인 [56]1921년 1월 13일자로 본국 총리대신 이하 수십 처의 유관기관으로 보낸 보고문에서[57] "목하 수사 속행 중이고, 금일까지 판명된 상황은 아래와 같다."고 하였다. 우선, 사건 범인으로 3인을 지목했는데, 최수봉 외에 상남면 기산리 출신의 김상윤(金相潤)과[58] 대구 외곽지 출신의 24,5세쯤 되는 김원석(金元石/錫, 이명 이근수 [李根壽/秀])이었다. 두 사람을 아직 체포하지 못한 관계로 진상파악이 미진함을 자인하여 '수사 속행 중'이라고 특기했을 것이다.

거사준비 경위는 다음과 같이 서술되었는데, 거의 전적으로 최수봉의 진술에 의거해서였을 것이다. 그에 따르면, 최경학은 치열한 배일사상을 포지한 자였고, 1920년 11월 중에 기산리 묘지에서 우연히 김상윤과 만났을 때[59]

---

[56] 『매일신보』(1921. 1. 16), 「밀양서의 폭탄범, 부산검사국에 호송되어」 참조. 기사 원문에는 '마산지청'으로 되어 있으나 '밀양지청'의 착오였던 것 같다.

[57] 「高警 제873호, 密陽警察署ニ於ケル爆彈犯人ノ檢擧」(1921. 1. 13).

[58] 경찰은 그가 보통학교를 중퇴하고 1919년 3월 중국 통화현(通化縣)으로 가서 신흥학교에 입학했고, 불령단(不逞團)에 가입 후 1920년 4,5월경 귀선(歸鮮)하여 밀양군 및 대구지방을 돌아다니며 불온계획에 부심해 온 것으로 기술해놓았다.

[59] 김상윤이 1910년 동화학교에 입학해 다녔으니 (강만길 편, 『밀양의 독립운동사』, 542쪽), 최수봉과 동창관계였다. 그러므로 두 사람의 만남이 '묘지에서 우연히'였다 함은 진실이었다고 믿기 어렵다.

독립운동에 진력하기를 권유받고 응낙했다. 그 후 같은 장소에서 김상윤의 소개로 김원석과 만나, 독립운동의 기세를 진작시키기 위해 폭탄을 던져 밀양경찰서를 파괴하고 경관도 살해할 것을 모의했다. 그 후 밀양 읍내에서 김원석과 재차 회합하여 12월 27일에 결행키로 협의하고, 드디어 26일 저녁에 밀양면 삼문리 장봉석(張鳳錫) 소유의 무인 농막에서 김원석을 만나 대·소 2개의 폭탄을 받아 다음날 실행한 것이다. 그러니까 직접적인 동기는 김상윤과의 조우로부터 주어졌고, 거사준비 과정에 그와 두 번, 김원석과는 세 번 만난 것으로 되어 있다.

피체 직후의 경찰 취조에서는 최수봉이 폭탄의 출처를 둘러대 거짓 진술했던 모양이다. 사건 3일 뒤의 첫 보도에[60] 최수봉이 1919년('1920년'의 와전이거나 오기였을 것임: 필자) 3월경 상해로 가서 김원봉으로부터 폭발약 2개를 사갖고 와서는 자기 집에 감춰두어 온 것으로 되어 있었음에서 그렇다. 나중에 보면 알겠지만, 고인덕을 비롯하여 동지들을 감추고 보호하려는 의도로 그렇게 말했을 것이다. 그런데 1월 13일자의 경찰보고문에는 폭탄의 입수 시점 및 경로와 제공자가 앞의 보도와는 모두 다르게 기술된다. 그 보름 동안 그가 가혹한 취조상황에 놓였음을 미루어 알 수 있다.

예심은 송치 6일 만인 1월 18일에 신속히 종결되고 기소로 결정되었다. 예심판사인 노다(野田) 검사 앞에서 최수봉이 한 진술 요지는 다음과 같았다.[61] 그 자신이 항상 독립운동을 꿈에서라도 한 번 해볼 생각으로 지내왔다. 그러던 중 1920년 음력 7월 9일(양 8.22), 전에 봉천에서 친하게 지냈던 평북 정주 출신의 예수교 신자 임태구(任泰具, 29세)를 밀양역에 나갔다가 상봉케 되었다. 그때 그가 하는 말이, "지금 나라 안에 항일운동이 활발한데 영남 쪽만 아무런

---

60 『매일신보』(1920.12.30), 「밀양서에 폭탄투하」.
61 『매일신보』(1921년 1월 20), 「폭탄범 최수봉」과, 송상도, 『기려수필』, 304쪽에 의함.

소식이 없구려. 자네도 영남인이거늘, 어찌 부끄러움이 없겠는가? 원컨대 자네가 경찰서에 투탄하여 인심을 고무하고 독립운동을 응원하면 영남 각처에 서광이 비칠 것이네."라는 것이었다. 이에 최수봉은 그러겠노라 대답하고, 폭탄 제공의 언약을 받았다. 그 후 12월 26일, 다시 임태구를 만나 밀양역에서 읍내로 들어가는 길목의 용두다리 부근 솔밭에서 폭탄 2개를 제조해 받고, 삼문리의 친지 송혜덕(宋惠德)에게 하룻밤 맡겨두었다는 것이다.

폭탄 입수 경위가 앞서의 경찰 수사보고와는 상당히 달라졌다. 임태구라는 외지인이 새로 거명되면서 폭탄 제공자로 등장하고, 봉천에서 친교를 나누었던 그가 밀양에 내려와서 만나게 된 것이라 했다.

이런 내용은 1심 공판의 사실심리에서도 거의 그대로 반복되었다. 다만, 임태구와 알게 되어 친교한 것이 우편배달부로 일하던 무렵의 것으로 약간 바뀌었다.[62] 그리고 2심 재판의 판결문은[63] 예심 및 1심 법정 진술에서의 군더더기나 확인 불가의 모호한 내용 요소들을 빼버리고 훨씬 더 그럴듯해 보이는 서사로 구성된다. 그 내용은 이러했다.

최수봉은 1917년 음력 6월부터 평북 창성군의 사금광에 가서 정주군 출신 임태호(任泰昊)와 친교를 맺었는데, 1920년 음력 7월에 밀양 읍내에서 임태호와 우연히 해후했다. 임이 "이번에 경남도내 각 관청에 폭탄을 던질 인물 선정을 위해 중국으로부터 왔는데 당신을 신용하니 밀양서에 투탄해 달라"고 의뢰하므로, 자신은 쾌히 수락했다. 음력 11월 13일(양 12.22) 임태호로부터 전갈이 왔고, 17일(양 12.26) 오후 3시경 밀양역에 도착한 임과 함께 다리 건너의 솔밭으로 들어갔다. 임이 휴대하고 온 한 자가량 길이의 가죽상자에서 대·소 2개의 투척용 충격즉발식 폭탄을 꺼내 건네주었다. 그것을 받아 사발 속에 넣

---

62 『매일신보』(1921년 2월 5), 「부산지방법원에서 폭탄범인의 공판」.
63 「1921년 刑控 제134호, 최경학 판결문」(대구복심법원, 1921. 4. 16).

은 다음, 각각 보자기와 포목으로 싸서 실로 박아 봉함했다.

이번에는 '임태구' 이름 자의 '具'가 엇비슷한 글자인 '昊'로 바뀌고, 그가 밀양까지 내려온 이유와 접선 및 폭탄 수교 경위가 좀 더 구체적이면서 조리 있어 보이게끔 제시되었다. 2심 판결문은 상고심에서 변경 없이 그대로 유지되었다. 그로써 밀양경찰서 투탄사건의 진상은 규명이 되었으며 그 내용은 확정적이라는 듯이 한동안 그대로 받아들여졌다.

그런데 수년 후, 사건의 실제 내막은 그와 좀 다르다는 것이 밝혀진다. 한동안 만주 길림성 영안현(寧安縣)에 재류하고 있다가 1925년 여름에 국내로 잠입하여 도쿄거사를 위한 자금조달 활동을 경남·북 일대에서 벌이던 의열단 간부 양건호(梁建浩; 이종암[李鍾巖]의 여러 가명 중 하나)가 그해 11월 10여 명의 동지와 함께 검거되었다고 경찰이 부각시켜 간 '경북 의열단사건'의[64] 수사 과정에서였다. 1918년 이래로 이종암이 걸어온 독립운동 행로와 그 내역을 하나하나 되짚어 재구성하는 방식으로 의열단 활동의 전모도 최대한 파헤치고 밀양서 투탄사건의 미심쩍었던 부분도 같이 추급하여 그 진상을 이번에 완전히 밝혀보려 한 경찰과 검찰이 이종암을 엄중 취조한 결과로 그리되었다.

결국 밀양경찰서 투탄거사의 준비과정에 대해 그가 한 진술에서는 1920년 1월 13일자의 경찰보고문과 달라지는 내용이 나타났다. 최수봉의 진술에서 '김원석'으로 일컬어졌던 인물이 실은 이종암이었음과, 폭탄 제조 및 제공자가 정주사람 '임태호'가 아니고 밀양사람 고인덕이었다는 것이 그것이다. 그래서 경북경찰부는 이종암과 김상윤을 밀양서 폭탄사건의 '주범'으로 재규정함과 아울러, 폭탄이 만들어지고 제공된 경위도 이제 다 확실히 파악하게 되었다. 폭탄 제조법을 중국에서 습득해 알고 있던 고인덕을 그 두 사람이 안학

---

[64] 이 사건의 실체와 배경에 대해서는 이 책의 제3장을 볼 것. 또한 김영범, 「경북의열단사건」(『한국독립운동사 사전』 3, 독립기념관 한국독립운동사연구소, 2004)과 이동언, 「이종암의 생애와 의열투쟁」(『한국독립운동사연구』 제42집, 2012)에서도 1차 정리된 바 있다.

수(安鶴洙)의[65] 소개로 만나서, 폭탄에 들어갈 약품과 재료를 제조해주도록 의뢰하고 외피는 밀양 읍내 바깥쪽의 산속[66] 암굴에서 제작하여, 우선 시험적으로 밀양서에 투척케 했다는 것이다. 원래는 최수봉과 함께 이웃 마을의 22세 청년 이원경(李元慶)이[67] 폭탄을 하나씩 던지기로 되어 있었는데, 이원경에게 어떤 사정이 생기는 바람에 최수봉 혼자 결행한 것이라고도 했다.

이에 경북경찰부는 고인덕을 긴급 체포해 와 엄혹히 취조했고, 최수봉에게 폭탄을 만들어준 사실이 역시나 확인되어 1926년 11월의 예심종결 때 유죄 결정이 내려지고 재판에 회부되었다. 그런데 12월 7일부터 개시된 공판에 나갔다 온 그가 그달 21일 밤에 심장마비를 일으켜 사망한 것으로 대구형무소에서 발표하였다. 정신이상 증세의 발현으로 형무소에서 받은 약병과 감방의 변기를 깨서 나온 파편으로 자기 몸의 여러 부위를 찔러 큰 상처를 입고 병감(病監)으로 옮겨져 있는 중에 그랬다고 하였다.

---

[65] 밀양군 산외면 남기리에 사는 안학수(安學洙)를 일컬음이었을 것이다. 그는 40세이던 1922년에 사이토(齋藤) 총독에게 속히 물러가지 않으면 이토(伊藤博文)처럼 죽이겠다는 내용의 편지를 보낸 혐의로 체포되어 징역 1년 2월형이 선고되었는데, 검사의 항소에 의한 복심법원 판결에서 외려 증거불충분을 이유로 무죄 선고가 나왔다(『동아일보』 1922.8.19, 「검사 控訴를 무죄로」).
[66] 경상북도경찰부, 『고등경찰요사』(1934), 239쪽에 이 대목이 '密陽邑外山中ノ岩窟ニ於テ'로 되어 있다. 이 구절을 우리말로 어떻게 옮기는가에 따라 의미가 상당히 달라진다. 축자(逐字) 번역은 "밀양 읍 밖['읍내'의 반대어로]의 산속 암굴에서"가 될 것이다. 그러나 이와 달리 '밀양읍'과 '외산'으로 분리시켜, "밀양읍 외산 속의 암굴에서"로 옮겨볼 수도 있다. 그러면 '외산'이 고유지명처럼 된다. 마산리 남쪽 바로 아래에 위치한 해발 300m의 '외산'이 바로 그것이라는 주장도(박선경, 박사학위논문, 121쪽) 그런 해석에 기대어 나왔을 것이다. 최수봉이 마산리 출신이고 김상윤도 인근 기산리 태생이니 그럴 듯도 해 보인다. 하지만 그 경우에는, '외산'이 상남면 아닌 밀양읍에 있는 것처럼 되어서, 지리적 사실과 어긋나 버린다. 그런 해석이나 주장은 최수봉이 마산리 출신이니 교회도 당연히 마산교회를 다녔을 것으로 속단하는 경우처럼 자칫하면 범하기 쉬운 '연관 맺기의 오류'일 수가 있다. 그런즉 위 문구의 의미는 일단 '읍내 바깥(쪽)의 산속 암굴에서'로 새기는 것이 온당할 것으로 보인다. 타격 대상이 내일동의 밀양경찰서이고 폭탄 은닉처가 삼문리였으므로, 폭탄 제조도 가급적 그 부근에서 하는 것이 일경의 감시의 눈을 피하기 위해서는 더 안전한 운반과 전달의 방도이지 않았겠는가.
[67] 그는 상남면 조음리 태생이고 이원학(李元鶴)·이원경(李元璟)이라는 이명을 쓰며, 1926년 현재 중국 봉천성 서탑에 거주하는 것으로 『고등경찰요사』 239쪽에 기술되어 있다.

재판과 순국, 그리고 여진

재판 경과와 판결

앞서 언급했듯이 최수봉에 대한 재판은 상고심까지 내리 속행되었다. 두 심급 다 2회 이내의 심리만으로, 그것도 단시일 내에, 마쳐졌다. 그야말로 속전속결 식이었으니, 최수봉 의거의 파장을 최소화하는 방향에서 얼른 마무리지어버리고픈 총독부 당국의 의도가 반영되어서였을 것이다. 박재혁 의거의 재판도 비슷한 방식으로 상고심까지 신속히 결말지어진 터였다.

첫 공판은 1921년 2월 3일 오전, 부산지법 형사공판정에서 개정되었고, 검사 구형까지 진행되었다. 공소사실 전부를 시인하는 피고에게 아오야마(青山) 재판장이 거사 후 도주의 이유를 물었다. 이에 최수봉은 "내가 그때 정말 목적을 달성했으면 즉시 자결했을 것이고 그랬으면 네놈들에게 욕을 보지도 않았을 것인데, 일이 그렇게 안 되어버렸으니 어찌 운명이라 하지 않겠는가?"고 통박하였다.[68] 또한 그는 "세계의 대세나 동양 대국상(大局上) 조선의 독립은 가능할 뿐 아니라, 이러한 행동은 조선 국민 된 자의 당연한 의무"라고 당당히 외쳤다.[69] 이에 노다 검사는 "조선역사를 알지 못하는 음모 선인(鮮人)으로 독립을 망상하고 죽음을 결단하였으니 사형에 처하는 것이 지당함"이라고 논고하였다. 그러자 최수봉은 "좋소!"라는 한 마디로 태연히 응수하였다.[70]

그로부터 1주일 후 2월 10일의 제2회 공판은 선고공판이었다. 오전 10시부터 부산경찰서의 하나다(花田) 사법주임 이하 순사부장 외 3명 경관이 법정

---

68 송상도, 『기려수필』, 304쪽(인용자 역). 『매일신보』의 공판보도 기사(1921.2.5, 「부산지방법원에서 폭탄범인의 공판」)에는 기자가 잘못 알아들은 것인지 고의로였는지 모르나, "목적을 달성했으면 그 마당에 자살하려 했는데, 목적을 달성치 못한 까닭에 칼이라도 얻어서 자살하려 했다."고, 알쏭달쏭한 문장으로 기술되어 있다.
69 『독립신문』(1921.2.17), 「최경학의 호기」.
70 『매일신보』(1921.2.5, 「부산지방법원에서 폭탄범인의 공판」); 『독립신문』(1921.2.17), 「최경학의 호기」.

안팎을 엄중히 경계하고, 방청객의 몸을 낱낱이 수색하며 방청권을 배부하였다. 약간 명의 친척 외 밀양청년회원 40여 명과 기타 방청객 50여 명이 법정을 가득 메웠다.

재판장은 기소 죄목인 '폭발물취체벌칙 위반'과 '건조물 손괴 및 구내 침입'을 모두 인정하여 유죄 판결과 함께 무기징역을 선고하였다. 그 이유는 "인심 동요 목적으로 투탄했으나 목적을 달성치 못하여 관사 파괴와 서원 살상이 없었다. 이는 무지무식의 행위로서 목적 부달(不達)이므로 사형이 필요 없다."라는 것이었다. 최수봉은 재판장을 물끄러미 쳐다보며 덤덤한 기색으로 듣기만 하였다.[71]

형량이 구형대로 선고되지 않았음에 불복한 검찰이 부산지법 검사정(檢事正) 후가사와(深澤新一郎) 이름으로 공소하였고, 최수봉은 대구감옥으로 이송되었다. 4월 16일 대구복심법원에서 열린 선고공판에서 마에자와(前澤成美) 재판장은 살인미수죄를 추가하면서도 가장 무겁다는 폭탄사용죄의 적용만으로 사형을 언도하였다. 이때도 최수봉은 아무런 동요 없이 태연히 웃음을 머금고 퇴정하였다.[72]

2심 선고공판일 사흘 전인 4월 13일, 평남경찰부의 경부보 현기언(玄基彦)이 부산으로 출장하여 전명덕(全明德)을 체포하고, 상남면 마산리의 민웅식(閔雄植)과 박(朴)아무개도 밀양경찰서의 지원으로 체포하여 평양으로 압송해 갔다. 또한 수형 중인 고인덕의 집을 경찰이 수색함에 더하여, 최수봉을 포박했던 밀양서의 마치다 형사부장과 나가다(永田) 순사가 대구형무소로 가서 최수봉과 고인덕을 재차 취조하였다.[73]

---

71 『매일신보』(1921. 2. 13), 「밀양폭탄범인 최수봉은 무기징역으로 판결」
72 「1921년 형공 134호, 최경학 판결문」(대구복심법원, 1921. 4. 16); 『동아일보』(1921. 4. 19), 「밀양폭탄범인」참조.
73 『동아일보』(1921. 5. 3), 「밀양폭탄사건 연루인가」; 『조선일보』(1921. 5. 3), 「밀양폭탄사건 연계자 又 검거」

밀양서 폭탄사건 수사가 재개되는 형국이었다. 1심 판결의 형량 선고에 불만을 품었음과 아울러 2심 판결이 어찌 나올지 촉각을 곤두세웠을 검·경 수사당국이 2심 재판부의 예단을 유도하고 싶었거나, 사형을 언도해야 할 이유를 어떻게든 만들어내 제시하고 싶었는지 모른다. 그래서 거사 가담자의 숫자와 범위를 넓히려고 무진 애를 쓴 것일 테다. 최수봉 의거가 일제 경찰에 가한 충격과 그 파문은 그렇게 큰 것이었다.

최수봉은 2심 판결에 승복하지 않고 이승우(李升雨) 변호사의 권유대로 상고하였다. 상고 이유의 요지는, "우리 3천리 강토와 2천만 동포가 자유를 빼앗겼으니, 강토의 사용과 민족의 자유를 회복하려는 의사로 투탄한 것이다. 그러나 인명 사상(死傷)과 건조물 파괴에는 이르지 않았다. 그런데도 사형에 처함은 유사 이래 동서고금에 하나 있고 둘은 없을 일이요, 우리 인류세계의 법이라 할 수 없다. 미수에 그친 일로 이와같이 판결함은 불법이다."는 것이었다.[74]

5월 16일 경성고등법원에서 열린 상고심 제1회 공판에서 쿠사바(草場林五郞) 검사는 상고 이유가 없으니 기각해달라는 말로 논고를 대신하였다.[75] 5월 23일의 선고공판에서 이시카와(石川正) 재판장은 상고가 이유 없다며 검사의 주문대로 기각 판결을 내렸다.[76]

순국과 그 후의 일들

상고심 판결로부터 한 달 보름 후인 7월 8일, 대구감옥에서 사형이 집행되었다. 그날 오후 3시, 복심법원의 츠가하라(塚原友太郞) 검사와 깃카와(菊川) 서

---

[74] 「1921년 刑上 제83호, 최경학 판결문」(조선총독부 고등법원, 1921. 5. 23).
[75] 『동아일보』(1921. 5. 17), 「최경학의 상고 공판」.
[76] 「1921년 刑上 제83호, 최경학 판결문」; 『동아일보』(1921. 5. 24), 「최경학은 상고기각」; 『매일신보』(1921. 5. 27), 「최경학의 상고기각」 참조.

기 입회하에 교수대에 선 최수봉은 안색 하나 변함이 없이 형을 받아들이고, 13분 후에 숨을 거두었다.[77]

그의 시신은 이튿날 새벽에 기차에 실려 대구를 떠나 밀양으로 옮겨졌다. 장지는 가족의 의사에 따라 마산리 공동묘지로 정해졌다.[78] 밀양 청년계에서는 장례식을 성대히 거행코자 부의(賻儀)를 거두고, 몇 사람은 대구로 가서 시신을 인수하고 밀양까지 수행하였다. 그러자 밀양경찰서의 서원 전원이 출동하여 역에서 읍내까지의 도로 좌우를 엄중히 경계하고, 한 사람도 마중하지 못하도록 막아섰다.

그뿐인가. 이튿날에는 조위금을 거둔 이와 낸 이 1백여 명을 불러내 일일이 조사하고, 모금 주도자와 시신 인수자 10여 명은 '범죄인 사체 취체규칙 위반' 혐의로 검거하여 취조했다.[79] 그리고는 3주일이나 유치장에 가두었다가 7월 28일 부산지법 검사국으로 송치하였다.[80] 최소한의 인륜조차 외면하고 짓밟는 만행이 아닐 수 없었다.

이런 정황을 자세히 묘사하여 보도한 신문기사의[81] 주요 부분을 옮겨보면 다음과 같다.

"최경학은 원래 밀양청년회원으로서 다수의 친구가 있었을 뿐 아니라, 그의 사상에 공명하는 자가 적지 않았다. 사형이 집행되던 7월 13일[7월 8일의 오기: 인용자] 밤에 김홍표(金鴻杓; '전홍표'의 오기: 인용자)(53), 한인수(한인수, 34), 박인수(朴寅

---

77 『동아일보』(1921. 7. 12), 「최경학 사형집행」; 『매일신보』(1921. 7. 12), 「밀양폭탄범 사형집행」.
78 최수봉은 생전에 결혼하지 않았기 때문에 자녀가 없었다. 사후에 그의 형이 아들 해문(海汶)을 아우의 양자로 입적시킨다.
79 『매일신보』(1921. 7. 21), 「경계 엄중리에 사형집행된 최경학 시체 출발」.
80 『동아일보』(1921. 8. 3), 「사형수 시체를 호송한 죄」; 『조선일보』(1921. 8. 3), 「밀양폭탄범인의 會徒 동지자 기소」.
81 『동아일보』(1921. 8. 21), 「사형수 시체를 환영한 밀양청년 삼십 명」(인용하면서 표현을 다듬어 약간 바꾼 곳이 있음).

秀, 20), 하경용(河庚用, 22), 기타 청년 30여 명이 밀양청년회관에 모여서 여러 가지로 의논한 후 최경학의 시신을 밀양정거장까지 출영하고 또 조위금을 모집하기로 김[전]홍표가 제의하여 일동의 찬성을 얻어가지고, 한인수, 박인수, 하경용, 박길수(朴吉秀, 20) 등 5명은 당국의 허가를 받지 않은 채 「부의」라는 장부를 휴대하고 이성희(李盛熙) 외 30명으로부터 65원 50전의 기부금을 모집하였다. 박상오(朴尙五, 26), 김래봉(金萊鳳) 등 2명은 7일 밤에 최경학의 시신을 출영하기 위하여 대구로 갔었으며, 14일에 박상오는 손수 시체운반까지 하였고, 김래봉은 최경학의 시신이 묘지에 다다랐을 때 기도를 올린 일로 밀양경찰서에 검거되었다. 경찰은 대정(大正) 9년 부령(府令) 160호 및 기부금모집 취체규칙을 위반하고 사형당한 자에게 동정하고 반역사상을 칭찬하였다는 죄명으로 취조하다가 부산지방법원 검사국으로 넘겼고, 야전(野田) 검사가 심리한 끝에 8월 18일 30명을 기소하였다."

기사에 등장하는 밀양청년회는 한 해 전에 선행조직이던 밀양구락부(대표 김병환)의 명칭을 바꾸면서 성립한 단체였다. 김병환이 의열단의 거사용 폭탄 3개를 자기 집에 숨겨준 혐의로 체포된 지 한 달 후인 1920년 8월 8일, 영남루에서 열린 제1차 총회에서 회장 이성희, 부회장 이필우(李必雨), 총무 김래봉으로 임원진 개선이 있었고,[82] 다시 1921년 5월 1일의 연차총회에서 임원장 안삼득(安三得), 서무부 정광호(鄭光浩), 사무원 한인수 등으로 임원진 개편이 한 차례 더 있었다.[83] 그 청년회가 최수봉의 장례를 최대의 경의와 예우로써 제대로 치르고자 애쓰다 10여 명 회원이 피검되어 취조받고 그중 8명이 송치 후 기소되는[84] 봉욕을 겪은 것이다.

---

82 『동아일보』(1920.8.4),「밀양구락부, 청년회로 명의 변경」.
83 『동아일보』(1921.5.5.),「밀양청년회 총회 개최」.
84 조금 앞에서 인용된 『동아일보』(1921.8.21.) 기사 끝부분의 30여 명 기소는 착오였던 것 같다. 『매일신보』(1921.10.15),「밀양청년 등 판결」 기사에는 8명이 부산지법으로 압송"된 것으로 나오는데, 재판 결과까지 살펴보면 8명이 맞는 것으로 판단된다. 1921년 10월 13일, 부산지법 형사공판정에서 수백 명 방청리에 오카노(岡野) 재판장의 판결선고가 있었다. 그 내용은, 전홍표·한인수·박인수·하경용 4인에게 벌금 100원, 정선홍(鄭善洪)·박철수(朴喆守)는 벌금 60원, 박상오·김래봉은 무죄였다(『매일신보』, 같은 기사).

그리고 나이 50을 넘긴 전홍표가 특별히 그 일에 앞장서서 청년들을 지도하고 조위금 모집도 제의했음을 알 수 있다. 동화학교 시절의 아끼던 제자가 자기의 가르침을 받들어 온몸으로 실천하고 왜적의 손에 죽임을 당하였으니, 그는 격한 통분을 겨우 억누르며 조상(弔喪)하고 눈물을 뿌렸을 것이다.

밀양경찰서 투탄의거의 진상과 역사적 의의

이상의 논의가 상당히 길어지고 복잡해 보이게도 된 것은 폭탄사건 관련 기록들에 내용상의 상위점이 여럿 있기 때문이었다. 그것들을 가려내고 분석적으로 접근하여 하나씩 분별 정리하는 가운데 진상을 정확히 밝혀내고 확정지을 필요가 있는 것이었다. 또한 투탄자 최수봉과 그의 일생에도 관심 기울여보면, 잘 밝혀지지 않았거나 잘못 알려진 부분들이 적지 않았다. 그것들도 차제에 제대로 구명해서 진실에 최대한 다가서도록 해야만 했다.

본론에서 낱낱이 짚어보면서 그때그때 정리했던 내용들을 이제 하나로 꿰어, 사건의 골자와 진상, 그리고 최수봉의 생애 개요를 함께 제시하여 약술해보려 한다. 그리고 이 사건의 역사적 의의와 우리가 유념해 두어야 할 점들을 덧붙여 적어보도록 하겠다.

1920년 12월 27일 오전 9시 40분경, 밀양경찰서 구내에서 난데없이 폭탄이 터졌다. 직원 주례조회 중인 사무실 안으로 두 발의 폭탄이 연달아 투척되어 유리창을 깨면서 날아 들어간 것이었다. 초탄은 불발이고 제2탄이 폭발했는데, 소탄이어서 위력이 약했는지 사상자 없이 일부 집기류만 파손되었다. 투탄자는 도주하다 식도로 목을 깊이 찔러 자결하려던 중 체포되었는데, 밀양군 상남면 마산리 태생인 27세의 최수봉(호적명 최경학)이었다.

어려서부터 항일의식이 강하고 조국광복을 열망하던 그는 1910년부터

1912년까지 밀양공립보통학교와 사립 동화학교, 동래의 명정학교 세 군데를 잇달아 짧게만 다니고 모두 중도 퇴학하였다. 가용한 1·2차 자료를 놓고 볼 때, 그 후 그는 조선총독부 임시토지조사국의 서기로 취직했다가 1914년에 그만두었거나, 기독교 신자가 되어 1913년 평양의 숭실학교에 입학하여 3년간 다니고 중퇴했을 가능성이 있는 것으로 나타난다. 그러나 그 어느 것도 사실로 확정되는 것은 아니며, 특히나 전자는 개연성이 매우 적다고 볼 수밖에 없다.

아무튼 그는 1916년부터 1년간 평북 창성에서 광부, 그 후 평북 정주에서 우편집배원 일을 하다가 1918년경 서간도로 가서 암행 활동하였다. 추측컨대 1919년 2월경에 귀향해 있다가 3월의 밀양 장터 만세시위에 참여했다는 설이 있지만 실증으로 확인되는 것은 아니다. 최수봉의 학창시절 친우이던 김원봉이 이끄는 비밀결사 의열단이 이듬해 1920년 봄부터 초여름까지 국내 적기관 강습거사를 추진했는데, 정보누설로 그만 실패하고 말았고 경찰의 수사결과 발표가 7월 말에 있었다. 창립되어 첫발을 떼자마자 단원 다수가 피체되고 밀양에 숨겨둔 거사용 폭탄도 적발 압수되어버린 데 크게 충격받고 분을 이기지 못한 최수봉은 8월 이후의 어느 시점에 밀양경찰서 투탄거사를 결행키로 마음먹은 것 같다. 검거망을 피해 잠행 중이던 두 명의 의열단원, 즉 이웃 마을에 살았고 학교동창이기도 한 김상윤과 그의 소개로 만나서 알게 되는 대구 출신 이종암과의 접촉이 그 직접적인 계기가 되었다. 하지만 그 계기와 이후의 거사준비 경과를 최수봉은 경찰 취조와 검사국 예심 및 1·2심 재판정의 진술에서 수차 다른 내용으로 번복해버리곤 했다. 그로 인해 일제 관헌과 사법당국은 이 사건의 내막과 진상 파악에 몹시 애를 먹고 혼선을 겪었다.

그 내용을 비교하면서 살펴보면, 한 편의 소설을 지어내는 것처럼 허구적이거나 의도적 허위진술이었을 부분이 많다. 경찰 취조에서의 지독한 고문을 견디다 못해 밀양 현지 출신인 김상윤의 이름은 대야만 했을지 모르지만, 타지 출신인 이종암은 처음부터 엉뚱한 가명으로 위장시켜 추적을 거의 불가능하게 만들어버렸다.

검사국과 법정에서는 최수봉이 정주 출신의 독립운동가이면서 전에 서로 친교가 있었다는 임태호라는 인물을 등장시켜, 그가 밀양까지 내려와서 자기더러 거사에 나서주기를 강력히 요청하고 폭탄도 만들어주었거나 갖고 와서 제공한 것처럼 진술했다. 그러나 임태호란 어느 소설의 주인공과도 같은 허구의 가상인물이었던 것으로 판단된다.

최수봉이 그런 얘기의 저본으로 삼은 것은 일찍이 출향 전에 밀양읍교회에 나가던 때부터 절친이 된 선배 운동자 고인덕의 신념에 찬 성품과 용기 있는 언행이었던 것 같다. 이제는 강력하고도 투쟁적인 항일행동에 나서야만 함을 역설하고 촉구하던 그의 모습을 뼈대로 삼고 허구의 살을 붙이며 만들어낸 얘기였을 것이다.

5년 뒤에 가서야 경찰 당국이 비로소 규명해낸 바로는, 중국에서 폭탄제조법을 배워두었고 귀국하면서 폭약과 제조기도 밀반입해온 고인덕이 이종암과 김상윤의 요청에 응하여 대·소 폭탄 1개씩을 밀양 외곽의 산속 암굴에서 제조해 최수봉에게 건네준 것이다. 그러기에 1925년의 경찰 당국은 최수봉·김상윤·이종암 3인을 5년 전 폭탄사건의 주범으로 비로소 지목하게 되었음 외에, 고인덕에게도 혐의점을 두어 의심의 눈을 끝까지 떼지 않으려 했는데, 알고 보면 그 판단은 상당히 적확한 것이었다.

법정에서 최수봉은 경찰서 폭파의 목적을 달성하지 못하고 자결도 실패한 채 체포되어 적에게 욕을 보고 있음이 분하다고 함을 서슴없이 직설하며 의열적 기개를 꺾지 않았다. 1심에서 무기징역이, 검사 공소에 의한 2심에서 사형이 언도되고, 고등법원에서 상고 기각으로 사형이 확정된 그는 여하한 형 선고에도 동요하는 기색 없이 한결같이 태연하였다. 그런 그는 1921년 7월 8일, 확정판결 한 달 보름만의 조기 형집행으로 순국하였다.

경의와 예우를 다하여 장례를 거행키 위한 준비에 밀양청년회가 나서서 하나씩 절차를 밟아가자 경찰은 졸렬하게도 그것을 불허하고 10여 명의 회원을 구속 송치하였다. 박재혁의 장례에 대해서도 꼭 그랬던 것과 마찬가지로, 경찰서를 공격한 데 대한 앙갚음이었다. 그래서 최수봉은 쓸쓸히 향리의 공동묘지에 묻히고, 자결 기도 때 흘린 피가 배어든 혈의(血衣)만 거두어 보존되었다.

박재혁 의거가 세상을 놀라게 한 지 석 달 만에 식민통치의 최첨병 폭압기구인 경찰서를 재차 타격한 최수봉 의거는 영남 일대의 항일 민심을 다시금 격동시키기에 족했고, 전투적 독립운동 진영을 고무하여 각오를 새로이 하도록 만들었다. 경찰은 경찰대로 언제 또 그런 식의 폭탄거사가 돌연 터질지 몰라 불안감에 떨며 전전긍긍하게 된다. 그리하여 두 의거의 성공으로 의열단과 김원봉은 제1차 국내 강습거사 계획의 실패를 딛고 일어설 수 있었으니, 최수봉 순국 두 달 후인 1921년 9월에 혼자서 총독부 타격을 감행하여 통쾌한 성공을 거둔 김익상(金益相) 의거로도 그 점이 입증되는 바였다.

최수봉 의거의 역사적 의의와 관련하여 마지막으로 환기하고 강조해둘 점이 있는데, 다음과 같이 세 가지이다.

첫째, 밀양경찰서 투탄거사는 결코 돌발적이지 않았고, 혼자만의 것도 아니었다는 점이다. 누구도 예상치 못한 때와 장소에서 단신으로 감행된 것임은 맞지만, 단지 일회성의 개인의거로만 보기보다 더 큰 시·공간적 맥락과 운동사의 흐름 속에 위치시켜 볼 필요가 있는 것이다. 그랬을 때 밀양 지역사의 어떤 단면, 즉 멀게는 사명대사(四溟大師) 유정(惟政)의 의병 충렬을 이어받는 민족정신 전통과, 가까이는 광복회와 일합사 조직을 통해서도 은연중에 전해진 1910년대 항일독립운동의 기맥, 그 속에서 움직여 간 전홍표·김대지·황상규 등 청년지사들의 동향과 그 좌표 등이 의미를 가지면서 중요해진다. 또한 그 의거는 석 달 전 밀양주민의 경찰서습격사건과 연접되는 것이었고, 밀양 출신 청년들이 창립을 주도했으며 대거 참여도 한 의열단의 초기 투쟁사, 또한 그것이 부산·경남의 항일운동사와 접속되던 부분, 다시 말해 '밀양폭탄사건'과 박재혁 의거 역시 그 맥락의 한 결절점으로서 중요한 것이다.

의열단의 국내 일제기관 강습거사는 첫 시도에서 실패하고 말았지만, 검거망을 피해 잠행하던 김상윤과 이종암이 최수봉을 의열단원 동지로 만들고 폭탄거사를 추동했으니, 실행은 혼자였으나 기획과 준비는 의열단 차원의 집단적인 것이었다. 그러므로 최수봉 의거는 개인단독 거사로 보이는 가운데도 실은 여러 단원이 직접 관여한 '의열단 거사'였다고 하겠다.

둘째, 최수봉이 밀양경찰서를 타격한 것은 흔히 얘기되듯이 밀양서가 의열단원들을 체포·검거했다고 해서가 아니었다. 다시 말해, 단순 보복행위가 아니었다는 것이다. 의열단의 제1차 암살파괴계획을 실행코자 밀입국한 단원들을 추적하고 체포한 주역은 경기도경찰부이고 협조기관은 경남경찰부 및 부산경찰서였지, 밀양경찰서는 그 어느 쪽도 아니었다. 오히려 그들 모두를 포함하는 경찰기구 중에서 최수봉이 그 지리에 가장 익숙하고 성공적으로 실행함에 가장 자신 있는 대상을 택한 것이 밀양경찰서인 것이었다. 즉, 기관 소재지 출신자가 거사를 맡아 실행함으로써 성공 확률을 최대로 높이고자 한 것이다. 박재혁 의거나 김익상 의거도 그와 마찬가지였다.

셋째, 최수봉이 갖은 고문과 악형에도 불구하고 허구의 인물을 만들어내고 소설 쓰듯 상황을 지어내면서 누차 진술을 번복한 것은 무슨 때문이었을까? 순전히 동지를 지켜내고 더 큰 희생을 막기 위한 그만의 싸움으로였다.

그런 진술에 검사국이나 법원이 넘어가듯이 그대로 받아들인 것은 또 어찌된 영문인가? 총독부 당국의 난처한 입장 때문이었을 것이다. 사건이 사건인지라 신속히 처리하고 엄단으로 종결지어 유사 사건의 재발을 막기는 해야겠는데 '공범'들을 특정해놓고도 검거하지는 못했으니, 사건 송치는 하되 피체자 1명만의 기소로 판결을 내릴 수 있는 선에서 그 이유를 적당히 봉합하여 조절토록 한 것이다.

　어쩌면 민족애나 조국애 등의 일반적인 용어로만 최수봉의 내심과 행동을 다 표현하기는 부족할지 모르겠다. 수주(樹州) 변영로(卞榮魯)는 의열기생 논개(論介)를 기리어 "거룩한 분노는 종교보다도 깊고, 불붙는 정열은 사랑보다도 강하다"고 시로 읊은 바 있다. 그런 '분노와 정열'의 인간상은 최수봉에도 딱 들어맞는 것인 듯싶다. 실로 그는 말의 진정한 의미에서 의사이고 열사였던 것이다.

4장
시대의 불의에 온몸으로 맞서기:
의열단 부단장 이종암

'경북 의열단사건'과 이종암

　1926년 11월 11일자의 『동아일보』 2면은 '경북 중대사건' 혹은 '양건호(梁建浩) 사건' 기사로 지면이 꽉 찼다. 경성복심법원에서 '금호문(金虎門) 사건의 범인' 송학선(宋學先) 등 독립운동자 3인에게 사형이 선고되었다는 2건 기사와 광고를 제외하고는 전면이 그렇게 채워져 있었다. 같은 날짜의 『조선일보』도 이 사건 피고들의 예심 종결과 더불어 기사도 해금되었음을 밝히면서 조·석간에 대서특필하였다.

　『동아일보』의 연속된 기사 제목들은 다음과 같이 뽑혀 있어서, 그것만으로도 사건의 경개를 대략 짚어볼 수 있었다. "경북 중대사건의 기일(其一), 의열단 전후활동 진상—과거 7년간 관계자 전후 30여 명, 만 1주년 만에 해금된 「양건호」사건"; "경계망을 돌파, 전후 출입 6차"; "변명(變名) 7종"; "이종암 활동을 통하야 판명된 의열단의 정체"; "김원봉을 단장으로 의열단을 조직"; "곽재기(郭在驥)와 공모, 폭탄수송에 전력"; "동지는 군자원(軍資員), 자기는 직접파"; "김익상(金益相)을 선발로 전중대장(田中大將) 저격"; "대관 암살 담당한 배중세(裵重世)"; "김시현(金始顯)을 선두로, 황옥사건(黃鈺事件) 실패"; "관서(官署) 폭파 담당한 고인덕(高仁德)". 제목들만으로도 실로 굉장한 사건임이 분명해 보였다.

다음날인 11월 12일자 신문에도 관련 기사가 연속 게재되었는데, 제목은 이러했다. "예심의 주문(主文)과 적용된 법률, 의열단원 이종암사건"; "형사와 공석(共席) 음주, 정구경기에 출전—잠입 당시 이종암의 호담(豪膽)". 이어서 11월 13일자에는 "천신만고를 다하여도 자식의 장래만, 이종암 부인 서씨담(徐氏談)"이라는 제목으로 가족 관련 기사가 실렸다.

예심이 만 1년을 끌었음과는 반대로 재판은 신속히 개정되었다. 한 달 후 12월 11일자 신문에 "법정에 선 이종암은 촬영까지 기피, 늠름한 태도로 미소를 보내여"라는 제목을 단 공판 제1일 속보가 그의 사진과 함께 실렸다. 12월 20일자에도 대구지방법원의 공판 취재 기사가 여러 건 속재되어 지면을 거의 차지했다. 그렇게 22일자까지 3회에 걸쳐 「경북 의열단사건 공판기」가 연재되었다. 두 신문의 기사에서 이종암은 '일신(一身) 10명'이라거나 '경신읍귀(驚神泣鬼; 하늘을 놀라게 하고 귀신도 울림)'의 대활약을 한 것으로 그려졌다.

단일사건을 놓고 이만큼 많은 지면을 내주면서 보도가 이어진 것은 유례를 찾기 어려웠다. 이 사건 및 그 배경에 대한 세간의 관심이나 풍설이 그만큼 많았고, 그 파장에 대한 당국의 경계심이 그만큼 컸을 것임이 짐작된다. 이 사건이 그때부터도 '경북 의열단사건'으로 지칭되었고 나중에 가서도 그렇게 정착되다시피, 이종암은 적어도 1920년대의 의열단운동과 관련해서는 당시의 대구를 포함하여 경북을 아우르고 대표하는 중심적 인물로 여겨지고 있었음이 사실이다. 그렇다면 그가 왜, 어떻게 그 길로 들어섰고 어떻게 일제에 맞서 싸워갔는지를 자세히 추찰해볼 이유가 있는 것이다. 아울러 그 투쟁의 전 과정과 그 행로의 결말이 개인사적으로는 그 자신과 주변 사람들 특히 가족의 삶에 어떤 의미를 띠고 어떤 영향을 끼쳤을지를 더듬어 한 번 알아보는 것도 '역사란 무엇인가'를 이 시점에 다시 성찰해보게끔 하는 좋은 계기가 될 듯하다.

이제는 거의 상식처럼 인지되고들 있지만, 의열단은 일제강점기 독립투쟁의 최전선에서 맹활약하여 그 성가가 극도로 높아지고 일제 관헌을 늘 긴장시키며 전전긍긍케도 한 비밀결사 조직이었다. 1932년의 윤봉길 의거에서 그 뜻이 가장 잘 구현되었다고 할 수 있을 '의열투쟁'이라는 용어가 만들어져 쓰이기 시작한 때가 1970년대 중반이었는데, 실은 그 말의 기원이 되고 최고의 상징적 존재로도 여겨졌던 것이 바로 의열단이다. 그 투쟁을 의열단 스스로는 '암살파괴운동'으로 지칭했고, 이 명칭에 걸맞게 일곱 부류의 처단 대상과(7가살) 다섯 종류의 폭탄공격 대상을('5당파) 정해놓고 있었다. 1919년 11월 10일 새벽, 만주 지린(吉林)에서 10명—13명으로 알려져 왔으나 근래의 연구에서 10명으로 인원과 명단이 비정(批正)됨—의 열혈청년들에 의해 창립된 후로 군사·정치운동으로의 노선 변환을 기하게 되는 1926년까지 의열단이 기획·시도·감행한 암살·파괴 거사가 무려 23회에 달했다고도 한다.

이종암은 창립단원 중의 1인이었고, 얼마 후부터 핵심 간부진의 일원이 되어 활동하였다. 창단 직후부터 국내와 중국 상하이·베이징 및 만주 등지를 오가면서, 연이어 진행되는 의거계획들에 적극 가담해 실행자로 나서고, 때로는 의거계획을 주도하고 실행을 지휘하기도 하였다. 그러다 1925년 7월경 만주에서 국내로 잠입하여 다음 거사를 준비하며 고향 대구에 일시 잠복해 있던 중에 11월 5일 경북경찰부 고등과원들의 급습을 받아 체포되고 만 데서 앞서 말한 재판이 있게 된 것이었다.

전도유망 은행원이 항일투쟁의 장으로 뛰어들다

이종암은 1896년 음력 1월 12일, 대구부(府) 대구군 해북촌면 백안동(현재는 대구 동구 공산동의 한 법정동)에서 태어났다. 서리직(胥吏職)에 있는 하빈(河濱) 이씨 석능(石能)과 그 부인 남원 양씨(梁氏)의 차남으로였다.

15세 위의 형 종윤(鍾允) 다음으로 누이만 넷이다가 어렵게 얻어진 남아였기에, "바위처럼 튼튼하게 오래 살라"는 뜻에서 아명이 '바우'였다. 거기에 항렬자 '종'을 얹어 불린 이름이 종암이고, 호적과 족보 명은 종순(鍾淳)이었다. 항일운동 중인 1923년경에 외가 성을 빌려, '양건호·양주평(梁州平)·양근오(梁槿吾)' 등의 가명을 만들어 썼다.

1902년의 '임인(壬寅) 대홍수' 때 백안동 일대가 큰물에 휩쓸려 묻혀버리니 이종암 가족은 팔공산 자락의 본래 삶터를 떠나 대구 읍성 안의 서상면(西上面)으로 이사해 갔다. 차분한 성품에 내성적이던 그는 어릴 적에 오위장(五衛將) 출신의 조부에게 한문을 배워 익힌 후, 1905년 조부의 손에 이끌려 북재(北齋)에 들어갔다. 일종의 개량서당으로, 한학만 아니라 산술, 체조, 창가도 가르쳐주는 곳이었다.

거기서 3년을 배운 후 1908년 대구공립보통학교(현재의 봉산동 대구초등학교의 전신)에 입학하여 다녔다. 1909년 대구 중심부를 둘러싼 성곽이 헐리어 없어지고, 일본인 이주민의 행패와 순사들의 위압이 자심해갔다. 붙잡힌 의병들이 포승에 엮이어 끌려가는 모습이 이따금 목격되면, 어린 종암은 한참을 바라보며 우두커니 서 있곤 했다. 1910년 대한제국이 일본에 강제합병되고 얼마 후 일본인 교장이 부임해 왔고, 교사들은 금테 두른 모자와 제복에 금빛 단추를 달고 번쩍이는 장검을 차고 다녔다.

그런 일들을 겪으면서 보통학교를 다니고 1912년 3월에 졸업한 그는 부모의 허락을 받지 않은 채 대구농림학교(현 대구농업마이스터고)에 바로 입학했다. 이관(吏官) 직에서 퇴임한 부친은 수입이 없었고, 대한제국 때의 탁지부(度支部) 기수(技手) 직을 이어서 임시토지조사국의 직원이 되어 있는 형의 월급만으로 온 식구가 근근이 생활해야 할 만큼 가난했다. 그런 형편이니 학비 조달이 될 수가 없어서, 한 학기 만에 학교를 그만두고 말았다.

이듬해 1913년 봄에 종암은 매형에게서 5원을 얻어 받아 부산으로 가서 공립상업학교(후일의 부산상고이고 현재는 개성고등학교)에 들어갔다. 그러나 이 학교도 입학만 했지, 학비 조달이 안 되어 곧 그만두었다. 그리고는 집으로 돌아와 일본어와 수학 등을 독학하던 종암은 1914년 봄에 고모부 정재학(鄭在學)의 배려 덕으로 대구은행에 취직했다. 경북 일대 부호들의 출자로 1913년 11월 설립된 이 은행의 초대 행장(당시 명칭은 '두취')이 정재학이었다.

종암은 성실히 근무하여 입행 석 달 후에 '견습' 딱지를 떼고 사무직원이 되었다. 그리고는 9개월 만에 출납계 주임으로 고속 승진하였다. 그러자 부모가 혼사를 서둘러, 1915년 봄에 달성군 옥포면에 사는 농민 서군현(徐君賢)의 맏딸인 1897년생 서희안(徐喜安)과 결혼했다. 하지만 늘 과묵하고 웃음기 별로 없이 그저 빙그레 웃고 말거나 수틀리면 곁눈질만 하고 마는 그의 성격 때문인지, 신혼생활은 그리 단란하지가 못했다. 그렇다고 품행이 방탕하거나 한 것도 아니었다. 술은 잘 마셨지만 언제나 뒤끝이 깔끔했고 실수하는 일이 없었다.

1916년 9월, 대구 부호 서우순(徐佑淳)의 집에 비밀결사 광복회의 회원 김진우(金鎭禹)·김진만(金鎭萬)·최병규(崔丙圭) 등이 권총을 들고 들어가 위협하고 군자금을 받아내려다 실패하고 경찰의 추적으로 붙잡히는 사건이 발생했다. 종암과 늘 지기 상통하여 천도교에 함께 입교했고 대구교당에도 같이 다니던 입행 동기 신상태(申相泰)가 이 사건에 연루된 혐의로 체포되어 조사받고 나왔다. 이듬해 1917년 11월에는 채기중(蔡基中) 등 광복회원 3인이 과거의 신의를 저버린 악덕부호 장승원(張承遠)을 칠곡군 인동의 집으로 찾아가 사살해버린 사건이 발생했다.

두 권총사건은 종암의 마음을 뒤흔들고 큰 울림도 남긴 것 같다. 장승원 암살사건이 있은 지 한 달 만인 12월 어느 토요일에 거금을 들고 갑자기 사라져 종적을 감추어버린 것이다. 그 행방불명의 경위는 이러했다.

그 토요일의 영업시간 마감 직후에 한 상인이 1만 9백여 원이 든 보따리를 들고 와 전액 예입하려 했다. 그것을 종암이 받아 헤아려보고 입금증을 써주고는 금고 뒤쪽에 두었다. 그리고는 퇴근 때 들고나와 신상태를 찾아가서 의

논하였다. 그로부터 칠곡군 약목면 복성동의 곤산 아래 한 재실(옥호는 '동락당') 을 소개받은 종암은 곧장 그리로 가서 나무꾼으로 위장, 은신하였다. 그렇게 두어 달을 지내다 1918년 2월 중순에 간도행 유랑농민으로 변장하고 기차에 올라 먼 길을 떠났다. 그 어간에 경남 밀양의 청년지사 구영필(具榮佖)이 약목면의 처가를 다녀갈 때 두어 번 만났다.

국내 탈출에 성공한 이종암은 신의주 너머의 중국 안둥현을 거쳐 만주 펑톈(奉天, 지금의 선양[瀋陽])으로 가서 구영필과 재회했다. 거기서 후자가 말하기를, "미국이 마침내 세계대전에 참전하여 독일에 맞서고 일본과 같은 편에 섰으니 미국행의 가망이 희박해졌다. 그러니 여기서 나와 함께 사업을 벌이고 독립운동에도 나서는 것이 득책이다."고 했다. 가계 빈곤으로 인한 학업중단의 한이 컸던 종암이 미국 유학으로 공부의 원을 풀고 큰 인물이 되어 성공하겠다는 열망을 품고 있다는 것을 구영필이 이미 잘 알고 있어서 하는 말이었다.

그 말에 설복된 이종암은 결국 미국행의 뜻을 접고, 갖고 간 현금에서 7천 원을 떼주면서 독립운동 연락기관 구실도 할 상점 하나를—구영필이 '삼광상회(三光商會)'로 이름 붙인다— 펑톈에 설립해 열도록 위탁하였다. 그런데 그 직후 3월경에 구영필이 '조선국민회 사건'에 연루되었다는 이유로 평남경찰부원에게 체포되어 평양으로 끌려가더니 재판받고 징역 6월형에 처해졌다. 그러면서 맡긴 돈의 행방이 묘연해진다. 이에 종암은 연전에 고종사촌 구영필을 찾아와 의탁하고 있는 중인 한봉인(韓鳳仁)과 함께 봉천성 통화현의 합니하(哈泥河)로 가서 신흥중학교 2학년에 편입학하였다. 그리고 거기서 만난 동급생이고 대구 출신인 서상락(徐相洛), 경북 고령 출신인 신철휴(申喆休)와 한 방에서 지냈다.

이듬해 5월, 신흥중학교가 신흥무관학교로 개칭됨과 동시에 길림성 유하현 고산자(孤山子)의 신설 분교에 속성과정이 개설되자 이종암 등은 그리로 옮겨갔고 10월에 제2기로 졸업하였다. 거기서 그는 동지 규합을 위해 일부러 지린에서 와 입학한 생도 김원봉을 알게 되어 의기투합했고, 졸업 후 그의 권유와 인도에 따라 조선독립군정사(朝鮮獨立軍政司) 본부가 있다는 지린으로 갔다. 김상윤(金相潤)·강세우(姜世宇)·서상락·신철휴·이성우(李成宇) 등의 동창 졸업생들과 함께해서였다. 지린 도착 후 이종암은 동지들과 함께 군정서(軍政署) 재무부장인 밀양사람 황상규(黃尙奎)의 지도하에 새로운 독립운동 조직에 착수하였다. 그 결과로 11월에 의열단이 국내진입 작탄거사(炸彈擧事)의 선도적 행동대로 창립되었다.

계속되는 항일의거 참여와 추동, 그리고 연이은 좌절

제1차 국내거사 추진 참여와 최수봉 의거 추동

의열단은 총력을 기울여 암살파괴운동을 전개코자 하였다. 타격 대상은 일제 식민통치의 사령부('조선총독 이하 고관', '군부 수뇌')와 악질적 민족반역자 무리('매국적', '친일파 거두', '적탐', '반민족적 토호열신'), 그리고 식민지 지배의 중추기관들(정치기관, 수탈기구, 선전기관, 폭압기구)이었다. 그런 취지로 의열단은 국내 일제기관 강습거사를 창단 직후부터 계획하고 추진해갔다. 제1차 거사의 표적은 조선총독부, 동양척식회사, (일문간)경성일보·(국문간)매일신보사의 세 곳으로 정해졌다.

이종암은 망명 때 갖고 간 돈에서 남아있는 3천원을 거사준비금으로, 즉 폭탄 구입비와 여비로 쓰라고 쾌척했다. 그 돈을 갖고 상하이로 내려간 단장 김원봉, 부단장 곽재기, 선임단원 이성우는 각방으로 알아보며 교섭한 끝에 재료를 구입하여 구국모험단장 김성근(金聲根)의 조력으로 폭탄 3개를 제조해냈다. 자신감을 얻은 그들은 폭탄 13개를 더 제조할 수 있는 폭약과 부속품들 외에, 권총 2정과 탄환 100발도 추가로 사들였다. 이어서 그것들을 두 번으로 나누어 남만주 안동현의 비밀연락원 이병철(李丙喆)에게 보내, 옥수수 화물에 섞어 숨겨 국내로 탁송되게 하였다. 먼저 입국해 있던 조력자 그룹에서 인수한 그것들은 밀양의 동지 김병환(金鈵煥)의 쌀가게와 경남 창원군 진영역 근처 강상진(姜祥振)의 집 창고로 운반되어 보관시켜졌다. 그런 후 3월 들어 단원 대부분이 밀입국하여, 일부는 서울의 북촌 일대를 중심으로 분산 은신하고, 일부는 연고지인 밀양 또는 부산으로 가서 대기하였다. 개인별 임무 지정도 뒤이어 입국한 곽재기에 의해 완료되었다. 김원봉은 상하이에 있으면서 거사 계획의 이행을 조율하며 총지휘하고 성공 후에는 대외적 선전도 크게 할 요량으로, 이종암을 작전참모로, 강세우를 선전책 겸 비서로 삼아 같이 남아있도록 했다.

이처럼 준비가 착착 진행되어 순조롭게 완료되니 거사 결행은 시간문제일 뿐이라 할 수 있었다. 그런데 이상하게도 계속 지연되어버렸다. 부산에 재류하며 폭탄관리 책임을 맡은 이수택(李壽澤)이 "(부호층이 군자금 모집에 협조토록 하기 위한) 격문 인쇄비용을 아직 마련하지 못했다."는 이유를 대며 서울로의 폭탄재료 이송을 자꾸 미룬 탓이었다. 그런 줄은 모르고 좋은 소식이 오기만을 애타게 기다리던 김원봉은 급기야 6월 초에 안둥현 주재 단원 이낙준(李洛俊)을 서울로 보내 조속 결행을 명하였다. 이에 곽재기가 김기득(金奇得)으로 하여금 부산으로 가서 무기류를 인수해 오게끔 했는데, 이수택이 이번에는 "1주일 내로 내가 직접 갖고 가겠다."면서 내주지를 않았다. 그 직후 6월 16일부터 며칠 동안에 서울과 부산에서 이성우·윤세주(尹世冑)·황상규·김기득·곽재기 순으로 연달아 경찰의 급습을 받고 붙잡혀갔다. 7월 8일에는 밀양에 숨겨둔 폭탄 3개가 발각 압수되고, 다른 한편으로는 창원에 숨겨진 폭약과 무기류를 '통째로 회수'하려는 공작이 얼마 전 급거 귀국해 있는 구영필과 수사책임자인 경기도경찰부 김태석(金泰錫) 경부의 합작과 공조로 은밀히 진행되어 갔다.

이런 내막은 전혀 모른 채, 독촉했음에도 불구하고 아무런 소식이 없음에 더 의아해진 김원봉은 이종암에게 현지상황 파악과 실행재촉의 임무를 주어 7월 중순에 급히 귀국토록 했다. 경유지인 안동현에서 밀양의 폭탄이 발각 압수되었다는 보도를 접한 종암은 한달음에 부산의 배중세를 찾아가 만났고, 단원들도 대거 체포되어갔음을 비로소 들어 알았다. 이에 종암은 이수택을 찾아가 만나, 그래도 체포되지 않은 단원이 몇 명은 있으니 그들과 함께 거사를 결행하겠다면서 무기류를 내달라고 강력히 요구하였다. 그랬더니 이수택은 "이런 상황에서 투탄하고 달아나버리면 피체자에게 중죄가 엎히니 안 좋다."면서 폭탄 수교를 완강히 거부하는 것이었다. 이 반응을 포함해 이수택의 그동안의 언행들은 1910년대 이래로 동갑의 절친으로 같이 움직여오다 이제는 경찰의 비밀협력자가 되어버린 구영필의 회유에 넘어가 그의 계책과 요구를 그대로 받아들여 따르기만 한 때문이었다.

결국 무기류를 건네받지 못하여 거사 결행이 좌절된 상태에서 이종암은 김상윤·서상락과 함께 밀양군 초동면의 야산지대 농가에 숨어 지내면서 계속 잠행하였다. 그러던 중 9월 상순경에는 부산으로 가서, 투탄의거를 위해 상하이에서 밀입국한 신입단원 박재혁(朴載赫)을 몰래 만나보고 격려하였다. 김해에서 한약방을 경영 중인 김관제(金觀濟)도 찾아가 각기병 치료를 받으며 은신하였다. 김관제는 그 후 대구로 이주하여 개업하고 독립운동을 여러모로 은밀히 도왔다.

또한 은신 중에 종암은 김상윤으로부터 고향 친우 최수봉(崔壽鳳)에게 밀양경찰서 투탄거사를 제의해 승낙받았다는 말을 듣고, 상하이 임시정부의 내무부 위원 김대지(金大地)의 비서로 있다가 연전에 귀향하면서 폭탄제조기도 같이 들여온 청년지사 고인덕(高仁德)을 만나 폭탄 제조를 부탁하였다. 그렇게 3인 합력으로 폭탄 2개를 완제하여 최수봉에게 건네주니, 그가 12월 27일 오전에 혼자서 밀양경찰서로 진입하여 청사 내로 투탄을 감행하고 성공시켰다.

최수봉 의거를 추동한 후 종암은 대구 본가에 잠시 들러 부친과 아우를, 창녕의 처가로 가서는 부인과 세 살짜리 아들 태수를 만나보고 상경하여 독립운동가 김한(金翰) 등의 도움으로 낙원동에 일시 은신하였다. 그러던 중 그는 1921년 6월 21일 경성지방법원에서 열린 피체동지들의 선고공판에 슬그머니 입정하여 방청했고, 중동학교 야간부 고등과에 적을 두어 강의를 듣기도 했다. 그렇게 대담하고 변장술도 능해서 가히 '신출귀몰'의 면모를 그는 내보이고 있었던 것이다. 그리고는 마침내 1921년 12월 하순에 중국으로 탈출하여, 베이징으로 옮겨가 있는 의열단 본부에 합류하였다.

황포탄 의거와 그 후의 활동 행보

1922년 3월 말에 의열단은 상하이를 방문하는 다나카 기이치(田中義一) 일본 육군대장을 황포탄(黃浦灘) 부두에서 암살해버릴 거사를 미리 준비해놓고 벌였다. 다나카는 1920년 가을부터 겨울에 걸쳐 일본군이 간도에서 벌인 한인 대학살('경신참변') 때의 육군대신이었고, 일제의 해외팽창 정책에 앞장서는 군부 거물이었다.

이때 이종암이 실행요원 됨을 극구 자원하여 제3선의 투탄 저격수로 나섰다. 하지만 거사 현장에서는 1·2선을 분담한 오성륜(吳成崙)과 김익상(金益相)이 각각 쏜 총탄이 불행히도 빗맞고 던진 폭탄은 불발했다. 마지막으로 이종암이 던진 폭탄이 다나카를 태우고 질주하는 자동차의 앞바퀴를 맞췄는데 그만 또 불발이었다. 결국은 다나카 암살에 실패하고 만 것인데, 오성륜과 김익상은 중국 경찰과 영국 군인에게 쫓기다 붙잡히고, 이종암만 군중 속으로 숨어들어 피체를 면했다.

그 후 진행된 의열단 조직 정비 및 개편 때 이종암은 김원봉·김상윤 등과 함께 최고지도부 격인 5인 '기밀부'의 일원이 되었다. 1922년 여름부터 의열단은 다시금 국내 일제기관·요인 총공격 계획을 세우고 다각도로 준비한 끝에, 1923년 3월 초에 폭탄 36개, 권총 5정, 실탄 155발의 밀반입에 성공한다.

하지만 총독부 당국의 방비책도 만만치가 않아서, 간교한 밀정 운용과 의열단원 대거 유인 후 일망타진 공작을 진작에 벌이고 있었다. 그 때문에 이 거사계획도 국내잠입 단원 전원 피체라는 뼈아픈 결과를 남긴 채 막바지에 결행이 좌절되고 말았다(일명 '황옥사건').

1923년 1월, 단재 신채호(申采浩)가 작성해준 「조선혁명선언」이 의열단 명의로 발표되어 내외의 큰 호응을 얻고, 단의 위세가 급속히 강해졌다. 이에 자신감을 얻은 의열단은 1923년 여름부터 남만주-서울-도쿄 3각 연계의 대규모 광역거사를 계획하고 추진하였다. '천황'을 포함한 일제 수뇌와 식민통치의 심장부를 같이 겨냥하는 특공거사로였다. 이를 위해 의열단 본부에서는 단원들을 일본으로 특파하고, 폭탄 50개를 도쿄로 이송할 준비도 진행시켰다. 하지만 9월 1일의 '간토(關東) 대지진' 발생과 더불어 벌어진 조선인 학살극의 와중에 도쿄특파 단원 다수도 무참히 피살되고 만다.

그 무렵 의열단에서는 사회주의자와 무정부주의자가 상당수 혼입되어 온 결과로 이념적 분화 현상이 나타나고 노선논쟁도 종종 벌어졌다. 그 와중에도 시종여일 민족주의자의 입장을 견지해간 이종암은 상해파 고려공산당의 별동조직인 적기단(赤旗團)과의 합작 문제 등을 놓고 경북 청송 출신 사회주의자인 기밀부원 윤자영(尹滋英) 등과의 의견충돌도 불사하면서 출범 때의 의열단운동의 기본 취지와 노선을 지켜가는 데 애썼다.

1923년의 서울·도쿄 특공거사 계획이 뜻밖의 돌발변수로 인해 실패하거나 차질을 빚고 말았지만, 의열단 간부진은 거사계획을 일부 변경하되 계속 추진키로 방침을 정했다. 일본 황태자 히로히토(裕仁)의 연기된 결혼식이 치러질 1924년 1월 중에 도쿄에서 폭탄거사를 단행함과 아울러 국내에서는 대중폭동을 유발키로 한 것이다. 이에 따른 실행 요원이 될 11명의 국내특파원 대오에 이종암도 포함이 되었다. 하지만 먼저 입국한 단원 김정현(金禎顯)과 구여순(具汝淳)이 베이징 현지의 밀정 신명균(申明均)의 경찰 제보로 즉시 체포되고 말아서, 그 후의 단원 특파는 속행되지 못하였다.

그처럼 상황이 계속 나빠져 유예되어버린 특공거사 계획은 그러나 1924년 들어서도 포기되지는 않았다. 적어도 상반기까지는 꾸준히 추진되었다. 하지만 그 해 하반기로 넘어가면서 의열단의 투쟁 동력이 상당히 감퇴되어버린다. 자금난이 풀릴 기미가 보이지 않는 데다, 단을 탈퇴하고 나간 윤자영 등이 암살파괴운동 노선에 대한 거센 비난을 가해오기도 했다. 설상가상 격인 그런 상태가 1년 이상 지속되었다.

그런 와중에 이종암은 전년도 여름부터 심해진 각기병을 다스릴 셈의 요양을 해볼 겸, 1918년 구영필에게 삼광상회 개설금으로 빌려줬던 돈을 돌려받기 위해 북만주 영안현 영고탑(寧古塔)의 동경성으로 가서 간민소학교(墾民小學校)에 거처를 마련하고 임시로 지냈다. 그때 영고탑에서는 임시정부 재무부 위원도 지냈던 구영필이 '최계화(崔桂華)'로 이름을 바꾸고 농장을 크게 조성해놓고는 어려운 처지의 이주한인 농민들을 보호·구제한다는 구실로 하얼빈 일본총영사관과 은밀히 협조관계를 구축해가고 있었다. 그러면서 그는 영안현 일대의 사회주의자들 및 그에 동조하는 일부 독립운동자들과 김좌진(金佐鎭) 휘하의 신민부(新民府) 세력과의 관계가 노선대립으로 인하여 골이 깊어져가고 있음을 교묘히 이용하여 민족운동을 빙자한 영리사업 확장에 골몰해 있었다. 그런 모든 정황과 내막을 이종암이 파악했거나 알고 있지는 못하였다.

도쿄의거 결행 노력과 좌절: '경북 의열단사건'의 이면

1925년 3월 영고탑에서 폐병으로 사망한 동지 이병철의 장례를 치르고 나서 발분한 이종암은 폭탄 2개, 권총 1정, 탄환 50발, 「조선혁명선언」 등사본 100매를 휴대하고 1925년 7월에서 10월 사이 어느 땐가에 단신 밀입국하였다. 1년여 전에 동지 김지섭(金祉燮)이 감연히 시도했던 것처럼 혼자 도쿄로 직행하여 폭탄거사를 감행할 결심을 굳혀서였다. 이것이 그로서는 1918년 초의 중국 망명 이후로 여섯 번째이자, 가면 돌아오지 못하는 길이 될 것임도 각오한 바이기에 거의 틀림없이 마지막이 될 국내잠입이었다.

그런데 그 전에 반드시 해놓고 가야 한다고 마음먹은 일이 있었으니, 7년 전의 만주행 때 혼자만의 생각으로 일시 빌리는 것이라 치고서 갖고 가버린 은행 돈 1만여 원을 이제라도 돌려주는 것이었다. 아들의 장래를 위해 부인에게 주고 갈 돈도 얼마간은 필요했을 것이다.

입국 즉시 그는 밀양으로 가서 이병철의 두 아우를 찾아보고 위로했고, 고인덕·김병환 등의 동지들을 만나서는 1만원 상당액의 조달 방안을 상의했다. 그랬더니 예전처럼 총기로 위협하거나 문서를 보내서 강제하는 것은 효과가 약하고 쉽게 발각될 우려도 있으므로 은밀한 방법을 쓰는 편이 나을 것이라고 조언을 해주었다. 이에 이종암은 배중세의 협조를 받아 그가 보유 중인 수리사업권을 넘겨주는 조건으로 옛동지인 은행원 김재수(金在洙)로부터 5천원을, 포항의 어장(漁場) 투자금 명목으로 경남 하동의 박종원(朴宗源)에게서도 5천원을 각각 받기로 하였다. 그리고는 약정된 금액이 다 마련되어 손에 들어올 때까지 치병 요양도 할 겸해서 달성군 성북면 노곡동(현재는 북구 관문동)의 어느 산정에 있는 독립가옥에 배중세와 둘이서 은신했다. 지인 이기양(李起陽)이 자기 소유의 산장을 내준 것이었다.

그런데 그의 밀입국 사실이 일제 경찰당국에 진작 첩보되어, 입국 후의 행방과 동향이 계속 추적, 내사되고 있었다. 경북경찰부의 정보·수사보고 집성물인 『고등경찰요사』의 다음과 같은 서술이 그 방증이다. "의열단원 양건호가 밀입국 계획을 갖고 있음에 대해서는 1925년 이후로 수차 정보가 있었다. 10월 27일에는 그가 1주일 전에 입국했다는 내용의 전화 수배도 있었다. 앞서 있었던 수차의 정보에 비추어 볼 때, 그 정보가 상당히 신빙성 있어서 계통적으로 조사를 수행하였다." 입국 전에 그와 가까이 있던 누군가가 경찰에 계속 밀보해주고 있었다는 서글픈 비화가 경찰문서를 통해 흘러나온 것이다.

박종원은 약정일인 10월 15일까지 돈을 마련하지 못하였다. 그래서 이종암이 이러지도 저러지도 못하고 있으면서 그저 기다려보던 중에 경북경찰부 고등과장 나리도미 분고(成富文吾) 경부와 그 부하들의 급습을 받아 체포되고 말았다. 입국 이후로 그가 만났거나 연락해오던 동지 11명도 줄줄이 붙잡혀 갔다.

일제 관헌은 이 사건을 경남·북 지방의 의열단 비밀네트워크 압박과 그 조직세 퇴치의 호기로 삼으려고, 피검자들을 만 1년이나 집요하게 신문하고 고문도 수시로 가했다. 그러나 수사당국의 의도대로 되지만은 않아서, 이종암·고인덕·배중세·한봉인 4명만의 유죄와 재판회부 결정으로 예심이 종결된다. 그제서야 당국은 사건 전모를 공개하고 언론은 '경북 의열단사건'으로 이름 붙여 크게 다룬 것이다.

이종암이 겪는 막심한 고초와 비통한 최후, 그리고 유족의 신산한 삶

이종암은 경찰과 검사국의 취조를 받으며 당하는 혹독한 고문으로 몇 번이나 의식을 잃고 쓰러졌다. 그러면서도 그는 맡겨둔 7천원을 제1차 국내거사 추진 때 제공하여 다 써버렸다는 구영필의 말을 믿을 수가 없어서 사실 여부 확인을 위해 배중세를 만나보려고 입국했다는 말로 버텼다. 그래도 가혹한 심문이 거듭되니, 결국은 1918년 국내 탈출과 만주행 이후의 행적 및 활동 내력을 남김없이 실토하지 않을 수 없었다. 그동안 일제 당국이 전혀 모르고 있던 사실이나 잘못 알려져 있던 내용도 그 진술을 통해 모두 밝혀지고 새로 보충이 되었다. 사건 보도기사를 빽빽이 채운 놀라운 내용들은 그렇게 해서 나온 것이었다.

1926년 12월 7일에 개정된 공판에서 종암은 늠름한 자세로 침착하게 신문에 응대하였다. 재판장을 향해서는 "우리 조선이 일본의 압박에서 벗어나려면 불가불 혁명을 할 수밖에 없지 않소?"라고 질타하였다. 1921년의 피신 잠행 중에 왜관에서 이수택과 짝이 되어 정구대회에 출전했었음도 이때 진술한 것이다. 검사는 이종암의 독립운동 행적을 죄다 나열하고 그를 의열단의 '부장(副將)' 즉 부단장으로 지칭하면서 (다나카)살인미수, 폭발물취체벌칙 위반, 제령(制令) 제7호 위반 죄목으로 무기징역을 구형하였다. 그리고 12월 28일의 선고공판에서 판사는 징역 13년형을 언도하였다. 그날은 백주의 서울에서 의열단원 나석주(羅錫疇)가 동양척식회사와 식산은행 습격 의거를 벌인 날이기도 했다.

　항소하지 않으니 이종암은 곧장 대전형무소로 이감되었다. 거기서 복역하며 옥고를 겪는 중의 그는 감옥 환경이 극악한데다 고문의 후유증까지 덧대지면서 지병이던 각기병에 위장병·폐병·인후염 증세까지 더해져 극심한 고통을 겪는다. 병세가 점점 더 나빠져 더 이상 손써보기 어려운 지경에 이른 1930년 5월 19일에야 그는 형집행정지로 가출옥되었다. 피체 구금 후 4년 6개월 만이었다. 위중한 상태의 그는 친형 종윤의 남산정 집으로 옮겨져 몸을 뉘었다가 열흘 만인 5월 29일 세상을 뜨고 만다. 고난에 찬 투쟁의 일생을 서른다섯 나이로 마감하고 순국한 것이다.

　경찰은 통상적인 절차로 장례를 치름도 일절 못하게 가로막았다. 독경, 기도, 빈소 마련, 성분(成墳), 그 어느 것도 절대 안 된다는 것이었다. 장례 기간이나 장례식 당일에 혹시 생길지 모를 사태에 지레 겁을 먹어서였다. 시신도 화장하기를 강요하고는 유골의 공동묘지 매장도, 바람에 날리는 것도, 강물에 풀어놓는 것도 모두 안 되고, 어느 밭 구석이나 길가에 묻어버리라고만 윽박질렀다. 그것도 종암의 보통학교 동기동창인 경북경찰부의 배(裵)아무개 형사가 부하들을 시켜 그랬다고 한다. 유족으로서는 항거할 길이 없으니 따르는 수밖에 없었다. 결국은 평토장을 하고야 말았는데, 세월이 가면서 그 자리는 풍우에 씻기어 사라져버렸다.

　부인 서희안은 이종암이 집을 떠나 만주로 가버린 후 침모, 식모로 생계를 유지하였다. 그러다 어찌어찌 잠업강습소에 들어가 6개월 강습받고 양잠지도원 자격을 따서 경남북 농촌을 돌며 지도했다. 남편이 붙잡혀 감옥살이하고 별세한 후에는 봇짐 장사와 구멍가게 운영으로 외아들을 교육, 취업, 결혼시켰다. 해방 후 환국한 김원봉을 만나도 보았던 아들 태수는 얼마 후 정신질환이 와서 2년여 고생하다 비명에 가고 말았다. 그러자 서희안은 며느리를 개가하도록 내보내고, 홀로 손주와 손녀를 품어 안고 20여 년을 길러 성인으로 키워냈다. 그리고는 80세 되던 1977년에 한 많은 세상살이와 하직하고 귀천하였다.

무엇이 기억되고 무엇이 사라지나

　일제 응징과 민족독립 달성을 위해 이종암이 스스로 택해 걸어간 투쟁의 가시밭길과 그 속의 빛나는 공적은 아주 늦게야 빛을 보고 인정되어, 1962년 정부로부터 건국훈장 독립장이 추서되었다. 하지만 그 훈장 하나가 그가 겪었던 고초와 감내한 희생과 유족의 간난신고(艱難辛苦)를 대상(代償)해줄 수는 없었다고 보아야 할 것이다. 오직 후세인들이, 특히 대구사람들이, 이종암을 기억하고 추념하며 그 정신을 기리는 것만이 민족의 독립과 후대 번영에 소리 없이 바쳐진 그와 가족의 희생적 삶에 대해 조그마한 위로라도 되지 않겠는가 한다.

　생각해보면, 도피와 잠행과 은신의 명수로 줄곧 '신출귀몰'의 행보를 보이던 이종암은 필생의 각오로 대일거사를 계획하고는 이승의 빚을 깨끗이 갚아버리고자 실행 전의 마지막 방문 삼아 고향 땅에 잠시 들른 것이었다. 그런데 어이없게도 거기서 체포되어 비참한 최후를 맞았는데, 그렇게 되고만 가장 큰 원인은 무엇이었던가?

그것은 그의 동정에 대해 계속해서 밀보가 있은 때문이었다. 여러 정황으로 미루어볼 때 그 사전 밀보는 그가 방금 떠나온 영고탑의 누군가가 했다고 볼 수밖에 없지 않을까? 그렇다면 그는 누구인가? '독립운동'은 허명이고 그 뒷전에서 '이재에 밝은' 면모만을 계속 내보이던 이, 일찍이 1920년에 고향 친우와 후배들이 잡혀가게 만들면서 의열단의 제1차 국내강습거사가 실패로 돌아가게끔 만드는 데 '혁혁한 공'을 세웠다고 추정되는 자, 이종암의 돈 7천 원을 받아 독립운동자금으로 쓸 거라 해놓고 그 용처를 추궁당하니 제대로 대답 못하고 엉뚱한 이유나 대던 자, 바로 그가 아니었겠는가? 요컨대, 철석같이 동지로 믿었던 자의 간교한 처신과 배신행위였다.

그렇다면 이종암이 큰 꿈을 품고 칠곡군 약목에서 맺었던 '동지적' 인연과 결의는 실로 얄궂고도 얄궂은 악연이 아닐 수 없었다. 독립운동의 역사에서도 인간적 신의와 민족사적 정의 둘 다를 동시에 저버림이 그처럼 서글프다 못해 잔인한 얼굴로 자기를 드러낸 것이다. 오늘의 세태는 다르다고 우리는 자신할 수 있을까? 가슴에 손을 얹고 돌아다볼 일이다.

참고문헌

경상북도경찰부,『고등경찰요사』, 1934(류시중·박병원·김희곤 역주,『국역 고등경찰요사』, 선인, 2010)
이종범,『의열단 부장 이종암전』, 광복회, 1970.
김영범,『한국 근대민족운동과 의열단』, 창작과비평사, 1997.
김영범,『의열투쟁 Ⅰ — 1920년대』, 독립기념관 한국독립운동사연구소, 2009.
이동언,「이종암의 생애와 의열투쟁」,『한국독립운동사연구』제42집, 2012.
김영범,「의열단 창립단원 문제와 제1차 국내거사기획의 실패 전말」,『한국독립운동사연구』제58집, 2017.

5장
의열단운동과 부산사람들

의열단운동 속의 부산을 찾아서

1919년 11월 10일, 만주 길림에서 항일 비밀결사 의열단이 창립되었다. 20대 청년 10명의[1] 합심 동참으로였다. 그로부터 의열단은 창단 공약대로 "천하의 정의로운 일을 맹렬히 실행"함의 족적을 크게 남기고 명성을 떨쳤다. 그러다 1935년 7월 5일부터 그 이름을 쓰지 않았다. 중국 남경에서 '통일대당'으로 성립하는 민족혁명당의 조직 틀 속으로 자진 '해소'되었음에서다.

꼭 그 때문인 것은 아니지만, '의열단'이라는 이름은 1950년대 이후로 공식 역사에서 거의 운위되지 않아서 점점 더 묻혀갔다. 그래서 아주 잊힌 듯도 했다. 그랬던 그 이름이 하나의 잔영으로나마 역사적 기억의 지평 위로 올라선 것은 반독재 민주화운동의 열기와 더불어 사회인식론과 과거사 인식에서도 획기적인 변화의 기미가 보이기 시작한 1980년대 후반 들어서였다.[2] 그러면

---

[1] 의열단 창립단원은 13명이었다는 것이 오랫동안의 정설이었고 필자도 같은 입장이었다. 그러다 얼마 전에 필자는 신·구 자료의 종합적 검토와 분석적 논증으로 '10인' 설을 내놓은 바 있다(졸고, 「의열단 창립단원 문제와 제1차 국내거사기획의 실패 전말—13인설 재검토와 '구영필 문제'의 숙고를 중심으로」, 『한국독립운동사연구』 제58집, 2017). 여기서도 그것을 논거로 삼는다.

[2] 기폭제는 일반교양서에 가까운 송건호의 『의열단』(창작과비평사, 1985)이었고, 학술논문으로는 졸고, 「1930년대 의열단의 항일청년투사 양성에 관한 연구」(『한국독립운동사연구』 제3집, 1989); 한상도, 「김원봉의 조선혁명군사정치간부학교 운영(1932-35)과 그 입교생」(『한국학보』 제57집, 1989); 한상도, 「김원봉의 생애와 항일역정」(『국사관논총』 제18집, 1990); 졸고, 「의열단의 창립과 그 초기노선에 대하여」

서 역사적 존재로서의 의열단의 가치와 그가 부담했던 역할의 의미가 학술장 안에서 탐구되고 조명도 되기 시작했다. 그 이상으로 의열단이 근대사/독립운동사에 관한 공공적 인식의 자장 안으로 끌어들여지고 부각도 되기에 이른 것은 불과 몇 해 되지 않는다. 거기에 극영화《암살》과《밀정》이 큰 역할을 해냈음은 널리 인정되는 바이다. 그럼에도 불구하고 의열단운동의 운동행로와 조직특성이 어느 일면 또는 어느 한 시기의 것만 부각되고, 그 외의 다른 면모들은 거의 매몰되어 전체적으로는 왜소화된 형국이 되어 있음은 별로 달라져 보이지 않는다.

하지만 의열단운동의[3] 전체 족적이 그리 단순하지는 않았다. 격렬한 '피의 항쟁'이나 영웅적 투쟁의 서사로만 채워질 수 있는 것이 아니었다. 분명 그 이상이었고, 다양한 모습과 의미를 내장시키고 있었다. 바꿔 말하면, 16년간 이어져간 의열단운동이 어느 한 가지 노선만 추수하고 있던 것은 아니라는 얘기이다. 시간의 흐름에 따라 노선 변화가 있었고 발현되는 특성도 달라져 갔다. 그렇게 볼 때 의열단운동은 전체를 세 단락으로 나누어보는 것이 적절하며, 각각을 전기, 중기, 후기로 호칭할 수 있다.

창립 이후 1925년까지 즉 전기는 일제에 정면으로 맞서는 '암살파괴운동'에 매진한 시기였다. 1926년부터 1931년까지 즉 중기는 중국국민당 모델의 혁명당 체제로 조직변환을 꾀하다 정치정세 급변으로 좌절되자 급속좌경화 노선 아래 국내 노농대중의 전위조직 건설을 준비해간 시기였다. 그러다 만주사변 발발 후 1932년부터 1935년까지 즉 후기는 장차의 독립전쟁과 민족혁

(『한국학보』 제69집, 1992); 졸고, 「1920년대 전반기 의열단의 민족운동과 노선 추이」(『한국사회사연구회 논문집』 제34집, 1992) 등이 물꼬를 열어갔다고 할 수 있다.

[3] '의열단운동'은 의열단 창립에서부터 그 후 주체적으로 기획하고 벌여간 항일투쟁·독립운동·민족운동·혁명운동의 범위와 내용을 모두 아우르는 의미로 쓰는 말이다. '독립군운동'이나 '임시정부운동'이라는 용어와 같은 식이고, 물론 그 자체의 '수호·유지·확장'도 내포한다.

명의[4] 간부로 성장해갈 청년인재를 집중적으로 육성해놓음과 아울러, '일대혁명당' 조직을 목표로 민족진영의 정치적 통일에도 주력하여 마침내 성사시킨 시간이 되었다.

그와 같이 의열단은 응집력이 강한 비밀결사로서 일제의 중추부를 직접 타격하고 응징함에 중점을 두는 소규모의 '의열투쟁' 조직으로부터 대중적 기반 확보로써 외연을 넓히면서 군사력도 갖추어 독립전쟁과 민족혁명의 최선두에 나설 강대 혁명당 조직으로 나아가고 있었다. 그런 만큼 의열단운동의 궁극의 목표는 하나였으되 방법론은 조금씩 바뀌거나 재구성되어간 것이다. 운동의 내용도 점차 달라지면서 결국은 누적효과를 낳아 전체적으로 보면 다양해진 것이었다. 그런 운동경로 속에서 최종적으로 의열단은 민족전선 좌익진영 즉 민족혁명운동 계열의 중심조직체로 위치하게 된 것이라고 말할 수 있다.

그러면 의열단 및 의열단운동과 부산은 어떤 관계 속에 놓여 있었을까? 부산사람 중에는 어떤 이들이, 어느 시기에, 어떤 식으로 그 조직 및 운동에 참여했는가? 그 면모의 특징점은 무엇이었으며, 공적과 기여는 또 어떤 것이었을까?

그 자체로 궁금해지는 문제일 수 있는데, 이제 새삼 던져보는 물음이 되고도 있다. 소박하게라도 그 물음에 대한 답을 구해가는 것이 이 글의 목표이고 내용도 될 것이다.

---

[4] '민족혁명'의 본의는 일제를 내쫓음에 의한 완전독립 성취와 신국가 건설, 그것에 병행시킬 것인즉 민족사회 내 반봉건적 유제의 타파·청산이었다.

의열단운동의 전개와 확장, 그리고 시기별 특성

전기: 항일 의열투쟁과 '혁명' 노선 정립

의열단의 초기 행동노선은 '파괴'와 '암살'이었다.[5] 그래서 파괴 대상 다섯 가지[필자의 조어로는 '5당파(當破)'](조선총독부, 동양척식회사, 매일신보사, 각 경찰서, 기타 왜적 중요기관)와 암살대상 일곱 부류[7가살](조선총독 이하 고관, 군부 수뇌, 대만총독, 매국적, 친일파 거두, 적탐, 반민족적 토호열신)를 자체적으로 정해놓았다. 통틀어 그것은 식민지지배의 중추기관(정치기관·수탈기구·선전기관·폭압기구)이요, 그 사령탑이며 수뇌부이고, 수족과 촉수들이었다. 창단 취지에 비추어 그 표적 지정은 타당하고도 정확한 것이었다.

그 운동노선을 철저히 실행하며 유지해가는 모습으로의 암살파괴운동이 의열단운동의 제1기(1920~1925) 즉 전기 국면의 특성이 되었다. 국내외의 일제 기관들을 타격하려는 폭탄거사가 반복해서 추진되고 군·정 요인 암살이 누차 기도된 것이다.

창단 직후부터 의열단은 국내 일대거사를 기획하고, 경성의 조선총독부, 동양척식회사 지점, 일본인 경영으로 같은 사옥에 있는 경성일보·매일신보사 세 곳을 표적으로 삼는 폭탄거사 감행을 추진하고 준비해갔다. 상하이로 가서 어렵게 구득한 폭탄 16개(13개 제조분의 재료 포함)와 권총 및 탄환을 곡물 운송품으로 위장하여, 1920년 4월에서 5월에 걸쳐 만주 안동현으로부터 두 번

---

[5] 이하 이 장의 서술은 기왕의 관련 졸저·졸문들로부터 골조를 취하고 내용을 뽑아내 묶고 재구성한 것이다. 번잡함을 피하여 세부적인 전거 주를 달지 않고 이용한 논저의 목록만을 아래와 같이 일괄 제시한다. 졸저, 『한국 근대민족운동과 의열단』, 창작과비평사, 1997; 졸고, 「의열단」, 『한국독립운동사 사전 6: 운동·단체편 (IV)』, 독립기념관, 2004; 졸저, 『의열투쟁 I —1920년대』(《한국독립운동의 역사》 26), 독립기념관 한국독립운동사연구소, 2009; 졸저, 『혁명과 의열—한국독립운동의 내면』, 경인문화사, 2010; 졸고, 「민족운동의 주체로서 民: 갑오농민전쟁과 의열단운동의 경우」, 『민중의 귀환, 기억의 호출』, 한국학술정보(주), 2010; 앞의 졸고, 「의열단 창립단원 문제와 제1차 국내거사기획의 실패 전말」; 졸고, 「대구 사람들의 무장독립운동」, 권대웅 외, 『알기 쉬운 대구독립운동』, 광복회 대구광역시지부, 2020.

국내로 밀송해 밀양과 창원 두 곳에 나누어 숨겨두었다. 그런 한편으로 부단장 곽재기 등 단원 8명, 창단 산파역이었으면서 후견인이고 길림군정서 재무부장이기도 한 황상규가 속속 국내로 잠입한 후 대부분 서울에 은신해 있으면서 활동임무를 분담하였다. 조력자 그룹이었다고 할 이수택·배중세·윤치형 3인도 들어와 부산 방면에서 대기하였다.

그런데 폭탄 밀송 사실이 경기도경찰부에 첩보되어 수사가 개시되고, 결국은 입국단원들의 행방과 무기은닉처가 추적 끝에 드러났다. 그 바람에 폭탄은 전부 압수되고 관련자 포함 20여 명이 6월부터 연이어 체포되고 말았다. 일제 경찰당국이 나중에 이름 붙이기를 '밀양폭탄사건'과 '진영사건'이라고 했다.

창립단원 10명의 행로는 이때부터 두 갈래로 나뉜다. 그 사건이 저마다의 활동 중단이나 종료, 아니면 계속의 일차적 갈림길이 된 것이다. 이성우·윤세주·곽재기·신철휴는 차례로 피체 투옥되어 적어도 만6년 이상을 갇혀있어야 했고, 반면에 처음부터 검거망 밖의 공간에 있었거나 다행히도 피검을 면한 김원봉·김상윤·이종암·한봉근·서상락·강세우 6인은 활동을 계속해갈 수 있었다.[6]

상하이에서 거사 성공의 희소식이 오기만을 기다리다 단원 피체와 거사실패 소식을 접한 김원봉은 복수의 뜻도 겸하여 부산경찰서 폭파를 신입단원 박재혁에게 지시하였다. 상하이에서 부산의 자기 집으로 돌아온 박재혁은 9월 14일 부산경찰서로 들어가 서장 하시모토 슈헤이(橋本秀平)의 면전에서 폭탄을 꺼내 터뜨렸다. 이 폭발로 경찰서 청사 일부가 부서지고, 하시모토와 박재혁이 같이 부상당했다. 그 후로 밀양경찰서 투탄(1920. 12; 최수봉 의거), 조선총독부 청사 진입 투탄(1921. 9; 김익상 의거), 상하이 황포탄에서의 일본군 고위장성 저격(1922. 3; 오성륜 등 3인 의거), 도쿄 황궁 진입구인 이중교 투탄(1924. 1; 김지섭 의거), 경성의 동양척식회사·식산은행 습격 투탄(1926. 12; 나석주 의거) 등, 단

---

[6] 주지하듯이 김원봉은 창단 때부터 1935년의 자진해단 때까지 변함없이 단장 직위에 있으면서 의열단 운동을 총지휘해갔다.

발적이지만 일제가 경악을 금치 못할 사건이 꼬리를 물고 이어졌다.

이들 의거의 실행자들은 거사 뒤에 따르게 마련인 피체와 고문, 투옥 또는 처형의 자기희생을 마다하지 않은 헌신적 단원들이었다. '살신성의'(殺身成義)의 정신으로 움직였기에 '의사'로 칭해져 마땅했고, 그래서 이들의 행동을 오늘날 우리는 '의열투쟁'으로 일컫는 것이다.[7]

초기부터 계속 벌여간 고강도의 암살파괴운동으로 의열단은 크게 이름을 떨쳤고, 독립운동의 여러 계열·세력에서 그 명성과 실행력을 탐내어 제휴 상대로 삼거나 포섭하려 했다. 상해파와 이르쿠츠크파 두 고려공산당이 특히 그러해서, 자금 지원을 해주거나 인적 교류를 시도했다. 김원봉은 이를 물리치지 않고 다른 간부들을 설득해가며 적극 수용했다. 아나키스트 진영의 일부 그룹도 의열단의 운동노선이 자기들의 것과 합치한다고 보아, 개별 입단하거나 공동행동을 제안하였다.

그 결과, 1922년경부터 단원 수가 1백 명 이상으로 급증했고, 순연한 민족주의자, 무정부주의자, 그리고 사회주의자 3색의 혼성적 연합조직처럼 되었다. 의열단원임과 동시에 다른 조직 소속원인 운동자도 많아졌다. 그에 따른 조직세 신장과 위상 제고에 힘입어 의열단은 중국 관내와 만주·국내·일본·극동러시아 각지에 거점을 확보하고, 대만·몽고로까지 활동반경을 넓혀갔다.

그런 맥락에서 의열단은 주변의 독립운동 조직·단체·기관들과 연대·제휴·합작·공조의 다변적 관계망을 구축해가게도 되었다. 그 대상은 고려공산당 양 계파만 아니라 임시정부와 반(反)임정 그룹, 베이징의 천도교단 조직, 만주

---

[7] '의열'의 의미는 두 가지이다. 하나는 '의사'(성패에 관계없이 목숨을 내걸고 의로운 행동을 결행한 이)와 '열사'(강력한 항의의 뜻이나 의분을 자결 또는 그에 준하는 행동으로 내보인 이)를 합하여 통칭하는 것이고, 다른 하나는 의열단 창립 때 내걸어진 공약처럼 '정의로운 일의 맹렬한 실행'이다. '의열단'이라는 명칭도 후자의 의미를 담아 지어졌다. 근간의 독립운동사 서술에서 '의열투쟁'이란 의사와 열사의 투쟁이라는 간소한 의미 이상으로, 식민지 체제를 붕괴시키기 위해 일제와의 정면대결을 불사했던 공격적 행동양식을 주로 가리키는 말이 되고 있다.

의 적기단·통의부·정의부, 도쿄의 무정부주의자그룹 등으로, 놀라우리만치 개방적이고 광폭이었다.

외국기관으로도 손을 뻗쳐, 중국국민당과 그 산하기관, 베이징 주재 코민테른 기관과도 일시적이나마 연결이 있었다. 중국인 항일지사나 일본인 '주의자'들과도 필요시는 언제든 연결을 맺고 제휴도 했다. 제국주의 타도의 혁명적 민족운동에 도움과 이득이 되는 한에서는 어떤 조직, 어떤 세력과도 손잡겠다는 자세였던 것이다.

1923년 1월의 〈조선혁명선언〉 발표를 통하여 의열단은 폭력노선의 정당성을 확보함과 아울러, 자기들 운동의 이념·이론·방략도 확실히 정립할 수 있었다. 의열단이 '맹렬히 실행'코자 하는 '정의로운 일'은 이때부터 '조선의 독립'만 아니라 '세계의 평등'도 도모함을 의미하게 된다. 후자의 목표는 "특권계급을 타파하고 지권(地權)을 고루 나눈다"는 것으로 정식화되면서 반봉건 사회변혁의 이념을 낳았으며, 〈조선혁명선언〉에서는 '이상적 조선' 건설의 비전에 같이 포섭되었다. 그리하여 민족의 절대독립과 민족사회의 민중중심적 변혁을 더불어 추구하여 만민자유·만인평등의 민중사회로 나라를 새롭게 세워내는 것— 이것이 의열단의 '조선혁명' 이념이 되었다. 공화주의를 넘어서는 아나키즘과 사회주의 이념 및 혁명전략도 얼마간씩 채택, 수용된 것이다. 그래도 그 이념적 지향점들은 넓게 보아 민족주의의 우산살과도 같은 것이어서, 총괄적으로는 혁명적 민족주의로 수렴되는 것이었다. 그래서 의열단은 그때부터 '혁명단체'를 표방했고 단원들은 '혁명가'를 자임하였다. 그리고 자기들이 벌이는 암살·파괴의 '직접행동'이 극적 효과를 내어 민중 총봉기의 항일폭동이 촉발되기를 기대하였다.

그렇지만 그 기대가 그대로 적중하지는 못하였다. 대중이 그렇게 쉽게 움직여주는 존재인 것만은 아님을 김원봉과 의열단은 뒤늦게야 지각하였다. 정서적 충격 효과만으로 대중이 떨쳐 일어나지는 않으며 지속적인 의식화와 체계적 조직화만이 그들의 정치적 행동을 낳을 수 있겠다는 깨달음이 왔다. 1924년경 이래로는 농민·노동·청년 단체 주도 하의 사회주의적 대중운동이 흥기하여 의열투쟁의 호소력을 압도해 가는 조짐도 보이고 있었다. 냉정히 살피고 솔직히 말해보면, 그동안의 암살파괴운동도 기울인 노력과 치른 희생에 비하여 실제적 성과는 기대 이하였음을 부인하기 어려웠다. 희생만 키운 무모한 시도와 실패의 사례도 적지 않았다.

독립운동의 주·객관적 조건과 내외 형세가 창단 때와는 그처럼 크게 달라진 마당인지라 암살파괴운동은 낡은 운동방식이 되어버렸음이 분명해보였다. 그 노선을 더 이상 지속시켜가기가 어렵고 유효적절성도 많이 감퇴했다는 결론이 자연히 내려졌다.

그런 정황과 배경에서 의열단은 중국 국민혁명운동의 책원지인 광저우로 본거지를 옮겨갔다. 1925년 늦여름의 일이었고, 1926년 초입에는 간부진을 위시하여 핵심단원 10여 명이 황포군관학교와 중산대학에 나누어 입학하였다. 국민혁명군이 예고하고 있는바 통일중국 만들기의 북벌전에 가담하고 그 경험을 살려 군사역량 증강과 군사조직 결성을 꾀하며 종국에는 규모 있는 대일무장투쟁으로 나아감을 새 진로로 설정한 것이다. 의열단의 암살파괴운동은 그로써 사실상의 종지부를 찍었다.

중기: 좌경노선으로의 선회와 국내대중투쟁 지원·강화운동

1926년 3월 광저우에서 개최된 제1차 전국대표대회에서 의열단은 조직의 체제와 성격을 단선적 의사결정 구조의 행동주의적 비밀결사로부터 직무·직능 분화가 기해지는 다층구조의 민주집중제적 혁명당으로 전환시키려 했다. 소련공산당과 중국국민당을 모델로 삼아서였다.

이듬해의 제2차 전국대표대회에서는 강령을 20개 조항으로 제정했다. 그 전체적 내용은 일제 타도와 한민족의 자유독립 완성, 봉건제도 및 일체 반혁명세력 제거와 인민의 자유권 확립에 기초한 '진정한 민주국' 건설, 그리고 토지혁명과 대(大)생산기관 국유화에 터한 '생활상 평등의 경제조직 건립'으로 수렴되었다. 〈조선혁명선언〉에서 다소 추상적인 비전으로만 제시되었던 '신조선 건설' 이념을 신국가 건설 및 반봉건 민주주의 변혁의 과제로 구체화시키면서 그 실천방안도 제시한 것이다.

이렇게 확립된 조직 틀과 이념적 기조가 1935년의 해단 때까지 거의 유지되었다. 1925년부터 국공합작으로 진행되고 있는 국민혁명운동에 대한 대중적 호응과 참여의 열기를 눈으로 보고 피부로 느꼈음에서 의열단 지도부가 민족운동에 기층 민중의 역량이 최대로 투입되고 대중 참여가 활성화되어야만 한다는 생각을 굳히게 된 결과였다. 그리하여 독립운동의 성공과 사회변혁 역량의 확충·심화를 위해서는 국내 대중투쟁이 활발히 전개되어야만 한다는 것이 그들의 새로운 문제의식이 되었다.

하지만 의열단이 처해있는 정치정세가 급전하면서 엄혹하게 돌아갔다. 의열단의 새로운 포부와 그것을 위해 기울이던 노력이 1927년 7월의 국공합작 파탄과 뒤이은 좌·우익 대결 국면의 엄습에 따라 수포로 돌아가 버렸다. 장개석이 감행한 4.12 정변과 후속된 백색테러에 반발하여 다수 단원들이 중국공산당 주도하의 광저우봉기에 참가했다 희생되고 말았다. 그 후 상하이로 재집결한 의열단 지도부는 조공 엠엘파 및 그 표면조직인 재중국한인청년동맹과 기맥 상통으로 '노농대중에 기초한 실질적·전투적 협동전선 결성'론을 주창해갔다. 그것은 국내대중의 잠재적 운동역량을 실체화시키면서 상시적 동원 체제를 구축해 가야 한다는 과제의식과, 앞으로는 대중투쟁을 중심축으로 하여 국내투쟁이 활성화되어야만 한다는 생각이 낳은 방향전환이기도 했다.

조직분열을 감수하면서까지 의열단 지도부가 1929년 봄에 본거지를 베이징으로 옮기고 3차 조공의 책임비서를 역임했던 안광천(1897년 경남 진영생)이 조선공산당재건설동맹을 조직함에 조력하여 부설기관으로 레닌주의정치학교를 설립, 운영한 것도 실은 국내 대중투쟁의 전위조직 건설을 준비해가려는 데 본의가 있었다. 실제로 이 학교 졸업생 10여 명이 1930년 8월부터 1931년 6월 사이에 국내로 밀파되어, 노동·농민·학생운동의 기초조직 구축작업을 몇몇 지역에서 비밀리에 진행시켰다.

1920년대 후반기의 이와 같은 좌경노선과 그 실제적 행보가 일시적 방황이나 혼선 자초로 경시 혹은 폄하될 수는 없다. 실은 다 그럴 만한 이유와 맥락이 있었던 것이고 의열단으로서도 고심 끝에 취해간 선택지였다. 그럼에도 이 선택과 실천은 그 후로 독립운동 진영 내 우파 쪽에서 의열단을 (유사)공산주의 단체로만 낙인찍어 상종을 기피하고 합작을 거부하는 이유로 삼아지곤 했다.

후기: 민족혁명 노선의 전면화와 그 운동기반 확장

1931년의 만주사변과 1932년의 상해사변을 도발하면서까지 일제가 중국 침략을 본격화하자, 의열단은 한·중 공동전선 형성의 객관적 여건이 드디어 조성되고 있다는 판단 하에 중국국민당 삼민주의역행사(통칭 남의사)에 접근하여 한중합작의 항일운동 건의안을 제출하였다. 이것을 중국측이 받아들여 적극 지원을 결정함에 따라, 의열단이 운영하는 조선혁명군사정치간부학교가 남경 교외 탕산에 설립되었다. 여기서 '조선혁명'이란 기본적으로 민족혁명인 것이었는데, 무산계급혁명으로 오해될 소지가 더러 있기는 했다.

이 간부학교는 1932년 10월부터 1935년 9월말까지 만 3년 동안에 3기의 교육과정을 개설 운영하였다. 거기에 도합 125명의 한인 청년이 입교하였고, 그 중 100명가량이 졸업하여 혁명간부 후보로 배출되었다. 졸업생의 상당수는 국내와 만주 및 중국관내 각지로 파견·배치되어 반만(反滿)항일의 거점 구축을 임무로 삼았다. 그러면서 결정적 기회의 국내민중 봉기와 대일유격전 수행의 지역별 지휘소가 될 전진대(戰進隊; '前進隊'가 아니며 '독립전쟁·혁명전쟁으로 나아가는 대오'라는 뜻)의 조직도 시도되었다. 그렇게 민족혁명운동의 기반 구축 및 확대·강화 활동이 점증적으로 진행된 것이다. 중국관내로 배치되어 활동해간 졸업생 단원들은 의열단 조직의 자진해체와 더불어 전원 민족혁명당 당원으로 이월되었고, 그들은 다시 1938년에 조선의용대의, 1942년에는 한국광복군(제1지대)의 조직자원으로 충용되어 중견간부로 성장해갔다. 그렇게 의열단은 1930년대 후반 이후의 국외 독립운동의 역량 증강에 특출한 기여를 미리 해놓은 셈이었다.

그뿐 아니라 의열단은 국외 민족전선의 통일운동에도 능동적으로 참여하여 주도해갔고 실질적 성과도 낳았다. 1920년대 후반기에 활발히 전개되다 좌우격돌 정세로 인해 중단되어버린 민족유일당운동의 열기와 흐름을 되살리고 이어서 대독립당/통일대당 결성운동이 물밑에서 전개된 1930년대 전반기에 의열단이 민족전선 좌익을 대표하는 위치에서 그 운동의 주역으로 활약한 것이다. 그 결과로 1935년에 5당 통합체인 민족혁명당이 국외 독립운동 진영의 좌·우파가 결속한 통일전선체로 성립하였다. 그때 의열단도 흔연히 자진 해체를 선언하고 단일신당의 일 구성인자로 해소되어간 것이다.

그렇게 '의열단'이라는 조직명은 사라지고 단원 전원이 신당의 당원이 되었는데, 그럼에도 의열단 조직의 계보는 비공식적으로 계속 유지되었다. 초기의 당 체제 정비 단계에서 우파세력인 한국독립당·조선혁명당·신한독립당 계열의 핵심성원 일부가 여러 이유로 불만을 품거나 마찰을 빚다가 탈당해버리면서 당권은 자연스럽게 의열단계로 옮겨지고 장악되어갔다. 결국은 민족혁명당이 의열단계 중심으로 재편되고, 의열단의 후신조직과도 같은 모습으로 변성되었다.

그리하여 의열단의 혁명노선과 그 운동방략 및 조직계보는 민족혁명당이라는 확대조직 속에서 더 탄탄한 기반을 확보하고 승계도 되어 적어도 8.15 광복 때까지 발전해 간 셈이다. 그러므로 의열단의 민족운동은 임시정부 중심의 그것과 나란히 1919년 이후로 27년 동안 지속된 하나의 '장정' 행로였다고 말하기에 부족함이 없다. 그 전체 경로를 통해 의열단은 1920·30년대 독립운동의 주요 국면마다 불가결의 중요 역할을 맡아 해낸 것이고, 그만큼 독립운동의 이념 및 조직 발전에도 크게 기여했던 것이다.

초기 의열단운동과 부산

알고 보면 부산이야말로 의열단운동의 초기 국면부터 주요 거점이자 무대가 되었던 곳이다. 부산 출신 독립지사들이 의열단운동에 관여하는 모습도 초기부터 나타나고 있었다. 이제 그 양상과 연유를 순차적으로 하나씩 사례를 따라가며 살펴보기로 한다. 그런 뒤에 종합하고 요약해보는 논의를 해볼 수 있을 것이다.

제1차 국내기관 강습거사 추진과 부산

부산이 의열단운동과 관련맺음은 1920년의 제1차 국내거사[8] 추진 때부터 벌써 시작되었다.[9] 창립되고 한 달 후쯤부터 의열단이 기획하여 추진해간 국내기관 강습거사는 계획이 치밀했고 준비도 비교적 잘 진행되어갔다. 그런데 실행만 하면 되는 막바지 단계에서 부산에서 서울로의 폭탄 이송이

---

8 여기서 '국내거사'라 함은 의열단 본부가 국외 즉 중국에 있었음이 전제된 표현이다. 그런데 개인단독의 일발거사가 아니라 다수 단원이 동시에 동원되는 집체적 거사를 추진했을 때 의열단의 타격목표는 국내 여러 곳이 아니라 항상 경성의 일제기관들로 집중되곤 했다. 따라서 그 내용에 비추어 정확한 용어는 '서울거사', 당대의 지명을 그대로 쓰기로 한다면 '경성거사'가 되어야 하는 것이다. 그럼에도 이 글에서는 그간의 통념과 관용법대로 '국내거사'로 표기한다.

9 이하 본 절의 서술은 졸고, 「의열단 창립단원 문제와 제1차 국내거사기획의 실패 전말」(2017)을 주로 원용한다. 그렇기에 전거 주를 일일이 밝혀 달지 않는다.

내부 관계자의 은밀한 방해책략으로 말미암아 계속 지연되었고, 그러더니 결국은 거사 자체가 실행되지 못하고 말았다. 거기에는 숨은 곡절이 있었으니, 이제 풀어보기로 한다.

1920년 3월 중순에 의열단장 김원봉과 부단장 곽재기, 선임단원 이성우가 상하이에서 폭탄 3개 제조분의 재료를 한 중국인으로부터 구입하여 프랑스 조계 내 김대지(밀양 출신이고 임시의정원 내무부 위원을 역임)의 거처에서 완제품으로 조립해냈다. 그것을 4월 초순에 안동현 세관의 영국인 직원 S. 보잉을 수취인으로 하여 화물로 부쳐 보내니, 상주 연락원인 이병철(밀양 출신)이 건네받아 옥수수 화물 속에 넣어 포장하고 밀양의 한 운송점으로 탁송했다. 그리고는 뒤쫓아 밀양으로 가서 직접 인수하여 김병환의 미곡점에 맡겨 당분간 감추어두도록 했다.

다음으로 4월 초순에 김원봉 등이 2차로 구입한 폭약과 부속 재료—도화선식 7개와 투척식 6개의 폭탄 조립용— 및 권총과 탄환 꾸러미를 이성우가 안동현으로 휴대하고 가서 이병철에게 넘겨주었다. 이번에도 이병철은 옥수수 5가마 속에 무기류를 나누어 넣어 밀포하고 배중세(창원 출신이고 의열단 창립 조력자)를 수취인으로 지정하여 다른 15가마와 함께 부산진역의 '김명국 운송점'으로 탁송하였다.

5월 상순에 화물도착 통지를 받은 배중세는 본인이 부산서 경영 중인 기미점(期米店)의 직원 이주현으로 하여금 화물을 인수하여 진영 역전 강원석의 미곡점으로 보내도록 하였다. 지시가 그대로 이행된 후 5월 19일에 배중세가 강원석의 가게로 가서 무기류가 들어있는 가마 5개만 추려내 창원군 동면 무점리의 인척 강상진의 집으로 운반해 창고에 보관시켰다.

이렇게 두 차례 밀반입된 폭탄 및 그 조립재료의 관리와 추후 서울로의 이송은 '부산의 이일몽'이 주관할 것임을 이병철이 배중세와 이성우와 상면한 자리에서 언명했는데, 이 점이 중요했다. 본명이 이수택이고 경북 칠곡군 왜

관면 태생인 이일몽은 10대 때 인근 인동군 약목면의 동락학교를 다녔는데, 동래군 기장면에서 대(大)보부상의 아들로 태어나 16세 때 밀양의 외가로 이사해 살았던 구영필의 처가가 바로 그 약목면에 있었다. 1891년생 동갑인 두 사람은 그래서 일찍이 교분을 트고 친해진 것으로 보인다. 이는 1910년대 중반에 밀양에서 조직되었던 비밀결사 일합사에 외지사람인 이수택도 참여한 것, 그 두 사람과 역시 동갑인 김대지 3인이 의형제를 맺고 '一'자 돌림의 일몽, 일우, 일봉이라는 호를 각각 지어 우의를 돈독히 했다 함이 방증해준다.

임시정부의 연락원 신분인 이병철은 의열단의 폭탄 관리와 이송을 누가 주관할 것이라고 명토 박아 말할 권한이 없었고, 딱히 그럴 이유도 없었다. 국내 현지의 총지휘자로 들어와 있는 부단장이 권한과 재량대로 하면 될 일이었다. 그럼에도 이병철이 굳이 그런 말을 한 것은 누군가의 의중이 그의 입으로 전해진 것일 뿐이고 그 '누군가'는 구영필이었을 것임이 거의 틀림없어 보인다.

의열단 창립 과정에 간여했다 하고 초기자금도 일부 대주었다는 구영필은 아버지를 닮아서 이재에 밝은데다 군자금 수취와 확보에도 수완을 보였다. 그래서 임시의정원 성립 때 재무부 위원으로 선임되기도 했으니, 자기보다 네 살 아래였어도 그 위세나 영향력을 이병철이 무시할 수는 없었다. 이 사건이 종결된 후 이병철이 길림성 영고탑으로 아예 이주해갔는데, 거기는 구영필이 '착복한' 군자금으로 땅을 많이 사놓고 농장 개간에 진력하던 곳이었다는 점도 관련정황 이해에 참고가 된다.

아니나 다를까. 거사 결행을 위해 폭탄 인도를 재경단원들로부터 요구받았을 때 이일몽은 납득키 어려운 이유를 대면서 연기시키고 마산으로 밀양으로 계속 잠행만 했다. 거사 소식이 없음에 의아하고 초조해진 김원봉의 독촉 연락을 받고 서울에서 황상규와 곽재기가 상의하여 김기득으로[10] 하여금 부

---

10 본명이 김태희(金台熙)인 김기득은 1899년 서울 태생이다. 양정고보 중퇴 후 용산철도학교에서 수학하고 부산역 전신계 직원으로 발령 받아 초량동에서 17세부터 20세까지 거주한 바 있다. 1919년 3월

산으로 가서 이일몽을 만나 폭탄을 내주도록 전갈했을 때도 후자는 즉시 이송을 거부하고 후일로 미루었다.

그 직후 이성우·윤세주와 황상규가 차례로 일경에 붙잡혀갔고, 귀경길의 김기득도 서울역에서 체포되었다. 다급해진 마음으로 본인이 직접 폭탄을 인수하려고 부산으로 내려간 곽재기는 영주동 복성여관에서 체포되었다. 그 와중에 어느새 귀국해 밀양에 들어와 있던 구영필의 제의가 유인책인 줄을 모르고 경남은행 구포지점장인 동지 김재수의 동래 사택으로 가서 은신해있던 윤치형도 급습한 경기도경 형사에게 붙잡혀 부산경찰서로 넘겨졌다. 그 자리에 같이 있던 이일몽은 가짜이름과 터무니없는 거짓말로 상황을 모면하여 즉시 풀려났다.

대략 이와 같은 경위로 의열단의 첫 국내거사 기획은 완전실패로 돌아가 버렸다. 상하이에 남아있다 7월에 급거 입국한 이종암의 마지막 결행 시도마저 배중세의 비협조와 이일몽의 냉담한 거부로 역시 좌절되어버렸다. 그 배후에 구영필과 경기도경 김태석 경부의 결탁이 있었고 그럴 만한 연유가 전부터 있었음이 나중에야 드러난 바이지만, 그 때문에 의열단과 부산의 첫 인연은 씁쓸한 뒷맛을 남기는 것이 되고 말았다. 동래 출신 구영필이 의열단운동의 첫걸음을 망쳐버린 장본인이었고, 그 후 다른 부산사람들이 의열단운동에의 동참에 적극 나선 것에는 그 원죄를 대속하는 의미도 부지불식간에 담기게 된 것임을 강조하고픈 뜻에서 이 절을 유독 길게 쓰게 되었다.

박재혁과 그의 친구들

의열단운동의 첫 단추는 그렇게 심히 어긋나버렸다. 정황과 내막이 충분

23일 서울 종로의 독립만세 시위에 참가한 후 중국으로 망명하여 길림 혹은 상하이에서 의열단에 가입하였다. 김원봉이 곽재기·이성우·강세우와 함께 1920년 4월경에 찍었다고 추정되는 사진에 그도 등장한다.

히 파악된 것은 아니지만 그래도 개략적인 사실을 신문보도와 중계되는 보고로써 지득케 된 김원봉은 복수의 의미를 담은 거사를 곧 준비해갔다. 내심의 표적은 경남경찰부였을 것이다. 첫 거사기획을 좌절시킨 음모적 공작의 소굴은 경기도경이었지만, 내막을 아직 알지 못하는 김원봉으로서는 숨겨져 있던 폭탄을 찾아내 압수하고 부단장 이하 여러 동지들을 체포해간 수사 주체는 경남경찰이었으리라고 지레 짐작했을 것이다. 그러니 그곳을 최우선으로 타격해야겠다고 생각하지 않았겠는가.

그래서일까? 범일동 태생이어서 부산 지리를 잘 알고 선편 출입국 행보도 비교적 용이할 신입단원 박재혁에게 이 거사의 실행이 맡겨졌다.[11] 그는 부산공립상업학교 재학 중에 『동국역사』 등사 배포 사건의 한 주역이었고, 1915년에는 최천택·오재영·김인태 등 친우 16인과 함께 구세단을 조직하여 단보 발간과 배포 등으로 경남 일원 청년들의 항일기운 고취를 도모하다 피검 구금된 바 있다. 본래 뜻이 굳은 항일지사였던 것이다.

1918년 싱가포르로 가서 인삼판매회사에 취직해 있던 박재혁은 1920년 4월에 상하이로 출장 가 7월까지 재류하고 있었는데, 그때 상업학교 동창생이고 『동국역사』 사건 때도 함께 했던 김병태와 연락이 닿아 재회했다. 또한 그를 통해 김원봉도 만나보게 되었으며, 그로부터 의열단운동에의 동참을 권유 받아 수락하고 입단하였다. 가사정리차 7월 19일에 귀향해 있던 그는 총독부 경무국이 7월 30일에 발표한 '밀양폭탄사건'의 전모를 신문보도로 접하였고, 그 직후 김원봉이 우편환으로 보내온 100원을 동창 김영주에게서 전달받아 여비

---

11 이하의 박재혁(의거) 관련 서술은 당시의 『동아일보』 『부산일보』 『매일신보』의 관계기사들; 일제관헌 문서류와 판결문; 박태원, 『약산과 의열단』(백양당, 1947); 독립운동사편찬위원회, 『독립운동사』 제7권 (1976); 김삼근 편, 『부산출신 독립투사집』(박재혁의사비건립동지회, 1982) 등에 주로 의거했고, 김승, 「박재혁의 부산경찰서 폭탄투척사건」(『문화전통논집』 제14집, 경성대 한국학연구소, 2007)도 같이 참고하였다. 더 상세하고도 종합적인 논의와 정리는 박철규, 「의열단원 박재혁의 생애와 부산경찰서 투탄」(『항도부산』 제37호, 부산시사편찬위원회, 2019)으로 나와 있다.

로 삼고 8월 6일 부산을 떠나 재차 상하이로 갔다.

거기서 그는 김원봉으로부터 다수 동지를 체포해 간 경찰에 복수하고 의열단이 건재함도 보여주자는 뜻에서의 투탄 의거를 요청받았다. 수락한 그에게 러시아산 주철제의 원통형 폭탄 1개와 자금 300원이 건네졌다. 투탄 표적은 상의 끝에 부산경찰서로 결정된 것 같다. 받은 돈으로 박재혁은 부산경찰서장 하시모토 경시가 좋아한다는 중국 고서들을 구입해 폭탄과 함께 고리짝에 쟁여놓고 8월 31일 상하이를 떠났다.

나가사키와 대마도의 이즈하라를 거쳐 9월 7일 부산으로 들어온 박재혁은 최천택·김영주와 어울려 1주일간 정양하며 사세를 정찰한 후 드디어 14일 오후에 고서적상으로 변장하고 전차로 부산역까지 가서 내렸다. 2시 30분경 용두산 기슭 금평정(현 동광동)의 경찰서에 도착한 그는 입초 순사에게 서장 면회를 청하고 서장실로 안내받아, 하시모토와 탁자를 사이에 두고 앉아 담화를 시작하였다. 책보자기를 끌러 진기한 중국고서를 보여주는 척하던 그는 마침내 폭탄을 꺼내들어 탁자 밑으로 서장을 향해 내던졌다. 동시에 그는 "나는 상해에서 왔다. 네가 우리 동지들을 잡아 우리 계획을 깨트린 까닭에 우리는 너를 죽이는 것이다"라고 큰소리로 꾸짖었다 한다.

폭탄은 탁자 다리에 맞아 튕겨 나오면서 터졌고, 실내 집기류와 유리창이 부서짐과 동시에 파편이 사방으로 튀었다. 서장은 우측 다리에 경상을 입었고, 박재혁이 복부와 우측 무릎 관절에 파편을 맞아 중상을 입고 쓰러졌다.[12]

달려온 일경들에게 포박된 박재혁은 부립병원으로 옮겨져 응급가료 후 경찰서로 끌려가 조사받았다. 그러나 함구하며 취조에 일절 불응하였다. 그 후

---

12 이는 그날 치 『부산일보』 호외 기사와 보도금지 해제 후 처음 나온 10월 5일자 『매일신보』 기사에 의하며, 기소 죄목과 1심 판결 이유를 봐도 그렇다. 반면에 『약산과 의열단』 등의 2차 문헌들에는 서장이 다리가 절단되고 피투성이로 쓰러졌다가 병원으로 옮겨지던 중에 절명한 것으로 서술되었다. 그래서 오랫동안 그렇게 알려지고 믿어져도 왔다.

며칠 사이에 최천택·김영주·오택 등, 그의 친우 6인도 연루자로 붙잡혀가 혹독한 고문과 함께 거사준비에 관여했음의 자백을 강요받았다. 하지만 전원이 끝까지 부인했고, 박재혁도 단독범임을 극구 주장했다. 그래서 비공식적 동지이던 여러 친구들은 모두 예심 종결 때 증거불충분으로 불기소 방면되었다.[13]

'폭발물취체규칙 위반' 및 '살인미수' 죄로 기소 결정되어 재판에 회부된 박재혁에 대해 부산지방법원 검사국의 수석검사 노다(野田)가 사형을 구형하였다. 그러나 11월 6일의 선고공판에서 건조물 침입 및 파괴, 폭발물 사용, 살인미수 경합의 죄가 인정되나 정상을 참작한다 하여 무기징역이 선고되었다. 법정에 나온 그는 부상과 고문으로 입은 상처 부위가 아물지 않아 고통스러워했고, 얼굴은 창백하며 온몸이 버쩍 마른 상태였다. 검사의 즉시 항고로 1921년 2월 6일 대구복심법원에서 사형이 선고되자 즉시 상고했는데 '이유 없음'으로 각하되었다. 변호인이 법률적용 오류를 이유로 추가 상고하였으나, 고등법원에서 3월 31일 기각하여 사형이 확정되었다.

그 후 박재혁은 대구형무소에 수감되어 있으면서 상처는 어느 정도 나았으나 보행이 불가능한 상태였고, 면회 온 최천택에게 "내 뜻을 다 이루었으니 지금 죽어도 여한이 없다"고 말하였다. 그런 후 "왜놈 손에 사형 당하기 싫어서" 단식에 돌입하였고, 9일 만인 5월 11일에 기진하여 옥사 순국하였다.

그의 시신은 대구형무소에서 노모와 최천택이 인수하고 5월 14일 기차 편으로 운구하여 부산 고관역(현 부산진역)에 도착했다. 역 앞에 모여 애도하는 친척·친구와 부민들을 경찰이 강제해산시켰다. 장례에는 남자 2명, 여자 3명의 가족·친족만 참가케 하였으며, 입관 때도 인부를 2명만 쓰도록 압박하였다. 그렇게 좌천동 공동묘지에 쓸쓸히 묻혔던 그의 유해는 1969년에야 서울 동작동 국립묘지로 옮겨져 안장되었다.

---

13 최천택·김영주·오택 3인의 박재혁 의거 관련 역할과 그 자리매김에 대해서는 여기서 상론하지 않는다. 다만 그 3인이 의열단원이었다고 볼 근거는 어디서도 찾을 수 없었음을 말해두려 한다.

이처럼 1910년대 초부터 부산지역 항일학생운동의 중심에 섰던 박재혁은 1920년에 의열단원이 되어 부산경찰서에 폭탄을 갖고 들어가 서장 면전에서 터뜨리는 의거를 감행하였다. 피체 후 사형이 확정되니 옥중 단식 끝에 순국하여, 의열단원의 드높은 기개를 유감없이 보여주면서 의열단투쟁의 첫 봉화도 올려주었다. 그렇게 순정 '의사'였던 그의 의거와 석 달 후 밀양에서의 최수봉 의거를 디딤돌 삼아 김원봉과 의열단은 제1차 암살파괴계획의 실패를 만회하고 재기할 수 있었다.

첫 거사 추진 때 맺어진 의열단과 장건상과의 인연

1920년 4월 상하이에서 김원봉 등이 3개의 완제품 폭탄 꾸러미를 안동현의 영국인 세관원 보잉에게 보내는 수하물인 것처럼 위장할 수 있었던 것은 그저 우연한 일이거나 막연히 보잉의 선심에 기대서가 아니었다. 그것은 1916년부터 1919년 초까지 안동현 세관의 직원이었던 장건상이 보잉에게 사전연락을 취하고 협조를 요청했기에 가능해진 바였다. 그렇다면 부산 출신으로서 의열단운동과의 인연을 가장 먼저 맺어서 도와준 이는 다름 아닌 장건상이었다고 하겠다. 그는 1882년 경북 칠곡군 인동면에서 태어났지만 이듬해 가족 전원이 부친을 따라 경남 동래부 좌천동으로 이주하면서 유·소년기를 거기서 보내고 완연한 부산사람이 되어 있었다.[14]

---

[14] 그 후 장건상은 1901년 부산 초량의 감찰 이기성(李起晟)의 외동딸과 결혼하고 서울과 일본으로 가서 영어를 배운 후 미국 유학을 떠나 인디애나주 밸퍼레이조(Valparaiso)대학에서 정치학과 법학을 공부하였다. 졸업 후 그는 재학 때 굳혔던 결심대로 중국행을 택하여, 1916년 곧장 상하이로 가서 동제사에 가입했다. 그리고는 신규식의 권유대로 안동현으로 옮겨가 세관 직원으로 근무하면서 망명 독립지사들의 길 안내를 맡아했다. 그 과정에 김두봉·김원봉과도 알게 되었다. 1919년 3.1운동 발발 후 상하이로 돌아가 임시정부 수립에 참여하고 4월에 임시의정원 외무위원, 11월에 여운형의 후임으로 임시정부 외무차장이 되어 두 달 남짓 재임했다(『仁同張氏大同譜』卷之一·三·十五, 回想社, 1991; 소해 장건상선생 어록비 건립회, 『靑海 張建相 資料集』, 우당, 1990; 김재명, 『한국현대사의 비극: 중간파의 이상과 좌절』, 선인, 2003; 강대민, 「소해 장건상의 생애와 민족독립운동」, 『문화전통논집』 창간호, 1993; 국사편찬위원회, 『대한민국임시정부자료집』 45의 「각료·국무원·국무위원 명단」).

1922년에 가서는 장건상이 단순조력 이상으로 의열단의 국내의거를 적극 추동하는 자리에 선다. 그 해 하반기부터 의열단은 국내 일제기관 총공격 계획을 추진해갔는데, 이르쿠츠크파 고려공산당의 중견급 지도자 반열에 올라서고 있던 장건상이 그 해 5월경에 입안하여 김원봉에게 제의한 데 따른 것이었다. 상해파와 고려공산당의 주도권을 다투고 있는 상황에서 의열단을 행동대로 삼아 자파의 투쟁력과 영향력을 과시해보겠다는 장건상의 포석이 그 제안에 깔려있기도 했다.

　그리하여 이르쿠츠크파 고려공산당의 내지부 당원들이면서 의열단에도 가입해있던 김시현 등 여러 인사들이 이 거사 추진과정의 실질적인 주역이 되어 분주히 움직였고, 현직 경부 황옥이―그도 고려공산당 내지부의 비밀간부였다― 거기에 동원되었다. 물론 사실상의 지휘권과 최종적 결정권은 김원봉이 쥐고 있었는데, 의열단 내 일부의 만류에도 불구하고 그의 결심에 따라 폭탄 36개가 극적으로 국내 반입되었다.[15]

　하지만 거사결행은 이번에도 실패하고 막대한 인적·물적 손실이 뒤따랐다. 짐짓 모르는 체하고 황옥을 지능적으로 이용해간 총독부 경무국의 일망타진용 유인책이 그대로 주효한 것이었다. 김원봉과 의열단으로서는 그것도 모르고―상황종료 후에야 뒤늦게 깨달았지만 이미 물 건너간 뒤였다― 뼈아픈 실책을 범한 셈이었다.[16]

　그래서였는지 그 후로는 의열단과 장건상과의 관계가 단절되어 거의 재연

---

[15] 이때 부산 동래 출신으로 안동현 일본영사관의 부영사로 재직 중이던 김우영(金雨英)이 폭탄 반입을 묵인했다고 보는 논의가 근래에 붐을 이룬 나혜석 연구의 연장선에서 나오고 있다. 그랬을 가능성에 착목해보거나 새로이 문제를 던져봄은 가능하고 나름의 의의도 있을 것이다. 그렇지만 학술적 논의나 주장은 편벽됨이 없는 자료검토와 그로부터 발견되는 사실에만 입각하여 신중한 판단 끝에 행해져야 할 것이라고 본다.

[16] 의열단과 이르쿠츠크파 고려공산당의 합작에 의한 일제기관 총공격 계획과 그 추진상황 및 결과(다른 이름으로 '황옥사건')에 대해서는 졸저, 『한국 근대민족운동과 의열단』 90-97쪽, 또는 졸저, 『의열투쟁 Ⅰ―1920년대』 168-174쪽을 볼 것.

되질 않는다. 대신에 그의 아들과 딸 그리고 사위가 1930년대에 의열단 또는 민족혁명당 조직의 일원이 되어 활동하는데, 거기에도 실은 약간의 곡절이 끼어든다. 이에 대해서는 순서에 따라 후술토록 하겠다.

의열단운동의 전기 국면과 부산사람들

김원봉의 최측근 김병태

1920년 상하이에서 박재혁과의 해후 끝에 의열단 가입을 권유하고 그래서 박재혁 의거의 단초도 제공했다고 볼 수 있는 김병태는 어떤 인물인가? 또한 그의 독립운동 행로는 과연 어떠했는가?[17]

1899년 동래부 좌천동 태생인 그가 박재혁의 상업학교 동창으로서 『동국역사』 배포와 구세단 활동에 동참했었음은 앞서 언급한 바와 같다. 1917년에 그는 북간도로 가서 훈춘 방면을 둘러보고는 독립운동에 투신키로 결심하여 1918년에 상하이로 건너갔다. 그곳 프랑스조계에서 거주 중이던 그는 첫 국

---

17 이하의 김병태에 관한 서술은 졸고, 「부산출신 金仁泰·金鉼泰 형제의 생애와 독립운동」, 『항도부산』 제43호, 2022)에 의거하며, 1차 자료는 다음의 것들이다. 관동청 경무국장, 「기밀 제602호, 大韓統義府ノ內容」(1923.12.12), 『불령단관계 잡건: 조선인의 부—재만주』 37; 조선총독부 경무국장, 「高警 제979호, 印刷物送付ニ關スル件」(1926.3.23), 『불령단관계 잡건: 조선인의 부—재상해지방』 6; 조선총독부 경무국, 『國外ニ於ケル容疑朝鮮人名簿』, 1934; 조선총독부 경무국, 『軍官學校事件ノ眞相』, 1934; 경성 종로경찰서장, 「京鍾高秘 제10975호, 中國杭州航空學校ニ入學セコトスル不逞鮮人檢擧ノ件」(1936.7.11), 『경찰정보철』; 조선총독부 경무국, 『朝鮮ノ治安狀況: 昭和2年』, 神戶: 不二出版 복각, 1984; 조선총독부경무국, 『最近に於ける朝鮮治安狀況: 昭和8年·13年』, 東京: 巖南堂 복각, 1966; 조선총독부 고등법원 검사국 사상부, 『思想彙報』 제22호, 1940; 국사편찬위원회, 『한국독립운동사자료』 3(임정편 Ⅲ), 1968; 국사편찬위원회, 『한국독립운동사자료』 20(임정편 Ⅴ), 1991; 추헌수 편, 『자료 한국독립운동』 Ⅰ~Ⅲ, 연세대학교출판부, 1972~1974; 국회도서관 편, 『한국민족운동사료: 중국편』, 1976; 독립운동사편찬위원회, 『독립운동사자료집』 제11집, 1976; 국사편찬위원회, 『한민족독립운동사자료집』 31(의열투쟁 4), 1997; 국사편찬위원회, 『한민족독립운동사자료집』 45(중국지역독립운동 재판기록 3), 1999; 국사편찬위원회, 『대한민국임시정부자료집』 37, 2009; 류자명, 『한 혁명자의 회억록』, 독립기념관 한국독립운동사연구소, 1999; 박태원, 『약산과 의열단』, 깊은샘 재간, 2000.

내거사용 폭탄을 구입코자 1919년 12월 길림에서 상하이로 온 김원봉과 재회 상면하고 의열단에 가입했으며, 의형제도 맺었다.

1925년에는 김병태가 상하이 외곽 강만지구의 오송방역의원장인 중국인 조사구(曹思虬)의 처갓집에서 살고 있는 것으로 일제기관에 파악되었다. 그곳은 한동안 의열단의 본부로도 삼아졌고, 김병태는 김원봉의 비서 역할을 맡아 하였다. 조사구 부부로부터 아들처럼 사랑받고 역으로 그들을 부모처럼 섬기는 사이였다는 김병태는 이미 1922년에 양자로 들어가 있었다고 한다.[18] 그의 가명 중 하나가 '조국동'이었던 것도 그런 연유에서였을 것이다. '조로태태'(曹老太太: '조씨 성의 할머니'라는 뜻의 만주어 경칭)로 불리던 조사구 부인은 1923년경에 의열단의 거사용 폭탄이 상하이로부터 안동현까지 운반될 때 김원봉·현계옥·마자르 등과 동행하여 서양인 가족 유람객의 일행인 것처럼 가장함으로써 관헌의 눈을 피할 수 있게끔 해주었다.[19]

1925년 하반기에 김원봉을 비롯한 의열단원 다수가 상하이에서 광저우로 옮겨갈 때 김병태도 동행하였다. 거기서 1926년에 황포군관학교 제5기생이 되어 있다가 북벌군의 무창 점령으로 1927년 초에 무한분교가 신설되고 개교하자 그리로 옮겨가 정치과에서 수학하였다. 그러면서 의열단 무창지부원이 되어 활동하였고, 국공합작 파탄 등의 정치정세 급변 후에는 김원봉을 따라 상하이로 옮겨간 형적이 포착된다.

자료에 그의 이름이 다시 나타나는 것은 1933년 6월 난징의 효릉위에서 열린 의열단 제7차 정기대표대회 참석자로이다. 1933년 9월부터 이듬해 4월까지 운영된 조선혁명군사정치간부학교의 정치위원 3인 중 1인이면서 제2기

---

18 「金梓澄 신문조서(제4회)」(경성 종로경찰서, 1936.6.18), 국사편찬위원회, 『한민족독립운동사자료집』 45 및 박태원, 『약산과 의열단』 101쪽 같이 참조.

19 졸고, 「기생에서 혁명가로, 玄桂玉의 사랑과 자기해방의 고투」, 『지역과 역사』 제45호, 2019(본서의 제12장으로 수록) 참조.

교육과정의 정보학 교관이 '曺某'였다는데,[20] 그 실명은 조빈(曺斌)이고[21] 그 것은 김병태의 또 다른 가명이었다. 그 무렵 그는 난징 어느 중국군 부대의 연장(중대장과 같음)으로 재직 중이기도 했다.

1934년 3월 초에 난징의 한 음식점에서 열린 한국대일전선통일동맹 제2차 대표대회에 김병태는 윤세주·박건웅과 함께 의열단 대표로 참석하였다. 이 대회에서 '대동단결체 조성방침안'이 토의 결정됨으로써 이듬해 단일대당으로 민족혁명당이 성립하는 큰 전기가 마련되었다. 여기까지가 시종일관 의열단원으로서 충실히 움직여간 김병태의 부분적 행적이다. 내친 김에 민혁당 창당 이후의 그의 동정도 같이 살펴보기로 한다.

1937년 1월의 민혁당 제2차 전당대표대회 때 김병태는 15인 중앙집행위원의 일원으로 선출되었고, 1938년 5월의 제3차 전당대회에서는 중앙집행위원회 후보위원이 되었다. 동시에 그는 계속하여 총서기 김원봉의 비서주임이기도 했으니, 둘 사이의 관계가 변함없이 막역했음을 짐작해볼 수 있다.

1941년 10월, 대한민국 임시의정원 김붕준 의장의 협조로 조선민족혁명당의 의정원 진출이 시도되었을 때 김병태는 경상도 의원으로 당선되었다. 그러나 한국독립당의 거센 반발과 '비법선거 무효 선포'로 인해 등원은 저지되었다.

1943년 2월의 조선민족혁명당 제6차 전당대회에서 중앙집행위원으로 재선되었고, 그 해 10월 민혁당이 주석 김규식의 명의로 장건상 외 15인을 인도 공작원으로 추가파견하려 했을 때 부산 출신 진가명과 함께 그 일원으로 선발되었다. 그러나 그들의 추가파견은 성사되지 못하였다.

8.15 광복 후에도 환국하지 않고 중국에 계속 남아있던 그는 1947년 6월, 조선민족혁명당의 후신으로 인민공화당이 서울에서 창립될 때 상해총지부

---

20 조선총독부 경무국, 『軍官學校事件 / 眞相』, 1934, 189쪽.
21 추헌수 편, 『자료 한국독립운동』 I, 연세대학교 출판부, 1972, 323쪽 참조.

책임자로 임명되었다. 그런데 그 해 난징에서 병환으로 서거하고 말았다.

이와 같이 김병태는 1910년대 초의 학생시절부터 항일 행로를 밟기 시작했고, 1920년 상하이에서 의열단에 가입한 후 1935년의 자진해체 때까지 변함없이 그 운동대오의 일원으로, 그리고 그 후에는 조선민족혁명당의 간부로 헌신한 부산사람이다. 게다가 일찍이 김원봉과 의형제가 되어 항상 그의 곁을 지키면서 1945년까지도 최측근으로서 보좌했음을 기억해둘 만하다.

이동화: 의열투쟁과 군사운동의 기둥

1923년 3월에 신의주와 서울로 밀반입되었다가 모조리 일경에 압수되어버린 고성능 폭탄 36개는 부산 출신 의열단원 이동화의 공력도 많이 투입되어서 제조된 것이었다. 동래 출신으로만 알려졌고 1896년생으로 추정되는 이동화는 어릴 적에 해외로 나가서 블라디보스토크에 오래 있었고 러시아어에 능통했다 한다. 실제로 1920년 5월경에 블라디보스토크 신한촌의 한인 약 15명이 조직한 암살단의 일원으로 '이동화'라는 이름이 있었다. 단원들은 일본 요로 대관, 친일 조선인, 군자금 출자에 불응하는 조선인을 암살할 목적으로 항시 권총·폭탄 등을 휴대하고서 활동했고, 그러다 정보가 노출되어 그곳의 일본군 헌병분대에 연행되어 조사받았다.[22]

그러다 의열단의 명성을 들어 알게 된 이동화는 작정하고 상하이로 건너가 입단했다. 그 시점은 불명이나, 신문보도로도 널리 알려진 1922년 3월의 황포탄 의거에 고무되어 그 직후쯤이 아니었을까 한다. 입단 후 그는 프랑스 조계의 의열단 폭탄제조소로 쓰이는 한 양옥에서 요리사로 위장하고 헝가리인(?) 마자르와 그의 처로 위장한 현계옥과 함께 지내면서 폭탄제조 책임자인 마자르의 조수 역할을 다하였다. 그런데 수많은 실험 공정을 거치면서 애써

---

[22] 「기밀 제66호, 鮮人の行動に關する件」(1920. 10. 21), 『불령단관계잡건-조선인의 부-在西比利亞』 11 참조.

만들어 제공한 폭탄 36개를 일제 당국에 모조리 헌납해버린 꼴이 되었으니, 마자르와 그의 마음은 얼마나 허탈했겠는가.

거사기획이 거듭 좌절되고 실패함에 실망했는지 마자르가 이듬해 의열단을 떠나버리고, 그러자 이동화는 러시아로 되돌아가 기관총 제조공장의 공원이 되어 지냈다. 허나 2년 후쯤에 중국으로 돌아와 의열단에 복귀한 그는 김원봉의 군관학교 입학 주장에 공명하여 '국민혁명군 제2군 군관학교'에 들어가 수학했다. 졸업 후 국민혁명군 장교로 임관한 그는 북벌군 기관총대의 연장(連長)이 되어, 남경공략전 때 선봉으로 입성했고 의창을 공격할 때도 항시 선두에 서서 기염을 토했다 한다.

그 후 중국군관학교의 교관이 되어 있던 이동화는 1932년 10월 개교한 조선혁명간부학교의 운영진에 참여하여, 김준[김종], 이상지[이복원], 신악과 함께 군사위원이 되었다. '군사조장'이었다거나 '1기 교관대장'이었다는 기록도 보인다.

1933년 6월의 의열단 제6차 정기대표대회 때 이동화는 중앙집행위원회 후보위원으로 지명되었다.[23] 그 직전의 학생부대회에서 의열단의 명칭을 '조선혁명무장동맹'으로 바꾸자는 제안이 나와서 토의에 들어갔을 때 이동화는 김원봉과 함께 반대토론에 나섰다. "이 역사 있는 의열단의 명칭 변경은 절대 반대이다. 학교를 폐지하더라도 의열단의 명칭은 바꾸어서는 안 된다."는 주장이었다.

교관으로서 이동화는 여러 과목을 교수하였다. 후일 피검된 졸업생들의 진술에서는 그가 담당했던 과목이 총기학 또는 기관총학('기관총 및 소총 조종법'), 실탄사격, 폭탄제조법 및 사용법, 보병조전, 진중요무령, 간이 측량학 혹은 측도, 야외연습, 야간연습 등의 여러 개로 나왔다. 제2기 때는 1933년 10월

---

23 조선총독부 경무국, 『軍官學校事件 / 眞相』, 401쪽.

부터 12월까지 동안에 기관총학, 보병조전, 육군예식, 보병전투법, 야간연습, 야외연습 등의 과목을 가르쳤다.

1934년 1월에 그는 항주의 중앙경관학교 교관으로 초빙되어 갔는데, 얼마 후 3월 20일에 폭발사고로 순직하고 말았다. 간부학교에서 가르치던 것과는 다른 제조법으로 위력이 더 센 폭탄을 만들어 폭발시범을 보이려던 중의 취급 부주의로 인한 것이었다. 4월 3일에 간부학교 교정에서 열린 추도식에는 고인의 중국인 부인과 딸도 참석했다. 추도사를 하던 중에 윤세주는 이동화가 "말없이 실천하는 인격자로서 무슨 일이든 성실하였다. 특히 조선혁명에서 큰 은인이요 큰 공로자"라고 상찬하였다.[24]

문시환: 독립운동의 행로를 의열단 참여로 귀착

앞서 잠깐 언급했듯이, 1923년 여름부터 의열단은 3자 연계의 광역거사를 추진하였다. 그 중 도쿄거사는 일왕 폭살을 포함한 총공격 방식으로 10월 중에 단행키로 하여 선발대를 밀파해놓았다. 박열 등 도쿄의 한인 무정부주의자 그룹과 공동행동을 밀약하고 폭탄 50개를 보낼 준비도 해나갔다. 그런데 9월 1일 정오경 도쿄 일원에서 대지진이 발생하였고, 대혼란의 와중에 7천명 가까이 되는 한인들이 조작된 폭동음모설의 제물로 학살되어갔다. 밀파되어 도쿄에서 대기 중이던 의열단원들도 빠져나오지 못하여 다수 피해를 입었다.

그렇다고 마냥 슬픔에 잠겨 있을 수만은 없었다. 의열단 간부진은 계획을 일부 수정하여, 상해파 고려공산당계의 무장행동 조직인 적기단과의 합작거사를 추진하였다. 일본 황태자 히로히토의 결혼식이 있을 1924년 1월에 폭탄 300개로 도쿄를 강습키로 한 것이다.

---

[24] 조선혁명간부학교 교관 시절의 이동화와 그의 순직에 관한 이상의 기술은 그 학교 졸업 후 활동 중에 일제 경찰에 체포된 홍가륵·김공신·김방우·안정득·김성제 등의 진술(국사편찬위원회, 『한민족독립운동사자료집』 30·31에 실림)을 종합한 것이다.

그러면서 의열단은 이 거사의 소요자금을 국내 부호들로부터 모금하려 했고, 단원 11명을 모집원으로 지명해놓고 나누어 밀파하려 했다. 그런데 베이징의 밀정 누군가에 의해 경찰로 사전 첩보되는 바람에, 1923년 12월말에 들여보낸 선발대가 속속 체포되고 말았다. 그보다 먼저 입국해있던 부산 출신 의열단원 문시환도 그 여파로 붙잡혀갔다.[25]

1897년 동래부 복천동 태생인 문시환은 뜻한 바 있어 1916년에 동명학교를 자퇴하고 중국 안동현으로 갔다. 거기서 박광이 운영하는 중계무역점이자 독립운동 연락처이던 신동상회의 서기가 되어 1919년 가을까지 근무했다. 그 후 1921년 1월에 상하이로 건너가 고려공산당에 가입했으며, 1922년 1월에 모스크바로 가서 극동민족대회에 참석했다. 그리고 1년간 동방노력자공산대학에서 수학했다. 1923년 1월에 상하이로 가서 국민대표회의에 참석했지만 결과에 크게 실망하여, 베이징으로 가서 김원봉을 만나보고 의열단에 가입하였다. 그리고는 예정된 도쿄거사 추진에 쓰일 자금 모집을 위해 9월 초순경에 안동현을 거쳐 귀국했고, 일단 동아일보 부산지국의 기자로 취직하였다.

그런데 몇 달 후 1923년 12월 29일에 부산경찰서 형사대에 돌연 체포되어 서울 종로경찰서로 압송되었다. 1월 거사를 위한 자금모집 임무를 띠고 며칠 전에 밀입국한 단원 김정현·구여순·강홍렬이 들어오는 족족 체포되어 신문받던 중에 문시환도 의열단원이고 먼저 입국해있음이 실토된 것이다. 결국 그는 2년 징역형을 받고 옥고를 겪었다. 이처럼 문시환은 여러 갈래로 모색해가던 독립운동의 행로를 의열단으로 귀착시킨 부산청년이었다.[26]

---

[25] 이상의 3각 연계 광역거사 추진부터 특파 선발대원 피체까지의 경과와 자세한 내용은 졸저, 『한국 근대민족운동과 의열단』, 111-116쪽과 『의열투쟁 I —1920년대』, 175-181쪽에서 설명된 바 있다.
[26] 문시환에 관한 이상의 서술은 아래와 같은 자료들에 나오는 내용을 참고하고 종합한 것이다. 『독립신문』, 『동아일보』, 『매일신보』, 『조선일보』, 『중외일보』, 『민주중보』, 『자유신문』, 『동광신문』; 「知多 鮮人 共産黨大會 정황 보고의 건」(1922. 11. 30), 「불령단관계 잡건—조선인의 부—선인과 과격파」; 「京鍾警高秘 제167892의 3, 의열단원 검거의 건 속보」(경성종로경찰서장, 1923. 12. 26); 「경종경고비 제167892

하지만 아쉬운 부분이 남아있다. 체포되어 옥고를 겪고 나온 후로는 그가 마치 개심이라도 한 듯이 독립운동의 어떤 부면에도 참여하지 않은 것이다.[27] 만약 그가 1923년에 체포되지 않았다면 어떤 행로를 걸어갔을까에 대해서는 상상에 맡길 수밖에 없다.

중·후기 국면의 의열단운동과 부산사람들, 그 네트워크

박문희·박문호·박차정 3형제의 불굴의 항일 행로

중기 국면의 의열단운동과 걸음을 같이했거나 연관되었던 부산사람으로는 앞서 살펴본 김병태와 이동화 말고도 동래부 칠산동 출신의 박문희(1901년생)·박문호(1907년생) 형제와 누이 박차정(1910년생)이 더 있었다. 이들의 부친 박용한은 1907년 10월부터 대한제국 탁지부 임시재원조사국 양지과 대구출장소 소속의 기수 즉 측량기사가 되어 일한 바 있다. 그러나 1909년 1월에 사직하고 낙향하여 수산업에 종사하다 1918년 1월 스스로 목숨을 끊었다.[28] 토

의 4, 의열단원 검거의 건」(1924. 1. 7);「구여순 외 5인 예심종결 결정」(경성지방법원 검사국, 1924. 1. 25);「경종경고비 제2104의 2, 의열단원 언동에 관한 건」(1924. 2. 28);『불령단관계 잡건—조선인의 부—상해 假政府』4·5; 경상북도경찰부,『고등경찰요사』, 1934(류시중 외 2인 공역,『국역 고등경찰요사』, 선인, 2010); 김정명 편,『조선독립운동』Ⅱ, 東京: 原書房, 1967; 국회도서관 편,『한국민족운동사료: 중국편』, 1976; 독립운동사편찬위원회,『독립운동사자료집』제11집, 1976; 국사편찬위원회,『한민족독립운동사자료집』28(의열투쟁 1), 1996; 국사편찬위원회,『한국독립운동사 자료』35(러시아편 Ⅱ), 1997; 국사편찬위원회,『자료 대한민국사』7·8, 1998; 국사편찬위원회,『대한민국임시정부자료집』별책 5~6(국민대표회의 Ⅰ·Ⅱ), 2011; 국회의원동우회,『역대국회의원 총람: 제헌~제9대』1974;『대한민국 인사록』(영인본), 여강출판사, 1987; 김승,「문시환」, 부산광역시 시사편찬실 편,『20세기 부산을 빛낸 인물』(Ⅰ), 2004, 19-27쪽.

27 문시환은 1926년 3월에 만기 출옥하고 일본 오사카로 건너가 직물점을 경영하였다. 1930년 4월 '후계공산당사건'에 연루된 혐의로 경찰에 붙잡혀 서울로 압송되었으나 조사 후 방면되었다. 그 후 동래군 생활필수품상업조합 이사장, 부산직물소매상업조합 이사 등을 지냈다. 해방 후 그는 1948년의 제헌의회 선거 때 부산 갑구에 출마하여 당선되고, 동년 10월에는 경남도지사로 임명되어 1년여 재임한다.

28 이 항목의 서술은 김재승,「부산출신 의열단원 朴文熺의 항일활동」,『항도부산』제25호, 2009)에 힘입

지측량이 일제의 수탈 의도에서 강행되는 토지조사사업의 실무를 돕는 일이 되어버린 것에 비분강개해서였다고 하니, 부친의 그런 의기를 자녀들도 고스란히 물려받았다고 볼 수 있겠다.

3남매[29] 중에서 의열단과 제일 먼저 접촉하여 그 운동에 가담한 이는 차남 문호였다. 부친 별세 후로 몹시 어려워진 가정형편 속에서 간신히 동래사립보통학교를 졸업한 그는 상급학교 진학을 포기하고 탁주제조업자 동아리인 '동래구룩조합'에 사무원으로 취직했다. 더불어 그는 조선소년동맹 동래지부와 동래청년동맹에도 가입하여 사회운동의 기운을 흡입하였다.

그러다 1929년 3월에 박문호는 학업을 이어갈 일념으로 조합공금 1,500원을 횡령해 중국으로 도피해갔다. 베이징을 거쳐 상하이로 간 그는 어머니 김맹련의 사촌동생인(그에게는 외5촌 숙부 되는) 인성학교 교장 김두봉을 찾아가 만났다. 그리고 그로부터 재북경 의열단장 김원봉과 그 단원 박건웅을 소개받았다. 그 길로 그는 베이징으로 다시 가서 박건웅을 만나고, 그의 소개로 화북대학 사회학부에 들어가 공부를 시작했다. 아울러 9월에는 안광천이 주재하고 김원봉이 물적 지원을 전담해주는 중인 조선공산당재건설동맹에 가입했다.

그 얼마 후 1930년 2월에 그는 누이동생도 베이징으로 오도록 탈출작전을 기획, 지휘하여 성공시켰다. 그 전말은 이렇다.

동래 일신여학교를 1929년 3월에 졸업한 박차정은 그 해 7월의 근우회 전국대회에 동래지회 대의원으로 참석하여 두각을 보이고 중앙집행위원회의 상무위원으로 선출되어 선전·조직·출판 부문의 일을 두루 맡아하였다. 그러던 중 1930년 1월에 경성부내 여학생들의 광주학생운동 지지 연합시위가 벌어지자 그 배후조종 혐의로 서대문경찰서에 잡혀갔다. 허정숙과 함께 보안법

은 바 크고 내용도 많이 취하였다.
29 형제로 이 3인 외에 1904년생 장녀 수정과 1918년생의 3남 문하가 더 있었다. 두 사람의 항일 행적은 아직 확인되는 바 없다.

위반으로 구속된 그녀는 취조에 수반된 모진 고문으로 몸이 많이 상했다. 이에 큰오빠 박문희가 손을 써 신청한 병보석이 주거제한 조건으로 허가되어 2월 15일 석방되었다.

그래서 통의동 덕흥여관의 오빠 거처에서 가료 중이던 그녀에게 두 명의 밀사가 번갈아 찾아와 박문호의 탈출 지령을 전하고 은밀히 약정하였다. 그에 따라 박차정은 2월 22일 밤에 숙소를 빠져나와, 밀사 정준석—대구 출신의 의열단원이면서 북경 조공재건동맹원이었음—과 접선하고, 그를 따라 인천에서 칭다오행 정기선에 승선해 베이징으로의 망명 탈출에 성공하였다. 거기서 화북대학에 입학해 다니던 박차정은 의열단장 김원봉의 연인이 되어 1931년 3월에 결혼했다. 그리고 1944년에 숙환으로 세상을 뜰 때까지 줄곧 의열단-민족혁명당-조선의용대 계보의 항일전선에서 안팎을 분주히 누비며 활약하였다.[30]

한편, 박문호는 조공재건동맹의 북평지부 선전책임자를 거쳐 누이와 나란히 중앙위원이 되었다. 그러나 불행히도 박문호는 1931년 12월에 텐진 일본영사관 경찰부에 체포되고 말았다. 일본 나가사키로 압송되어 재판 받고 1년 6개월의 실형을 우라카미(浦上) 형무소에서 복역한 그는 1933년 9월에 출감, 귀향하였다.

그런데 얼마 되지 않아 10월 초순경에 또다시 체포되어 서울 서대문경찰서로 끌려갔다. 레닌주의정치학교 출신의 국내공작원들 중심으로 적색농조 및 공청 조직을 준비해가던 중인 강릉공작위원회 관계자들이 행동을 의심 받

---

[30] 박차정에 관해서는 이송희, 「박차정여사의 삶과 투쟁」(『지역과 사회』 1, 1996); 박태일, 「광복열사 박차정의 삶과 문학」, 『지역문학연구』 1, 1997); 강영심, 「항일운동가 박차정의 생애와 투쟁」(『여성이론』 8, 2003); 강대민, 『여성 조선의용군 박차정여사』(고구려, 2004); 강대민, 「박차정」, 『20세기 부산을 빛낸 인물』 (Ⅰ), 2004; 박철규, 「여성독립운동가 박차정」(『문화전통논집』 14, 2007); 이지원, 「조선의용대원 박차정」(심철기 외, 『항일무장투쟁과 여성독립운동가』, 역사공간, 2020) 등에서 조금씩 더 정리되고 서술이 증폭·보완되어 왔다. 그럼에도 더 석명되어야 할 부분들이 아직 남아있다.

아 체포된 끝에 수사가 확대되고 검거 선풍이 몰아친 것이었다.[31] 1934년 4월에 서대문형무소로 이감되어 검찰신문을 받던 그는 병세 악화로 9월초에서 가석방되었으나 한 달도 안 되어 사망했다. 거듭된 옥고와 고문의 여독 때문이었다.[32]

그러는 사이 1932년 8월에 박문희가 박차정의 요청으로 난징으로 가서 누이와 매제 김원봉으로부터 모종의 부탁을 받았다. 그것이 박문희가 의열단운동과 관계 맺는 첫 계기이기도 했다.[33] 그 부탁이란 곧 개교할 조선혁명간부학교의 제1기 입교 지원자를 경남 일원에서 모집해 보내달라는 것이었다. 수락한 박문희는 300원을 활동자금으로 받고 9월 중순에 부산으로 돌아왔다. 지체 없이 그는 이전의 동래청년연맹과 신간회 지회 활동 중에 친분을 쌓았던 청년 9명을 포섭하여 권유했고, 그 중 5명이 호응하였다.

그들을 서둘러 남경으로 보내고 뒤따라 재차 남경으로 갔던 박문희는 1933년(12월?)에 재입국해 있다가 1934년 1월 동래 자택에서 경남도경에 체포되었다. 그의 권유로 입교했던 1기생 5명 중 3명이 졸업 후 국내공작을 위해

---

31 레닌주의정치학교 졸업생 공작원들의 활동과 강릉공작위원회 사건 및 그 의미에 대해서는 졸저, 『한국 근대민족운동과 의열단』 279-282쪽을 볼 것.

32 김재승, 「잊혀진 항일투사 朴文熹의 행적과 투쟁」, 『문화전통논집』 제16집, 2009 참조.

33 그의 이전 이력은 대략 이러했다. 동래고보 재학 중에 부친 자결의 비운을 겪은 박문희는 졸업 후 상경하여 성서학원을 다닌 후 성결교회 전도사로 3년간 시무하다 결혼하였다. 1925년 낙향하여 동래청년연맹 및 경남청년연맹 창립과 동래 혁파회 조직에 연달아 참여하고 정우회 집행위원으로도 선출되었다(김승, 「한말·일제하 동래지역 민족운동과 사회운동」, 『지역과 역사』 제6호, 2000 참조). 1929년 신간회 동래지회 정치문화부 간사가 되었다가 6월에 서울서 열린 복대표대회에 부산구 대표로 참석하여 중앙집행위원회의 상무위원으로 선출되었다. 임원전형위원회의 경남구역 위원이 된 밀양의 황상규가—이어서 그는 중집위 서기장 겸 집행부 서무부장으로 선임되어 6개월간 일한다— 최다 횟수의 추천권을 행사하면서 경남 복대표 4인 전원을 중집위원으로 만들어놓은 것이다(졸고, 「독립운동가 백민 황상규의 생애와 초상」, 『지역과 역사』 제40호, 2017 참조). 같은 해 12월에 '민중대회사건'의 여파로 신간회 중앙간부진이 대거 피검될 때 박문희도 잠혀가 곤욕을 치렀고, 그 뒤 있은 본부 조직개편 때 출판부장이 되었다. 하지만 잡지 기고문(「신간회 해소문제 비판」, 『삼천리』 제11호, 1931년 1월호)이 빌미가 되어 신간회 해소론자들로부터 타협주의적 자치론자로 몰리면서 공격받자 그는 신간회를 탈퇴하고 귀향하였다.

귀향해 있다가 부산에서 검거되고 그 배후인물이었음이 드러나서였다.

그 사건의 재판을 보도한 『동아일보』의 짤막한 기사[34] 제목에서 그는 '의열단원'으로 지칭되었고, 그 중 한 기사에는 그가 "남경으로 가서 의열단에 가입"했다고도 적혔다.[35] 그러나 다른 신문에서는 그가 "의열단과 연락한 박문희" "의열단 사건의 박문희"라고만 지칭되었으며, 기사 속의 예심종결서 요약문에도 그가 의열단에 가입했다는 내용은 일절 없었다.[36] 또한 그가 '의열단원'이라고 명기된 일제 관헌자료가 달리 있는 것도 아니다. 따라서 그는 의열단원이었다기보다 여러 1차 자료들에서처럼 의열단의 '군관학교 생도 모집원' 또는 '의열단 관계자'였다고 하는 것이 정확한 표현이라 여겨진다.

기소되어 2년형을 받은 그는 부산형무소에서 복역하고 1936년 6월에 만기출옥하였다. 그리고는 동아일보 동래지국을 인수해 운영하다 1940년대에는 경북 달성군의 과수원으로 가서 은둔생활을 하며 엄혹한 세월을 견디어냈다. 일제의 전향 강요가 있었을 텐데도 버티어 훼절하지 않은 것이다.

동래청년 4인의 조선혁명간부학교 수학과 졸업 후 행로

다음으로는 박문희의 권유를 받고 난징으로 가서 조선혁명간부학교[이하, 통칭대로 '군관학교'로도 적음]에 입교했던 4인의 동래청년에 대해 살펴볼 차례이다. 김영배, 문길환, 이무용, 최장학이 그들인데, 군관학교 입학 전의 약력을 먼저 짚어보면 다음과 같았다.[37]

---

[34] 『동아일보』(1934. 5. 12), 「의열단원 박문희 終審」; 『동아일보』(1934. 6. 23), 「의열단원 박문희 2年役을 언도」.

[35] 김재승은 이 기사를 근거로 박문희를 "의열단원으로 분류해도 무방할 것"이라고 했다. 그리고 논문 제목에 '의열단원 박문희'라고 못 박아 적었다.

[36] 『조선중앙일보』 1934년 5월 12일자 및 6월 14일자. 본문의 인용구가 두 기사 각각의 제목이다.

[37] 이하 김영배·이무용·문길환의 신원과 이력은 조선총독부 경무국, 『軍官學校事件ノ眞相』(1934), 122-132쪽과 조선총독부 경무국 보안과, 「所謂軍官學校事件의 眞相」, 『高等警察報』 제4호(1935) 145-146쪽에 의한 것임.

김영배는 1910년 동래부 수안동 태생이나 칠산동으로 이주해 살면서 동래보통학교를 졸업했다. 그 후 동래노동조합에 가입해 활동하였고, 1930년 2월에는 동래소년동맹 사건으로 체포된 바 있었다. 같은 수안동 출신으로 1911년생인 이무용은 동래보통학교 졸업 후 서울로 가서 중동학교를 다니다 신병으로 자퇴하고 귀향해 있으면서 동래노동조합에 가입해 활동 중이었다.

　문길환은 1912년 동래부 교동(현재의 명륜동) 태생인데, 부산 제2상업학교 3학년생이던 1929년에 광주학생운동에 적극 호응하여 동조를 고창하는 격문 3건을 만들어 배포했다가 퇴학당하였다. 그 일로 경찰에 붙잡혀가 기소되었으며, 1930년 11월에 징역 10월형을 언도받고 복역한 후 1931년에 출감한 항일투사였다.

　역시 교동 출신으로 1909년생인 최장학은 부산 제2상업학교 재학 중이던 1927년에 항일결사 혁조회 결성에 가담하였다. 그리고 1928년 6월의 일본인 교사 배척 맹휴를 주도했다가 겨울에 붙잡혀갔고, 1929년 9월에 위 사건의 종범으로 판시되어 징역 1년 6월형에 집행유예 3년을 선고받았다. 1931년 4월 1일에는 동래청년동맹 주최의 강연회에서 "문맹퇴치란 무엇인가"라는 제목으로 강연도 하였다.

　각자 위와 같은 전력이 있었기에 박문희의 "상해로 가면 무료교육을 받을 수 있다"는 말로 시작된 군관학교 입학 권유를 받았던 것이고, 각자 응낙하여 난징으로 가게 되었다. 도항은 두 번에 나누어 실행되었다. 먼저 김영배와 이무용이 10월 2일에 부산항을 떠나는 정기연락선 경안환을 타고 상하이로 갔다. 거창 출신 응모자인 신병원도[38] 동승 동행하였다. 세 사람은 상하이에서

38　1907년생 신병원은 거창청년동맹과 신간회 거창지회 회원이 되어 활동하다 1928년에 박문희를 알게 되었다. 그 후 평양의 의학강습소를 수료하고 1932년 부산으로 와서 매약업에 종사하던 중, 9월 어느 날 초량 거리에서 박문희와 조우한 끝에 입교를 권유받고 수락한 것이었다. 이는 『軍官學校事件ノ眞相』, 132쪽; 「신병환 신문조서」(경기도경찰부, 1934. 12. 25), 『한민족독립운동사자료집』 31(의열투쟁 4)에 의한다. 후자의 자료집에서 '신병환'이란 한 것은 조서 원본의 '垣'을 '桓'으로 잘못 탈초했기 때문이

한일래를 만나 신원증명 격의 소개장을 받고 난징으로 가서 10월 20일에 입교했다. 뒤이어 문길환과 최장학이 같은 방식으로 10월 19일에 부산항을 떠나 난징으로 들어갔다. 도착 직후에 두 사람은 창문구 64호의 김원봉의 집으로 인도되어 조식을 하고 박차정의 각별한 환대를 받는다.[39]

입학 후 김영배는 왕권(王權), 문길환은 호영(胡瑛), 이무용은 이남해(李南海), 최장학은 진가명(陳嘉明)이라는 중국식 이름을 받아 가명으로 쓰면서 생활하였다. 6개월간의 집중교육과정을 이수하고 1933년 4월 20일에 졸업하였고, 최장학을 제외한 3인이 곧 국내공작원으로 파견되었다. 그래서 김영배와 이무용은 1933년 6월에, 문길환은 이육사와의 동행으로 7월 중순에 상하이-안뚱-신의주를 거쳐 동래로 귀향하였다. 그들에게 부여된 '일반적 임무'는 ① 동지를 획득하여 의열단 지부를 조직, ② 노동자·농민·학생 대중을 규합하여 민중동원을 준비, ③ 차기생을 모집하여 도항 입학의 편의를 제공할 것의 세 가지였다.[40]

그러나 얼마 안 가 1934년 1월에 그들 3인 모두 경남도경에 붙잡혀갔다. 김영배가 1월 23일에, 다음으로 문길환과 이무용이 1월 25일에였다. 그러나 3인 공히 3월 24일에 검사국의 기소유예 처분을 받고 석방되었다.[41] 상해로 가면 무료로 공부시켜준다는 박문희의 말을 믿고 도항했던 것이라고 세 사람

다. 1995년 건국훈장이 추서되는데, 그때는 또 '신병항(愼秉恒)'이라는 이름으로였다.

[39] 「김공신 청취서」(재상해 일본총영사관 경찰부, 1935. 2. 26); 「증인 김성제 신문조서」(경기도경찰부, 1935. 5. 3),『한민족독립운동사자료집』31.

[40] 졸저,『한국 근대민족운동과 의열단』, 340쪽. 개인별로 달리 주어졌다는 '특별임무'는 내용이 확인되지 않는다.

[41] 조선총독부 경무국,『軍官學校事件ノ眞相』, 252-254쪽;「所謂軍官學校事件의眞相」,『高等警察報』제4호, 145-146쪽.
한편, 신병원은 허난성, 후베이성, 스촨성 등지로 나가서 활동하였고, 1934년 10월에 귀국을 위한 거주증명을 발급받기 위해 상하이 일본총영사관에 갔다가 군관학교 1기 졸업생임이 탄로 나 경찰부에 체포되었다. 국내로 압송된 그는 경기도경찰부에서 모진 고문을 받고 빈사 상태로 서대문형무소에서 가석방되었다. 그러나 병고에 시달리다 1936년 10월 사망 순국하였다.

다 동일하게 진술했고, 박문희도 모든 책임은 자기에게 있다고 시인해서였다. 그들이 2기생 입교 응모자를 아직 한 명도 확보해놓지 못하고 있던 점도 같이 감안된 듯하다. 아무튼 그 후로 이들 3인의 행로는 확인되는 것이 없다. 기록될 만한 행적 사실 자체가 아예 없었기에 그럴지도 모른다.

최장학은 국내 파견되지 않고 중국에 남게 되었다. 교장 김원봉의 명에 따라 우선은 군관학교의 교무요원으로 근무했는데, 그 직책이 자료에 따라 제2기 교관, 또는 대부(=부관), 또는 등사물 인쇄인으로 조금씩 달리 나온다. 1935년에 그는 광동으로 가서 군관학교에 입학해 다니면서 민족혁명당 광동지부원이 되었고 1937년에는 중산대학 법학부에 재학 중임을 일제 기관에서 파악하고 있었다.[42] 1938년 1월에 그는 중경으로 갔고, 민혁당 중경구당부에 소속되어 3월부터 당의 임시기관지로 발간된 등사판 주간신문 《망원경》의 편집책임자로 일하였다.

일제관헌의 정보자료에 그가 조선의용대 제2구대 대원인 것으로 나오는 것은[43] 창설 후 어느 시점에 합류한 것일 수도 있다.[44] 급진좌파 계열인 조선청년전위동맹에 장악된 제2구대 대원이었으면서도 1941년의 화북행 대오에는 함께하지 않았다. 1942년 한국광복군 제1지대 대원이고,[45] 민혁당 쿤밍(昆明)특별구당부에 소속되어 있던[46] 1943년 10월에 인면전구공작대로 추가 파

---

[42] 「南京陷落後の在支不逞鮮人團體の動靜(1938.5.14), 사회문제자료연구회 편, 『사상정세시찰보고집』 9, 京都: 동양문화사, 1976, 87쪽.

[43] 「在支朝鮮義勇隊の情勢」, 조선총독부 고등법원 검사국 사상부, 『사상휘보』 제22호(1940.3), 163쪽.

[44] 조선의용대원이었던 김학철이 노년에 작성해놓은 〈조선의용대 명단〉과 그 아들 김해양이 작성하고 김학철이 확인한 〈조선의용대 발대식 기념사진 명단〉 둘 다(김학철문학연구회 편, 『조선의용군 최후의 분대장 김학철』, 연변인민출판사, 2002, 578-592쪽)에 진가명은 이름이 없다. 이를 들어 김재승은 진가명(최장학)이 조선의용대 '창설'대원이 아니었다고 했다(김재승, 「부산 출신 의열단원 박문희의 항일활동」, 290쪽).

[45] 「광복군 제1지대 家屬의 양곡지급에 관한 건」(1942.11.5), 국사편찬위원회, 『대한민국임시정부자료집』 10(한국광복군 I) 참조.

[46] 「앞길사 기금」, 『앞길』 제33기(1944.6.1) 참조. 여기서는 『대한민국임시정부자료집』 37(조선민족혁명

견할 15명의 명단에 장건상, 김병태와 함께 포함되었다.[47] 그러나 파견이 성사되지는 못하였다. 8.15 광복 후 환국한 그는 1949년 2월 육군사관학교 8기 특별반의 4차 입교생이 되어 소위로 임관한 후 정훈장교로 복무하다[48] 1960년 육군 대령으로 예편하였다.

장지갑과 장수원(장수연)

조선혁명간부학교에 입교했던 부산사람이 앞서 본 4명만인 것은 아니었다. 한 명 더 있었으니, 장건상의 외아들 장지갑이다.

1905년생인 그는 부친이 미국유학 후 바로 중국으로 가서 독립운동에 투신해 있는 동안에 초량 외갓집에서 살았다. 그러다 19세 되던 1923년에 모친과 누이동생 수원·수양과 함께 베이징으로 탈출하여 부친의 얼굴을 네 살 때(1908년) 이후로 처음 대하였다. 베이징에서의 그의 생활이 어떠했으며 무얼하며 지냈는지는 확인할 길 없는데, 일본의 화북침공이 개시되고 열하까지 점령되어버리자 1933년경에 가족과 함께 상하이로 이주한 것이 아닌가 한다.

그 2년 후인 1935년 4월에 그는 조선혁명간부학교 제3기 과정에 다소 늦은 나이로 들어갔다. 동년 9월말에 졸업한 그는 민족혁명당에 입당하여 특무부에 배속되었고,[49] 곧 상하이로 파견되어 '마세달'이라는 가명의 연락원으로 활동했다. 그러다 그만 1936년에 일본총영사관 경찰에 체포되어 모진 고문을 당한 끝에 전향키로 하고 풀려나와 밀정이 되어버렸다. 그리고는 2기 졸업생인 민혁당원 시천조를 밀고했고, 심지어 부친의 행선지도 발설하여 체포되게

당 및 기타 정당)의 것에 의함.
47 추헌수 편, 『자료 한국독립운동』 II, 224쪽 참조
48 김재승, 『만주벌의 이름없는 전사들』, 혜안, 2002, 273쪽. 청산리전투 때의 초급지휘관이던 강화린과 동일인이라고 알려진 강근호가 최장학의 육사 동기동창이다.
49 조선혁명간부학교의 제3기는 1935년 4월에 교육과정이 시작되어 9월에 끝났다. 그러므로 엄밀히 말해 그는 의열단 간부학교를 다녔을 뿐이지 의열단원이 된 것은 아니었고 민족혁명당원이었을 뿐이다.

끔 만든 것으로 알려진다. 해방 후 귀국하지 못하고 일본으로 간 그는 부모·형제와의 연이 끊긴 채 거기서 생을 마쳤다.[50] 실로 독립운동의 고난과 음지가 낳은 비통한 가족사였다.

장건상의 장녀인 1912년생 장수원은 만주와 베이징 지역에서 신망 높던 경북 선산 출신의 망명 독립운동가 김정묵의 차남인 동갑내기 김교삼과 오랜 연인관계 끝에 1937년경 난징에서 결혼했다. 김교삼은 장건상이 1930년부터 상하이 이주 전까지 영어교수로 재직했던 화북대학을 다니다 1932년 난징으로 가서 간부학교 제1기에 입교했다.[51] 수석 졸업 후 그는 학교에 남아 제2기 과정에서 이동화 교관 휘하의 군사과 대부로 재직했고, 제3기에는 '양민산'이라는 가명으로 정치학 및 당 조직과 선전 과목의 교관이 되어 재임했다.[52] 그러면서 1934년에서 1935년 사이에는 난징과 상하이를 오가며 의열단의 특무 활동에도 부분적으로 간여했다.

1935년경에 김교삼이 우편용으로 쓰던 가명인 '장수연'은 애인 장수원의 이름자를 살짝 비틀어 만든 것인데, 결혼 후에는 장수원 본인이 그 이름을 자기의 가명이요 필명으로 택해 쓰기 시작했다. 앞서 1933년경에 베이징에서 상하이로 이주해 있었기에 그녀는 김교삼의 의열단 활동을 단원으로서는 아니지만 곁에서 도왔을 것이다. 중일전쟁 발발 후 충칭으로 옮겨간 그녀는 1940년경에 '장수연'이라는 이름으로 조선의용대 부녀복무단의 부단장이 되어, 단장 박차정과 함께 다방면의 활동을 폈다. 요컨대 장수연, 양민산, 장건

---

50 강대민, 「소해 장건상의 생애와 민족독립운동」, 『문화전통논집』 창간호, 1993; 김재명, 『한국현대사의 비극: 중간파의 이상과 좌절』, 선인, 2003 참조.
51 그러니까 그는 박문호·박차정과 대학동문인 셈이다.
52 간부학교 재학 때부터 김원봉의 각별한 사랑과 신임을 받던 그는 민족혁명당 성립 후 초기에 당 살림과 회계 주관의 경제부 책임자, 김원봉의 비서 등으로 일하다 1938년에는 20대의 나이로 당 중앙집행위원으로 선출되기도 하였다. 그리고 조선의용대 창설 후에는 제3지대 정치지도원이 되어 강남전선에서 활약하였다.

상 3인이 부부로서, 부녀로서, 또한 장인과 사위로서 항일독립전선에 같이 섰던 것이다.[53]

김두봉

의열단운동과 부산과의 관계를 인물 중심으로 살펴볼 때 마지막으로라도 언급하지 않을 수 없는 이가 1889년 기장 태생인 김두봉이다. 일찍이 1910년대 초반에 주시경에게 배우며 국어연구에 심혈을 쏟던 그는 1919년 3.1운동 직후 중국으로 망명하여 1932년까지 줄곧 상하이에 재류하면서 임시의정원 의원이 되었고, 인성학교 교장도 여러 해 지냈다. 한국독립당이 1930년 창립될 때 참여하여 이사로 계속 있으면서 남경구당부 대표가 되었다. 1932년에 결성된 한국대일전선통일동맹에 이유필의 뒤를 이어 한독당 대표로 참석하여, 상무위원 겸 대당조직전무위원으로 계속 활동했다.

통일동맹의 가맹단체 대표회의 때 의열단 대표로는 박건웅, 한일래, 김병태, 이영준, 윤세주 등이 번갈아 출석했는데, 김두봉이 그들과의 교감으로 의열단의 주장과 제안에 거의 매양 동조하고 지지하며 통일대당 결성운동의 견인차가 되어주었다.[54] 또한 그는 아홉 살 연하의 5촌 조카사위 되는 김원봉과 난징에서 자주 만나 국내정세 분석과 혁명진로의 토론에 열을 올렸다고도 전해진다.[55]

김두봉의 가족이 1934년 12월 초순에 난징으로 떠날 때까지 살던 상하이

---

53 이 3자의 관계에 관한 석명과 더 자세한 사실들은 졸고, 「民山 金敎三의 민족운동과 광복 후 정치활동 —'父子·夫婦·丈壻 독립운동가'였음에 주목하며—」(『한국민족운동사연구』 105, 2020)를 이 책에 수록한 제8장을 보시오.
54 자세한 상황과 김두봉의 관련 동정은 졸저, 『한국 근대민족운동과 의열단』 309쪽 및 375-379쪽과 국사편찬위원회, 『한민족독립운동사자료집』 45의 「김두봉, 조소앙, 박찬익 등의 민족운동 상황조사의 건」(1936.6.20)을 볼 것.
55 구익균, 『회고록: 새 역사의 여명에 서서』 일월서각, 1994, 117쪽.

프랑스조계 망지로 212호의 집도 실은 의열단의 아지트 또는 통신연락 장소로 이용되고 있었다. 국내와 다른 여러 곳으로부터 의열단으로 보내지는 많은 통신이 그리로 왔는데, '임철애'라는 이름으로 박차정에게 가는 편지도 그 집을 수신처로 하고 있었다. 김두봉의 아내 조봉원도 직·간접으로 의열단의 통신연락에 관계하며 도와주었다고 한다. 이런 여러 연유로 김두봉은 간부학교 제3기의 교관으로 초빙 제의를 받자 선뜻 응하여, 한국역사, 한국지리, 한글철자법을 가르쳤을 뿐 아니라 유물사관까지 강의했다.

민족혁명당 성립 후 초기에 조소앙 등이 탈당하여 한국독립당을 재건할 때 김두봉은 동조하지 않고 그대로 남아 김원봉에게 힘을 실어주었다. 중일전쟁 발발 후 충칭에 가 있던 그는 1942년 봄에 조선의용대 화북지대의 근거지인 태항산을 거쳐 옌안으로 간다. 태항산에서 그의 비서로 지명된 이가 양민산이었고, 그래서인지 그 부부도 김두봉과 함께 옌안으로 옮겨간다.[56]

의열단운동과 부산의 예사롭지 않은 관계

지금까지 보았듯이 의열단(운동)과 부산과의 관계는 그리 단순한 것이 아니었다.[57] 처음부터 예사롭지 않았다고도 말할 수 있다. 왜 그런지를 하나씩 되짚어보기로 하자.

의열단 창립단원 10인 중에 부산 출신은 한 명도 없었다. 물론 그 인연없음은 만주로 간 부산청년이 그때는 없었다는 우연의 소치일 뿐이었고, 큰 흠

---

56 이 동행의 배경과 의미에 대해서는 졸고, 「民山 金敎三의 민족운동과 광복 후 정치활동」, 208쪽을 볼 것.
57 여기서 채 논급하지는 못했지만, 1881년 동래에서 태어나 소년기까지 살았던 김규식(金奎植)의 훗날 독립운동 행보 중에 의열단(운동)과 관련되는 것이 혹 있지 않았는지도 한 번 추적해 상고해볼 만함을 말해두려 한다.

이 되는 것도 아니다. 오히려 그 후로는 아주 일찍이, 창단 후 첫 거사추진 때 의열단운동과 부산사람의 인연이 맺어졌다. 장건상의 조력이 있음에서였고, 그것은 퍽이나 상쾌한 출발이자 좋은 인연이었다.

그런데 그 가연의 다른 한쪽에 어떤 악연이 싹 틔워져 마침내 고개를 쳐들었다. 의열단의 후견인임을 자처하던 구영필이 뒤로는 몰래 배신하여, 최초 거사의 실행을 좌절시키고 그 기획 자체가 완전실패로 돌아가 버리게끔 만드는 당사자가 된 것이다. 현지 총지휘자인 부단장 곽재기 외 창립단원 및 신입단원 5명과 조력자 여러 명의 피검 투옥으로 막대한 전력손실이 초래된 것도 그 때문이었다. 그러니까 기장 출신의 구영필은 의열단운동의 첫걸음에 재 뿌리는 이상으로 아주 망쳐놓는 존재가 된 것이다.

구영필의 절친 동지라는 이수택은 본의야 어떻든 그 하수인이 되어버렸고, 배중세도 구영필의 모계와 감언에 흔들리고 속아 넘어가 결국은 우유부단으로 보신의 행태만 보이고 말았다. 그런데 이 두 사람은 의열단 제1차 의거의 중요 거점이요 경성의 적을 겨냥하는 전진기지로 삼아진 부산에 거류하고 있으면서 그랬으니, 부산은 까닭 없이 배역의 땅이, 스스로 지은 죄도 없이 원죄의 장소가 되고 말았다. 그렇게 1920년 여름의 부산과 의열단 사이에 기묘한 악연이 만들어져버린 것이다. 그 후의 의열단운동에 다른 부산사람들이 적극 동참하거나 앞장서 나섬으로써만 그 원죄는 자연히 대속될 수 있었고, 아무렴 그래야만 했다.

그래서인가. 마치 그 소명에 즉각 응답이라도 하듯이 그 반대편에서의 인연을 그 다음으로 의열단과 맺어간 부산사람이 박재혁이다. 그리고 그 중매가 된 이는 역시 부산사람이고 박재혁의 친구이기도 하던 김병태이다. 결과적으로 이 두 청년은 의열단운동에의 부산사람의 참여가 장건상의 경우가 아니더라도 아주 초기부터의, 그리고 적극적인 것이었음을 확실히 보여준 케이스가 되었다.

학창시절에 같이 다졌던 항일의기를 계속 견지해간 두 사람은 우연찮게도 상하이에서 재회했고, 그 만남을 계기로 박재혁은 항일의 최전선으로 결연히 나아가 목숨을 걸고 단독의거를 결행하였다. 지극한 자기희생의 그 의거로써 부산은 의열단 역사에서 첫 개가를 올린 의열투쟁의 당당한 무대가 되었으며, 또한 그 의거의 성공이 의열단을 나락으로부터 끌어올리는 구원의 손이 되어주었음을 우리는 기억해야만 한다.

　그 후로도 부산사람의 의열단운동 참여는 많지는 않으나 꾸준히 이어졌다. 우선은 폭탄전문가 이동화가 주목에 값하니, 그가 조용히 감당해낸 역할과 그 공적은 더욱더 조명되고 기려짐을 요한다. 1920년대 전반기의 의열투쟁 국면에서 의열단 내 폭탄제조 및 관리의 2인자로서 그가 없었다면, 그와 직접 소통하면서 1인자가 되어간 마자르의 눈부신 활약 및 공헌과 그에 힘입은 대규모의 집체거사 기획들도 나오기 힘들었을 것이다. 게다가 그는 의열투쟁에만 아니라 의열단운동의 중기부터 시작되어 후기로 이어져간 군사운동에도 호응하여 적극 동참하면서 지속적인 활동상을 보여주었다.

　그렇게 의열단운동의 전기·중기·후기 내내 고락을 같이하며 든든한 기둥과도 같은 존재가 되고 있던 그는 생애의 마지막도 의열단 군사운동의 진전·고양의 제단에 바치게 되었던 것이니, 이동화야말로 진정 '의열단의 남자'였다 하겠으며 그들 반열의 첫머리에 세워도 하등 이상할 바 없다. 김원봉의 구술회고에 바탕을 두고 저술된 『약산과 의열단』에서 이동화에 관한 얘기가 수차 반복되고 비교적 자세히 나온 것도 다 그럴 만한 이유가 있는 것이었다.

　이동화와 더불어, 그리고 그보다 더 긴 기간을, 그러니까 초창기부터 종결시점까지 한결같이 의열단운동에 헌신하며 중견단원으로서 움직여간 또 한 명의 '의리남'이 바로 김병태였다. 의열단운동의 전 시기에 걸쳐 그는 김원봉과 가장 지근거리에서 늘 함께하며 충실히 보좌했다. 그래서 그는 의열단 안팎에서 늘 '김원봉의 비서'로 알려지고 있었다. 하지만 비서 역 이상으로 그는 비록 전면에 나서지는 않았어도 의열거사의 추진 과정에 상당한 도움을 주었고, 중기 이후의 군사운동과 정치운동에도 빠짐없이 참여하여 제몫을 다하였다. 그것이 의열단 조직의 민족혁명당으로의 통합 이후로도 의열단운동의 정신과 이념과 목표는 계속 유지되어가는 속에 김병태도 요직을 맡고 활동의 끈을 결코 놓지 않는 저력이 되었다. 따라서 김병태 또한 '의열단의 남자'이면서 '김원봉의 남자'이기도 했던 것이다. 실제로 의열단운동의 전·중·후기 모든 국면에서 한때라도 단을 떠나는 일 없이 계속 지키고 김원봉과 함께 해간 인물은 창립단원 중에도 없이 이동화와 김병태 오직 둘 뿐이었다. 그런 의미에서도 의열단과 부산사람의 인연은 각별한 바 있는 것이다.

의열단이 표면적으로는 사뭇 방황하는 듯이도 보였지만 그 나름의 새로운 노선을 따라서 국내 대중투쟁의 전위조직 건설을 준비해가고 있던 국면에서 그와 결합하고 그 운동에 투신해간 부산사람이 박문호와 박차정 남매이다. 애초 학업에 뜻을 두고 중국으로 건너간 박문호는 외가의 숙부 되는 김두봉의 권유로 베이징의 의열단을 찾아가 몸담았고, 그의 남다른 형제애와 인도의 결과로 박차정도 베이징으로 가서 의열단 및 김원봉과 결합하게 되었다. 더욱이 박차정으로서는 학창시절부터 근우회 간부였을 때까지의 항일투쟁 이력과 그 경험의 내용이 중기 의열단의 노선과 딱 맞아떨어지는 것이었다. 그래서 그녀는 의열단이라는 새 둥지 안에서 잠재력과 기량을 십분 발휘하기 시작했고, 오빠와 나란히 조선공산당재건동맹의 중앙간부도 되었다. 난징으로 의열단 본부가 옮겨간 후에는 조선혁명간부학교의 입교생 확보를 위해 애쓰다 부산의 큰오빠를 초빙해 그 역할을 의뢰할 정도로 열성이었다. 혁명간부학교 '여자부 교관'이었다는 설도 나오고는 있으나, 간부학교 1~3기 통틀어 여성생도는 한 명도 없었으니 그 부분은 더 확인하고 생각해봐야 할 부분이다.

누이동생의 부탁을 받고 흔연히 응하여 단원은 아니었음에도 자기 일처럼 여기어 위험을 무릅쓰고 부산에서 입교생 모집에 나선 박문희는 단시일에 거뜬히 성과를 내어 다섯 명을 난징으로 보내줄 수 있었다. 그 중 김영배, 문길환, 이무용, 최장학 네 명이 부산청년이었고, 다른 한 명인 신병원도 거창 출신이지만 부산에서 재류 중에 응모하였다. 그들 5명 모두가 1932년 가을에 부산항을 떠나 난징으로 갔으니, 부산은 그때 의열단 간부학교의 입교생 배출터이고 출발점도 되었던 것이다. 전남 담양 출신의 의열단 간부 김종(이명 김준)이 1933년 초가을에 고향에 들어와 2기생으로 데리고 간 조카 김승곤(황민)·김일곤(문명철)과 광주청년 정율성(유대진)도 부산으로 와서 상하이로 떠났다. 그렇게 볼 때 부산은 1930년대 전반기에 의열단운동의 한 배후지도 되었다고 할 수 있다.

간부학교를 졸업한 부산청년 가운데 3명은 국내공작원으로 밀파되었는데 활동 본격화 이전에 그만 체포되고 말았으니, 여간 아쉬운 점이 아니다. 그 여파로 박문희마저 체포되어 옥고를 겪었고 그 후로는 의열단이나 민족혁명당과의 연락선이 다들 끊겨버렸다. 나머지 한 명인 최장학만 중국에 남겨져 난징, 광저우, 한커우, 충칭 등지에서 민족혁명당원과 조선의용대원으로 활동하였다.

그리하여 1935년 의열단 조직 해소 당시에는 부산출신 단원이 김병태, 박차정, 최장학 3인만 남아있는 형국이었다. 그렇기 때문에도 김병태는 더욱더 김원봉과 긴밀한 관계를 유지해갔고, 그들 뒤에서 김두봉이 든든한 후견인이랄까 큰 우산처럼 되어주었다. 장건상은 아들 문제가 있었고 자신도 피체 후 강제귀향의 고초를 겪고 있었기에 뒤로 물러나있었지만, 그 딸 장수연이 애인이고 남편이던 양민산의 의열단 활동을 은밀히 돕다가 훗날 조선의용대의 여성간부로서 박차정과 돈독한 사이가 되어 같이 활동하였다. 다만 그녀의 오빠 장지갑이 간부학교 졸업 후 민혁당원으로 활동 중에 잡혀가 변절하고만 것은 가슴 아픈 비극이었다.

그것은 독립운동이란 것이 그저 명함만 내밀면 되는 것이 아니라 지뢰밭을 걷는 것처럼 지난한 모험이었으며 그 뒤안길에는 이런저런 그늘도 없지 않았음을 웅변해준다. 그런 의미에서도 독립운동을 계속해서 조명하여 더 밝혀내고 '진짜 독립운동가'의 생애와 사적을 기념하며 기리는 일은 언제건 소홀히 할 수 없는 우리의 책무가 된다.

2부

마음과 뜻을 모아
줄기차게 광복으로

6장
저들을 도저히 용서할 수 없다:
장진홍의 용맹 의열

백주의 폭탄사건

한반도를 일제가 강점해 통치하기 시작한 지 18년째 되던 때인 1927년, 사뭇 평온해 보이는 식민지의 일상을 뒤흔들며 조선총독부 치안당국의 위세에 일격을 가한 폭탄사건이 벌어졌다. 흰서리 내리고 바람 센 날이던 10월 18일 정오가 되기 조금 전, 대구 중심가인 상정(上町; 현 중구 포정동)의 조선은행 대구지점 옆에서 요란한 폭음을 내며 폭탄 3개가 연이어 터진 것이다.

그 몇 분 전에 양손에 2개씩, 신문지로 싼 나무상자 4개를 든 남자가 은행으로 들어왔다. 인근 전정(前町; 현 중구 전동)의 덕흥여관 종업원이라는 박노선(朴魯宣)이었다. 그는 여관 손님의 부탁으로 벌꿀 선물을 전해주러 왔다면서 그중 1개를 출납대에 올려놓았다. 그러자 그 꾸러미에서 화약 냄새가 난다면서 수상쩍어한 서무주임 요시무라 게츠(吉村潔)—그는 포병 중위 출신이었다!—가 서둘러 상자를 열어보았다. 그랬더니 웬걸, 폭탄 1개가 들어있고 도화선 끄트머리에 잇대어진 화롯불 재에 벌겋게 불이 붙어있는 것이었다.

아연실색한 요시무라는 급히 도화선을 끊고, 다른 상자 3개를 즉시 건물 밖 자전거보관소로 내다 놓게 했다. 그리고는 전화로 경찰에 급보했다. 이에 대구경찰서 고등계 주임과 10여 명의 순사가 급거 출동하여, 박노선을 체포하고 상자들을 은행 옆의 한길 가로 옮겨놓기 시작했다.

바로 그때 폭탄 1개가 작열하며 폭발하더니, 약 2분 뒤에 다른 1개가, 그리고 30~40초쯤 뒤에 마지막 1개가 순서를 다투듯 잇따라 폭발했다. 은행 창문 14개와 유리창 70매, 현관 유리문이 순식간에 부서져 날아갔다. 그 파편이 건물 천장과 벽의 수십 곳에 날아가 박히고, 출동한 경관 4인과 행원 1명, 행인 1명이 중경상을 입었다.

그 후로 1천 6백 명의 경찰이 투입되고 수백 명의 시민을 잡아들인 대대적인 수사에도 범인의 종적은 오리무중이었다. 그로부터 1년 4개월쯤 지나서야 경북 칠곡군 인동면의 장진홍이 진범으로 지목되어 일본에서 붙잡혀왔고, 그제야 이 사건의 진상이 비로소 밝혀진다.

곡절 많은 수사 끝의 장진홍 피체

백주의 시내 한복판, 그것도 경찰서에서 수백m밖에 안 되는 지점에서 청천벽력과도 같이 폭탄이 터졌음에 놀라고 당황한 경찰은 우선 덕흥여관으로 달려가 급습하고 수색했다. 하지만 '그 손님'은 고사하고 아무 흔적도 남아있지 않았다. 이에 경찰은 전 시가지에 비상경계선을 치고 마구잡이 수색과 검문·검속을 벌이면서 수십 명씩 뭉텅이로 연행하였다. 그래서 경찰서 유치장이 초만원을 이루었지만, 어느 누구에게서도 용의점이 발견되기는커녕 조그만 단서조차 찾을 수 없었다.

초조해진 대구서 수사진은 도화선이 끊겨 폭발하지 않고 남아있던 1개 상자의 겉면에 쓰인 수령자와 발송인('大邱府 南山町 39番地 吉田商會') 기명의 필적에 매달렸다. 경찰은 그것이 평소 독립운동 조직에 선을 대고 있다고 여기어 주시해 온 이원유(李源裕, 이명 원일[源一])의 것이라 간주하고, 그와 두 형 원기(源祺)·원록(源祿=이육사), 그들과 교분 깊은 성주의 이정기(李定基) 등 8명을 잡아들였다. 그리고는 혹독한 고문이 가해지는 취조로 억지 자백을 받아내 범행 전말을 얼기설기 엮어냈다. 이어서 1928년 1월 6일에 지방법원 검사국으로 송치하니, 검사국에서는 전원을 기소하여 예심 회부가 되었다.

그렇게 일단락되는 것으로 보이는 중에 경북경찰부 고등과의 신임 과장 후쿠다(福田萬左衛門) 경시와 과원 최석현(崔錫鉉) 경부보는 물증 없는 혐의는 재판에서 무력해지거니와 수사결과란 것이 어딘지 석연치가 않다고 보았다. 그래서 은밀하게 재수사를 해보기로 하고, 1928년 7월부터 자기들만의 내사에 착수했다. 그리고는 독립운동계 주변의 공산주의자 박모와 천모를 매수해 정보를 얻어냈고, 마침 그때 'ㄱ당' 사건으로 피체 수감 중이던 장택원(張澤遠, 이명 하명[何鳴])을 불러다 추궁하여 중요한 진술을 받아냈다. 그로부터 전혀 새로운 인물인 '장진홍'이 유력 용의자로 떠오르고, 밀정을 동원한 탐문 끝에 최석현은 장진홍의 아우 의환(義煥)이 일본 오사카(大阪)에 살면서 큰 규모의 안경점을 경영하고 있음을 알아냈다.

1929년 2월, 과원 2명을 데리고 오사카로 출장 간 최석현은 이춘득(李春得) 등 현지 조선인 노동자 5명과 대구 출신의 부녀교포 1명을 밀정으로 이용하여 염탐공작을 폈다. 그리하여 장진홍이 김해중(金海中)이라는 가명으로 동생집 2층의 안경공장에서 일하며 은신 중임을 확인하였다. 마침내 최석현 등은 2월 14일 심야에 의환의 집을 급습하여, 일 끝내고 식구들과 회식 중이던 장진홍을 제압 검거하였다.

장진홍은 누구이며, 거사 전에는 어떻게 살았는가

장진홍은 1895년 6월 6일, 칠곡군 인동면(옛 지명은 옥산) 문림리(1914년부터 옥계동)에서 장성욱(張聖旭)과 순천 김씨 사이의 1녀 3남 중 장남으로 태어났다. 본관은 인동이고 황상파(凰顙派)에 속했는데, 문중은 12대조 장잠(張潛) 때 분파하여 인동에 세거해왔다. 아명은 재환(在煥)인데 호적명은 '진홍'으로 바꾸었고, 진헌(鎭憲)이라는 이명을 갖고 있었다. 자는 준극(俊極)이고, 별호는 창여(滄旅)였다.

1905년 인동면 구제동(1914년부터 진평동)의 장로교 교회(후일 진평교회를 거쳐 현 구미강동교회)에서 설립한 인명학교(仁明學校; 현 인동초등학교의 전신은 아닌 것으로 확인됨)에 입학해 다녔다. 그때 인명학교의 교사로 군위군 부계면의 인동 장씨 남산파 출신인 청년 애국지사 장지필(張志必, 1881년생)이 재직하고 있었다. 그는 고명 유학자 한주(寒洲) 이진상(李震相) 문하의 홍와(弘窩) 이두훈(李斗勳)이 고령군에 설립한 내곡서당(乃谷書堂)에서 5년간 수학한 개명유학자로, 대구 협성학교 교사였는데 인명학교로 초빙되어 온 것이다.

장지필은 일제 관헌의 조사문서에 '성품이 강하고 본성이 과격'하며 '배일사상이 농후'하다고 기록될 정도로 인품이 의연 강직했다. 그는 1908년 12월에 대한협회 칠곡지회를 설립했으며, 자신이 직접 만든 애국창가를 학생들에게 가르쳐 부르게 했다. 그런 스승에게 배우며 영향받은 장진홍이 강렬한 조국애와 항일의식을 품게 되었을 것임은 불문가지이다.

인명학교 졸업 후 장진홍은 1914년 4월에 '대한제국 근위보병대'의 후신이고 퇴위한 고종·순종 호위와 왕궁 경비가 주 임무인 조선보병대(朝鮮步兵隊)에 시험치고 들어가 복무하였다. 거기서 익힌 기초 군사지식과 군대조련법 등이 후일 장진홍의 항일활동에 도움이 된다. 1916년 상등병으로 자원 제대한 그는 조국광복 투쟁의 대오에 동참키로 결심하여, 인명학교 동창이고 그 설립자 이성률(李成律)의 아들인 두 살 위 이내성(李乃成)과 함께 광복회에 가입했다고도 한다(1차 자료로 확인되는 바는 아님).

광복회는 왕산(旺山) 허위(許蔿)의 제자로 대한제국 평리원(平理院) 판사가 되어 있다가 스승이 의병투쟁으로 순국하자 바로 사임하고 망국 후에는 국권회복운동에 전념해온 경주사람 박상진(朴尙鎭)이 1915년 대구에서 결성해낸 독립운동 비밀결사였다. 성립 후 영남은 물론이고 전라·충청·황해·평안도와 만주 길림으로까지 조직을 확장하며 여러 활동을 벌이던 광복회는 1917년 11월, 총사령 박상진의 지시로 채기중(蔡基中) 등 3인 회원이 남산파의 장씨 문중 후손인 친일부호 장승원(張承遠)을 인동면 오태동의 집으로 찾아가 사살 처단하는 거사를 벌였다. 즉각 수사 개시되면서 경찰의 추적을 받게 된 광복회는 이윽고 조직이 조금씩 노출되어 간부 및 회원 다수가 체포되고 결국은 파괴되어 갔다. 이 사건으로 장진홍이 다친 것은 아니었지만 그의 마음에 어떤 울림이 얼마만큼 있었을지는 능히 짐작될 만하다.

이렇게 광복회 조직이 일경의 추적을 받아 파괴되기 시작한 때이던 1918년 4월경에 장진홍은 이내성의 소개장을 갖고 만주 봉천(奉天, 현재의 심양)으로 가서, 선산군 해평면 출신의 독립지사 김정묵(金正黙)과 이국필(李國弼)을 만나보고 독립운동의 방향과 방법에 대해 논의하였다. 그리고는 이국필과 함께 러시아 하바롭스크로 건너가, 한인의병대의 동포 청·장년 70~80명에 대한 군사교육 교관이 되어 활동했다.

그 의병대는 1918년 4월 창립된 한인사회당(韓人社會黨)이 7월초부터 시작된 적백내전(赤白內戰) 상황에서 소비에트 적군에 합세하여 레닌정부를 옹호함과 동시에, 제국주의 간섭군의 일원으로 파병되어 8월 23일부터 참전을 개시한 일본군에 대항토록 조직한 일종의 적위대(赤衛隊)였다. 실제로 한인의병대는 백군 및 일본군 상대의 하바롭스크 방어전에 참가했다. 그러나 결국은 적군 쪽이 패배하여, 9월에 하바롭스크를 포함한 연해주 일대가 백군에 점령되고 적위대는 해산된다.

사태가 이렇게 귀결됨에 장진홍의 교관 겸 적위대원 활동은 얼마 못 가 중단되어버렸다. 일본군의 추적을 피해 유랑하며 피신을 거듭하던 그는 다른 길을 찾지 못하고 그만 귀향하였다. 때는 국내에서 3.1운동이 발발한 직후였던 것 같다.

1919년 3월, 칠곡군 일부와 선산군 지역에서도 인동·선산·구미·해평 등 여러 면의 동리들에서 독립만세 시위가 벌어졌다. 그 중 인동면 진평동의 시위는 대구 계성학교 학생 이영식(李永植)의 주창으로 그의 장인 이상백(李相佰) 목사와 후자의 사촌 되는 이내성이 같이 주도함에 의해 3월 12일부터 14일까지 세 차례 벌어졌다. 이 시위로 붙잡혀간 주민 25명이 1년 6월에서 6월까지의 징역형을 선고받아 옥고를 겪었다.

뒤늦게 귀향해서인지 이들 만세시위에 참가하지 못했던 장진홍은 좀 다른 방향에서의 항일활동을 시도했다. 일제 군경이 3·1운동을 진압하면서 전국 각지에서 학살·고문과 파괴·방화의 만행을 저질렀음을 알고 그는 분노하여, 그 진상을 조사해 폭로함으로써 일본을 국제적 궁지로 몰아넣고자 마음먹은 것이다. 그래서 아우 진환(鎭煥)이 5마지기(약 1천 평)의 논을 팔아 만들어준 6백 원으로 약품과 장구를 마련하여 매약(賣藥) 행상에 나섰다. 전국을 돌면서 일제의 만행 실상을 하나하나 청취하고 낱낱이 기록하여 보고문을 만든 그는 동년 7월 인천항에 정박해 있던 미국 군함의 승조원 김상철(金相哲) 하사에게 영문 번역 후 인쇄하여 각국에 배포해주도록 부탁하며 수첩을 넘겼다. 하지만 김상철이 장진홍의 요청대로 이행한 흔적은 찾아지지 않으니, 장진홍이 기울인 열의와 크나큰 노고에도 불구하고 목적 달성에는 실패한 것이라고 보아도 됨 직하다.

그 후 몇 년간 장진홍은 부산에서 『조선일보』 지국을 운영하고 약방도 경영하며 지냈다는 기록이 보이기도 한다. 칠곡 출신의 저명 독립운동가 장건상(張建相)이 세 살 때 부산으로 이사 가 살았음에 착안하면 가능성이 전혀 없는 얘기는 아니다. 하지만 나중에 나오는 사실들을 전부 숙고해보면, 이때의 '부산'이란 경북 '경산'(慶山)의 오인·오기였거나 와전이었을 것으로 생각된다.

거사 추진 및 실행의 경위와 경과

1926년 대구의 독립운동계 동향과 장진홍

1925년 7월, 경북 성주(星州) 출신의 유림으로 1919년의 파리장서운동을 주도했던 김창숙(金昌淑)이 독립운동자금 모집을 위해 중국에서 일시 귀국했다. 그와 동향이고 한주학파 동문인 이정기도 9월에 귀국했는데, 앞서 그는 북경에서 김창숙·남형우(南亨祐)·배천택(裵天澤) 등의 경북 출신 독립운동자들과 협의한 바 있다.

귀국 후 이정기는 대구에서 이육사 형제들과 접촉하여, 북경 다물단(多勿團)의 국내지부가 될 비밀조직 결성을 준비해갔다. 경찰은 후일의 수사보고에 이것을 암살단 조직의 전조로 적어놓았는데, 이때의 '암살단'이란 그 자체로 조직명이었기보다는, 문제의 비밀조직이 수행하려는 임무/역할을 염두에 두고 경찰쪽에서 임의로 만든 호칭이었으리라고 생각된다.

1919년 상해를 거쳐 서간도로 가서 길림군정서(吉林軍政署)의 학무사(學務司) 편집과장으로 일해온 장지필도 1926년 2월에 귀국했다. 그는 김창숙의 독립운동자금 모집 활동('제2차 유림단 의거')에서 국내외 간 연락 책임자이던 김정묵과 연계되어 있었다. 그런 연맥 속에서 김창숙, 이정기, 장지필, 세 사람이 차례차례 귀국한 것이다. 자료에 명시적으로 나타나지는 않지만, 이런 일련의 움직임과 1927년의 장진홍 의거가 연관되었을 가능성도 짚어볼 수가 있다.

아니나 다를까, 1926년 12월('1월'로 나오는 자료도 더러 있음)에 장진홍이 상경하여 (서울 유학 중이던?) 이내성과 재회하고 독립운동 방법론에 관해 상의하였다. 그때 이내성은 "국제공산당의 결사대원이 되어 혁명운동에 종사해야 한다."고 권유했고 장진홍은 적극 찬의를 표했다 한다. 당시의 국내정세 추이와 장진홍의 과거 이력에 비추어보면, 이 또한 있을 수 있는 얘기였다. 1925년 4월에 조선공산당이 창립되어 활동을 개시했다시피, 당시는 국내에서도 공산주의 노선의 독립운동이 대두하여 점점 호응을 얻고 기세를 높여가던 때였다. 그리고 1926년 6월에는 순종의 승하를 계기로 고려공산청년회 책임비서 권오설(權五卨)의 주도하에 민족주의 계열 운동자들과의 합작으로 대대적인 항일시위를 벌일 것이 계획되었는데, 꼭 그대로는 아니었지만 그 움직임에 촉발되어 발생한 대중시위가 6.10 만세운동이었다.

거사 발의와 계획 및 준비

이내성과의 면담이 있고 몇 달 후인 1927년 3월에 장진홍은 이내성으로부터 소개받았다면서 찾아온 호리키리 시게사부로(堀切茂三郞)를 경산의 한 여인숙에서 만나보았다. 거기서 장진홍은 "관공서·은행·부호가 등에 폭탄을 던져 민심을 자극하고 혁명을 촉진시켜야 한다"는 호리키리의 설유에 쾌히 응하고 결행 의사를 밝혔다.

그 초대면 때 '국제공산당 특파원'을 자칭했다는 호리키리는 일본 도쿄도(東京都) 지바현(千葉縣) 출신이나 남만주 일대를 표랑하면서 거기서 잡은 장어나 자라를 조선으로 갖고 와 팔곤 하는 49세의 남성이었다. 일본 공산주의운동사와 아나키즘운동사 등의 사회운동사 관계 문헌을 찾아보아도 그 이름이 발견되지 않아서, 이 이상의 신원과 활동 내역은 알 수가 없다. 당시의 지리멸렬하던 일본공산당 노선을 두고 보면, 일본 국내의 공산주의운동과는 무관하고 다른 쪽과 연결되어 있던 인물일 수가 있다.

다른 한편으로는 호리키리가 폭탄거사를 주장하고 권했다는 점이 이색적이기도 하고 흥미롭다. 당시의 국제공산주의운동 진영에서는 제반 폭탄거사 활동을 무정부주의자의 전유물인 '테러' 전술로 간주하여, 저급하고도 별 의미 없다면서 저평가했기 때문이다. 그 점에서도 호리키리는 그 정체가 모호하고 좀 불가해한 인물이다. 어쩌면 공산주의자 아닌 아나키스트였거나, 그것도 아니라면 단지 폭탄전문가였을 뿐인지도 모른다.

아무튼 장진홍은 5월 2일경에 다시 찾아온 호리키리를 영천군 영천면 읍내에서 만나 폭탄 제조법과 조작법을 전수받는다. 다이너마이트 및 뇌관 각 5개와 4척(尺)의 도화선 및 50원의 자금도 같이 제공받았다. 최석현의 수사실기에는 영문으로 된 '국제공산당 결사대원증'도 전달받은 것으로 되어 있는데, 물증 확보가 안 되어서인지 판결문에는 그런 얘기가 없다.

즉시로 거사준비에 착수한 장진홍은 경주군 안강면에 사는 박문선(朴文善)의 소개로 영천 사는 일본인 고바야시 호지(小林峯治)와 접촉하여, 다이너마이트 및 뇌관 30개씩과 도화선 25척을 대금 15원으로 사들였다. 그것으로 다량의 폭탄을 만들어, 스토(須藤) 경북지사, 경북경찰부, 경찰서, 법원, 형무소, 조선은행 지점, 식산은행 지점, 동척(東拓) 지점, 그리고 장승원의 장남이면서 가혹한 소작조건과 매사 인색한 처사로 농민들의 원성이 높은 대지주 장길상(張吉相)의 남산정(南山町) 집 등, 모두 아홉 군데의 목표물에 '투척'(정확히는 위장선물로 송달)할 생각이었다니, 실로 장대한 계획이었다.

거사에 동참해줄 동지를 찾아 나선 장진홍은 선산군 산동면 성수동의 황진박(黃鎭璞)과 산동면 적림동에 사는 박관영(朴觀永)의 의사를 타진했다. 그러나 두 사람 다, 취지에는 동의하지만 집안 사정 때문에 행동은 곤란하다면서 수락하지 않았다고 한다.

이에 장진홍은 혼자 추진키로 마음먹고, 가마솥을 부수어 나온 파편으로 채운 시제품 폭탄 2개를 8월에 제조하였다. 그리고는 폭우가 쏟아지던 동년 10월 1일, 칠곡·선산 양군의 경계 지점인 '봉화산(烽火山)'—지도를 갖고 확인해보면 이 이름의 산은 없으니, 실제로는 천생산(天生山)이었는데 거짓 진술한 것으로도 보임— 골짜기에 들어가 위력실험을 해보았다. 결과는 양쪽 암벽이 크게 패여 무너지는 것으로 나타나서, 성능이 아주 좋을 것으로 그는 믿었다.

근접 투척 방식이 아니라 타들어 갈 화롯불 재의 양과 도화선 길이를 조절함으로써 동시 폭발로 시간을 맞추는 방식이니 성공할 수 있다고 자신한 그는 목표처 9개소를 자동차로 순회하며 폭탄을 배분해놓을 요량으로 운전수 포섭을 시도하였다. 그러나 응하는 이를 한 명도 찾지 못해, 걸어서 돌리는 방법만 쓰기로 계획을 바꾸어야 했다. 그러면 시간을 맞추기가 어려워질 것이므로, 위장선물 송달 대상도 경북지사, 이시모토(石本) 경찰부장, 조선은행 및 식산은행 지점의 4개소로 줄였다.

10월 16일에 장진홍은 옥계동 자택에서 솥과 삽 등을 부수어 얻은 쇳조각들과 다이너마이트를 위산(胃散) 깡통에 넣고 도화선을 연결하는 식으로, 점화 후 20~30분이 지나면 터질 대형폭탄 4개와 피체를 방비할 자결 용도의 소형폭탄 1개를 직접 제조하였다. 그리고는 구입해놓은 나무상자 안에 공격용 폭탄을 1개씩 집어넣고, 겉면에 붙일 수증인·기증자 명의와 '봉밀(蜂蜜)'이라는 쪽지는 필체 좋은 황진박에게 부탁해 써주니 받았다.

거사 결행

준비가 다 되었다고 생각한 장진홍은 10월 17일 오후에 폭탄상자들을 자전거에 싣고 대구로 달려갔다. 도착 후 포장용 신문지와 풀, 삼끈 등을 구입해 준비해놓고, 자형 김상한(金商翰)의 달성정(達城町) 집에서 하룻밤을 묵었다. 이튿날 오전 9시경에 노동자 차림으로 덕흥여관에 들어간 그는 요시다상회의 점원인데 전날 2층에서 일하다 추락해 부상을 당했기에 며칠 정양해야겠다면서 방을 잡았다. 그리고는 오전 11시경에 폭탄상자들 속의 화롯불 재에 하나씩 불을 붙이고 봉한 후 신문지로 포장했다. 이어서 담배 심부름의 거스름돈 팁으로 환심을 사놓은 여관 종업원을 불러, 선물용 벌꿀 상자이니 조선은행 지점, 스토 지사, 이시모토 경찰부장, 식산은행 지점 순으로 1개씩 속히 배달해 달라고 부탁해 보내놓고 여관을 슬쩍 빠져나갔다.

부탁대로 박노선은 맨 먼저 조선은행 지점으로 갔고, 거기서 폭탄 든 상자임이 발각되어 운반되지 못하고 압류되었다. 그러던 중에 상자 세 개가 약간의 시간차를 두고 연이어 폭발한 것이다. 여관 문을 나선 장진홍은 인근 식당에 맡겨놓은 자전거를 찾아 자형 집으로 가서 변장한 후, 바로 선산 황진박의 집으로 달려가 몸을 숨겼다.

대구의거 이후에 벌어진 일들과 후속 폭탄거사 추진

민속한 범인 체포에 실패한 데다 그 종적은 오리무중이니 진상 파악이 도저히 안 되어 궁지에 처한 총독부 경무국은 '수사상 필요'를 내세워 언론보도를 일절 금지하였다. 그 조치는 2년도 넘게 계속되어, 예심이 종결되고 결정서가 나온 1929년 12월 28일에야 보도통제가 해제되고 도하 4대 일간지가 전면 호외를 낼 수 있었다. 그동안에 국내 신문에는 '모종의 중대사건'이라는 암유적 표현만 이따금 등장했을 뿐이지, 기사는 단 한 줄도 나오지 않았다.

오히려 일본의 『도쿄지지신분(東京日日新聞)』이 사건 발생 다음 날인 10월 19일자에 처음 보도했고, 그것을 받아 『야마가타신분(山形新聞)』 등 7개 지방지가 20일자에 기사를 게재했다. 하지만 모조리 즉시 발금과 압수 처분이 나오고 말았다. 타이완의 타이뻬이(臺北)에서도 일본인들이 보는 『대만일일신문(臺灣日日新聞)』이 10월 21일자에, 서울에서는 『경성일일신문』이 11월 14일자에 보도했으나 앞서와 같은 처분을 받았다.

마찬가지로 한참 뒤에야 밝혀진 것은 장진홍의 절친 동지 이내성이 구미 자택에서 음독자살했다는 사실이다. 자결 시점은 제적부에 근거해서인지 1927년 8월 17일로 알려져 있고, 그의 「독립유공자 공적조서」와 「공훈록」에도 그렇게 표기되어 있다.

하지만 폭탄거사를 권유했고 전문가를 소개하며 종용도 했던 그가 장진홍이 폭탄의 시제품 제조에 성공하였기에 앞으로도 일이 잘 되어가리라고 전망

될 수 있었을 시점에 자결을 해버렸다는 것은 도무지 이해되지 않고 상식에도 맞지 않는 일이다. 어쩌면 사망이 1928년 8월의 일인 것을 장진홍이 아직 붙잡히지 않았기에 사건수사 미결 상태임을 의식했거나 재수사 낌새를 챈 유족이 무슨 단서라도 될까 보아 1년 앞당긴 시일로 사망신고를 한 것은 아닐까? 그러나 지금 와서는 도저히 확인이 안 되고 영영 될 수도 없을 추측일 뿐이기는 하다.

그래도 만약 이내성의 자결 시점이 1928년이었다면, 그것은 조선은행 폭탄사건 발생 4일 후인 1927년 10월 22일에 5,6일 전 만주에서 대구로 들어와 있던 호리키리가 철도원 이시야마 쇼미츠로(諫山秋三郎)의 칠성정(七星町) 집 헛간에서 다이너마이트가 폭발하여 처참한 모습으로 사망한 사건이 크게 보도되었음과 상당 부분 연관되어서였을 것이다. 폭발은 고의적이었는지 부주의로 인한 사고였는지가 판명되지 않았지만, 수사망의 촉수가 곧 본인에게도 뻗쳐올 것이라고 예견됨에서 '이제 할 일 다 했다'는 식으로 자결했다고 보일 소지도 다분히 있었다. 그래서 호리키리를 뒤따라 이내성도 곧 자결한 것은 아니었을까 하는 것이다.

그 후 장진홍은 호리키리의 자기희생을 마음 깊이 애도하며 더욱 결의를 다져, 2차 거사 계획을 세우고 동지를 물색하였다. 그러던 중 12월에 인동면 임수동(臨洙洞) 태생의 종제(從弟)인데 안동으로 이거하여 매약업에 종사 중인 장용희(張龍熙, 1904년생)를 만나볼 수 있었다. 그래서 거사 동참을 권하고 승낙을 받았다. 구체적으로는 안동경찰서와 은행을 표적으로 하여 투탄거사를 행하도록 요청 언약하고 폭탄 3개를 제조하여 건네주었다. 애석하게도 장용희는 거사 결행을 못한 채로 1928년 7월 28일 병사하고 말았다. 그것도 (공훈록에 기재되어 있음과 같이) 자결로 보일 소지는 있는데, 그렇다면 호리키리의 죽음과 아울러 장용희의 사망이 이내성의 자결에 영향을 미친 것인지도 모른다.

장용희를 만나고 한 달쯤 후인 1928년 1월에 장진홍은 영천에서 여인숙 주인과 해산물 도매상을 겸하는 지인 김명숙(金明淑, 이명 김기용[金基用])을 찾아가, 자기가 대구 폭탄거사의 주역임과 그 전말을 털어놓았다. 그리고는 "당신도 혁명결사대원이 되어 나와 같이 활동하자"고 청하여 마침내 수락받았다. 기뻐하며 장진홍은 영천경찰서와 읍내 대지주 이인석(李仁錫)의 집에 투탄할 것을 주문하였다.

그 후 장진홍은 위산통 속에 다이너마이트와 뇌관을 넣고, 다리미를 부수어 낸 철편과 찰흙으로 그 주위를 채운 다음에 철사로 돌려 묶어 고정시키는 방법으로 폭탄 2개를 제조해 넘겨주었다. 그 후 김기용은 예행연습도 하면서 투탄 기회를 엿보았다. 그러나 좀처럼 호기를 잡지 못하여 실행이 계속 미루어지던 중에 1929년 3월 경찰의 공작에 넘어가 체포되고 말았다.

김기용을 만나본 후 3월에 일본으로 건너간 장진홍은 오사카·도쿄·히로시마 등지를 돌아보며 답사하고는, 도쿄의 제국의회와 경시청 건물에 투탄한 후 소련으로 탈출키로 작정하고 폭약 구득에 힘썼다. 그러고 있던 중에 앞서 말한 바와 같이 7월부터 경북경찰부 고등과의 은밀한 내사가 시작되었고, 여러 종의 수사기법이 동원된 끝에 장진홍이 유력 용의자로 지목되어 행방이 탐문 추적되기 시작했다. 그리고 그의 도일 1년 만의 피체로 결말이 나버린 것이다.

피체 후에도 계속된 항거와 재판 후의 자결

체포된 후 장진홍은 대구로의 압송과 경찰 취조에서 재판에 이르는 전 과정에 온몸으로 저항하고 벽력같은 호통을 치며 불굴의 항일의지와 기개를 시종 드러내 보여주었다. 쓰루하시(鶴橋) 경찰서 유치장에서 소리 높이 만세 부른 것, 압송 도중 기차와 여객선에서 탈출 또는 투신을 기도한 것, 취조받는 중이던 경북경찰부 건물의 2층에서 뛰어내린 것과 유치장 파괴 및 탈출기도,

경산경찰서 유치장에서 담요를 찢어 만든 줄로 환기창 지지 철봉에 목을 매 자살을 기도한 것 등이 그러했다. 취조하는 동족의 경관들에게는 "조선민족의 피를 받은 자로서 일제 경찰의 주구가 되어 동족의 해방운동을 이다지도 방해한단 말이냐? 너희 악질 조선인 경관의 죄상이야말로 나의 죽은 혼이라도 용서할 수가 없다."고 질타함으로써 간담을 서늘케 했다.

3월 23일 검사국으로 송치되어 9개월이나 걸린 예심 끝에 치안유지법 위반 등의 6개 죄목으로 재판회부된 그는 1930년 2월 17일 대구지방법원에서 유죄 선고와 함께 사형 언도를 받았다. 김기용·황진박·박관영 등의 여러 동지는 징역형을 언도 받았다.

장진홍과 김기용은 항소했는데, 동년 4월 24일 대구복심법원에서 김기용은 1심의 8년형이 5년으로 감축 선고되지만, 장진홍의 항소는 이유 없다고 기각되었다. 선고가 끝나자마자 그는 품속에 감추어둔 돌을 재판장에게 던져 가슴을 명중시키고 '대한독립 만세'를 큰소리로 3창한 후 다시 의자를 집어던지며 만세를 연창하였다. 7월 21일 고등법원에서도 상고가 기각되었다.

그렇게 사형이 확정되고 꼭 열흘 뒤인 7월 30일, 밤 11시경에 장진홍은 그새 모아놓은 수면제를 다량 복용하여 옥중 자결을 감행한다. 그것은 피체 직후의 행동들과 다른 바 없었으니, 그럴 거면 항소는 왜 했고 상고는 또 왜 했냐고 누군가는 묻겠지만, 그것은 장진홍의 본심을 모르고 하는 소리이다. 왜적의 손에 죽임을 당하지는 결코 않을 것이고, 죽더라도 앞서간 동지들처럼 내 손으로 죽겠다는 내심의 결의를 실행코자 한 것이다.

이튿날 7월 31일(음력 윤6월 6일) 아침에 그는 숨을 거두니, 향년 36세였다. 유해는 칠곡군 석전면 남율리 선영에 안장되었다. 그의 돌연 별세에 대구형무소의 1,300여 명 재소자 전원이 통곡과 단식으로 애도하였다. 그중에서도 김기용·ㅋ(尹章赫) 등 6명은 "장진홍 만세"와 "대한독립 만세"를 고창하며 감방문을 부수어, 징역 8월형이 가중되었다.

장진홍의 인생행로와 의거, 그 역사적 위치와 의미

장진홍의 생애와 독립운동 행보를 간추려 정리하면 이렇다.

그는 아마도 인명학교 재학 때나 졸업 직후에 일생을 항일독립에 바치겠노라고 결심한 것 같다. 그러면 조선보병대 시절은 그 길로 나아가기 위한 준비과정이 된다. 이어서 그는 (아마도 광복회원으로서) 1918년 러시아 하바롭스크로 건너가, 노농혁명에 대한 국제간섭군이 되어 연해주를 침공해오는 일본군에 맞서기 위해 한인 의병 적위대의 군사교육을 맡았다. 불운하게도 아군의 패전으로 상황이 몹시 나빠지자 별수 없이 귀향하게 된 그는 비록 3.1운동에 직접 참여하지는 못했으나 다른 방법으로 일제에 항거하기를 꾀하였다. 일제가 평화적 대중시위를 진압하며 저지른 각종 만행을 조사하여 세계만방에 폭로하려 한 것이다.

그러기 위해 애를 많이 썼음에도 목적 달성은 안 되고 말자 실망했는지 한동안 가사에 전념하던 그는 옛 학우이고 절친 동지이던 이내성과 1926년 말에 재회했고, 그것을 계기로 분연히 항일투쟁의 길로 다시 들어섰다. 그 배경에는 김창숙과 이정기가 베이징에서 들어왔고 뒤이어 은사 장지필도 서간도에서 귀국했으며 이육사와 그 형제들이 그 움직임과 결부되어 조직적 연대를 도모하기 시작했다는 사실들이 놓여 있었다.

하지만 그것만은 아니었다. 조선공산당이 결성되고 6.10 만세운동을 주도해간 것처럼 국내 공산주의운동이 탄압 속에서도 기세를 올리고 있다는 점도 같이 작용한 것 같다. 그런 맥락에서 장진홍은 공산주의자들의 혁명이념에 일정 부분 호응하되 당장 실행이 가능한 전투적 직접행동 노선을 취하여 폭탄거사를 하기로 마음먹은 것이다. 어쩌면 1926년 12월의 상경 중에 서울 한복판에서 벌어진 의열단원 나석주(羅錫疇)의 장렬한 의거와 일경과의 단신 총격전 끝의 자결 직전에 부르짖어 호소하던 '민족 대각성'의 외침에 장진홍이 크게 감응했는지도 모른다.

그리하여 그는 대구의 8개 처 일제기관(장)과 악질 지주로 지탄받는 종씨 1인의 저택 폭파 및 폭살이라는 장대한 계획을 세우고 혼자 준비하기 시작했다. 그리고 종국에는 4개 처로 표적을 줄여서 실행가능한 계획으로 조정하고 마침내 1927년 10월에 단독거사를 감행하였다. 그 결과, 조선은행 대구지점으로 보낸 폭탄의 대폭발이라는 성과를 얻었는데, 당초 목표에는 훨씬 못 미치는 것이기도 했다. 이에 그는 믿을 만한 지인들의 협조와 동참에 의한 안동·영천 폭탄거사와 일본 도쿄에서 그 자신이 행할 재거사를 계속해서 추진했다. 그 중의 어느 것도 실행에 이르지는 못했으나, 이를 두고 당시의 경북 경찰은 "본도로서 아니 조선 전체로서 신기록을 만든 미증유의 사건," "내용도 풍부하고 파란곡절이 많고 또한 그 예를 보지 못한 엽기적 사건"이라 평했다. 그 준비에서 실행에 이르는 전 과정의 어떤 부분들은 장진홍이 동지를 지키기 위해 끝끝내 토설하지 않고 끝까지 비밀을 지킨 것 같기도 하다.

길지 않은 생애이긴 했지만 장진홍의 인생의 절반가량은 맹렬히 타오르는 화염 같고 폭발하는 화산과도 같은 모습이었다. 체포된 후나 미결수로 옥에 갇혀있을 때도 왜적의 손에 죽임 당하지는 절대로 않을 것이고 내 손으로 자결하고야 말겠다는 결기를 매섭게 내뿜기도 했다. 그러면서도 이승에 두고 갈 노모와 아내와 6남매의 자식들을 마음 깊이 걱정하고 장차의 가사와 자신의 장사(葬事)에 대해 미리 일러주고 당부도 하는 편지를 써 자주 보내는 다감함과 자상한 모습도 내보였다. 그런 의미에서 그는 보기 드문 대장부임과 동시에 참으로 신실한 남성이기도 했다.

돌아보면 장진홍은 20대의 초년부터 전투적 항일노선에 공감 동참한 데다 자비를 들여 일제의 만행을 혼자 조사하고 전 세계에 폭로하려 한 데서, 강렬한 조국애와 민족적 의분을 한 몸에 구현해낸 독립지사이다. 품었던 초지를 포기하지 않고 되살려내, 과감한 결단과 용의주도한 준비로 백주의 대구 폭탄의거를 성공시키고 후속 폭탄의거도 추진했다. 그처럼 치열하고도 쉼 없는 그의 분투는 의열단운동으로 대표되던 1920년대 전반기 의열투쟁의 맥이 그 후반기에도 끊이지 않고 이어져 폭발적으로 분출함과 같은 것이었다. 그 연속선상에서 1930년대 초의 이봉창 의거와 윤봉길 의거도 나올 수 있었던 것이라고 볼 수 있지 않을까?

이 두 의거처럼 장진홍 의거도 단독으로 감행된 것임이 분명하지만, 그 이면에는 여러 명의 동지와 조력자가 있었다고 추측된다. 아직은 미완성이던 어떤 결집체(흔히 '암살단'이라 일컬어져 온 것)와의 기맥상통도 있었으리라고 생각된다. 크게 보면 국외 방면으로는 베이징에 집결해 있었고 국내에서는 한주학파 계보를 주축으로 하여 움직여간 경북 서·북부 출신 독립운동가 세력의 1920년대 중반 무렵 동향과 관련되었을 것이라고 함이다. 그런 의미에서 장진홍 의거는 단독거사이면서도 단독거사가 아니라는 이중적 성격을 띠었던 것이라고 말할 수 있다.

어쩌면 그것은 한말 의병투쟁 이후로 경북사람들의 심성 속에 하나의 기맥으로 형성되어 면면히 전승되어간 특출한 저항정신과 진취적 정의감의 발로였다고도 하겠다. 민족해방과 독립자유만 아니라 본원적으로 정의롭기도 한 새 세상을 꿈꾸며 열렬히 추구하는 의열정신이 한국인들의 가슴마다에 언제든 그럴 때다 싶으면 되살아나 타오를 것임을 웅변해주는 것이기도 했다.

주요 참고문헌

『동아일보』, 『매일신보』, 『조선일보』, 『중외일보』.
「대구폭탄사건 예심종결결정서」, 대구지방법원, 1929. 12. 9.
「장진홍 등 9인 판결문」, 대구지방법원, 1930. 2. 17.
「장진홍 등 2인 판결문」, 대구복심법원, 1930. 4. 24.
「장진홍 판결문」, 조선총독부 고등법원, 1930. 7. 21.
「김기용 등 6인 판결문」, 대구지방법원, 1930. 9. 18.
경상북도경찰부(류시중 외 역), 『고등경찰요사』(1934), 선인, 2010.
지중세 역편, 『조선 사상범 검거 실화집』(1946), 돌베개, 1984.
장진홍의사 기념사업회 편, 『창여 장진홍 의사』, 1992.
이동영, 『한국독립유공지사 열전』, 육우당기념회, 1992.
김영범, 『의열투쟁 Ⅰ — 1920년대』, 독립기념관 한국독립운동사연구소, 2009.
안동독립운동기념관 편, 『경북독립운동사』 Ⅴ(1920~40년대 국내 항일투쟁), 2014.
윤상원, 「시베리아 내전의 발발과 연해주 한인사회의 동향」, 『한국사학보』 41, 2010.
이성우, 「창여 장진홍의 생애와 조선은행 대구지점 폭파의거」, 『한국독립운동사연구』 57, 2017.

7장
군자금을 만들고 독립전쟁을 준비하자:
박시목의 긴 호흡

'최후의 결전'으로 가는 발걸음

일본제국주의의 말기 증상이 여기저기 나타나고 있던 1940년대 전반기, 그러니까 태평양전쟁 발발 후 거의 4년 동안 한국인들이 벌여간 독립운동은 일제의 통제가 엄혹할수록 더 치열했다. 그러나 미처 밝혀내지 못했거나 시선이 가닿지 않아서, 묻히고 안 알려진 부분이 적지 않다. 그래도 근래 들어 이 시기의 국내외 독립운동에 대한 관심이 부쩍 늘어났고 자료발굴과 학술연구에서 그만큼의 진전과 성과가 있는 것은 퍽이나 다행이고 고무적이다.[1]

한동안 한국독립운동이 몇 개의 거점지역과 그 주축세력 및 중심기관·단체들로 나뉜 상태에서 상호경쟁 이상의 분파적 갈등만 계속해서 벌여간 것처럼 인식되고 그려지는 경향이 있었다. 그러나 그와 같은 부정적 편향을 극복하는 방향에서 세력·기관·단체들의 상호 연대와 결집에 의한 항일민족전선 통일운동과 좌우합작의 협동전선운동이, 나아가 동아시아 반제전선의 국제 연대까지도 꾸준히 시도되어 적지 않은 성과와 결실을 보았음이 밝혀져 강조되기도 했다. 그리하여 합작·통일의 추동력과 실제의 행보가 1940년대 들어

---

[1] '일제강점 후기'인 1931~1945년의 한국독립운동에 대한 총정리와 평가가 최근 신용하, 『일제강점기 한국민족사 (하)』(서울대학교 출판문화원, 2023)의 여러 장에서 행해졌다. 폭넓은 논의가 펼쳐진 이 책의 〈참고문헌〉란에서 관련 연구성과들의 서지 목록을 볼 수 있다.

일제 침략세력의 패망이 전망되고 가시화할수록 더욱 강화되고 가속되어 갔음이 이제는 상당 정도 인정되고 있다. 연관하여 더욱 주목되는 것은 결정적 시기의 일제 격멸을 위한 '최후의 결전'을[2] 실행할 것을 다짐하고 기약하는 태세로 무장독립운동의 대오 정비와 증강을 기함과 동시에 상호연계로 그 효과의 극대화를 도모하는 수면 하의 움직임들이 있었다는 점이다.

이 글은 그런 움직임의 하나로 1941년부터 중국 북경(北京)에서 의열단 계통의 일부 독립운동자들 중심으로 극비리에 시동, 추진되었으나 결실은 얻지 못하고 중도 좌절되어버린 항일결전 준비 사업을 고찰해보려는 것이다. 이것은 북경을 책원지로 하되 만주 봉천(奉天)에 연락거점을 두고 국내의 청년지사를 다수 불러들여 연안(延安)으로 보내서 중국공산당 군·정 기관의 지원을 받고 조선의용군과 연결을 맺음과 아울러, 길림(吉林)·연길(延吉)·백두산 일대의 항일세력 및 그 기지들도 흡수·통합할 계획으로 전개된 것이었다. 중심적 추동자는 예전의 의열단 간부였던 항일투사 김시현(金始顯)이고, 의열단원이었다고 알려진 박시목(朴詩穆)이 그의 측근으로 포섭되어 처음부터 동참하며 보좌했다. 거기에 이육사(李陸史)를 비롯하여 대구 일원의 청·장년층 독립지사들이 대거 가담하였다.

몇몇 독립운동가의 회고 기록과 독립유공자 공적서 등에 이 사실의 편린이 언급되기는 했지만, 핵심을 비껴간 파편적 사실의 기술일 뿐이었다. 심지어 머릿속의 허구나 과장 일색의 얘기로만 간주되어, 진지하게 연구관심이 주어질 여지가 처음부터 없는 거 같은 감도 있었다. 인물사 부면으로는 김시현과 그의 독립운동에 관한 논저가 두어 편 나와서[3] 좋은 참고가 되나, 논지와

---

[2] 이 용어는 석정(石正) 윤세주(尹世胄)가 중국중앙육군군관학교 성자분교(星子分校) 한인특훈반의 교관일 때인 1938년에 작사한 항일군가의 제목을 빌려오는 것이다. 그 가사는 졸저, 『의열단·민족혁명당·조선의용대의 영혼 윤세주』(역사공간, 2013), 124-125쪽에서 볼 수 있다.

[3] 양형석, 「김시현(1883~1966)의 항일투쟁」, 『안동사학』 3, 안동사학회, 1998; 김희곤, 「한순간도 꺾이지 않은 항일투쟁의 길, 김시현의 삶」, 이태진교수 정년기념논총 간행위원회, 『시대와 인물, 그리고 사회의

내용 범위에서 이 글의 관심사나 논제와 맞닿을 부분은 거의 없었다. 게다가 박시목은 여태 거명조차 되지 않던 새로운 인물이다. 이에 이 글에서는 특별히 박시목을 조명하고 그의 독립운동 행로를 순차적으로 살펴보는 형식을 취하여, 그를 중심에 두고서 논지를 구성하고 펴가려 한다.

이 글의 주제가 될 박시목의 1940년대 활동이 극비리에 진행된 측면이 크기 때문에 관련 기록을 찾아보기 힘들다. 남아있거나 발견되는 것이 거의 없다. 다행히 근래 수집, 공개된 경성지방법원의 형사사건기록철 중의 하나에[4] 이 글의 논제와 직결될 문서가 들어있기에 그것을 적극 활용하려 한다. 논제 관련 활동에 직·간접으로 관여했거나 제3의 관찰자적 위치에 서게 되었던 독립운동가나 근친자의 회고록·자서전 자료, 개인적 증언 성격의 비공식 문서류, 관청이나 민간 편간서에 실린 문서도 자료적 가치가 인정되는 한에서 부가적으로 이용해볼 것이다. 공식문서든 아니든 자료 그 자체로 다 말해지지 않는 어떤 공백과 이면 부위들에 대해서는 해석과 추론이 얼마씩은 개입함도 불가피할 것임을 미리 말해두고자 한다.

독립운동의 첫걸음 내딛기와 숨 고르기

국내 '13도 총간부' 조직과 활동

박시목은 1894년 경상도 밀양도호부(密陽都護府) 상서초동면(上西初洞面) 신월동(新月洞)의 양반 지주 집안에서 장남으로 태어났다. 부친 박한철(朴漢哲/喆)은 1907년 상서초동면장 재직 중에[5] 의친왕(義親王) 부속실의 8급 서기로 임

식』, 태학사, 2009; 김희곤, 『김시현: 항일투쟁에서 반독재투쟁까지』, 지식산업사, 2013.
4 『北條光範(辛光範)·安東馨(權正烈) 刑事訴訟記錄』, 경성지방법원, 1944(국사편찬위원회 소장).
5 『황성신문』 1907년 3월 14일, 「公貨被盜」 참조.

명되어[6] 1910년 8월까지 3년여간 서울서 봉직하였다. 그 기간에 박시목도 상경하여 학교 다니다[7] 부친이 낙향하니 같이 귀향한 것 같고, 1912년쯤 결혼한 것으로[8] 보인다. 늦어도 1915년 전에[9] 부친은 향리를 떠나 경북 의성(義城)으로 이주했고, 1917년경 점곡면(點谷面) 송내동(松內洞)에 생활 터전을 마련해 밀양의 가족을 불러들였다. 박시목도 이때 부인과 두 아들을 데리고 의성으로 옮겨간 것으로 짐작된다.

1919년 3·1운동이 발발했을 때 박시목은 의성에 있지 않고, 중국 상해(上海)서 들어온 현정건(玄鼎健, 1893년생)과 함께 서울서 밀행하였다. 대구서 태어나고 자랐지만 선조의 본향이 밀양이던 현정건은 1910년 상해로 나가 있었는데 이때 독립운동자금 모집을 위해 서울로 잠입한 것이다. 입국 후 3월에 종로경찰서에 체포되었다가 풀려난 현정건은 본래의 임무를 완수하지 못한 채 동지적 연인인 현계옥(玄桂玉)의 국내 탈출과 길림행만 성공시켜놓고는 뒤따라 길림으로 떠난다.[10] 길림의 조선독립군정사(朝鮮獨立軍政司) 주비원(籌備院)의 재무위원으로 있다가 귀국 중이던 강택진(姜宅鎭)이 중간 기착지인 장춘(長春)에서 현정건과 상면케 되었을 때, 서울 가면 '박시목'이란 이름의 동지를 만나 앞으로의 일을 상의토록 일러받았다.[11]

---

6 『대한제국 관보』제3808호, 1907년 7월 1일, 「敍任及辭令」.
7 이렇게 보는 근거는 교남교육회(嶠南敎育會)의 기관지 회원명부에 '밀양 박시목'이 올라 있음이다. 『교남교육회 잡지』제2권 11호, 1910년 4월 25일, 「회원명부」, 42쪽 참조.
8 「박한철 제적부」에 의함.
9 1915년 2월에 박한철이 주류 제조 면허를 취득했는데(『조선총독부 관보』제2457호, 1920년 10월 19일, 「주류제조면허증 무효」) 본향 밀양에서라면 있기 어려운 일이었다. 그래서 이주 시점의 하한선을 이때로 잡는 것이다. (이 책에 제10장으로 수록).
10 현정건에 대해서는 졸고, 「현정건의 생애와 민족혁명운동」, 『한국민족운동사연구』70(한국민족운동사학회, 2012)가 참고된다.
11 「강택진 경찰신문조서」1920년 11월 6일(국사편찬위원회, 『한민족독립운동사자료집』42, 2000, 148쪽). 이 조서와 「증인 姜元熙 경찰신문조서」(1920년 11월 16일)만 제외하고 다른 피의자 전원의 경찰·검사 신문조서에는 '朴時穆'이 아니라 '朴時默'으로 적혀 나온다. 마찬가지로 현정건도 이 사건 기록들에서

6월 말경에 입경한 강택진은 그 말대로 박시목을 찾아가 수인사했고,[12] 10월 중순에 재회했을 때는 박시목이 그동안 상해를 다녀왔음을 말하면서 임시정부 특파원증, 유고문(諭告文), 애국금 수합위원 사령서(辭令書), 애국금 영수증 등의 인쇄본 다수를 보여주었다. 바로 뒤이어 양인은 '대한 임시정부(일제 자료들에서는 밑줄 부분 전체가 '조선') 13도 총간부'라는 신기관 명의로의 '애국금' 모집 활동을 주도적으로 벌여서 성공적인 결과를 얻어낸다. 명칭이 그렇듯이 이 활동은 상해의 대한민국 임시정부 지령에 따라 전적으로 임시정부를 지원키 위한 것이었다.[13] 그 경과를 살펴보면 이러했다.

10월 23일경에[14] 박시목은 삼청동의 취운정(翠雲亭)으로[15] 동지 6인을 소집하여 회동했다. 강택진을 비롯하여 박상목(朴尙穆), 김일청(金一淸), 이상욱(李尙旭), 송병조(宋秉朝), 윤태선(尹泰善)이었다. 여기서 박시목이 애국금 모집 임무를 띠는 기관으로 '13도 총간부'를 조직하도록 정부로부터 명령받고 왔음을 공지시켰다. 그럴진대 '총간부'는 '총-간부'가 아니라 '총간-부'의 의미로 읽혀야 할 것이었으니, '정부를 대리해 국내를 총괄할 부처'라는 뜻이었다. 전원의 찬동으로

일관되게 '玄貞根'이다. 이름의 한 글자를 발음이 비슷한 다른 글자로 바꿔쓰는 식의 초보적 가명화를 두 사람도 신원 위장을 위해 했던 것 같다.

12 강택진(1892년생)은 1915년경 소년 金元鳳이 전국 무전여행 길에 나섰을 때 경북 榮州에서 만나본 청년지사로, 1947년의 『若山과 의열단』에 실명으로 등장시킬 만큼 깊이 인상 지워진 이였다. 그 옛날 강택진이 많은 돈을 쾌척했음을 김원봉이 이때 회억한 것인데, 박시목이 밀양서 살고 있었을 적에 혹시라도 그 얘기를 직·간접으로 들었다면 강택진을 특별하게 여기어 이름을 기억하고 있었을 것이다.

13 '13도 총간부'는 그 실체가 현재까지 어디서도 논급된 바 없기에 여기서 그 조직과 활동을 약간 상세히 밝혀 기술해보기로 한다. 이하의 서술은 국사편찬위원회, 『한민족독립운동사자료집』 42, 145-203쪽에 주로 의거하고 『매일신보』 1921년 3월 19일, 「우국금을 모집코져」를 참고한다.

14 「공판시말서」, 1921년 5월 25일(국사편찬위원회, 『한민족독립운동사자료집』 42, 198쪽).

15 '취운정'은 가회동(嘉會洞)의 창경궁(昌慶宮) 안과 삼청동(三淸洞)으로 두 군데 있었는데, 이 사건 기록에 수차 나오는 취운정은 정황과 방증에 비추어 후자의 것이었다고 판단된다. 강택진의 당시 주소가 삼청동의 취운정 인근이었고, 1920년 3월경에 김현석(金鉉奭)이 '삼청동 뒷산의 취운정'에서 강택진이 주는 특파원 신임장을 받고 자금모집을 기도한 사실도 있다. 「김현석 외 1인 판결문」, 대구지방법원, 1921년 6월 2일; 『동아일보』 1921년 5월 9일, 「취운정에서 모의하고」 참조.

곧 조직에 착수했는데, 총무·노동·재무·경무·편집·교통·교섭의 7개 부를 두고 각자 하나씩 부장직을 맡으면서 박시목이 재무부장, 강택진은 교섭부장이 되었다. 대외적으로는 '의친왕' 이강(李堈) 공(公)을 우두머리로 내세우기로 했다.

얼마 후 그들은 각자의 연고지별로 군자금 모집 활동에 나섰다. 할당지는 함경 윤태선, 평남 박상목, 평북 김일청과 이상욱, 경남 송병조, 경북 강택진, 경남북 박시목으로 정하였다. 모금은 부호 집에 유고문을 우송한 다음 특파원을 보내 애국금 수금위원 사령서를 교부하고, 부호는 아니지만 '토지의 신용이 있는'[16] 자에게는 찬의사(贊議士) 사령서를 교부하며, 그런 후 기한 내로 수금위원이 돈을 거두어놓으면 순회 특파원이 가서 인수하고 재무부에 전달하는 식으로 해가기로 약정하였다.[17]

1919년 11월에 총간부 명의로 나온 활판 인쇄의 국한문본 「유고」가 있다.[18] '전유(前諭)'가 있었음에도[19] 시일을 미루기만 하고 관망·주저하며 호응이 별로 없음을 질타하면서 다시 고(告)함에 의해 출연(出捐)을 독촉하는 내용이었다. 말미에 '대한민국 원년 11월 일'과 '대한 임시정부 13도 총간부'라고 적혔고, '총간부인'이라는 주인(朱印)이 선명하게 찍혔다. 「유고」에는 "현금(現今) 시기(時機)가 절박"하므로 "속히 순회 효유하여 실효를 기도"토록 '(수금)위원'들에게

---

16 '매각 가능 토지를 소유하고 있는'정도의 의미가 아니었을까 한다.
17 이 모금 절차는 강택진이 진술한 바인데, 조금 뒤에 보겠지만 실제 활동에서는 사령서를 먼저 교부하고 나서 유고문을 보내는 식이 되었던 것 같다.
18 「高警 제8672호, 불온 우편물 차압에 관한 건」 1920년 3월 26일, 『不逞團關係雜件: 朝鮮人ノ部一在內地』 10(국사편찬위원회 한국사 DB);「상해 대한민국임시정부가 13도 총간부에 유고한 건」, 1920년 3월 26일(국회도서관 편, 『한국민족운동사료(중국편)』, 1976, 128쪽).
19 똑같이 '대한 임시정부 13도 총간부'명의로 되어 있으면서 날짜 없이 연도만 적힌 등사판 「유고」가 10월 말일에 전남 순천군(順天郡)의 김정태(金貞泰) 집에 투입되었다(「고경 제32899호, 지방민정휘보」 1919년 11월 20일, 국사편찬위원회, 『한국독립운동사 자료』 38, 2002, 175-177쪽). 상당히 장문이고 표현이 신랄·과격한데, '2천만 전국 민중'에게 고하면서 '특히 유산계급'에게 선포한다고 하였다. 이 「유고」가 여기서 말해진 '전유'였을 가능성이 있다.

촉구하고 날인한 '부훈(部訓) 제1호'가 첨부되어 있었다.[20]

'조선 13도 총간부 일동' 명의로 작성된 '대한민국 원년 11월 1일'자의 국한문본 문서가 하나 더 있는데,[21] 그 자체로 '유고'는 아니나 관련이 깊다. 문체와 내용이 경치서(敬致書)의 성격을 띠는 간략 보고문이다. 국내는 정부의 직접 관할이 불능인지라 총간부가 정부 체재(體裁)를 대신해 8개 부를 설치했고 "정부의 관제를 본떠서 도에서 면·리 단위까지 행정기관을 설치하여 연락이 통하도록 했다"고 보고한다. 7개 부의 명칭과 부장 이름을 영자로 약기도 해놓았는데, 그 약명은 이듬해 강택진이 경찰에서 진술한 것과 거의 일치한다. 즉, '총무부장 T.S.Youn'은 윤태선, '노동부장 S.M.Park'은 박상목, '교통부장 I.C.Kim'은 김일청, '편집부장 P.Q.Song'는 송병조를 일컬음이다. '편집부장 S.O.Cho'는 이상욱에 해당한다고 보이는데, 姓이 강택진의 진술과는 다르게 표기되었다. '교섭부장 K.Park'은 박건(朴建)—이는 독립운동기에 박시목이 쓰던 이명임[22]—의,

---

20 이 훈령 원본의 일본어 번역문이 앞의 「高警 제8672호, 불온 우편물 차압에 관한 건」(1920. 3. 26)에 나오고, 그 번역본을 국문으로 되옮긴 것이 국사편찬위원회, 『한국독립운동사자료』 3(임정편 Ⅲ), 1983(중판), 175-176쪽에 실린 「13도 총간부가 보낸 유고문」이다.

21 국사편찬위원회의 《3.1운동 데이터베이스》에 원문과 탈초본이 같이 실렸고, 출처가 『雩南李承晩文書, 東文篇』(연세대학교 이승만연구원)'으로 표기되어 있다. 이 문서를 데이터베이스에 넣으면서 「조선 13도 총간부 유고」라는 제목이 붙여진 모양인데, 원본에는 없는 제목이다. 내용을 봐도 '유고'라 하기가 매우 어렵다. 문서 첫머리에서 '우리 대통령 이승만 박사'의 건강을 축도하고, 말미의 3개 구호 중에 '우리 대통령 만세!'가 들어있다. 부장들의 이름을 알파벳 英字로 표기했고 문서 상단에 'Nov. 1, 1919'라고 필기한 점도 특이하다. 이런 여러 점에서 이 문서는 국내 자산가 대상이 아니라 재미 임시대통령 이승만에게 보낸다는 한정적 용도로 특별제작된 것이었다고 본다.

22 이 본명-이명 관계는 박시목의 후배 독립운동가이던 이종률(李鍾律)이 남긴 기록으로 입증이 된다. 즉, "朴建은 밀양 태생이고, 또 다른 이름은 詩穆이며 호는 회산(晦山)이고, 민족독립혁명 선구자의 한 분..."으로 회고 기술한 것이다(산수이종률선생기념사업회 엮음, 『산수(山水) 이종률 저작자료집』 제1집, 들샘, 2001, 159쪽). 그렇다면 『조선민족운동 연감』의 「대한민국 원년 11월 기(起) 각도 조사원 명부」에 '경상북도 의성군 朴建'(국사편찬위원회, 『대한민국임시정부 자료집』 별책 2, 2009, 58쪽)으로 등재된 이도 경북 영덕 출신의 재만(在滿) 무장독립운동가였고 국민대표회의 때 창조파의 일원이던 1880년생 박건(朴健)이 아니라 이 朴建 즉 박시목이었다고 보는 것이 옳을 터이다. 이 '조사원'신분과 역할은 '13도 총간부 재무부장'의 그것과 별개이고 조금 뒤에 가서 부여된 일종의 겸직이었다고 할 것이다.

'재무부장 H.Kang'은 강택진의 아호 하연(何然)의 영자 표기였을 것이다.[23]

모금 활동의 실제는 이러했다. 총간부의 역원 7명이 수하 특파원을 서로 비밀로 하기로 한 위에서 강택진과 박시목은 이재영(李在永)과 강천민(康天民)에게 특파원증을 주고 10월 하순에 경북으로 파견했다. 박시목은 안동의 이균호(李均鎬)·류인식(柳寅植)·류시혁(柳時赫)·류시일(柳時一)·류동시(柳東蓍)·권태연(權泰淵) 외 수 명과 청송(靑松)의 심호택(沈琥澤)에게 수합위원 사령서를, 안동의 류만식(柳萬植)·이충호(李忠鎬) 외 수 명에게는 찬의사 사령서를 갖고 가 교부토록 했다. 그리고 강택진은 영주군 풍기면의 김교림(金敎林)·이풍환(李豊煥)·정후섭(丁厚燮) 3인에게 수금위원 사령서를 보냈다. 경남 쪽으로는 박시목이 곽병도(郭炳燾)와 허만필(許萬弼)로 하여금 수합위원 사령서를 지참하고 가서 진주의 허준(許駿), 밀양의 손세관(孫洗瓘) 외 다수인에게 교부토록 했다.

그러나 반응은 기대만큼 협조적이지가 않았다. 이에 11월 초순부터 12월 중순 사이에 경남북 각지의 부호들에게 유고문을 보냈고, 11월 하순께부터 특파원을 보내 집금을 시작했다. 그 무렵 윤태선·박상목이 피검되니 총간부의 다른 역원들이 일시 잠적하였다. 박시목은 안동으로 피신했다가 진주사람 하(河)아무개로 위장하고 경상도 방면을 순회하다 1920년 1월 말경에 귀경했다. 전후하여 강택진의 연고지인 영주군으로 출장 간 이재영·곽병도가 강·온의 두 방법을 쓰면서 현지 부호들에게서 모금했고, 수금된 돈이 강택진을 거쳐 박시목에게 건네졌다. 모금액은 김교림 500원, 이풍환 500원에 더하여 백삼 200근, 정규창 1,200원, 정규집 400원, 정후섭 400원으로 총 3,200원 상당이었다. 그중 490원이 특파원 여비 등으로 공제되어, 박시목에게 최종 납입된 금액은 2,710원이었을 것으로 계산된다. 총간부 명의로 박시목이 발행한 영수증을 강택진이 자금 공여자들에게 우송해주었다.

---

[23] 두 사람의 직명 짝지음이 강택진의 경찰 진술과 상반되는데, 모금의 상세 내역과 그 용처 또는 행방에 대해서는 함묵하여 최대한 '모르쇠'로 버티려고 일부러 바꿔서 진술한 것이 아니었겠는가 한다.

후일 체포된 강택진과 곽병도의 진술로는 영주에서의 모금 내역만 밝혀졌을 뿐이고, 확인 불능이지만 다른 지역에서의 것을 다 합하면 훨씬 그 이상이었을 것이다. 예컨대 박시목은 신무(申武)·신덕(申德)·류인식·채충식(蔡忠植)·정수기(鄭守基) 등과의 합력으로 경북 여기저기서, 주로는 양반집 종가를 상대로 모금했다고도 한다.[24]

모금된 돈을 임시정부에 전달하기 위하여 박시목과 강택진이 1920년 음력 1월 말(양력 3월 중순경)에 서울을 떠나 상해로 갔다.[25] 도항 직전에 박시목은 서울 숙소에서 총간부 관계 서류 일체를 불태워버렸다. 상해에서는 안창호(安昌浩) 외 여러 요인을 만나보고 국내 상황을 보고했다. 강택진은 5월 하순쯤 귀국했으나 박시묵은 그대로 남아 1년 반 이상 재류한다.

도쿄 체류와 신간회운동 가담

상해로 간 박시목은 현정건, 현계옥 3자매와 반갑게 재회했는데, 알고 보면 범상치 않은 인연들이었다. 그중 네 명이 본래는 밀양 출신이고, 현정건은 선조의 본향이 밀양이었다. 그래서인지 현계옥의 동생 계향(桂香)과 박시목이 자연스런 친교 중에 애정관계로 발전했다.

1921년 11월 초순에 박시목은 '당천택(唐天澤)'이라는 이름의 중국인으로 위장하고 상해서 일본으로 건너갔다. 도쿄(東京)로 들어간 박시목은 세이소쿠(正則)영어학교에 입학원서를 내고 와세다대(早稻田大) 학생 등의 동포들을 찾아다니며 만나던 중, 간다(神田)의 은신처를 급습한 경찰에 붙잡혀갔다.[26] 그의 도쿄 잠입의 실제 이유나 목적이 무엇이었는지는 알기 어렵다. 경찰은 그가

---

24 그중에는 예안(禮安)의 퇴계(退溪) 종가에서 5천 원, 박시목의 의성 매부로부터 1천 원도 있었다고 한다(의성문화원 편,『항일독립운동: 의성군 자료집』, 1992, 493쪽).
25 「강택진 경찰신문조서(제4회)」, 1920년 11월 19일(『한민족독립운동사자료집』 42, 170쪽).
26 『동아일보』 1922년 1월 17일, 「수십만 장의 선전서로」 참조.

독립사상을 선전코자 수십만 장의 인쇄물을 만들어 뿌리려 한 혐의가 있다고 발표했다. 그것이 맞다면 그는 향후의 일본 내 의열단 활동 관련의 어떤 준비, 가령 자금 조달이나 거점 확보를 김원봉에게서 지시받고 온 것일 수 있다. 그런데 박시목의 도쿄 도착 사흘 뒤에 현계향이 출산했다는 점에서는 그의 일본행이 순전히 개인적인 이유로였을 수 있었다. 체포된 계기는 조선총독부 경무국에서 그를 13도 총간부 사건의 주범으로 지목하고 도쿄경시청으로 보낸 수배자 사진이 있었고, 그 속의 얼굴과 입경(入京) 때부터 수상한 기미를 보인 '중국인'의 얼굴이 흡사하니 추적되고 미행당해서였다. 그 정도로 위험이 잠복해있는 행선지임에도 박시목이 굳이 그때 일본으로 간 것은 무언가 다급한 사정이 있어서였는지도 모르는 것이다.

아무튼 피체 후 1개월이나 취조당한 박시목은 그 후 경찰의 예고대로 국내 압송된 것 같은데, 신병 처리 경과와 결말을 알려주는 자료가 없다. "1년여 고투 끝에 석방"되었다고만 간략히 알려진다.[27] 그에 대한 재판 관련의 보도가 일절 없었고 판결문도 찾아지지 않음에서, 예심의 면소(免訴) 결정으로 공판 청구 자체가 없었을 수 있다. 아니면 그 전에 검사국에서 '증거 불충분'을 이유로 아예 불기소했는지도 모른다. 증거가 될 문서류를 그 자신이 이미 모두 소각했기에, 검·경의 엄한 추궁에도 잘 버텨낸 것이 아닌가도 한다.

석방되고 2년쯤 후인 1925년에 박시목은 다시 도쿄로 건너갔고, 현계향 및 딸과 함께 새 가정을 꾸민다.[28] 가톨릭 예수회 계열의 조치대학(上智大學, Sophia College)에 입학해 철학과를 다니던 그는 1927년 5월에 설립된 신간회(新幹會) 동경지회(東京支會)에 가입해 활동해 간다. 지회 창립 직후의 간부진 22인 명

---

27 의성문화원 편,『항일독립운동: 의성군 자료집』, 493쪽.
28 1925년 11월『동아일보』의 현계옥 관련 기사에 현계향이 "박세붕과 함께 일본서 공부"한다는 대목이 있다(『동아일보』, 1925년 11월 7일, 「폭탄 제조와 권총 발사」). 그 3일 전 기사에서 현정건을 '현어풍(玄御風)'으로 지칭했음과(『동아일보』, 1925년 11월 4일, 「시국에 자극받고 胸裏에 열혈인물」) 같이 '박세붕'이란 박시목을 가리키는 가명이었다.

단,[29] 같은 해 11월경의 간부진 19인 명단,[30] 12월 18일의 제2회 대회에서 개선(改選)된 간사 21인 명단,[31] 어디에도 이름이 나오지 않는 것으로 보아, 첫해에는 박시목(박건)이 평회원으로만 있었던 것 같다.

동경지회의 제2회 대회에서는 다음 해 2월 서울서 개최되는 제2기 전국대회에 보낼 대의원도 선출했는데, 결과는 민족계 2명, 공산계 13명으로 나왔다. 이에 반발한 전임 지회장 조헌영(趙憲泳) 등의 민족주의자들과 서울파('비(非)이론파 조선공산당') 사회주의자 등 8명이 간부직을 사임하면서 지회 내부에 분란이 일어나기 시작했다. 1928년 1월 초에 조공 일월회계(一月會系) 주도의 '프롤레타리아 헤게모니 전취'론을 비판하는 긴 제목─'전민족적 단일전선 파괴 음모에 관하여 全조선 민중에게 호소함: 통일전선을 교란하려는 신파별귀(新派閥鬼)의 정체를 폭로하고 신간회 동경지회의 임시대회 소집을 요구한다'─의 성명서가 지회원 111명의 연명으로 나오는데, 그 서명자 중에[32] '朴建'이 들어있었다.

이 111인 성명은 지회 제2회 대회가 공산주의자들의 "헤게모니 탈취라는 반동이론의 구체적 실행"인 프랙션(fraction) 전술에 의해 '신파벌의 독점적 난무장'이 되어버렸다고 맹비난했다. 나아가 안광천(安光泉)을 비롯한 조공 3차당 중앙의 대(對)신간회 전술과 그 활동에 전면 반대한다면서 "신파벌의 괴뢰를 타도하자"고 목소리를 높였다. 프롤레타리아 헤게모니를 주장하는 짓은 좌익소아병이고 전민족적 총역량의 분산과 조직의 분열을 초래하는 것이라는 주장에 곁들여서였다. 특히 일월회를 지목해 파벌분자들의 집단으로 규정짓고, 이들에 의해 모든 권능이 독점되다시피 되어버린 동경지회의 임시대회

---

29 水野直樹, 「신간회 동경지회의 활동에 대하여」, R. 스칼라피노·이정식 외, 『신간회 연구』, 동녘, 1987, 126쪽 참조.
30 水野直樹, 「신간회 동경지회의 활동에 대하여」, 134쪽 참조.
31 이균영, 『신간회 연구』, 역사비평사, 1993, 659쪽 참조.
32 명단은 김인덕, 『식민지시대 재일조선인운동 연구』, 국학자료원, 1996, 145쪽을 볼 것.

소집을 요구한 것이다.[33]

결국은 2월에 '민족계'의 요구대로 임시대회가 열리고, 새 지회장으로 '박사목(朴思穆, 의성)'이, 간사에 류원우(柳元佑, 상주)·오희병(吳熙秉, 영양) 등이 선출된다. 전국대회에 보낼 대의원도 조헌영(영양), 김정희(金正希, 영천), 전진한(錢鎭漢, 상주), 박시목(朴詩穆) 등이 뽑혔다.[34] 그런데 자료를 재검토해보면, 경찰문서에 새 지회장으로 기재된 '박사목'은 '박시목'을 오인 또는 오기한 것임이 입증되고,[35] 그렇다면 박시목이 대의원으로만 아니라 지회장에도 선출된 것으로 보아야 한다는 결론이 나온다.[36]

동경지회의 내분 사태를 묵과할 수 없던 신간회 본부에서는 경성지회 임시집행부의 서기장인 이관용(李灌鎔)을 조사위원으로 선임해 보냈다. 그의 조정으로 3월 들어 지회 내부에서 타협이 이루어지는 것처럼 보였으나, 매사 반목의 상태가 깨끗이 해소되지는 않았다. 게다가 동경지회가 서울 본부와 대립하는 일까지 벌어진다. 경찰의 전국대회 금지령에 본부가 임시대회를 열어

---

[33] 1928년 초의 신간회 동경지회 내분의 경위와 자세한 상황은 김인덕, 『식민지시대 재일조선인운동 연구』, 144-146쪽, 또는 김인덕, 「신간회 동경지회와 재일조선인운동」, 『한국근현대사연구』 7(한국근현대사연구회, 1999), 249-250쪽이 참고된다.

[34] 경상북도경찰부, 『고등경찰요사』, 1934, 156쪽.
이로써 '민족계'가 세력을 만회하여 지회를 그들이 좌우하게 되었다고 경찰은 평했고, 창립 당초부터 계속해서 경북 출신자가 동경지회의 중견 역할을 해왔다고 첨기하였다.

[35] '의성'출신의 '박사목'은 어떤 자료에서도 발견되지 않는다. 그렇다고 '박사목'이 실재하는 인물이 전혀 아닌 것은 아니었다. 『조선총독부 관보』 제2073호(1919년 7월 9일)에 밀양군 상서초동면 사람으로 朴思穆이 나오는데, 1909년 12월부터 1910년 5월까지 후릉참봉(厚陵參奉) 직에 있던 박사목과(『대한제국 관보』 제4548호, 1909년 12월 7일; 『대한제국 관보』 제4681호, 1910년 5월 18일) 동일인이었을 것으로 보인다. 이 박사목은 여러모로 보아 1870년대생이었을 가능성이 매우 크므로, 박시목과 같은 문중, 같은 항렬이었을 수는 있으나 같은 인물이었을 수는 없다. 그러므로 『고등경찰요사』의 '박사목'이란 도쿄경시청의 정보수집이나 그것의 이기(移記) 과정에 범해진 착오였을 것이고, 1928년 2월의 임시대회에서 선출된 신임 지회장은 '박사목'이 아니라 박시목이었다고 보아야 하리라는 것이다. 출신지가 '의성'으로 병기되었음에서 더욱 그러하다.

[36] 이균영, 『신간회 연구』, 659쪽의 '동경지회 부서 및 간부진 명단'과 김인덕, 『식민지시대 재일조선인운동 연구』 및 김인덕, 「신간회 동경지회와 재일조선인운동」의 관련 서술에는 이 임시대회에서 선출된 간부진의 내역이 나오지 않는다. .

교섭을 거듭하면서 각 지회에는 신중한 태도를 요구하니, 동경지회가 앞장서 본부를 비판하며 대회 해금을 위한 대중운동을 전개하자고 주장했고, 국내 지회도 많이들 호응했다. 이에 대한 견제인지 본부는 기관지『신간신문』발간을 8월 1일로 예정하고 준비해간 동경지회에 발간 중지를 명하였다.

그런 일들과 내부 정황이 겹쳐 1928년의 동경지회 활동은 전년도만큼 활발하지는 못하였다. 3월에 일제와 만주 군벌의 야합으로 '극동조선인학교'가 폐쇄되자 북경정부, 봉천성장, 주일 중국공사, 일본정부에 항의서한을 보내고 재만동호옹호회에 격려문을 발송,[37] 4월 11일에「다나카(田中) 반동정부의 일본인 3단체[노농당, 평의회, 무산청년동맹] 해산 폭령(暴令)에 대한 본회의 태도를 성명함」을 발표, 4월 14일 폭압반대 전국연맹에 참가, 5월 4일 와세다대 가정홀에서 열린 극동피압박청년단체 대표자 간친회에 참석, 8월 하순에「국치기념일에 즈음하여 전조선 2천 3백만 동포는 일제히 무장하여 일대 폭동을 일으키자」는 제목의 삐라 제작 및 살포에 연명 4단체의 일원으로 참여한 것 정도가 확인되는 선에서의 활동 실적이다.[38]

국치일이던 1928년 8월 29일, 도쿄 신주쿠(新宿)에서 한인 약 150명이 모여 시위를 벌이던 중 23명이 검속된다. 이때부터 조공 일본총국에 대한 경찰의 대검거가 시작되어, 11월 초까지 36명 피체에 31명 기소라는 탄압이 가해졌다. 그 타격이 신간회 동경지회에도 그대로 전이되어 활동이 거의 중지되다시피 하였다. 1929년 2월의 제3회 지회대회에서 고려공산청년회 일본부의 동경지구 책임자 김동훈(金東訓)이 지회장으로 선출되면서 박시목은 1년 만에 퇴임하였다.

학사과정을 정상적으로 이수했다면 박시목은 1929년 3월에 조치대학을 졸업했을 텐데 실은 그러지 못했다. 학년말의 진급시험에 질병 또는 여행 등

---

37 신용하,『신간회의 민족운동』, 독립기념관 한국독립운동사연구소, 2007, 139쪽.
38 이상의 활동 실적을 포함해 1928년 동경지회의 상황에 관한 서술은 주로 김인덕,『식민지시대 재일조선인운동 연구』, 144-146쪽의 내용을 빌려와 요약한 것이다.

의 구실로 불참하여 낙제가 거듭되었기 때문이다. 이를 두고 후배 동지인 이종률은 박시목의 학적 보유 자체가 독립투쟁의 한 수단이었을 것으로 추측된다고 했다. 이종률이 와세다대 정치과에 입학한 1927년에 박시목이 그더러 "밀양의 황상규(黃尙奎) 선생이 그대를 한번 만나자고 하더라"고 전하면서 방학 때 귀국하거든 꼭 찾아가 보도록 권했다. 그래서 이종률이 그해 여름의 어느 날 밀양으로 황상규를 찾아가니 황포군관학교(黃埔軍官學校) 유학을 권하며 약산(若山)에게 소개해 보내주겠다는 것이었다. 이종률은 집안 사정으로 그럴 수가 없다고 정중히 사절했으나, 김병환(金鉼煥)·배중세(裵重世) 등 예전의 의열단 관계자들을 소개받아 주연(酒宴)을 함께 하는 융숭한 대접을 받았다.[39] 이들 사연과 일화는 박시목이 상해에 재류하고 있었을 적에 김원봉의 직접 승인으로 의열단에 가입했을 것임을 강력히 시사해준다. 이종률도 박시목이 1927년 당시 의열단 비밀단원의 1인으로 도쿄에 파견되어 있었다고 훗날 언명했음도[40] 고려에 넣어야 할 것이다.

독립운동의 저변 다지기와 새로운 출정

대구권 항일지사 관계망으로의 진입

1930년 중반쯤에 박시목이 영주 귀국하니,[41] 생활공간과 활동무대가 자연

---

39 이상의 회고 기록은 『산수 이종률 저작자료집』 제1집, 159-163쪽의 것임.
1927년 여름이면 의열단의 제1차 국내거사 기획의 최종적 실패로 1920년 경찰에 체포되어 7년의 옥고를 겪고 1926에 출옥한 황상규가 귀향 후 밀양에서 청년회운동과 지역사회운동에 진력하고 있을 때였다. 졸고, 「독립운동가 백민 황상규의 생애와 초상」, 『지역과 역사』 40, 부경역사연구소, 2017(이 책의 제1장) 참조.
40 『산수 이종률 저작자료집』 제1집, 159쪽.
41 신간회 제2기의 중앙집행위원회 서기장 겸 본부 서무부장이던 황상규가 1929년 11월부터 와병 중이다 1931년 9월에 별세했다. 박시목이 황상규 문병을 위해 일시 귀국했다가 부모의 호소에 일본생활을

히 국내로 옮겨지게 된다. 그러나 한동안은 특별히 나타나는 동정이나 행적이 거의 없었다. 1933년 들어 10월의 '의성 적색독서회 사건' 때 그도 경찰의 지목을 받고 수배되었다가 12월에 기소중지로 송국(送局)되는데,[42] 관계 기록에 그의 주소가 '경상북도 대구부(大邱府), 이하 불상'으로 기재되고 있었다.[43] 귀국 후 대구에 정착해 조양회관(朝陽會館)을 중심으로 활동했다는 후대의 기록도[44] 이와 부합한다.

이 독서회 사건은 의성군 안계면(安溪面)의 농민조합 사건과 같이 묶여 '의성적화사건', '의성적색사건', '의성공산당사건'으로 불리기도 했는데, 수사를 주도한 경북경찰부에서 37명을 송국했으나[45] 검사국에서 오기수(吳麒洙) 등 '주동자' 3인만 기소했다. 그리고 재판에서 징역형이 나오자 3인이 항소하니 복심법원에서 전원 무죄판결이 나오고,[46] 사건 자체가 경찰이 조작한 것으로 사실무근임이 판명되었다는 신문보도가 이어졌다.[47] 경악한 고등법원 검사국에서 판결서류 일체를 요구해 받고[48] 꼼꼼히 검토해보지만, 무죄판결에 아무 문제가 없음이 확인되어 급기야 경찰에 엄중 경고하는[49] 촌극까지 벌어졌다.

이렇게 무리한 수사이다 보니 박시목도 마구잡이 연루자로 끼워 넣어진 것이지, 의성 현지 주민들이 조직한 독서회에 대구 사는 그가 관여했거나 하

청산하고 완전히 귀국키로 결심했을 가능성도 생각해볼 수 있다.
[42] 서울이 주소지인 이종률도 같이 기소중지 처분되었다. 그런데 그는 1933년 7월부터 '형평청년전위동맹사건'관련으로 광주형무소에서 복역 중이었다(장동표, 「산수 이종률 연보」, (사)부산민주항쟁기념사업회 민주주의사회연구소 편, 『산수 이종률 민족혁명론의 역사적 재조명』, 선인, 2006, 374쪽).
[43] 「박시목」, 『昭和 8년 刑事事件簿』, 대구지방법원 검사국, 1933.
[44] 의성문화원 편, 『항일독립운동: 의성군 자료집』, 493쪽.
[45] 『동아일보』 1933년 12월 6일, 「의성적화사건 37명 송국」.
[46] 「1934년 刑控 제578호 판결문」, 대구복심법원, 1935년 7월 20일.
[47] 『동아일보』 1935년 7월 21일, 「의성공산당사건 복심에서 전부 무죄」; 『조선중앙일보』 1935년 7월 21일, 「의성공산당사건 피고 등에 무죄판결」.
[48] 『조선중앙일보』 1935년 8월 2일, 「의성공산당사건의 무죄판결이 문제?」.
[49] 『매일신보』 1935년 8월 21일, 「의성사건 무죄 확실로 고등법원서 경고」.

등의 연관을 가졌을 개연성은 거의 없었다고 판단된다. 그래도 그가 '기소중지'의 수배자가 된 것은 경찰의 수사 개시 소식이 신문에 보도되기 시작하자 위험을 느끼고 일찍 피신한 덕에 체포되지 않아서였을 것이다.

그런 일이 있은 후 박시목의 막내동생 진목(進穆, 1918년생)이 학업을 위해 의성 본가를 떠나 대구로 나가서 본정여관(本正旅館)을 거처로 삼았다. 거기에 이상훈(李相薰)·김선기(金善基)·심재윤(沈在潤)·김찬기(金燦基)·허영(許瑩) 등의 지역 항일지사들이 자주 드나들었는데,[50] 김선기(본명 김점학[金點學])는 1927년 도쿄의 니혼대학(日本大學)에 다니면서 동경조선청년동맹에 가입해 활동했었고, 심재윤도 1927년 와세다대학을 다니면서 노동운동과 공청활동에 진력하다 피검되어 옥고를 겪고 1933년 출옥 후 귀향해 있었다. 이상훈은 조선공산당 화요회의 간부였다가[51] 피검되어 옥고를 겪은 유명 사회주의자였고, 김찬기는 심산(心山) 김창숙(金昌淑)의 차남으로 진주고보생 시절에 광주학생운동에 호응하는 격문 살포와 집회를 주도했다가 붙잡혀 고초를 겪은 바 있었다.

이런 인사들이 왕래하는 여관이라면 아우를 챙겨주기 위해서라는 핑계로라도 박시목이 자주 오가고 들러봤을 가능성이 짙다. 무연고지인 대구에 일단 정착한 마당에는 가급적 지인을 늘리고 대화상대를 만들어갈 필요도 있었다. 그래서 그들과 자연스럽게 교유하는 중에 서로의 회고담이라든지 인사 관련 소식이나 정보를 나누고 시국담도 주고받았을 것이다. 황옥(黃鈺)도 그 여관에 묵고 있으면서 독립운동가로 대우받았는데, 알고 보면 의열단 동지가 아니겠느냐는 생각으로 박시목이 그와도 친교했을 것이다. 그러나 이것이 단지 일상적 소일거리나 사회적 교제로 그친 것은 아니었다. 그 관계의 범위와 밀도가 몇 년 후 그의 행로 변전의 중요 계기가 되고 큰 효과도 발하게 되는 것이다.

---

50 박진목, 『내 조국 내 산하』, 계몽사, 1994, 17-18쪽 참조.
51 金東煥 편, 『조선 사상가 總觀』, 삼천리사, 1933, 69쪽.

김시현 상면과 결의에 찬 중국행

1940년 1월에 박시목은 서울에서 의열단 간부 이력의 김시현(1883년생)과 상면케 된다. 5년 형기 종료로 일생 네 번째의 옥고를 끝내고 1939년 9월 일본 나가사키형무소를 출옥한 노투사(老鬪士)가 그때 막 서울로 왔으니,[52] 위로와 환영의 의미로라도 찾아보고 인사함이 당연했다. 이르쿠츠크파 고려공산당 내지부(內地部) 소속원으로 1923년 3월의 폭탄반입사건을 주도하여 체포된 후 장기 옥고를 겪었다는 이력을 공유하여 김시현과 절친인 황옥의 채근도 있었을 것임이 분명하다. 그런데 그 1월은 1942년부터 박시목이 만주 봉천에서 수차 밀회하면서 독립운동의 새 전략을 일러주고 특별한 항일계획의 동지로 삼게 될 신광범(辛光範)을[53] 박노수(朴魯洙)의[54] 소개로 서울에서 만나 알게 된 시점이기도 했다.[55] 요컨대, 김시현·황옥·박시목·박노수·신광범의 적어도 5인은 그때 서울에서 회동하고 같이 움직였을 것임이 여기서 짚어지는 것이다.

4월에 북경으로 갔던 김시현은 꼭 1년 후 1941년 4월에 다시 서울로 들어온다. 그리고는 박시목을 불러 만나고 6월에 북경으로 돌아갈 때 데리고 간다.[56] 실은 박시목이 1937년 9월에 한 명뿐인 숙부 박한필(朴漢弼, 1879년생)이

---

52 이종률, 「조국을 세우기 위한 투쟁의 일생—김시현 선생과 그 영부인의 전기」, 안동청년유도회, 『하구 김시현 선생』, 한빛, 2006, 116쪽.
53 신광범은 1906년 경남 거창 태생으로, 1930년대 초에 서울서 알게 된 권태석(權泰錫)·장석천(張錫天)의 설복에 감화받고 공명한 후로 줄곧 사회주의적 민족운동 노선을 걸어가고 있었다.
54 1906년생인 박노수는 경북 의성 출신이고, 신간회 동경지회 시절 박시목의 막역한 동지였다.
55 「在延安朝鮮獨立聯盟ニ關スル件」, 「北條光範(辛範)·安東馨(權正烈) 刑事訴訟記錄」, 경성지방법원, 1944, 18-19쪽. 이는 경기도경찰부 고등경찰과의 사가이 시치로(齋賀七郎) 경부가 수사 직후 작성한 문서철이다. 이후의 인용 시 표기되는 쪽수는 위 『기록』의 부속문서인 「(수사)보고서」의 장(張)마다 매겨져 있던 일련번호를 따오는 것이다.
56 권광욱, 『권애라와 김시현』, 해돋이, 2012, 325쪽.
  1940년 6월 당시 북경의 한인사회는 內區·외구 합해 거주자 11,394명이었을 정도로 팽창 중이었고, 비례하듯 附日化 경향도 짙어지고 있었다. 자세한 내용과 설명은 손염홍, 『근대 북경의 한인사회와 민족운동』(역사공간, 2010), 272-305쪽 및 320-330쪽을 볼 것.

대구 팔공산(八公山) 남쪽 기슭에 개설한 도암광산(道岩鑛山)의[57] 일을 보아오던 중이었다. 대한제국 말기에 경찰서 경부(警部)로,[58] 1910년부터 15년간은 경남북과 충북 여러 군청의 서기 또는 주사로 근무한[59] 이력의 보유자인 박한필이 달성군(達城郡) 공산면 중대동(中大洞) 소재 88만 6천 평(坪)의 산지(山地)에 대한 금·은·동 채굴권을 중일전쟁 발발 직후에 따낸 것이었다. 박한필은 다른 물주를 대표자로 세우고 본인은 '광업 대리인'이 되어[60] 사실상의 사주(社主)로 경영 일선에 나서면서 지면(知面) 넓고 물정 밝은 조카를 부사장쯤 되는 보좌역으로 삼은 것이다. 그런 만치 광산 일을 일거에 내려놓고 가족도 놔둔 채 먼 데로 훌쩍 떠나기가 쉬운 일은 아니었다. 그런데도 그는 김시현의 설득과 요청에 응해 중국행의 결단을 내린 것이다. 후일 '공산광산'으로 이름이 바뀐 그 광산은 1952년까지도 박한필이 계속 경영했으니,[61] 박시목이 그때 중국으로 가지 않았다면 계속해서 광업에 종사하며 안온한 삶을 영위했을 것이다. 하지만 광산 일을 보고 있던 중에도 박시목은 윤홍렬(尹洪烈)·이상훈·채충식·김재수(金在洙)·윤윤삼(尹允三)·안진(安震)·송두환(宋斗煥) 등의 지사들과 노상 연락하며 정세정보를 교환하고 향후의 운동계획을 의논했다고 하니,[62] 독립운동을 위해 중국으로 간다는 것은 기다려 마지않던 바인데 절호의 기회가 왔다고 여겨질 법도 하였다.

1941년의 재입경 때 김시현은 1937년 상해서 일경에 체포, 압송되어 와 기소유예로 석방된 후 자택 연금 상태로 있는 옛동지 장건상(張建相, 1882년생)도

---

57 『조선총독부 관보』 제3214호, 1937년 9월 30일, 「광업권 설정」.
58 『대한제국 관보』 제4058호, 1908년 4월 27일, 「敍任及辭令」; 『대한제국 직원록』, 「울산경찰(분)서」, 1908·1909년도분 참조.
59 『조선총독부 직원록』 1910~1925년의 各年度 해당 기사에 의함.
60 『조선총독부 관보』 제3234호, 1937년 10월 25일, 「광업대리인屆」.
61 대한광업협회, 『鑛區一覽』, 1952, 216쪽 참조.
62 의성문화원 편, 『항일독립운동: 의성군 자료집』 494쪽 참조.

부산으로 찾아가 해후했다. 장건상은 1922년 5월경부터 의열단의 국내거사가 이르쿠츠크파 고려공산당과의 합작으로 추진되었을 적에 후자 조직의 거두로서 합작의 연결고리이자 총지휘자 역할을 맡아 하면서 행동대장 격이던 김시현과 긴밀한 관계를 맺은 바 있었다.[63] 그랬기에 감격적이었을 이 상봉이 있은 지 얼마 후에 장건상은 김원봉 체포 공작에 협조하라는 일제 당국의 회유를 받아들이는 척하고 북경으로 가서, 일본공산당 간부 출신이면서 지금은 특무기관과 연결되어 활동 중인 기타하라 다츠오(北原龍雄)로부터 홍콩행(香港行) 여권과 여비를 받아 상해를 거쳐 홍콩으로 탈출했고, 거기서 중경(重慶)으로 넘어가 임시정부에 합류한다.[64] 연후에 그는 "일본이 미국을 상대로, 전세계를 상대로 전쟁을 걸었기 때문에 머지않아 망하고 만다. 일본이 망하는 날 우리는 독립하는 것이다. 여기에 우리가 대비해야 한다. 그 대비란 결국 해외의 우리 항일단체들이 모두 단합하여 통일된 조직을 갖추는 것"이라고 역설하였다. 이 탈출 경위와 발언은 조금 뒤에 보겠지만 김시현의 기묘한 행동과 연결되는 바 있고, 박시목의 반복적인 발언과 똑같은 데도 있음이 참으로 흥미롭다는 것을 미리 말해두고 싶다.

항일결전 준비의 극비공작 기획과 추진

극비공작의 기획과 만주 봉천에서의 추동

박시목을 북경으로 데리고 간 김시현은 '항일 민족전선군' 편성과 운용을 위한 비밀회의를 주선하여, 도착 한 달 후인 1941년 7월에 열었다. 이 회의에

---

63 졸저, 『한국 근대민족운동과 의열단』, 창작과비평사, 1997, 90-91쪽 참조.
64 한상도, 「장건상」 『한국독립운동 인명사전』 특별판 2, 독립기념관, 2019, 374쪽.

서 여러 사항이 결정되는데, 그중의 하나가 임시정부 외 4개 지구의 대표단체들로 구성할 민족전선군 사령부 및 중앙간부 구성을 위해 중경, 섬서성(陝西省) 연안과 산서성(山西省)의 태항산(太行山), 만주, 국내로 각각 교섭위원을 파견키로 한다는 것이었다.[65] 이 결의에 따라 김시현이 조선의용대 화북지대의 근거지인 태항산을 직접 다녀왔다. 그 후로 김시현은 북경에서 각처 동지·역군들의 보고와 연락을 받으면서 일을 진척시켜 가는데, 군자금 조성, 무기 준비, 인적 자원 확보, 중론(衆論)의 귀일 등이 그 내용이었다.[66]

속도감이 느껴지던 이 흐름에 박시목의 그 후 행적도 접속이 되는데, 이로부터 3년 후에 그 내용이 대강 밝혀져 나온다. 시작점은 1942년 여름 무렵이었다. 그때 그는 봉천에서 고정 유숙처인 개령(凱寧)호텔로 찾아온 신광범과 재회한다. 방문 목적은 10년 이상 항일노선의 동지요 친구로 지내 온 안동형(安東馨, 본명 권정렬[權正烈])과 길림에서 공동경영 중인 토목청부업이 생각만큼 잘 되지를 않아서 북중국으로의 진출 방법을 알아보고 통로 알선도 청탁하기 위해서였다고 진술된다.[67]

그러면 왜 이런 일로 하필이면 박시목을 찾아간 것일까? 놀랍게도 그것은 박시목이 "재북경 일본군 특무기관에 근무"하고 있다고, 혹은 "재북경 일본군 특무기관을 움직일" 수 있다고 스스로 말한 것을 신광범이 들어 알고 있기 때문이었다. 이것은 지금이라도 적잖은 파문이 예상되는 사안인데, 그 연유와 내막을 알고 이해하려면 상황의 자세한 재구성과 설명이 필요하다.

당시 북경은 '북지나(北支那)방면군' 중심의 일제 침략세력과 왕정위(汪精衛)

---

65 이종률, 「조국을 세우기 위한 투쟁의 일생」 120쪽.
66 이종률, 「조국을 세우기 위한 투쟁의 일생」 121쪽.
67 「在延安朝鮮獨立聯盟ニ關スル件」 37쪽.
경기도경찰부에서 신광범과 안동형을 따로따로 신문하여 진술을 받았는데, 그것을 정리해놓은 위 문서를 보면 두 사람의 진술 내용이 거의 상위 없이 같다. 그 점에서 이 문서의 내용은 믿을 만하며, 사실 그대로였다고 받아들여도 될 것 같다.

남경정권 계열의 친일-협력집단, 그에 맞서는 중공당·팔로군(八路軍)에 한인 공산주의자들과 조선의용군이 연대하여 구축된 항일세력 양쪽이 서로 정보망을 거미줄처럼 쳐놓고 치열한 첩보전을 펴는 험지가 되고 있었다.[68] '후지시마공관(福島公館)'이라는 이름의[69] 일본군 정보기관은 육조호동(六條胡同)에 자리잡고 있어서 '육조공관'으로도 불렸는데, "귀신보다도 무섭다"거나 "귀신도 무서워한다"는 말이 나돌 정도였다.[70] 그를 상대로 조선의용군이 북경으로 대원을 밀파해 첩보공작을 벌이고 있었다. 1942년 당시는 김창만(金昌滿), 김위(金煒), 조연(趙連), 심청택(沈淸澤), 진동명(陳東明), 김무(金武), 임평(林平), 고생호(高生鎬) 등이 그 공작원인 것으로 일제측에 파악되고 있었다.[71] 이는 일제 기관의 첩보망도 조선의용군 내부로 얼마간 파고들어 가동되고 있었음의 방증이기도 하다. 태항산의 팔로군 근거지로도 일본군 '특무'의 잠입이 빈번했고, 그리로 들어온 조선인의 십중팔구는 '왜놈'의 정탐인데,[72] 적구(敵區)의 팔로군 지하조직으로부터 곧 정보가 들어오니 집어내기도 아주 쉬웠다.[73] 그런 경우 팔로군은 일본군의 통상적인 처사와는 정반대로, 처형하지 않고 극진히 대우하며 석방해버리니, 풀려난 스파이는 감복하여 그때부터 거꾸로 팔로군 측에서는 정탐이 되곤 했다.[74]

그럴수록 더 일본군은 적군 내부에 밀정을 잠입시켜 배치하거나 그 밀정의 연락원이 될 첩자를 획득해 심어놓음으로써 첩보의 성과를 높이려 들었

---

68 백철, 『문학자서전(후편)』, 박영사, 1975, 233쪽 참조.
69 일본군 후지시마 대장이 병사했음을 추념코자 축조된 집에 아들 후지시마 시로(福島四郎) 대좌(大佐)가 정보기관을 두어 공관으로 삼은 데서 유래했다(태윤기, 『회상의 황하』, 갑인출판사, 1975, 287쪽).
70 백철, 『문학자서전(후편)』, 149·207쪽.
71 金正明 편, 『조선독립운동』 II, 原書房, 1967, 748-749쪽 참조.
72 金台俊, 「延安行」(二), 보고사 편집부 편, 『김태준 전집』 3, 보고사, 1990, 459쪽.
73 김사량(김재용 편주), 『노마만리』, 실천문학사, 2002, 240쪽.
74 백철, 『문학자서전(후편)』, 207-208쪽.

다. 그리고 그들 요원의 다수는 '반간첩(反間諜)'이나 밀수출업자, 여행자, 드물게는 도망자 중에서 획득한다는 방침을 세워놓고 있었다. 반간첩(counter-spy)은 적측의 밀정·첩자를 회유·매수·협박 등의 방법으로 자기편에 서도록 역용함에 의하여 만들어지는 것이었다. 그리하여 "밀정·첩자의 대부분은 반간첩에 의존하는 이상, 반간첩 이용은 현하(現下)의 첩보근무상 불가결의 수단이 되니 그를 획득함에 최선의 노력을 기울일 것"이라는 지침이 하달되고도 있었다.[75]

이에 비추어 보면, 박시목은 그때 북경의 일본군 정보기관에 일종의 '반간첩'처럼 채용된 것이었고, 봉천으로 파견되어 상주하면서 항일세력 및 한인사회에 대한 첩보공작을 수행함을 임무로 부여받은 셈이었다. 그러나 박시목으로서는 일제의 반간첩 공작을 뒤엎어 역공작으로 나갈 심산의 위장취업이 아닐 수 없었다. 여기에는 김시현이 1940년 서울서 북경으로 갔다가 1941년 서울로 일시 되돌아왔던 1년 사이가 심중한 의미를 띠었다고 보인다. 그 사이 그가 북경서 접촉했던 이들 중의 누군가가 일제의 계략을 이쪽의 구미에 맞을 대담한 구상이나 제의로 꾸며서 설유했고 그것을 김시현이 받아들여 실행에 옮기려 한 것이었을 수 있기 때문이다. 그래도 어쨌든 대단한 보호막이 주어진 셈이니, 박시목은 그것을 최대한 활용하면서 그만의 뜻과 계획을 펴서 실현코자 했을 것임이 불문가지이다.

1942년 11월경에는 길림의 안동형도 봉천으로 가서 신광범의 소개로 박시목과 회견했다. 그때도 박시목은 토목청부업의 북중국 진출을 부탁받자 쾌히 응낙하면서 '여권'(산해관 통행증)을 북경의 김시현이 보내오는 대로 곧 건네주고 출발토록 해주마고 장담했다.[76]

---

[75] 이 문단의 서술은 조선군사령부,「朝鮮軍情報主任者會同席上ニ於ケル軍參謀長口演要旨」(1938. 2. 17), 민족문제연구소 편,『日本軍』1(한국학술정보, 2001), 168-169쪽의 것을 약간 보충하면서 재구성한 것이다.

[76] 「在延安朝鮮獨立聯盟ニ關スル件」, 37쪽. 이하 본 절에서 이 자료를 인용할 시는 각주의 절약을 위해 본문 해당 부분의 괄호 안에 쪽수만 적기로 하겠다.

1943년 들어서도 박시목은 2월부터 8월까지 동안에 거의 매월 신광범 또는 안동형이 개령호텔로 찾아오면 만나서 담화했다. 2월 초순에 간 신광범에게 박시목은 독소전 상황과 그 귀추를 전망하면서 소련 승리, 독일 패배의 결과가 미국·영국과 일본에 각각 미칠 영향을 설명해주었다. 이어서 그는 일본이 패배하면 열강이 조선의 독립을 허용하지 않을 수 없으니 우리로서는 속히 중공당 지구로 잠입하고 중공당과 연락하여 조선의 독립을 꾀해야 한다고 말했다. 중공당은 조선의 독립과 무산자해방을 위해 적극 원조할 것이며, 현재 연안에는 '조선독립연맹'과 그 연맹 소속의 조선의용군이 조직되어 있고 중공당 내부에도 조선인 간부가 다수 있으니, 중공당 지구로 잠입하여 정치적·군사적으로 혁명적 지도자가 되는 훈련을 받고 조선의 독립을 위해 노력함이 어떠냐고 의견도 물었다. 그러면서 박시목 본인은 김시현과 함께 일본군 특무기관을 움직여 일본군의 정보를 적측에 주고 적측의 정보는 일본군에 제공하는 쌍방 조종으로 독립운동을 하고 있으니 일본군 점령지를 통과할 증명서 입수가 용이하고 그것으로 경계선을 넘기만 하면 이미 충분히 연락되어 있어서 잠입도 쉬울 거라고 하였다. 그러면서 신광범에게 속히 잠입할 것을 권유했고, 신광범이 이의 없이 수락하자 김시현과 연락해 증명서 등의 입수를 주선하겠다고 언약했다(22-23쪽).

2월 중순에는 신광범과 안동형이 같이 찾아갔다. 목적은 역시 북중국 진출을 성사시키기 위함이었지만, 만나자 박시목이 먼저 꺼낸 화제는 독소전쟁에서의 독일의 패배와 그 파장에 대한 전망이었다. 독일의 패배하면 일본도 패할 것이고 그리되면 대서양헌장대로 약소민족의 해방이 실현될 것이므로, 우리 한인 중의 우량분자가 어서 빨리 중공당 지구로 잠입하여 정치적·군사적 훈련을 받고 전위분자가 되어 국내로 들어가야 한다는 것이었다(38쪽). 그러면서 박시목 본인은 현재 일본군 특무기관을 '움직여'[77] 중공당 지구 잠입 및 훈련 계획을 실행 중이니 당신들도 어서 들어가라고 종용했다. 이에 두 사람은 수락하고 서약하였다(24쪽).

1943년 2월 하순에 신·안 양인은 박시목이 일러준 대로 신경(新京)의 태양호텔을 찾아갔다. 북경을 출발해 장차 '항일 민족전선군'의 비밀기지로 삼으려는 길림성 영길현(永吉縣) 화가촌(花家村)의 영신농장(永新農庄)으로[78] 가는 길인 김시현을 만나보기 위해서였다. 거기서 김시현은 두 사람의 북중국행 여권을 머지않아 입수해 보내주겠노라고 호언하였다(25·40쪽). 열흘 전쯤 두 사람이 박시목 앞에서 한 승낙과 서약을 김시현이 전달받고 긍정적인 언질을 주는 자리였던 셈이다. 3월 중순경에도 신광범이 봉천 개령호텔로 박시목을 만나보러 갔는데, 그 자리에서 박시목·김시현의 동지이면서 봉천에 산다는 박봉필(朴奉弼)을[79] 소개받고 중공당 쪽 항일지구에 다녀온 얘기를 청취하였다(26쪽).

5월 하순경에는 안동형이 혼자 봉천으로 박시목을 찾아가니, 이번에는 박시목이 독립운동자금 조달을 위해 금이나 아편을 밀수해 일확천금을 할 필요가 있다는 말을 꺼냈다. 지난 한 달 사이 만주 곳곳에서 벌어진 독립운동조직 붕괴 사건으로 위기감을 느끼고 의기도 꺾이면서 침로를 좀 바꾸려는 생각을

---

[77] 신광범이 진술에서 '(특무기관을) 움직여'라고 표현한 데 반해, 안동형은 '(특무기관에) 근무하면서'였다고 더 직설적인 표현을 썼다.

[78] 이 농장은 경북(당시는 강원도) 울진이 본향인 독립운동가 이규동(李圭東, 1889년생)이 조카 이종대(李鍾岱)와 함께 1937년에 조성한 것이고, 경내에 영신농업학교를 설립해 중학과정으로 운영하면서 민족교육을 실시하고 있었다. 그러다 1944년에 교사진과 학생 10여 명이 관동군 헌병대에 붙잡혀가 고초를 겪고 무기에서 12년까지의 징역형으로 투옥되었다가 8.15 해방으로 풀려났다(박영석, 「일제하 재만한인사회 연구—동북사변 이후의 영신농장을 중심으로」, 『국사관논총』 제1집, 1989; 황민호, 「이규동」, 『한국독립운동인명사전』 온라인판, 독립기념관).

[79] 신광범은 박봉필의 나이를 '40세'로 진술했지만, 실은 1908년생이고 경북 예천(醴泉) 출신이었다. 1934년 봉천성 무순현(撫順縣)에서 김시현과 알게 되어 의열단에 가입했고, 그의 측근이 되어 1941년 9월 봉천에서 비밀결사를 조직해 독립운동 세력의 규합과 연결에 주력하다가 1943년 3월 밀고로 체포되고 만다(김봉년, 「박봉필 독립운동 공적서」, 1977).

한 것일 수 있다. 김시현의 아들 김봉년(金峯年)의 미공개 수기(「민족항쟁의 비밀 감옥과 장춘형무소」)에 따르면, 1943년 3월 말부터 4월 사이에 길림성과 연변·봉천의 독립군조직·비밀결사 가담자 70여 명이 관동군 헌병대의 특무조직에 죄다 붙잡혀가 조직이 붕괴해버렸고 박봉필도 이때 잡혀갔다고 한다. 박시목이 하는 말에 안동형이 응대하여, 그 구입자금 조성을 맡겠다면서 길림의 가네자와 요시다스케(金澤好輔)가 생산하는 포도액의 가공공장을 봉천에 건설하는 방안을 제의하자, 박시목은 그 허가를 군부에 의뢰해 얻어내겠다고 했다. 그러면서 포도액 판매의 수익으로 국내서 금을 밀수해 와 그 이익금을 운동자금에 충당하자고 제안했다(41쪽).

담화는 그것으로 끝나지 않고, 백두산 부근에서의 김일성의 활약에 대한 박시목의 얘기로 이어졌다. 그러면서 길림 거주자인 안동형이 그중 여건이 좋은 편이니 어떤 방법으로든 김일성과의 연락을 맡아주면 그 일파를 정치적으로 지도하여 중공당과 결합토록 하면서 우리의 운동을 확대·강화해갈 것이라는 말을 덧붙였다. 이에 안동형이 연락의 구체적 방법을 물으니, 백지에 김일성의 출몰장소 약도를 그려주면서 잠입 경로를 교시하고, 일본군 경비선을 돌파할 때의 호신용 권총을 대여할 의사도 피력했다(42-43쪽). 두 달 사이에 박시목의 생각과 계획이 더 진전·증폭된 것이라고 볼 수 있으나, 박시목 개인의 것이기보다 김시현의 지령 혹은 양인의 상호협의가 먼저 있었을 것이다.

얼마 후 6월 상순경에 신광범이 개령호텔에서 박시목과 회견했을 때는 북중국행의 여권 입수가 곤란해졌으니 차라리 조선과 만주국의 국경지대에서 중공당과 연락하면서 공산당을 조직하고 독립과 공산화를 위해 활동함이 어떠냐는 제의를 받았다. 명칭은 '재만 조선공산당'으로 하고, 활동자금 조달을 위해 포도액 제조, 호텔경영, 아편·금 밀수 등을 할 것, 그 사업경영 책임자는 신광범이 맡고, 당이 획득키로 하는 김일성과의 연락책임자는 안동형으로 할 것 등을 협의했다(27쪽).

7월 4일경에는 안동형이 개령호텔로 가서 박시목을 만났다. 이 회견에서 박시목은 안동형에게 서울로 가서 박영덕(朴永德)을[80] 찾아가 만나보고 5천 원을 받아 밀수입품 구입 자금을 만들라고 지령했다. 이에 안동형이 7월 7일경 서울로 들어와 관철동 혜동여관(海東旅館)으로 찾아가 박영덕을 만나보고 금과 모르핀 밀수 자금을 요구했다. 그러자 박영덕이 북경의 마스하라 고오(松原浩雄)에게[81] 연락해 융통된 5천 원을 2주쯤 후에 안동형이 건네받는다(45쪽).

그 돈을 갖고 봉천으로 돌아간 안동형은 8월 초순경 다시 박시목을 만났다. 거기서 심재윤을 소개받고,[82] 금 밀수자금을 어떻게 만들 것인지에 대해 셋이 협의했다. 박시목이 내놓은 방안은 본인과 동숙 중인 김태주(金兌柱)와 함께 안동형이 대구로 가서 자기 아우인 박준목(朴俊穆)과 연락해 3천원을 받아 자금을 조성토록 한다는 것이었다. 이를 수락한 안동형은 8월 10일경 대구 상서정(上西町)의 일광여관(日光旅館)에 도착해 약 10일간 체재하며 김태주의 소개로 박준목을, 후자의 소개로 박태호(朴泰顥)를, 심재윤의 서신 소개로 고용준(高龍俊) 등을 차례로 만나보고 김선기와도 상면했다(47쪽). 안동형이 이번의 입국은 박시목과 심재윤의 요청에 따른 운동자금 조성의 목적으로임을 말하고 협력을 부탁하니 다들 쾌락하였다. 그들의 다중협력으로 마침내 금을 손에 넣은 안동형은 9월 중순에 고향 나진(羅津)으로 들어가 시장에서 금제품 23돈과 맞바꾸어 길림으로 가져갔다. 그것을 4,200원에 매각하니 상당 액수의 이익금이 나왔다(48-49쪽).

---

80 1894년(추정) 평남 강서(江西) 태생으로 1919년 11월 임시정부 특파원 최성수(崔性壽)의 독립운동자금 모집사건의 관련자였던 박영덕과 동일인이었을 것으로 짐작된다.

81 마스하라는 본명이 이성림(李成林)인 대구 출신으로, 일찍이 만주로 나가 각처를 호방하게 주유하여 유명해졌으며, 1941년 당시 하북성(河北省) 한단(邯鄲)의 동광기차공사(東光汽車公社) 사장이었다(『매일신보』 1941년 2월 23일, 「邯鄲의 東亞浪人 松原虎雄氏」).

82 심재윤은 1938년 중국 天津으로 이주하여 대구로 해산물을 수출하며 생활했는데, 불온행동의 우려가 있는 공산주의자라는 이유로 '요시찰인'으로 분류되어 일제 당국의 감시를 계속 받고 있었다(변은진, 「심재윤」, 『한국독립운동 인명사전』 온라인판, 독립기념관).

이상이 1942년 여름부터 1943년 9월까지 박시목이 봉천에서 보인 행적과 언행들이다. 국내로 들어와 있다가 1944년 5월 체포된 신광범과 안동형을 경기도경찰부 고등과에서 수차 신문해 나온 진술들의 요지를 뽑아 재구성한 것이다. 요약해 말하면, 박시목은 재북경 일본군 정보기관의 반간첩 공작을 역이용하려는 김시현의 책략과 지령에 따라 그 요원으로 위장취업해 봉천으로 파견되었고, 1년 남짓 호텔에서 지내면서 독립운동의 일대 진전을 위한 방책을 여러모로 강구하고 실행코자 나름 애쓴 것이다. 박시목이 갖고 있던 세계정세 전망과 품은 생각은, 제2차 세계대전이 독일과 일본의 필패(必敗)로 끝날 것이니 우리 스스로 민족해방을 맞을 준비를 해놓아야 하는데, 우선은 정치적·군사적 전위분자를 많이 양성해 국내로 들여보내야 한다는 것이었다. 그를 위한 구체적 방안으로 생각해낸 것이 화북지역 항일세력의 주 근거지이고 조선독립동맹과 조선의용군도 같이 포진해 있는 연안과 태항산으로 한인 청년들을 보내서 훈련받도록 하자는 것이었다. 그때 그가 가장 믿고 있는 동지인 신광렬과 안동형에게 거듭 권하고 실행을 다짐받은 것도 그것이었다.

　그러나 상황은 바라는 대로의 좋은 방향으로만 전개되지 않았다. 1943년 봄에 김시현 지도하 길림성 일대의 한인 항일조직이 일본군에게 거의 궤멸의 타격을 입어 붕괴하고 말았다. 이에 박시목이 방향을 좀 바꾸어 강구해 낸 방안이 김일성이 이끄는 백두산 항일세력과의 연계, 한·만 국경지대에서의 조선공산당 조직, 그 활동 자금을 국내의 금과 아편 밀수 등으로 만들어내는 것 등이었다. 자금 마련의 시도와 노력이 국내 특히 대구의 동지와 친지들의 적극적인 협력으로 약간 성과를 본 직후에 그의 활동은 강제로 중단되고 만다. 1943년 가을에 그가 돌연 일본군 헌병대에 잡혀가서였다. 그 경위와 그 후의 일들은 조금 뒤에 보기로 한다.

국내로부터의 호응과 공작사업의 진전

1943년 봄 무렵, 박시목이 대구의 동생 진목에게 봉천을 다녀가라고 기별했다. 이에 박진목은 서울에 들러 청진동 대동여관에서 박영덕을 만나본 후 봉천으로 가서 형과 상봉해 대화를 나누었다. 이때 박시목은 중일전쟁과 태평양전쟁의 전황과 예견되는 정세변화를 설명해준 후 독립운동 전략을 설파했다고 한다. 그 전략대로 만주 일대와 북경·상해 등지에 독립운동의 새 거점들이 생겨났고 산해관 통과 방법도 마련되었다면서 자기는 지금 국내 독립군을 모집해 중경과 연안으로 보내면서 각처와의 연락을 맡아 하는 중이라 했다.[83] 하지만 자금이 부족해 매우 곤란한 상태이니, 귀국하면 동지 규합과 자금 염출에 힘써달라는 부탁이 뒤따랐다. 대구로 돌아가면 이상훈과 모든 것을 상의하고 지도받도록 당부했고, 서상일(徐相日)과 박노수도 같이 찾아볼 것을 권하였다.[84]

막중한 사명감을 안고 귀국한 박진목은 김선기, 심재윤, 김찬기, 김태주, 고용준, 허영, 김성진(金成鎭), 방영정(方永楨), 노석호(盧奭鎬), 허용출(許龍出), 곽병수(郭柄洙), 김우영(金宇永), 홍경조(洪慶祚) 등을 두루 만나 상의했다. 고용준이 경영하는 대구 중앙로의 일성양화점에서 이상훈·심재윤·김찬기·허영 등과

---

83 박진목,『내 조국 내 산하』, 27-29쪽 참조.
박진목은 봉천으로 형을 찾아가 만난 장소를 '개령반점(凱寧飯店)'으로 특정해 적었다(27쪽). 그때 형에게서 들었다는 얘기의 내용도 경찰문서「在延安朝鮮獨立聯盟ニ關スル件」의 것과 거의 일치한다. 『내 조국 내 산하』는 한국인의 중국 방문이 전혀 불가능하던 때인 1973년에 낸 초판본(『지금은 먼 옛 이야기: 민족 수난의 증언』, 경희출판사)에서 제7장(「생사의 갈림길」)은 빼고 제목을 바꾸어 1976년 창진사(昌震社)에서 낸 자서전이다(1994년 계몽사 재간). 그에 반해 앞의 문서자료는 몇 년 전에야 국사편찬위원회가 대검찰청으로부터 입수해 공개한 것이다. 따라서 양자의 상호참조 가능성은 전무하고, 박시목의 봉천 시절에 관한 다른 자료는 나온 것이 일절 없(었)다. 필자도 전에『내 조국 내 산하』를 흥미롭게 읽었으나 내용과 서술의 상당 부분이 소설처럼만 생각되어 그냥 꽂아두고 있었는데,「在延安朝鮮獨立聯盟ニ關スル件」을 접하고는 그 내용 전체의 신빙성과 자료적 가치를 크게 인정하게 되었음을 여기 적어둔다.

84 박진목,『내 조국 내 산하』, 20-21쪽.

모여 각자의 활동 상황을 보고하고 의견을 교환, 검토하며 상호비판도 곁들이곤 했다. 그 얼마 후 박진목은 동서(同壻) 노석호(1916년생)에게 연안행을 권했다. 흔쾌히 동의하기에 박진목은 장형의 3남인 조카 희규(熙圭, 1924년생)와 셋이 함께 봉천으로 가서 박시목과 재회했다. 그때 박시목이 연안으로 들어갈 경로를 일러주고 여비도 마련해주니, 노석호와 박희규가 같이 길을 떠났다.[85] 대구에서 신의주로 가서 압록강 철교를 건넌 다음에 안동 → 봉천 → 금주(錦州) → 흥성(興城) → 전소(前所) → 동라성(東羅城) → 산해관(山海關)의 긴 경로를 거쳐 가야 하고, 산해관에서 태항산까지는 진황도(秦皇島) → 천진 → 북경 → 망도(望都) → 당현성(唐縣城) → 이가장(李家莊) → 팔로군 전방공작대 판사처라는 힘든 경로가 기다리고 있을 것이었다. 거기서 또 연안으로 들어가려면 험난한 산길과 거친 들길을 엎어지고 헤치며 걷다가 여러 산촌을 지나가야 한다. 거기까지 갔더라도 마지막의 일본군 봉쇄선에 막혀 연안에 들어가지 못할 수도 있었다.[86]

1943년 초여름에 심재윤과 김찬기도 대구서 중국으로 떠났다. 심재윤은 봉천을 거쳐 북경으로 가서 노석호·박희규와 합류해 연안으로 들어갔고, 이들보다 먼저 연안으로 갔던 김찬기는 중경으로 옮겨 갔다. 그밖에 고용준·허영·김태주·김성진·신철식 외 여러 명이 봉천으로 가서 박시목을 만나고 왔다.[87]

김시현과 박시목이 밀고 가던 국내외 연계 식의 독립운동 계획에 이육사

---

85 박진목, 『내 조국 내 산하』, 21-22쪽.
86 이 경로는 김태준의 기록물 「연안행」의 여기저기서 추출해 필자가 재구성해본 것으로, 하나의 예시이다. 북경에서 태항산까지의 경로는 기차편으로 석가장(石家莊) → 순덕(順德=형대邢台) → 일본군 경계선 돌파 → 태항산(김사량, 『노마만리』, 57·60쪽), 또는 장덕으로 가서 길 안내를 받아 일본군과 황협군(皇協軍)의 봉쇄선을 통과하고 량산유격구를 거쳐가기(조선의용군 발자취 집필조, 『중국의 광활한 대지 우에서』, 연변인민출판사, 1987, 107쪽), 혹은 기차 타고 석가장을 통과해 신향(新鄕)으로 가서 태항산으로 들어가기(『중국의 광활한 대지 우에서』, 109쪽) 등의 여러 경로가 있어서 그때그때의 사정대로 달리 채택되었다.
87 박진목, 『내 조국 내 산하』, 29·23쪽.

도 상당 정도 연관되고 있었던 것 같다. 1943년 4월에 그가 북경으로 가면서 10여 년 전 신문기자 시절의 동료였던 절친 이선장(李善長)에게 남긴 말이 다음과 같았다. "북경으로 가서 동지를 만나보고 다시 중경으로 가서 어느 요인을 모시고 연안으로 간다. 나올 때는 무기를 가지고 나와야 하겠는데, 그것을 만주에 있는 어느 농장에 두고 연락을 하겠다. 만주에는 일본 군부가 많이 쓰는 한약재인 대황(大黃)과 백작약(白灼藥)이 많다. 그것을 헐하게 사서 약을 반입하는 편에 숨겨서 반입시킨다."[88] 여기서 '동지'란 김시현, '어느 요인'은 장건상, '어느 농장'은 길림의 영신농장, '한약재 반입'이란 운동자금 조달을 위한 판매용으로 들여오는 것이었다고 보아야 하지 않을까?

이 추리가 일리 있고 온당하기도 하다면, 이육사도 김시현·박시목과 은밀히 통신하며 기맥을 같이하고 그들이 세운 계획의 추진에 동참했던 것으로 볼 수 있다. 이육사가 국내용의 언론기관 신분증 말고도 국경 넘을 때 이용했다고 보이는 '상당한 고위층 발행'의 신분증까지 가지고 있는 것 같았다는 장조카의 회고 증언이 있는데,[89] '국경 통과'란 신의주-안동 사이만 아니라 산해관 통과도 포함되는 의미가 아니었겠는가? 그 경우의 신분증은 김시현이 일본군 특무기관에서 발급받아 건네주었을 것 말고는 다른 개연성이 있기 어려웠다.

1930년대에 이재유(李載裕) 그룹의 일원으로 노동운동과 항일 지하활동을 벌이다 1940년 북경으로 건너간 이병희(李丙禧, 1918년생)는 이육사의 문중 조카였다. 북경에서 그녀는 김시현의 집에 의탁해 살기도 하는 등으로 그와 빈번히 접촉하면서 연안의 김두봉(金枓奉)이 보내오는 전단 등을 함께 배포하고 자금 전달 등의 일을 도와주었다고 훗날 회고했다.[90] 그녀가 북경으로 간 후 의열단에 가입했고 박시목·박봉필 등에게 문서를 전달하는 연락책을 맡아 활

---

88 김진화, 『일제하 대구의 언론 연구』, 화다출판사, 1979, 142쪽.
89 이동영, 『한국독립유공지사열전』, 육우당기념회, 1992, 68쪽.
90 「이병희 증언」(녹취록), 국가보훈처, 1999.1.20.

동했다는 2차 기록도 보인다.[91] 1943년 봄이었을 무렵에 이병희는 북경 자금성(紫禁城) 뒤편의 북해공원(北海公園)에서 중경 다녀온 적이 있는 이원과 함께 이육사를 만났고, 그의 중경행 계획을 같이 논의했다.[92] 그때 육사는 나중에 무기를 조달해 국내로 들여갈 생각도 토로했다고 한다.

항일결전 준비 공작의 중도 좌절과 결말

대거 피체와 희생

박진목이 봉천으로 형을 찾아가 마지막이 되어버린 만남을 가진 지 얼마 후, 그리고 안동형이 대구에 와 있다가 길림으로 돌아가기까지 사이에, 박시목이 일본군 헌병대에 체포되어갔다. 심재윤이 8월 22일경 봉천서 국내로 들어왔었고[93] 10월 3일 그와 신광범·안동형 3인이 길림에서 '김시현·박시목의 피검'의 긴급대책을 논의했다는[94] 것으로 미루어 보면, 피검은 9월 중의 일이었음이 거의 틀림없다.

---

91 김희곤, 『안동 독립운동 인물사전』, 선인, 2011, 337쪽. 그때는 이름이 없어진 지 오랜 '의열단' 가입은 1930년대 전반기에 의열단 중앙집행위원 겸 북경지부장이었던 김시현의 권위와 재량으로 이루어졌을 것이다.

92 「이병희 증언」(녹취록).
매일신보 북경지사장 겸 특파원이 된 백철이 부임 직후인 1943년의 어느 봄날, 중산공원에 산책을 나갔다가 이육사와 조우했는데, 자기가 다녔던 북경대학의 서무 일이라도 맡아보고 싶어서 학교와 접촉을 해 보았지만 소득도 가망도 없어서 딴 직업을 찾는 중이라고 육사가 말하길래 주소와 전화번호를 알려줬다. 하지만 그 후 아무 연락이 없었다고 한다(백철, 『문학자서전(후편)』, 224쪽). 당시 이육사도 속해 있던 국내 좌익 문단에서 백철은 "왜군(倭軍) 보도부(報導部) 기자"로 간주되고 있었고(김태준, 「연안행」(2), 449쪽), 북경의 일본인 기자단에서는 '조선 사설대사(私設大使)'로 불렸으며, 김사량(金史良)은 '조선인 총영사 격'이라는 영사관 끄나풀로 보고 있었다(김윤식, 『백철 연구』 소명출판, 2018, 342·348·378쪽).

93 「在延安朝鮮獨立聯盟ニ關スル件」, 48쪽.

94 「在延安朝鮮獨立聯盟ニ關スル件」, 28쪽.

봉천서 체포된 박시목은 관동군 관할지인 신경으로 압송되고, 김시현은 북경에서 체포되어 헌병대 감옥에 갇혔다. 그때부터 봉천·신경·북경·서울·평양·대구 등지에서 다수 동지가 계속 피검, 구속되어갔다. 그 숫자가 50여 명에 달했고, 오직 대구의 학생들만 무사했다.[95]

연안에 들어가 있던 노석호와 박희규도 모종의 임무를 띠고 봉천으로 되돌아 나오던 중 산해관에서 일경의 검문에 걸려 체포되고 말았다.[96] 역시 1943년 가을께였던 것으로 보인다. 노석호는 군사재판에서 징역 3년 형을 받고 신경감옥에서 복역하던 중 1944년 11월 11일 옥사했다. 박희규는 심한 고문의 여독으로 감옥에서 사경에 이르자 병보석으로 데려가라는 연락이 가족에게 왔다. 숙부 박용목(朴容穆)이 급히 길을 떠나 신경감옥에서 데리고 와 대구의 한 병원에 입원시켰다. 하지만 며칠 안 되어 1944년 9월 28일 세상을 떠나고 말았다.[97]

1943년 초여름에 부친 대상과 모친 소상을 모셔 지내려고 국내로 들어왔던 이육사는 늦가을에 서울서 헌병대에 체포되어[98] 북경으로 끌려갔다. 이보다 앞서 이병희도 9월에 북경서 체포되어, 먼저 잡혀와 있는 김시현과 더불어 영사관 감옥에 갇혔다. 그보다 조금 늦어 같은 곳에 투옥된 이육사는 이듬해 1월 옥사 순국하였다. 충남 아산 출신으로 경성의전 졸업자인 이민호(李敏浩)도 북경에서 지하공작을 벌이다 체포되어 혹독한 고문으로 사경에 이르니 가석방되어 입원했으나 1944년 5월 29일 사망하였다.[99]

---

[95] 박진목, 『내 조국 내 산하』, 29쪽.
[96] 박진목, 『내 조국 내 산하』, 30쪽.
[97] 「박희규 공적조서」, 국가보훈처; 「박희규 제적부」.
[98] 신석초, 「이육사의 인물」, 이동영, 『한국독립유공지사열전』, 86쪽에 회고된 이 피체 시점과 체포 주체가 정확한 것으로 판단된다.
[99] 하지영, 「이민호」, 『한국독립운동 인명사전』 온라인판, 독립기념관.

체포된 박시목과 김시현은 신문에 순순히 응하지 않고, 진술하더라도 최소한으로만 한 것 같다. 신광범과 안동형이, 그리고 박진목도, 1944년 5월 15일부터야 경찰에 연행, 수감되기 시작했음에서 그렇게 볼 수 있다. 몇 달을 계속 버티다 이만하면 동지들의 피신이나 피검대책 마련이 다 되었다고 믿어지고서야 비로소 사실을 털어놓았을 것이다. 박시목은 그 4개월 후인 1944년 9월 29일 신경 헌병대 감옥에서 참살된 것으로[100] 전해진다. 독립전선의 제단에 바쳐진 막내아들 희규의 사망일 하루 뒤의 일이고, 그보다 먼저 1943년 12월 29일에 옥사한 동지 심재윤을 따라가는 길이 되어버렸다.

국내에서는 경북경찰부 고등과에서 이상훈·김선기·김태주·고용준·정성국·김정득·박태호·박희돈(朴熙敦)·박진목 등 15명을 일제히 붙잡아가 구속했다.[101] 그중 김선기·김교식·허영 등 6명은 송국 대상에서 제외되어 1944년 12월 12일 석방되고, 김선기의 조카 김정득과 정성국이 만주 모처로 압송되어갔다. 송국된 6인 중 이상훈·박태호·박희돈·박진목 4인은 1945년 7월 9일 검사의 불기소 결정으로 석방되고, 고용준과 김태주만 기소로 공판 회부되었다가 8.15 해방으로 공소 취소, 석방되었다.[102] 박시목의 부친 박한철은 손자의 초상을 손수 치르는 횡액을 겪고 아들 시목의 생사는 불명인데 막내아들과 손자 희돈은 재옥 중인 1945년 5월에 세상을 떠났다.

---

100 박노수, 「증언서」(타자본), 1985; 「박시목」, 국가보훈부 공훈전자사료관.
101 박진목, 『내 조국 내 산하』, 31쪽.
102 이상의 피의자 신병 처리에 관한 서술은 6인 각인의 「형사사건부」에 따른 것이며, 박진목의 피검 후 경찰서 유치장 및 대구형무소에서 겪은 고초와 석방 경위가 박진목, 『민초』(원음출판사, 1983), 10-35쪽에 신빙성 높은 상세 내용으로 서술되어 있다. 신광범과 안동형은 피체 1년여 후인 1945년 6월 11일에 가장 마지막으로 기소되는데, 역시 8.15 해방으로 검사의 공소취소 신청과 법원의 공소기각 결정이 나온다(「안동형 형사사건부」, 경성지방법원). 얼마 후 신광범은 조선정판사(朝鮮精版社)에 들어가 인쇄주임이 되고 1946년 1월경 재건 조선공산당에 가입하는데, 그해 5월의 '정판사 위폐사건'으로 미군정 경찰에 붙잡혀가고 혹심한 고문취조 끝에 징역 15년 형이 선고된다(임성욱, 『조선정판사 '위조지폐' 사건 연구』, 신서원, 2019).

비운의 결말과 그 곡절

북경 일본영사관 구치감에 미결수로 갇혀있던 김시현은 본국 이감을 요구하는 35일 항의단식을 벌였는데, 주효했는지 국내 이송되어 경성헌병대에 유치되었다. 1944년 초에 병보석을 받고 나왔으나 금세 북경으로 탈출해 지하활동을 재개했다. 그러나 동년 4월에 다시 붙잡혀 투옥되고, 1945년 봄에 서울의 헌병대로 재이감되었다.[103]

1920년대 초 이래 그의 오랜 동지였던 유석현(劉錫鉉)은 훗날 증언하기를, 김시현은 조국이 해방됐을 때의 자주적 발언권을 세우기 위해 연안의 독립동맹 등 각지의 무장독립운동 세력을 연결시키는 국내진공작전을 추진했다고 했다. 그러던 중 일이 발각되어 북경에서 체포되었지만 의열단원이면서 김시현과 친하게 지냈던 이종형(李鍾滎)이 그를 국내로 데려와 용산 헌병대에 수감했기에 살아남을 수 있었던 것이라고 했다.[104]

1949년 반민특위에 체포된 이종형은 한때 독립투사였다가 옥중 변절한 후 일제의 주구로 맹활약을 보인 인물이다.[105] 1905년 경북 영주 태생인 이종형은 1920년 11월 서울 운니동에서 벌어진 보합단(普合團) 군자금사건에 가담했다가 체포되어[106] 12년 징역형을 받고 긴 옥고를 겪었다. 그러다 "일제에 적극 협력하겠다는 호소문을 써서" 1930년에 가석방되자 그해 여름 만주로 건너가서는 밀정활동 은폐의 방편으로 의열단에 가입하고 권수정(權守禎)·오주정이

---

103 이종률, 「조국을 세우기 위한 투쟁의 일생」, 122쪽.
104 길진현, 『역사에 다시 묻는다』, 삼민사, 1984, 98-99쪽.
105 이하, 이종형에 관한 서술은 『자유신문』 1949년 3월 30일, 「단죄대에 선 이종형 죄상」; 『조선중앙일보』 1949년 3월 30일, 「이종형 반역죄상」; 『호남신문』 1949년 3월 31일, 「애국자 다수 사살」; 김영진 편, 『반민자 대공판기』, 한풍, 1949, 「이종형 편」(김학민·정운현 엮음, 『친일파 죄상기』, 학민사, 1993, 183-186쪽 재수록)과 「진짜 애국자라고 발악하는 이종형」(『친일파 죄상기』, 261-265쪽 재수록)을 종합해 정리한 것임.
106 「이종형 예심 신문조서(제1회)」 1921년 4월 12일; 「이종형 예심 신문조서(제2회)」, 1921년 4월 13일 (국사편찬위원회, 『한민족독립운동사자료집』 34, 1998).

라는 가명으로 밀정 짓을 일삼았다. 여걸 독립투사 남자현(南慈賢)을 밀고해 옥사하게 만든 당사자도 이종형이었다고 한다. 장학량(張學良) 휘하의 '토공군(討共軍) 사령부'를 조직해놓고 한인 공산당원을 토벌한다는 구실을 내세워 동만(東滿)·연길 일대에서 한인 애국자 250여 명 체포에 그중 17명 교살 또는 투옥이라는 악행도 저질렀다.

한동안 행적 불명이다가 1941년경에 귀국한 그는 조선총독부 경무국의 야기 노부오(八木信熊) 보안과장, 후루가와 겐슈(吉川兼秀) 경무과장, 다카하시(高橋) 조선군 참모장, 노다(野田) 헌병대 특고과장 등과 긴히 연락하는 한편으로, 국내외 독립운동자와 동지인 양 가면을 쓰고서 비밀을 내탐하는 일을 도맡아 했다. 1944년 5월경 북경 방면에서 활동 중인 장명원(張明遠)·권태석·김만룡(金萬龍)·김선기·이상훈 등의 독립지사들에 대한 비밀내용을 그가 야기 등에 밀고해 투옥되게 한 것이 반민특위 조사로 알려지기도 했다.[107] 그보다 앞서 1943년에 김시현과 박시목 등이 피체, 투옥되게끔 한 자가 바로 이종형이었다. 그래 놓고는 김시현만 북경에서 빼돌리듯 국내로 데려와 용산 헌병대에 이감시켜 살아남게 하고 자신의 밀정행위를 은폐하면서 그로부터 얻어낸 정보를 이용해 더 많은 독립운동가를 밀고하곤 한 것이다.[108]

일제 말 학생독립운동의 유공자 이란(李爛)의 증언에 따르면, 1945년 4~5월경에[109] 이종형과 김시현·유석현이 자기 부친 이임수(李林洙)를 찾아와 집에 출입하기 시작했다. 그러더니 이종형이 여운형(呂運亨)에게 독립운동조직 구성을 제의했다. 아무리 봐도 이종형은 일제의 밀정 노릇을 한다고 여겨져 도저히 신뢰할 수 없던 여운형은 이임수로 하여금 별도의 그룹을 만드는 것처럼

---

107 김무용, 「이종형」, 반민족문제연구소 엮음, 『친일파 99인』 (2), 돌베개, 1993, 89쪽.
108 강성현, 「내가 진짜 애국자다—1948년 9.23 반공국민대회와 이종형」, 『역사비평』 113, 역사비평사, 2013, 58쪽 참조.
109 이 시점 특정은 「이란의 회고」(1989)에 의함(이정식, 『여운형: 시대와 사상을 초월한 융화주의자』, 서울대학교 출판부, 2008, 786쪽).

돌려쳐 그 3인을 상대토록 하고 자신과는 직접 연관시키지 않았다.[110]

이종형이 여운형에게 접근한 것도 그럴 만한 이유가 있을 법했다. 1942년 12월에 치안유지법·육해군형법·조선임시보안령 위반의 경합범으로 경성헌병대에 연행, 구속된 여운형은 옥중에서 '건국동맹' 조직을 구상하고 그 이상의 광범위한 민족통일전선체를 만들어낼 결심으로 해외 독립운동단체들과 어떻게 연계하며 국내 동지들은 어떻게 규합할 것인지를 같이 고민했다.[111] 석방된 후 여운형은 실제로 건국동맹 조직에 착수했으며, 연안 쪽과의 접촉도 활발히 진행했다. 그의 밀명을 받은 만주군 장교 박승환(朴承煥)은 1943년 말에 북경과 연안을 오가며 조선독립동맹과의 연락 및 연합 군사행동을 논의했고, 이듬해 1월 여운형을 만나 조선의용군의 국내진공작전 유도 등을 논의했다.[112] 독립동맹에서도 이극(李克)을 서울로 파견해 여운형·허헌(許憲)·이영(李英) 등과 접촉하려 했는데, 이극의 피체로 성사되지 못하였다.[113]

일련의 이런 움직임을 포착한 조선군사령부와 총독부 경무국은 이종형을 이용해 그 비밀을 캐냄으로써 한국인의 국내외 연계 항일공작을 모조리 분쇄하는 단서로 삼으려 했을 테다. 그랬는데도 김시현이 그 속셈을 간파 못해 속아 넘어가, 이종형과 어찌어찌 행동을 같이하게 되어버린 것이다. 그로 인해 김시현은 주변의 독립운동가들로부터 일제와 연안의 일을 동시에 하는 '이중간첩'이라고, 원망도 많이 섞인 의심을 샀다.[114] 1944년의 병보석도, 1945년 북

---

110 정병준, 『여운형 평전』, 한울, 1995, 420쪽.
8.15 해방 직후 여운형의 주도로 결성되는 조선건국준비위원회의 개편·확대 조직에 유석현이 두 번 다 참여하고 치안부 중앙위원이 되는 것을 보면(민주주의민족전선 편, 『해방조선』 I, 과학과사상사 복간, 1988, 89·92쪽; 송남헌, 『한국현대정치사』, 성문각, 1980, 71·75쪽), 해방 전 여운형이 확실히 기피했던 상대는 이종형이고 그 연장선에서 김시현도 상당 정도 의심받고 있었던 것 같다.
111 정병준, 『여운형 평전』, 71쪽.
112 정병준, 『여운형 평전』, 105쪽; 변은진, 『여운형』, 역사공간, 2020, 209쪽 같이 참조.
113 임은, 『북한 김일성왕조 비사』, 한국양서, 1982, 146쪽.
114 「이병희 증언」(녹취록) 참조.

경으로의 탈출과 피체 후 서울로의 재이감도, 게다가 이종형과의 보조 일치도, 모두 석연치가 않았다. 암암리의 어떤 특혜나 대가성의 묵인처럼 보였을 만했고, 따라서 그들의 판단과 비난을 근거 없다고 할 수는 없다. 하지만 그의 내심을 그들은 몰랐던 것 같다.

그가 진정으로 일제를 위해서도 일한 이중간첩이었다고 말하기는 극히 힘들다. 그보다는 포부와 열망이 너무도 크고 마음도 급했던지라 모험적 책략과 거침없는 행동을 불사한 것이 그런 의심의 빌미가 되어버렸을 것이다. 그렇지만 지극히 지능적으로 은밀하게 벌여가는 일본군의 특무공작과 '반간첩' 활용의 흉모(凶謀)에 대한 그의 방비와 대처가 너무 허술했음도 사실이다. 그로 인해 동지들의 희생과 독립운동가 집단 전체의 역량 손실이 무척이나 커졌음을 부인할 수가 없다. 그렇기에 생사를 결할 위험천만의 우여(紆餘)와 곡절 속에서 박시목과 그의 동지 독립투사 다수가 호랑이굴로 감연히 들어가는 용기와 항전의 투철한 의지를 발휘했다. 그래서 쉼 없이 분투하다 결국은 희생되고 만 것이다.

여운형의 건국동맹과 제휴 관계이던 국내 '공산주의자 협의회' 안에서도 남만주와 서북지방의 산악지대를 근거지 삼아 유격전을 전개한다는 '군사문제 토론회'의 구상이 앞서 1944년에 제기된 바 있다. 그에 따라 김일성·무정(武丁) 등을 접촉해 국내 군사대책을 세워볼 요량으로 김태준이 동년 11월 연안으로 파견된 것이다.[115] 이는 김시현·박시목 그룹이 국내-연안-만주의 3각 연계를 성취코자 추동했던 항일결전 준비공작의 기획보다 적어도 2~3년 후의 것이었다. 그러함에서도 후자 그룹의 시도가 대단히 선진적인 발상이고

---

115 김태준, 「연안행」, 『김태준 전집』, 434쪽. 김태준이 연안행을 마음먹은 계기는 연안서 적구공작을 위해 천진에 나왔다가 검거된 '沈동지'가 적구에서 팔로군 근거지로 들어가는 노선을 1944년 서대문감옥에서 조아무개 간수에게 가르쳐준 것이 그에게 전수된 데서 얻어진 것이었다(김태준, 「연안행」, 438쪽).

과감한 행보였음이 다시금 느껴지지 않을 수 없다. 다만 방법과 기술 면에서 능숙함이 모자랐고, 다소간의 소영웅주의 심리도 작용한 투기적 행동이었다는 비판은 면할 수 없어 보인다. 제반 운동여건의 절대적 불리 속에서도 일제의 봉쇄망을 뚫어내어 행동반경을 넓히기 위해서는 불가피한 면이 있었다고 할지라도 그렇다. 아무튼 이 사건은 의열단이 제2차 국내 총공격 거사에 현직 경찰을 이용하려다 봉착했던 1923년 초봄의 뼈아픈 '대실패'가 20년 후 되풀이된 격이었다고도 말할 수 있다. 안타까운 점은 두 번 다 그 '태풍의 눈' 부위에 김시현이 자리해 있었다는 사실이다.

운명과 선택

이 글은 일제 강점 말기의 한국독립운동 진영에서 세계대전의 전황과 동아시아 정세의 추이를 주시하며 필연적 귀결은 일제 패망임을 예견하면서도 주체적 민족해방과 독립 완성을 위해서는 우리 스스로가 일제를 격멸해야 하고 그러기 위해 '최후의 결전'을 준비해가야 한다는 유·무언의 전략적 결의를 어떻게 실행으로 옮기려 했는지에 대한 관심에서 출발했다. 논의 범위는 의식적인 기획과 추진으로 그 실행에 나서려 한 여러 움직임 중에서도 중경 임시정부 및 방계 세력·단체들과는 별개로 화북에 근거지를 두고서 만주를 활동무대로 삼으려던 의열단계 인물들의 움직임으로 한정시켰다. 구체적으로는 북경의 김시현이 선도적으로 구상, 기획, 발의했고 그를 둘러싼 여러 운동자의 동의와 수용과 가담으로 시동된 일제 특무기관 역이용 공작을 주제로 잡아서 집중 고찰하였다. 김시현의 오른팔 격 보좌역으로 그 공작의 전면에 나선 이가 박시목이었는데, 그는 지금까지 잘 알려지지 않은 독립운동가이다. 그러므로 새롭게 조명해보는 의미도 있을 것이기에, 그의 독립운동 행로를 차례차례 뒤좇아 따라가 보는 속에 항일결전의 이 준비사업을 위치시키고 그 내용을 밝혀내 재구성해보는 방법을 취하였다. 그렇게 탐사해본 결과를 다음과 같이 요약할 수 있다.

박시목은 1894년 경남 밀양에서 태어났고, 결혼 후 20세가 넘어 부친을 따라 경북 의성으로 이주했다. 상해에 2년 정도 있었지만, 대개는 일본 도쿄와 국내의 대구, 그리고 생애 마지막의 3년간은 중국 봉천을 활동지 겸 당분간의 정주지로 삼았다. 그가 처음 독립운동의 길로 들어선 것은 1919년 여름에 현정건과의 인연을 매개로 상해로 가서 임시정부의 지령을 받고 와 '대한 임시정부 13도 총간부'라는 명칭의 국내 특설기관을 강택진 등과 함께 조직하면서였다. 그 기관의 권위 어린 명의로 독립운동자금 모집 활동을 벌인 그는 경남북 일원에서 상당한 성과를 거두었고, 그 돈을 갖고 상해로 돌아가 임시정부로 전달하고는 한동안 재류했다. 그러다 1921년 11월에 일본 도쿄로 건너갔는데, 그만 체포되어 국내로 압송되나 형사처벌은 면하였다. 1925년 도쿄로 다시 건너간 그는 새 가정을 꾸미고 대학을 다니면서 신간회 동경지회 조직에 동참하다 지회장이 되었다. 하지만 조직 내분의 여진과 일제의 가중되는 탄압으로 뚜렷한 성과를 내지 못한 채 임기를 마친다. 1930년에 귀국해 생활 터전을 대구로 잡은 뒤로는 별다른 행적 없이 조용히 대기하는 모양새로 지냈는데, 그런 중에도 대구 일원의 항일지사들과 깊이 교제하여 그 관계망 속에 자기를 들여놓았다. 아울러 숙부가 경영하는 광산 일을 4년 정도 보았는데, 그러한 사회관계 확충과 물적 자원에 대한 개안이 그의 다음 행보가 될 새 방식의 독립운동에 큰 도움이 되면서 결과적으로는 그 저변을 다져놓았다는 의미를 갖게 되었다.

그렇게 한동안 정중동(靜中動)의 모습이던 그가 항일전선의 전면으로 나서는 데는 1940년, 일본에서 출옥해 서울로 들어온 김시현을 만나본 것이 큰 계기가 되었다. 그때 그는 후자가 제시하는 독립운동 방법론과 전략·전술에 공감하고, 불원 도래할 최적의 기회에 무장항쟁으로 일제를 격멸키 위한 독립운동 세력 간의 연결망 구축과 배후지 확보에 같이 힘쓰기로 하였다. 그리고 는 화북·만주·국내의 3각 축선에서 그리해낼 수 있을 최선의 현실적 방안이 라고 김시현의 제의하는 바에 따라 북경의 일본군 특무기관에 채용되어 봉천 파견 요원으로 비밀리에 일해간 것이다.

그랬을 때의 김시현과 박시목의 속내는 일제 군부의 '반간첩' 양성 및 활용 책략을 역이용한다는 것이었다. 그 전제는 북경 중심의 일제 침략세력과 연 안·태항산 중심의 항일세력이 팽팽히 대치하며 벌여가는 긴장된 첩보공작의 한가운데서 양쪽 각편의 정보를 상대편에 얼마큼씩 제공해주는 식으로 일해 가는 '이중간첩'의 역할을 감수한다는 것이었다. 그러므로 그 행동의 표면 층 위는 일제 특무기관의 첩보요원이고, 중간 층위는 이중간첩이며, 기저 층위 는 독립투사인 것이었으니, 결국은 독립투쟁을 위하여 만난의 위험을 무릅쓴 위장취업인 셈이었다.

하지만 그것은 이쪽의 입장이고 내심일 뿐이지, 다른 쪽으로 보면 영웅주 의 심리가 강하고 포부와 열망이 한없이 큰 김시현을 이용하려는 일제 기관 의 의도와 계략에 처음부터 말려든 격일 수 있었다. 실제로 그런 징후가 시간 이 가면서 여러 군데서 나타나 보이고, 치열한 첩보공작이 서로를 겨루는 수 싸움에서 제반 여건상 열세이던 쪽의 어쩔 수 없는 역부족이랄지 허술함이 점점 더 노출되어 갔다. 그 결과로 1943년 들어 김시현 지도하의 재만 한인 항일조직이 관동군 헌병대에 의해 궤멸적 타격을 받으면서 와해되었고, 그 해 9월부터 이듬해 5월까지 사이에 박시목 자신과 그의 동지 다수가 체포·투 옥되고 그중 일부는 피살·옥사의 운명을 맞고 말았다. 그때 같이 체포된 김시 현은 막역한 동지요 절대적 후견자임을 가장하는 악질 밀정 이종형의 속임수 에 계속 넘어가, 독자적 쾌보(快步)의 활약이라는 외양 속에 자기도 모르게 이 용되고 있었으니, 실로 안타까운 일이었다.

그래도 1940년대 전반기 중의 약 2년 동안에 박시목과 그의 동지들을 아우르는 김시현 그룹이 북경과 만주에서 치열하게 벌여간 항일공작은 독립운동의 새로운 진로 개척과 영역 확대라는 면에서 적지 않은 의의도 지닌 것이었다. 우선은 국내 항일지사들과 의기 어린 청년들을 북중국과 만주 지역으로 불러 모음으로써, 항일전선 유지와 그에 대한 개별적 및 집체적 참여의 기회·통로·동력을 그들 나름으로 만들어내고 있었다는 것이다. 그들을 연안으로 태항산으로 보내고 만주 각처에 배치도 함으로써, 차후에 무장항쟁으로 벌여 가려는 최후의 대일 결전의 포석을 확실하게 한 번 놓아본 것이라는 의미도 있었다. 그 후에 국내의 여운형 그룹도 공산주의자 그룹도 유사한 방향의 활동을 계획하고 실행하려 했음에서 더욱 그러하다.

그처럼 웅대한 기획이 구상되고 시도되고 실행도 된 것은 김시현·박시목·박봉필·이육사·이병희 등의 경우에서 감지되는바 "나는 (여전히) 의열단원"이라는 자기정체성의 뒷받침에 의해서였다고도 말할 수 있다. 그들 모두의 신임을 받는 리더 격이던 김시현은 의열단이 1935년의 민족혁명당 창립 때 그 조직구성의 한 부분으로 해소되면서 명칭부터가 사라졌음을 결단코 인정하지 않으려 했다. 그 정신과 조직 계보만 아니라 명칭까지 그대로 되살려 유지·계승해가야 한다는 것이 김시현의 일관된 소신이고 강렬한 소망이었다.[116]

---

[116] 그 이유를 어디서 찾을 수 있을까? 생각해보면 첫째로, 주관과 개성이 매우 강하고 그런 만큼이나 객관적 환경과 정황 조건을 냉정히 살피어 받아들이기보다 자신의 소신과 판단을 앞세우는 경향의 개인 퍼스낼리티가 크게 작용했을 수 있다. 둘째로, 김시현이 출옥 후 부인과 아들을 데리고 북경에서 중경으로 가서 석정·김학무(金學武)와 회동하고 독립운동의 전도를 상의했으며 김구(金九) 등의 임시정부 요인들도 상견했다는데(김봉년, 「박봉필 독립운동 공적서」), 그때 극진한 대우·환영과 의견수용이 아니라 그 반대의 의심 어린 박대를 받고 건의는 굉장히 외면·무시당했을 수 있다. 만약 그랬다면 김시현이 크게 실망하고 반발했을 것이며, 나아가 의열단이 조선민족혁명당과 조선의용대로 흡수되어 전신(轉身)해갔음을 인정 못하고 추후로는 '의열단'을 자기라도 지켜내 끝까지 가야 한다고 생각했고 그렇게 공언도 했음 직하다. 그의 중경 방문 시점인 1940년 10월에 조선의용대 선전주임 한지성(韓志成)이 중경판 『대공보(大公報)』에 기고한 논설(「朝鮮義勇隊的過去與今後」)에서 적이 북평(北平)과 천진 일대에 가짜 '조선의용대'를 조직해놓는다고 비난의 기미도 느껴지는 경고를 한 것이(김영범 엮음, 『한지성의 독립운동 자료집』, 선인, 2022, 270쪽 참조) 예사롭지 않아 보인다. 물론, 정확히 무엇을 두고 그런 표현을 한 것인지 확인되어야 하고 섣불리 추단해서도 안 되는 일이지만, 탐색, 추적해볼 필요는 있음을 느낀다.

그래서인지 1940년대에도 화북과 만주 지역의 독립운동자 중에는 '의열단원'을 자칭하는 이들이 상당수 있었음을 지금도 이런저런 자료들을 접하면서 이따금씩 보게 된다. 그들의 단단한 결속과 항심(恒心) 어린 연대가 간고한 환경에서도 독립투쟁을 포기하지 않고 끝까지 계속해가게 하는 정신적 원동력의 하나가 되었다고 말할 수 있는 것이다.

8장

부부는 용감하였다:
민산 김교삼과 장수연의 합심 동행

선산이 낳은 근대인물의 반열에서

일제 강점기의 경상북도는 대구부(大邱府)를 위시하여 군(郡) 단위 지역마다 수다한 독립운동가와 항일투사를 낳았다. 그에 대한 학술적 연구 및 정리와 지역사회 차원의 현양사업이 근래 들어 여러 갈래, 여러 방식으로 이루어지고 있다.[1] 그럼에도 예전의 선산군과 칠곡군 일부를 포괄하는 현재의 구미(시) 지역은 그런 흐름에서 상당히 뒤처진 감을 준다. 이 글에서 특히 선산군 출신의 인물을 다루어보는 데는 그런 맥락도 개재해 있다.

선산 출신이면서 '독립유공자'로 서훈된 이들 중에서는 왕산(旺山) 허위(許蔿)와 그의 4형제, 그리고 해산(海山) 김정묵(金正默, 1888~1944; 별호 김국빈[金國賓])이 공적과 영향 면에서 돋보인다. 임은(林隱) 허씨 가문의 5형제 각인에 대해서는 진작부터 연구와 조명이 있어왔고, 김정묵의 생애와 독립운동 행보도 최근 들어 상세히 구명되면서 새로 정리되기 시작했다.[2]

그런데 김정묵만 아니라 그의 차남 교삼(敎三)도 20세 무렵부터 독립운동

---

1 시·군 명칭을 앞에 넣은 『○○의 독립운동사』들과 인물전기의 편찬 간행, 지역별 혹은 개별 사건·인물의 기념관 건립 및 운영, 기념사업회 발족, 각종 기념행사 거행 등이 그 실례가 될 것이다.
2 권대웅, 「해산 김정묵의 사회적 연망과 해외 망명」, 『민족문화논총』 제74집, 2020; 조규태, 「해산 김정묵의 중국 關內에서의 민족운동」, 『대구사학』 제138집, 2020.

의 장으로 들어선 후 8·15 광복 때까지 그 행보를 계속 이어갔고 지도적 위치로도 올라섰다. 하지만 이 사실은 족친 간에서조차 어렴풋한 풍문 정도로만 전해졌을 뿐, 그 실상이 거의 알려지지 않아 왔다. 문헌자료의 여기저기에 그의 이명(異名)마다의 단편적인 기록들이 산재하지만, 그것들을 하나로 꿰어서 본명과 제대로 연결시키고 온전히 김교삼 한 사람의 것이 될 전체적 서사를 완성시켜낸 작업이 아직 없었다.

어느 모로는 그의 생애 자체의 추적과 복원이 대기주의 식으로 계속 지연시켜져온 감도 있다. 문중 안에서도 잘 언급되지 않고 금기라도 되는 듯이 덮어두어져만 왔다 싶은 것이다. 그렇게 된 가장 큰 이유는 두말할 필요 없이 그 자신의 행적 때문일 것이다. 안 그래도 1930~40년대의 '좌파 계열' 독립운동 단체들에 몸담았던 김교삼이 8·15 광복 후 중국에서 북한 경내로 들어가더니 결국은 북한정권에 참여하고 고위직에도 올랐음에서다. 하지만 그는 1958년에 김일성이 의도적으로 벌여간 정치적 숙청의 한 제물이 되어버렸다. 또한 그랬음에도 그는 대한민국의 독립유공자 서훈 대상에서 아예 제외시켜져 왔다. 결과적으로 남·북한 어디서든 공공적 기억의 장에서 밀려나 종국에는 잊히고 지워지는 불우한 이름처럼 되어버린 것이다.

그래도 1980년대 말의 국내 학계에서 그의 이름이 약간 되살려진 적은 있다. 1930년대의 의열단 군사정치간부학교와 조선의용대에 관한 연구들에서[3] 당시 쓰였던 가명(楊振崑·楊民山)으로 간간이 나타난 것이다. 1996년에 편간된 『한국사회주의운동 인명사전』에서는 입북 후에 쓰였던 이름인 '김민산'을 표제어로 하여 다음과 같이 기술되었다.

---

3 김영범, 「조선의용대 연구」, 『한국독립운동사연구』 제2집, 1988; 김영범, 「1930년대 의열단의 항일청년 투사 양성에 관한 연구—의열단 간부학교를 중심으로」, 『한국독립운동사연구』 제3집, 1989; 한상도, 「김원봉의 조선혁명군사정치간부학교 운영(1932~1935)과 그 입교생」, 『한국학보』 제72집, 1989.

김민산 (金民山, 1917~?) 양민산(楊民山) 김대륙(金大陸) 양진곤(揚振崑) 진산 (독립동맹 중앙위원, 북로당 중앙위원) 경북 선산 출신으로, 의열단의 조선혁명간부학교 모집 연락원인 김정묵의 아들이다. 중국 북경에서 고급중학교를 나왔다. 1932년 10월 조선혁명간부학교에 입학하여 1933년 4월 제1기로 졸업했고 의열단장 김원봉(金元鳳)의 참모를 지냈다. 1934년 봄 항주(杭州)의 남의사(藍衣社) 비밀간부양성소에 들어가 6개월간 교육을 받고 남경으로 돌아갔다. 1935년 4월에서 9월까지 조선혁명간부학교 교관으로서 정치학을 가르쳤다. 1936년 3월 다시 남의사 비밀고등훈련소에 들어가 훈련을 받았다. 이 무렵 조선민족혁명당 중앙위원을 지냈다. 1938년 10월 조선의용대에 참여하여 1939년 말 제3지대 정치지도원이 되었다. 1940년 상반기 부대를 이끌고 중국 강서성(江西省) 최전선에서 항일선전활동을 했다. 1941년 초 조선의용대 제3지대 정치조리원(政治調理員)이[4] 되었고 그해 여름 화북(華北) 팔로군(八路軍) 지역으로 들어갔다. 화북조선독립동맹 결성 후 연안(延安)으로 가서 1945년 독립동맹 중앙위원을 지냈다. 해방 직후 38선 이북으로 귀국하여 조선신민당 선전부장이 되었다. 1946년 8월 북조선노동당 중앙위원이 되었고, 이후 최고인민회의 대의원, 조선노동당 중앙위원회 사회부장, 조국통일민주주의전선 중앙위원회 사회부장, 건설부상(副相)을 역임했다. 1959년 7월 종파분자로 지목되어 각종 직위에서 해임되었다.[5]

이보다 먼저 1967년에 일본에서 나온 『북조선 인명록』에도 '김민산'이 등재되면서 복수의 언어로 이름이 표기되고 생애이력은 다음과 같이 기재된 바 있다.

キム ミンサン 金民山 Kim, Minsan 김민산 1913년~
경상북도생. 1935년 중국으로 가서, 김원봉 밑에서 조선민족혁명당 중앙위원이 되어 항일운동에 종사하고, 그 후 1942년, 김두봉이 지도하는 조선독립동맹에 참가하여 중앙위원이 됨. 1946년 2월, 신민당(독립동맹 개조[改組]) 중앙상무위원. 1948년 8월, 제1기 최고인민회의 대의원. 1948년 9월, 최고인민회의 법제위원회 위원.

---

4 '調理員'은 '助理員'의 오기임.
5 강만길·성대경 편, 『한국사회주의운동 인명사전』, 창작과비평사, 1996, 71쪽.

1953년 8월, 조선로동당 중앙위원회 사회부장 (6회 전원회의). 1953년 8월, 조국통일민주주의전선 중앙위원회 사회부장. 1955년 3월 당시, 건설부상. 1956년 4월, 조선로동당 중앙검사위원회 위원 (제3회 대회). 1956년 8월 당시, 국가검열 부상. 1957년 당시, 최창익 일파의 연안파 반당음모에 휩쓸려 숙청됨.[6]

이렇듯『인명사전』과『인명록』공히 본명이 '김교삼'인 것은 밝혀놓지 못한 채 '김민산'의 독립운동 경력과 재북 행적을 하나로 묶어 서술하는 식으로 일대기의 골자를 제시해놓았다. 차이점이라면, 전자는 독립운동 경력에 후자는 재북 행적에 비중을 두었음인지 각각 그 부면의 정보를 상대적으로 더 많이 전해주는 모양새였다는 것이다.

그런데 두 책 자체의 성격상 한계 때문에도 내용이 소략하여, '김민산'(즉 김교삼)의 생애를 제대로 알고 이해하며 그때그때의 행보에 담겼던 의미나 숨은 곡절을 파악해보기에는 많이 부족했다. 기재된 내용 모두가 아무 오류 없이 정확한 것도 아니었다. 그러므로 이제라도 가능한 선의 모든 자료를 수집·확보하여 정리하고 재검토해볼 필요가 있다. 그럼으로써『인명사전』과『인명록』의 기재내용을 검증하고, 누락된 사실은 보충하며, 그동안의 인식에 혼선이나 착오가 있었던 내용도 갈래 잡고 바로잡으며 상세설명과 더불어 보완도 해주어야 할 것이다. 그것이 김교삼의 생애 전체를 올바로 복원해내는 길로 통할 것이다. 나아가 우리 독립운동사의 내실을 더 다지면서 선산(구미)지역 근·현대사의 의미망도 풍부하게 짜보는 데 도움될 것이라 본다.

그런 견지에서 출생에서 종생까지의 김민산의 생애사를 자료가 허용하는 한도 안에서 최대로 복원, 해명해보려는 것이 이 글의 목표이다. 그가 취했던 독립운동 행보를 주축으로 삼되 해방 후의 정치활동도 그 연장선의 것으로 보고 상세히 검토할 것이다. 우선은 김민산이 김교삼과 동일인이면서 후자가

---

6 日本外務省 アジア局,『北朝鮮 人名錄』東京, 1967, 130쪽.

본명이었음을 확증하고, 그런 후에 그의 생애경로를 가족관계, 주변인물, 개별 사건들 및 그 배경 혹은 정황 등과 연결 지어 폭넓게 살피면서 되살려 정리해보려 한다. 그런 선의 재구성적 복원과 기초적 고찰이 얼마간이라도 성공적으로 수행된다면 공정한 평가와 해석적 의미부여의 길도 차츰 열릴 것이다. 그리될 수 있기를 기대하면서 이 글에서는 무엇보다도 사실의 충실한 재현과 복원에 주력코자 한다.

출생과 성장과 혼인관계

김교삼이 독립운동 과정에 만들어 썼거나 신원 위장용으로 차용한 가명이 앞의 『인명사전』 표제어에 병렬된 것처럼 여러 개였다. 그것들을 일제 관헌당국이 첩보로 포착하여 하나하나 연결시켜가던 중에 1939년에 이르러 그 본명이 '김교삼'인 것으로 파악되니 경찰문서에 가명과 병기하기 시작했다.[7] 그 중의 '양민산'이라는 가명과 그 경력이 1946년 이후의 북한 정치무대에 등장한 이름인 '김민산' 및 그 행보로 곧장 이어졌음을 알 수 있다. 요컨대 그 계선은 [김교삼→김대류·양진곤→양민산→김민산]으로 압축되는 것이다. 그러므로 지금부터는 호적명이면서 족보명이기도 한 '김교삼'을 직접 거명하여 서술키로 한다.

김교삼의 자(字)는 달경(達卿)이고, 1912년 2월 18일 선산김씨 문간공파(文

---

[7] 「李初生 신문조서(제4회)」(경기도경찰부, 1939.11.21), 국사편찬위원회, 『한민족독립운동사자료집』 46에서의 "楊振崑, 楊民山 즉 金敎三"과 「京高特秘 제3062호, 民族革命薰員 李初生의 送局에 관한 건」(경기도경찰부장, 1939.12.9), 『思想에 關한 情報綴』 4(국편 한국사 데이터베이스)에서의 "(□□□ 즉) 金敎三"이 그것이다. 이하, 『한민족독립운동사자료집』의 각권에 의한 거증은 모두 〈한국사 데이터베이스〉의 디지털판(版)을 이용해서인 것임을 밝힌다.

簡公派)의[8] 누대 세거지(世居地)이던 선산군 평성면(坪城面) 원호동(元湖洞; 현 구미시 고아읍 원호리)에서 김정묵과 이우숙(李愚淑)[9] 슬하의 차남으로 태어났다.[10] 1907년생 누이 교순(敎順), 1909년생 형 교일(敎一), 그리고 1917년생 누이 교증(敎曾)이 그의 형제였다.[11] 1926년에 교삼은 자식이 없이 34세로 사망한 큰숙부 김사묵(金思黙)의 사양자(嗣養子)로 입적되었다.[12]

김교삼의 부친 김정묵은 1914년에 중국 북경으로 가서 서화석교(西化石橋)의 4년제 법정전문학교(法政專門學校) 법률과에 입학하여 다니고 1918년 봄에 졸업하였다.[13] 이어서 그는 일시 귀국했다가 동년 9월에 부인과 2남 2녀의 가족원 전원을 데리고 만주 봉천성(奉天省)으로 망명하였다[14] 그리고는 다시

---

[8] 문간공파는 선산 입향조인 김기(金起)의 5대손으로 조선조 중종(中宗) 때 입사(入仕)하여 선조(宣祖) 때 대사간(大司諫)에 이르렀던 유학자 김취문(金就文, 1509~1570)을 종조(宗祖)로 한다. 문간공파의 후손들과 그 동향 및 세 확장에 대해서는 배영동, 「선산김씨 문중활동의 지역문화적 의의—문간공파를 중심으로」,『지방사와 지방문화』제12권 2호, 2009)를 참고할 수 있다. 족보에 김정묵과 김교삼은 '참봉공(參奉公) 현손(玄孫) 계종파(繼宗派)'의 직계손으로 기재되어 있다.

[9] 이우숙(1886~1961)은 성주(星州) 유림 한주(寒洲) 이진상(李震相)의 문인이면서 혁신유림이 되어간 면와(勉窩) 이덕후(李德厚)의 장녀였다.

[10] 김정묵의 제적등본에 의함.
앞의 「이초생 신문조서(제4회)」(1939.11.21)에는 김교삼의 출생일이 '대정(大正) 원년(元年)[1912년] 7월 3일'로 나오며, 선산김씨대동종친회,『善山金氏大同譜』卷之二, 2006, 74쪽에는 1913년 12월 18일생으로 되어 있다. 그렇게 기재된 연유는 불명이지만 둘 다 오류인 것으로 판단된다.

[11] 김정묵의 제적등본에 따름.『善山金氏大同譜』卷之二에는 교증이 언니이고 김기홍이 그의 남편이며, 교순이 동생인 것으로 되어 있다.

[12] 『善山金氏大同譜』卷之二, 74쪽 참조.
김사묵은 1921년 11월에 비밀결사 '조선독립운동후원 의용단(義勇團)'의 군자금모집사건 관련자로 대구에서 경찰에 피검되었다가 증거불충분으로 1922년 1월에 불기소 석방된 바 있다. 「김사묵 형사사건부」(대구지방법원 검사국, 1922.1.6) 및 류시중·박병원·김희곤 역주,『국역 고등경찰요사』(선인, 2010), 379쪽 같이 참조.

[13] 이에 대한 자세한 설명은 권대웅, 「해산 김정묵의 사회적 연망과 해외 망명」 22~27쪽과 조규태, 「해산 김정묵의 중국 關內에서의 민족운동」 119~120쪽을 참조.

[14] 김정묵의 제적부에 가족원 모두의 본적이 '선산군 구미면 원평동(元坪洞) 391번지'로 되어 있다. 아마도 그가 중국유학 가있는 동안에 가족이 살고 있도록 그리로 이사시켰거나, 아니면 중국망명을 결심하여 1918년 귀국 직후 이사하고 호적도 그렇게 정리해놓은 것이 아니었을까 한다. 구미면은 1914년의 지방제도 개편 때 상고면(上古面)과 하고면의 통합으로 생긴 새 행정구역이고, 원평동은 구미 읍내

1919년에 북경으로 이주했는데, 새 주소지는 북경 서성(西城) 영왕부(永王府) 후문내(後門內) 23호였다.[15]

이렇듯 교삼은 선산에서 태어나 살다가 7세 때 중국으로 옮겨가 새 환경 및 문물과 접하게 된 것이다. 1920년에 김정묵은 사비(私費)를 들여 북경 서직문(西直門) 밖 팔만정(八萬亭)에 집의학교(集義學校)를 세웠다.[16] 교삼의 초등교육 과정은 필시 이 학교에서 이수되었을 것이다. 이어서 그는 중국인 경영의 한 사립중학교를[17] 거쳐 북경의 화북대학(華北大學)을 다니고 졸업했다.[18]

1932년에 독립운동의 길로 들어선 후 진영 내 중견간부의 위치로 발돋움하고 있던 때인 1937년경에 김교삼은 독립운동가 장건상(張建相)의 장녀인 장수원(張守遠)과 결혼하였다. 그의 혼인 사실은 족보기록에서도 확인되는 바이지만, 아내의 정확한 신원과 이름, 그리고 장인까지 밝혀지기는 여기서가 처음이다. 여러 자료의 비교·검토와 추론을 통해서이다.[19] 두 사람은 일심동체

의 경부선 철로 통과 지점에 있었다.

15 「北支地方における要視察(容疑者を包含)朝鮮人の概況(昭和14年6月末現在)」, 奧平康弘 編, 『昭和思想統制史資料』 24, 고려서림, 1991, 186 쪽.

16 집의학교 교장은 김정묵이었고, 류시언(柳時彦)·최용덕(崔用德)·정인교(鄭寅敎)가 교사로 재직했다. 일본 관동청 경찰은 류시언이 "1920년 10월 북경에 이전하여 같은 지역의 만산(萬山)에서 집의학교 교사로 있다가 1921년 4월 사직"했음을 첩보하였다(關東廳 警務局長, 「(秘)關機高收 제13344호의 4, (柳時彦)재류금지 처분에 관한 건」, 1924. 6. 26, 국가보훈처 편, 『만주지역 本邦人在留禁止關係雜件』, 2009, 188-189쪽).

17 奧平康弘 編, 『昭和思想統制史資料』 24, 188쪽.

18 이것은 조선의용대 본부에서 작성한 〈각 단위 인사통계표〉(1940. 2)의 기록이다(金正明 編, 『朝鮮獨立運動』 II, 東京: 原書房, 1967, 687쪽; 楊昭全 等 編, 『關內地區朝鮮人反日獨立運動資料匯編』(下冊), 瀋陽: 遼寧民族出版社, 1987, 864쪽). 日本 內務省 警保局 保安課, 『特高月報』 1940년 6월호, 83쪽에는 졸업이 아닌 '중퇴'로 되어 있다. 김교삼이 군관학교 입학을 위해 북경을 떠난 대인 1932년 10월에 21세의 나이로 대학졸업자일 수는 없었다고 본 때문인지 모른다. 하지만 그때 휴학했다가 훗날 시간을 만들어 복학했거나 통신강의 방법으로 보충 수학하여 마침내 '졸업'했을 수 있고, 실제로 그랬을 가능성이 다분해 보인다. 이에 대해서는 3장 3절의 말미 부분에서 보충서술하겠다.

19 이 결혼이 성사된 배경과 경위 그리고 의미는 상설(詳說)을 요하는데, 지금은 그럴 계제가 아니어서 뒤의 「결혼과 그 상대」 절로(특히 262-264쪽) 미루어둔다.

의 '부부 독립운동가'가 되어 8·15 광복 때까지 같이 활동했음이 확인되며, 그 후에도 상호 반려자 관계를 내내 유지해 간 것으로 보인다.

독립운동 장으로의 진입과 초기 활동

의열단의 조선혁명간부학교에 입학

김교삼은 1932년 10월 하순에 남경으로 가서 의열단이 '중국국민당 군사위원회 간부훈련반 제6대'라는 위장명칭으로 설립한 조선혁명군사정치간부학교(朝鮮革命軍事政治幹部學校)에 들어갔다. 밀정 및 일제기관에 대한 보안을 위해 '양진곤(楊振崑)'이라는 이름의 중국인으로 위장한 제1기생으로였다. 그의 입교를 일제 관헌당국은 아버지의 사상에 영향 받아서인 것으로 보았는데,[20] 첩보대로 김정묵이 의열단의 북경지방 연락원이면서 군관학교 모집연락원이기도 했다면[21] '영향'보다 훨씬 직접적인 권고가 있었음직하다.

일제기관은 '양진곤'의 본명을 '김대륙(金大陸)'으로 한동안 오인하기도 했다.[22] 그러나 김대륙은 양진곤 즉 김교삼과 동일인이 아니라, 부친이 중국인 제2부인과의 사이에서 본 3남의 실명이었다. 그 정보혼선의 연장선에서 다음과 같은 보고가 1935년에 나오기도 했다. "양진곤 즉 김대륙. 1917년생. 김정묵의 서자(庶子)로서 실모(實母)의 성을 따 자기 성으로 삼고 군관학교 제1기에 입학. 졸업 후 동교에 잔류하여 교무를 돕고 있는 것 같음"이라는 것이었다.[23]

---

20 「義烈團經營の南京軍官學校の全貌」, 『思想彙報』제4호, 124쪽.
21 같은 자료, 115쪽.
22 「金公信 신문조서」(경기도경찰부, 1935. 4. 25), 국사편찬위원회, 『한민족독립운동사자료집』31의 "楊振崑 즉 金大陸(21세 가량)"같은 경우가 그러하다.
23 「義烈團經營の南京軍官學校の全貌」, 『思想彙報』제4호, 115쪽; 社會問題資料硏究會 編, 『思想情勢視察報告集』제2집, 京都: 東洋文化社, 1976, 255 쪽.

이 서술은 사실과 부합하는 것만 가려내 두 개로 분리시켜봄이 옳다. 하나는 "김대류. 1917년생. 김정묵의 서자"이고, 다른 하나는 "양진곤. 군관학교 제1기에 입학. 졸업 후 동교에 잔류하여 교무를 돕고 있는 것 같음."이다. "실모의 성을 따" 부분도 김대류이 그런 것이 아니라, 그와 동일인인 것으로 오인된 김교삼이 가명을 '양진곤'으로 지은 데서 유발된 정보오류였을 뿐이다. 실은 김교삼이 중국인 서모(庶母)의 성을 빌려 가명을 지어낸 것이다.

조금만 주의를 기울여 첩보를 검토해보았다면, 1917년생으로 16세밖에 안되고 한국어도 모르는 김대류이 군관학교에 입학했을 가능성이란 거의 전무함을 일제 기관이 놓쳤을 리 없다. 그런데도 왜 이런 정보혼선이 빚어진 것일까?

군관학교 동기생 김공신의 피체 후 진술을[24] 유력한 단서로 잡아보면, 그것은 김교삼이 재학 중에 자기의 본명이 '김대류'인 것처럼 위장한 때문이어 보인다. 나아가 대화 중에는 집안의 '장남'인 것처럼 종종 말하기도 한 것 같다. 부친의 사전 교시가 있었던 것인지 모르나, 아무튼 철저한 위장과 교란으로 일제 정보망의 혼선 유발 계책을 쓴 것이다. 거기에 속아 넘어간 일제 첩보계통에서는 같은 자료에 형제 2인을 따로 올려놓으면서도 같은 내용으로 기술했고, 장남 김교일까지도 간부학교에 입학한 것으로 오인 보고했다. 거꾸로 보면 이것은 일제 관헌당국이 김정묵과 그의 세 아들 모두를 주시하면서 평소 동정과 그 행적의 모든 가능성에 촉각을 세우고 있었다는 얘기도 된다.

조선혁명간부학교 교관에 이어 민족혁명당 간부가 되다

조선혁명간부학교의 제1기 과정이 종료될 때 양진곤은 대선배 석정(石正) 윤세주(尹世胄)도 제친 수석 졸업자였고,[25] 1933년 4월 23일의 졸업식에서 중

---

24 「김공신 신문조서」(경기도경찰부, 1935. 4. 25), 국사편찬위원회, 『한민족독립운동사자료집』 31 참조.
25 「김공신 신문조서(제2회)」(경기도경찰부 1935. 4. 26) 및 「慎秉垣 경찰신문조서」(1935. 12. 25), 국사편찬위원회, 『한민족독립운동사자료집』 31 참조.

국어로 생도대표 답사를 했다.[26] 동기생 대부분이 졸업 후 국내·만주·상해·북경 등의 공작지로 파견되었음과 달리 그는 학교에 잔류토록 명받고 교무요원이 되었다.[27] 그리고는 동기졸업자 김세일(金世日)·진유일(陳唯一)과 더불어 제2기 과정의 교관진에 합류하였다.[28] 그의 담당과목 또는 역할 내역은 자료에 따라 조금씩 다르게 나오지만 어쨌든 술과(術科)의 것들로 국한되어 있었다. 열거해보면 아래와 같다.

야외연습 및 각종 보병전투법 과목의 교관진: 대장(隊長) 이동화(李東華)(후임 신악[申岳]), 대부(隊附) 김세일·양진곤·진유일[29]
야간연습 과목의 교관진: 대장 이동화, 교관 김세일, 대부 진유일·양진곤[30]
양진곤은 진중요무령, 유격대조직법, 폭탄제조·사용법 교관.[31] (밑줄은 인용자)

우등생은 3명으로, 2등은 석정(石正=윤세주), 3등은 유복산(劉福山)이었다.
26 「김공신 신문조서(제2회)」(경기도경찰부 1935. 4. 26) 및 「증인 金聖濟 신문조서」(경기도경찰부, 1935. 5. 3), 『한민족독립운동사자료집』 31 참조.
1933년 4월 24일, 신의주지법에서 치안유지법 위반 죄목으로 징역 5년이 구형되고 5월 1일 유죄 판결과 더불어 징역 2년형이 선고된 김교홍(金敎弘, '32세')의 이명 중 하나가 '敎三'인 것으로 보도되었고 본적이 '경북 선산군 고아면 원호동'이었다(『東亞日報』 1933. 4. 26, 「밀정 살해한 김교삼의 공판」; 大邱地方法院 檢事局, 『昭和八年 受刑人 名簿』(1933), 125쪽의 〈金敎弘〉항 같이 참조). 그래서 김교홍이 군관학교 졸업생 김교삼과 동일인이었던 것처럼 보이기 쉽다. 그러나 여러 정황에 비추어 보더라도 두 사람은 동명이인이었음이 분명하다.
27 「청취서(김공신)」(재상해 일본총영사관 경찰부, 1935. 2. 26), 『한민족독립운동사자료집』 31 참조.
28 「金邦佑 신문조서(제2회)」(경기도경찰부, 1934. 12. 15) 및 「安貞得 신문조서(제2회)」(경기도경찰부, 1934. 12. 21), 『한민족독립운동사자료집』 30 참조.
29 「김방우 신문조서(제2회)」(경기도경찰부, 1934. 12. 15) 및 「洪加勒 신문조서(제6회)」(경기도경찰부, 1934. 11. 28), 『한민족독립운동사자료집』 31 참조.
30 위와 같음.
31 「김방우 신문조서(제2회)」(경기도경찰부, 1934. 12. 15) 및 「안정득 심문조서(제2회)」(경기도경찰부, 1934. 12. 21), 『한민족독립운동사자료집』 30; 朝鮮總督府 警務局, 『軍官學校事件 ノ 眞相』, 190쪽 참조. 「홍가륵 신문조서(제6회)」(경기도경찰부, 1934. 11. 28), 『한민족독립운동사자료집』 31에는 양진곤이 중기관총 조종법, 경기관총 조종법 과목도 담당했다는 진술이 있다.

특기할 것은 양진곤이 각종 교내행사에서 마지막 순서인 만세삼창을 도맡아 선창했다는 점이다. 1934년 3월 1일에 열린 3.1운동 기념식에서,[32] 동년 4월 3일의 순직교관 이동화 추도회에서,[33] 4월 20일의 제2기 졸업식에서[34] 등 매번 그러했다.

1935년 4월부터 9월까지 개설 운영된 조선혁명간부학교 제3기 과정에도 김교삼은 교관으로 봉직했다. 이번에는 '양민산(楊民山)'이라는 가명으로였다. 담당과목은 정치학, 그리고 당 조직과 선전이었다.[35] 2기 때의 술과 교관에서 학과(學科) 교관으로 지위가 옮겨진 것이다. 매주 토요일 밤에는 '훈련강좌'로 국제정세 및 조선정세 등에 관한 교내 특강이 있었는데, 양민산도 왕현지(王現之=이영준)·석정(石正=윤세주)·오균(吳均=황영주)·김영주(金營珠=김상덕)·진가명(陳嘉明=최장학)·이상지(李相之=이복원) 등과 함께 강의했다 한다.[36]

1935년 7월 5일, 국외 독립운동계의 숙망이 드디어 실현되는 '통일신당(統一新黨)'으로 민족혁명당이 남경에서 창립되었다. 그로부터 반년 후인 1936년 2월 현재로 당 중앙서기국(서기장 김원봉)에 4개의 실무부서(서기부, 훈련부, 당보부, 경제부)가 두어져 있었는데, 양민산이 2명의 경제부 역원 중 책임자였다고

---

32 「홍가륵 신문조서(제7회)」(경기도경찰부, 1934.11.29), 『한민족독립운동사자료집』 31 참조.
33 위와 같음. 구호는 "이동화 만세, 일본제국타도 만세, 조선혁명 만세"였다.
34 「홍가륵 신문조서(제8회)」(1934.11.30, 경기도경찰부), 『한민족독립운동사자료집』 31 참조. 이때의 구호는 "조선혁명 만세, 중국혁명 만세, 일본제국주의 타도 만세"였다.
35 「安李氙 供述 義烈團·民族革命黨의 組織 槪要」(재남경 일본영사관 경찰서, 1936.2.16), 국사편찬위원회, 『대한민국임시정부자료집』 37 참조. 2기 때는 그 과목을 선배급 간부단원인 왕현지(王現之)와 석정이 담당했었다(김영범, 『한국 근대민족운동과 의열단』, 창작과비평사, 1997, 305쪽 참조).
「京高特秘 제1190호, 中國中央陸軍軍官學校 政治研究訓練班 第二隊 第三期生 檢擧의 件」(京畿道知事, 1936.5.25), 『警察情報綴(昭和11年)』(국사편찬위원회 한국사 데이터베이스)에는 양민산이 3기생의 '당무 및 선전조직법'담당교관이었던 것으로 나온다. '당 조직과 선전'과 어휘가 조금 다르긴 하지만 같은 과목이었을 것이다.
36 앞의 「中國中央陸軍軍官學校 政治研究訓練班 第二隊 第三期生 檢擧의 件」, 『警察情報綴(昭和11年)』 참조.

한다.[37] 당비 수납과 지출에 관한 회계와 전반적인 당 살림을 주관하는 직책이니, 그에 대한 김원봉의 신임 정도를 다시금 엿볼 수 있는 대목이었다.

1936년 4월부터 이듬해 2월까지 거의 1년 동안은 김세일과 함께 강서성(江西省) 성자현(星子縣)의 남의사(藍衣社; 정식 명칭은 '중국국민당 군사위원회 삼민주의역행사[三民主義力行社]') 고등훈련소로 파견되어 교육과정을 이수하였다. 유격전과 특무공작 등의 여러 부문에 걸쳐 고급지식과 실무요령을 습득한 것이다. 남의사가 극도로 강조하며 주력해온 반공주의 정책노선에 대해 그가 어떻게 판단하고 얼마만큼 받아들였을지는 미지수이다.

고등훈련반 과정 수료 후 그는 1937년 3월 남경으로 돌아와, 그 사이 대대적인 조직개편과 반대파 축출로 카리스마적 지도자의 위치에 오른 총서기 김원봉의 비서가 되었다.[38] 일찍이 조선혁명간부학교 재학시절에도 그는 "김원봉에 대한 비판을 너무 냉정하게 하는" 동기생 이활(李活=이육사)의 행동 감시자 역할이 주어진 4인 중 1명이었을[39] 정도로 확실한 심복이 되어있었으니, 그만큼 각별한 신임을 받아온 것이 이번의 비서직으로 귀착되었으리라.

그러던 차 1937년 7월에 중일전쟁이 발발하고, 8월에 상해가, 12월에는 수도 남경이 일본군에 함락되는 등으로 전황이 급박하게 돌아갔다. 이에 조선민족혁명당에서는 조선혁명간부학교 출신의 청년당원들과 화중·화남 지역에서 급속 응모한 비당원 한인청년들을 합한 83명을 중국항전 지원요원 양성의 명분으로 중국중앙육군군관학교 성자분교로 보내어 입학시켰다.

---

37 앞의 「京高特秘 제1190호, 安李乭 供述 義烈團·民族革命黨의 組織 槪要」, 『대한민국임시정부자료집』 37 참조. 그런데 민족혁명당의 조직과 운영에 관한 다른 어떤 자료에서도 이와 같은 조직개편 내용은 보이지 않음을 첨언해둔다.

38 김영범, 『한국 근대민족운동과 의열단』, 332쪽; 社會問題資料研究會 編, 『思想情勢視察報告集』 제2집, 22쪽 참조.

39 「李活 신문조서(제2회)」(경성 본정경찰서, 1934. 6. 19), 『한민족독립운동사자료집』 30 참조.

그 직후인 1938년 1월 10일, 양자강을 거슬러 의창(宜昌)으로 가는 배가 항전거점인 한구(漢口)에서 조선민족혁명당원들을 태우고 출발하였다. 그리고 12일경 사시(沙市)를 통과할 때 왕현지 등이 성자군관학교로 간다면서 하선하고, 대신에 '질병 명목으로 중도 퇴교한' 양민산과 그 부인이 승선하였다. 의창 도착 후 건너편 이랑묘(二郎廟) 부근의 반왕전(盤王田)에 거처를 마련한 민혁당원들은 미농지 크기의 8쪽짜리 등사판으로 주간신문 『망원경』을 발행했다. 일반 국제정세, 단체 및 당원 소식, 전황 뉴스(주로 중국 측의 승전보) 등을 담은 그 신문의 편집을 양민산이 진가명, 이춘암(李春巖), 이철(李哲=윤공흠) 등과 맡아 했다.[40] 그 얼마 후 2월 4일에 양민산 부부는 김원봉의 지령에 따른 당무공작 수행 차 김두봉(金枓奉)·신악과 함께 한구로 돌아갔다.[41]

한구에 가 있을 때인 1938년 4월에 조선민족전선연맹의[42] 반월간(半月刊) 중문(中文) 기관지 『조선민족전선』이 창간되자 양민산은 논설문을 써서 연 3회 기고하여 게재되었다. 그 내역은 다음과 같다.[43]

- 민산, 「중국항전과 조선혁명」, 창간호(1938. 4. 10.), 5-6쪽.
- 민산, 「조선혁명 군사운동의 회고와 전망」, 제2기(1938. 4. 25), 13-14쪽.
- 민산, 「조선혁명 군사운동의 회고와 전망(속완[續完])」, 제3기(1938. 5. 10.), 14-16쪽.

---

40 「이초생 신문조서(제2회)」(경기도경찰부, 1939. 11. 4), 『한민족독립운동사자료집』 41 참조.
41 「증인 李尙奎 신문조서(제2회)」(경기도경찰부, 1939. 11. 2) 및 「이초생 취조상황 보고의 건」(경기도경찰부, 1939. 11. 14), 『한민족독립운동사자료집』 46 참조.
42 조선민족전선연맹은 1937년 11월 12일 남경에서 재중국 독립운동진영의 좌파 4단체, 즉 조선민족혁명당, 조선혁명자연맹, 조선민족해방동맹, 조선청년전위동맹의 연합으로 성립했고, 그 직후 남경이 함락될 위기에 처하자 급히 한구로 옮겨가 있었다.
43 『진광·조선민족전선·조선의용대(통신)』(독립기념관 한국독립운동사연구소, 1988)을 볼 것. 이 중 2기와 3기의 것은 1편으로 합쳐서 『조선의용대통신』 제12기(1939. 5. 21)에 전재되었고, 그 국문 번역본이 권대웅 외 4인, 『해산 김정묵과 가문의 독립운동』(선인, 2021), 265-278쪽에 실려 있다.

이 가운데 제2기와 제3기의 두 글에서 양민산은 1907년 대한제국 군대해산 후 시작된 의병운동에서 발원하여 최근의 동북항일연군 내 조선인 대원들의 항일전투에 이르기까지 계속되어 온 바 민족독립의 '군사운동'을 개관하며 설명하고, 중일전쟁이 발발한 현 국면에서 조선인들의 무장항일이 절대로 필요함을 주장하면서 중국과 소련의 원조를 촉구하였다. 몇 달 후의 조선의용대 창설의 전조가 되는 글이었다.

한편, 한구에 임시본부를 두고 있던 조선민족혁명당에서는 1938년 5월 성자군관학교 특별훈련반의 졸업에 즈음하여 성자분교의 피난처인 호북성(湖北省) 강릉(江陵)에서 제5차 전당대회를 열었다. 거기서 중앙집행위원 16인이 선출될 때 양민산도 신임 위원으로 뽑혔다.[44] 20대의 신참 중집위원은 그와 경북 달성군 출신인 1913년생 이정호(李貞浩)가 유일했다. 그러니 일제 당국이 보기에 김교삼은 "엄중 주의 중이며 발견되면 체포해야 할"[45] 인물이었다.

결혼과 그 상대: '부부 독립운동가'와 '장서(丈壻) 독립운동가'의 탄생

양민산/김교삼이 결혼하여 부인이 있었음은 족보만 아니라 조금 전 원용했던 자료를 통해서도 확인된다. 하지만 언제 결혼했으며 부인의 이름이 무엇인지는 알려진 바 없다. 그래서 차제에 그의 혼인관계도 추적해 밝혀볼 필요가 있음을 느껴, 관련 자료를 여러 각도에서 탐색·대조·검토하고 추론도 해보았다. 그 결과, 양민산은 1937년경에 장건상의 딸 장수원과 범상치 않은 인연으로 결혼했으며, 장수원은 양민산이 통신용으로 만들어 쓰던 '장수연(張秀延)'이라는 가명을 자기의 이명으로 취택해 쓰면서 독립운동의 길을 함께 걸

---

44 「이초생 신문조서(제3회)」(경기도경찰부, 1939.11.9) 참조.
1939년 12월 경기도경찰부에서 작성한 조선민족혁명당 조직도에도 중앙집행위원회 위원 명단이 있는데, 기재 순이 김원봉과 윤세주 다음으로 '양민산 즉 김교삼'이었다(「京高特秘 제3062호, 민족혁명당원 李初生의 送局에 관한 건」, 1939.12.9), 『思想에 關한 情報綴』4(국편 한국사 데이터베이스) 참조.
45 奧平康弘, 編, 『昭和思想統制史資料』 24, 188쪽.

어갔음을 알 수 있었다.

김교삼의 혼인관계를 필자가 사실대로 규명해낸 경위와 방법은 두루 납득되도록 상술할 필요가 있다고 본다. 그 작업은 그의 활동 궤적과 그 배경이 어느 정도 파악된 후인 이 지점에서가 가장 적절하지 않을까 생각되어 이제부터 자세히 서술해보려 한다.

2006년 간행된 『선산김씨 대동보』의 '김교삼' 조에는 배우자 항에 "배(配) 옥산(玉山) 장씨(張氏), 부(父) 근상(根相)"이라고만 간략히 기재되었다.[46] '옥산 장씨'는 인동(仁同) 장씨와 같다. 하여 이것을 첫 단서로 삼고 먼저 『인동장씨 대동보』를 살펴본다. 〈각파 항렬표〉에서[47] 김교삼의 장인이었을 연령대의 세계(世系)에서 이름에 '根' 또는 '相'이 항렬자로 들어간 경우를 검출해보면, 31세의 남산파(南山派), 청안파(淸安派), 영광파(靈光派), 함평파(咸平派)에서 끝 자가 '相'이다.[48] 이에 따라 '장근상'은 인동 장씨 31세손이었을 것으로 일단 추리된다.

대부분의 족보가 그래왔듯이 『인동장씨 대동보』도 딸의 이름이 아니라 그 남편의 관(貫)과 명(名)을 기재하여 무기명인 딸의 존재를 간접적으로 알려주는 방식을 대체로 취하였다.[49] 그렇다면 '장근상' 조에서 김교삼이 그 사위 이름으로 등장할 가능성을 먼저 짚어본다.

일반적인 혼인 관행에 비추어 장근상은 인동 장씨의 '향내(鄕內)' 5파, 즉 종파(宗派), 남산파, 진가파(眞佳派), 진평파(眞坪派), 황상파(凰顙派) 중 어느 한 파의 인물이었을 것으로 보는 편이 합당하다. 향내파 중에서 31세손의 항렬자

---

46 『善山金氏大同譜』卷之二, 74쪽.

47 『仁同張氏大同譜』卷之一, 회상사, 1991, 109쪽.

48 33세의 금구파(金溝派)와 34세의 흥해파(興海派) 및 화순파(和順派)도 항렬자가 相이지만, 세대가 뒤로 처져 맞지 않는다. '根'은 36세 영광파와 38세 고흥파(高興派)에서만 항렬자로 쓰였음을 보는데, 역시 세대가 맞지 않는다.

49 예컨대 "子 元柱 泰柱, 女 金鍾甲 金海人"과 같은 식이다. 여기서 '女 金鍾甲 金海人'이라는 어구의 의미는 딸이 하나 있었는데 김해김씨 집안의 종갑에게 시집갔다는 것이다.

에 '根'이나 '相'이 들어간 경우는 남산파가 유일했다. 그래서 남산파의 족보를 집중 검토해본다.

남산파 31세손의 수다한 이름들에서 '根相'을 찾아보면 12번 나온다.[50] 그러나 딸이 있었던 것으로 기록된 건이 하나도 없다. 그렇다면 12명의 張根相 어느 누구에게도 딸이 없었고, 그러니 사위도 없었다고 보아야 할 것이다.[51] '根'과 동음인 다른 글자가 '相'과 결합한 槿相(3회), 瑾相(2회), 謹相·墐相·勤相 (각 1회)도 나오지만, 딸이 셋이던 墐相의 사위들은 '김교삼'이 아니고, 나머지 다른 경우들은 사위의 존재며 이름 자체가 불명이다.

그렇다면 앞서의 '장근상'은 있지도 않은 사람을 거짓 기재한 것인가? 그렇다고 볼 수는 없다. 아니면, 혹 어느 글자이건 착오기재가 있었던 것일까?

이 점에 착안해보니, 『선산김씨 대동보』에 김교삼의 장인으로 적힌 '根相'은 본래 '건상'인 것을 잘못 적어놓은 것은 아닐까 하는 데로 또 생각이 미친다. 경상도 방언에서 'ㅡ'가 'ㅓ'로 발음되는 수가 많다는 점에 대한 역방향의 고려가 작용하여 그리되었을 수 있어 보이는 것이다. 그렇다면 김교삼의 장인의 실명은 '장근상'이 아니라 '장건상'이었을 수 있겠다.

그리하여 다시 『인동장씨 대동보』의 남산파 31세손 안에서 '장건상'을 검색해본다. 먼저 '健相'(2회)과 '乾相'(1회)이 나오는데 그 누구도 딸이 없었다. 그리고 '建相'이 13회 나오는데, 그 중 9건은 딸이 없다. 남은 4건 중에서 3건은 사위의 성(姓)이 김씨 아닌 다른 성들이었고, 최후의 1건이 "서(壻) 선산인(善山人) 김경상(金敬相), 김해인(金海人) 김원건(金元健)"의 당사자인 張建相이다. 본인에 대해서는 이렇게 기재되어 있다. "자(字) 찬성(贊成). 계미생(癸未生). 대한민국임시정부 국무위원 겸 학무부장, 2대 국회의원. 배(配) 전주이씨(全州李氏), 부(父) 감찰

---

50 동일인이 출계(出系) 사승(嗣承)으로 중복 기재된 경우가 없으니, 12명이었다고 보아도 될 것이다.
51 딸과 사위가 있었는데도 기보(記譜)에 누락된 일은 없었을 것으로 본다.

(監察) 기성(起晟),"⁵² 저명 독립운동가 소해(宵海) 장건상, 바로 그 사람인 것이다.

이 장건상은 경북 칠곡군 인동면에서 부호 장운원(張雲遠)의 4남으로 태어났고,⁵³ 결혼하여 아들 하나와 딸 둘을 얻었다. 1905년생인 아들 지갑(志甲)은 1935년에 조선혁명간부학교 제3기 과정을 다니고 졸업하여 민혁당원이 되어서는 상해로 파견되어 '마세달(馬世達)'이라는 가명의 연락원으로 활동했다.⁵⁴ 딸은 1912년생 수원(守遠)과 1919년생 수양(守養)이었다.

장건상 자신이 해방 후에 수차 써낸 자서전적 문건들에는 가족에 대한 언급이 거의 없다. 대신에 차녀 수양의 추모성 회고문이⁵⁵ 대략의 사정을 전해 준다. 그에 따르면, 부산 초량(草梁)의 외가에서 살던 자녀들은 1923년 어머니와 함께 육로로 탈출해가서 북경의 아버지와 합류하였다. 거기서 소학교와 중학교를 다니고 졸업한 수양은 1935년 남경으로 가서 금릉대학(金陵大學)에 입학했고, 1937년 상해로 이주하여 부친과 함께 살았다. 그러던 중 1939년 4월 어느 날,⁵⁶ 일본총영사관 경찰서의 조선인 형사들이 집으로 들이닥쳐 아버지를 체포하여 본국으로 압송해갔다. 이에 그녀는 옥중의 아버지를 돌보기 위해 모친과 함께 귀국하여 부산에 정착했다.⁵⁷ 그때 헤어진 언니는 그 후 생사불명이라 하며, "6.25때 미혼으로 행방불명되었고, 1988년 2월 4일 부산지방법원에서

---

52 『仁同張氏大同譜』卷之十五, 「南山派」, 269쪽(인용 부분의 쉼표와 마침표는 원문에 없는 것인데 쉽게 읽힐 수 있도록 인용자가 넣었음). 여기에는 '찬성(贊成)'이 장건상의 자(字)로 적혔는데, 연구결과물인 2차 문헌들에서는 부인의 이름인 것으로 잘못 말해져왔다.

53 『仁同張氏大同譜』卷之三, 「南山派」, 607쪽; 장건상, 「독립운동 반세기의 회고」, 소해 장건상선생 어록비 건립회, 『宵海 張建相 資料集』, 牛堂, 1990, 89쪽.

54 강대민, 「소해 장건상의 생애와 민족독립운동」, 『문화전통논집』 창간호, 경성대 한국학연구소, 1993, 487-488쪽 및 김재명, 『한국현대사의 비극: 중간파의 이상과 좌절』, 선인, 2003, 70쪽 참조.

55 張守養, 「삼가 아버님 영전에……」(1981.8.15), 『宵海 張建相 資料集』, 387-395쪽.

56 장수양이 장건상의 피체 시점을 잘못 회고하고 있다. 사실은 1937년 4월 17일이었음이 일본 내무성 경보국(警保局)의 정기보고서에 명기되어 있다. 金正明 編, 『朝鮮獨立運動』 II, 610쪽 참조.

57 張守養, 「삼가 아버님 영전에……」, 389-392쪽 참조.

사망으로 심판 확정판결을 받았다."는 가족들의 증언이 있다고도 한다.[58]

장수양 자신의 긴 회고문 안에는 기이할 정도로 언니에 대한 언급이 없다. 기억에서 지우려는 듯이, 또는 아주 지워진 듯이, 아예 없었던 사람처럼 취급한다. 왜 그런 것일까? 미혼으로 6.25때 행방불명되었음이 정말 맞는가?

결론을 먼저 말하면 그것은 사실과 다른 얘기이다. 장수원은 미혼이 아니라 이미 1937년경에 결혼했으며,[59] 6.25때 행방불명된 것이 아니라 해방 후 남편과 함께 북한으로 들어가 정주했다. 장건상의 족보에 큰사위로 기재된 '김경상'이 그녀의 남편이고, 그 진짜 이름은 '김교삼'인 것이었다.[60]

김교삼과 장수원이 부부였다고 보는 데는 다음과 같은 정황들도 유력한 방증이 되어준다. ① 1912년생 동갑이었다는 것, ② 양쪽 다 가족이 상당 기간 북경에 재류하고 있었다는 것, ③ 양쪽 다 부친이 저명 독립운동가로서 1926년에 대독립당조직북경촉성회(大獨立黨組織北京促成會)와 입적간민회발기주비회(入籍墾民會發起籌備會)에 동참했다는[61] 것, ④ 두 집안 다 본향이 인접지이고 향내(鄕內) 명문가임을 서로 잘 아는 사이였으리라는 것, ⑤ 장건상이 화북대학의 교수로 재직 중이던 1930년경에 김교삼이 그 대학에 재학했다는 것[62] 등이다. 그런 모든 정황은 두 사람이 연애를 했는지의 여부에 관계없이 집안

---

58 강대민, 「소해 장건상의 생애와 민족독립운동」, 488쪽의 각주 5.
59 장수양이 1937년 남경에서 상해로 이주한 것은 언니가 그때쯤 결혼해서 같이 살 수 없게 되었기에 혼자 된 본인의 평상안전을 위해 부모 곁에 가 있으려 해서인 것이 아니었는가 한다. 김교삼의 일련의 활동 궤적에 비추어보아도 결혼 시점은 1937년 늦봄에서 여름 무렵이었을 것으로 추정된다.
60 앞서의 '장근상'도 그렇고 지금의 '김경상'도 그러한바, 일종의 변자 처리가 주고받기처럼 행해졌다. 아마도 그것은 남북적대의 오랜 시간 동안 남한사회를 지배해 온 연좌제의 그늘과 그 속에서 마음 졸이며 살 수밖에 없던 근친들의 사정 때문이지 않았을까 한다. 언제 닥칠지 모를 불행한 사태나 주변의 오해를 막기 위해서도 친·인척에 대한 반공주의적 낙인의 빌미가 될 만한 이의 이름은 그렇게 살짝 비틀어 기재한 것이 아니겠는지 함이다. 단순 착오가 아니라 의도적 작위였다는 말이기도 하다.
61 조규태, 「海山 金正默의 중국 關內(상해·북경)에서의 민족운동」, 42·43쪽 참조.
62 장건상은 1930년에 화북대학에서 영어교수로 재직했다(김재명, 『한국현대사의 비극』, 68쪽). 앞서 1928년에 화북대학에서는 유명 교육가 호기임(胡己任)을 학장으로 초빙하고 손중산(孫中山)의 유훈과 삼민주의를 건실하게 준수하고 약소민족 학생을 더욱 환영하는 의미에서 우대방법까지 결정하여

끼리 혼담이 오가고 결혼이 성사되기에 아주 좋은 여건이 되어주었을 것이다.

1941년 5월 현재의 〈조선의용대 편성표〉에는[63] 임철애(林哲愛=박차정)가 '부녀복무단' 단장, "민족혁명당원이고 양민산의 처(妻)인 22세가량의 장위근(張委近)"이 부단장으로 되어 있다. 여기서 '張委近'이란, 같은 표에서 대원 이화림(李華林)이 '임췌림(林萃林)'으로 한태은(韓泰恩)이 '한태사(韓泰思)'로 오기(誤記)된 것처럼, 첩보과정이나 첩보자료의 정리·편찬 과정에 '張秀延'이 오기 또는 오독·오식(誤植)된 것으로 보인다. 자형(字形)이 비슷하다보니 그랬을 것이다.

다른 맥락에서 '張秀延'이 일제 관헌문서에 등장한 바 있다. 조선혁명간부학교를 제1기로 졸업하고 상해에서 3기생 모집 및 연락원이 되어 있다가 1935년 2월에 체포된 김공신(金公信)의 경찰신문조서에서였다.[64] 그의 진술에 따르면, 경상도 출신으로 '마점산(馬占山)'이라는 별명을 가진 34세의 재남경 의열단원 장수연이 1934년 12월 하순에 상해에 왔다가 북경으로 가면서 부탁

조선·인도·안남·몽고·동삼성 각지의 청년학생을 모집했다(『東亞日報』1928.9.26, 「약소민족학생 입학을 대환영」).
1930년에 북경으로 탈출해간 박차정(朴次貞)이 화북대학을 다녔고(『三千里』제7권 제5호, 1935.6, 「슈夫人 학력등급기」), 1940년대 전반기 조선민족혁명당의 이론가요 책사(策士)이던 윤징우(尹澄宇)도 화북대학 출신이다. 김원봉이 김교삼에게 처음부터 각별한 신임과 애정을 내보인 것은 그의 부친 김정묵과 오랜 인연을 이어오면서 믿고 존경하는 사이였기 때문만이 아니라, 부인 박차정과 화북대학 동문(어쩌면 동기동창?)이었기 때문인지도 모른다.
차녀를 대학에 입학시킨 장건상이 장녀의 대학공부를 마다했을 리는 없고, 그렇다면 장수원이 다닌 학교는 화북대학이었을 가능성이 높다. 만일 그랬다면 김교삼과 박차정과 장수원이 대학동문이었다는 얘기가 된다. 그러나 자료에 근거하여 확인되는 사실은 아니다.

63 金正明 編, 『朝鮮獨立運動』 Ⅱ, 717쪽; 『特高月報』 1941년 11월호, 100쪽.
64 「김공신 경찰청취서(제2회)」(경기도경찰부, 1935.3.7), 『한민족독립운동사자료집』 31에, "본명 미상, 馬占山이라는 별명을 가진 사람(경상도 출신, 팅 34세, 키 5척 6촌쯤에 일굴은 길고, 눌은 들어가고 버리는 스포츠형이며, 눈썹이 짙고 체격은 여위고 길다)이 상해에 와서 프랑스조계 약자로(藥子路) 천진공우(天津公寓)에 투숙하면서 나를 풍유리(豊裕里) 75로 찾아와 다음과 같이 북평(北平)으로 이전한다는 것과 서신을 챙겨서 전달하도록 부탁하고 돌아간 뒤에 곧 북평으로 떠났다. 통칭 마점산은 '프랑스조계 망지로(望志路) 북영길리(北永吉里) 212호 張秀延 앞으로 통신이 올 것인데 나는 금명간 북평으로 출발한다. 도착 후에 곧 주소를 알려줄 터이니 그 편지를 곧 나에게 보내라 했다."는 진술이 나온다.

하기를, 이후로 남경에서 상해의 모처로 자기에게 오는 편지들을 대신 챙겨 우송해 달라고 했다는 것이다.[65] 묘사된 프로필로 보아 남성이었고 의열단원인 장수연이 남경에서 상해로 와 일시 체류했다가 북경으로 가 있었다는 얘기가 된다. 그즈음 화북대학에 복학하여 남은 학기를 마치고 졸업한 것이 아닌가도 한다. 1935년 4월부터 시작된 조선혁명간부학교 제3기 교관 때의 담당과목이 이전의 술과 과목들에서 정치학과 '당 조직 및 선전'으로 확 바뀐 것도 예사롭지 않으니, 이런 동향과 직결된 것이 아니었을까 한다. 그렇다면 '마점산'이라는 인물과 그가 쓴 가명인 '장수연'도 그 실체는 거의 틀림없이 양민산이었을 것으로 여겨진다.[66] 특히나 서신 봉피용으로 쓰인 가명은 애인이었을 장수원의 이름을 양민산이 살짝 비틀어 만든 것일 테고, 그 후 장수원이 그것을 자기의 이명으로 취택해 쓰게 된 것이 아니겠는가 한다.

중국 항일전선에서의 활약

의용대의 기관지 논설자요 지대 정치지도원으로

1938년 10월 10일 한구에서 조선의용대가 창설되었을 때 본부 간부진을

---

[65] 「김공신 경찰신문조서(제4회)」(경기도경찰부, 1935. 5. 10)에는 앞의 것보다 조금 더 분명하고 상세한 진술이 다음과 같이 실려있다: "의열단원 張秀延(별명 馬占山)이 작년 12월 하순경에 남경에서 북경으로 가는 도중에 상해에 들렀을 때, 남경에서 금후 영길리(永吉里) 212호 김일연(金日連)의 집으로 張秀延 앞으로의 편지가 오거든 북평 서단동철구(西單東鐵區) 복빈여사(福賓旅舍) 6호실로 보내 달라고 했다. 張秀延은 금년 1월 중순경에 출발하여 북평으로 간 뒤에 1월 말경에 무사히 도착했다면서, 부탁한 편지가 오거든 보내 달라는 편지가 왔다. 그래서 금년 1월 24일에 남경에서 영길리 212호로 張守延[원문대로임] 앞으로 편지가 왔으므로 그것을 받아서 張秀延에게 보내 주었다."

[66] 김공신은 양민산과 간부학교 동기생이니, 얼굴을 못 알아볼 이유가 없었다. 그럼에도 그는 양민산의 실명과 연령을 끝끝내 감추고 '장수연'이 본명이며 30대인 것처럼 계속 진술한 것이겠다. 일경의 추적을 가능한 한 막거나 지연시키려는 의도에서였을 것이다.

포함하여 총원은 100명 안팎이었다.[67] 초기 편성표의 것 이상으로 그 중 87명의 성명과 상당수 대원의 기초적 신원사항이 수합, 정리된 바 있는데,[68] 의외로 그 명단에 양민산은 없다. 그러면 그는 간부도 일반 대원도 아니었다는 말인가? 조선혁명간부학교 교관과 남의사 고등훈련소 이력을 공유하는 김세일이 제1구대 대부(隊附)로 임명되었음에 견주어보더라도 이상한 일이지 아닐수 없다. 민혁당의 신진 중앙집행위원으로서 당분간은 특별 당무에 전념 종사토록 지령되어 있어서였는지도 모른다.[69]

여하튼 그렇게 잠시 사라졌던 그의 이름은 1939년 4월에 다시 등장하였다. 조선의용대 본부가 옮겨가 있던 곳인 계림(桂林)에서 발간된 기관지 『조선의용대통신(朝鮮義勇隊通訊)』의 한 기고자로였다. 그때 이후로 1940년 6월까지 사이에 양민산은 이따금씩 그 지면의 필자로 등장하면서 도합 8편의 보고문 혹은 논설문을 발표하였다.[70] 장수연도 두 번 필자로 등장하였다. 그 기사들을 일괄하여 발표순으로 목록을 만들어보면 〈표 1〉과 같다.[71]

---

67 김영범, 「조선의용대 연구」, 483쪽 참조.
68 장세윤, 「조선의용대의 조직편성과 구성원」, 『한국근현대사연구』 제11집, 1999, 44-48쪽 참조.
69 양민산과 함께 1938년 5월에 민혁당의 신임 중앙집행위원으로 선출된 이정호도 조선의용대 창설 당시의 대원 명단에서 빠져있었음에서 이 추리는 힘을 얻는다.
70 『조선의용대(통신)』 제1호부터 제42호까지의 기명기사 필자들 가운데 게재횟수로 상위 10인은 이달(李達) 24편, 자오한즈(矯漢治) 23편, 한지성(韓志成) 14편, 이정호(李貞浩) 11편, 김원봉 및 판원즈(潘文治) 9편, 양민산 8편, 김성숙(金星淑) 및 이두산(李斗山) 7편, 박효삼 6편 순이었다(朴棟煥, 『조선의용대통신』 연구」, 성균관대 사학과 석사학위논문, 2020, 37쪽). 양민산은 7위에 해당하므로 기고횟수가 아주 많은 편은 아니었다고 할 수 있다. 그러나 이 10인 중에서 일선의 지휘관급 요원은 양민산과 박효삼 뿐이고 나머지 8인은 모두 대 본부의 지도위원이거나 기관지 편집위원이었음도 감안해서 봐야 한다.
71 〈표 1〉에 열거된 기사들은 모두 국가보훈처, 『海外의 韓國獨立運動史料(Ⅷ): 中國篇 ④』(1993)에 수록된 영인본 『朝鮮義勇隊(通訊)』에서 추려낸 것이다. 총 42호/기 중에 1·2·4호는 거기 수록되지 않았는데, 필자가 따로 입수한 그 3개 호의 지면에 양민산·장수연의 글은 없음이 확인된다.

〈표 1〉 양민산과 장수연의 『조선의용대(통신)』 기고문 목록

순번	게재 호수	발행일	게재면	필자명	기사 제목
①	『조선의용대통신』 제8기	1939.4.1	7-8	양민산	介紹「三一少年團」和「旅渝朝鮮婦女會」
②	상동 제9기	39.4.11	8	민산(摘譯)	北美韓人援華會之最近活動情兄
③	상동 제11기	39.5.1	6	양민산	女同志們在受訓
④	상동 제12기	39.5.11	2-4	민산	朝鮮革命軍事運動之回顧與展望
⑤	상동 제18기	39.7.11	8	장수연	從重慶到桂林以後的感想
⑥	상동 제31기	40.1.1	7-8	양민산	羅總司令尤靑對第一區隊同志的訓話
⑦	상동 제32기	40.2.1	11-14	민산 (繼賢 譯)	接敵行軍記(第三區隊通訊之一)
⑧	『조선의용대』 제35기	40.6.15	7-8	양민산	日寇統治朝鮮民族的新花樣—評日寇的兩個怪法令—
⑨	상동	상동	8	수연	贛北敵軍離間中韓民族感情的陰謀
⑩	상동	상동	15-16	민산	對敵宣傳材錦河(第三支隊通訊)

기사 ①은 제목 그대로 조선의용대의 외곽단체인 재중경(在重慶) 3.1소년단과 여유조선부녀회(旅渝朝鮮婦女會; 渝는 중경의 약칭)를 소개하는 글이다. 특히 '재중경조선여성회'라는 의미의 후자는 '남경조선부인회' 조직을 1939년에 개편하여 그 후신으로 성립했음을 설명하고, 회원 25명에 총무 장희수(張熙守), 선전 이소원(李蘇元), 조직 김명숙(金明淑)의 3인이 집행위원이고 후보위원은 장수연(張秀延)과 이금상(李錦相)임을 밝혀 적었다.[72]

---

[72] 王繼賢 編著, 『中國戰場上的朝鮮義勇隊』(重慶: 朝鮮義勇隊 總隊部, 1940)의 부록에도 이 조직을 소개하는 글이 실렸는데, 양민산의 위 글과 같은 내용에 조선의용대 후원, 중국전사 위로, 집단적 부녀교육을 주요 임무로 한다는 것이 덧붙여졌다(독립기념관 한국독립운동사연구소, 『中國新聞 韓國獨立運動記事集(Ⅰ)―朝鮮義勇隊(軍)』, 2008, 293쪽). 위 책의 「自序」에서 왕계현은 발간을 위한 자료 수집을 양민산이 도와주었다고 밝혔다.

기사 ②에는 항일전을 벌이는 중인 중국을 돕자는 뜻으로 미국 로스엔젤리스의 한인들이 결성한 북미한인원화회(北美韓人援華會)가 1938년 11월말부터 2개월여 동안에 수차 가진 각종 집회 중심의 활동상이 담겨있다. 그것이 편지에 적혀 보내져왔는데, 의용대장 김원봉의 지시로 양민산이 그 일부를 중국어로 옮겨 소개한 것이다.

기사 ③은 여유조선부녀회의 20대 회원 11명을 간부인재로 양성키 위해 중경의 어느 숲속 작은집에서 1939년 4월 9일에 개학한 훈련반을 소개하는 글이다. 2개월 과정에 지행합일을 교육원칙으로 삼고 매일 6시 기상으로 일과가 시작되어, 당 조직, 정치상식, 국제현세, 조선역사, 전시공작, 부녀문제, 도화, 창가 등의 학과수업과 더불어, 조별 작문번역, 편집조리, 유치생 교육, 벽보연습, 연자(鉛字) 등의 공작 시간으로 운영된다. 또한 저녁에는 소조회(小組會), 좌담회, 음악회, 오락회 등의 각종 집회나 자기수양 시간을 가진 후 밤 9시에 취침한다 하였다.

기사 ⑤는 부창부수 식으로 기사 ③을 받쳐주는 글인데, 시종 감격 어린 문장인 것이 이채롭다. 필자 장수연은 부녀훈련반을 수료하면 전방으로 가야겠다고 마음먹은 바를 실천하기 위해 수운(秀雲)·화림 두 동지와 함께 중경을 떠나 7월 4일 계림에 도착했다 한다. 그리고는 당장 7·7 기념일 행사에 동참하여, 5일과 6일 이틀간 화극(話劇) 〈반공(反攻)〉을 공연하고 3인 각자의 장기(長技)와 선호대로 연극·가창·문장·만화·인쇄 등의 활동에도 참여했음을 흥미롭게 기술해놓았다.

기사 ④에서 양민산은 1905년의 소위 '보호조약' 체결 이후 강제병합까지 일본의 한국침략 강점 행보를 약술하며 돌아보고, 지난 30년간의 '조선혁명 군사운동'을 의병운동, 3.1운동 이후, 9.18사변 이후의 3단계로 나누어 상설했다. 이어서 금후의 군사운동을 전망하여, 동아시아 평화를 영구히 지켜내기 위한 중·소·한 3국 공동항일—소일전쟁도 불가피할 것으로 예측되므로—에서 조선의 항일군사운동은 전략상 중·소 양국 대일주력전의 보조전이 될 것임과 아울러 조선해방운동에서의 일구(日寇) 구축(驅逐)과 건국 완성의 최고수단이 된다고 규정했다. 그러면서 의용대원들에게 일치된 각고의 분투를 주문했다.

1939년 10월말에 조선의용대는 호남성(湖南省) 형양(衡陽)에 지휘부가 있던 제1구대(구대장 박효삼)를 반분하여, 절반은 '제1지대'로 남겨놓고 절반은 신입 대원들과 혼합하여 총원 63명의 제3지대로 재편하였다. 이때 3·9전구 배치로 작전구역이 조정된 신편(新編) 제3지대의 지대장으로 제1구대 대부이던 김세일이 발탁되고, 정치지도원으로 양민산이 임명되었다.[73] 3지대의 1개 분대는 엽홍덕(葉鴻德)의 지휘 하에 광서성(廣西省) 남녕(南寧) 방면의 전지로 파견되고, 절반 이상의 나머지 대원들은 중·일 양군이 8개월 이상 대치중인 강서전선으로 나아가기로 결정되었다. 그래서 12월 3일에 김세일 인솔 하의 지대원들은 강서성 북부 금하(錦河) 일대의 전장으로 직향하는 행군을 개시하였다.[74]

기사 ⑦은 매일 평균 45리 주파의 강행군으로 녹구(淥口)·예릉(醴陵)·평향(萍鄕)·의춘(宜春) 등의 경유지에서 선전공작도 해가며 10일 만에 목적지 분의(分宜)에 당도한 800리 여정과[75] 그 후의 초기 공작상황을 상술한 글이다. 그리고 현지도착 직후 제19집단군 사령부로 가서 보고했을 때 총사령 나우청(羅尤靑)이 한 훈시 내용을 기억으로 되살려 소개한 글이 이보다 한 달 전에 나온 ⑥이다.

3지대 병력은 분의 도착 후 10일간의 준비 끝에 봉신(奉新) 방면으로 6일간 300리를 행군하여 적진에서 20여 리 떨어진 지점에 이르렀고, 이튿날부터 중국군 야습부대와의 협동작전을 벌이기 시작했다. 신가(新街)를 경비중인 제58군에 배속된 후 4개 공작대로 나뉘어 금하 연안의 최전선에서 신년 벽두부터 전투를

---

73 金正明 編,『朝鮮獨立運動』II, 687쪽;『特高月報』1940년 6월보, 83쪽 참조.
74 김영범,「조선의용대의 항일전투(참가) 실적과 화북진출 문제 再論」,『한국독립운동사연구』제67집, 2019, 197쪽 참조.
75 劉金鏞 編,『國際隊伍』, 重慶: 朝鮮義勇隊, 1941, 120-123쪽 참조.

치른 것이다.[76]

기사 ⑧은 일제가 최근 발표한 '개성창성설씨령(改姓創姓設氏令)'과 '사상범예방구금령'을 비판한 글이다. 필자 양민산은 전자가 조선인의 민족의식 소멸, 후자는 조선인의 혁명운동 방지에 그 목적을 둔 무치(無恥)와 야만의 법령이라고 규정짓고, 특히 전자는 '내선일치(內鮮一致)'·'일시동인(一視同仁)'의 미명하에 '황국신민'으로 영원히 복종하는 노예의 지위로 조선인을 몰아넣기 위한 '동화정책'의 일환임을 갈파하였다. 그러나 조선민족의 저항으로 그것들은 결코 성공할 수 없을 것이라면서, "조선민족은 4천년의 문화와 고유의 문자·언어·풍속·습관, 30년래의 반일투쟁, 영용한 전투정신을 갖고 있다. 그런 그들이 일본인으로 변하거나 반항하지 않음은 절대로 불가능한 일이다. 그러므로 일구가 벌이는 작태는 여하한 것을 막론하고 모두 도로무공(徒勞無功)이 되고 말 것이다."고 장담하였다.

같은 호, 같은 면에 장수연의 논설문이 남편의 것과 위 아래로 같이 실렸으니, 기사 ⑨가 그것이다. 공북(贛北; 강서성 북부) 전선의 일본군이 한중 두 민족의 감정을 이간시키기 위해 벌이는 비열한 유언비어 제조공작을 폭로하고 신랄한 비판을 가한 글이다. 요약해보면 이렇다.

지난 해 겨울에 남경부근에서는 "적병 중에 수염 긴 자는 조선인인데, 방화·살인·약탈·강간 등은 다 그놈들이 저지르는 짓"이라는 말이 떠돌았고, 현재는 공북전선의 일부 주민과 군대 중에 또 떠돌고 있다. 이것을 우리는 홀시(忽視)할 수 없으니, 그 유언(流言)의 발생근원과 작용이 단순치 않기 때문이다. 우리가 각 방면으로 조사해본 바에 의하면, 적병 중에 확실히 수염 긴 자들이 있는데 이는 모두 일본인 병사이지 결코 조선인 병사일 수가 없다. 일본군인 중에 수염 기르는 작자들이 있는데 일본인들은 그런 자를 '대인'이라 부른

---

76 「중국전장에서의 조선의용대」, 崔鳳春 번역, 『朝鮮義勇隊血戰實記』, 밀양문화원, 2006, 247-248쪽; 졸고, 「조선의용대의 항일전투(참가) 실적과 화북진출 문제 再論」, 197쪽 참조.

다. 러일전쟁 때 수염 기르는 풍조가 생기더니 40세 이상의 징병자와 장교들을 중심으로 현재까지 이어져온 것이다. 현재 중국에서 작전 중인 일본군 안에 통역원, 운전수 등의 비전투요원 조선인이 있긴 하나 그들은 수염을 기를 수 없다. 조선인과 접촉한 적도 없고 조선말과 일본말을 구별할 줄 모르니 적인의 거짓수단인 줄도 모르는 중국인과 병사들이 수염 긴 남자는 조선인이라고 쉽게 믿어버리는 것이다. 개전 이래 적군은 어떤 부대든 간에 다들 소(燒)·살(殺)·약(掠)·간(姦)의 폭행을 범해왔고 수염 긴 자만 그런 것이 아닌데도, 수염 긴 자는 원래 쉽게 표가 나므로 일반 중국인들에게 그렇게 인식 기억된 것이다. 적인이 수염 긴 자를 가리켜 조선인이라 함은 민중의 증오와 원한을 면피하기 위한 것이고 일방으로는 중한민족 간의 감정을 이간시키려는 것이다. 일종의 '정치진공' 책이다. 그렇지만 날이 갈수록 그런 기만책의 음험함과 비열함을 중국인들도 깨닫게 될 테니 오래 가진 못할 것이다.

장수연도 멀리 공북전선으로 남편과 함께 갔던 것인지는 확인되지 않는데, 이 글은 그랬을 개연성을 보여준다. 하지만 같은 지면에 연이어 두 번 필자로 등장하는 것이 어색한 나머지 양민산이 아내의 이름을 빌려 기고한 글이었을 가능성도 있어 보인다.[77] 글의 소재가 '수염 기른 군인'이고 주제가 양민산의 특기 분야이던 선전전 관련의 것이었기 때문이다.

기사 ⑩은 제목처럼 제3지대의 금하지역 공작대가 보여주는 활약상을 알리는 글이다. 금하를 사이에 두고 남안(南岸)의 아군과 100m 저편 북안의 적군이 1년여를 대치해왔는데, 3지대가 4개 공작대로 나뉘어 양철 나발통을 갖고 적진지 앞으로 접근하여 고향생각과 염전사상(厭戰思想)을 불러일으켜 드

---

77 장수연을 박효삼의 부인으로 기술해놓은 논저들이 있었다. 그러나 박효삼의 부인은 이수영이었음이 확인된다(최채, 「해빛 찬란한 태항산 근거지로」, 조선의용군 발자취 집필조, 『중국의 광활한 대지 우에서』, 연변인민출판사, 1987, 119쪽). 이 글에서 '장수연'에 관해 서술해온 모든 내용에 비추어볼 때도 그녀는 박효삼이 아니라 양민산의 부인이었음이 확실시된다.

디어는 일본군 병사들이 투항케 하려는 목적의 선전공작을 벌였음이 실감나게 그려진다. 일본군 병사들은 처음에는 못 들은 척하다 점점 반응을 보였는데, 고우(高郵)와 유가도(喩家渡)에서의 그런 사례를 구체적으로 상세히 소개하였다. 진지 구두선전 외에, 중국군 야습부대와 함께 적진 철조망에 접근하여 전단을 살포한 얘기도 곁들여졌다.

화북 태항산과 연안에서의 활동

조선의용대 총대부가 중경으로 이전하면서 계림시절을 마감한 직후인 1940년 4월, 제3지대는 제19집단군 사령부 참모 왕일서(王逸曙; 지대장 김세일의 숙부인 김홍일[金弘壹]의 가명)의 환송을 받으며 고안(高安) 일대의 공작지를 떠나 강서성 길안(吉安)으로 집결하였다. 그리고 6월 20일에 길안을 떠나 형양·계림·귀양(貴陽)을 거쳐서 3개월 만에 중경으로 들어갔다.[78]

그해 10월 3일에 의용대 총대부는 중경시내 일심호텔[一心飯店]로 국민당계 신문『중앙일보(中央日報)』와 중공당 기관지『신화일보(新華日報)』기자를 초대하여 3지대의 1년간 공작정형과 그 성과를 홍보하였다. 또한 그들이 머지않아 낙양(洛陽)으로 북상하여 적후방 지구로 들어갈 것이며, '한적(韓籍) 적군'(일본군 병사로 끌려온 한인들을 말함)을 쟁취하고 동포들을 단합시켜 군중적 혁명무장을 건립하는 것이 금후의 주요 과업이라고 발표하였다.[79] 이 자리는 의용대 본부의 선전주임 한지성(韓志成)이 주재했고, 양민산이 지대장 김세광(金世光=김세일), 정치조리원 이명선(李明善)과 함께 배석하였다.

이어서 조선의용대는 11월 4일부터 보름 동안 열린 확대간부회의에서 '화북 진출'을 공식 결정하고 각 지대의 지휘부를 일부 교체하였다. 이때 3지대는

---

78 상세 여정은 劉金鏞 編,『國際隊伍』, 135-136쪽을 볼 것.
79 楊昭全 等 編,『關內地區朝鮮人反日獨立運動資料匯編』(下), 961쪽 참조.

지대장 박효삼, 부지대장 김세일, 정치지도원 왕통(王通), 정치조리원 양민산으로 바뀌었다.[80] 그리고는 1941년 1월부터 3지대는 중경에서, 2지대는 호북성의 주둔지에서 낙양으로 속속 이동하여 그곳의 1지대와 합류하고, 3월부터 6월 간에 황하(黃河)를 건너간 후 7월 초에 태항산(太行山)으로 들어갔다. 그곳은 화북에서도 일본군이 아직 공략 못한 팔로군(八路軍) 구역이었다. 양민산도 아내와 함께 그리로 이동해갔다

앞서 중경으로 귀환해 있을 때인 1940년 11월경에 의용대 총대부에서 일하던 중인 장수연은 선전조 간사 최채와 함께 연안에 가서 학습하겠다고 상부에 건의했었다. 김원봉 총대장이 이를 받아들여 팔로군 판사처로 같이 가서 주임 주은래(周恩來)의 비서 진가강(陳家康)을 만났다. 후자의 조언대로 두 사람은 낙양으로의 대오 이동 후 서안으로 가서 팔로군 판사처를 통해 연안으로 가기로 언약이 되었다. 그러나 막상 낙양에 당도하고 보니, 3월부터 격화한 국민당의 반공 공세로 서안판사처의 업무는 정지되고 연안행의 통로도 막혀 있어서 그 계획은 수포로 돌아가고 말았다.[81]

화북으로 건너간 조선의용대 3개 지대는 1941년 7월에 조선의용대 화북지대로 재편되었다. 지대장 박효삼, 부지대장 이익성(李益成), 정치지도원 김학무로 단일 지휘부의 진용이 새로 짜이고, 그 아래로 3개 (구)대에 2개 분대씩 총 6개 분대를 두었다. 여기에 배속되지 않은 인원은 유수대(留守隊)로 묶였는데, 양민산과 장수연도 그리로 배치되었다.[82]

화북지대는 약 40일간의 전체토론을 통해 무장선전, 간부양성, 적구(敵區)(지하)조직을 3대 활동방침으로 확정짓고, 당면 활동의 중점은 무장선전 공작에 두었다. 그래서 30명 인원의 무장선전대를 별도로 조직했다. 선전대 본부

---

80 金正明 編,『朝鮮獨立運動』II, 719쪽;『特高月報』1941년 11월보, 105쪽 참조.
81 최채,「해빛 찬란한 태항산 근거지로」, 115·129쪽 참조.
82 『特高月報』1943년 1월보,「在支不逞鮮人團體組織系統表」참조.

는 대장 왕자인(王子仁), 지도원 김창만(金昌滿) 외에 화북조선청년연합회(華北朝鮮靑年聯合會) 진기예변구(晉冀豫邊區) 지회(支會; 지회장 진광화[陳光華], 부지회장 윤세주)의 간사인 양민산과 진한중(陳漢中)으로 구성되었다.[83] 무선대는 1941년 9월에서 10월까지 태항산 너머의 적구 인접지역에서 제1차 무장선전 공작을, 11월부터는 제2차 공작을 벌이면서 다대한 성과를 거두어갔다.

1942년 7월 화북조선독립동맹이 성립한 후에 조선의용대에서는 한빈과 김두봉 및 그의 딸 해엽(海燁)을 연안으로 보내기로 하였다. 그리하여 8월에 김두봉의 비서 격이던 양민산과 부인 장수연이 3인을 호위하여 연안까지 동행하였다.[84] 이후의 정치적 행로와 관련지어 보더라도 양민산이 이때 맺은 김두봉과의 관계는 의미가 컸다. 양민산의 장인 장건상과 김두봉이 같은 동래(東萊) 출신이고 일찍이 상해시절에 고려공산당 활동도 같이했었다는 인연이 후자가 양민산과 맺게 되는 새 인연의 촉매제가 된 것도 같다.

1942년 7월 10일 화북조선청년연합회 제2차 대표대회에서는 연합회를 화북조선독립동맹(華北朝鮮獨立同盟; 이하 '독립동맹')으로 개칭·개편키로 결의하였다. 이때 선출된 독립동맹 집행위원 11인에 양민산은 들지 못하였다.[85] 대신에 중앙집행위원회 산하 연안분국(延安分局; 책임자 무정[武亭])의 위원으로 김두봉·한빈(韓斌)·이춘암과 함께 선임되었다.[86] 장수연도 독립동맹 연안분국원이 되었다.[87] 그 무렵 1942년 4월부터 중경에서는 임시정부 국무회의의 결의에 기하여 조선의용대의 한국광복군으로의 합편이 진행되어갔다. 그 결과, 양민

---

83 「朝鮮義勇隊 華北支隊 工作 總結報告」, 『朝鮮義勇軍 華北支隊 總結』, 晉東南, 1942, 17쪽 참조.
84 최채의 1994년도 증언에 의함; 염인호, 『조선의용군의 독립운동』, 나남출판, 2001, 154쪽 참조.
85 그 명단은 『解放日報』 1942.8.29, 「華北朝鮮獨立同盟 成立」(독립기념관 한국독립운동사연구소 편, 『中國新聞 韓國獨立運動記事集(Ⅰ)—朝鮮義勇隊(軍)』, 151쪽)에서 확인된다.
86 崔鳳春, 「석정 열사와 조선의용대(군)의 동지들」, 『조선의용대(군)와 석정 윤세주』(한국독립운동사연구소·석정윤세주열사기념사업회 공동주최 국제학술회의 자료집), 2011, 115쪽 참조.
87 같은 글, 116쪽 참조.

산에게는 광복군 제1지대 제3구대(대장 박효삼, 대부 이익성)의 제2분대장 직위가 주어졌다.[88] 하지만 실효성이 있을 수 없는 명목상의 자리에 불과했다.

1943년 중경의 민혁당에서 작성한 것으로 추정되는 〈조선민족혁명당 주요간부 간명이력표〉에는 '화북특별지부 중요간부'로 박효삼·김백연(金白淵=김두봉)·김세광·양민산의 4인이 명기되었다.[89] 이보다 앞서 중국국민당에서 조사하여 작성한 것으로 보이는 한 문서에서는 조선민족혁명당 내에 30세 미만의 청년간부로 양민산·왕통·김세일 등이 있는데 그 모두 김약산의 '적계(嫡系; '직계'와 같은 뜻)'라 하였다.[90]

1944년 1월말에 태항산의 조선청년혁명학교가 연안으로 이전해가서 나가평촌(羅家坪村)에 움집 교사를 신축하고 12월에 개학하였다. 교장은 김두봉이고, 정치교관 5인 중의 1인이 양민산이었다.[91] 1945년 6월말에 연안의 조선혁명군정학교(朝鮮革命軍政學校) 강당에서 개최된 독립동맹 연안분맹대회에서 양민산은 9인 집행위원의 일원으로 재선되었다.[92] 이처럼 연안시절의 그는 몇 해 전 접적지구(接敵地區)의 전선생활과는 다르게 일본군의 간헐적 공습에만 대비하면 되는 후방에서 비교적 평온한 시간을 보냈다. 하지만 그런 중에도 일본군과 '최후의 결전'을 벌일 결정적 기회를 계속 기다리고 있었다.

---

88 「軍務部 軍事報告」(1942.10.27), 국사편찬위원회, 『대한민국임시정부자료집』 9 참조.
89　秋憲樹 編, 『資料 韓國獨立運動』 II, 연세대학교출판부, 1972, 229쪽 참조.
90　「韓國黨派之調査與分析」, 秋憲樹 編, 『資料 韓國獨立運動』 III, 연세대학교출판부, 1972, 74쪽.
91　崔鳳春, 「석정 열사와 조선의용대(군)의 동지들」, 120쪽 참조.
92　독립기념관 한국독립운동사연구소 편, 『中國新聞 韓國獨立運動記事集(I)—朝鮮義勇隊(軍)』, 225쪽.

1946년 이후의 재북 정치활동과 그 종막

입북 환국과 '신조선 건설'의 포부

1945년 8월 15일, 일제의 항복으로 태평양전쟁이 끝났다. 미국의 원폭 투하와 소련군 참전으로 예상보다 빨리 온 결과였다. 하지만 본국침투 후의 연합진공전으로 일본군을 물리치고 민족해방군으로 개선하여 독립완성의 길로 나아갈 작정이던 임시정부-광복군과 독립동맹-의용군 양측의 당초 구상은 무산되고 말았다. 8월 29일 개최 예정이던 조선독립동맹 제3차 대표대회도 급히 취소되고, 대신 김두봉이 주석, 최창익(崔昌益)과 한빈이 부주석으로 취임하였다.[93] 이때 지명된 14인 집행위원에 양민산도 포함되었다.[94]

이보다 앞서 일본의 항복 의사가 연안에도 알려진 날이던 8월 11일에 모택동(毛澤東)이 기초하고 팔로군 총사령 주덕(朱德) 이름으로 발령된 '연안총부 명령 제6호'가 조선의용군에 하달되었다. "조선의용군은 팔로군과 원(元)동북군 각 부대를 따라 동북으로 진병(進兵)하여 적위(敵僞; 일본군과 만주국 군대)를 소탕하고 동북의 조선인민을 조직하여 조선해방의 임무를 달성하라"는 것이 요지였다.[95] 이에 조선의용군 사령부는[96] 각지 의용군부대에 조국향진의 준비를 명하는 긴급동원령을 내리고 모두 봉천(奉天)으로 집결토록 했다.[97]

---

[93] 金命時,「해외투쟁의 血劇史」,『해방일보』1945.12.28; 심지연,『조선신민당 연구』, 동녘, 1988, 241쪽 참조.

[94] 尹逸模,「독립동맹과 의용군의 투쟁사」,『新天地』제1권 제2호, 1946.3), 210쪽에 제시된 위원 명단 참조.

[95] 명령의 전문은 楊昭全 等 編,『關內地區朝鮮人反日獨立運動資料匯編』(下冊), 1455쪽에서 볼 수 있다.

[96] '연안총부명령 제6호'가 발령되기 직전에 주덕의 명령으로 조선의용군 사령부가 설치됨과 동시에 무정이 사령, 박일우(朴一宇)가 부사령 겸 정치위원, 박효삼이 부사령 겸 참모장으로 임명되었다. 조선의용군 화북지대가 1943년 이래로 사실상의 중공 직할부대가 되어 왔듯이, 새로 건립된 의용군 사령부도 중공중앙 군사위 소속일 뿐 독립동맹과는 공식적 관련이 없는 기구였다(염인호,『조선의용군의 독립운동』, 316-317쪽).

[97] 高贊輔「연안서의 8·15 전후, 국제관계에 대한 또 한 개 체험(完)」,『현대일보』1946.8.19; 여기서는 심지연,『잊혀진 혁명가의 초상─金枓奉 연구』(인간사랑, 1993), 92쪽에 의함.

연안에서도 9월 3일에 의용군 정치부 및 4개 대대로 구성된 선발대가 나가평을 떠나면서 4,700리 도보행군을 시작하였다. 독립동맹 중앙간부진도 그들과 함께 움직였다. 처음 1주간은 매일 7~80리, 발바닥이 굳어진 뒤로는 120리 또는 140리의 강행군이었다. 일본군의 봉쇄선을 돌파하여 오대산(五臺山)을 넘고 장가구(長家口)와 금주(錦州)를 거쳐 10월 26일 승덕(承德)에 도착해서야 기차를 탈 수 있었다. 11월 2일 봉천 진입 직전의 신거역(新居驛)에서 하차하여 농촌마을에서 대기하다 11월 7일 봉천시내에서 열린 러시아혁명 기념 열병식에 참가하였다.[98]

이어서 1,500명의 의용군 귀국선발대가 봉천을 떠나 안동(安東)으로 갔고, 11월말에 압록강을 건너 신의주로 들어갔다. 그런데 소련군 당국의 지시를 받은 평북 위수사령부 보안대가 출동하여 숙영지를 습격하고 의용군의 무장을 해제해버렸다. 하는 수 없이 선발대는 안동으로 철수하고, 김두봉·무정·박효삼 등이 평양으로 가서 의용군의 무장귀국 협상을 소련군 당국자와 벌였다. 그러나 "정부 없는 민족에 군대가 있을 수 없다"는 소련군의 주장에 가로막혀 협의는 진전되지 못하였다.[99] 하는 수 없이 30명가량의 독립동맹 간부진만 입북하여 12월 13일 평양으로 들어갔다.[100] 물론 양민산도 그 일원이었다.[101] 이들의 북한 도착은 서울에서도 12월 19일자 『조선인민보』 보도를 통해 알려졌고, 그 지면에 소개된 독립동맹 위원 15인의 명단에 양민산도 들어있었다.[102]

---

98 같은 글; 같은 책, 93-94쪽 참조.
99 조선의용군 선발대의 본국행과 귀국 실패의 경위 및 내막에 대해서는 심지연, 『잊혀진 혁명가의 초상―金枓奉 연구』, 94-96쪽의 서술이 자세하다.
100 김성보, 「조선민주주의인민공화국의 수립」, 국사편찬위원회, 『한국사』 52, 2002, 443쪽; 박병엽 구술, 유영구·정창현 엮음, 『조선민주주의인민공화국의 탄생』, 선인, 2010, 113-114쪽 같이 참조.
101 김중생, 『조선의용군의 밀입북과 6.25전쟁』, 명지출판사, 2000, 121쪽 참조.
102 「항일전투 十星霜, 독립동맹의 전모」, 『조선인민보』 1945.12.19; 심지연, 『조선신민당 연구』 183쪽 참조.

1946년 1월 2일, 김두봉이 평양방송에서의 '시국에 대한 태도 표명' 연설로 정치적 입장을 처음 밝혔다. 1월 14일에는 독립동맹이 〈조선동포에게 고함〉이라는 제목의 성명서를 내면서 본격적인 정치활동에 들어갔다. 연설과 성명서 공히 '조선임시정부 수립 및 5년간 후견'이라는[103] 모스크바 3상회의 결정을 지지하며 '자주독립에 매진' 또는 '건국대업 완성을 위해 분투'하겠다는 것이 요지였다. 그러면서 김두봉은 "편협한 정당이나 계급이 독점적으로 국내 문제를 해결하려는 것은 반대"한다는 입장도 강조해 말했다. 1월 31일에는 독립동맹이 "악질적 친일분자를 제외한 전 민족이 신조선민주공화국 건설에 매진"하려 한다는 임시강령을 발표하였다. 독립동맹이 보건대는 전 민족이 참여하는 '신조선 건설'로 완결되어야 할 독립운동이 아직 끝난 것이 아니었다.

　2월 5일 서울에서 독립동맹 경성특별위원회(위원장 백남운[白南雲])가 설립되고, 2월 15일의 민주주의민족전선 결성대회에 부주석 한빈 외 14명이 독립동맹 대표로 참석했다. 그 명단들에 양민산은 들어있지 않았으니, 이는 그가 한빈 등의 1월 25일 입경 때 동행하지 않았음을 말해준다.

　2월 26일[104] 독립동맹은 평양에서 개최된 전체대표대회 선언문을 통해 '조선신민당(朝鮮新民黨)'으로의 개조를 발표하였다. "민족독립의 건국 대업에 당면하여 민주주의적 기초 우에 건립된 북조선인민위원회를 옹호하며 발전케 하여 그로서 자유·평등·부강한 전조선 민주공화국을 촉성"함이 창당 취지로 천명되었다.[105] 〈강령〉을 통해 조선신민당은 "친일분자, 파쇼분자 및 전쟁범죄자 등 일체 반동세력을 철저히 소멸"시킬 것과 "보편적 평등적 선거에 의한 새로운 민주정권을 수립할 것"을 주장하였고, '자산계급성 민주주의혁명'을

103　"후견은 주권이 아국(我國)에 있고 신탁은 주권을 타국에 양(讓)하는 것"인데 서울의 언론매체들이 보도한바 '신탁통치'는 와전된 것이라고 김두봉은 주장하였다(『조선인민보』 1946. 1. 10; 심지연, 『잊혀진 혁명가의 초상─金枓奉 연구』, 104쪽).
104　『해방일보』 1946. 3. 12; 심지연, 『조선신민당 연구』, 80쪽.
105　「조선신민당(전 조선독립동맹) 선언, 강령, 규약」, 국사편찬위원회, 『북한관계사료집』 26, 1997, 16쪽.

정치노선으로 표방하였다.[106]

양민산은 조선신민당의 17인 중앙집행위원 반열에 섰고,[107] 중앙본부 선전부장도 겸하였다.[108] 그리고 이때부터 본성(本姓)을 살리고 이름은 '민산'을 그대로 취하여 성명을 '김민산'으로 쓰기 시작했다. '신민당'의 '민' 자와도 잘 어울리는 조합이었다.

6월 26일에 조선신민당은 제1차 북조선대표대회를 개최하고 중앙집행위원 25인을 새로 선출하였다. 이때 선전부장에서 조직부장으로 전임된 김민산은 위원장(김두봉), 부위원장(최창익)에 이어 서열 3위로 등재되었다. 6인 중앙상무위원진의 1인이기도 했다.[109]

북조선로동당에의 소극적 합류

1946년 8월, 조선신민당은 북조선공산당과의 통합으로 북조선로동당(北朝鮮勞動黨)을 결성하였다. 합당 제안은 김일성과 박헌영(朴憲永)의 소련방문 때 스탈린(I. Stalin)이 낸 것이라 한다. 당분간은 통일전선이 필요하고 그것을 추동해야 한다는 소련의 정책적 의도가 작용했다는 것이다. 그랬기에 실제로는 공산당의 주도로 추진되지만 표면적으로는 신민당의 제안에 공산당이 호응

---

106 조선신민당 강령 및 정책의 기조는 친일파 및 반민주주의자를 제외하고 민족통일전선을 구축하여 조선민주공화국을 수립하고 대기업 국영화와 소작제 폐지 등으로 민족경제를 재편성하며 대외적으로는 독립·평등·상호이익존중·우의에 기초하여 세계평화를 실현한다는 것이었다고 한다. 이는 마오쩌둥(毛澤東)의 '신민주주의'를 당시의 북한 현실에 원용한 것으로, 공산당보다 덜 급진적이고 노동자·농민보다는 소시민·지식층·중산층에 기반을 둔 당이었다고 평가된다(김남식, 「조선신민당」, 한국정신문화연구원 편, 『한국민족문화대백과사전』 20, 1996, 492쪽).

107 「조선신민당(전 조선독립동맹) 선언, 강령, 규약」, 국사편찬위원회, 『북한관계사료집』 26, 15쪽; 『自由新聞』 1946.3.13, 「조선신민당 중앙집행위원」.

108 조선신민당의 최초 지도부는 위원장 김두봉, 부위원장 최창익·한빈, 조직부장 이유민(李維民), 선전부장 김민산, 비서처장 변동윤(邊東潤), 총무처장 장철(張徹)로 그 진용이 짜여졌다(民主主義民族戰線 編, 『朝鮮解放年報』, 문우인서관, 1946, 149쪽).

109 국사편찬위원회, 『북한관계사료집』 26, 51쪽. 이때 김민산의 거주지는 '평양 순영(巡營)'이었다.

하는 형식을 취하였다. 합당의 경과는 다음과 같았다.[110]

7월 22일의 '북조선 제정당·사회단체 대표회의'에서 김일성의 보고에 따라 결정서와 규정이 채택되고 북조선 민주주의민족통일전선위원회가 결성되었다.[111] 이어서 김일성과 김두봉·최창익 3자 협의에서 당 통합이 합의되었다. 7월 23일, 조선신민당 중앙상무위 회의에서 토론 끝에 통합을 결정하고, 그 필요성을 제안하는 서한을 김두봉이 김일성에 보내는 식으로 합당문제를 제기하였다. 이에 공산당이 응신하자 신민당 상무위가 회답 내용을 토의했고, 김두봉은 "가장 진보적인 민주정당은 통합할 것을 국제정세가 요구하고 있다"고 말했다. 김민산은 신민당의 일부 당원이 부당하다고 생각할 수 있으니 합당의 역사적 의미를 당원에게 설명할 필요가 있다고 주장하였다.[112] 7월 26일 두 당의 중앙위원회에서 합당안이 각각 승인 통과되고, 29일 71명 참석하의 양당 중앙위 연석확대회의에서 "모든 근로 인민들의 이익을 옹호하는 하나의 로동당으로 합당"이 결정되었다. 그리고 한 달 후인 8월 28일부터 사흘간 818명의 대의원 참석 하에 북조선로동당 창립대회가 열린 것이다.

이는 공산당 중심의 대중정당화 전략에 조선신민당이 흡수되어 감을 의미했고, 그로써 후자의 '신민주주의' 정치노선은 현실화하지 못한 채 사라지고 말았다.[113] 신당의 조직구성도 확실히 공산당 중심이었다. 신민당 서열 3위이던 김민산이 31명의 창당대회 주석단에 끼지 못한 것도 세력불균형의 한 증좌였다. 대신에 그는 김일성이 43명으로 정수를 제안하고 그 명단도 추천한 중앙위원 반열에는 들어설 수 있었다.[114]

---

110 서동만,『북조선사회주의체제성립사: 1945~1951』, 선인, 2005, 169-172쪽 참조.
111 民主主義民族戰線 編,『朝鮮解放年報』, 453쪽.
112 서동만,『북조선사회주의체제성립사』, 173쪽.
113 김남식,「조선신민당」, 492쪽.
114 「북조선로동당 창립대회 회의록」(1946. 8. 28~8. 30), 국사편찬위원회,『북한관계사료집』1, 1982, 172쪽 참조.

1948년 3월 27일 평양에서 열린 북로당 제2차 전당대회에서 김민산은 정치위원 및 각 도당 부위원장 연석회의에서 천거된 중앙위원 후보자 67명 중 17번째로 등재되어, 대의원 990명 전원의 거수 찬성으로 선출되었다. 그러나 정치위원회, 상무위원회, 검열위원회, 부장급 책임자 명단 어디에도 그의 이름은 없었다. 다만 그의 정치적 스승인 김두봉은 재차 위원장으로 내세워져 연임하고 북조선인민회의(北朝鮮人民會議) 상임위원장도 겸임한다. 그렇지만 실권은 당 부위원장이면서 북조선인민위원회(北朝鮮人民委員會) 위원장인 김일성에게 장악되어갔다.[115]

북한정권 참여

1948년 4월 20일부터 평양 모란봉극장에서 '전조선(全朝鮮) 제(諸)정당·사회단체 대표자 연석회의'('남북연석회의')가 열렸다. 그 3일차인 22일 회의에서 남·북한 정치정세와 반분단(反分斷) 통일노선에서의 투쟁방책에 대한 토론이 진행될 때 김민산이 북로당 대표로 참여했다.[116] 이 연석회의에 장건상도 근로인민당(勤勞人民黨) 대표진의 일원으로 참석했는바, 큰딸 및 사위와 3년 만에 해후했을 것임에 의문의 여지가 없다. 그러나 그것이 마지막 상면이 되어버렸다. 남쪽 대표들 중의 홍명희(洪命憙)·백남운·이극로(李克魯)·이용(李鏞) 등 70여 명이 회의 종료 후 평양에 잔류했음에 반해 장건상은 서울로 곧 돌아갔기 때문이다.

---

115 「북조선로동당 제2차 전당대회 회의록」, 국사편찬위원회, 『북한관계사료집』 I, 452-453쪽; 유영구·정창현 엮음, 『조선민주주의인민공화국의 탄생』, 226·228쪽; 김광운, 『북한 정치사 연구』 I, 선인, 2003, 374-375·384·600쪽 같이 참조.

116 토론의 자세한 상황과 내용은 『京鄕新聞』·『南鮮新聞』·『自由新聞』·『朝鮮日報』 1948년 4월 25일자, 또는 김광운, 『북한 정치사 연구』 I, 605-606쪽을 볼 것.

그 해 8월 25일 실시된 최고인민회의 북조선 대의원 선거에서 김민산은 212명 대의원의 1인으로 피선되었다.[117] 9월 2일부터 해주(海州)에서 최고인민회의 제1차 회의가 개최되었는데, 그 5일차(9.8)에 23명의 법제위원회가 조직될 때 김민산도 위원이 되었다(위원장은 허헌[許憲]).[118] 그러나 9월 9일 성립한 내각에는 들어가지 못하였다. 이듬해 1949년 4월 19일에 그는 함경남도 인민위원장으로 선임되고,[119] 두 달 뒤 6월 30일에 북로당은 남로당과의 합당으로 조선로동당이 되었다.

김민산은 함경남도인민위원회 위원장으로 약 3년간 재임하다 물러났고,[120] 그로부터 넉 달 후인 1952년 7월 26일부터 8월 7일까지 캐나다 토론토에서 열린 제18차 국제적십자대회에 북한대표단의 일원으로 참석하였다. 이 대회의 남한대표단 수석대표인 임병직(林炳稷)이[121] 총회 상황과 대표단의 활동 및 견문 내용을 8월 8일과 9일자의 비밀전문으로 대통령에게 두 번 보고했는데,[122] 이 영문 보고문에서 김민산이 언급되고 있었다.

---

117 북조선인민회의 대의원이었으나 최고인민회의 대의원이 되지는 못하고 탈락한 연안계의 무정·김창만·윤공흠 대신 리유민·김민산·김한중(金漢中)이 선출된 것이라 한다(서동만, 『북조선사회주의체제성립사』, 224쪽).
118 서동만, 『북조선사회주의체제성립사』, 225쪽.
119 같은 책, 232·234쪽 및 939쪽 참조.
120 그는 1952년 3월 19일까지 재임하였다(서동만, 『북조선사회주의체제성립사』, 476·939쪽)
121 1893년생인 그는 전직 외무장관이고 당시는 유엔대표부 대사로 재임하고 있었다. 다른 두 대표는 구영숙(具永淑)과 황성수(黃聖秀)였다. 1892년생으로 미국 에모리(Emory)대 의학박사인 구영숙은 세브란스의전 교수를 거쳐 초대 보건부장관을 지냈다. 1917년생인 황성수는 일본과 미국에서 유학하고 미국 법무부 및 육군성을 거쳐 주한미군정청에서 근무했고 외무부 초대 정보국장을 지냈다. 1952년 당시는 국회의원으로 외무위원회 소속이었다.
122 2편 보고문의 전문이 국사편찬위원회, 『대한민국사자료집』 31, 1996, 278-291쪽에 외교비밀록(memorandum)으로 분류되어 실려 있다. 두 보고문은 형식과 내용 면에서 대동소이한데, 9일자 보고는 8일자 것을 약간 수정하고 조금 더 보충하면서 정리한 것이다. 9일치 보고문의 일부가 초역되어 국사편찬위원회, 『자료 대한민국사』 26(2007)에 실려 있다.

보고문에서 임병직은 "7월 26일 개회하자마자 소련과 그 위성국들 대표단은 주한 유엔군이 세균전을 감행하고 있으며 유엔군사령부 감독 하의 공산군 포로들이 학대당하고 종종 살해되기까지 하고 있다고 노래하듯 비난하기 시작했습니다."고 썼다. 그리고 북한대표단(보고문의 표기는 '한인 공산주의자들') 3인의 이름은 'Ki Sek Pok, Kim Min San, Kim Pai Joon'이라고 적었다. 차례로 기석복(奇石福), 김민산, 김배준(金培俊)인 것이었다.[123] 그러면서 특히 김민산에 대해 상세히 묘사했다. 그 부분을 우리말로 옮겨보면 다음과 같다.

> 그 팀의 대변인인 김민산이 총회에서 한국말로 연설했습니다. 힘차게 잘하더군요. 연설 주제는 유엔군이 세균전을 벌인다는 것과 포로를 학대한다는 것 두 개였는데, 소련·중공 대표단의 연설과 거의 같은 내용입니다. 북쪽 사람들과 항시 동석하는 중국인 젊은 여자가 그의 연설을 영어로 통역하는데, 번역문을 읽은 것 같습니다. 하지만 나중에는 김민산이 하지도 않은 말을 마구 덧붙이는 식으로 흘러가버립니다. 총회 의장인 앙드레 프랑스와-퐁세 프랑스 대사가 그 점을 강하게 지적해 말했습니다.
> 기석복과 김민산은 키가 작아 5피트 4인치쯤 되고, 의학박사 김배준은 비교적 큰 키로 5피트 8인치쯤이었습니다. 정보보고에 의하면 김민산은 중국에서 훈련받은 자이고, 이북 공산당 체제에서 상당 정도 요인입니다. 기석복은 러시아 출신이고 소비에트체제에서 훈련받았으며, 북측 대표단 그룹의 중심인물입니다. 그는 북한 공산당 기관지의 편집장이기도 합니다. 김배준은 전염병학과 세균전 분야의 '의료 지도자'인 듯해 보입니다.

요컨대 한국전쟁의 남북 간 전선이 일종의 교착상태가 되어있는 시점의 국제적십자대회에 북한대표단이 참석한 것은 유엔군(실제로는 미군)이 한반도

---

[123] 소련 태생의 선전전문가인 기석복은 1945년 12월 북한으로 들어와 1948년 『로동신문』 주필이 되었고 『근로자』 『민주조선』 등의 주필도 역임하였다. 김배준은 경성의학전문학교 출신의 의료인으로 1952년 당시 평양의과대학 내과 강좌장이었다. 앞의 『자료 대한민국사』 26에는 기석복이 '김석복'으로 잘못 표기되어 있다.

북부에서 세균전을 벌였으며 남한에서는 인민군 포로를 학대하고 있다고[124] 고발하려는 의도였다. 그리고 그 발언의 마이크를 잡은 이가 김민산이었다. 그가 북한대표단의 일원으로 선임된 것은 독립운동기 이래로 쌓아온 선전전문가로서의 경력과 능력이 십분 감안되어서였을 것이다.

임병직은 공산당 지도자들과 이번 대표들의 인성 특질을 파악해보기 위해 휘하 대표들로 하여금 토론토의 한 유학생 집에서 북한 대표단을 만나보도록 했다. 북측은 오겠다고 말해놓고는 약속 시간과 장소에 나타나지 않았다. 대신에 유학생 3명이 그들과 접촉할 기회를 가졌고, 그 중 신학 전공의 한 여학생이 김민산에게 "왜 공산당은 수백만 명의 동족이 죽고 다치게끔 잔혹한 공격을 개시했는가?"고 따져 물었다. 그러자 김민산이 응수하기를, 그녀의 말은 미국인들이 흔히 하는 선전의 복사판일 뿐이지 진상은 남한 군대가 북쪽을 먼저 침공했다는 것이라 하였다. 다른 계제에 황성수와 그 여학생이 다시 대화하려 했으나 김민산은 스쳐 지나가버렸다.[125]

---

124 한국전쟁 초기부터 미군이 각종의 전쟁범죄와 반인도적 범죄를 저질렀다는 북한측 주장이 근거 있는 것인지를 확인하기 위한 현지조사가 1952년 3월 국제민주법률가협회 조사단에 의해, 그리고 1952년 1~3월에 미군이 북한과 만주를 겨냥하여 세균전을 벌였다는 의혹에 대한 현지조사가 같은 해 6월 국제과학조사단에 의해 각각 수행되었다. 2건의 그 보고서(김주환 엮음, 『미국의 세계전략과 한국전쟁』, 청사, 1989, 163-273쪽)에는 세균전의 증거가 될 만한 사실들이 상당수 제시되었다. 또한 1952년에 미 공군이 한만국경 일대를 공습하면서 생물학무기를 투하하여 세균전을 실험했고 그 원천자료와 노하우는 일본 관동군 731부대의 전범들로부터 넘겨받은 것이었다고 20년간의 추적연구 결과를 보고하는 저작이 미국에서 출간되었다(Stephen Endicott and Edward Hagerman, The United States and Biological Warfare: Secrets from the Early Cold War and Korea, Indiana University Press, 1998; 안치용·박성휴 옮김, 『한국전쟁과 미국의 세균전』, 중심, 2003). 이에 대해 북한과 중국 측의 세균전 주장은 선전전의 일환이었을 뿐이라고 논박한 글도 있다(조성훈, 「한국전쟁의 세균전 논쟁 비판」, 『軍史』 제41호, 2000). 세균전을 위한 대규모의 현장실험(field tests)을 해보라는 1951년 9월 21일자의 미 합동참모본부 명령서를 아랍권의 위성방송 〈알 자지라〉 파견원이 미 국립문서보관소에서 찾아내 2010년 3월 17일에 영어 다큐멘터리 프로그램("People & Power")에서 방영하였고, 이 내용은 그 즉시 국내 언론에도 보도된 바 있다.

125 이상의 인용과 후속 서술은 위의 보고문 2편의 해당부분 서술(국사편찬위원회, 『대한민국사 자료집』 31, 282-283쪽 및 289쪽)을 합쳐 반영시킨 것이다. 보고문에서 임병직은 북한 대표단의 사진을 부록에 넣어 보낸다고 썼는데, 위 자료집에는 부록이 실려 있지 않다. 국사편찬위원회 소장 원본자료에도 부록은 누락되어 있다.

그 1년 후인 1953년 8월 6일, 김민산은 조국통일민주주의전선 중앙위원회 사회부장을 겸하여 조선로동당 중앙위원회 사회부장으로 임명되었다.[126] 이는 당 중앙위 제6차 전원회의를 통하여 남로당파 숙청작업이 개시되던 이면에서 그가 발탁된 것이고 소련파 견제책의 일환이기도 했음으로 해석된다.[127] 1954년 3월에 그는 당 중앙위 전원회의를 통한 당직개편 때 사회부장 직에서 해임되었으나[128] 9월 9일에 국가건설위원회 부위원장으로 임명되고, 1955년 1월에 건설성 부상이 되었다(건설상은 김승화[金承化]).[129] 그러더니 동년 11월에 국가검열성 부상으로 전임했다가 1956년 5월에 경질되었다(후임자는 소련파의 박기호).[130]

정치행로의 종막

1956년 4월 23일부터 7일간 개최된 조선로동당 제3차 전당대회에서 김민산은 중앙위원에서 검사위원으로 강등되었다.[131] 그도 이제 정치적 내리막길로 접어들고 있음이 시사되는 대목이었다. 1957년 8월의 제2기 최고인민회의 대의원 선거에서 그는 재선되지 않았으며,[132] 동년 12월의 조국통일민주주의전선 제2차 대회에서 87명의 중앙위원이 선출될 때도 그는 배제되었다.[133]

---

126 日本外務省 アジア局, 『北朝鮮人名錄』, 130쪽; 서동만, 『북조선사회주의체제성립사』, 936쪽.
    1953년 중에 그가 「조국전선을 강화함에 있어서 우리 당의 지도적 역할」이라는 글을 써내 『근로자』에 게재된 것 같은데(국편, 한국사데이터베이스의 〈한국사종합논저목록〉에 의함), 이것이 사회부장으로 선임되기 전인지 뒤의 일인지, 그리고 어떤 연관이 있었는지는 확인되지 않는다.
127 서동만, 『북조선사회주의체제성립사』, 497쪽 참조.
128 서울신문사 편, 『북한인명사전』(개정·증보판), 1998, 263쪽; 서동만, 『북조선사회주의체제성립사』, 607쪽 같이 참조.
129 서동만, 『북조선사회주의체제성립사』, 951쪽.
130 같은 책, 953쪽 참조.
131 같은 책, 551-552쪽 및 945쪽.
132 같은 책, 957-961쪽 참조.
133 그 명단 발표 때는 김원봉도 70번째에야 호명되었다(김광운, 「김원봉의 1945년 광복 이후 정치 행적

1958년 여름에 소집된 조선로동당 상무위원회에서 "남한출신 인물들을 철저히 조사하기로" 결정되었고, 10월 1일의 최고인민회의 정기회의에서 '반국가적 및 반혁명적 책동'의 죄를 물어 상임위원회 부위원장 김원봉의 대의원 권한을 박탈한다는 정령(政令)이 비준되었다. 그 죄명은 김일성이 정적을 제거할 때 즐겨 쓰는 기법의 하나였다.[134] 그 직후 체포된 김원봉은 독립운동기의 중국국민당 및 장제스(蔣介石)와의 관계로까지 소급되어 '국제간첩'이라는 혐의가 씌워지는 치욕을 맛보고는 옥중 자결로 생을 마쳤다.[135]

1958년 10월, 당 중앙상무위원회에서 김일성은 평양위수사령관 장평산(張平山) 등이 쿠데타를 시도했다면서 "반혁명분자들을 더욱 철저히 진압할 것"을 주문했다. 뒤이어 10월 30일의 조선인민군 각급군사학교 교원대회 연설에서도 이미 숙청된 김두봉·최창익·한빈 3인에 더하여 리유민·김민산 등 조선신민당 출신자들이 폭동 음모를 꾸몄다고 비난하고 '반혁명 음모'와 결부시켰다.[136]

이처럼 공개적으로 거명 지목되었으니 김민산은 그때 곧 인신구속을 당해 숙청되어갔으리라고 보는 것이 합당하다.[137] 김원봉이 숙청될 때 '국제간첩'이

과 성격」, 『한국독립운동사연구』 제68집, 2019, 295쪽). 8월의 최고인민회의 대의원 선거에서 김두봉은 재선되었으나 상임위원장 자리에서는 배제되더니 12월 들어 '반당 종파분자'로 매도되고 이듬해 8월, 당에서 제명되었다.

134 한상도, 「김원봉의 월북 배경과 이후 정치활동 궤적」, 『한국근현대사연구』 제88집, 2019, 236-237쪽.
135 이원규, 『민족혁명가 김원봉』, 한길사, 2019, 631-637쪽 참조.
136 서동만, 『북조선사회주의체제성립사』, 777쪽 참조.
137 김민산의 최후에 대하여 "1959년 7월, 최창익사건에 관련되어 숙청"이라는 기술(북한연구소, 『최신 북한인명사전』, 1996, 118쪽)이 있고, 『한국사회주의운동 인명사전』에는 "1959년 7월, 종파분자로 지목되어 각종 직위에서 해임"된 것으로 적혔다(71쪽). 그러나 김일성의 위와 같은 공개발언이 있고서도 늑장부려 9개월 뒤에야 '해임'되었다고는 믿기 힘들다. 숙청 조치가 즉시 시행되기 시작했다고 보아야 맞을 것이다. 숙청 방식은 체포 후 투옥이었을 텐데, '1959년 7월'이란 형식상의 재판을 거쳐 사형이 선고되고 곧 집행된 시점을 말하는 것이 아닌가도 한다. 심지연은 김민산이 군사폭동 음모에 가담했다는 이유로 다른 여러 명과 함께 검거·구속되었다고 기술했다(심지연, 『잊혀진 혁명가의 초상―金枓奉 연구』, 227쪽). 김중생도 김민산의 이력을 "1958년경 정치적 실종"으로 끝맺어 적었다(김중생, 『조선의용군의 밀입북과 6.25전쟁』, 121쪽).

라는 누명까지 썼듯이, 김민산도 1930년대의 남의사 고등훈련소에서 교육받았던 사실까지 들먹여지면서 '반혁명 음모'로 연결시켜졌을 수 있다.[138]

그의 정치적 행로의 이와 같은 종막은 북한정권 내에서 연안파가 점점 몰락해가다 결국은 완전히 사라져간 궤적과 동일선상의 것이라 볼 수 있다. 김원봉 외 김민산을 포함하여 의열단-민족혁명당에서 발원한 다수의 재북인사들이 죄다 숙청되어버린 것은 김일성 유일지도체제 확립에 장애가 되는 것으로 간주되어, '새 체제를 위한 속죄양'이[139] 된 것과 같았다.

숙청된 김민산은 평양 신미리 애국열사릉에[140] 묘가 없고 비석도 없다.[141] 조선신민당 위원장과 최고인민회의 상임위원장을 지낸 김두봉 역시 그러하다.[142] 그것이 1956년 이전에 사망했음이 외려 숙청 모면의 행운이 되어준 무정·고찬보(高贊輔)·김형식(金衡植) 등의 몇몇 연안파 인사와 다른 점이다.[143]

가문의 단단한 결속과 민족주의자의 길

남·북한 어디서든 그 이름이 묻혀버렸고 지금은 거의 잊힌 존재가 되고 말

---

138 1958년 12월 성주식(成周寔), 한지성 등에게도 '국제간첩'이라는 비난이 가해지면서 성주식은 투옥되고 한지성은 1959년 3월에 처형되었다. 김민산도 비슷한 경로로 최후를 맞았을 것이다.
139 김광운, 「김원봉의 1945년 광복 이후 정치 행적과 성격」, 298쪽.
140 평양 외곽 형제산 구역의 신미리 애국열사릉은 "조국의 해방과 사회주의건설, 나라의 통일 위업을 위하여 투쟁하다가 희생된 애국렬사들의 위훈"을 기리기 위해 1986년 조성되었다. 완공 당시 190기가 안장되었는데, 그 후 꾸준히 숫자가 늘어나 2014년 말에 890기였다(최재영, 「남북의 국립묘지를 찾아 역사화해를 모색하다 (3): 평양 신미리 애국열사릉 편」, 《오작교뉴스》 2015. 5. 27). 2019년 초 현재로는 1천위 안팎이 존재하는 것으로 전해진다(박상현, 「북한 애국열사릉에 묻힌 독립지사들」, 《연합뉴스》 2019. 1. 16).
141 김광운, 『북한 정치사 연구』 I, 765-820쪽의 「부록 2: 신미리 애국열사릉에 묻힌 사람들」 참조.
142 김두봉은 처형을 면하고 협동농장에 배치되어 노역하다 사망한 것으로 알려진다.
143 김형식의 경우에 관해서는 김희곤, 『만주의 독립운동가 月松 김형식』(성심, 2020)을 볼 것.

았지만 김교삼은 경북 선산이 낳은 또 한 명의 걸출한 민족운동가였다. 독립운동기에는 '양민산'으로, 해방 후에는 '김민산'으로 이름을 바꿔가며 활약한 그는 부친의 아호를 의식해 본뜸과 아울러 '민중의 산'이 되자는 뜻에서 '민산'을 자기의 호로 삼았던 것 같다.

선산군 평성면(현 구미시 고아읍)에서 1912년에 태어난 김민산은 1918년에 아버지 김정묵의 뜻에 의한 일가족 망명길에 동행하여 중국 봉천성으로 이주해갔다가 이듬해 북경으로 다시 옮겨가 살았다. 거기서 초·중등 교육을 받으며 소년기를 보낸 후 화북대학에 입학해 다닌 그는 1932년 10월 남경으로 내려가 의열단의 조선혁명군사정치간부학교에 제1기생으로 들어갔다. 거기서 그는 그는 김정묵의 '장남'이면서 본명은 '김대륙'인 것처럼 위장하여 일제 정보망을 교란시키는 한편 '양진곤'이라는 가명을 쓰면서 6개월간의 집중 교육과정을 이수하여 1등으로 졸업했다.

교장 김원봉의 두터운 신임 아래 그는 졸업 후 학교에 남아 제2·3기 교육과정의 교관이 되었고, 술과와 학과의 여러 중요과목을 맡아 후배들을 가르쳤다. 이어서 1935년에 창립되는 민족혁명당의 중앙서기국 예하 경제부 책임자가 되어 당 살림을 주관했다. 강서성의 남의사 고등훈련소에 파견되어 거의 1년 동안 교육받고 돌아온 그는 1937년 당 총서기 김원봉의 비서가 되었다. 또한 그 직후쯤에 중견 독립운동가 장건상의 장녀인 동갑내기 장수연(본명 장수원)과 결혼하였다. 그리고 이듬해에는 약관 27세로 당 중앙집행위원도 되었다.

1938년 조선의용대가 창설되었을 때는 특별 당무에 전념키로 한 때문인지 양민산의 참여 흔적이 나타나지 않는다. 그렇지만 1939년 4월 이후로 의용대 기관지의 보고문이나 논설문 기고자로 종종 등장하면서 존재감과 성가를 높여갔다. 또한 제3지대가 새로 편성될 때 정치지도원으로 임명받아, 간부학교 동기생인 지대장 김세일과 호흡을 맞추며 강서성 북부의 금하전선으로 출전하여 맹활약하고 실황을 자세히 보고하였다. 아무래도 직접전투보다는 전지선전공작이 주 임무로 주어졌던 조선의용대에서 정치지도원의 책무는 막중했고, 양민산은 자기의 직무와 과업을 매양 성실히 수행해갔다.

1941년 조선의용대의 주력이 황하를 건너 태항산으로 들어갈 때 그도 아내와 함께 동행하였다. 거기서 그는 화북조선청년연합회 진기예변구 지회의 간사로 선임되었음과 아울러, 재편성된 조선의용대 화북지대 예하의 무장선전대 본부에 속해있으면서 대원들의 선전공작을 지도하였다. 1942년 5월의 태항산 반소탕전 때 김두봉의 비서가 되어 연안으로 옮겨간 그는 화북조선독립동맹 연안분맹의 집행위원과 조선청년혁명학교 교관으로 활동하였으며, 중경의 민혁당 중앙으로부터도 여전히 중요간부 중 1인으로 간주되었다.

그렇게 연안에 있다가 1945년의 8·15 일제패망을 맞은 양민산은 독립동맹 간부진의 일원으로서 만주 봉천을 거쳐 북한으로 들어갔다. 그 후 독립동맹이 조선신민당으로 개조될 때 그는 중앙집행위원 겸 선전부장으로 선임되었다가 얼마 후의 제1차 대표대회 때 당 서열 3위의 조직부장 겸 상무위원으로 전임하였다. 그리고 그때부터 '김민산'이라는 이름을 쓰기 시작했다.

1946년 8월 '신민주주의' 노선의 조선신민당이 통일전선 전략상 북조선공산당과 통합함으로써 북조선로동당이 창립될 때 김민산은 중앙위원으로 선출되었다. 1948년 북한정권이 수립되기 직전에 그는 최고인민회의 대의원과 법제위원이 되었으나 내각에는 참여하지 않았다.

1949년 이후로 1956년까지 사이에 김민산은 함경남도 인민위원장, 국제적십자대회의 북한대표, 조선로동당 중앙위원 겸 사회부장, 국가건설위원회 부위원장, 건설성 부상, 국가검열성 부상 등의 고위직을 역임하였다. 비교적 평탄한 행로 속에서 정치적 상승기를 경험한 것이다. 하지만 1956년부터 내리막길에 서게 되더니 1958년 10월경에 김일성의 의도와 지령대로 진행되어간 정치적 숙청의 한 제물이 되고 말았다. 그 후로 그의 이름은 복권의 기회를 얻지 못한 채 완전히 잊혀져왔다. 남한에서도 그는 독립유공자 서훈 대상에서 아예 배제되고 있다. 그를 기억할 계기가 좀처럼 주어지지 않음과 같은 것이다.

아버지 김정묵과 더불어 김교삼은 '부자(父子) 독립운동가'였고, 항일전의 현장을 직접 누비고 다닌 그의 공적은 더 두드러진 바 있다. 장건상의 사위가 되어서는 '장서(丈壻) 독립운동가'임과 아울러 아내 장수연과 '부부 독립운동가'의 길도 시종 같이 걸어갔다. 그런데도 그의 생애경로는 입북 후의 정치활동 끝에 허망한 종막을 맞고 말았다. 일제의 조국강점에 맞서 20대 초입부터 독립운동에 뛰어들어 헌신했으며 일제패망 후에는 또 다른 외세에 점령되어 나뉘어버린 민족의 통일독립을 꿈꾸며 역사의 격랑을 피하지 않고 온몸을 던졌음에도 그러했다. 가족 이산의 아픔에 더하여 그것은 분단한국 현대사의 파란곡절이 낳은바 좌익 민족주의자들의 비극적 최후를 여실히 보여주는 또 하나의 실례가 된다고 아니할 수 없다.

9장
광복군사운동과 대구사람들

대구는 어떤 곳인가

대구는 조선 중기부터 한말까지의 200여 년간, 경상감영이 자리하고 영남대로가 이어주는 사통팔달의 중심부여서 행정·군사·교통·상업의 요지로 그 위치를 굳혔다. 아니, 영남을 넘어 호서와 호남까지 넓혀 보아도 한반도 중부의 한강 이남과 남부 전역에서는 가장 크고 번성하는 도시였다. 그러니만큼 이곳 중심의 문물교류도 활발했고, 그 영향이 문예 부문에도 미쳐 그 흥성의 흔적과 기풍이 지금까지도 역력하다. '우리가 제일'이라는 대구의 자부심이 누군가는 좁은 소견의 것이라고 할지 모르나 그냥 나온 것도 아니었다.

그런 면모는 시대가 바뀌고 '개화기'로 들어서도 약해지는 것이 아니라 오히려 더 강해진다. 이를테면 국채보상운동만 하더라도 첫 시동은 부산서 된 것임이 맞지만 대구가 발상지이고 총지휘부인 것처럼 되어갔음이 우연이 아니었다. 시대 전환의 대세에 몸을 실은 상인들 중심의 부민층(富民層), 그들의 지향점과 요구를 중시하는 지방관리층과 신지식층이 그 움직임을 주도했다. 그런 영향으로인지 대구에서는 한말 국권회복운동의 두 흐름 중에서 의병운동보다 애국계몽운동의 세가 훨씬 강했다. 인근의 영천·의성·청송과 그 북쪽 지역들에서는 의병운동이 일찍부터 일어나 활발하게 전개되지만, 대구와 그 서쪽의 인접 지역들에서는 움직임이 미미했다. 잡혀 온 의병(장)들이 줄줄이 대구감옥에 갇히거나 간단히 재판받고 처형되는 장면이 인상 깊게 무시로 벌어지곤 했을 뿐이다.

일제강점기의 대구에는 한반도 남부지역에서 부산 다음으로 일본인들이 많이 들어와 자리 잡고 각종 이권과 혜택을 누리면서 그 입김이 점점 세져 갔다. 그것이 계층을 막론하고 토착주민들의 생활양식과 문화적 풍토에도 적잖이 영향을 미친다. 그러나 이에 대한 우려와 반발도 없지 않아서 배일 성향의 인사들이 한·일 강제합병 후 처음 보이는 움직임이 1913년 달성친목회의 재건으로 나타났다. 그리고 2년 후 그 성원 중의 일부가 광복단 계통의 인사들과 결합함에 의하여 광복회가 조직되면서 새 국면이 열린다. 이것은 사형당한 의병장 허위(許蔿)의 수제자이던 경주사람 박상진(朴尙鎭)이 대구로 와서 은밀히 움직이는 가운데 가능해진 일이었다. 그로부터 대구 일각에서 항일기운이 조성되고 의협(義俠)적 행동도 나타나니, 1916년의 '권총 사건'이 유명하다. 그러나 광복회도 2년 만에 그 존재가 발각되고 대대적인 추적을 받아 국내조직은 다 파괴되어버린다. 그리고 1년 후, 독립운동의 신기원이 될 3.1운동이 발발하자 대구에서는 종교인과 학생들이 전면에 서서 적극 동참한다.

이런 흐름에 비추어 대구와 무장독립운동은 무언가 인연 있어 보이면서도 어딘지 아귀가 맞지 않을 것처럼도 보인다. 그 애매모호함이 이 글을 쓰게끔 하는 동기요 이유라고 보아도 좋다. 대구와 대구사람들은 무장독립운동과 어떤 관계였을까? 혹시라도 무심히 외면하고 등지고만 있었던 것은 아닐까? 아니면, 기대 이상으로 적극 동참하거나 지원하고 있었을까? 답이 궁금해지는 질문일 것인 만큼 흥미롭기도 할 것이다. 아무튼 간에 그 답은 어디까지나 사실에 입각해 고찰한 결과를 갖고 얻도록 해야 할 것이다.

배경 짚어보기와 전제

3.1운동과 무장독립운동의 관계

3.1운동은 종교계 지도자와 학생 등의 신진 엘리트층만 아니라 전국 방방곡곡의 민초들도 같이 품어온 해방의 충동과 민족독립의 열망이 봇물 터지듯 한꺼번에 분출하며 거족적으로 전개된, 참으로 보기 드문 유형의 대중투쟁이었다. 하지만 일제의 무자비한 강경 진압으로 수십만 명의 희생자도 나왔다. "이제 곧 독립이 된다."거나 "독립을 선언했으니 이미 독립이 되었다."라는 순정한 기대와 믿음이 들뜬 언어로 표출되고 민중의 마음속에 한동안 팽배했지만 석 달 만에 속절없이 깨져나가고 독립은 성취되지 못하였다.

그래도 한국인들은 비탄과 절망에 빠져있지는 않았다. 오히려 새로운 깨달음을 얻어냈다. 비폭력적 시위운동이 갖는 한계를 절감하고, 폭력수단도 기탄없이 동원되는 지속적 투쟁이 있어야만 일제를 내쫓고 독립을 얻을 수 있겠음을 자각한 것이다. 1919년 3월 중국 길림(吉林)에서 국외 망명 독립지사 39인의 연명으로 작성, 발표된 〈대한독립선언서〉가 "육탄혈전으로 독립을 완성할지어다!"라는 외침으로 끝맺음한 것도 그런 예지를 담아낸 압축적 표현이고 상징적 언어였다. 이 외침에 호응하듯이 항일무장투쟁을 준비해갈 조직이 거기서 곧 만들어지고, 가을로 접어들면서는 무장단체 결성과 휘하 독립군 편성이 시작되기에 이른다. 그런 방식의 활동이 거의 불가능할 수밖에 없는 국내에서 가동될 폭력투쟁의 방법도 별도로 강구되고 준비되어 간다.

결과적으로는 3.1운동이 별 의미가 없었다고 하거나 아무런 효능도 발하지 못한 것이라고 쉽게 말해서는 안 된다. 3.1운동이 종식되고 얼마 후부터 무장독립운동의 기운이 일어나 곧 현실화하기 시작했음이 확인되기 때문이다. 그로부터 무장독립운동의 발흥이 뒤따르게 된 것이다. 바야흐로 '구주대전(歐洲大戰)'이 끝나고 승전국들에서도 '세계 개조'가 고창되는 중이니 비폭력적 시위만으로도 세계여론에 호소하고 열강의 선의에 기대면 좋은 반응과 크 나큰 성과가 분명 있으리라고 믿었음도 사실이다. 하지만 막상 지나고 보니 그 운동방식에 내재적 한계가 있었고 그래서 실패하고 만 것이라는 비판적 자기성찰이 나오고, 거기에 대한민국 임시정부도 가세하고 앞장서기도 한다. 1919년 가을에 통합정부가 되고부터 일제와의 '독립전쟁'을 독립 달성의 최고 전략으로 설정하고 그 전술체계를 새로이 확립해간 것이다.

그에 따라 만주지역에서의 독립군 육성에 박차를 가하고, 대일 무장활동을 모든 독립운동의 중심에 놓고 부각도 시켜간다. 통틀어 이러한 움직임이 '비무장에서 무장으로'라는 독립운동의 새 지향점을 대변해주었다. 거기에 가장 큰 동력이 되어줄 것은 조국강토로부터 일제를 완전히 쫓아내고 절대독립을 성취해야 한다는 민족적 총의와 열렬한 자기희생의 정신이었다. 하지만 마음만 갖고서 될 일은 아니었다. 물적 토대가 반드시 갖춰져야 했다. 그래서 '군자금'을 거두어 임시정부로 전달함을 주된 목적으로 삼는 비밀결사들이 1919년 하반기부터 국내서 속출하였다. 1920년에 들어서는 그 결사체들이 소규모의 (준)무장조직으로 전환해가고 새로운 무장조직들도 연이어 결성된다.

임시정부의 '독립전쟁' 전략과 '군사운동'

'무장독립운동'의 개념과 성격은 상식처럼 다들 알고 있는 듯이 여긴다. 그러나 따져 들어가면 좀 모호해지는 부분도 있다. '무장'의 수준과 그 주체의 규모 혹은 범위 문제부터가 걸린다. 그러니 이 점을 명확히 해주는 작업이 먼저 있어야 할지 모르겠다. 이를 위해서는 그 개념이 실제로, 역사적으로 어떻게 이해되고 쓰였는지를 참고해봄이 필요한데, 그런 의미에서 임시정부의 독립운동 방략을 먼저 검토해보는 것이 좋다.

1919년 11월 상해의 대한민국 임시정부가 러시아의 한인사회당 세력을 포용, 흡수하여 '통합정부'로 거듭나면서 그의 독립운동 노선은 종래의 외교론

일변도에서 전투적인 방향으로 급선회했다. 민족독립의 성취는 대일전쟁을 통해서만 가능해질 것이라고 전망한 통합정부 요인들은 1920년 1월의 「국무원 포고」 제1호에서부터 독립전쟁론을 정립하고 그 전략을 세워갔다.

그들은 독립전쟁을 무조건 '즉시 결전'으로 치를 것은 아니라고 보았다. 일제를 격멸하고 독립을 달성하려면 많은 준비가 필요하고 '적당한 기회'도 노려야 했다. 그래서 독립전쟁전략 체계 안에 '준비'의 의미를 띠는 각종 전술을 배치하였다. 대일 결전의 적기(適機)를 맞을 때까지는 민족역량 증강의 '준비' 단계로 활용하고, 폭력과 비폭력, 무장과 비무장 수단을 두루 동원하는 복합적 전술로 일제에 대항해 감을 향후 독립운동의 표준노선으로 삼은 것이다. 그렇게 제시된 주요 전술은 크게 세 가지였다. 일제의 제반 통치행위에 대한 국내 대중의 전면적 거부와 일상적 저항, 만주·러시아지역 중심의 군사운동, 일제기관 및 그 요인과 반민족분자를 겨냥하는 '작탄투쟁(炸彈鬪爭)'이 그것이다. 이 3대 전술은 상호 보완적이면서 일부는 겹쳐서 실행될 것이었다.

이어서 임시정부는 내정·군사·외교·재정·사법의 5개 부문을 채우는 14개 항으로 〈시정방침〉도 확정 지어 공표하였다. 거기서 '내정' 부문의 '대적(對敵)' 항에 "필요하다고 인정될 시에는 작탄 등으로써 적괴(敵魁) 및 창귀(倀鬼)를 격살하며 혹은 그 영조물(營造物)을 파괴케 함"과, 위험을 무릅쓸 청년들로 감사대(敢死隊)를 편성해 매사 선봉에 서도록 한다는 공격적 투쟁 방안도 포함시켰다. '군사' 부문에서는 "독립운동의 최후 수단인 전쟁을 대대적으로 개시하고 규율 있게 진행하여 최후 승리를 얻을 때까지 지구(持久)하기" 위한 '개전 준비'의 방법을 다각도로 제시하고, '군사운동'이라는 용어도 거기 대응시켜 제시하였다.

다시 말하지만, 이때 임시정부는 어디까지나 독립전쟁의 '준비'를 강조함일 뿐이지, 당장의 '개전'을 주장할 계제가 아니었다. 무장투쟁의 실행을 막연히 독려하거나 그 구체적 방안을 제시하고 있음도 아니었다. 학계 일각에서 왕왕 '항일무장투쟁'으로 지칭해온 바 1920년대부터 만주와 극동러시아에서 나타난 독립군 조직과 그 활동도 위와 같은 전략·전술 체계로 보면 독립전쟁의 실행이 아니었다. 정확히 말하면 그 '준비' 단계에서 행해지는 '군사운동'일 따름이었다. 이 글에서 '무장투쟁'이 아닌 '군사운동'이라는 용어를 쓰는 것도 그런 뜻이고, 대구사람들이 실제로 관련되는 활동의 내용도 직접적 '무장투쟁' 참여보다는 넓은 의미의 '군사운동'에 속하는 것들이었음을 알게 될 것이다.

하지만 '군사운동'이란 그 당시나 그 주체로서는 금방 의미가 와닿고 잡히겠지만, 지금의 시점에서 보면 너무 일반적인 용어가 되고 만다. 무엇을 위한 '군사운동'인지가 얼른 이해되지 않을 수 있는 것이다. 그래서 특정화가 필요하다. 요컨대, 조국의 광복과 독립을 지향하고 그것을 위해 진행되는 '군사운동'이라는 것이다. 그런 의미에서는 '독립군운동'이라고 바꿔 표현해도 되겠는데, 그 말은 또 '독립군'이 주체가 되어 벌이는 운동 즉 '무장투쟁'이라는 뜻으로 한정되고 말 우려가 있다. 때문에 그 대안으로 '광복군사운동'을 제안하려 하며,[1] 여기서 그 용어를 도입해 쓰기로 한다.

'광복군사운동'의 의미와 범위—군자금 모집 문제와도 관련하여

'무장독립운동'에는 작탄투쟁도 포함되고, 내포는 그것과 비슷하나 의미층은 더 두터운 의열투쟁도 포함된다. 당연히 그것들은 다만 권총 1정이라도 '무장'을 필요로 하고 실제로 무장했기 때문이다. 하지만 그 말의 통상적 의미는 어느 정도의 규모를 갖춘 무장조직, 정규·비정규의 군사적 대오가 벌이는 조직적 항일활동이다.

그렇게 보면 '광복군사운동'은 '무장독립운동'과 일부 중복이 되지만 내포와 의미를 그것과 좀 달리하는 용어이다. 무장대오의 군사적 활동만 아니라, 그것이 가능해지게 할 독립군 양성과 그 교육·훈련의 거점 구축, 무기류를 위

---

[1] 한국독립운동의 역사에서 대한민국 임시정부 직할 군대이면서 최후의 독립군이었다고 할 존재의 명칭이 '한국광복군'이었음도 같이 고려해서이다.

시한 군수품 조달과 그를 위한 자금 확보 등 모두가 '광복군사운동'의 내용에 포함된다. 간단히 말하면 독립군이 벌여가는 무장투쟁 자체와 그것을 준비하고 뒷받침도 해주는 활동이면 그 모두가 광복군사운동의 일환이 되는 것이다.

그런 의미에서의 광복군사운동에 적어도 1920년대 전반기에는 전국 대부분 지역에서 호응하고 개인적으로든 집단적으로든 참여도 하는 것이 일반화한 현상이었다고 말할 수 있다. 초기에는 서북지방과 영남(특히 경북)지역에서의 그런 움직임이 두드러져 보였다. 그러면 대구는 어떠했는가? 당시로는 전국에서 세 번째, 한강 이남에서는 가장 큰 도시임을 자랑하던 대구는 군사적 활동 자체에 동참하기보다 '군자금' 모집의 현장 또는 책원지 되는 경우가 많았다. 그러면 이 활동은 광복군사운동의 범위에 포함될 수가 있는 것이었는가? 어려운 질문의 연속이지만 이 점도 잘 따져보고 명확히 해 두어야 한다.

'군자금'이란 말은 편하고 말하기 좋아서 일반통용어가 된 것이지, 실은 독립운동 전반을 위한 자금이었다. 임시정부 운영에 들어갈 재정금도 당연히 포함된다. 그런데 독립운동 자체가 최후의 독립전쟁 결행과 그 승리에 궁극적인 목표를 두고 있었기에, 그리고 독립운동에서 가장 많은 자금이 소요되며 가장 우선해서 쓰여야 할 곳은 군대를 조직하고 조련하며 무기를 사들이라는 일이라는 인식이 널리 공유되고 있었기에, 구체적 지원 대상이 어디였든 간에 독립운동 자금은 결국 광복군사운동으로 연결되는 바였다.

다음으로, 흔히들 '모금/모집'이라 하지만 실제로는 (반)공개적 모금이나 자발적 의연(義捐)이 되기가 모두 알다시피 극히 어려웠다. 부산의 안희제(安熙濟)와 경주의 최준(崔浚)처럼 다액의 군자금을 알아서 조용히 만들어놓거나 달성군 화원의 문영박(文永樸)처럼 자기 돈을 자진해서 임시정부에 보내주는 경우는 드물었다. 오히려 비협조적인 부호나 주민을 상대로 설득 이상의 반강제적 '징수'나 강제 '탈취'를 해야 하는 경우가 많았다. 부인할 수 없이 흔히 접하게 되는 사실인 것이다. 일정 지역의 부호들을 조사한 후 "모월 모일에 상해 임시정부의 특파원이 방문할 것이니 ○천/○만원의 군자금을 준비해두었다가 내라. 불응하면 사형에 처할 것"이라는 통고문('예경령')을 보내놓고 그다음에 찾아가 돈을 받아내는 식이었다.

부호들은 대개가 금전 기부를 완강히 거부하거나 아주 적은 금액만 내놓으면서 어떻게든 상황을 모면하고 출금을 미루려고들 했다. 약속을 저버리고 경찰에 밀고하는 일도 다반사였다. 그만큼 경찰의 상시적 감시·검문과 추적을 피하고 따돌리며 진행해야 하는 일이었다. 소액일지라도 선선히 군자금을 내주어놓고도 사건이 터지면 빼앗긴 것이라고 경찰에서 주장하는 부호도 적지 않았다. 그러므로 '돈을 모은다'는 뜻의 '모금'의 실제 방식으로는 '징수'(징구+수합)이 많았음이 진실이다. 그렇다면 '모금'·'모집'이라는 단일 용어만을 '용어 통일'이라는 미명으로 고집하지 말고, 상황에 따라서는 모금 방식과 그 결과에 초점을 맞추어 '군자금 획득'이나 '군자금 조달'로 표현하는 것이 나을 수 있다.

아무튼 군자금 모집에는 늘 위험이 수반되고, 그 활동에는 ① 총기 휴대나 사용, 또는 폭탄거사 감행 → ② 비협조자 위협과 방해자 처단, 혹은 민심 격동 → ③ 행위자의 피체와 수형(受刑)이라는 사이클이 왕왕 수반되었다. ①의 측면에 주목하여 학계에서는 그동안 군자금 관련 활동을 왕왕 의열투쟁의 범주에 넣어 다루어들 왔다. 그러나 무기를 든다고 해서 다 의열투쟁인 것은 아니다. 그렇게 보아버린다면 의열투쟁의 개념과 성격을 크게 오해하여 그 말을 오용하는 것이 되고 만다. 군자금 모집 활동이 의열투쟁과 광복군사운동의 중간지대에 놓인다고 보기도 어려운 것은 후자와 직결되고 그것을 지원하는 것이었기 때문이다. 따라서 방법이야 어땠든 간에 '군자금'을 거두어 모으는 것이 직접적인 목표/목적인 활동이라면 광복군사운동의 일환이었다고, 혹은 그 하위범주의 하나로 보는 것이 적절하고 타당하다.

이와 같은 전제와 논리로 그것을 이 장의 주요 내용의 하나로 포함시켜 고찰하고 설명해갈 것이다. 광복군사운동에서 대구는, 그리고 대구사람들은[2] 어떤 위치에서 어떤 역할을 해냈으며 그 특점은 무엇이었을지를 파악하고 정리해보려는 것이다. 다만 서술의 편의와 전체 분량의 절약을 위해 개인별 사례 중심이 될 것임을 미리 말해두려 한다.

만주에서 무장독립운동에 참여한 대구사람들

일제강점기에 만주나 극동러시아 지역의 독립군조직과 그 활동에 직접 가담한 대구사람은 극소하다. 경북 안동·울진·선산 등지에서 행해진 바와 같은 일가 집단이주 사례도 없었다. 개별 망명 후 그곳의 독립운동에 일시나마 참여한 이시영, 배천택, 이덕생, 정준수, 문상직, 최윤동 정도를 꼽아볼 수 있다.[3] 사례별로 실상을 보기로 한다.

---

[2] 여기서 '대구사람'의 기의(記意)가 정확히 무엇인지, 어떤 범위로 잡을 것인지가 애매해 보일 수 있다. 이에 관해 필자 나름의 설명과 한정을 해보면 다음과 같다. 1895년 5월의 지방제도 개혁 때 종래의 전국 8도제가 폐지되면서 경상도는 '대구부'(大邱府)를 비롯한 4개의 부로 나뉘고, 대구군을 비롯한 23개 군(郡)이 대구부 관할로 되었다. 1년 후인 1896년 8월의 행정구획 재개편 때 전국 23부제를 1부 13도제로 바꾸면서 도가 군을 직할토록 하였다. 이때 대구부와 대구군 둘 다 존치되었다. 그 후 약간씩의 행정구역 변동이 더 있던 가운데 이미 1910년에 대구군이 사라져 없었고, 대신에 1911년 대구부에 대구면이 신설되었다. 1914년 일제가 시행한 지방제도 개편 때, 대구부의 27개 면과 폐설되는 현풍군(玄風郡)을 합쳐 '경북 달성군'이 신설되고 대구부는 이전의 대구면 지역으로 구역범위가 좁혀졌다. 그렇게 병립하던 대구부와 달성군은 해방 후 수차의 행정구역 개편을 거쳐 오늘에 이른 대구광역시의 전체 관할구역과 거의 일치한다. 그러므로 여기서는 그 범위 내의 지역에서 태어났거나 일제강점기 당시에 살고 있던 이를 일괄하여 '대구사람'(또는 '대구인')으로 지칭키로 한다. 그리고 본문에서의 개인별 출생지 또는 활동공간의 표기는 그 시점의 행정구역 명을 그대로 되살려 적고 현재의 지명을 병기토록 하겠다.

[3] 서로군정서 학무사장(學務司長)·군무사장과 대한독립군단 제1연대장, 통의부(統義府) 군사부장, 참의부(參議府) 군사위원장 등을 역임한 백당(白堂) 양규열(梁圭烈, 본명 양재훈[梁在薰])이 대구 출신이라고 어떤 책에는 기술되었다. 그러나 오류이다. 그는 경기도 양평(楊平) 출신이고, 대한제국기에 육군 참령(參領)으로 대구진위대장(大邱鎭衛隊長)을 지냈을 따름이다. 최윤동이 서로군정서에 참여했다는 얘기나 '신흥무관학교 교관이고 대한독립군 의용대장'이었다는 회고 진술도 아직 1차 자료로 확인되는 바 없다. 그래서 그 내용은 여기 넣지 않는다.

이시영의 남만주 망명과 독립군 양성 지원

1882년 대구 서상면의 경상감영 부근에서 태어난 이시영(李始榮/李時榮, 별호 우재[又齋])은 1908년에 결성된 달성친목회에 참여했는데 일제의 한국강점으로 활동이 미미해졌다. 그러다 1913년 2월 20일(음 1.15) 대구 앞산 중턱의 안일암(安逸庵) 회합으로 조직을 되살리고(조선국권회복단) 교통부장을 맡았다. 1914년에 교통부원 박영모(朴永模)와 함께 만주 봉천과 안동현 등지를 돌아보고 와서 그동안의 생업이던 종로의 포목점을 그만두고 안동현으로 망명해갔다. 거기 상주하는 동안에 그는 서간도 각처에 건설되고 있는 독립운동기지들을 찾아다니며 지원하려 했고, 수시로 밀입국하여 조선국권회복단의 총령 윤상태(尹相泰) 및 외교부장 서상일(徐相日)과 긴밀히 협의한 후 돌아가곤 했다. 1916년의 '대구권총사건' 때 쓰인 권총 중의 2정은 그가 주고 간 것이었다고 한다.

1919년 3.1운동 발발 후 만주로 건너오는 동포 청년 다수를 무송현(撫松縣)의 독립군 양성소인 백산학교(白山學校)로 보내는 데 주력했다. 그 학교는 대종교 지도자 윤세복(尹世復)의 주도로 설립되어 있었고, 그의 파송 활동은 그곳 흥업단(興業團)과의 제휴로 이루어지는 것이었다. 그러던 중 6월에 독립운동에 투신코자 일본군 장교 신분을 벗어버리고 만주로 탈출해온 김경천(金擎天)이 신흥무관학교로 가서 교관이 되기 위해 안동현에서 유하현 삼원포(三源浦)로 가는 길을 이시영이 안내하며 동행했다. 그때의 경험을 두고 김경천은 후일 이시영에 대해 "사람이 활발하고 용기 있고 의협심 강한 자다. 나 또한 그를 아낀다."고 회고했다. 삼원포 도착 후 이시영은 무장독립운동 진영에 몸담아 함께 해가려 했는데, 1919년 7월 급성 이질로 돌연 병사하고 말았다.

서로군정서에 참여한 배천택과 이덕생

배천택(裵天澤)은 본명이 배병현(裵炳鉉)이고, 1892년(추정) 대구 서상면에서 태어났다. 사립 수창학교(壽昌學校)를 다니고 졸업한 그는 서울로 가서 경성공업전습소 응용화학과에 입학해 다녔고, 그때 비밀결사 대동청년단에 가입했다.

1912년 12월에 전습소를 졸업한 그는 국권회복의 뜻을 품고 만주 길림성 유하현으로 망명했다. 거기서 교민자치기관인 부민단(扶民團)에 들어가 있던 그는 1916년 멀리 남중국으로 가서 운남강무당(雲南講武堂)에 들어가 수학하였다. '무예에 통달함'이라는 뜻이었을 '배달무'(裵達武)라는 가명으로였다. 1919년 봄에 강무당을 졸업한 그는 서간도로 돌아가 그해 5월경에 성립하는 서로군정서(西路軍政署)에 참여했다.

그 무렵 군정서로 군자금과 군사(軍士) 지원자를 보낸 대구사람이 있었는데 이덕생(李德生)이다. 1901년 칠곡군 지천면 신동에서 태어난 그는 소년기에 대구로 들어가 계성학교에 입학하고 남산정에서 살았다. 1919년 4월 비밀결사 혜성단(彗星團)에 가담해 활동한 그는 그해 8월에 경남 거창에서 오형선(吳亨善) 등의 동지들과 함께 군자금 813원과 의용병 4명을 모집해 서로군정서로 보냈다. 이에 대한 정보를 입수한 경찰이 1920년 12월에 관계자 일제 검거에 나서자 그는 피신해있다가 1921년 9월경에 길림성 유하현으로 탈출해갔고, 얼마 후 관내(關內)의 북경으로 옮겨가 '이상일(李相一)'로 이름을 바꾸고 의열단에 가입해 활동하기 시작했다.

배천택도 1921년에 북경으로 가서 군사통일주비회에 참가하다가 1923년 1월 상해서 열리는 국민대표회의에 '남만주 독립군단 대표' 자격으로 참석하였다. 폐회 후 서간도로 복귀하지 않고 북경에 정착한 그는 남형우(南亨祐)·김동삼(金東三) 등과 '국민당'을 설립하고 군자금 획득사업을 기획, 지휘하였다. 그의 지시로 세 번이나(1924년 1월과 1925년 1월·5월) 밀입국해 경산군과 청도군의 여러 군데서 군자금을 거두어 북경으로 가져간 이가 대구면 남용강리(南龍岡里, 지금의 중구 공평동) 출신인 1893년생 서동일(徐東日)이다. 1925년에 배천택은 길림성에서 정의부(正義府)가 창설될 때 외교부 위원으로 선임된다. 하지만 그때 그가 만주로 가서 활동한 것은 아니고 여전히 북경에 재류한 것으로 보인다. 그 후의 활동은 단편적인 것만 기록에 남아있다. 그마저도 대독립당 조직 추진 등의 정당운동 쪽에 속하는 것이어서 광복군사운동과는 거리가 멀어져간 것이라 할 수 있다.

북간도에서 활동한 정준수

북간도의 독립운동에도 대구인이 참여한 사례를 볼 수 있는데, 정준수(鄭駿秀)가 그러했다. 1888년 대구 서상면의 남산동 태생인 그는 1914년 만주로 망명하여 독립운동기지 건설을 위해 힘썼다. 그러다 1919년 4월에 북간도 연길현(延吉縣)에서 천주교도 중심으로 설립된 의민단(義民團)에 가입하였다. 1920년 8월경의 의민단은 대원 약 300명에, 소총 400정, 탄약 4만 발, 권총 50정, 수류탄 480개 정도를 확보해놓고 있어서 상당히 큰 규모에 준비가 잘 갖추어진 군사조직이었다. 거기서 정준수는 선전부장인 것으로 일제기관에 파악되었다.

1920년 10월부터 12월까지 사이에 북간도에서는 일본군이 획책한 훈춘사건(琿春事件)에 뒤이은 조선인 학살의 대참변이 벌어졌다. 이에 위급한 처지가 된 방위룡(方渭龍) 단장 외 정준수 등 의민단의 간부들은 연길현을 떠나 북쪽 영안현의 영고탑 방면으로 피신해갔다.

그들은 대한군정서(통칭 북로군정서) 및 혈성단(血誠團)의 몇몇 요원들과 제휴하여 영고탑 서남방의 한 숲속에 근거지를 구축해놓고 폭탄공장을 설치하는 등으로 대일작전의 제반 준비를 진행해갔다. 1921년 겨울의 결빙기에 국내의 일본군대를 습격하고자 폭탄 약 10만 개를 제조하려 했으며, 수만 원의 준비된 자금 외에 유지들로부터 기부금도 모집하려 했음이 일제기관에 포착되었다. 그러던 정준수는 1921년 9월 중순경에 국내 잠입했는데 경상북도에서 체포된 것으로 보고되었다. 하지만 그 결과나 그 후의 행적이 파악되는 바가 없다.

대구 일원에서의 군자금 획득운동

만주서 들어와 군자금 모집에 나선 문상직

이보다 앞서 만주에서 활동하다 대구로 들어와 군자금 조달 목적의 폭탄거사를 시도한 이가 있었다. 1893년 경북 고령 태생인 문상직(文相直)이 그렇다.

그는 1914년에 만주로 건너가 신흥중학 군사과를 1년간 다니고 수료한 후 만주 각지를 전전하며 독립운동자들과 교제했다. 1918년부터 신의주 대안의 안동에서 동향인 박광(朴洸)이 경영하는 곡물무역점 신동상회(信東商會)의 직원으로 있으면서 동포들에게 숙소·여비 등의 편의를 제공하고 독립사상 선전에 노력했다. 경비 부담을 감당키 어려워진 신동상회가 폐업하자 문상직은 1919년 8월 신흥무관학교의 고산자(孤山子) 분교가 얼마 전 설립된 유하현 삼원포(三源浦)로 가서 동창회 조직 겸 독립운동 결사체인 신흥학우단(新興學友團)에 가입하였다. 그달 하순에 문상직은 무관학교 교실에서 여러 학우단원을 모아놓고 독립운동 방안을 밀의하였다. 그들은 문서반포 등의 선전행위만 반복해서는 '멀리서 개 짖는 격'밖에 안 되니, 국내 주요 관공서를 폭파하고 고관을 암살하여 조선인 관공리들의 직무 포기를 유도하고 독립을 달성할 수 있도록 하자고 결의하였다. 그리고는 각자 임무를 분담하여 문상직은 국내정찰과 자금조달을 맡기로 하고 권총 1정과 탄환 12발을 갖고 밀입국하였다.

1919년 10월에 대구로 잠입한 그는 봉산동의 상인 서영균(徐榮均, 24세)의 집에 은신해 있으면서 달성군 유가면 출신의 상인 송정덕(宋貞德, 27세)과 안동 출신 김근(金根) 및 홍우제(洪于濟)를 만나 뜻을 밝히고 찬동을 얻었다. 1920년 1월에 그는 학우단원 김용만(金用萬)에게서 수제 폭탄을 받아오도록 홍우제를 만주 해룡현(海龍縣)으로 보냈다. 하지만 그런 동향이 일제 경찰에 포착되어 2월 중순에 그와 다섯 명의 동지들이 경북경찰부에 체포되고 말았다. 주요 관공서 폭파와 조선인 고관 암살을 계획했다는 혐의를 받았지만 문상직이 휴대한 무기는 호신용이거나 잘해야 군자금 획득에 쓰일 정도였다. 그래서인지 재판에서 다른 5인은 증거불충분으로 면소되고 문상직만 징역 5년 형을 받았다.

출옥 후 그는 1928년에 'ㄱ당 사건'의 주동자로 체포되어 이번에도 징역 5년 형을 받고 재차 옥고를 겪는다. 그 사건은 그 해 대구에서 결성된 비밀결사 ㄱ당의 조직원들이 청년들의 중국군관학교 유학과 만주방면의 독립운동 기지 개척을 위해 권총을 갖고 군자금 획득활동에 나서려다 경찰에 사전 발각, 체포된 것이었다. 그만큼 문상직은 일찍부터 무장독립운동에 뜻을 두었고 군자금을 확보키 위해 애를 쓴 불요불굴의 투사였다.

송두환의 군자금 모집 시도와 가이순사 사살사건

1920년 12월 8일, 경남 의령군 유곡면 칠곡리에서 일본인 순사가 총격 사살되는 사건이 발생했다. 경주사람 김종철(金鍾喆, 1888년생)과 김봉규(金鳳奎, 1892년생)가 의령 부호에게서 군자금을 받아내려다 벌어진 일이었다. 거사에 쓰인 권총은 달성군 수성면(현재는 대구 동구) 신암동에 사는 송두환(宋斗煥, 1892년생)이 제공했음이 수사 결과 밝혀졌다. 송두환은 1919년 7월 이래로 10명 가량의 경남·북 청년들을 독립운동으로 끌어들이기 위해 꾸준히 포섭했는데 김종철도 그중 한 명이었다.

1919년 9월에 송두환은 울산사람 최해규(崔海奎)를 만주로 보내, 권총 2정, 실탄 약 100발을 구입해 가져오게 했다. 그리고 본인은 상해로 가서 신임 국무총리 이동휘(李東輝), 재무총장 이시영(李始榮) 등 임시정부 요인들을 만나보고 숙의했다. 그 결과 그는 군사주비단(軍事籌備團)을 조직함에 관한 위촉장과 권총 2정, 실탄 100발, 군자금 수합위원 사령서(辭令書)와 예경령(豫警令) 수십 매, 사형집행용 목찰(木札) 등을 받아 갖고 1920년 봄에 귀국하였다.

주비단은 1919년 12월의 임시정부 군무부령(軍務部令) 제1호에 기하여 국내서 조직될 비밀결사였고, 독립전쟁 준비의 군사조직 구축과 군자금 수합이 기본임무로 주어졌다. '미리 타일러놓는 명령서'라는 뜻의 예경령은 부호들에게 보내 군자금 기부를 당부할 용도였고, 목찰은 협조를 완강히 거부하거나 밀고할 기미가 보이는 자를 처단할 때 그 몸에 걸쳐놓을 것이었다. 송두환은 귀국길을 만주 봉천을 경유하는 것으로 잡았고, 거기서 권총 3정과 실탄 300발을 구입해 갖고 들어올 수 있었다. 그렇게 두 번에 걸쳐 확보된 8연발 자동식 권총 5정과 실탄 400발 및 문서류를 송두환은 1920년 5월에 신암동의 구장(區長) 정동석(鄭東錫, 1885년생)에게 건네 맡겼다. 정동석은 무기를 기름칠해 나무상자에 넣고 집 처마 밑의 땅을 파서 묻어두었다.

  몇 달 후 1920년 12월 초에 송두환은 경주 청년 정내영(鄭騋永, 1900년생)에게 예경령을 갖고 의령의 부호 남정구(南廷九)를 찾아가 군자금 의연을 미리 청해놓도록 지령했다. 그에 따라 의령을 다녀온 정내영은 남정구가 선선히 수락해 이틀 후에 돈을 내준다고 했다고 보고하였다. 이에 송두환은 김종철과 김봉규가 가서 수금해오도록 모젤 권총 1정과 실탄 5발을 호신용으로 주어서 보냈다.

  두 사람은 12월 8일 점심때쯤 남정구의 집에 도착했다. 하인이 나와 주인장이 잠시 출타 중이라면서 사랑방으로 안내하고 점심상을 대접하므로 받아 앉았다. 그러던 차인 오후 2시경, 밖에서 인기척이 나더니 방문이 휙 열리며 한복 차림의 사내 2인이 들이닥쳐, 주재소로 동행하기를 요구했다. 남정구의 계략과 밀고로 의령경찰서 신촌주재소 순사 가이 히데(甲斐秀)와 손기수(孫騋秀)가 양인을 체포하려고 변장, 출동한 것이다.

  당장은 어쩔 수가 없어서 김종철과 김봉규는 연행에 응했고, 남정구의 집을 나와 5마장 가량을 같이 걸어갔다. 그러다 인가 없는 오르막 산길에 이르렀을 때, 김종철이 일순 주저앉아 밑으로 굴렀다 일어서면서 허리춤의 권총을 꺼내 3발을 쏘았다. 그중 1발이 명중하여 가이가 즉사했다. 언덕에서 김봉규와 몸싸움하다 배지기로 내동댕이쳐 있던 손기수도 총탄에 맞아 중상을 입었다.

서둘러 현장을 빠져나간 김종철과 김봉규는 질주하여 마수원(馬首院) 나루터에서 배를 얻어 타고 낙동강을 건너 달려 유가사(瑜伽寺)에 이르렀다. 거기서 비슬산을 걸어서 넘고 정대골, 가창, 수성천을 거치면서 새벽녘에야 신암동에 도착하였다. 송두환을 만난 두 사람은 전날의 상황을 다 설명하고 여비를 받아 헤어졌다. 김종철은 그 길로 대구를 떠나, 신의주와 만주를 거쳐 상해로 가서 의열단에 가입하고 항일운동을 계속해갔다. 그리고 3년 후인 1923년 11월에 발생하는 최윤동(崔胤東/崔允東)·이수영(李遂榮) 사건의 여파로 송두환이 체포되고 만다.

최윤동 주도의 군자금 획득 시도와 그 실패의 전말

1897년 대구 서상면 남성동 태생인 최윤동은 10대 말에 중국으로 건너가 1918년 운남강무당을 졸업하고 장교가 되어 당계요(唐繼堯) 부대에서 복무하였다. 그러다 1919년 가을에 그는 만주 길림으로 '군정서'—이전의 조선독립군정사가 그때 막 발족한 대한군정서의 길림분서로 되어 있었음—를 찾아갔다. 거기서 안동 출신 독립지사 김응섭(金應燮)과 상면했는데 그가 말하기를, 근간에 국내 각도로 다수의 폭탄을 보내 주요 관공서를 파괴하려는 계획이 있으니 먼저 귀향해 있다가 투탄 실행자가 도착하면 협력해달라는 것이었다. 최윤동은 수락하고 귀국하여, 서울에서 대동청년단 비밀단원인 이수영(1887년생)을 만나보고 향후 군자금 조달 등의 독립운동에 적극 나서기로 결의하였다. 그 후 1920년 1~2월경에 최윤동은 김응섭의 밀사 김헌삼(金獻三; 김의삼[金義三]으로 나오기도 함) 이 폭탄 3개를 갖고 와 맡기므로 받아 보관하였고, 3월 말경에 김응섭의 6촌 동생 김지섭이 와서 달라기에 넘겨주었다. 이 폭탄이 1924년 1월 김지섭의 도쿄 황궁 앞 니주바시(二重橋) 투탄의거 때 쓰인다.

귀국하고 3년여 후인 1923년 7월에 사립 대성학교(현 대구대성초등학교) 교사로 재직 중이던 최윤동은 서울로 가서 이수영과 재회했다. 후자가 그해 3월경에 인천사람 전택용(全宅容)에게서 권총 1정과 실탄 몇 발을 받아 갖게 된 데서 최윤동에게 연락해 한번 보자고 한 것이 아닌가 한다. 아무튼 상면한 두 사람은 그 권총을 갖고서 군자금 수만 원을 조달키로 하고 대략의 방법을 의논하였다. 얼마 후 음력 9월경에 의열단 관계의 독립운동가로 알려진 이수택(李壽澤)의 종형(從兄) 된다는 '이인택(李仁澤)'이 최윤동을 찾아와 권총이나 폭탄이 있으면 좀 빌려달라고 청했다. 이는 경북경찰부 고등과장 나리도미(成富)와 고등계 경부보(警部補) 최석현(崔錫鉉)의 모계(謀計)와 지령으로 순사 박재화(朴在華)가 가공인물 '이인택'으로 위장하고 공작 수사를 벌이는 것이었다. 이미 최윤동은 경찰의 '요시찰인'이 되어 있었고 이수영은 '용의인물'이었다. 그런 공작이 있는 줄 전혀 모른 최윤동은 권총을 이수영이 갖고 있음을 말하고 소개장을 써주었다.

그 소개장을 갖고 서울로 가서 이수영을 만나보고 온 박재화는 최윤동에게 군자금을 같이 거두자고 했다. 그러면서 이수영이 내려오게끔 하는 연락을 종용하였다. 그 유도에 속아 넘어간 최윤동은 그대로 따랐고, 이리저리 알아보니 군위군 부계면 대율동의 홍정수(洪楨修)가 거액의 현금 보유자이므로 그를 위협해 군자금을 받아내자고 제의했다. 이에 응해 이수영이 대구로 오자, 11월 27일 실탄 7발이 장전된 권총을 소지하고 마차에 동승해 군위로 출발했다. 자동차로 간다는 '이인택'과는 칠곡군 동명면의 송림사 어귀에서 합류키로 되어 있었다. 그런데 두 사람이 그 지점에 이르렀을 때, 잠복 중이던 경찰대가 불쑥 나타나 양인을 포박하고 연행해 갔다. 경북경찰부의 수사보고서(『고등경찰요사』에 수록)에 두 사람의 동정을 대구경찰서에서 탐지하여 검문하고 '우연히' 체포한 것처럼 써놓은 것은 밀정을 투입한 공작수사를 감추려는 의도의 조작된 기록이라고 볼 수밖에 없다.

최윤동과 이수영 체포로 개가를 올린 경찰당국은 별도의 비밀결사가 있겠다는 심증을 굳혔다. 그래서 박재화로 하여금 이번에는 노기용(盧企容, 1895년

경남 합천생)을 미행해보게끔 했다. 송두환의 동지이던 노기용은 1921년 8월에 권총 1정, 실탄 8발과 예경령 1매를 정동석에게 요청해 받고서 경주군 양북면의 최세림(崔世林)과 합천군 덕곡면의 조성걸(趙性傑)을 찾아가 1만 원씩의 군자금 제공을 요구한 바 있었다. 돈이 없다고 거절당해 그냥 돌아갔으므로 체포되지는 않았으나, 그때 이후로 그는 경찰의 주시를 받아온 터였다.

미행 결과를 보고받은 경찰은 노기용의 대전 친지 집을 불시 수색해 권총과 실탄을 찾아내 압수하고, 그것을 맡겨두었던 노기용을 체포하였다. 곧이어 수사망을 확대해 관련자 여섯 명을 더 체포한 후 수사 결과를 발표하였다. 김종철과 김봉규가 가이 순사 사살의 당사자였음이 이때 드러났다. 재판 결과, 노기용 5년, 김봉규 4년, 최윤동·이수영 2년 6월, 정내영 1년 6월, 송두환 10월, 정동석 10월(집유 2년)의 징역형이 확정 선고되었다. 형기 만료 출옥 후에 최윤동과 송두환은 신간회 대구지회에 참여하여 회장 또는 집행위원장으로 활약한다.

아버지의 뒤를 이어 군자금 획득에 나선 김영우

1916년 9월 광복회의 활동자금을 마련하고자 회원 몇 사람이 대구에서 벌인 '권총사건'은 익히 알려져 유명하다. 그때 부호 서우순의 집에 침입한 3인 중 1명으로 김진만(金鎭萬)이 징역 10년 형을 받고 옥에 갇혀있을 때인 1921년에 아들 김영우(金永祐)가 군자금 조달에 나섰다가 체포된다.

1895년 대구 서상면 남산동 태생인 김영우는 3.1운동 발발 후 중국 안동현을 오가며 국내-만주-상해를 잇는 연락망 운용에 참여하였다. 그러다 1920년 음력 12월, 임시정부 군무부 참사(參事) 황일청(黃一淸)의 부름을 받고 만주 봉천으로 가서 그와 평북 선천사람 김철수(金鐵守)를 같이 만나 협의하고 군자금 조달사업 나서기로 하였다. 그리고는 이듬해 3월 7일, 임시정부 발행의 공채증서 100원권 100매와 권총 1정 및 탄환 12발을 황일청한테서 받아 휴대하고 서울로 들어온다.

  그 후 창원사람 안준(安浚)이 여러 번 찾아와 협의했고, 그의 권고대로 김영우가 4월 25일 탑골공원에서 다이너마이트 27개, 뇌관 8개, 도화선 11개를 감추어 넣은 고추장 단지를 김철수에게서 받아 민갑식(閔甲植)에게 건네주었다. 후자의 중개로 인천사람 정모(鄭某)에게 넘겨주어 그 대금을 받기로 해서였다. 그러나 누가 밀고한 것인지 김영우는 4월 29일 견지동에서 경북경찰부 고등과원에게 체포되고 만다. 이 사건으로 징역 3년 형을 받고 옥고를 겪은 그는 출옥 후 대구의 사상단체 정오회(正午會)와 노동공제회 간부가 되어 활동하다 1926년 7월, 서른두 살에 병사하였다.

김창숙의 군자금 모집운동에 가담한 이봉로

  1926년 4월부터 국내 특히 경남·북 유림계를 겨냥한 일제경찰의 대대적인 검거작전이 개시된다. 그 후 몇 달 사이 경찰은 600여 명이나 체포해갔고, 1927년 6월 상해서의 김창숙(金昌淑) 검거 후 압송으로 일단락지었다. 일제 당국과 언론에서는 일컬어 '경북 유림단사건'이라 했고, 지금은 '파리장서운동'의 맥을 잇는 '제2차 유림단 의거'로 통칭된다. 이 사건도 발단과 중심 내용이 군자금 문제였는데, 기소된 13명의 관련자 중에 대구사람 이봉로(李鳳魯)가 '주범'급의 한 명으로 되고 있었다.

  1902년 대구군 하빈면 태생인 이봉로는 영어 공부를 위해 1924년 4월 중국 북경으로 갔다. 거기서 유학 중에 그는 성주(星主) 출신의 독립운동가 김창숙(金昌淑, 1879년생)을 영주(榮州)서 온 유학생 송영호(宋永祜)와 더불어 알게 되고 친교를 나누었다. 1925년 4월경에 세 사람은 송영호의 숙소에서 봉화(奉化) 출신 유학생 김화식(金華植)과 동석했다. 그 자리에서 김창숙이 "한국독립운동은 지금까지와는 방법을 바꾸어 장기 전략으로 가야만 성공할 수 있게 된 사세(事勢)이다. 그러니 만주 또는 내몽고에 20만 원의 돈으로 토지를 사들여 농장을 개간하고 무관학교를 세워서 독립운동기지로 삼고 군사를 길러 군대를 조직한 후 국내진공을 해야 한다."고 역설하면서, 필요자금을 6년 전 파리장서운동에 참여했던 국내 유림 130명에게서 모집할 계획임을 밝혔다.

김창숙의 그 구상과 제안을 놓고서 그 네 사람이 수차 협의했고, 자금모집이 쉬워지려면 무기 사용 등의 다소 강압적인 수단도 불사한다고 결의함에 이르렀다. 모금운동의 총지휘를 김창숙이 하고, 이봉로가 무기 구입과 재북경 연락을, 김화식은 서울까지의 권총 운반과 모험적 직접행동을, 송영호는 입국경비 조달과 모금활동을 맡아 하기로 임무를 정했다. 이미 그 무렵에 김창숙은 북경정부의 실력자인 군벌 풍옥상(馮玉祥)의 부하 서겸(徐謙)과 교섭을 벌여, 내몽고 대신에 수원성(綏遠省) 포두(包頭)의 황무지 3만 정보(町步)를 대여 받기로 약정해놓았었다.

5월 초순에 이봉로는 상해로 가서 성주 출신 독립운동가 정세호(鄭世鎬, 이명 정원[鄭遠])에게서 모젤식 9연발 자동권총 2정과 탄환 25발을 받고 북경으로 돌아와 김창숙에게 전해주었다. 그 총기를 김화식이 휴대하고 국내로 들어갔고, 송영호·김창숙도 약간의 시차를 두어 밀입국했다. 서울서 합류한 3인은 곽종석(郭鍾錫)의 문집 간행을 위해 모이는 유림계 대표들에게 호소하는 한편, 경남·북 일대의 부호들에게 직접 연락하거나 방문하면서 극비리의 모금 활동을 시작했다. 그러나 예상외로 호응이 미미했다. 1926년 2월까지 반년 동안 잠행하며 무진 애를 썼음에도 대상자의 십중팔구가 의연 요청에 불응하니, 모금된 액수는 3,500원에 불과했다.

이에 크게 실망하고 배신감도 느낀 김창숙은 모금에 전혀 응하지 않은 친일부호 몇몇을 암살함으로써 일반 부호에게 경각심을 주자는 제의를 후배 동지들에게 하였다. 그럴지라도 군자금 모집의 성과를 크게 거두기 어려울 것임은 분명해 보였기에, 김창숙은 원래의 계획에 무리가 있었음을 인정하고 둔전조성 계획을 포기하고 만다. 그 대신에 모금된 돈으로 폭탄과 권총을 구입하여 의열단원 결사대에 주어서 국내 일제기관 습격 파괴와 친일분자 응징에 나서도록 계획을 바꾸었다. 민족혼을 일깨워 국내 민심을 일신시키겠다는 생각으로였다. 그 결과로 감행된 것이 1926년 12월 28일 서울에서 의열단원 나석주(羅錫疇)가 동양척식회사와 식산은행을 백주에 습격한 의거이다.

일제 경찰은 파리장서운동 관계자들의 동태를 계속 감시해오던 중에 김창숙 등의 밀입국 사실과 밀행 기미를 1925년 9월경에 포착해 은밀히 추적하고 있었다. 그러다 김창숙이 국내 모금을 포기하고 상해로 가버린 때인 1926년 4월부터 유림계 일제 검거에 돌입했다. 그래서 붙잡혀가 조사받은 600여 명 중 29명이 예심에 회부되고, 그중 13명이 재판받았다. 북경서 체포된 이봉로도 대구로 끌려와 1년 동안 미결수로 고초를 겪다가 판결과 항소기각에 의해 2년의 옥고를 더 겪었다.

광복회에서 신민부까지의 긴 행로:
군자금 획득에 진력한 손양윤과 신현규

유림단 및 부호층 상대의 군자금 모금이 김창숙의 주도로 은밀히 진행되고 있던 때인 1926년에 대구 인근 칠곡군에서 2건의 '강도사건'이 발생했다. 군자금 획득을 위해 대구사람 손양윤(孫亮尹, 이명 손백현[孫伯見])과 신현규(申鉉圭, 본명 신양춘[申陽春])가 같이 벌인 일이었다.

1878년 대구군의 북쪽에 접한 팔거현 무태동[현재는 북구 서변동]에서 태어난 손양윤은 1894년의 동학농민전쟁 때부터 1900년대 말까지 소년 농민군과 의병으로 계속해서 활동했고, 광복회가 결성되자 1916년에 가입하여 군자금모집 등의 일에 참여하였다. 그러다 1917년 체포되어 항소심에서 10년 징역형을 선고받고 복역하였다. 형기 중에 한 번 특사가 있어서 1924년에 출옥한 후에도 그는 의기를 꺾지 않고 독립운동 참여의 뜻을 더욱 다졌다.

그러던 중 1926년 봄에 그는 신현규와 해후했다. 1888년 충북 괴산 태생인 신현규도 광복회원으로 활동하다 1918년 체포되어 징역 1년 형을 받고 수형 중에 '여죄'가 드러나 1920년에 7년 형이 가중되었다. 그리하여 긴 옥고를 겪다가 역시 특사 감형으로 출옥하고 대구부 덕산정(현 중구 계산동 2가)에 살고 있었다. 재회했을 때 그더러 손양윤이 만주로 가서 무장독립운동에 참여하겠다는 의사를 피력하며, 부호들을 습격해 돈을 받아내 독립단을 만들고 만주로 같이 가자고 제의하였다. 신현규가 흔연히 동의하니 두 사람은 그해 6월 13일 밤에 시험적으로 칠곡군 북삼면 오평동의 일본인 기다 쇼이치(幾田精一) 집에 들어가 위협하고 현금 105원과 엽총 2정을 빼앗았다. 내친김에 6월 16일 밤에는 칠곡군 왜관면 매원리의 이이창(李以昌) 집에 들어가 현금 230원을 받아냈다.

1년 후 1927년 7월경에 손양윤은 여러 명의 동지를 새로 얻는다. 1920년 서울에서의 어느 군자금 사건으로 대전형무소에 투옥되어 있을 때 손양윤과 재소자 동기가 되었던 윤홍선(尹弘善), 사촌인 그가 대구형무소에서 출소하면 맞아서 부친 윤세복(尹世復)이 있는 남만주 환인현(桓仁縣)으로 데려가려고 밀입국해 대구로 와있는 윤창선(尹昌善), 군자금 모집을 위해 밀입국해 있던 남만주 정의부의 제2구 구장 이병묵(李炳黙), 북만주 신민부의 특파원으로 알려진 대구의 손호(孫澔)가 그들이었다.

그로부터 한 달여 만인 8월 30일경에 손양윤은 신현규·이병묵과 함께 이이창의 집에 다시 침입해 270여 원을, 같은 동네 이수연(李壽延)의 집에서 40원을 받아냈다. 그 후 밀양군 단장면의 부호 김태진(金泰鎭)과 그 아들 김병연(金秉淵)을 기만해 3,000원을 받아낸 윤창선으로 하여금 만주로 가서 신민부의 김좌진(金佐鎭) 등과 접촉해 권총 5정을 구입해 오도록 해 보냈다. 그러나 만주를 다녀온 윤창선이 돈이 부족해 무기 구입을 못하고 빈손으로 돌아왔다고 보고했다. 이에 거금을 만들어야 할 필요를 느낀 손양윤은 강원도 인제 출신의 의병 동료였고 지금은 신민부 왕래자가 되어있는 김선(金鐥)을 찾아가, 권총처럼 절단된 구식 엽총 1정과 폭약탄 5개를 제공받았다.

1928년 1월 19일 손양윤은 손호·신현규와 함께 왜관면 매원리의 이상기(李相琦) 집을 급습해 총과 폭탄으로 위협하고 140여 원을 받아냈다. 4월 15일에도 그는 손호·신현규·이병묵 3인과 함께 경산군 남산면 경동의 김두남(金斗南) 집을 찾아가 같은 방법으로 830원을 받아냈다. 그중 400원을 신민부로 갖고 가 납부토록 하여 이병묵을 보냈다.

그러나 1928년 8월 초에 손양윤과 그의 동지 전원이 밀양인 동지 윤치백(尹致伯)의 지인이던 서(徐)아무개의 밀고로 인해 체포되고 만다. 경성 종로경찰서에서 신문 받을 때 손양윤은 "나는 그동안 조선을 위해 한 일은 있으나 조선에 죄짓는 일을 한 적은 없다. 50세 가까이 된 몸으로 돈도 명예도 영화(榮華)도 내가 소망하는바 아니다. 다만 두셋의 독립단이라도 만들어서 '그들은 독립운동을 위해 몸을 바쳤다'고 일컬어지면서 죽는 것이 행복이라 생각하여 이번의 독립운동을 감행키로 했다."고 진술하였다. "부호로부터 돈을 강탈한 일이 있지 않은가?"라는 추궁에는 "부호에게서 강도질한 것이 아니다. 나는 조선을 위해 쓰려고 빌려왔다. 조선독립을 도모하기 위해서였지 결코 악한 짓을 하려고 강탈해온 것이 아니다."라고 대꾸하였다.

손양윤은 피체 후 1년이 지난 1929년 5월 20일에야 예심이 종결되어 공판 회부되었다. 재판정에서 손양윤은 그동안의 '범행' 일체를 순순히 자백한 것처럼 작성된 경찰 신문조서가 죄다 고문으로 조작된 것이고 검사국에서는 망연자실 상태에서 유도신문에 넘어가 엉터리 진술을 한 것이라면서 공소사실을 전면 부인했다. 그러나 재판부는 그를 일련의 '강도사건'의 주범으로 판시하고 무기징역을 언도했다. 이에 항소하니 징역 20년이 선고되어 옥고를 겪던 그는 1939년 1월에 형집행정지로 출감한다. 그러나 1940년 12월에 세상을 떠나니, 옥고의 여독 때문이었다.

독립군단을 조직하려고 혼자서 군자금 획득에 나선 김무열

손양윤과 그의 동지들이 대구 일원에서 한창 활동 중이던 1928년 4월, 만주에서 들어와 군자금 획득활동에 나선 대구 출신 김무열(金武烈, 이명 김성열[金聖烈])이 경기도 고양군에서 벌인 총격사건이 있었다.

1887년(추정) 대구 서상면에서 태어난 김무열은 1910년대 중반에 학교 교원이다가 1920년에 인천경찰서의 순사가 되었다. 그러다 1925년경에 개심하여 독립운동에 뜻을 두고 상해로 건너간 후 중국 각지와 러시아 연해주를 편력하다 1927년 11월에 만주로 옮겨갔다. 거기서 항일 독립군단을 조직해내겠다는 포부를 갖게 된 그는 군대조직의 필수품인 무기와 자금 중에 우선은 자금조달에 나서기로 하고, 브라우닝 7연발 권총을 구입해 스스로 사격훈련을 하였다.

어느 정도 준비가 되었다고 판단되자 그는 1927년 겨울에 밀입국 귀향했고, 1928년 4월 상경길에 올랐다. 경기도 고양으로 먼저 들어간 그는 4월 11일 낮에 신도면 삼송리의 한 잡화점에 들어가 권총으로 위협하고 10원을 달라고 해 받아 나왔다. 그러는데 마주친 주민 오천만(吳千萬)이 소리치며 쫓아오므로 권총을 발사했고, 피격된 오천만은 즉사하였다.

쾌재를 부르려던 순간에 의외의 암초를 만나 낭패하는 모양이 되어버린 그는 황급히 서울로 가서 몸을 감춘 후 청량리에서 경원선 열차를 타고 원산까지 갔고, 거기서 도보로 국경을 향해 나아갔다. 그 길 막바지의 함경북도 회령에서도 재산가들로부터 얼마간의 군자금을 거둔 그는 간도로 넘어가 용정촌(龍井村)의 천주교회에서 다액의 군자금을 또 받아냈다. 웬만큼 자금이 만들어졌다고 본 김무열은 새로 얻은 동지인 평남출신 방용신(方鏞信)과 함께 훈춘(琿春)에서 대공단(大公團)을 조직하고 단원 모집에 나섰다.

그러다 권총과 실탄 70여 발을 휴대하고 다시 두만강의 국경을 넘으려던 그는 함경북도 종성 대안에서 중국경찰에 체포되고 말았다. 일경에 넘겨져 서울로 압송되니 김무열의 그동안 행적과 그 내용이 연일 신문에 크게 보도되었다. 상고심까지 간 재판에서 사형 판결이 확정된 그는 1920년 9월 13일 서대문형무소에서의 형 집행으로 순국하였다.

중국 관내의 광복군사운동에 참여한 대구사람들

만주사변에서 중일전쟁 발발까지의 정세 추이와 한국독립운동 진영

1931년 9월 18일, 일본 관동군이 봉천성 심양 북쪽의 유조호(柳條湖) 부근에서 자기들이 관할 중이던 만철선(滿鐵線) 철로를 몰래 폭파하고는 중국군이 그랬다고 억지 구실을 만들어 기습 공격하였다. '만주사변'의 시초를 그렇게 만들어내 중국침략의 서막을 연 일본군은 1932년 1월 초까지 열하성(熱河省) 이외의 만주 전역을 석권하였다. 그리고는 곧이어 1.28 '상해사변'을 도발하고 중국정부를 압박해가는 중에 1932년 3월 괴뢰정권 '만주국'을 세워놓는다.

이처럼 급박하게 돌아가는 사태 속에서 중국 관내의 한국독립운동 진영은 역설적으로 한중공동 항일전선 형성의 계기가 드디어 주어지고 있음을 직감하고 중국 측에 합작항일을 촉구하였다. 일본군과의 직접 대치 상황인 만주에서는 한국독립군과 조선혁명군 부대들이 중국 민중자위군 및 동북의용군이 벌이는 항일작전에 협력, 동참하였다. 1932년 초봄에 북경에서 남경으로 본거지를 옮겨간 의열단도 중국국민당 군사위원회의 지원을 얻어내 위장 명칭을 내건 '조선혁명군사정치간부학교'를 설립하고, 장차 독립전쟁의 견인차가 되며 신국가 건설의 역군도 될 혁명간부 양성에 착수하였다. 그리하여 1932년부터 1935년까지 3기에 걸쳐 운영된 이 학교에 125명이 입학하고 97명이 졸업하여 그 대부분이 국내외 공작지로 파견되어갔다.

대구 출신으로 이 학교에 직접 관계한 이는 2명으로 확인된다. 봉산정에서

사진업을 하던 정유택(鄭裕澤)이 30대 초에 남경으로 가서 1933년 9월 이 학교의 제2기가 개설되자 유도 교관으로 재직했고 정풍목(鄭豊穆)이라는 가명을 썼다. 이듬해 2기생이 수료하고 여름이 되었을 때 그는 절강성 항주(杭州)로 옮겨가서 중앙경관학교의 사진술 및 유도 교관이 되어 중국 경찰의 보수교육을 담당했다. 다음으로 제2기의 생도가 되었던 김방우(金邦佑)가 있는데, 그는 1914년 동운정(東雲町, 지금의 중구 동인동) 태생으로 취업을 위해 상해로 갔다가 이 학교의 2기로 입학하여 교육훈련을 받았다. 1934년 4월에 졸업한 후 상해로 특파되어 활동하다 그해 10월 일본영사관 경찰에 체포되어 국내 압송 후 2년 징역형을 받았다.

만주에서 활동하다 1932년 이후에 관내로 이동해간 다수의 독립운동가도 같이 아우르는 통합신당으로 1935년 '민족혁명당'이 건립되어 김구(金九) 중심의 임시정부 고수파를 밀어내고 독립운동의 새 중심세력으로 자리잡아갔다. 1937년 7월 7일, 일제가 북경 교외 노구교(蘆溝橋)에서의 군사적 도발로 중국 대륙 전체를 공략하려는 중일전쟁을 일으키고 8월 13일에는 상해를 점령하였다. 다급해진 중국 군사위원회가 한국청년들을 중국군관학교에 입교시켜 항일전에 필요한 단기 특별공작 훈련을 받게끔 하자는 제의를 9월말에 해왔다. 김구 측의 무반응과 달리 김원봉 측은 신속히 응하여, 남경의 조선민족혁명당(이하 '민혁당') 특무대원 전원과 상해·광주(廣州) 등지에서 급속히 모집한 조선청년들을 합하여 83명을 결속시켰다. 그들은 12월에 강서성(江西省) 성자현(星子縣)의 중앙육군군관학교 분교에 입교하여 특별훈련반으로 편성되었다.

여섯 명의 일치 보조로 조선의용대에 참여한 이현수 일족

민혁당이 모집한 특훈반 입교자 중 광주 방면에서 응모한 청년 20여 명은 대구군 화원면(현 달성군 화원읍) 출신인 1913년생 이정호(李貞浩)가 인솔해 남경으로 데리고 갔다. '이두산(李斗山)'이라는 이명으로 더 잘 알려진 독립운동가 이현수(李賢壽/李顯洙)의 장남인 그는 중산대학(中山大學) 문학원 영문과를 수료하고 조교수 겸 조선인 유학생 지도원이 되어 있었으며, 민혁당 화남지부(華南支部) 책임자이기도 했다. 광주의 중원중학교를 졸업한 1917년생 아우 이동호(李東浩)도 이때 동행하여 군관학교 특훈반에 같이 입교하였다. 또한 두 형제의 숙부 되지만 이동호와 나이가 엇비슷한 이대성(李大成)이 군관학교의 동기생이 되었다.

1938년 1월, 성자분교가 일본군의 공격 위험을 피해 호북성(湖北省) 강릉(江陵)으로 이전해감에 생도들 모두 그리로 옮겨가 교육받고 5월에 졸업하였다. 교육기간 중에 이정호는 통역 담당의 조훈원(助訓員)으로 봉직하였다. 한인특훈반 수료생 전원은 중국 군사위원회 수뇌부와 관계기관들이 남경 실함(失陷) 후 옮겨가 있는 호북성 무창(武昌)으로 행군 이동하였고, 거기서 대기하다 조선민족전선연맹이 1938년 10월 10일 한구(漢口)에서 창설한 조선의용대(朝鮮義勇隊)의 대원이 되었다. 조선민족전선연맹은 민족주의 좌파 계열의 민혁당, 아나키스트 계열인 조선혁명자연맹, 민족적 공산주의자 그룹인 조선민족해방동맹 등 3단체의 결합으로 1937년 11월 12일 남경에서 성립했고 1938년 9월 좌익 급진파 청년들의 결집체인 조선청년전위동맹이 합류한 연합체 조직이었는데, 그 산하의 항일무력이자 중국 관내 최초의 한인 군사조직으로 조선의용대가 창설된 것이다.

조선의용대는 본부와 2개 구대(區隊)로 편성되고 총인원은 100명가량이었다. 무한 삼진(三鎭) 즉 무창·한구·한양(漢陽) 세 도시가 일본군에 함락될 지경이 되어버린 1938년 10월 하순에 중국군사위는 광서성(廣西省) 계림(桂林)으로 이동해갔다. 조선의용대도 본부는 거기에 동행했고, 제1구대는 호남성(湖南省) 방면으로, 제2구대는 호북성 방면으로 이동해가서 중국군 부대들에 배속되어 항일공작을 도왔다.

이대성과 이동호는 같이 제1구대 대원이 되었고, 특히 이대성은 180cm의 장신이면서 사격의 명수요 총기 분해의 달인으로 이름 높았다. 최연소 중앙집행위원으로서 민혁당 일에 진력하다 계림에서 의용대에 합류한 이정호는 1939년 11월의 조직개편 때 본부의 기요조(機要組) 조사주임이 되었다. 또한 동아시아 제(諸)민족의 반일연대를 촉구하고 중국항전의 전황과 조선의용대의 활약상을 같이 소개하는 반월간지(半月刊誌) 『동방전우(東方戰友)』를 광서성 오주(梧州)에서 혼자 편간해오고 있던 이현수도 그때 계림으로 와서 조선의용대에 합류하고, 기관지 『조선의용대통신』의 정기 간행을 주관하는 편집위원회 주임이 되었다. 성주 출신으로 중문간(中文刊) 주편위원(主編委員) 겸 의용대 본부 정치조의 선전주임인 1912년생 한지성(韓志成)이 그와 함께 일하였다. 이현수의 제2부인이 된 중국인 진덕심(陳德心)도 본부 총무조의 회계주임으로 합류하였고, 이정호의 부인 한태은(韓泰恩)은 의용대 직속의 부녀복무단(단장 박차정[朴次貞]) 단원이 되어 활동하였다. 결국 이현수의 가족과 일족까지 6명이 연이어 조선의용대 대원이 되어간 것이다.

계림의 조선의용대 본부가 중경으로 옮겨가던 때인 1940년 3월, 이정호·이동호 형제와 숙부 이대성은 새로이 북진지대(北進支隊)가 되는 제1지대의 20여 명 대원의 일원이 되어, 계림을 떠나 장사(長沙), 형양(衡陽), 의창(宜昌), 한구, 노하구(老河口)를 거쳐 가며 하남성(河南省) 낙양(洛陽)까지 먼 길을 행군했다. 도중에 이정호가 가사를 짓고 곡을 붙여 〈중국의 광활한 대지 우에〉라는 제목의 노래를 만들어 같이 부르며 행군했다. 이 노래가 뒤에 가면 〈조선의용군 행진곡〉이 되어 많은 사람이 즐겨 부르면서 화북 땅과 만주 벌판에 울려퍼지는 노래가 되었다. 낙양 도착 후 그들은 황하(黃河)를 건너가 중국군과 함께 벌이는 적후(敵後) 선전공작 및 유격전 활동에 참여했고, 이정호만 그해 10월 중경으로 귀임한다. 김원봉 등 의용대 지도부가 내심 계획하여 장차 꼭 이행하려는 바인 의용대의 북상항일을 위해 선견대의 일원으로 사전정찰을 하고 온 셈이었다. 그 후 그는 본부 요원이 되어 아버지와 함께 중경에 계속 있게 된다.

1941년 1월에 제3지대가 중경을 떠나 북상 행군한 데서 시작된 조선의용대 3개 지대의 낙양 집결이 완료되자 전 병력은 황하를 건너갔고, 국공관계와 정치정세의 급변으로 화북행의 종착지가 조정되는 우여곡절 끝에 태항산(太行山)의 중공당 팔로군(八路軍) 구역으로 들어가게 된다. 거기서 이대성과 이동호는 1941년 7월에 성립하는 '조선의용대 화북지대'에 소속되어 각각 유수대와 무장선전대의 대원이 되었고, 1942년 5월에 일본군의 총공세에 맞서는 '반소탕전(反掃蕩戰)'을 격하게 치렀다. 그 후 이대성은 화북 조선독립동맹 기열요(冀熱遼) 분맹(分盟)의 부지대장 겸 조직위원이 되어 활약하고, 이동호는 조선의용군 대원으로서 진동남(晉東南: 산서성 남동부 지역)과 연안(延安)에서 8.15 광복 때까지 활동했다.

한국광복군 대원이 된 대구청년들

1930년대 내내 임시정부에 불참한 좌파세력이 조선의용대를 창설하여 중국의 항일전장에서 독자적 활동을 펴고 있는 동안에 임시정부와 그 여당인 한국독립당도 자체 무력을 조성키 위해 애를 많이 썼다. 그런 노력 끝에 1940년 9월 17일 중경에서 한국광복군 총사령부 성립 전례식을 열 수 있었고, 12월에 화북으로의 한 관문인 서안(西安)으로 총사령부를 이동시키고 예하에 4개 지대를 두었다. 1941년 12월 8일(한국시간으로는 9일) 일본이 미국 하와이 진주만을 기습공격하면서 태평양전쟁이 발발하자 임시정부는 그 즉시 10일에 대일 선전포고를 하였다. 바로 그때 조선민족혁명당도 '임시정부 참가'를 제5차 전당대표대회에서 결의한다.

1942년 4월 임시정부 국무회의에서 "조선의용대를 한국광복군으로 합편하여 군을 통일"시킨다는 결의가 나온 데 이어, 5월에 중국 군사위원회도 같은 내용의 명령을 내렸다. 이 조치를 수용함을 조선의용대 총대부가 7월에 선언하고, 12월에 의용대 총대장 김원봉이 광복군 부사령으로 취임함으로써 개편이 완료된다.

광복군 총사령부는 그렇게 합편된 조선의용대를 제1지대로 하고, 기존 1·2·5지대를 2지대로 통합하였으며, 안휘성 부양(阜陽)에 3지대를 두었다. 그 후로 광복군의 활동은 일본군으로 징집되어온 한인 병사와 적 후방의 한인 청년들을 포섭해 대원으로 만들어가는 초모공작(招募工作)과 정보수집 및 대적교란 공작에 중점이 두어졌다.

1945년의 8.15 광복 때까지 경북 출신으로 광복군에 관련이 된 인물이 80명 정도였는데, 그중 대구 출신은 10명이 채 안 되었다. 인원이 그리 많은 편이 아닌데다, 창설 때부터 참가한 이는 한 명도 없었다. 그나마 1942년에 합류한 이정호가 가장 빠른 편이었으니, 그는 상위(上尉) 계급으로 제1지대의 정훈조 책임자가 되었다. 부인 한태은도 같이 1지대원이 되었다. 또한 이현수는 1942년 이래로 임시정부 외교연구위원, 법무부 차장, 내무부 차장을 역임하고 1945년 5월에 광복군총사령부 정훈처장 직을 참장(參將; 한국군의 준장에 해당) 계급과 함께 받았다. 이 밖에 대구 출신으로 1943~1945년 사이에 광복군 대원이 되어간 청년이 6명 있었는데, 한 사람씩 꼽아보면 다음과 같다.

1917년 대구 공평동 태생의 이경도(李慶燾)는 1943년 6월 광복군 제2지대 2구대장 노태준(盧泰俊)과 접촉하여 입대했다. 그 후 강소성 북부의 제10전구에서 활동하는 중국군 소북정진군(蘇北挺進軍)의 대원이 되어 정보수집 및 선전공작 등에 종사하였다. 1917년 대구 대명동 태생인 이헌일(李憲一)은 1943년 청해성(青海省) 귀덕(貴德)에서 광복군 공작원의 권유를 받고 입대하여 3지대에 소속되었다. 그 후 그는 안휘성 서주(徐州) 지구에서 초모공작을 벌이다 일본군에 붙잡혔는데, 기지를 발휘해 탈출하고 1945년 2월에 중국군 102사단의 참모가 되어 활동하였다.

1924년 대구 신천동 태생인 장언조(張彦祚)는 1943년 10월 징병 1기로 끌려가 중국전선으로 보내졌는데, 1944년 4월 남경지구의 일본군 병영을 탈출하고 중국군 유격부대로 들어가 약 1년간 활동하였다. 그 후 1945년 4월 중경으로 가서 임시 편성의 광복군 토교대(土橋隊)에 소속되어 있다가 총사령부 경위대로 배속되어 요인경호와 시설경비 임무를 수행하였다. 1924년 대구 태생인 정대윤(丁大允)도 장언조와 비슷한 경위로 1944년 12월에 광복군에 들어갔고, 역시 총사령부 경위대원이 되어 활동하였다.

1924년 대구 신천동 태생인 정일수(鄭一洙)는 1944년 3월 호북성 노하구(老河口)에서 광복군에 입대하여 제1지대 제1구대원으로 활동하다 산서성 태곡(太谷)으로 가서 초모공작에 임하였다. 1925년 달성군 옥포면 태생인 오학선(吳學善, 이명 이봉진[李鳳震])은 1944년 6월 상해의 일본해군 육전대(陸戰隊)를 탈출하여 광복군 제2지대 제3구대의 강남분대로 들어가 활동하였다. 그러다 11월에는 미군 조종사 구출작전에도 참여했다고 한다.

대구사람들의 광복군사운동 참여, 그 흐름과 특성

살펴보았듯이 대구사람들은 주로 '광복군사운동'의 범위 안에서 무장독립운동에 참여했음이 여러 사례로 확인된다. 그 내용을 시간순으로 하나씩 되짚어보며 정리한다면 대체로 이러했다.

일찍이 1900년대의 후기 의병운동에도 참여했던 손양윤이 1910년대의 광복회 활동에 참여한 댓가로 치른 옥고 끝에 출옥한 후, 1920년대 후반기에 대구 일원을 무대로 군자금 획득운동에 일로 매진했다. 1910년대 전반기에 배천택이 서간도로, 정준수는 북간도로 건너갔다가 1919년부터 독립군조직에 참여하고 활동했다. 1910년대 후반기에는 최윤동과 이덕생이 배천택의 뒤를 이었다. 문상직은 1919년 만주 길림성에서 신흥학우단에 참여하고 동지들과 뜻을 모아 국내거사를 결의한 후 그 준비자금 마련을 위해 대구로 들어와 은밀히 활동했다. 투옥 중인 광복회원 김진만의 아들 김영우가 1918년에 남만주로 가서 활동하다가 1921년 밀입국하여 서울에서 군자금 획득운동에 나서기도 했다.

대구를 활동 근거지로 잡은 현지인 송두환은 1919년부터 경남·북 여러 곳의 청년지사들을 은밀히 포섭하여 사슬식 조직망을 만들어놓고 다량의 무기도 확보한 후 군자금 획득운동에 나섰다. 만주에서 귀국한 후 서울의 대동청년단원 이수영과 의기투합으로 연락하면서 행동을 같이해간 최윤동도 대구 인근의 특정 부호로부터의 군자금 획득을 꾀하다 송두환과 함께 '제2 경북 중대사건'의 주역이 되었다. 대쪽 같은 기상의 김창숙이 1925년부터 유림층과 지방의 부호들을 상대로 벌여간 군자금 모금운동에 유학생 이봉로가 위험을 무릅쓰고 가담했고, 혼자서 독립군단 조직의 큰 그림을 그려놓고 맹렬한 행동으로 군자금 획득에 힘쓰다 붙잡혀 사형된 김무열의 사례도 빼놓을 수 없다. 그러나 이런 식의 움직임들이 1920년대 말 이후로 적어도 대구사람들에게서는 맥이 끊기고 실제의 사례도 나타나지 않았다. 일제의 상시적 감시망과 갈수록 주밀해지는 주민통제 체계 속에서는 어떤 틈도 얻거나 만들 수 없게 되는 때문이고, 제반 정세변화와 사회 분위기도 더는 그러한 여지를 허용해주지 않는 추세였다고 말할 수 있다.

그래도 일제와의 최후 결전이 될 독립전쟁을 장기적으로 준비해가는 광복군사운동은 중지될 수 없었고 오히려 더욱 힘을 얻어야 했다. 그렇게 볼 때, 좌익 민족전선 계열의 조선의용대와 임시정부 직속의 한국광복군이 2년의 시간차로 창설되었음은 똑같이 의미 깊었다. 중국 내 독립운동 진영의 양대 세력이 상호경쟁 속에서도 마음을 모아 국제정세의 변화에 지혜롭게 대처하면서 기민하게 앞날을 준비해가던 움직임의 중요한 대목이었기 때문이다.

대구사람들도 그에 호응하여 두 갈래로 항일무력에 참여하였다. 이현수의 일가족 5명이 조선의용대·군에서 활동하다 그중 3명이 광복군으로 편입되고, 일본군에 끌려갔던 대구청년들 중에서 여섯 명이 1943년부터 속속 군영을 탈출해 광복군으로 들어가서 저마다의 새로운 역할을 해냈다.

종합해 말하면, 1910년대 이후로 1945년까지 사이에 대구사람들의 광복군사운동 참여는 그 관심과 의욕이 압도적으로 군자금 획득운동에 경도되고 있었다. 만주·러시아 지역의 독립군운동에 보내는 진지한 시선과 직접적인 참여동기는 몇몇 인물에게서만 나타났다. 그보다는 의열단 중심의 의열투쟁 쪽이 대구사람들에게는 더 의미 있게 다가오고 접근과 동참도 비교적 쉽게 이루어진 것 같다. 그렇게 된 데는 한반도의 다른 지역과 다를 수밖에 없는 대구 고유의 지리적 위치, 사회경제적 환경, 문화적 풍토와 '대구사람'들의 독특한 기질이 복합적으로 작용해서인 것으로 보인다.

국내진공을 통한 독립전쟁이 결행도 되기 전에, 민족진영의 숙망과 다르게 어쩌면 은연중 저지되고 생략되어버린 채, 일제의 돌연 항복과 더불어 한국독립운동은 일단락되는 듯했다. 그런데 미·소 양군의 진주와 점령통치가 '8.15 해방'의 뒤를 이었다. 민족의 자력으로, 그 스스로의 손으로, 일제를 격멸하고 진정한 해방을 기해내지 못한 소치였다. 때문에 민족주권의 완전 회복과 새나라 세우기로 귀착되어야 할 독립운동은 저절로 끝난 것이 아니었다. 하나 되는 자주독립국가의 건설로 나아가려는 '제2 독립운동'이 대구사람들도 적극 참여하는 가운데 광복 후 한동안 계속된 것은 그런 때문이었다.

참고문헌

『독립신문』(상해판), 『동아일보』, 『매일신보』, 『시대일보』, 『조선일보』.
「형사판결문」(이덕생, 문상직, 송두환, 최윤동, 김영우, 이봉로, 손양윤, 김무열)
『不逞團關係雜件―朝鮮人ノ部―在滿洲의 部』 각권, 국사편찬위원회 한국사 DB.
『不逞團關係雜件―朝鮮人ノ部―在支那各地』 각권, 국사편찬위원회 한국사 DB.
『朝鮮義勇隊通訊』 제1호~제33기, 1939~1940.
『朝鮮義勇隊』 제34기~제42기, 1940~1942.
경상북도경찰부, 『高等警察要史』, 1934.
조선총독부 경무국, 『國外ニ於ケル容疑朝鮮人名簿』, 1934.
김정명 편, 『조선독립운동』 Ⅱ(민족주의운동), 東京: 原書房, 1967.
국회도서관 편, 『한국민족운동사료: 중국편』, 1976.
독립운동사편찬위원회, 『독립운동사자료집』 제5·10집, 1976.
사회문제자료연구회 편, 『사상정세시찰보고집』 2·3·9, 京都: 東洋文化社, 1976.
지중세 역편, 『조선사상범 검거실화집』(1946), 돌베개, 1984.
국가보훈처, 『독립유공자 공훈록』 제1~24권, 1986~2018.
국사편찬위원회, 『한민족독립운동사자료집』 7·8·9, 1988.
楊昭全 외 편, 『해외의 한국독립운동사료 (Ⅷ): 중국편 ④』, 국가보훈처, 1993.
류시중·박병원·김희곤 역주, 『국역 고등경찰요사』, 선인, 2010.
김경천(김병학 정리), 『경천아일록』, 학고방, 2012.
三輪如鐵(최범순 옮김), 『조선 대구 一斑』(1910), 영남대학교 출판부, 2016.
독립운동사편찬위원회, 『독립운동사』 제5·6·7권, 1975.
김세형, 『독립의사 송두환』, 심련송두환독립의사기념사업회, 1985.
조선의용군 발자취 집필조, 『중국의 광활한 대지 우에서』, 연변인민출판사, 1987.
손정목, 『한국지방제도·자치사 연구』(상), 일지사, 1992.
서중석, 『신흥무관학교와 망명자들』, 역사비평사, 2001.

신용하, 『의병과 독립군의 무장독립운동』, 지식산업사, 2003.
하종성 엮음, 『역사 속의 달구벌을 찾아서』, 삼일출판사, 2008.
김광재, 『한국광복군』, 독립기념관 한국독립운동사연구소, 2009.
김영범, 『의열투쟁 Ⅰ―1920년대』, 독립기념관 한국독립운동사연구소, 2009.
염인호, 『조선의용대·조선의용군』, 독립기념관 한국독립운동사연구소, 2009.
김영범, 『혁명과 의열―한국독립운동의 내면』, 경인문화사, 2010.
김희곤 외, 『경북독립운동사』Ⅳ·Ⅴ, 경상북도, 2014.
최기영, 『중국관내 한국독립운동가의 삶과 투쟁』, 일조각, 2015.
권대웅, 『달성의 독립운동가 열전』, 민속원, 2017.
권보드래, 『3월 1일의 밤』, 돌베개, 2019.
김영범, 「한국광복군 간행 《광복》의 독립운동론」, 『한국독립운동사연구』 제1집, 1987.
김영범, 「조선의용대 연구」, 『한국독립운동사연구』 제2집, 1988.
장세윤, 「조선의용대의 조직편성과 구성원」, 『한국근현대사연구』 제11집, 1999.
김주용, 「1920년대 초 독립운동단체의 군자금 모금활동」, 『한국독립운동사연구』 제32집, 2009.
김영범, 「3·1운동에서의 폭력과 그 함의」, 『정신문화연구』 제41권 4호, 2018.
김영범, 「조선의용대의 항일전투(참가) 실적과 화북진출 문제 재론」, 『한국독립운동사연구』 제67집, 2019.
조은경, 「이정호의 생애와 재중 독립운동」, 『한국민족운동사연구』 제115호, 2023.

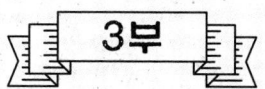

험난해도 가야 했다,
오롯이 나의 길을

10장

민족혁명으로의 전력투구:
현정건의 분투와 헌신의 일생

기억되지 못해 온 독립투사

    1930년 벽두의 대중잡지 『삼천리』 지면에 기획 르포 「인물순례」 난이 신설되었다. 분야별로 당대 유명인사들의 이력과 근황을 수집하여 흥미롭게 구성해서 제공하려는 것이었다. 첫 순서는 '신문사측' 인물들이었는데, 현직 『동아일보』 사회부장인 현진건(玄鎭健)도 당연히 들어갔다. 소설가로서의 문명(文名)까지 곁들여 다소 이채롭게 소개되던 중에 '유명한 좌익투사'인 그의 '실형(實兄)'도 두어 줄로 언급되었다.[1] 그 '좌익투사'는 독립운동가 현정건(玄鼎健)이었고, 그때는 치안유지법 위반 죄목으로 투옥되어 복역 중이었다. 그런데 이로부터 꼭 3년 뒤 1932년 섣달 그믐에 현정건은 세상을 뜨고 만다. 출옥 6개월 만의 마흔 살 병사(病死)여서, 옥고의 여독 때문임을 부정하기 어려웠다. 부인 또한 부군(夫君)이 간 길을 좇아 40여 일 만에 목숨을 끊고 만다.

    그 뒤로 지금까지 현정건은 거의 잊힌 인물이었다. 그의 생애나 활동 궤적이 일반 저술로든 학술연구로든 제대로 밝혀져 알려진 바 없고, 실은 관심조차 거의 주어지지 않은 것 같다. 사망 기사를 내보내면서 한 신문은 그의 일생을 다음과 같이 요약해 적었다: "1896 대구 출생. 19세까지 경성에서 학교교

---

[1] 『三千里』 4(1930년 1월호), 「인물순례(제1편), 신문사측」, 30쪽.

육을 마치고, 일한합병 당시 느낀 바 있어 1910년 상해로 건너가서 종종의 활동을 벌였고, 3.1운동 당시 조선에 왕래한 바 있으며, 1920년 상해에서 고려공산당에 관계. 중국의 남북각지에서 독립운동에 분투. 상해한인청년동맹 조직에 노력.『거화(炬火)』,『새길』등 무산운동 잡지를 발간하는 동시에 조선공산당 관계로 중국방면에서 활동하는 일방으로 독립당촉성회 집행위원으로 일하다 상해영사관 경찰에 피검."[2]

그와 같은 '분투와 고난의 일생'은[3] 어디에서도, 누구에 의해서도, 추념되지 않았다. 1992년에 독립유공자로 결정되어 독립장이 추서되었어도 그뿐, 망각의 동굴 속에 유폐된 상태를 벗어나지 못했다. 태어나 자란 고장인 대구에서도 왠지 그는 외면되거나 옆으로 제쳐지기만 하는 것 같다. 이상화(李相和)와 그 형제들, 이육사(李陸史), 서상돈(徐相敦) 등에 비하면 확실히 그렇다. 1996년에 나온『한국사회주의운동 인명사전』에도[4] 현정건의 자리는 없다. 앞서의 '유명 좌익투사'라는 칭호가 무색해진다. '사회주의운동자' 혹은 '민족해방운동 좌익전선 전사'의 반열에 세워지기 어려운 어떤 흠결이나 한계가 혹시 있었던 것일까? 그의 행보나 활동 자체가 눈여겨볼 바 별로 없고, 그 비중이나 영향도 사회주의 민족운동의 전체 맥락에서는 별 의미 없는 것이었을까? 아니면, 다른 어떤 이유가 있는 것일까?[5]

이런 의문들에서 출발하여, 문헌자료에 기초한 사실 확인과 복원의 방법으로 현정건의 개인사적 생애와 운동가적 행적들을 최대한 추적해 밝혀보는 것

---

[2]『조선일보』(1933.1.1),「해외운동 20년 현정건씨 별세」. 기사 서두의 '1896 출생'은 오류인 것 같고, 그의 생년 문제는 2절 1항에서 검토할 것이다.
[3]『동아일보』(1933.1.1),「출옥 후 병고 중이든 현정건씨 영면」.
[4] 강만길·성대경 편,『한국사회주의운동 인명사전』, 창작과비평사, 1996.
[5] 자료 부족 때문이었을 것이라는 추측은 배제하고 싶다. 위『인명사전』의 편찬자와 연구진은 대단한 공력으로 다수의 무명 운동자들까지 찾아내고 조명하여, 약 2천 명의 사회주의운동자가 오랜 어둠의 장막을 헤치고 한국근대 사상사·운동사의 지평 위에 모습을 드러내게끔 했다.

이 이 글의 목표이다. 단편적 사실들 간의 연계성과 행동의 내적 논리도 가능한 한 검출해보려 한다. 그 결과들을 잇고 묶어 하나의 전체상으로 재현시켜보고, 그것이 어떤 의미를 띠는 것인지, 역사적 공공기억의 장 안으로 들여세울 여지는 없는지를 검토해보려고도 한다. 자료 공백으로 어쩔 수 없이 생기는 틈도 적지 않겠지만, 그런 곳에서는 필요한 만큼의 추리와 상상적 해석을 개입시킬 것이다. 물론, 터무니없는 허구로 빠지지는 않도록 유의하는 한도 내에서다.

출생과 성장

가정배경과 출생

현정건은 연주(延州) 현씨 찬성공파(贊成公派) 24세손 현경운(玄擎運)과[6] 완산(完山) 이씨 이정효(李貞孝) 사이의 4남 중 3남으로 대구에서 태어났다. 자를 우삼(禹三)이라 했고, 30세 넘어서 읍민(揖民)이라는 호를 썼다.[7] 원래는 조선 중기 이래 잡과를 통해 역관·의관 등을 다수 배출해 온 중인 가문인 천녕(川寧) 현씨 가계였는데, 평안도 중심의 양반 가계이던 연주현씨로 20세기 초엽에 통합되었다.[8]

---

[6] '경운'의 한자 표기가 자료에 따라 좀 달라진다. 1916년 작성된 본인 민적부와, 현정건에 관한 일제 정보 자료(1925년 1월 일본 외무성 아세아국 제2과에서 작성한 「要視察人 名簿(朝鮮總督府調)」(국가보훈처, 『해외의 한국독립운동사료 XVII, 일본편 5: 대한민국임시정부 관련 요시찰인 명부』, 1996으로 영인 간 행[이하, 『요시찰인 명부』]), 194쪽)과, 「작가 연보」(이강언 외 편, 『현진건문학전집』 2, 국학자료원, 2004, 349쪽)에는 '昊運'으로, 『延州玄氏八修大同譜』(회상사, 2001; 이하, 『대동보』) 제3권, 176쪽에는 '敬運'으로 되어 있다. '昊運'이게 된 것은 1910년 인장을 분실하자 본인 스스로 개명하여 광고하고부터였다(『황성신문』 1910. 8. 25, 「본인의 성명도장을 路中見失하고」 참조). 그러므로 '擎運'이 본명이었음을 알 수 있고, 1901년 작성의 자필이력서(『大韓帝國 官員履歷書』, 국사편찬위원회, 1971, 614쪽)에도 그렇게 적혔으므로 여기서는 이를 취한다.

[7] 『대동보』 제3권, 176쪽. 일제 관헌문서들에는 현읍민이 현정건의 '이명'으로 처리되어 있다.

[8] 金良洙, 「조선전환기의 中人집안 활동」, 『동방학지』 102, 1998, 228쪽.

1860년생인 부친 현경운은 1895년 판임관 6등의 대구부 주사로 임용되고 이듬해 의원면직되었다가 1899년 동급의 대구전보사(大邱電報司) 주사로 재임용된다.[9] 그 후 1900년 7월에 판임관 5등, 1902년 1월에 판임관 4등으로 승진 서임되고,[10] 동년 5월에는 정6품에서 정3품으로 일약 승품(陞品)하여[11] 곧 대구전보사의 사장(司長)으로 보임된다.[12] 그러니까 그는 대한제국기의 중견 전문직 관리였던 것이다.

　　아마도 퇴임 후였을 터인데, 1908년 6월에 대한협회 대구지회의 주도로 대구노동학교가 설립되고 회원인 현경운이 교장으로 취임한다. 5월의 지회 통상총회에서 국문 야학교 설립을 결정하고 연구위원 4인을 선임해 추진해온 결과였다. 교장으로서 현경운은 최시영(崔時榮)·이쾌영(李快榮)·이종면(李宗勉)·김재열(金在烈) 등의 교사들이 역사·지리·산술·체조 등의 과목을 매일 밤 교수하게 했다. 학생이 70~80명에 달할 만큼 호응이 컸고, 현경운을 '교남(嶠南) 교육가 제1 효시'라고 추어올릴 정도로 학도들의 칭송이 자자했다.[13] 그래서인

---

9 『대한제국 관원이력서』 614쪽 참조.
10 『대한제국 관보』 제2101호(1902.1.20), 「敍任及辭令」.
11 『대한제국 관보』 호외1(1904.5.14), 「敍任及辭令」; 『황성신문』(1904.5.17), 「敍任及辭令」.
12 『대한제국 관보』 제2847호(1904.6.8), 「受勅及受牒」.
　'천녕 현씨 족보(『대동보』 제3권, 176쪽)에도 현경운이 역임한 최고 관직이 '정3품 통정대부 의정부원(議政府員) 외부 통신원(通信院) 국장 전보사장'으로 기재되어 있다. 과장이나 거짓 없이 정확한 기록으로 판단된다. '국장'이 '통신원'과 '전보사장' 사이에 적혔음에서 중앙부처('외부')의 직속 기관인 통신원의 국장급이었다는 뜻인 것으로 이해된다. 김양수가 위의 논문에서 현경운이 '대구우체국장'이었다고 한 것도 이 족보기록의 '국장'이라는 표기에 근거해서인 것으로 보인다.
13 『황성신문』(1908.9.22), 「대구노동학교」; 『대한매일신보』(1908.9.22.), 「대구노동학교」 참조.
　마지막 부분의 몇 글자만 다르고 나머지는 동일한 '광고' 기사가 같은 날짜의 두 신문에 실렸음이 이채로운데, 전문을 옮겨보면 다음과 같다. "大邱勞働學校 校長玄擎運氏는 素是有志紳士로 勞心苦形ㅎ야 倡立本校ㅎ니 設校未幾에 勞働雲集ㅎ야 學徒七八十名에 達혼지라 當地 高明敎師 四五人 敎授之勞을 義務分擔ㅎ고 每夜出席ㅎ야 歷史地誌算術體操 等課을 國文으로 敎授ㅎ며 今番 聖節에 諸學徒가 愛國歌를 唱ㅎ고 慶祝式을 行ㅎ니 行路毋不嘖嘖이라 嶺下風氣 從此大開ㅎ야 人智發達이 指日可期 云云 大抵 玄氏는 實로 嶠南敎育家 第一嚆矢라 云云ㅎ노이다 大邱勞働學徒等 告白." (『황성신문』의 것임)

지 그는 9월 중에 대한협회 지회의 교육부장으로 선출되기도 한다.[14] 이듬해 1911년 6월 부인이 사망하고, 현경운은 두 달 후 재혼한다.[15]

현정건의 조부 현학표(玄學杓)는 1880년 무과로 등과하고, 승품을 거듭하여 1904년에 종2품 가의대부(嘉義大夫)로서 황실 재정을 총괄하는 내장원경(內藏院卿)이었으며, 그의 사돈 즉 현정건의 외조부인 이재연(李在淵)은 호조참의를 지냈다. 현경운의 관직이 대구에서 시작해 대구에서 끝나고 1913년 대구부 상서정(上西町)이 등록 주소지인 현학표의 사망으로 호주 지위를 승계함에서 볼 때, 늦어도 현학표부터는 대구에 터 잡아 3대까지는 살았다고 보아도 될 직하다. 선영(先塋)이 대부분 경남 밀양군 무안면에 있음에서 현정건 집안의 본향은 밀양이었음이 분명하다.[16]

현정건이 태어난 곳은 대구였고, 2년여의 재경 유학 기간을 빼고는 1910년까지 줄곧 대구에서 자라고 살았다. 출생지는 대구도호부 대구군 서상면 남산동이었으며,[17] 본적은 1925년과 1929년(추정) 작성의 경찰 정보기록에[18] 대구부 견정(堅町; 현 중구 인교동)으로, 1928년의 재판 관련 기사와[19] 1929년 형무소 입감시 작성된 것일 터일 〈신분장 지문 원지〉에는 수정(豎町/竪町)으로 되어 있다.

일제강점기의 대구부 행정구역에 '堅町'은 분명 있었으나 '豎町/竪町'이라는 구역명은 존재한 바 없다. 후자와 같은 발음의 '壽町'(현 중구 수동)이 있었을

---

14 『대한협회 회보』 제8호(1908. 11. 25), 「본회 역사」, 62쪽.
15 『대동보』 제3권, 176쪽 참조.
16 1919년경 일제 경찰에서 파악한 바로는 현정건이 향리에 20두락[마지기]의 논, 10두락의 밭(畑), 2700원 상당의 가옥을 갖고 있었다.
17 『요시찰인 명부』, 194쪽의 당시 지명 표기를 현정건 출생 시점의 것으로 바꾸어 적음.
18 『요시찰인 명부』; 「暗 943 제48호의 2, 佛租界內 不逞鮮人 逮捕에 관한 件」(1925. 1. 29), 『不逞團關係雜件-鮮人의 部-在上海地方』 5; 「체포를 요하는 상해 한인독립운동자 연명부」(1925. 2. 13), 국회도서관 편, 『한국민족운동사료(중국편)』, 1976, 536쪽; 경상북도경찰부, 『고등경찰요사』, 1934, 100쪽.
19 『동아일보』(1928. 11. 13), 「遠來의 가족 친우와 법정에서 묵묵 목례」 참조. 이 기사는 예심종결 결정서에 크게 의존하여 작성된 것 같다.

뿐이다. 그러므로 '堅町'이 맞는 것이고, '豎町/竪町'은 그 글자와 아주 비슷한 한자로 오기·오식된 것이라고 보아도 되겠다. 부친이 대구전보사 근무나 사장 보임을 계기로 이사해 간 곳일 터인 쇄환동(일제 강점 후 상서정으로[20] 지명 변경)에서 현정건은 소년기를 보냈고, 혼인으로 분가하면서 본적도 건정으로 옮긴 것이 아닌가 한다.

현정건의 출생년이 자료마다 달라서, 1887년,[21] 1892년,[22] 1893년,[23] 1896년[24]의 네 가지로 나온다. 월일까지 놓고 보면 일곱 가지로 된다. 그중에서 특정 연월일의 자료상 출현 빈도, 기록된 시점, 자료의 성격을 같이 고려하면서 검토해 보건대는 '1893년 6월 29일'이 가장 믿을 만했다. 그것에 기준해 계산되는 연령에 생애 말까지의 여러 공·사 기록 및 기사들을 견주어 대조해보니 대체로 맞아떨어짐도 알 수 있었다. 그래서 그의 생년은 1893년, 생일은 6월 29일로 비정(批正)함이 옳다고 판단된다.

현정건의 형제로는 두 명의 형과 두 명의 아우가 있었다. 장형 홍건(鴻健, 1879년생)은 제정러시아 사관학교를 졸업하고 거기서 복무하다 귀국해 육군 부

---

20 「현경운 민적부」(1916. 2. 19 발급 등본) 참조. 국가보훈부 공훈전자사료관의 〈독립유공자 공적정보〉에 현정건의 본적지로 등록된 곳이기도 하다.

21 ① 1887. 6. 29(현경운의 민적부). ② 1887. 6. 20(『독립유공자공훈록』 제10권, 국가보훈처, 1993, 389쪽).

22 『대동보』 제3권, 176쪽의 "1892(壬辰). 6. 29 生, 1933(癸酉). 12. 2 卒"이라는 기록이 유일하다. 이 글의 뒤에 가서 나오지만 이 몰일(沒日)이 음력으로도 양력으로도 실제와 많이 다르니, 생일 기록에 대한 신뢰도 그만큼 떨어진다. 『대동보』의 같은 쪽에 부인의 생년은 1895년인 것으로 나오는데, 현정건이 부인보다 세 살 위였다는 말이 사실이라면 현정건은 1892년생이었다는 것이 맞는 말이 되기는 한다. 그러나 부인의 생일이 음력으로만 1895년이고 양력으로는 1896년이었을 수도 있다.

23 ① 개국 502년(=1893년) 6월 29일(「(현정건)신분장 지문원지」). ② 1893. 6. 20(『요시찰인 명부』, 194쪽). ③ 1893. 6. 30(『한국민족운동사료(중국편)』, 536쪽).
1928년의 공판보도 기사(『동아일보』, 1928. 11. 13)에 '36세'로 명기된 것, 1933년의 관련기사(『중앙일보』, 1933. 2. 12) 사진 설명에 '故 현정건(41)'로 되어 있었음도 그가 1893년생임을 말해준다

24 『동아일보』 『조선일보』 『중앙일보』의 현정건 부음(訃音) 기사에 딸린 약력에서 공히 그렇다. '당년 37세'로 표기하기도 하였다. 장의위원회에서 만들어 내보낸 자료 그대로였을 텐데, 위원회가 오히려 혼란을 가중시킨 격이다. 같은 기사 속의 '19세[1914년?]까지 경성'과 '1910년 상해로'가 서로 어긋나는 기술인 것에서도 그렇다.

위(副尉) 계급으로 학부 교관과 러시아공사관 통역관을 지냈다.[25] 중형(仲兄) 석건(奭健, 1882년생)은 대구일어학교를 졸업하고 관비유학생이 되어 일본으로 건너가 도쿄의 메이지대학 법률과를 다니고 졸업 후 귀국하여 2년간 판사로 일하다 사직하고는 경남 진주에서 변호사로 활동했다.[26] 정건의 아우로는 이 글 머리에서 언급된 소설가 진건(1900년생)과 이복동생 성건(聖健, 1917년생)이 있었다.

소년기의 서울유학

13세 때(1906년일 듯) 소년 현정건은 서울로 올라간다. 그리고 중부 호동(壺洞, 현 종로구 원남동)의 사립학교 해동신숙(海東新塾)에 제1회로 입학해 다녔다. 수업연한 2년의 외국어전문 야학교였다.[27] 일제 사찰기록에는 그가 미국 북감리교회 계열의 중등과정 사립학교인 배재학당(培材學堂)을 다닌 것으로 되어 있는데,[28] 이것도 사실일 수 있다. 해동신숙 졸업 후 미션계의 배재학당으로 편입학했을 가능성이 있고, 그랬을 가능성도 꽤 있어 보이는 것이다.

아무튼 서울 유학 중에 그는 '인수동(仁壽洞, 현 종로구 창신동)의 현영운(玄暎運) 집'에[29] 기거했다고 하는데, 이것이 중요한 사실이다. 현영운이 누구였던가? 일세를 주름잡던 '요화(妖花)' 배정자(裵貞子)의 재혼한 남편이던 것이다.

---

25 『대동보』 제7권, 1482쪽 및 현길언, 「문학과 사랑과 이데올로기—현진건 연구」, 태학사, 2000, 30쪽 참조.
26 『대동보』 제7권, 1483쪽; 金良洙, 「조선전환기의 中人집안 활동」, 233쪽; 이계형, 「1904~1910년 대한제국 관비 일본유학생의 성격 변화」, 『한국독립운동사연구』 제31집, 2008, 197쪽 참조.
27 渡部學·阿部洋 編, 『日本植民地教育政策史料集成(朝鮮篇)』 제67권, 東京: 龍溪書舍, 1991(국사편찬위원회 한국사 데이터베이스).
28 『요시찰인 명부』 194쪽의 '주소'란과 195쪽의 '학사(學事)'란 참조.
29 현영운의 이력서(『대한제국 관원이력서』 384쪽)에는 1907년 당시 그의 주거지가 한성(漢城) 남서(南署) 주동(鑄洞)인 것으로 되어 있다. 주자소(鑄字所)가 있어서 '주잣골'이라 부르고 한자로 '주자동'이라 적었는데 줄여서 '주동'이 되었다(현재의 중구 남학동, 예장동, 주자동, 충무로 2가 일대). 물론 '인수동'과는 엄연히 다르고, 학교가 있는 호동과는 많이 떨어진 곳이다. 따라서 현정건이 기거했다는 현영운의 자택은 주동이 아니라 『요시찰인 명부』의 기록처럼 인수동에 있었을 것으로 판단된다. 자필로 '仁壽洞'이라 적은 현영운 이력서 원본의 이기(移記) 과정에 필사자가 그만 오독해서 비슷한 한자인 '鑄洞'으로 적은 것 같다.

1868년생인 현영운은 현학표의 5남 중 3남인 서자(庶子)였다. 그러니까 정건에게는 비록 이복이나 중부(仲父)가 되는 것이었다. 1883년 관비 유학생으로 선발되어 일본 게이오의숙(慶應義塾)에서 수학한 그는 1885년에 귀국 후 승승장구의 환로(宦路)를 걸어왔고,[30] 급기야 배정자(1870년생)의 재혼 남편이 되어서는 그녀의 주문대로 이토 히로부미(伊藤博文)를 한국으로 초치하기 위해 암약하는 한편, 일본의 사정을 글로 써 고종(高宗) 황제에게 상주(上奏)함으로써 이토의 총애를 받았다.[31] 그 덕택인지 그는 1905년 농상공부 협판을 거쳐 서리대신(署理大臣)으로, 1906년 봉상사(奉常司) 제조(提調), 1907년 종2품 훈2등의 태복사장(太僕司長)으로 급속 승진을 거듭하였다. 이처럼 현영운이 일대 전성기를 구가하며 최고의 권세를 누리고 있을 때 현정건이 서울로 보내져 그의 집에 기거하면서 학교를 다닌 것이다. 실은 현영운만 아니라 집안의 여러 '어른'들이 앞서거니 뒤서거니 '잘나가는' 중·상급 관료의 행장(行狀)을 보여주고들 있었다.[32]

그뿐인가. 현정건에게는 장조부의 손자이면서 6촌 재종형(再從兄) 되는 현상건(玄尙健)이 일찍이 황제의 신뢰와 총애를 받는 신진 실력자가 되어, 막강한 영향력을 행사하고 있었다.[33] 문제는 현상건과 현영운이 정치적 입장을 완

---

[30] 1885년에 귀국한 그는 18세에 박문국(博文局)의 주사로 임명되고, 외아문(外衙門) 주사, 법부 법률기초위원, 시종원 시종, 궁내부 및 예식원 번역관, 경남 칠원군수, 중추원 의관, 철도원 회계과장 등의 직위로 승진을 거듭하며 화려한 이력을 만들어냈다. 1904년 러일전쟁 발발 직후 군부 협판(協辦)을 거쳐 일본 주재 특명전권공사가 되었으며, 육군 참령(參領)에서 참장으로 파격 승진을 하더니 원수부(元帥府) 검사총장(檢事總長)과 참모부(參謀府) 제1국장으로 승승장구하였다. 이상의 이력사항은 대한제국 관원이력서, 384쪽에 의함.

[31] 金良洙, 「조선전환기의 中人 집안 활동」, 233쪽; 임종국, 『실록 친일파』(돌베개, 1991), 95쪽; 김무용, 「배정자」, 반민족문제연구소 엮음, 『친일파 99인』 2(돌베개, 1993), 29쪽의 내용을 종합한 것임.

[32] 1907년 현재로 그의 재종숙(再從叔)들인 현석운(玄昔運)이 종1품 훈22등의 중추원 찬성(贊誠), 현백운(玄百運)이 종2품 훈5등의 궁내부 예식관, 현보운(玄普運)이 정3품 훈5등의 군부부(軍部附) 육군공병 정위(正尉)였다.

[33] 1863년생인 현상건은 1888년 전보국 주사로 관직에 첫발을 들여놓았고, 1898년에 외부의 번역관보(繙譯官補)로 전보되고부터 일로(一路) 직행 승승장구의 길을 걷기 시작했다. 황제의 측근이면서 최고위

전혀 달리하여 각기 친러파와 친일파의 핵심이었다는 것이고, 전자의 급속 몰락과 반비례로 후자가 급거 부상할 수 있었으며, 그런 중에 현정건이 후자의 집에 들어가 기식하고 있었다는 점이다. 그것이 현경운에게는 아들을 위한 절호의 체험학습 기회요 출세의 더없는 발판이 될 것으로 믿어졌을 터이다.

그때 현정건은 감수성 예민한 10대 후반 시기를 통과하고 있었다. 그런데 나라의 주권이 크게 훼손된 을사늑약과 군대해산의 충격이 그 시기에 있었고, 이어서 애국계몽 논객들의 성난 외침의 소리와 우국지사·평민의병들의 목숨을 던지는 행동들이 연이어 귀와 눈으로 들어왔다. 그럴 때 현정건은 무슨 생각을 했을 것인가? 짐작컨대 그는 현영운(과 배정자)의 정치적 행동과 처신들에서 보고 배울 무엇이 있다고 여기지는 않았을 것이다. 시세 판국과 여론 대세에 비추어 볼 때, 현영운의 집에 얹혀살고 있다는 사실 자체가 더없는 수치심과 죄의식을 유발하면서 극심한 심적 갈등을 겪기도 했을 것이다. 그럴수록 그는 현상건의 우국충정을 흠모하면서 그의 망명처인 중국(상해)에 대한 동경도 키워갔을 것이다.

그처럼 마음 편치 못하게 지내는 3년간의 수학과정을 마치고 현정건은 1908년 봄에 영어과를 졸업한다. 졸업생은 영어과 6명과 일어과 3명으로 단촐했으나, 5월 3일의 졸업식 때는 축하 내빈이 수백 명이나 되었다. 현영운이

실력자이던 이용익(李容翊)의 눈에 띄어 신임을 얻게 되면서였다. 그로부터 약 5년간 이어진 풍운의 정국에서 그는 황제의 총애를 배경으로, 법규교정소 대한국제 제정위원, 궁내부 번역과장, 예식원 외무과장, 한성전기철도회사 부사장, 광무학교(鑛務學校) 초대 교장, 광학국장, 박문원 부장(副長) 등 고급관료의 직위를 섭립 또는 겸임하였다. 1903년, 현상건은 황제의 밀사가 되어, 러·일 각축의 틈바구니에서 한국의 중립을 성명하고 제실(帝室)의 안전보장을 교섭토록 러시아 황실을 경유하여 네덜란드 만국평화회의에 출석토록 파견되었다. 6개월 기간의 여행을 마치고 돌아온 그의 임무수행 보고를 받고 대한제국 정부는 1904년 1월에 국외중립(局外中立)을 선언했다. 그런데 이즈음 현영운은 궁정 내 일본첩자 역할을 하면서 현상건과는 정반대의 길을 걷고 있었다. 이상, 현상건의 이력과 활동 내용은 번잡함을 피하여 일일이 주기(註記)하지는 않았지만, 『승정원일기』『독립신문』『황성신문』『고종실록』『주한일본공사관기록』, 국사편찬위원회 한국사DB의 한일관계 문서류에서 뽑아낸 사실과 정보들을 종합하여 정리해낸 것임을 밝힌다.

축사를 했고, 답사한 3명의 졸업생 중 1인이 현정건이었다.[34] 조카에 대한 숙부의 일방적 애호심이 그만큼 컸다고나 할까.

청년기의 상해시절 10년: 1910~1919

1910년의 결혼 후 급속 상해행

바람 앞의 등불과도 같던 대한제국의 명운이 다했는지 1910년에 국망의 비운이 닥쳐왔다. 나이 18세이던 그해에 현정건은 경남 양산(梁山)의 양반 대지주 집안의 규수와 결혼한다. 신부 되는 윤덕경(尹德卿)은 동래감리(東萊監理)·동래부윤 벼슬을 지낸 파평(坡平) 윤씨 윤필은(尹弼殷)의 1895년생 딸이었다.[35] 이 혼인이 성사된 것은 윤필은보다도 먼저 무과에 급제했고 동래부의 일본어 역관이었다가 창원감리를 지내고 황실 재정을 관장하는 내장원경 자리에까지 올랐다는 현학표 즉 현정건의 조부가 손자를 위해 나선 주선이 주효했기 때문이 아니었을까 한다.

그런데 그 해가 다 가기 전의 어느 날인가, 현정건이 아내를 남겨두고 중국 땅 상해로 훌쩍 가버리고는 집과 모국을 아예 등진 듯이 거기 눌러앉아 오래도록 돌아오지 않는다.[36] 그 후 10년 사이에 방학을 맞아 잠깐씩 귀향했거나

---

34 『대한매일신보』(국한문판, 1908. 5. 14), 「海塾卒業」; 『황성신문』(1908. 5. 7.), 「해동졸업」

35 현정건의 족보에 윤덕경이 乙未(1895)生, 현경운의 민적부에는 1897년생으로 되어 있다. 후일 그녀가 사망했을 때인 1933년 2월의 부음기사들에 39세로 표기됨과 아울러 "23년 전, 16세 되던 해에 혼인"했다고 씌어있었음에서 그녀가 1895년생이면서 (16세 되던) 1910년에 결혼했음이 분명해진다.

36 1933년 1월 1일과 1월 2일자 신문들의 현정건 부음기사에서 약력 소개에 "1910년 중국 유학", "1910년 상해로 건너가서"라고 되어 있다. 그런데 1928년 11월에 법정에 선 현정건은 판사의 신문에 "명치 45년 [1912년] 상업차 상해에 건너가서 여기에 17년이나 된 것"이라고 진술한 것으로 보도되었다(『매일신보』, 1928. 11. 13, 「다음 공판날은 來19일노 결정」). 한편, 모친의 사망 시점이 족보에는 1911년 6월로 되어 있는데, 현진건 연보(이강언 외 편, 『현진건 문학 전집』 2, 349쪽)에는 1910년 6월 13일이었던 것으로 적혀 나온다. 법정 진술의 '상업차'라는 것이 거짓에 가깝다고 할 것이므로 도항 시점의 진술도 신빙성이 떨

한 것 말고는 거의 20년 동안을 줄곧 상해서만 살면서 아내와의 별리(別離)도 길게 갔다.

왜 그랬을까? 통속적인 해석으로는 아내가 마음에 들지 않아서 거부하는 속마음을 그렇게 드러낸 것이라 말하기 십상이다. 혹은, 원치 않은 구식 혼인이 집안 어른으로부터 강제된 것이라서 그에 대한 불만과 반항 심리를 그렇게 표출한 것으로 보일 수도 있다. 현정건의 품성이 어딘지 모르게 남들과 다르고 좀 까탈스러워 보이는 측면도 있어 보였음에 상도하면 상당히 들어맞는 해석이라고 느껴질 만하다. 그가 지난 몇 년 동안 영어를 공부하는 동안에 영·미 식의 개인주의적 사고와 자유주의적 문화풍토도 접하게 되어 점점 익숙해져 가고 있었을 것이고, 남녀의 만남과 결혼 법도에 관해서도 한국 전래의 풍속과 관행에 대한 거부감이 커졌을 수 있는 것이다. 그래서 결혼 당사자의 의사가 개입하고 반영될 여지가 전혀 없이 마치 두 집안 사이의 거래이기나 한 것처럼 전형적인 '양가집 규수' 타입 여성과 무조건 결혼하게 되었음에 대한 반발이 처음부터 마음속에 크게 들어앉게 되었으리라는 것이다. 이렇게 본다면 여성으로서의 윤덕경 개인이 마음에 들지 않아서인 것이 아니고, 작게는 집안 어른의 독단, 크게는 전통 자체에 대한 거부와 반항이 그런 행동으로 나타난 것이라고 말할 수 있다.

그러나 이와는 좀 다르게 보고 해석할 수도 있다. 서울서 외국어학교를 다니며 영어(공부)를 조금 맛보았으니, 미국 유학이 이루어지기 어려울 꿈이라면 포부를 조금 낮춰서 영어 상용의 '국제도시' 상해로라도 가서 상급학교를 다니며 더 공부해야겠다는 열망과 욕심에 휩싸였을 수 있다. 그 의사를 부모

어진다. 그러므로 그것을 배제하고 '1910년 중국(상해) 유학'을 취하기로 하겠다. 모친 사망 시점은 가름하기가 어려운데, 1910년 사망이 맞다면 그 충격으로 현정건이 상해행을 더 서둘렀다고 볼 수도 있다. 하지만 소상(小祥)도 안 지났는데 혼자 된 부친과 갓 시집온 부인을 놔둔 채로 외국행을 단행하는 것이 쉬운 일이었겠나 싶다. 그래서 이 문제는 족보 기록을 일단 수용하는 것으로 해두겠다.

에게 표했을 때 "그러면 결혼은 해놓고 가라"는 요청이 강하게 있었을 것이고, 그래서 어른이 나서서 서둘러 이루어진 혼인이었으리라는 것이다. 그렇게 타협과 절충을 해놓았던 것이기는 하지만, 현정건으로서는 어른의 요구를 자기가 받아들여 양보했으니 이번에는 자신의 본래 계획과 내심대로 해도 된다는 생각으로, 어쩌면 매우 이기적인 선택일 수 있지만 그래도 거리낌 없이, 혼자만의 상해행을 결행할 수 있었다고 보아도 될 것이다.

그러면 설명이 다 된 것일까? 과연 이유가 그것만이었을까? 그렇지는 않다고 본다.

결혼 일자를 확인할 수 없어서 일의 선후를 가리기가 어려우므로 함부로 말할 바가 아니기는 하지만, 국망으로 인해 현정건의 마음에도 들어차 앉은 울분과 갑갑함이 워낙 크다 보니 한시라도 빨리 나라 밖으로 탈출해버리고픈 욕망이 솟구쳐 그렇게 속히 결행해버린 것일 수 있다. 아니 그 이상으로, 빼앗긴 국권을 되찾아 회복해야만 하고 그러기 위해서는 망국의 땅에 웅크리고 있을 것이 아니고 중국으로라도 나가서 상해 같은 대처(大處)에서 동지를 구하고 실력을 기르며 준비해가야 하지 않겠는가 하는 생각도 같이 작용했을 법하다.[37]

게다가 상해는, 앞에서도 잠깐 언급한 것처럼, 재종형 상건이 망명해 있으면서 구국운동을 벌이고 있는 곳이었다. 그것이 현정건의 급속 상해행의 가장 강력한 유인(誘因)이었을 확률이 높다. 그냥 높은 것이 아니라 매우 높았을 터다. 그러면 여기서 현상건의 망명 경위와 망명 후의 동향을 먼저 짚어보도록 하겠다.

현상건 후견 하의 상해 정착

1904년 주한 일본공사 하야시 겐조(林權助)의 첩보에 의하면, 현상건은 대

---

[37] 일제가 파악한 그의 1910년 상해 '도항 목적'은 "조선독립운동에 분주키 위해서"였음이(『요시찰인 명부』, 194쪽) 이 대목에서 참고된다.

한제국의 대러시아 외교에서 핵심적 역할을 맡고 있으며, 러일전쟁을 예견하여 국외중립론(局外中立論)을 주창하고 그 방침을 러시아에 통보하려 했다.[38] 이에 일본은 러일전쟁 발발 즉시 체포령을 내려, 그와 탁지부 대신 이용익, 그의 심복인 육군 참장 이학균(李學均) 등을 일본으로 납치하여 제거하려 했다. 위험을 감지한 현상건은 이학균과 함께 미국 군함 신시내티호를 타고 중국의 지부(芝罘, 현재의 산동성 연대[煙臺])로 피신했다가 상해로 가서 자리 잡았다. 거기서 그는 황실의 외척인 민영익(閔泳翊) 등과 협력하여 국권회복운동에 전력투구하기 시작했다.

1907년, 현상건은 동향인 서상윤(徐相潤) 등과 함께 교민단체인 대동보국회(大同保國會) 상해연회(上海聯會)를 결성하고 대동학교를 설립했으며, 잡지 『대동보』도 발간하였다.[39] 1909년 10월, 안중근 의거의 소식을 듣고서 고무된 현상건은 제2차 만국평화회의에 재차 밀사를 파견코자 러시아 연해주의 이상설(李相卨)·전명운(田明雲), 만주의 유인석(柳麟錫) 등과 통신 협조하는[40] 한편, 안중근 변호 비용 1만 원을 모금하여 상해의 영국인 변호사에게 건네기도 했다.[41] 1910년 들어서도 블라디보스토크로의 망명을 위한 고종의 친서를 본국 황궁으로 전달해 줄 것을 상해 주재 러시아 상무관(商務官)에게 부탁하는 등으

---

[38] 「機密 제49호, 在露韓國公使李範晉 / 信書內容回報件」(林公使 → 외무대신), 1904. 5. 7, 『주한일본공사관기록』 18, 국사편찬위원회 한국사 DB.

[39] 최기영, 「구한말 대동보국회에 관한 일고찰」, 『수촌박영석교수화갑기념 한민족독립운동사논총』, 탐구당, 1992, 1333쪽; 孫科志, 『상해한인사회사: 1910-1945』, 한울, 2001, 93·156쪽. 그러나 영·일 양국 관헌의 감시와 방해로 활동이 여의치 못하게 되면서 대동보국회는 1908년 8월에 소멸하고 만다(김희곤, 『중국관내 한국독립운동단체 연구』, 지식산업사, 1995, 35쪽).

[40] 한국의 실정을 만방에 호소하여 일제의 기반(羈絆)을 벗어나려는 목적으로 추진된 이 밀사파견운동은 페로드그라드에 있던 이범진(李範晉)을 중심으로 진행되었고, 미국인 헐버트(Hulbert)가 주선하였으며, 소요자금은 노령·간도·상해·미주 등지 동포들의 성금으로 충당하였다(독립운동사편찬위원회, 『독립운동사 제3권: 3.1운동사(하)』, 1971, 770-771쪽; 『독립운동사 제5권: 독립군 전투사(상)』, 1973, 197쪽 참조).

[41] 「1910년 1월 8일에 소네 조선통감이 고무라 외무대신에게 보낸 비밀통발 제20호」(『연합뉴스』 2009. 8. 29, 「일, 안중근 의거 배후로 고종 지목」).

로⁴² 국권회복운동의 행보를 멈추지 않았다.

그러나 생계가 궁해진 현상건은 1910년 3월부터 프랑스인 약방인 용두공사(龍頭公司)에 월급 80불(弗)의 판매원으로 고용되어 근무하기 시작했다. 그해 9월에는 "그의 집에 기식하며 영어연구를 하고 있는 26세의 무직자 玄孟健"이 일본총영사관 경찰의 정보망에 포착되었다. 1911년 5월의 비밀보고문에도 현맹건은 현상건의 '실제(實弟)'이면서 '동서자(同棲者)'로 등장하는데, 또 한 명의 동서자로 '친척 현석건(玄晳健)'이 지목되었다.⁴³

일제 관헌이 수집한 정보가 모두/항상 정확한 것은 아니(었)다. '晳健/晳健'은 족보를 아무리 뒤져봐도 현상건의 친척 중에는 없던 이름이다. 정건의 형인 석건(奭健)이 1910년 5월에 판사직을 그만두고 바로 변호사 등록을 하는데,⁴⁴ 1911년 5월경에 중국 유람을 가거나 해서 상해의 현상건 집에 일시 머물렀을 가능성이 아주 없지는 않다. 그런데 그런 일이 없었다면, 또한 그랬을 가능성이 두 사람의 정치적 성향으로 보아 희박하므로, 동생 정건이 석건으로 오인되었을 가능성이 남는다. 그리고 현맹건은 현상건의 '실제(친동생)'가 아니고, 숙부 성운(星雲)의 차자(次子)이니 사촌동생이었다. 하지만 '영어연구'와 '26세'라는 대목, 2년 계속 현상건 집의 기식자 또는 동서자이던 점을 보았을 때는 현정건이 현맹건으로 잘못 파악되었을 가능성도 있다. 그러니까 일제 정보보고에서 거명된 현맹건과 현석건 중의 어느 한 명은 현정건이 그렇게 오인된 것이 아니었겠는가 하는 것이다. 상해로 간 현정건이 현상건에게

42　러시아 과학아카데미 동방학연구소, 『러시아인의 눈에 비친 조선』, 2008(『연합뉴스』 2010.8.18, 「고종, 강제병합 직전 '러' 망명 시도」).

43　이상의 이 문단의 서술은 「機密 제63호, 在留朝鮮人動靜報告ノ件」(1910.9.21), 『不逞團關係雜件—鮮人ノ部—在上海地方』 1; 「재류 조선인 동정」, 독립운동사편찬위원회, 『독립운동사자료집』 제9집, 1975, 10쪽; 「在留朝鮮人ノ狀況ニ關スル件」(1911.5.25.), 『不逞團關係雜件—鮮人ノ部—在上海地方』 1에 의한 것임. 『不逞團關係雜件』 편목의 모든 자료집의 책제(冊題)는 이하 『不逞團雜件—上海』 식으로 약기할 것이다.

44　『통감부 공보』 제153호.(1910.5.21), 「敍任及辭令」.

의탁하고 기식하지 않았을 리는 만무해 보이니 그쪽으로 판단이 기우는 것이기도 하다.

어쨌든 현정건의 상해행과 거류의 시점(始點)은 다른 어느 한인보다도 앞선 것이었다. 1910년대 상해 한인사회의 지도자로 올라서는 신규식(申圭植)과 민필호(閔弼鎬)가 1911년, 박은식(朴殷植)·신채호(申采浩)·조성환(曺成煥)·박찬익(朴贊翊)·김규식(金奎植) 등이 1913년에[45] 들어가 정착하기 시작했음에서도 그렇다. 그러나 현정건의 이름은 1914년에야 관헌문서에 처음 등장한다. 그해 3월 상해 일본총영사관에서 본국 송부용으로 작성한 기밀문서[46] 속의 〈재류계를 낸 조선인의 직업별 및 인명 표[在留屆出朝鮮人職業別幷人名表]〉에 기재된 43명의 조선인 명단에 '玄鼎健'이 들어간 것이다. 그동안 일제경찰에 파악되지 않았거나 타인으로 오인되던 그의 신상이 아마도 생업 유지를 위해 재류계를 작성, 제출해야 함을 계기로 비로소 드러났음이다.

명단의 거의 전원이 서울과 경기 이북 출신인 가운데 경북 출신으로는 유일하게 등장한 그의 원적(原籍)은 '경북 대구', 직업은 통관업(通關業)으로 적혀 있었다.[47] 비고란에 '가족 2'라고 적힌 것은 동거인이 있었다는 말이다. 이 '가족'이 당시에는 부인이나 자녀일 리가 만무했으니, 형제이거나 아주 가까운 친족일 수밖에 없었다. 현상건과 현맹건 말고는 그의 친족으로 상해에 와있는 이가 없었다고 보이고, 앞의 〈표〉의 43명 명단에 그 두 사람은 들어있지 않았다. 그러므로 '가족 2'란 결국은 현상건과 8촌 재종형 현맹건을 가리키는

---

45 孫科志,『상해한인사회사: 1910-1945』, 54쪽, 〈표 1-5〉 참조.
46 「機密 제32호, 朝鮮人排日運動企劃狀況ニ關スル內報ノ件」(1914. 3. 27.),『不逞團雜件—上海』1.
47 1913년경에 현정건이 상해서 '이태리 신문의 기자'였다는 말도 있다(『동아일보』1925. 11. 3, 「가슴은 타는데」). 영어에 능숙한 현정건이 이탈리아 본국 발행 어느 신문의 상해 통신원으로 취직해 일했다는 뜻일 것이다. 하지만 민국총서편집위원회 편,『民國叢書』제2편 49(上海書店, 1996)에 들어있는 영인본으로 戈公振,『中國報學史』(商務印書館, 1928)와 胡道靜,『上海新聞事業之史的發展』(上海通志館, 1935)을 검토해보았으나 1910년대의 상해에 이탈리아인 경영의 신문사가 있었던 흔적이나 관련 기사는 찾지 못하였다.

기표일 수밖에 없었다고 판단된다.

　현정건의 직업이 특이하게 통관업이던 것은[48] '상해영어전수학교'를 다녀서 [49]기른 영어실력과 유관했을 것 같다. 1917년 상해로 간 여운형(呂運亨)이 미국계 금릉대학(金陵大學)의 영문과 수학 이력을 바탕으로 미국인 회사인 협화서국(協和書局, Mission Book Company)에 취직해서 한인 청년·학생들의 미국행 도항 편의를 도와주려고 기선회사와 여권당국에 교섭하는 일을 했다는데,[50] 현정건이 종사했다는 '통관업'도 이와 거의 맞먹는 종류의 일이 아니었겠나 한다. 그렇다면 당시로서는 꽤 선진적이고 선망도 될 직업이었다고 하겠다.

현상건과의 관계 전변과 정신적 결별

　종형이면서도 아버지뻘이 될 30세 연상의 현상건이 한동안 현정건의 사표(師表)요 정신적 지주처럼 되었을 것임은 어렵지 않게 추측된다. 같이 살면서 많은 것을 보고 배우며 감화받았을 것이다. 서울 유학 시절의 보호자 겸 후견인이었던 현영운과는 그 인간상이나 행태 등의 여러 면에서 저절로 대비시켜지는 마음이었을 것이다. 그 영향으로도 현정건의 심중에는 조국애와 항일의식이 더욱더 움트고 뿌리내려 갔을 것이다. 현정건이 "시국에 대하여 남다른

---

[48] 다른 42인의 직업분포를 자료 그대로 옮겨보면, 자산으로 먹고사는 자[資産衣食] 1명, 일본인에 고용[日本人雇] 1명, 외국인에 고용 5명, 조선인에 고용 2명, 매약상 1명, 인삼상 8명, 전차감독 11명, 인쇄직 2명, 상업 11명이었다.

[49] 『요시찰인 명부』 195쪽. 졸업은 아니고 '중도 퇴학'한 것으로 되어 있는 이 학교가 정확히 어떤 학교였는지, 그 연혁이나 위치 등이 전혀 확인되지 않는다. 1913년 12월에 신규식 등이 프랑스조계 내 명덕리에 박달학원(博達學院)을 설립하여, 1년 6개월 과정의 영어반과 중국어반을 3기까지 운영해 100여 명의 졸업생을 배출했다는데(강영심, 『시대를 앞서간 민족혁명의 선각자 신규식』, 독립기념관 한국독립운동사연구소, 2010, 84-85쪽; 김광재, 「일제시기 상해 仁成學校의 설립과 운영」, 『동국사학』 50집, 2011, 211-212쪽), 박달학원을 일제 관헌이 '상해영어전수학교'로 지칭했을 리는 만무하다.

[50] 「경찰신문조서(제5회)」, 몽양여운형전집편찬위원회 편, 『몽양여운형전집』 1, 한울출판사, 1991, 506쪽 참조.

불평을 품고 중국, 노령, 일본 등 각지로 유랑"했다는 얘기도 언뜻 보이는데,[51] 그 시점이 특정되어 있지를 않아서 좀 막연한 추측이 되고 말기는 하지만, 이 무렵 현상건의 구국운동과 연관되는 모종의 역할을 해냈음이 그렇게 표현된 것일지도 모른다.

하지만 현상건의 항일 의기가 믿어지던 만큼 굳건하거나 오래가지는 못하였다. 1915년을 전후하여 그의 행보가 조금씩 현실타협적인 방향으로 바뀌어 간 것이다. 1916년 상해 일본총영사관에서 본국 외무성에 밀보(密報)하기를, 종래 '강경 배일주의자'로 지목되던 그가 "사업 기타 각종 사건 관계로 당관(當館[=총영사관])의 원조를 적지 아니 받은 결과, 2,3년래 늘 당관에 출입하면서 배일운동자 내지 도미(渡美) 조선인 등에 관하여 참고할 만한 정보를 누차 제출해 오고 있다."고 한 것이다.[52]

관련하여 흥미로운 점은, 1917년 1월경 현상건의 집이 영국조계의 대마로(大馬路; 남경로와 같음)에 있었는데,[53] 현정건은 동년 2월부터 구강로(九江路)에 거주했다는[54] 사실이다. 막역한 관계이던 두 사람의 거처가 이제 다르다는 것은 그 관계에 무언가 변화가 생겼음을 의미하는 것이 아니었을까? 사이가 많이 벌어졌거나, 심하게는 아주 등을 돌리는 상태가 된 것인지도 모른다. 그랬다면 현상건이 현정건을 내쳐서가 아니라, 후자의 마음이 전자에게서 떠나게 된 때문이었을 것이다. 그 대신에 아우 진건이 상해로 와서 호강대학(滬江大學) 독일어전문부를 1년간 다니다 1917년 초에 귀국했으니,[55] 분명 같이 데

---

51 『동아일보』(1925. 11. 5), 「독자와 기자」. 이 기사에서 '현어풍(玄御風)'이라는 가명으로 지칭되는 이가 현정건이다.
52 「機密 제73호, 朝鮮人獨逸人ㅏノ陰謀ニ關スル件」(1916. 10. 10.), 『不逞團雜件—支那各地』 1.
53 「警高機發 제41호, 在外不平鮮人李鍾浩ノ動靜」(1917. 2. 3), 『不逞團雜件—在滿洲』 6.
54 『요시찰인 명부』, 194쪽.
55 백기만, 「빙허의 생애」, 김두한 편, 『백기만전집』, 대일, 1998, 153쪽; 「작가 연보」, 이강언 외 편, 『현진건 문학전집 2: 중·장편 ①』, 349쪽 참조.

리고 있었을 동안의 살뜰한 형제애로 정건의 황량해진 심정이 많이 눅여졌을 것이다.

현상건의 정치적 행로 바꿈은 1919년 4월 일본외무성의 비밀 통보문에서도 재확인된다. 거기서 보면, 일본 메이지학원생 현정주(玄正柱)가 상해로 도항해가는데 그의 부(父) 현정건(玄正健)은 영국조계에 거주하면서 평소 일본총영사관에 출입하는 자라고 기술되어 있다.[56] 족보를 보면, 현석운(玄昔運)의 차남으로 현상건의 사촌 되고 鼎健의 재종 되는 正健이 있다.[57] 그런데 실은 현정주(1899~1970)의 아버지는 이 正健이 아니고 현상건이었다.[58] 일제 당국이 현상건을 잘 모르기는커녕 진작부터 그 신원을 훤히 파악해놓고 있었음에서, 상기 문서내용은 명백히 고의적인 은폐성 오기였다. 현상건을 '玄正健'으로 기명했으니 말이다. 그렇다면 여기서 보아도 현상건은 일제 기관에서 외려 그 사실을 감추(어주)고 싶었을 정도로 명백한 타협과 굴복의 길을 걷고 있었다.

그런데도 물정 모르는 국내에서는 현상건이 의연히 재상해 항일노선 그룹을 대표하는 인물의 하나라고 계속 보았던 모양이다. 1919년 4월, 13도 대표가 소집한 국민대회에서 한성정부를 조직했는데, 18인 평정관 중의 1인으로 현상건이 선임되었으니[59] 그렇다. 그러나 같은 시점에 있었던 상해 임시정부의 초기 조직에서는 현상건의 이름이 전혀 보이지 않는다. 이는 상해 현지의 교민사회나 망명지사들은 실정을 어느 정도 눈치채고 있었음의 증좌이다.

그 후로도 현상건은 일본총영사관 출입을 멈추지 않았으며, 동포의 특이

---

56 「政機密送 제18호, 要注意朝鮮人玄正柱ニ關スル件」(1919. 4. 5), 「政機密送 제72호, 要注意朝鮮人玄正柱渡支ニ付注意方ノ件」(1919. 5. 14), 『不逞團雜件―上海』 1.
57 『대동보』 제3권, 172쪽; 『대동보』 제7권, 1468쪽.
58 『대동보』 제7권, 1468쪽 참조.
59 「독립신문」(1919. 9. 4), 「俄領事件, 한성정부」, 『독립운동사자료집』 제6집, 1973, 1045쪽; 『독립운동사자료집』 제7집, 1973, 1144쪽.

동향 정보를 제공하기도 하였다.[60] 노추(老醜)와 변절이 겹쳤음과 같은 그런 모습을 현정건은 상당 정도 간파를 했거나, 아니면 들어서 알게 되었을 것이다. 그래서 실망이 매우 크고 번민도 많았을 것이다. 배신감과 수치심이 마음의 큰 상처로 되어 남기도 했을 것이다. 1919년 이후로 구체화되는 현정건의 독립운동 행보와 사회주의노선 선택은 이런 정황과 심경이 그 배경과 한 동인이 되어 취해진 것이 아니었겠는가 한다.

사회주의 민족운동가로 입신과 활동

독립운동의 장으로 들어섬

1919년 2월경, 현정건은 밀입국해 서울로 들어온다. 그리고 경찰에 체포되었는데 3월 중순에 석방된다. 운동자금을 만들려다 실패했다고[61] 하는 데서 이때 그의 입국 목적이 무엇이었는지를 알 수 있다. 체포된 것이 입항여행자에 대한 우발적 검속에 의해서인지, 아니면 전부터 '해외 재류 요주의 인물'로 특정되고 동향 관리 대상으로 분류되어 있어서 그런 건지는 알 수 없다.[62]

---

60 「公領 제109호, 鮮人李鳳九二關スル件」(1920. 2. 23.), 『不逞團雜件―上海』 2. 그는 영광과 오욕의 일생을 뒤로 하고 1926년 5월 상해서 노환으로 별세했다(『동아일보』 1926. 5. 24, 「현상건씨 長逝」).

61 '실패'한 것은 5만 원의 운동자금을 제공하겠다고 한 어느 부호에게 손(孫)아무개라는 청년이 먼저 찾아가 3만 원을 받아가버린 때문이라고 했다(『동아일보』 1925. 11. 5, 「독자와 기자」). 이 일은 대구부호 장직상(張稷相)이 3.1운동 발발 직후 지금(地金)을 매각해 마련한 돈 7만여 원 중에서 4만 원을 길림의 김좌진 진중에, 3만 원은 이호연(李鎬淵)을 통해 상해의 임시정부로 보냈다는 주장과 진술 (국사편찬위원회 소장 『장직상 반민족행위특별조사위원회 자료』 중의 「장직상 진술서」, 1949. 1과 「장재익 증인신문조서」, 1949. 8. 13)을 떠올리게 한다. 이와 좀 다른 견해는 김경천·지청천·신동천(신팔균)이 신흥무관학교 교관으로 재직 중이던 1919년 여름경에 장길상(장직상의 형)이 배천택(裵天澤)을 시켜 5만원을 군자금으로 보내옴에 위의 '3천(天)'이 공동 관리하며 다음 해 봄의 국내진공작전 계획을 추진해갔다는 것으로 나와 있다(박환, 「재러 한인 민족운동가 김경천 연구」, 『한국독립운동사연구』 제12집, 1998, 237쪽).

62 『요시찰인 명부』의 「현정건」조(調)의 서술이 항목별로 상세하고도 거의 정확한데, 그중 상당 부분은

아무튼 그는 6월 상순경에 길림 방면으로 탈출해 일시 체류했다가 '한남권번(漢南券番)의 유명기생 현계옥(玄桂玉)'을 대동하고 상해로 내려간다.[63]

상해 도착 후 현정건은 임시의정원 제6회 회기(1919.8.18~9.17) 중에 경상도 의원으로 피선된다. 제5회 회기 폐원일(7.19) 현재의 경상도 의원은 김정묵(金正默), 백남규(白南圭), 유경환(柳璟煥), 김갑(金甲), 김창숙(金昌淑), 윤현진(尹顯振)의 6명이었다. 그런데 어떤 이유로인지 모르나 김창숙과 윤현진의 해임으로 결원이 생기니, 그 자리에 현정건과 이규홍(李圭洪)을 보선한 것이다.[64] 좀 묘한 상황인 것이, 윤현진은 현정건의 처남이었다. 이유는 불명이나 선출된 두 사람이 다 의원직 사면(辭免)을 청원했고,[65] 접수 후 승인되어 회기 종료 전에 해임이 되었다.[66]

회기 중 보선에서의 당선에 뒤이은 사퇴원 제출과 회기 내 해임이라는, 다소 혼란스러운 일이 왜 벌어진 것인지의 연유는 알려진 바 전혀 없다. 다만 짐작되는 것은 당시 임시정부 안팎의 상해지방 독립운동계에서 현정건이 상당한 지명도를 누렸고 인정도 받는 인물이었다 함이다. 그런 맥락에서 이제 독립운동의 공적(公的) 장(場) 안으로 성큼 들어서는 모습을 확실히 보여준 것이다.

상해파 고려공산당 가담과 중심부 진입

임시의정원의 의원직을 바로 사퇴했음에 반하여 현정건은 1920년의 (상해파)고려공산당 창당에 참여했거나 아주 초기에 입당한 것으로 알려진다. 이

이때의 취조를 통해 파악되었고 그 후 조금씩 보충되어 간 것이 아닌가 한다. 필체로 보아 최소한 2회 가필되었음을 알 수 있고, 가필된 부분은 1924년 이후의 내용들이다.

63 『요시찰인 명부』, 194-195쪽 참조.
64 「임시의정원 회의기사록 제6회(1919.8)」, 국사편찬위원회, 『대한민국임시정부 자료집』 2, 2005, 41쪽.
65 『독립신문』(1919.9.16), 「議場 혼란」.
66 「임시의정원 회의기사록 제6회(1919.8)」, 41쪽. '폐원일 현재의 각 지방별 의원' 명단에도 두 사람의 이름은 없다.

당은 1919년 가을에 임시정부 참여를 위해 러시아에서 상해로 온 이동휘(李東輝)·김립(金立)·이한영(李漢榮) 등의 한인사회당 인사들이 그 당의 중앙위원회를 자임하면서 신규 당원을 다수 확보하고 기반을 닦아 세력을 늘린 결과로 1920년 5월경에 출범시킨 조직이다. 명칭이 사료마다 달라서 여러 이칭과는 별도로 '고려공산당'이 통칭이긴 하나, 정식 명칭은 '한국공산당' 또는 '대한공산당'이었다.[67] 조완구(趙琬九), 신채호, 안병찬(安秉瓚), 이춘숙(李春塾), 조동호(趙東祜), 최창식(崔昌植), 윤기섭(尹琦燮), 여운형, 김두봉(金枓奉) 등의 저명 독립운동자들이 초기부터 당원으로 가입해 있었다고 한다.[68]

훗날 여운형은 회고 진술하기를, "고려공산당은 이동휘, 김만겸(金萬謙), 이한영, 현정건, 김립 등이 1920년 1월경 상해에서 조직한 것"이라고 했다.[69] 조직 시점이 알려진 바와 좀 다르고, 현정건이 창당발기인 중 1인이었다는 것도 새로운 사실인데 다소 의문시될 바는 있다. 거명된 다른 이들이 전원 한인사회당 계보이고 러시아에서 온 이들이었는데, 거기에 현정건이 들어가 동렬로 놓였을 여지나 계기가 정말 있었을까 함에서다. 그래도 이 진술은 현정건이 진작부터 한인사회당 그룹과 관계 맺어 아주 일찍 한국공산당 조직에 발을 들여놓았음을 강력히 시사해주는 것이다.

한국공산당은 1921년 초에 두 파로 분열된다. 노농러시아 정부와 교섭해 받아온 '모스크바 자금'(레닌 자금)의 관리권을 둘러싸고 당내 이견이 불거지고 갈등이 격화되어간 때문이었다. 일부 국무위원 등 임시정부 측에서도 '자금' 전결권을 장악한 공산당 간부들을 맹비난하고 공공연히 불신과 적의를 드러냈다. 그러자 이동휘 등은 정부조직 쇄신안이 수용되지 않음을 이유로 하여 정부 탈퇴라는 극단 조치로 맞서는 한편, 독자적인 당 창립을 결행키 위해 '전한공

---

67 임경석, 『초기 사회주의운동』, 독립기념관 한국독립운동사연구소, 2009, 60쪽.
68 「피의자 신문조서(제2회)」, 『몽양여운형전집』 1, 416쪽; 임경석, 『초기 사회주의운동』 61쪽 같이 참조.
69 「예심 신문조서(제4회)」, 『몽양여운형전집』 1, 576쪽; 「공판조서」, 『몽양여운형전집』 1, 612쪽.

산당대표회'를 소집한다. '한인사회당 총간부 대표(제3국제공산당 한인부) 이동휘, 김립, 김규면(金圭冕), 박진순(朴鎭淳)'이라고 소집 주체를 명시해서였다.[70]

1921년 5월 20일부터 23일까지 프랑스조계에서 개최된 창당대회에는 정세 혼미로 참석할 수 없게 된 노령 대표들을 제외하고, 국내, 중국 각지와 만주, 일본 등지의 한인 공산단체들에서 호응해 대표 수십 명이 와서 참석했다. 이동휘·박진순·김립·김하구(金河球)·장민섭(張珉燮)·조응순(趙應順) 등이 노령 대표 대리임을 자칭하였고, 현정건이 김덕(金德)과 함께 상해지방 대표, 왕삼덕(王三德)과 김천(金泉)이 중국령 대표, 김철수(金錣洙) 등 8명의 사회혁명당 간부들이 국내 대표로 나왔다.[71]

대회에서는 창당선언, 강령, 규약을 채택하고 집행기관인 '중앙총감부' 위원을 선출하여 고려공산당을 창립시켰다. 17명의 중앙위원 중에서 집행부서 간부들이 선임되었는데, 확인되는 14명의 위원 명단에[72] 현정건은 들어있지 않다. 한인사회당 계열과 사회혁명당 계열에만 간부직이 독점 배분되었음에서다. 그가 들어가면 제격이었을 것으로 보이는 기관지부(機關紙部)는 주종건(朱鍾建), 유진희(兪鎭熙), 김명식(金明植), 윤자영(尹滋瑛) 4인으로 구성되었다. 당 기관지는 『투보(鬪報)』라는 제호로 국·한문 활판의 주간지로 발간되고, 주필은 '불가살(不可殺)'이라는 필명을 쓰는 윤자영이었다.[73] 동일 체재(體裁)의 국·한문 활판 주간지로 『화요보(火曜報)』도 나왔고 그 주필이 '혜성(慧星)'이라는 필명을

---

70 송상도, 『기려수필』, 국사편찬위원회, 1971, 245쪽 및 권희영, 『한인 사회주의운동 연구』, 국학자료원, 1999, 237쪽 같이 참조.

71 「高警 제436호, 上海ニ於ケル赤化鮮人趙應順及桂埈昊ノ供述概要」(1922. 2. 14), 『不逞團雜件—鮮人ト過激派』 2, 111쪽과 임경석, 『한국 사회주의의 기원』(역사비평사, 2003), 378쪽을 같이 참조.

72 이현주, 『한국 사회주의세력의 형성: 1919~1923』, 일조각, 2003, 168쪽. 이는 「김철수 친필유고」(1989)에 따른 것임.

73 「關機高收 제7507호, 不逞鮮人ノ獨立運動及共産主義ノ宣傳ヲ目的トスル新聞雜誌」(관동청 경무국, 1923. 5. 29), 국사편찬위원회, 『한국독립운동사 자료』 37, 2001, 459쪽. 1923년 5월 당시는 폐간 상태였다.

쓰는 현정건이었다고 한다.[74] 『투보』가 성명(聲明)·논설·평론 중심의 대외용 기관지였다면, 『화요보』는 당원용 내부 소식지이고 의견 전달과 수렴의 통로로 쓰인 것이 아닐까 한다. 그렇다면 이르쿠츠크파와 임시정부 계열 양쪽으로부터 몹시 견제받고 있는 상황의 당 지도부로서는 『화요보』도 『투보』만큼 중시하고 이모저모 신경 썼을 것이며, 현정건은 그만큼 중요한 위치에 서 있었다는 얘기도 된다.

아니나 다를까, 현정건은 이동휘와 김립의 실질적 측근이 되어, 당 활동의 중심부로 진입해 갔다. 조계 본구(本區)의 비밀거처에서 김립과 같이 지냈다는데,[75] 레닌자금 문제로 발생할지도 모를 위해(危害)에 대비하여 경호해주는 의미도 있었던 것 같다. 그런데 김구의 '공개처형' 지시를 받든 오면직(吳冕稙)과 노종균(盧宗均)에 의해 김립이 1922년 2월 10일 백주 노상에서 암살된다.[76] 현정건도 쉽게 지워지지 않을 큰 충격을 맛보았을 것이다.

그러나 실은 이보다 더 큰 문제가 목전에 놓여있었다. 이르쿠츠크파와의 당 양립 상태를 해결하는 것, 이것이 최대의 현안이었다. 코민테른 집행위원회에서는 양파 공산당에 대해 완전연합을 요구했다. 안 그래도 양파 합동의 신조직을 건설해내는 것이 가장 모양 좋고 명분도 있는 해결책일 수 있었다.

그런 맥락에서 통합 촉구 목적의 비밀회의가 2월 초에 상해서 열렸을 때, 이르쿠츠크파의 안병찬, 상해파의 김창수(金昌洙)[77] 등과 함께 현정건도 동석

---

74 위와 같음.
75 1922년 1월 6일의 일본 육군성 밀보에 "김립은 현재 상해에 있으며, 현정건과 같이 거처를 감추고 활동하고 있다."고 적혔다(『高警』 제29574호, 상해 참칭 가정부의 운명과 공산당, 『한국민족운동사료(중국편)』, 367쪽). 이보다 3개월 전에 현정건은 (프랑스조계) 본구에 거주한다고 파악되었다(『機密』 제110호, 上海在留朝鮮人現在人名簿調製=關スレ件』, 1921. 9. 28., 『不逞團雜件一上海』 3). 후자의 자료에서 현상건과 현정주는 북구(北區) 거주로 나온다.
76 이 암살사건의 배후와 내막은 반병률, 「김립과 항일민족운동」, 『한국근현대사연구』 제32집, 2005), 97-98쪽을 참조.
77 실은 김철수(金錣洙)였다. 재상해 한인 독립운동에 관한 일제 첩보자료에 '고려공산당 이동휘과 김창

하였다.[78] 동년 7월에는 그가 북만주의 쌍성보(雙城堡)에 가 있으면서 강홍렬(姜弘烈)로 하여금 러시아령 치타에서 개최 예정인 합동 당대회에 '대한공산당' 대표로 출석토록 조치하였다.[79] 그러나 장소가 변경되어, 바이칼호 동쪽의 베르후네우딘스크에서 10월 19일부터 열흘간 고려공산당 합동대회가 열렸다. 출석한 각지 대표자 128명 중 상해파 소속은 46명이었고,[80] 현정건도 '상해 공산단체 대표' 자격으로 참석하였다.[81]

그러나 두 파의 알력이 너무도 심각해, 대회는 합일점을 찾지 못한 채로 결렬되고 만다. 이에 몹시 실망한 코민테른 당국은 12월에 양파 공산당 모두 해산토록 지령하고, 극동부 산하의 꼬르뷰로를 블라디보스톡에 설치한다. 해외 아닌 국내 기반의 조선공산당 설립을 추동할 셈으로였다. 그 결과로 이르쿠츠크파 당의 상해지방간부회가 활동을 정지당해 해체되어가고, 상해파 당도 다수의 당원이 국내로 귀환하거나 탈당해버린다.[82]

수(혹은 철수[喆洙])'란 구절이 나오고(「고경 제317호, 上海ニ於ケル高麗共産黨ノ兩派」1922.1.31), '고려공산당 양파 합동 촉구 비밀회의'의 참여자로도 '김창수'가 거명되는데(「高警 제436호, 上海ニ於ケル赤化鮮人趙應順及桂埈昊ノ供述槪要」1922.2.14), 이는 사회주의 독립운동가 김철수를 그의 이복동생인 1901년생의 김창수(이명 김일치[金日治])로 혼동·오인해 잘못 표기한 것이다. '극동민족대회' 관계의 일제 첩보보고에 나오는 '한족공산당 대표 이동휘 비서 김창수'도(「關機高收 제1716호, 極東民族大會」1922.2.20.) 역시 '김철수'의 오인/오기였던 것으로 판단된다. '김창수'도 동명이인이 여럿 있었는데, 사회주의 노선의 국내 항일운동가이던 이 김창수에 대해서는 〈김창수〉, 《일제 감시대상 인물카드》(카드번호 ia1471-1150; 1472-1150; 1473-1150; 1280-1150, 국사편찬위원회 한국사 DB); 『조선일보』(1925.1.24), 「勞農露國의 레닌急」; 『조선일보』(1925.10.25), 「노농간부 구금」; 『조선일보』(1929.11.2), 「ML당사건 예심결정서 전문」; 국회사무처, 『역대 국회의원 총람: 제헌국회~제9대 국회』(1977)의 〈金昌洙〉 항목 등에서 신상을 확인할 수 있다.

78 「高警 제436호, 上海ニ於ケル赤化鮮人趙應順及桂埈昊ノ供述槪要」(1922.2.14.), 『不逞團雜件—鮮人ト過激派』2. 문서에 원래 매겨진 면번(面番)에서 134쪽이다.
79 류시중·박병원·김희곤 역주, 『국역 고등경찰요사』, 선인, 2010, 475쪽.
80 임경석, 『초기 사회주의운동』, 319쪽.
81 「피의자 신문조서(제2회)」, 『몽양여운형전집』1, 420쪽; 이현주, 『한국 사회주의세력의 형성: 1919~1923』, 279쪽.
82 「피의자 신문조서(제2회)」, 『몽양여운형전집』1, 421쪽.

이런 상황에서도 현정건과 윤자영 등은 상해에 남아, 자파의 혁명 전략과 조직 명맥을 이어가려 했다. 민족전선 전체가 몸살처럼 앓고 있는 분열의 난국을 수습하고 독립운동의 침체상을 걷어낼 방안을 찾는 것도 시급한 과제로 다가왔다. 1923년의 국민대표회의에 상해파가 적극 참여해 개조파의 주축처럼 움직여간 것은 그런 이유에서였다.

국민대표회의 참석과 개조파 간부 활동

1921년부터 임시정부의 현 지도체제에 비판적인 입장인 이들에 의해 제기된 국민대표회의 소집론은 갈수록 호응을 얻어 정부개조론으로 발전하면서 주비위원회 성립을 낳았고, 드디어 1922년 12월에 정식회의 개최와 각지 대표 소집이 최종 결정되었다. 그리고 이듬해 1월 초에 예비회의 개최가 성사된다.

상해파는 이 회의가 기왕의 정부개조 요구를 관철시킬 좋은 기회요 통로가 될 것이라 보고 적극 참여키로 결정하였다. 그래서 현정건과 왕삼덕을 '고려공산당 대표'로 선임하여 보냈다. 그러나 두 사람의 회의 참석은 대표 자격 심사에서 제동이 걸려 얼마간 지체되었다. 통일에 실패한 고려공산당 양파가 각각의 대표를 파견한 것은 잘못이라면서 꼬르뷰로가 소환령을 내린 것이 발단이었다. 이르쿠츠크파 대표로 나온 장건상(張建相)과 이진(李鎭)은 소환령에 순응하여 일찌감치 1월 9일 회의에서 퇴석 통지서를 제출하고 회의장을 떠났다.[83] 그러자 현정건과 왕삼덕에 대해서도 양파 공산당의 통합에 관한 객관적인 조사가 끝날 때까지 자격 인정 여부를 보류하는 것으로 당일 조치되었다.[84]

하지만 상해파는 꼬르뷰로의 소환령을 거부하였다.[85] 현·왕 2인은 항의성

---

83 이현주, 『한국 사회주의세력의 형성: 1919~1923』, 296쪽.
84 『독립신문』(1923. 1. 24), 「국민대표회의 기사」.
85 이현주, 『1920년대 재중항일세력의 통일운동』, 독립기념관 한국독립운동사연구소, 2009, 80쪽.

의 통고서를 임시의장단에게 보내고,[86] 장건상이 제출한 바 "제3국제당에서 종래의 제파를 부인하고 신간부를 조직하였다."는 전문(電文) 내용도 1월 27일 회의에서 부인하였다. 결국 이날의 회의에서는 그 당이 확실한 독립기관임을 그 대표가 명증(明證)할 시는 그를 대표로 인정하기로 조정 결의하였다. 1월 29일, 상해파 고려공산당이 현금(現今)까지 독립한 기관 됨을 확증한다는 회의 간부진의 답증(答證)이 나왔고, 이에 의해 두 사람은 비로소 대표로 인정받게 된다. 대표 자격심사를 어렵사리 통과한 것이다. 그리고 2월 5일 회의에서 현정건은 윤해(尹海), 박애(朴愛), 박응칠(朴應七), 여운형, 선우혁(鮮于爀), 이민창(李民昌)과 함께 7인의 외교분과위원으로 선임되었다.[87]

일제의 관측통은 회의 참석 대표들을 계통파(繼統派)와[88] 건설파 및 중립파의 세 부류로 대별하고, 각파의 성원들은 간부, 간부 부속, 부속대표의 3개 급으로 재분류하였다. 현정건은 계통파의 '간부'로 지목되었다. 그리고 계통파 간부진을 서도(평안황해)파, 서남(전라경상)파, 상해 공산당파로 다시 세분하는 데서는 김정하(金鼎夏), 왕삼덕과 함께 공산당파로 분류하였다.[89] 회의 기간 중 현정건의 주소는 길익리(吉益里) 16호였고, 왕삼덕, 김철수(전라북도 대표), 서영완(조선청년회 연합회), 장기영(張基永, 의용군사회)의 주소가 그와 같았다.[90] 상해파의 결속을 보여주는 한 증표였다.

---

86 『독립신문』(1923. 2. 7), 「국민대표회의 기사」.
87 『독립신문』(1923. 3. 1), 「국민대표회의 기사」.
88 개조파(改組派)를 일제 측이 이렇게 표현한 것인데, '법통은 이어감'의 의미로였을 것이다.
89 계통파의 '간부 부속' 성원으로는 정광호(鄭光好), 서영완(徐永琬), 윤자영, 김철수, 김상덕(金尙德), 문시환(文時煥)을 들었고, '부속대표'로는 여운형을 포함해 대부분 서도파·서남파인 34명을 들었다(「국민대표회의 경과에 관해」, 『한국민족운동사료(중국편)』, 308-309쪽). 경상북도경찰부의 정보보고 자료에 현정건이 '玄昇健(대구 출신, 공산당원)'으로 표기되고 경북 출신 여러 인사들과 더불어 창조파 가담자로 되어 있다(『국역 고등경찰요사』, 180쪽). 그러나 이것은 단연코 잘못된 정보였다.
90 「高警 제599호, 國民代表會代表氏名ニ關スル件」(조선총독부 경무국, 1923. 2. 21), 독립기념관 한국독립운동사 정보시스템 참조.

몇 달 동안 분분한 쟁론이 이어지던 끝에 국민대표회의는 최종 결렬로 이르고 만다. 그 국면에서 창조파가 임시정부를 대체할 조직으로 국민위원회 구성을 일방적으로 공표하자, 개조파의 국민대표 57인이 창조파/국민위원회를 규탄하는 장문의 성명서를 6월 3일 발표하였다. 국민대표회의 명의를 절취 농간하여 전민족의 의사에 반하고 독립운동의 앞길에 지장이 되는 행위를 자행한 것이라고 비난한 이 성명서에 현정건은 왕삼덕과 함께 '공산당' 대표로 서명하였다.[91]

이러한 분열상과 파탄을 수습코자 한국독립촉진회가 7월 중순경에 조직되었다. 이유필(李裕弼)·조상섭(趙尙燮)·송병조(宋秉祚)·이강(李綱)·윤기섭·조완구·여운형·조덕진(趙德津)·김붕준(金朋濬)·이규홍·윤자영·김철(金澈) 등, 주로 임시정부 유지파와 개조파의 사람들이 함께 모인 것인데 현정건도 참여하였다. 동회는 약 1주일 동안 프랑스조계 포석로(浦石路)의 안창호(安昌浩) 집에서 국무총리 노백린(盧伯麟) 이하 이동녕(李東寧)·이시영(李始榮)·김구 등의 정부 각원(閣員)들과 회합하여, 국민위원회 창설로 인한 분요(紛擾)의 조정을 시도하였다. 그러나 뚜렷한 성과를 내지는 못하였다.[92]

이 모임에 참여한 인사들은 그 후에도 난국 타개를 위해 여러모로 애썼다. 독립운동이 침체 상태를 벗어나야 한다는 취지의 연설회가 그해 12월 15일 오후 7시에 상해 모처에서 개최된 것도 그런 노력의 일환이었다. 현정건 등 20여 명 독립운동가의 주최로 열린 이 연설회에서 조덕진이 사회를 보고 윤기섭과 윤자영이 각각 〈우리의 앞길〉과 〈제2기에 첫째로 할 일〉이라는 주제로 열변을 토하였다. 그리고 김상덕, 정신(鄭信), 김태규(金泰奎), 김일(金逸), 이재곤(李在坤), 김원상(金元常) 등이 자유토론에 참여하였다. 행사는 예정시간

---

91 『동아일보』(1923.6.25), 「개조파 성명서, 57인 연서」.
92 『중외일보』, 1930.3.13, 「여운형 예심종결결정서 전문」; 「여운형 판결문」, 『독립운동사자료집』 제12집(문화투쟁사자료집), 1977, 1217쪽.

을 넘겨 10시 반에 폐회를 할 정도로 호응을 얻고 성황을 이루었다.[93] 이 무렵부터 현정건은 국민대표회의 때 개조파의 간부급 대표였던 여세를 몰아, 그만큼의 무게감을 보이면서, 상해의 교민사회와 독립운동자 집단에 자주 얼굴을 내밀고 활동하는 모습으로 되어 갔다.

민족혁명의 교두보 구축과 통일전선운동

임시정부 개조에 주력

1924년 들어 현정건은 상해지방 운동자들의 역량을 모아서 임시정부의 조직구성을 개편하고 운영을 쇄신토록 함에 힘을 쏟았다. '현읍민(玄揖民)'이라는 이명으로 임시의정원의 경상도 의원으로 선출되었고,[94] 1926년 3월까지도 의원직을 유지하고 있었음이 확인된다.[95] 회의에 나갔을 때 그는 적극적으로 발언하거나 찬반 의사를 표하기보다, 다른 의원들의 발언을 경청하면서 꼭 필요한 대목에서만 짧게 의사표시하고 조용히 의결권을 행사하는 모습이었다.[96] 3년 전에 임시정부를 박차고 나갔다가 다시 들어온 입장에서 조심스러운 바 있을 것이고, 이때부터 굳이 별호(別號)를 쓴 것도 그런 입장과 무관하지 않았을 것 같다.

1924년 7월 12일, 임시의정원에 윤자영·현정건·윤기섭 등 20명 의원 이름

---

[93] 『독립신문』(1923. 12. 26), 「독립운동 前途에 대한 연설회 개최」.
[94] 「재상해 한인독립운동자의 근정」, 『한국민족운동사료(중국편)』, 543쪽; 『독립운동사자료집』 제9집, 699쪽. 다른 한 명의 경상도 의원은 윤자영이었다.
[95] 「1926년 3월 상해·남경·광동지방 불령조선인의 近狀」, 국회도서관 편, 『항일독립운동관계 도산안창호자료집』 I, 1997, 124쪽; 『독립운동사자료집』 제9집, 700쪽.
[96] 1924년 2월 말부터 6월 말까지 동안에 48회 열린 임시의정원 제12회 회기의 회의 속기록(『대한민국임시정부자료집』 2, 165-243쪽)에서 현읍민의 발언은 제47회 회의에서의 "삼청(三請)"이라는 단 한 마디 말고는 찾을 수가 없었다.

으로 2개 안건이 상정되었다. 각지의 독립단 통일을 위한 '독립당대표회의 소집 건의안'과 '법제개정 및 정무쇄신 연구조사를 위한 특별위원 선정안'이었다. 심의 끝에 전자의 안건은 실행하기로 의결되었고, 이를 받아 정부가 9월에 〈독립당대표회의 소집 간장(簡章)〉을 공포하였다. 그러나 우여곡절이 있으면서 독립당대표회의는 이듬해 취소되고 끝내 소집되지 못하였다. 후자의 안건의 특별위원으로는 윤자영·김붕준 등 11명이 선임되었다.

청년동맹회 활동의 중심부에서 분투

알고 보면 이 무렵의 임시정부 개조 추진은 몇몇 운동자나 의원들의 개별의견을 집약한 차원이 아니고 훨씬 그 이상의 것이었다. 좌우합작 결사체로 등장한 청년동맹회의 조직적인 주도로 전개된 것이고, 현정건도 그 조직 지도부의 일원으로서 같이 움직여간 것이다. 청년동맹회는 '일치단결'과 '희생적 분투'를 기치로 내걸고 1924년 4월 상해에서 창립된 신생조직이었다. 국민대표회의 때 개조파를 구성했던 상해파 프랙션, 흥사단, 서간도 무장독립운동 세력, 이 3자가 정부개조론을 계속해서 밀고 나가기 위해 서로 협의하고 의견을 조율하며 실력행사를 할 기관으로 결성했고 한인유학생회가 가세하였다.

현정건이 청년동맹회의 조직 중심부로 들어선 것은 1924년 10월 4일의 임시총회에서 집행위원 11인 중의 1인으로[97] 선출되면서였다. 그런데 임시총회에서 발표한 선언문의 일부 내용에 의열단의 재상해 단원들이 격분했다. 자단의 운동노선을 '공포론'이라고 멋대로 규정해놓고는 부당하게 폄하했다는 이유로였다. 급기야 의열단이 청년동맹을 문건으로 맹비난하더니, 그 간부들이 윤자영과 김규면을 찾아가 구타하는 데로까지 이른다.[98] 나아가 의열단은

---

[97] 「재상해 한인독립운동자의 근정」, 『한국민족운동사료(중국편)』, 544쪽.
[98] 선언문 전문은 『독립운동사자료집』 제9집, 721-725쪽을, 선언문에서의 의열단 노선 비판의 함의와 그로부터 촉발된 폭행사건의 전말에 대해서는 김영범, 『한국 근대민족운동과 의열단』(창작과비평사,

윤자영과 현정건이 청년동맹회를 빙자해 일본공산당에게서 금전을 받아 유용(流用)하고 있다는 말까지 퍼뜨렸다.

그 즉시로 청년동맹회에서는 논란 당사자인 2인에게 정권(停權) 조치를 내리고 감사부로 하여금 조사토록 했다. 결과는 사실무근의 허언으로 판명되었다고 나왔다. 그 얼마 후 의열단에서 반성하는 빛을 보이면서 김원봉 단장이 청년동맹회를 찾아와 폭행사건에 대해 사과하고 금전 관련 유언비어도 잘못된 것임을 시인했다. 이에 윤·현 양인은 즉시 복권 조치되었다.[99]

비슷한 유형의 폭행사건이 이번에는 청년동맹회에 의해 벌어진다. 통의부(統義府) 중앙파와 이반파의 대립이 심각해진 상황에서 이동녕 국무총리 휘하의 임시정부가 『독립신문』으로 하여금 통의부 중앙파를 비판하게 하자 청년동맹회 측이 발끈한 것이다. 그래서 최천호(崔天浩)·최석순(崔碩淳)·윤자영·김상덕·현정건 등 청년동맹회의 간부급 회원들이 10월 하순에 임시정부 학무차장 겸 독립신문사장인 김승학(金承學)을 습격해 구타하고, 임시정부에 대해서도 내각 개조를 강력히 요구하였다. 그 결과, 12월 17일에 박은식이 새 국무총리로 선출되어 내각 개편이 이루어지고, 얼마 후 대통령 이승만(李承晚) 탄핵도 의결되어 그가 후임 대통령으로 취임한다.

그 후 1925년 4월의 제2차 정기총회에서 청년동맹의 임원 개선과 조직개편이 행해지는 가운데 현정건은 김상덕·윤자영·조덕진 등과 7인 집행위원으로 선출되고, 신설되는 조사부의 위원으로도 선임되었다. 앞서 3월에는 청년동맹이 기관지 『거화(炬火)』를 월간으로 발행하기 시작했고, 11월 들어서는 상

1997), 128-130쪽을, 사건의 상세 경과는 최선웅, 「1924~1927년 상해 청년동맹회의 통일전선운동과 대한민국임시정부」(『한국근현대사연구』 제44집, 2008), 199-202쪽을 볼 것.
폭행당한 이가 윤자영과 현정건이었다는 기사가 있지만(『선봉』 제63호, 「상해에 잇는 청년동맹회의 확장」, 1925.2.2.), 놀랄 만치 내용이 상세한 일제 첩보보고 등의 여러 자료에는 윤자영과 김규면인 것으로 되어 있다. 후자 쪽이 맞는 것으로 판단된다.

99 『동아일보』(1925.1.9), 「상해청년동맹 선언문제 해결」; 『조선일보』(1925.1.9), 「윤현 양씨 복권」.

해한인학생회, 삼일공학 학생회, 상해한인소년회와의 제휴로 4단체 연합회를 조직해 때때로 강연회를 개최하며 독립사상 고취에 힘썼다.[100] 또한 그해의 3.1운동 기념일과 8.29 국치기념일만 아니라 4월 20일 서울에서 전조선민중운동자대회가 개최될 때도 여러 종의 인쇄물을 몰래 들여보내 배포했는데, 현정건이 집행위원 이화천(李花天) 등과 주관해서 벌인 일이었다.[101]

1925년 8월 29일에 청년동맹회는 『회보』 제1호를 내면서 선언문을 실어 발표했는데, 다음과 같이 4개 항목으로 '차후 추진사업의 표준'을 제시하였다: ① 독립이 될 때까지 전민족적으로 민족혁명에 공헌할 것, ② 전민족의 전도는 과학적 공산주의로 인도할 것, ③ 민족을 본의로 하는, 계통 있고 규율 있는 조직으로 나아갈 것, ④ 타협주의자를 배제할 것.[102] 그러니까 이는 혁명적 민족주의를 사상적 기조로 하여 독립을 달성하고 그 후 공산주의로 나아가도록 하는 것, 다시 말해 사회주의적 민족혁명운동을 청년동맹회의 표준노선으로 제시한 것이다. 따지고 보면 이는 상해파 고려공산당 본래의 혁명이념과 별 차이 없는 것으로, 상해파가 청년동맹회의 주류세력이 되면서 한동안 내세워지던 '단결과 분투'론으로부터 이제는 사회주의 운동노선으로 재선회하겠다고 천명함과 같았다. 그런 맥락에서 정치사회연구부도 신설했는데, 현정건이 이화천·김상덕·윤자영·조덕진 등 핵심간부들과 함께 위원으로 선임되었다.

그러나 역설적이게도 이 무렵부터 청년동맹회의 활동이 하락세로 접어들고 영향력은 감퇴해 갔다. 1926년에는 윤자영·이화천·최천호 등 유력 간부들이 만주나 국내로 활동무대를 옮긴다고 청년동맹회를 떠나기도 했다. 그러더니 1927년 3월 10일, 상해한인청년회 발기총회 자리에서 청년동맹회가 임시

---

100 「1926년 3월 상해·남경·광동지방 불령조선인의 近狀」, 125-126쪽.
101 『동아일보』(1926.6.20), 「이화천, 張信國 昨日 檢事局에」.
102 「상해청년동맹의 신방략」, 『한국민족운동사료(중국편)』, 572쪽.

회의를 열어 자진 해산을 결의한다.[103]

정리해 보면, 국민대표회의의 실패를 딛고 일어서 임시정부 중심의 대동단결을 도모한 개조파가 청년동맹회를 결성하고서 정부개조를 추진했다. 1925년 들어 그 성과와 결실이 어느 정도 나왔음을 확인하고 청년동맹회 내의 상해파가 사회주의 운동노선으로의 복귀를 표면화하고 그 노선을 전면에 부각시켜 갔다. 그러다 1926년 들어서 제반 정세가 변하는 속에 통일지향 노선이 다시금 대두하고 그것을 짊어질 조직이 나타나려 하자 청년동맹회가 흔연히 바톤을 넘기면서 퇴장해간 것이다. 결국 청년동맹회 결성과 그 활동은 국민대표회의와 1927년부터 재점화되는 민족통일전선운동을 이어주는 가교(架橋)와 같은 것이었고,[104] 현정건도 그 조직의 지도부의 일원이 되어 그 나름의 몫을 해온 것이었다.

유일당촉성운동에 주도적으로 참여

1926년 7월 안창호의 '일대 혁명당 건설' 발의에 이어서 10월에 대독립당조직 북경촉성회가 창립됨으로써 실체를 갖추어 발진한 유일독립당 촉성운동(이하 '유일당 촉성운동' 또는 '민족유일당운동')이 중국 관내(關內)의 여러 곳으로 속속 전파되어 갔다. 독립운동의 전투성과 혁명성을 고양시킬 좌·우익 협동전선의 총지도기관이 될 '유일독립당'/'대독립당'을 만들어 세우자는 것이었다. 기실 이것은 국민대표회의 때 창조파가 강력히 주창했으나 좌절되어버린 독립운동 전략방침이 힘을 얻어 재기함과 같은 형국이었다. 그래도 상해에서는 화요파(火曜派) 중심의 조선공산당 임시상해부가 통일전선체와 같은 성질의 '국

---

103 '한국청년동맹연석회의' 명의로 발표된 「해체 결의문」이 그것이다. 결의문 전문을 「상해거류 청년회의 조직과 청년동맹회의 해산에 관한 건」, 『항일독립운동관계 도산안창호자료집』 I, 155-157쪽에서 볼 수 있다.
104 이러한 평가는 이현주, 『1920년대 재중항일세력의 통일운동』, 128쪽에서 시사된 것이다.

민당' 조직론을 제기하고 임시의정원도 임시약헌을 개정하여 이당복국(以黨復國)의 원리를 명시하니, 유일당결성론에 점점 더 힘이 실렸다.

그런 결과로 1927년 3월 21일(자료에 따라서는 4월 11일) 프랑스조계의 삼일당에서 창립총회가 열리어 한국유일독립당 상해촉성회가 발족하였다. 임시정부 요인 및 민족주의자와 화요·상해·서울파의 사회주의자들이 두루 동참하고 화요파의 홍남표(洪南杓)가 대표를 맡는 좌우합작 조직체였다. 25인 집행위원이 좌·우파 구별 없이 선임되었는데,[105] 현정건도 그중 1인이었다. 유일당 촉성과 혁명역량 총집중을 활동 목표로 제시한 상해촉성회는 단기간에 세력이 급속 신장되어, 회원 수 150명을 헤아렸다. 뒤이어 광동·무한·남경에도 촉성회가 속속 설립되고, 5개 도시 촉성회의 회원 수가 모두 합해 500명을 넘는 규모가 되었다.

1927년 11월 22일, 5개 촉성회 대표들이 상해에 모여, 협의기관으로 한국독립당관내촉성회연합회를 결성한다.[106] 연합회의 활동 목표는 만주, 노령, 미주에도 촉성회가 설립되도록 부조(扶助)하고, 그것들과 관내지역 촉성회를 연결시킬 대독립당조직주비회를 결성해내, 유일당촉성운동의 최종 성과 획득을 위한 일대 전진을 기함에 두어졌다. 그 일을 주도적으로 추동할 임무를 띠는 집행위원이 각지 촉성회 대표 15명으로 구성되었는데, 상해촉성회 대표

---

[105] 종래의 논구들에서 전적으로 『고등경찰요사』(경상북도경찰부, 1934), 105쪽의 서술에 근거하여 집행위원 '24명'의 명단을 제시하고 성분 분석해 왔다. 그러나 선언문 원본을 보면(『백범김구전집』 제4권, 대한매일신보사, 1999, 146-147쪽; 일본어 번역문은 조선총독부 고등법원 검사국 사상부, 『사상월보』 제1권 11호, 1932, 310-313쪽), 집행위원 숫자는 25명이고 명단도 전자의 것과 7명(후자의 것에 추가된 1명을 합하면 8명)이 다름을 알 수 있다(단, 현정건은 그대로임). 따라서 계파별 인원과 명단도 종래의 분류와는 달라질 수밖에 없게 된다. 면밀한 재검토가 필요해 보인다. 1928년 7월 현재의 상해촉성회 집행위원 명단(「1928년 7월 현재 상해 한인독립운동자의 상황 보고서」, 『한국민족운동사료(중국편)』, 631쪽)에는 현정건이 들어있지 않다. 그 사이에 신상 변동이 생겼기 때문이다. 이에 대해서는 후술할 것이다.

[106] 「재중국 한인독립운동자의 운동통일계획」, 『한국민족운동사료(중국편)』, 619쪽.

5인 전원이 집행위원으로 선임되고 그중 1인이 현정건이었다.[107] 상해촉성회와 관내촉성회연합회 두 조직에서 연거푸 집행위원으로 선임된 것은 그가 관내지역 독립운동계에서, 특히 좌익진영 내부에서, 신망이 높고 능력도 인정받고 있었음을 말해준다. 그런 기반 위에서 현정건은 유일당촉성운동에도 주도적으로 참여해간 것이다.

독립운동의 기반 다지기 활동

혁명운동의 한중연대 조성에 기여

1925년 중국민의 반일·반영 5.30운동 이후로 중국국민당의 북벌계획 추진이 이어졌고 국민혁명운동의 기운이 날로 증폭되어갔다. 이에 상해·광주를 중심으로 포진해있던 한국독립운동자들도 크게 고무되었고, 국내 6.10만세운동의 함성도 독립운동의 새로운 전망을 열어 보여준다고 생각되었다. 그런 분위기에서 (민족/국민)혁명운동의 한중연대를 다져가기 위한 담론활동과 인적 교류 및 정치적 교섭 활동이 다방면으로 전개되기 시작했다. 중국민의 반제운동에 대한 지지 의사 표시와 원조, 혁명운동의 책원지 광동으로의 한인청년들의 남하와 집결, 황포군관학교와 중산대학 등 혁명간부 양성기관에의 대거 입학, 국민혁명군 입대와 북벌전 참가 등, 일련의 행보들이 한중연대 형성의 주된 계기가 되어 갔다.

이런 흐름 속에서 1926년 10월 10일에 상해 한인청년계의 유력자들이 중국사정연구회를 조직하였다. "근일에 중국사정이 날로 변동되어 동아 대세에 큰 영향을 미치며 더욱이 조선에도 관계가 많을 것이므로" 이에 대한 조사

---

107 다른 4인은 진덕삼(陳德三=홍남표), 홍진(洪震), 김두봉(이상 3인은 상무위원 겸임), 조소앙(趙素昻)이었다.

연구와 선전 사업을 하기 위해서라 했다. 그 집행위원으로 정백(鄭栢), 장두환(張斗煥), 이범홍(李範洪), 김상덕, 배천택(裵天澤), 조덕진 등과 함께 현읍민이 선출되었다.[108] 이범홍과 김상덕, 조덕진은 앞서 7월에 중한호조사(中韓互助社)를 확장하여 피압박민족연합회를 상해에서 조직하고자 한·중 관계자 회합이 있었을 때 여운형·김규면 등과 함께 참석한 바 있었다.[109]

동년 8월 5일에 발간되어 나온 선전지 『혁명청년』 제2호에[110] 「6월운동과 중국국민의 후원성(後援聲)」이라는 제목의 논설이 실렸는데, 필자로 기재된 '현수(玄首)'에 대하여 일제 당국은 정보보고에 "玄首(玄鼎健?)"이라고 적어놓았다.[111] '현수'를 누군가의 가명으로 간주하고, 본명은 현정건이 아니겠냐고 본 것이다. 무턱대고 해보는 추측은 아니었을 것이, 현정건의 7촌 재종숙(再從叔)인 현희운(玄僖運)이 '현덕(玄德)'이라는 외자 이명을 쓰고 있기도 했기 때문이다. 아울러 일제 당국이 현정건을 한중연대의 주요 주창자로 여기고도 있던 것처럼 느껴진다.

관련하여 주목을 요하는 점은 현정건이 1926년 당시 상해에서 한인 청년들의 중국 대학·군관학교 입학을 주선하고 자격심사도 주관했다는 사실이다. 당시 국민혁명운동의 본거지인 광주로 가면 무료로 공부할 수 있다고 하여, 간도와 남·북만주, 조선 국내 등지로부터 지망자가 쇄도하였다. 그들의 중국 관내 유학과 상급학교 진학은 단순한 지식욕이나 사회경제적 지위상승 욕구 때문이 아니었다. 그보다는 민족독립운동 또는 반제혁명운동에 투신하기 위

---

108 『동아일보』(1926. 10. 20), 「상해재주 동포, 중국사정 사회과학 2회를 조직」.
109 「피의자 신문조서(제4회)」, 『몽양여운형전집』 1, 432쪽.
110 『혁명청년』은 상해에서 최창식 등이 설립한 혁명청년사의 기관지로 발간되었다. 1926년 7월 3일자의 창간호 상단에, "한국혁명은 한국독립 완성을 위해 전세계 피압박민족 및 피압박계급 해방운동과 협력하라"는 표어를 실었다(「朝保秘 제834호, 不穩雜誌《革命靑年》ノ記事ニ關スレ件」, 『한국독립운동사 자료』 37, 255쪽).
111 같은 자료, 262쪽.

한 자격과 역량을 갖추고 그 기회도 얻는다는 차원에서 준비의 욕구가 훨씬 더 컸다. 그런 의미에서 청년들의 유학·진학은 독립-혁명운동의 후세대 간부 양성, 또는 그것을 통한 독립-혁명운동의 배후지 구축으로 통하는 일이었다.

그렇다고 아무라도 무조건 입학할 수 있는 것은 아니었다. 입학 후에 수학 능력 미비가 문제되면 곤란해질 것이기에, 중국국민당 광동성당부(廣東省黨部)와 중산대학 측은 적정 수준의 입학자격을, 즉 한문·영어의 수학 이력 구비를 요구하였다. 이 대목에서 한인 운동조직들은 동포 청년들의 광동행 경유지가 거의 상해로 고정되어 있다는 점에 착안하여, 입학자격 심사 기관을 상해에 특설코자 하였다. 하지만 경비 관계로 불가능한 일이 되고 말았다. 이에 광주의 한국혁명청년연맹과 유월(留粵)한국혁명동지회에서 상해의 현정건에게 입학자격 심사를 일임하고 서로 실무적 연락을 취하였다.[112]

현정건의 이런 역할에 대해 1927년에 군관학교를 단기과정으로 졸업하고 사관이 되어 광주봉기에 참가한 오지숙(吳智淑)의 회고기도[113] 입증해준다. 블라디보스토크 출신인 오지숙(본명 올니까요이이)은 28세 되던 1927년 봄에 이동휘와 계봉우(桂奉瑀)의 주선으로 상해로 갔고, 거기서 현정건 등의 지도를 받아 무창여자군관학교에 제2기로 입학했다고 한다. 2백 명 중 17위라는 우수한 성적으로 졸업하고 여자사관이 된 그녀는 90여 명의 조선인 청년장교들과 광동으로 가서 광주봉기에 참여했다가 진압에 나선 국민당군의 총탄에 맞아 포로가 되었지만 후년에 다행히 석방되었다고 했다. 그녀는 군관학교 입학을 위해 무창으로 가게 된 경위에 대해 쓰기를,

"나는 여러 선생들의 주선으로 상해를 떠나 무창이라는 곳으로 가게 되엿는데, 상해만 하야도 해삼[해삼위]에서 얼마나 먼곳인지 깜아아득한데 또 상해에서 멧츨 더

---

112 국내 잠입했다가 체포된 의열단 간부 서응호(徐應浩)의 진술에 따른 것이다. 「서응호 신문조서(제2회)」, 국사편찬위원회, 『한민족독립운동사자료집』 30, 1997, 14쪽 참조.
113 「광동사변으로 조선군관 90명 戰死記, 무창여자군관학교 졸업한 조선인 여자사관 오지숙양 수기」, 『삼천리』 제4권 8호, 1932, 30-37쪽.

가는 무창이라는 곳은 참으로 가고 십지는 안엇스나 여운형 현정건 변장성 등 여러 분들이 애써주시는 지도를 거절할 수는 업섯슴니다. 그리하여 … (중략) … 어느 날 인지 상해 영국마투[마두]에서 양자강을 거슬러 한구로 가는 영국배를 탓슴니다."

라고 하였다.

이 회고기의 증언을 통해 알 수 있는 또 하나의 사실은 유학희망자 지도와 입학자격 심사를 현정건 혼자 도맡아 한 것이 아니었다는 것이다. 여운형과 변장성(邊長城)이 그 일의 동반자요 협력자였다. 나중에 가서 변장성은 현정건의 생애 말년에 특별한 인연으로 다시 얽히게 된다.

한인유학생 지도기관의 교사로 봉직

현정건이 광주의 유력 운동조직들로부터 입학자격 심사를 '일임'받은 것은 어떤 이유로였을까? 어째서 그는 그 정도로 신뢰받았던 것일까? 누구보다도 실력 있다는 평판 때문이었을까? 아니면, 신중·성실·치밀이라는 특유의 성품 덕분이었을까? 혹은, 운동선의 같은 계보에 속한다고 보아져서였을까? 아마도 세 가지 모두가 정도는 다르지만 공히 이유가 되었을 것이라고 생각된다.

진작에 그는 유학생 교양·지도기관인 고등보수학원(高等補修學院)의 전임 교사로 봉직한 바 있고, 그러면서 안팎의 신망을 두터이 얻었다. 이 학원은 1924년 6월 초에 유학생을 위한 예비강습소가 상해의 인성학교(仁成學校) 안에 설치된 데서 유래한다. 본국에서 오는 유학생들이 중국사정에 어두운데다 말도 잘 통하질 않아서 어려움을 겪고, 특히 어학실력이 많이 부족하다는 점을 고려한 조치였다. 조상섭이 교장을 맡고, 김규식·여운형·현정건 3인이 영어, 최창식과 서병호(徐丙浩)가 수학과 산학(算學), 김문숙(金文淑)이 중국어, 김두봉이 국어와 국사 과목의 교사가 각각 되어 일하였다.[114]

---

[114] 『동아일보』(1924. 6. 6), 「상해에 예비강습소」;『신한민보』(1924. 7. 10), 「상해에 예비강습소 설립」

이 강습소는 한인 유학생의 중국대학 입학 준비를 더 잘 시켜주기 위해 1924년 9월경 상해고등보수학원으로 명칭을 바꾸고 학생을 모집하였다. "내용이 충실하여 중국유학을 위해 처음 오는 이들에게 크게 편의를 줄 것으로 기대"된다는 호의적인 평이 국내 신문의 소개 기사에 덧붙여지고도 있었다.[115] 김규식이 원장으로 취임하면서 비게 된 영어교사 자리에 김종상(金鍾商)이 들어갔고, 경제 과목을 신설하여 신국권(申國權)이 담당토록 하였다.[116]

1925년 들어 고등보수학원은 정식 중학체제로 조직을 변경키로 하고, 명칭을 '삼일중학(三一中學)'으로 잠정한 가운데 가을부터 개학할 채비를 하였다.[117] 이런 움직임에 대한 정보보고를 일제 관헌은 다음과 같이 남겼다: "임시정부 학무총장이었던 김규식이 설치한 상해보습학원(남화학원 개칭)은 김규식, 여운형, 신국권, 현정건, 최창식(이상, 모두 공산주의자), 김종상의 6명이 영어, 중국어, 경제 3과의 교편을 잡고 있고 생도는 선인(鮮人) 약 50명이나, 유지가 자주 곤란해지자 근래에 학원을 임시정부 경영의 공립중학교로 승격시키려는 운동을 벌이고 있다. 들어갈 경비는 약 5만원으로 계상되는데, 선내 유지들에게서 기부받을 계획 아래 선내 거주 여운홍(呂運弘)이 명단을 만들고 있다."[118] 그런 노력이 마침내 결실을 보아, 초급 3년, 고급 2년 과정의 삼일공학(三一公學)이 그해 8월 29일에 설립된다.[119]

---

115 『동아일보』(1924. 9. 7), 「김박사 경영 고등보수학원」.
116 『동아일보』(1924. 11. 15), 「상해고등학원 더욱더욱 충실」 기사에서 소개된 전임교사 중의 '玄昇健'은 일제기관에서도 똑같이 범했던 것처럼 '玄鼎健'의 오기였다.
117 『동아일보』(1925. 6. 4), 「학교명칭 변경, 상해에 삼일중학」.
118 「機密 제91호, 不逞鮮人金奎植設置 / 補習學院昇格運動 / 件」(1925. 5. 29), 독립기념관 한국독립운동사 정보시스템.
119 『조선민족운동연감』 1925년 8월 29일조.
상해의 대한교민단이 설립해 운영하는 공립학교임을 부각시키고 대학입학 때도 불이익이나 학력(學歷) 시비가 없도록 하기 위해 교명을 '중학'이 아닌 '공학'이라 한 것 같다. 이 학교가 언제까지 존속·운영되었는지는 확인되지 않는다. 1925년 11월 상해의 청년동맹회, 한인학생회, 한인소년회와 연합하여 강연회 등 행사를 주최했으나, 1926년 3.1절 행사의 공동주최 단체명에서는 빠져 있었다(『항일독

피체와 옥고와 별세

피체

1926년 7월 1일을 기하여 북벌 진군을 개시한 중국 국민혁명군은 파죽지세의 승리로 12월에 무한정부를 성립시키고 이듬해 3월에는 상해와 남경을 점령함으로써, 개전 9개월 만에 양자강 이남의 7개 성(省) 전역을 장악하였다. 국민혁명운동의 성공적 완료가 가시화하기 시작한 것인데, 그것은 국공합작에 의해 가능해진 혁명역량 배증(倍增)의 결실이기도 했다. 그런데 1927년 4월 장개석(蔣介石)이 '반공 쿠데타'를 일으켜 국공합작을 깨트리고 광주와 상해의 좌파세력을 극심하게 탄압하기 시작했다. 그 '백색 테러'의 여파로 진보적 성향의 한인 운동자들도 갖가지로 압박받고 곤욕을 치러야만 했다.

그런 상황에서 1927년 6월 30일, 상해 프랑스조계의 망지로, 포석로, 마장로 일대의 한인 거주지 아홉 곳, 즉 김종상, 김보연(金甫淵), 현정건, 여운형, 최석순, 한진교(韓鎭敎), 김철, 염온동(廉溫東), 안낙생(安樂生)의 집이 20여 명의 불경(佛警)·일경·중경 합동수색대에 포위되어 종일 수색당하였다. 중국경찰이 몇몇 한인청년을 공산당으로 지목하고 그 성명 리스트를 조계 공부국(工部局)으로 넘기면서 체포를 요구하면, 공부국에서 이들이 모두 조선인이라고 일본 영사관에 조회하고, 마침내 3국 경찰 합세로 급거 출동해 한인들의 집을 불문곡직 대수색하는 식이었다. 그러나 검거 대상자는 한 명도 찾아내지 못하고 공산주의 서적들만 죄다 압수해 갔다. "프랑스 공부국에서 자발적으로 조선인을 잡아 왜[倭] 영사관에 넘기고 또 자발적으로 왜 영사관에 청하여 조선인을 체포하기는 이번이 처음"인[120] 사태였다. '공산주의자 박멸'이 프랑스조계

립운동관계 도산안창호자료집』 I , 125쪽).
[120] 『신한민보』(1927.8.11),「폭풍우 같은 대수색」.

당국과 중국경찰에 의해 공동의 이해관계로 인식되면서 빚어진 일이었다.

그런 정세에 편승해 기회를 엿보던 일제 당국은 1928년 봄이 되자 무차별적 체포 공작을 펴면서 한인 운동자들을 탄압하기 시작했다. 일례로, 2월 말부터 3월 중순 사이에 한구·상해·하문(廈門)·남경 등지에서 근 20명의 의열단원이 일본 특무경찰의 간계로 공산당원 혐의를 받고 중국 공안당국에 속속 체포된 후 일본영사관으로 넘겨진 일도 있었다.[121] 현정건도 그와 비슷하게 프랑스조계 경찰의 지원을 얻어낸 일본영사관 경찰에 의해 패륵로(貝勒路)에서 체포되고 말았다.[122] 1928년 3월경의 일이다.[123]

4월 5일에는 중국본부한인청년동맹의[124] 중앙집행위원장 변장성(본명 변동화[邊東華])이 조계 공부국 경찰에 체포되어 일본영사관으로 신병이 넘겨졌다.[125] 5월 5일에 본국으로 압송된 그는 '상해 한인청년회 사건'('상해 한청사건')의 피고로 예심에 회부되고, 8월 23일 '치안유지법 위반'으로 결정되어 4명의 동지(김재원[金在元], 황수춘[黃壽春], 이규운[李奎運], 이상도[李相度])와 함께 재판회부되었다.

현정건도 이들과 같은 배로 국내 압송되고, 같이 예심에 회부되었으며, 똑

---

121 구체적인 내용은 김영범, 『한국 근대민족운동과 의열단』, 190쪽을 볼 것.
122 『동아일보』(1932.6.10), 「상해한인청맹사건 현정건등 만기」; 『신한민보』(1932.7.14), 「상해한인청년동맹사건」; 『동아일보』(1933.1.1), 「출옥 후 병고 중이든 현정건씨 영면」 같이 참조. 패륵로 항경리(恒慶里) 67호가 그때 그의 주소지였다.
123 『동아일보』 1932년 6월 10일자 기사(「상해한인청맹사건 현정건등 만기」)에는 피체 시점이 '5년 전 3월'이라고 되어 있지만, 『동아일보』 1928년 11월 13일자 기사(「遠來의 가족 친우와 법정에서 묵묵 목례」)에는 '1928년', 『동아일보』 1933년 1월 1일자 기사(「출옥 후 병고 중이든 현정건씨 영면」)에는 '1928년 봄'이라고 되어 있다. 일단 1928년이 맞음은 확실하고, '3월'이 아무렇게나 나온 얘기는 아니었을 것으로 보아 취한다.
124 이 조직은 5개 도시 한인청년회의 연합체로 1927년 12월 4일 상해 상현당(尙賢堂)에서 창립되었으며, 한국독립당관내촉성회연합회 활동의 전위를 자임하였다.
125 「1928년 7월 현재 상해 한인독립운동자의 상황 보고서」, 『한국민족운동사료(중국편)』, 630쪽.

같이 치안유지법 위반이라는 결정이 나와, 같은 법정에 서게 되었다.[126] 한국 유일독립당 상해촉성회를 만들고 촉성회연합회를 조직해서 활동해 왔다는 것이 그의 피의사실이었다. 일컬어 '독립당촉성회사건'이라 하였고, 변장성 등의 '상해 한청사건'과 병합하여 '상해사건'으로 통칭되었다.

그런데 다른 별칭이 있었으니, '상해 공산사건'이[127] 그것이다. 이 별칭은 시대의 음습한 공기가 스며있고 일제 관헌의 속내를 드러낸 것이었다. 독립운동의 일환인 유일당촉성운동과 청년회운동이 각기 연합체 조직으로 규모를 키우고 결속함과 아울러 상호 보족도 해주어 둘 다 강성해져 감을 일제는 극히 위험시해 왔다. 이에 그들 운동의 속성과 행로가 민족운동·독립운동이 아닌 극좌 공산주의운동으로만 귀착될 것처럼 보이게끔 해서, 국내 지식층의 관심과 대중의 호응을 최대한 돌려놔 버리고픈 것이었다. 그런 의도를 일부 언론도 무의식적으로, 어쩌면 기꺼이, 수용하고 있는 셈이었다.

다른 한편으로, 중국관내 유일당촉성운동의 지도자급 인사로서 1928년 당시로는 유일하게 현정건만 체포된 점도 눈여겨 볼 부분이다. 일제 관헌이 특별히 그를 지목해 노리고 있었을 어떤 이유나 혐의점이 있었던 것일까? 아니면, 일경의 투망식 일제검거 작전이 개시되었을 때 민첩하게 피신·잠적하지 못해서 그야말로 운 나쁘게 혼자만 걸려든 것인가?

1926년 3월에 일제 당국은 "상해에서 공산당원으로 지목받고 있는 조선인"들로 여운형, 조동우(趙東祐[祜]), 윤자영, 김상덕, 김규면, 강경선(康景善), 장건상 7인을 열거했을 뿐,[128] 현정건은 꼽히지 않고 있었다. 그런 그가 1927년 5월경 포석로의 여운형 집에서 조봉암(趙奉岩), 구연흠(具然欽), 정백, 홍남표 등

---

126 『동아일보』(1928. 8. 29), 「4명은 면소, 6명은 공판에」.
127 『조선일보』(1929. 5. 11), 「상해공산사건 공판 연기」.
128 「1926년 3월 상해·남경·광동지방 불령 조선인의 근상」, 130쪽; 『독립운동사자료집』 제9집, 700쪽.

과 함께 상해의 화요파 조직을 해산하고 중국공산당에 가입했고[129] 9월경 같은 장소에서 중공당 강소성당부(江蘇省黨部) 법남구(法南區) 소속의 한인지부를 결성하는 데 동참했다고 일제 당국은 보았다.[130]

이상의 공판기사나 판결문상의 현정건 관련 기록들이 틀림없이 사실 그대로였다면, 그것은 불경·중경 합동의 대중공(對中共) 초계(哨戒) 태도와 빈번한 불시 단속에 정면으로 맞서서 과감히 빈틈을 파고 들어가는 행동이었다. 그렇더라도 그 일들은 1929년 일경에 체포된 여운형의 진술을 통해 비로소 처음 드러난 바였다. 몇몇 동지들만의 극비 회합과 정치적 행동에 대한 정보가 그 전에 내부로부터 새 나갔을 리는 없는 것이었다. 따라서 현정건의 피체가 이 일들과 직접 관련되었던 것이라고 보기는 극히 어렵다.

그러면 무엇 때문이었을까? 이 지점에서 현정건과 변장성이 1926~27년에 한인 청년들의 중국 군관학교·대학 입학을 주선·지도하는 일을 상해에서 같이 주관했다는 점이 상기된다. 바로 그 사실 때문에, 다시 말해 그 사실을 인지하게 된 일제 당국이 양인에 대한 취조를 통해 한인 유학생들에 관한 정보를 한꺼번에 캐내서 독립운동 후세대 성장의 싹을 제거해버리겠다는 음험한 의도로, 두 사람을 연이어 체포한 것이라고 볼 수 없을까? 확증 불능의 추리이긴 하지만, 그랬을 개연성이 작지는 않았다고 생각된다.

재판과 옥고

'상해사건'의 공판은 1928년 11월 9일 신의주지방법원에서 개정했고 12월 7일에 재개되었다. 제1회 공판이 속개된 날인 11월 10일의 법정에 피고인 신문을 받기 위해 나타난 현정건의 면모를 한 신문은 다음과 같이 묘사하였다.

---

[129] 『조선일보』 1933년 9월 25일자의 조봉암·홍남표 공판기사; 김준엽·김창순, 『한국공산주의운동사』 제3권, 청계연구소, 1986, 281쪽; 같은 책, 제5권, 94쪽.
[130] 『사상월보』 제3권 제11호, 1934, 40쪽; 일본 외무성, 『조선민족운동사(未定稿)』 제6권, 고려서림 영인, 1991, 665·775·779쪽. 통용되는 정식 명칭은 '중국공산당 강소성위원회 법남구 한인지부'이다.

"현정건이가 기립하얏다. 로이드 안경, 약간의 수염을 기르고 양회색(洋灰色) 주의(周衣), 단아한 태도. 어디까지든지 학자 타입이다. 일즉 신의주에서 가장 중요시하든 원인은 그의 태도이엇스며, 어학과 기타 학식이 해박한 까닭이엇스리만큼 법정 내의 시선은 피고에게 몰렷다."[131]

변호인단 5인 중의 1인인 '진주(晉州)의 현석건 변호사'는[132] 현정건의 11세 위 중형, 그 사람이었다. 사실심리에서 현정건은 "(피의사실로 열거된) 여러 가지 회합에 참석한 일이 없으니 하등 관계가 없다"는 취지의 진술을 하였다. 그래도 상관없이 검사는 현정건과 변동화에게 징역 3년, 다른 4인에게는 2년씩을 거의 기계적으로 구형했는데,[133] 12월 21일의 선고공판에서 전원 유죄 판결에 구형 그대로의 형량이 언도된다.[134]

이에 6명 전원이 항소하여, 1929년 4월 16일과 6월 3일에 평양복심법원에서 일반인 방청이 불허된 상태에서 '공판'이 진행되었다.[135] 검사는 원심대로 구형했는데, 6월 10일의 형 선고에서 현정건·변동화·황의춘·이규운에게는 미결구금일수 공제도 일절 없이 원심판결 그대로의 형량이 언도되고 다른 두 명에 대해서만 생색내기 감형이 주어졌다.[136]

이렇게 형이 확정된 4인은 신의주형무소에서 평양형무소로 이감되어 복역했다. 그리고 현정건과 변동화는 하루도 안 빠지게 형기를 꽉 채워 1932년 6월 10일에 나란히 출옥했으니,[137] 실옥고 기간이 만4년 하고도 두세 달 넘은 후였다.

---

131 『매일신보』(1928.11.13), 「다음 공판날은 來19일노 결정」.
132 『동아일보』(1928.11.8), 「상해사건, 현정건 등 공판」 참조.
133 『동아일보』(1928.11.13), 「遠來의 가족 친우와 법정에서 묵묵 목례」.
134 『동아일보』(1928.12.23), 「상해사건 판결」.
135 『동아일보』(1929.4.18), 「상해한청 공판」; 『조선일보』(1929.4.20), 「방청 금지 중에 양인 심리만 종료」.
136 『동아일보』(1929.6.12), 「최고 3년 언도」.
137 『동아일보』(1932.6.10), 「상해한인청맹사건 현정건 등 만기」; 『동아일보』(1932.6.12), 「출옥한 현·변 양씨」.

별세와 그 후의 일

출옥한 지 반년 조금 더 되었고 1932년은 다 저물어가던 12월 30일 오후 5시, 현정건이 홀연히 세상을 떠났다. 서울 가회동의 부인의 저택으로 출옥 후 들어가서 "장구한 해외풍상에 시달린 고난과 영어생활(囹圄生活)에 피로한 몸을 정양 중"이던 그는 복막염으로 경성의전(京城醫專) 병원에서 수술받고 입원 치료 중이었는데,[138] 수술 후의 상태가 안 좋았던 것인지 아니면 기진했던 것인지, 문득 숨을 거두고 만 것이다. 한 일간지의 기사 제목대로,[139] "옥중에서 얻은 신병으로 인하여 마침내 비참한 최후를 마친" 것임을 부인하기 어려웠다.

부음을 접한 옛 동지들은 비통한 마음으로 서로 연락하여 장의위원회를 꾸리고 장례 준비에 임하였다. 장의위원은 정운영(鄭雲永), 유진희, 김약수(金若水), 정백 등 10인이었는데, 대부분 사회주의계열 민족혁명운동의 맹장들이 대부분이었다. 장례는 해 바뀐 1월 3일에 미아리 장지에서 동지장(同志葬)으로 거행되었다.[140]

눈을 감기 직전에 그가 "세계무산계급 ○○○○[해방만세]"를 힘차게 고창했다는데,[141] 그 말의 사실 여부를 떠나서 현정건이 "20년이란 긴 세월을 끊임없이 상해 만주 등지로 돌아다니며 민족운동과 사회운동에 노력"하면서[142] "분투와 고난의 일생"을 살았음은 누구도 부인할 수 없는 바였다. 그런 그가 이제 활동의 전성기로 접어들 나이일 꼭 마흔에, 슬하에 일점혈육도 없이, 고적(孤寂)한 세월을 기약 없이 견디어 온 부인만 다시 홀로 남겨둔 채 애석한 죽음을 맞은 것이다.

---

138 『동아일보』(1933.1.1), 「출옥 후 병고 중이든 현정건씨 영면」.
139 『중앙일보』(1933.2.12), 「옥중에서 얻은 신병으로 인하여 마침내 비참한 최후를 마친 고 현정건(41)」.
140 『동아일보』(1933.1.1), 「출옥 후 병고 중이든 현정건씨 영면」 참조. 후일 이장하여, 현재는 경남 밀양군 무안면 양효리 선영에 묘소가 있다.
141 『조선일보』(1933.1.1), 「해외운동 20년 현정건씨 별세」.
142 『중앙일보』(1933.1.2), 「현정건씨 영면」.

그런데 그 부인마저도 남편 사후 40여 일 만인 1933년 2월 10일 전후의 어느 하루 밤, 스스로 음독하여 목숨을 끊고 말았다. 서른아홉 나이에 애통한 죽음으로 세상과 작별한 것이다. 혼인 당년에 부군이 멀리 중국으로 가버렸고, 그로부터 22년의 기다림 끝에야 부부로서의 삶을 비로소 시작하게 되었는데, 겨우 5개월 만에 사별케 되었던 윤덕경의 딱하고도 슬픈 사연은 많은 이들의 심금을 울리고 비탄을 금치 못하게 했다.

신념에 찬 민족혁명운동의 행로와 그 기품

현정건은 오랫동안 잊혀온 독립운동가이다. 사회주의 계열의 좌익전선 운동자였다는 이유로만 그런 것은 아니었다고 보인다. 직계 혈육이 없었고, 부인마저 '순종(殉從)'으로 곧 죽음을 맞았으며, 방계친들도 고인의 삶의 자취를 살펴서 챙길 여유를 갖지 못했다는 등의 가정사정이 먼저 있었다. 그뿐 아니라, 그의 생전 행적들에 관한 자료 자체가 묻혀있거나 흩어져있던 탓에 뚜렷이 드러나는 공적이 별로 없어 보였다는 점도 더러 작용했을 것이다.

그래서 이 글에서는 그의 전 생애에 걸쳐 사실의 확인과 복원에 우선 주력했고, 그것들을 계기적으로 엮어보고 주제별로 단락지어 정리해 보았다. 그런 가운데 그의 행보들은 그 나름의 고뇌 어린 선택과 논리로 받쳐지고 있던 것임을 인식할 수 있었다.

현정건은 1893년 대구부 성내의 유력 중인가문에서 중견 지방관의 아들로 태어났다. 1905년 서울로 올라가 숙부 현영운의 집에 기거하며 학교를 다녔는데, 그때 벌어지고 있던 정치적 혼돈과 국권상실 사태의 책임이 친일파 권세가인 숙부에게도 상당 부분 있다는 것을 감지하였다. 그것이 수치심과 죄의식까지 불러일으켜 심리적 혼란을 적잖이 겪기도 하지만, 국권회복을 위한 다수 애국지사와 의병들의 분투에 자극받고 감동도 되면서 은연중 항일의식을 키워간 것 같다.

1910년 결혼 당년에 중국 상해로 단신 망명한 현정건은 그 후 거의 20년 동안 줄곧 그곳에 터 잡고 있으면서 개인 삶과 공적 활동을 이어갔다. 상해생활 초기에 현정건은 친러파 권신이었으나 일본의 탄압에 쫓겨 그곳으로 망명해 있던 재종형 현상건의 보호와 후견을 받았다. 영어전수학교 수학에 힘입은 출중한 영어실력으로 통관업자가 된 현정건은 1915년경부터 현상건이 조금씩 현실과 타협해 현지 일본영사관과 유착하고 마침내 변절하는 모습을 보게 된다. 이에 크게 실망한 현정건은 현상건과의 정신적 결별을 기하고, 독자적인 독립운동 행보에 나서게 되었다.

1919년 여름에 임시의정원 의원으로 보선된 일도 있으나, 현정건 자신은 한인사회당 그룹에 더 친화력을 느껴 밀착해 갔다. 1920년 한국공산당 가담을 시작으로 1921년 상해파 고려공산당 창당시 주도적 역원으로 참여했고, 이동휘와 김립의 측근이 되어 당 활동의 중심부에 위치하였다. 고려공산당 양파 통합을 위해 노력했으나 성과를 내지 못하여 코민테른의 당 해산 지령이 나온 후, 그는 국민대표회의에 상해파 프랙션의 대표로 참석하여 개조파 지도부의 일원으로 활약하였다. 그러나 국민대표회의는 성과 없이 결렬되고 정치적 분열의 골이 더 깊어지고 말았는데, 그는 그 후유증 수습과 독립운동 촉진을 위해 계속 힘을 쏟았다.

1924년 들어 현정건은 개조파 주축의 좌우합작 신조직으로 창립된 청년동맹회의 여러 위원급 간부로서 민족운동전선의 일치단결을 위해 노력했다. 임시정부를 민족통일전선의 중심기관으로 세워낼 목적의 정부쇄신운동에 주력했고, 그런 맥락에서 임시의정원의 경상도 의원이 되어 여러 개혁안을 발의했다. 청년동맹회 조직의 중심부에 우뚝 서서 윤자영과 어깨를 나란히 하는 막후 지도자가 되어 대동단결운동을 주도해 간 시기였다.

임시정부 개조를 통해 민족전선의 통일을 기해보려 한 그의 노력은 일부 성과를 내면서도 본래의 원대한 목표에는 이르지 못하였고, 이에 청년동맹회는 1925년 들어 사회주의적 운동노선을 전면에 내세워 방향 재조정을 기한다. 그런 중에도 현정건은 독립사상 고취를 위한 잡지 발간, 강연회 개최, 유인물 국내밀송 살포 등, 선전계몽활동에 앞장서며 분투하였다. 이때 뚜렷한 성과를 내지 못한 통일전선운동은 1926년 이후의 민족유일당운동으로 계승, 재개되었다. 현정건은 다시금 그 운동에 뛰어들어, 1927년에 한국유일독립당 상해촉성회와 관내촉성회연합회의 집행위원으로 연거푸 선임되는 등, 주도적으로 참여하였다.

1925년 이후로 중국 국민혁명운동의 열기가 고조되어 가던 중에 혁명운동의 한중연대를 굳건히 세우려는 시도들이 다방면으로 나온다. 그런 흐름 속에서 현정건은 1926년에 조직된 중국사정연구회의 집행위원으로 선임되었고, 한인청년들의 중국 대학 및 군관학교 입학 주선과 입학자격 심사를 위임받아 주관하기 시작했다. 이것은 혁명운동의 후세대 간부 양성, 그것을 통한 혁명운동의 배후지 구축의 의미를 띠는 중요 소임이었다. 그가 이 일을 맡아하게 된 데는 1924년 이후로 인성학교 부설 예비강습소, 고등보수학원, 삼일공학 등의 한인 유학생 교양·지도기관에서 영어교사로 봉직하면서 실력과 인품에 대한 평판이 안팎으로 높아진 점이 크게 작용했던 것 같다.

1927년 4월의 반공 쿠데타로 인해 급변한 상해의 정치정세 속에서 한인 운동자들까지도 좌파계열이라면 극심한 탄압을 받게 되고, 급기야 중국(공안), 프랑스(조계), 일본(영사관) 3국 경찰 합세의 불시 가택수색이 종종 벌어졌다. 그런 상황에서 현정건이 1928년 3월경 일본영사관 경찰에 체포되었고, 신의주로 압송되어 와 치안유지법 위반 죄목으로 기소되고 재판정에 서게 되었다. 유일당촉성운동에 적극 가담했다는 것이 주요 피의사실이었는데, 그 이면에는 1926~1927년의 한인유학생 지도 활동 관련의 정보를 샅샅이 캐내려는 일제 관헌의 숨은 의도가 있었던 것으로 추리된다.

형식적인 재판을 거쳐 현정건은 3년 징역형을 선고받았고, 항소의 효력 없이 원심판결이 확정되어, 실제로는 만4년 이상 되는 기간의 옥고를 겪었다. 1932년 6월에 만기 출옥한 그는 그해 연말 돌연한 발병으로 숨을 거두어, 마흔 살 나이로 세상을 떠났다. 그리고 부인마저 얼마 후 목숨을 끊어 그의 뒤를 좇아갔다.

이처럼 현정건은 1910~1920년대 상해 한인사회의 정치적 격랑과 굴곡 많은 운동형세 속에 내내 몸담고 있으면서, 시시로 겪게 되는 실패와 좌절의 경험에도 굴함이 없이, 초지일관 꼿꼿한 삶의 자세와 비타협적 항일 행보를 보여주었다.[143] 자발적 선택으로 운동행로의 초기부터 공산당 조직에 몸담았고, 그 계보의 여러 좌파조직들에 주도적으로 참여하며 계속 활동해 갔다. 그 점에서 그는 자타 공인의 사회주의자였음이 분명하고, 사회주의 민족운동을 추동하며 그 계열 운동대오를 이끌고 지휘해 간 중심적 인물군의 한 명이기도 했다.

그러면서 그는 임시의정원, 대한교민단, 고등보수학원 및 삼일공학 등, 임시정부 직계 또는 외곽의 기관·조직들에 들어가서도 성실히 일하였고, 고려공산당 같은 전일적 좌파조직보다 청년동맹회나 독립당촉성회 같은 좌우합작 조직에서 더욱 돋보이는 역할을 해낸 점이 의미 깊다. 또한 그가 공산주

---

[143] 현진건이 1933년 12월부터 6개월간 『동아일보』에 연재한 장편소설 「적도(赤道)」는 이런 형의 꼿꼿한 모습과 간단없는 '분투'의 일생을 추상(推想)하며 써내려간 것일 수 있다. 이 작품에 대해 다음과 같은 평언이 있기에 소개해본다: "이 작품은 일제의 검열을 피하기 위하여 다소 통속적 외장을 하고 있음에도 일제에 맞서 싸우는 민족주의자의 고뇌를 직접적으로 그리고 있다는 점에서 매우 특이한 작품이다.....상해 등지에서 독립운동을 하는 세력과 일제에 협력하면서 호사를 누리는 세력을 대조하면서 작품을 이끌어 나간 것은 작가 현진건의 민족주의적 저항을 떼놓고 생각할 수 있다. 현진건의 셋째 형 현정건이 상해에서 독립운동을 하다 체포되어 3년간 복역하다가 1932년 출옥 6개월 만에 사망한 사건을 고려할 때 현진건의 이러한 지향은 결코 우연이라 하기 어려운 것이다. 실감 있게 상해의 독립운동을 작품에 등장시킬 수 있었던 것은 형 등을 비롯한 당대 해외 독립운동세력의 존재에 대한 작가 자신의 연대감이었음을 알 수 있다."(김재용 외 3인, 『문화예술운동』, 독립기념관 한국독립운동사연구소, 2009, 20-21쪽).

사상과 이론을 맹목적으로 추수했거나 교조적으로 읊조린 형적은 어디서도 보이지 않는다. 그러기에 그는 "공산주의운동이 즉 독립운동이요 독립운동이 즉 공산주의운동"이라는[144] 신조를 늘 견지했던 것 같다. 그런 의미에서 우리는 현정건을 민족독립 달성과 근대국가 건설을 위해 분투하면서 방법론적 차원에서는 사회주의 운동노선을 택하여 실천해간 전형적 민족혁명가로 자리매김할 수 있는 것이다.

---

144 友松, 「몬저 독립운동에」, 『독립신문』 제152호(1923. 1. 17)로부터 빌려온 어구이다.

11장
기생에서 혁명가로 비상하노니: 현계옥의 자기해방의 길

문제적 근대여성, 현계옥

1920년대의 중국에서 활동해 간 한인 사회주의자 독립운동가 대오에 현정건(玄鼎健)이라는 인물이 같이 들어서 있었다. 그의 생애와 혁명운동에 대한 고찰이 한 차례 행해진 바 있는데,[1] 거기서 언급을 가급적 절약하고 나중으로 미뤄둔 부분이 있었다. 당대의 유명기생이던 현계옥(玄桂玉)과의 연사(戀事)와 혁명운동 동반자로서의 역할에 관한 것이다.

확실히 현정건은 현계옥의 일생에서 중심인물이었다. 그렇다고 그녀가 현정건 스토리를 장식하며 빛내줄 조역이기만 했다고 보아서는 안 된다. 그 자신이 주인공인 또 하나의 스토리가 나오기에 충분하리만큼 역동적인 존재였기 때문이다.[2] 그래서 현정건을 논하는 자리에 그녀를 끼워 넣거나 어설프게 등장시키지 않는 편이 나았다. 논점 분산과 논지의 불명료화를 예방하기 위해서도 그런 제어가 좀 필요했다. 하지만 정작 시급해진 후속작업의 진전과 완성은 계속 지체되어버렸다. 꼭 필요한 문헌자료의 결핍과 부족이 낳는

---

1 졸고, 「현정건의 생애와 민족혁명운동」, 『한국민족운동사연구』 70, 2012(본서의 3부 10장으로 수록).
2 그녀가 "피 흐르는 만주벌판과 가슴 타는 상해 둥지로 돌아다"닌 '용장(勇壯)한 여자'였다는(『동아일보』 1925.11.1, 「己未春에 變裝出境, 昔日은 花柳名星」) 이하, 「기미춘에 변장출경」) 시적 표현에서 영화나 소설의 주인공 되기에 족할 인물의 흥미 만점 스토리가 금방 떠올려질 것이다.

여기저기의 빈구석과 재현의 불균형을 채우고 바로잡기가 쉽지 않아서였다. 그런데 또 현재 시점의 상황을 일별해 보면, 현계옥 연구의 답보상태가 지속되어 온 가운데 일각에서 만들어진 일면적·부분적인 인식의 프레임이 심하게 고착되어버린 형국이다.

돌아보면 현계옥이 역사적 존재로 인지되고 관심받기 시작한 것은 금세기 초 이후의 기생연구 붐에 의해서였다. 이어서 여성사 연구의 활성화라는 맥락으로 점차 포섭되어갔다. 하지만 특정 연구자의 전유물처럼 되어 같은 얘기의 재활용 또는 반복으로 끝나는 경우가 많았고, 그마저도 호사가의 흥취를 돋굴 이색적인 일화 공급의 소품으로 그치고 있었다. 의열단 운동사와 연관 지어 논급되는 경우도 간혹 있었으나, 폭넓은 시야의 확보와 깊이 있고 전면적인 고찰에는 많이 미치지 못하는 것이었다. 그녀가 당대의 유명기생이더니 홀연 잠적해 독립투사로 변신했고 현정건의 돌연한 피체로 생이별하게 되었음과 약간의 그 후일담을 전문(傳聞)함에서 더 나아가질 못한 것이다.[3]

어느 경우에서든 현정건과의 특별한 관계가 언급되었지만, '기생과 손님' 관계로부터 연애가 시작되었다는 홍미본위 설화의 격자에 갇히어, '남녀 간의 사랑 이야기'를 넘어서는 양자 관계의 진짜 연유와 속내와 의미에 대한 추적과 탐색은 시도되지 못하였다. 독립운동의 장 안으로 그녀를 위치시킬 때도 '지아비의 뜻'을 따랐다거나 천편일률의 '꽃'으로 표상하니, 수동적 여성과 선정적 기생 이미지가 시종 강조되고 그 틀 안에서만 보게끔 만드는 격이 되었다. 기생시절 이후의 행적도 의열단원 시절의 것에 그칠 뿐이지, 그 이상의 활동 내용을 찾아내 보여줌으로써 인식의 지평을 확장해내지는 못하였다.[4]

---

[3] 현재까지 나온 '현계옥론'은 예닐곱 편 정도인 것으로 확인된다. 그 대부분이 학술연구의 결과물이기보다는 대중에게 우선 알려야 한다는 마음이 앞선 계몽적 글쓰기의 산물이다. 그 목록을 여기서 일일이 열거, 제시함은 약하기로 한다.

[4] '개인정보 보호' 장치에 막혀서 호적부 등 현계옥의 신상 자료를 찾아내 확보할 방도가 없었고, 근친관계 서류를 통한 접근도 불가능했다. 그 점에서 이 연구에도 피할 수 없는 한계가 어느 정도는 있음을 자

그런 전철을 밟지 않으면서 현계옥의 생애에 대한 긴 호흡의 전면적인 고찰을 깊이 있는 연구로 수행해내고 믿을 만한 결과를 내놓는 것이 결코 쉬운 일이 아님은 안다. 하지만 그렇더라도, 또한 여전히 부족할지라도, 현재 시점에서의 결락과 한계를 최대한 메꾸고 넘어보려는 시도가 한 번은 있어야만 하겠다는 충정에서, 또한 모종의 편향적 관심만이 현계옥에 대한 인식을 지배하는 듯한 상황에 대한 우려에서, 비록 졸고가 될지라도 이 글을 작성함을 말해두고자 한다. 개인적으로는 앞서 내놓았던 '현정건 연구'의 후속편으로서, 그의 사인적(私人的) 면모까지도 온전히 그려내는 보유편(補遺篇) 삼아서이기도 하다. 그러나 그런 의미만은 아닌 것이, 자기만의 선택과 결의, 그리고 그것의 실천으로써 당당히 그 남자의 대칭적 존재가 되어간 어느 여성 혁명가의 생장(生長)과 그 행로의 귀추에 관한 보고문을 내놓음이 가장 주된 목적임은 두말할 필요가 없을 것이다.

　취할 방법은 달리 없다. 일단은 현계옥의 생애사를 따라가면서 그 속의 사건과 행동들을 꼼꼼하게 순차적으로 추적해가는 평범한 방법뿐이다. 그런 중에 10대 이후의 그녀의 인생 행로를 완전히 바꿔놓다시피 한 현정건과의 관계도 자연히 그 전모가 드러내질 것이다. 그로부터 재구성될 바 현계옥과 현정건이라는 두 남녀의 특이한 관계와 동반자적 혁명가의 행보, 그리고 그 내재적 의미가 이 글 구성의 기본 축을 이룰 것이다. 나아가 그녀의 생애 행로 전체가 어떠한 사회사적·문화사적 의미를 담아내고도 있었는지를 고구하여 나름의 해석을 가해보려 한다.

　현계옥의 생애에 관해서는 신문·잡지 기사와 타인들의 회고담을 주된 자료원으로 삼고, 일제 관헌문서와 제3자 신문조서 등에서 드문드문 보이는 단편적 기록들이 보충자료로 쓰일 것이다. 손닿는 대로 모아본 그것들을 조

인하고 미리 말해두는 것이다.

합·정리하면서 글의 골격을 세우고 줄거리를 이어갈 텐데, 그래도 피치 못할 공백과 한계는 역시 있을 것으로 예상된다.[5] 이 글에서 다 못하는 얘기는 또 다른 후속작업을 통해 보충해볼 생각이다.[6]

기생일 적에 얻은 사랑과 입신

악공의 딸에서 기생으로

현계옥은 경남 밀양에서 동래부(東萊府) 소속 어느 영인(伶人)의[7] 딸로 태어났다. 1896년생인 것으로 추정되며,[8] 1남 3녀 중의 장녀였다. 형제로 오

---

[5] '개인정보 보호' 장치에 막혀서 호적부 등 현계옥의 신상 자료를 찾아내 확보할 방도가 없었고, 근친관계 서류를 통한 접근도 불가능했다. 그 점에서 이 연구에도 피할 수 없는 한계가 어느 정도는 있음을 자인하고 미리 말해두는 것이다.

[6] 졸고, 「현계옥 스토리 이면의 '또 다른 신여성' 윤덕경 연구—그 삶과 죽음의 여성사적 함의를 찾아서—」 (『여성과 역사』 32집, 2020; 본서의 3부 12장으로 수록)이 그 작업의 보고문이 된다.

[7] 영인이란 조선시대의 악공과 광대의 통칭이었다. 악공은 천민으로서 장악원(掌樂院) 소속의 향악 및 당악(唐樂)의 연주자가 되어, 양인 출신으로 아악(雅樂)을 담당하는 악생(樂生)과 구분되었다(송방송, 『한겨레 음악대사전』, 보고사, 2012의 「악공」 항). 감영 이하의 지방 관아에도 악대가 있어서 악생과 악공의 편로로 관청의 각종 행사를 도맡았다(노동은, 『한국근대음악사』 1, 한길사, 1995, 290쪽). 조선후기 지방의 관속 음악인 중 취고수(취타악기 편성으로 연주)·취수·세악수(삼현육각으로 연주)는 주로 의전에서, 악공·전악과 기녀·가동·무동은 신관 도임(到任)의 환영연, 왕명으로 출장온 관료를 위한 연향(宴饗), 수령의 회갑연, 향중 노인을 위한 양로연 등의 각종 연향에서 활동했다. 그런 연향에서 악공들은 기녀들의 정재(呈才)에 맞추어 피리·대금·장고·북·박 등을 연주했다(임미선, 「조선후기 지방의 연향」, 『한국음악연구』 46, 2009, 249쪽). 19세기 말 관찬읍지(官撰邑誌)들의 기록을 종합해보면, 전국의 관속 악공 수는 165명, 그 중 경상도가 14명인데 모두 동래부 소속이었다(배인교, 「조선후기 지방관속 음악인 연구」, 한국학중앙연구원 박사학위논문, 2008, 91쪽). 악공이 쓰는 악기는 삼현육각 편성이 일반적이어서 지방 관아의 인원은 대체로 6명이었다. 악공은 대개 '관노'로 병칭되거나 천안(賤案)에 올려지고(배인교, 같은 글, 94쪽), 독립가계를 유지하는 대신 16세부터 60세까지 소속 관서에 노역이나 현물을 제공해야만 했다. 그래서 피역(避役)을 위해 도망하거나 중앙 잡직에 합격하는 방도 외에는 면역·면천의 길이 없었다(배인교, 같은 글, 124~125쪽).

[8] 1918년 7월 조선연구회에서 편간한 青柳綱太郎의 『조선미인보감』(경성: 신구서림; 김선풍 편, 민속원 영인, 1984), 3쪽의 「한남권번」 편, <현계옥> 항에 '22세'로 적혀 있다. 이것을 통상의 '세는 나이'로 보면 1897년생이고, 만 연령이었다고 보면 1896년생이 된다. 1897년생인(김동환 편, 『조선사상가총관』,

빠 수명(守明)과 여동생 계향(桂香), 월향(月香)이 있었다.

계옥과 그의 형제들은 어머니를[9] 일찍 여의고 '불우한 어린 시절'을 보냈다. 아버지는 계옥에게 일찍부터 가곡과 글을 가르쳤고 기적(妓籍)에 올리려 했다.[10] 관기로라도 먹고살 길을 찾게 하려고 그랬을 것이지만, 그의 요청은 수용되지 않았다. 악공의 딸이기 때문이었다는데, 일견 그럴듯해 보이는 설명이다. 하지만 그보다는 관기제도 자체가 해체되어가는 흐름 때문이었다고 보는 것이 맞겠다. 1897년부터 외방(外方) 관기가 혁파되고 관청의 기생관리 부서인 교방(敎坊)도 하나둘 폐지되기 시작한 것이다. 이어서 1908년 9월에 경시청이 제정 발포한 '기생단속령'으로[11] 관기제도는 완전 소멸의 길로 접어들었다. 대신에 이전의 재경 관기들은 1909년에 새로운 민간결사체인 '한성창기조합'(경시청 문서의 명칭)/'한성기생조합소'(신문들의 호칭)로 결속되어 직역(職役) 수행이 아닌 '영업'에 나서게 되었다. 공식 명칭이

삼천리사, 1933, 74쪽) 정금죽(丁琴竹)이 같은 책에 21세로 나오는 것으로 보아 만 연령으로 표기했던 것 같고, 그러면 현계옥은 1896년생이 되는 것이다. 『매일신보』 1917년 7월 17일자 기사(「현계옥 구류 칠일」)에 20세로 되어 있음에서는 1898년생으로, 『동아일보』 1925년 11월 5일자 기사(「風情은 浮雲가치 馬山에 乾坤一擲」; 이하 '풍정은 부운가치」)의 "스물한 살 때...그미년 2월..."을 따르면 1899년생으로 볼 수도 있어서, 혼란이 가중된다. 하지만 1918년 당시 현계옥이 소속되어 있었고 경영진의 일원이기도 했던 한남권번에서 제출한 신상자료에 기초했을 『조선미인보감』의 기사가 더 정확할 것이다. 그래서 그것을 취하며, 정금죽이 현계옥을 언니처럼 대했다는 점도 참고가 된다.

9 계옥의 어머니는 악공과 직무상 불가분의 관계이던 관기(官妓)였을 가능성이 크다. 1895년에 간행된 『영남읍지』 등의 기록에 의하면, 관기가 전국에 916명, 경상도에 164명이 있었다(배인교, 「조선후기 지방관속 음악인 연구」, 89쪽). 기생의 딸도 기생이 되는 것이 상례였으며, 1719년 부산에서 행해진 조선통신사 사연(賜宴)에는 동래부 기생 외에 인근 밀양·경주의 기생들도 동원되었다(오진호, 「조선후기 동래부의 악공, 기생의 공연활동 연구」, 『한국음악문화연구』 1, 2010, 121·131쪽).

10 이하 현계옥의 성장기에 관한 서술의 대강은 별도의 주기와 필자의 해석이 없다면 이능화, 『조선해어화사』(경성: 동양서원·한남서림, 1927; 민속원 복간, 1981), 123~124쪽; 이능화(이재곤 옮김), 「현계옥」, 『조선해어화사』(동문선, 2001), 390~391쪽과 『조선미인보감』 3쪽의 내용을 조합하여 잡은 것이다.

11 주석에서 술을 따르고 기예를 업으로 삼는 조선여성은 '기생', 동업의 일본여성은 '예기(藝妓)', 불특정 상대에 성을 제공하고 대가를 받는 여성은 '창기(娼妓)'로 명칭을 달리하며 구분 짓기 시작했다. 송연옥, 「대한제국기의 <기생단속령>·<창기단속령>」(『한국사론』 40, 1998)에 의하면 이는 통감부가 기획한 공창제 도입의 준비과정이었다.

통상 호칭과 상위함에서 드러나듯이, 전통 공연예술('가악무[歌樂舞]')의 전승자이던 조선의 기생들을 일본식 창기로 변질시키고 이후의 권번 문화로 바꾸어갈 흐름의 시작점인 것이었다.[12] 동래부의 경우에도 교방청이 해체되자 관기들이 1910년에 '동래기생조합'을 결성했고, 1912년 '동래예기조합'으로 이름이 바뀌더니 얼마 후 '동래권번'으로 개칭되었다.[13] 이런 흐름 속에서 밀양부의 교방도 1905년에 폐쇄되었다.[14] 계옥이 관기가 될 길은 그렇게 막혀버린 것이다.

그런 상황의 돌파구를 찾음인지 계옥의 아버지는 자식들을 데리고 '달구구란(達句句欄)'[대구부(大邱府)의 외곽이란 뜻]인 경북 달성군으로 이주했다.[15] 거기서 계옥은 아버지가 전수해준 노래를 팔고 춤을 곁들였는데, 솜씨가 탁월하여 예전의 교방 기생을 압도할 정도라고 소문이 났다. 그리하여 계옥은 자연스레 동기(童妓)가 되었다. 그 후 17세 때(1912년?) 대구조합에[16] 받아들여져 정식 예기로 입적하고, 빼어난 가무 실력으로 곧 이름을 떨친다.[17] 그러면서 그녀는 가족과 함께 대구부 안으로 들어가 남정(南町, 현 중구

---

12 송방송, 「한성기생조합소의 예술사회사적 조명」, 『한국학보』 113, 2003; 장유정, 「20세기 초 기생제도 연구」, 『한국고전여성문학연구』 8, 2004 같이 참조. '권번'은 '교방'에 해당하는 일본말이었다.

13 오진호, 「조선후기 동래부의 악공, 기생의 공연활동 연구」, 121쪽. 이처럼 관기제도 해체 후에도 기생들은 사적 활동으로 기업(妓業)을 계속했다. 모계세습의 유습인 듯이 이전의 신분을 재생산해간 것이다. '습속의 견고함' 때문이기도 했겠지만, 기업 자체가 생계수단인 점이 가장 큰 이유였다. 그러면서 기생들은 대중의 시선에서 여전히 부정적인 대상으로 보아졌고, 근대전환기는 기생들에게 또 다른 차별과 소외의 시대가 되어갔다(박영민, 「이봉선, 관기제도 해체기 기생의 재생산과 사회적 정체성」, 『고전문학연구』 34, 2008, 308~309쪽).

14 밀양지 편찬위원회, 『밀양지』, 밀양문화원, 1987, 519쪽.

15 『조선미인보감』에는 '경상북도 달성군'이 현계옥의 '원적'으로 표기되었고 "달성에서 출생하야"라고도 적혀있다. 이는 1918년 당시의 현계옥이 밀양 태생임을 숨기고 대구(달성) 태생인 척했음을 시사한다. 밀양에서의 불우했던 나날을 기억에서 지우고 싶었는지 모른다.

16 이 조합은 경상감영 교방 관기들의 사회 진출과 때를 같이하여 1910년 5월에 창립되어 있던 것이다(손태룡, 「대구지역의 기생단체 연구—일제강점기를 중심으로」, 『한국학논집』 46, 2012, 56쪽). 『조선미인보감』에 의하면 1918년 현재의 대구조합 소속원은 32명이었다.

17 『동아일보』(1925.11.1), 「기미춘에 변장출경」 참조.

남일동)에 주거를 정하였다.[18]

사랑에 빠지다: 운명적 만남과 연인 되기

현계옥과 현정건의 인연이 언제 무엇을 계기로 맺어지기 시작했는지에 대해 두 가지의 다른 관점과 해석이 있을 수 있다. 하나는 1908년 6월에 대구노동학교가 사립 수창학교(壽昌學校)의 교사(校舍)를 빌려 야학 과정으로 개설되자 교장인 부친(현경운[玄擎運])이 서울의 외국어학교를 졸업하고 막 귀향했음을 들어 아들을 보조든 임시든 교사 일을 맡게 했고 현계옥은 학생으로 들어와 한동안 공부했을 적이었다는 것이다.[19] 다른 하나는 1925년의 『동아일보』 연재 기사에서 말해지는 대로 현계옥이 '대구의 명기'가 되어 있던 1913년경에 현정건이 친구들과 함께 손님으로 찾아가면서 그리 되었다는 것이다. 그 신문 기사가 나오게 된 계기와 재료는 상해의 현계옥이 현정건의 협력을 받아 신문사로 써 보낸 초고와 보충용 현지 인터뷰였을 것임이 거의 확실시되고, 따라서 그녀의 입장과 의도가 짙게 배어든 것이라고 보아도 무방하다. 그러므로 인용을 하더라도 어느 정도는 주의를 요하지만, 이 글에서도 불가불 그 기사를 자주 이용할 것이므로 논의의 연결점 확보와 일관성 유지를 위해 일단은 후자의 관점을 택하지 않을 수 없겠다.

그에 따르면, 중국 유학 중이던 현정건이 그때 방학을 맞아 일시 귀향한 것인지 어느 날 현계옥의 기생집을 친구들과 함께 찾아왔다. 단아한 귀골 풍모와 깔끔한 성품의 정건을 본 계옥의 마음에 금세 사랑이 싹텄고, 마침

---

18 이는 『매일신보』(1914.1.27) 기사 「지방매일—경상북도」의 "대구시내 남정 20번지 갑종예기 현계옥의 집에서" 운운에 근거한다. '갑종예기'란 몸을 팔기도 하는 을종예기와 구별하여 가악무 전문 예기를 일컫는 용어였다.

19 이 내용의 상세한 소개와 서술은 그것이 전후의 논의와 직결되기에 그 재료로 더 필요해지는 곳인 본서의 3부 12장 3절 2항에서 이루어진다. 때문에 여기서는 약하므로 그 부분을 찾아 참고하면 될 것이다.

내 그에게 '정조를 바치고'는 깊은 관계가 되었다고 한다.[20] 확실히 현정건은 준수한 용모에 말수 적고 의젓한 품새의 매력적인 남성이었다. 성격이 일제 경찰보고에서도 "온순하면서 사물 감격하기 쉬움"[21]이라고 했는데, 감수성이 풍부하다는 말과 같다.

두 사람은 계옥의 집에서 10리 정도 거리의 '영산못'에서[22] 밀회하곤 했다. 계옥이 정건을 '오빠'라 부르면 정건이 그렇게 부르지 말라고 야단쳤다 한다. 이것은 현정건이 현계옥을 자기가 돌봐주어야 할 가련한 누이 또는 제자로 생각했고 그렇게만 대하려 했지, 이성임을 늘 의식하는 '애인'으로 여기고 그렇게 대할 생각이 컸음은 아니었다는 뜻이 된다.[23]

여기서 의문이 하나 생기는데, '현씨 두 사람은 본관(本貫)도 같았을까?'이다. 관계 문헌을 살펴보면, 조선조 말 이래로 현씨 종문은 본래의 관향에 관계 없이 모두가 연주(延州) 단본(單本)으로 통합되었다.[24] 현정건은 본래 천녕(川寧) 현씨 후손이었는데, 16세기부터 기술관직에 많이 진출하여 대표적인 중인 가계를 이루어온 그 본도 20세기 초엽에 연주 본으로 합쳐졌

---

20 『동아일보』(1925.11.1), 「己未春에 변장출경」 참조. 기사에서 현정건은 시종 '현어풍(玄御風)'이라는 가명으로 지칭된다.

21 일본 외무성 아세아국 제2과, 「요시찰인 명부(조선총독부 조)」, 1925(국가보훈처, 『해외의 한국독립운동사료』 XVII, 1996 영인 간행), 194쪽.

22 『동아일보』(1925.11.3), 「가슴은 타는데 불길에 기름 부어」(이하, 「가슴은 타는데」)에는 '영찬못'으로 적혔는데, 대구에 그런 이름의 저수지나 연못은 없었다. 현재의 남구 대명동 영선시장 부근에 있던 '영산못'을 기사 작성자가 오기했거나 조판 과정의 오식이었을 것이다. 한자 표기가 '靈仙池'이니 '영선못'으로 발음함이 옳겠으나 대구 사람들은 '영산못'으로 불렀다. 지금은 그 못이 다 메워져 흔적이 없지만, 그 자리는 현계옥의 집이 있던 남정과 그 인근이면서 현정건의 주거지이던 수정(竪町, 현 중구 수동)으로부터 현행의 지하철 세 정거장 거리인 곳이다.

23 바로 앞에서 해놓은 설명과는 많이 어긋나버리는 것이지만 이 해석은 인연 맺음의 계기에 관한 앞의 두 가지 해석 중의 전자에 부합하는 것이다.

24 한국성씨총람 편찬위원회, 『한국성씨총람』, 삼안문화사, 1987, 1270쪽; 대한민국성씨편찬위원회 엮음, 『성씨대보총람』 IV, 한영출판사, 1998, 1371쪽 참조.

다.²⁵ 그리고 몇 대 위 선조부터의 선영(先塋)이 밀양군 하서면(下西面; 현 무안면)에 자리하고 있음에서 그의 직계 본향은 밀양이었다고 보아도 된다.²⁶

그러면 현계옥의 가계도 밀양의 천녕 현씨와 일문이었을까? 본래부터 그랬을 것 같지는 않지만, 그렇게 되었을 수는 있다. 그녀의 아버지는 천민 신분의 악공이었으므로 본래의 성(姓)은 없었다고 봐야 한다. 성인이 된 후 취성(取姓)했다면, 1894년의 갑오개혁으로 신분제가 공식 철폐된 후였을 것이다. 그러나 어느 족보에도 등재되지는 못했을 테니, 그 자신이나 자녀들이 본관이 어디라고 입에 올릴 근거는 별로 없었다. 말하자면 본관을 특정하지 않은 채 그저 현씨였으리라는 것이다.

현계옥의 아버지가 악공으로 동래부 소속이었을 텐데 밀양에서 살았다는 것이 예사롭지 않은데, 배우자가 밀양 관아의 기생이어서 그랬을 수 있다. "그런데 왜 하필 현씨로 취성했을까?"라는 의문을 품어보면, 현계옥의 조모도 동래부의 관기였을지 모른다는 데서 그 답의 실마리를 잡아볼 수 있다. 실제로 그랬다면, 그녀가 천녕 현씨의 어느 관인과의 관계에서 낳았을지 모를 아들(즉 현계옥의 부친)이 자식으로 거두어지지는 못하고 집안의 사노(私奴)처럼 길러지다 악공으로 전신했음을 상정해볼 수 있다. 이것이 터무니없는 상상만은 아닐 것임은 현정건의 증조부 현경민(玄敬敏)도 "왜어(倭語)의 역관으로 오랫동안 동래에 머물러 있으면서 기생을 데리고 살아" 아들을 보았다는 사찬(私撰) 기록이²⁷ 있음에서다.

---

25 김양수, 「조선전환기의 중인집안 활동」, 『동방학지』 102, 1998, 190쪽.

26 사역원(司譯院) 생도였으나 역과 급제가 안 된 현시복(玄時○, 1769년생)이 낙동강변의 교통 요지로 밀무역에 유리하며 삼랑진의 조창(漕倉)과도 인접한 밀양에 전답 등을 사들인 후 19세기 초(추정)에 그리로 이주한 이래로 후손들이 세거하였고, 그러면서 한양의 종손 가계와 나뉘게 된 것으로 설명된다(손숙경, 「조선후기 중인 역관의 동래 파견과 천녕 현씨 현덕윤 역관 가계의 분화」, 『역사와 경계』 100, 2016).

27 황현, 『매천야록』 권4, 갑진(1904) 광무 8년 1월조; 임형택 외 옮김, 『역주 매천야록』 (하), 문학과지성사, 2005, 162쪽. 현경민이 『매천야록』에는 '玄敬民'으로 적혀있으나 족보(연주현씨대동보편찬위원회,

그렇다면 정건과 계옥의 본관이 같았다고[28] 단언할 수는 없을지 몰라도, 각자 선조 대의 누군가가 서로 피를 나눈 사이였을 가능성은 남아있다. 그렇더라도 후대의 두 남녀가 선대에 그런 인연이 있었을지 모른다는 생각까지 해보지는 않았을 것이고, 굳이 본관을 따져보려 하지도 않았을 것이다. 그저 성만 아니라 본향도 같다는 것에서 친밀감이 더해지고 특별한 정을 느꼈을 것이다.

두 사람의 관계를 알게 된 양쪽 집안은 다 반대했다고 현계옥은 말한다. 여자가 기생이라고, 남자가 돈이 없다고 그랬다는 것이다. 하지만 이것은 문면(文面)의 표현일 뿐이다. 실은 양쪽의 부친이 각각 다른 이유로 그랬다고 보아야 맞겠고, 누가 봐도 당연하다고 할 반대였다. 현정건의 아버지가 반대한[29] 속내와 들었을 이유는 여기 굳이 늘어놓지 않아도 알 만한 것이고, 현계옥의 아버지는 모든 면에서 자기 쪽이 절대적 열위의 처지인 것을 고려함이 전혀 없어 보이는 딸의 철없음을 개탄했을 것이다.

그때 현정건은 엄연히 기혼자이기도 했는데, 그가 결혼한 것은 1910년 3월, 경남 양산의 만석꾼 토호 집안의 규수 윤덕경(尹德卿)을 배필로 맞아서였다.[30] 문제는 그가 결혼하고 3일 만에 집을 떠나 중국으로 훌쩍 가버렸다는[31] 것인데, 아내에 대한 불만에서가 아니라 집안 어른에 대한 반항심의 노골적인 표출이었다. 그녀와의 혼인이 앞날의 포부가 크던 본인의 의사와

『연주현씨 8수대동보』 제3권)에는 '玄敬敏'으로 되어 있다. 혹시 오해가 있을까 몰라 덧붙이는 말인데, 현경민의 그 아들이 현계옥의 아버지라는 뜻은 전혀 아니다. 밝힌다면 현정건의 조부였다.

28 남상권은 두 사람이 동성동본이었다고 하는데(「현진건 장편소설 『적도』의 등장인물과 모델들」, 『어문학』 108, 2010, 229쪽), 근거를 제시하지는 않았다.
29 그의 부친 즉 현정건의 조부는 1912년에 사망했으므로 이 일에 개입할 여지도 없었다.
30 그녀의 부친은 동래부사를 역임하고 1903년에 43세로 작고한 윤필은(尹弼殷)이고, 오빠가 훗날 백산무역회사 이사를 지내는 윤현태(尹顯泰)와 1919년에 대한민국임시정부의 재무차장이 되는 윤현진(尹顯振)이었다.
31 「혈루에 젖은 40년간—고 윤덕경여사 순종기」, 『신가정』 1933년 3월호, 141쪽.

는 전혀 무관하게 억압적 조부의 일방적 교섭과 결정으로 이루어진 것이었기 때문이다.

아무튼 현계옥의 결혼은 그렇게 무망한 얘기로 좌절되고, 상해로 돌아가 '이태리신문' 기자가 된[32] 정건과의 사이에 열렬한 편지 왕래가 계속되었다. "날 데려가오." "잠깐만 더 기다리오."라는 것이 자주 오간 문구였다고 하니, 계옥의 마음이 얼마나 절절했을지가 능히 짐작 간다. 상해로 당장 못 가는 대신에 계옥은 언제가 될지는 모르지만 기어코 상해 갈 준비는 착착 해놓아야겠다는 생각에서도 대구를 떠나 서울로 삶터를 옮겨간다. 때는 '열아홉 살 나든 느진 봄'이라 했으니[33] 1914년쯤이었던 것 같다.

경성 시절의 유명세와 '사상기생'으로의 변모

서울로 간 현계옥은 다동기생조합(茶洞妓生組合)에 들어갔다.[34] 경성에서도 현계옥은 "풍류 가무는 쌍(雙)이 없을 것이며 겸하여 한문에 망매(茫昧)치 않다."는 평과 함께 금방 이름이 났다. 게다가 "용태도 풍만하여 반점(半點) 경박함이 없고, 재주는 민첩하여 일분(一分) 둔체(鈍滯)함이 없으니 이른바 명기"라고 대우받기 시작했다. 그녀는 가곡·정재무(呈才舞)·현금(玄琴)·이요(俚謠=잡가)·단가(短歌)·법고(法鼓)·승무(僧舞)에 능했고, 웅혼한 노랫소리와 절묘한 가야금 연주로 손과 입을 상응시켜 사람들의 심간(心肝)을 흔들고 녹

---

32 『동아일보』 1925. 11. 3, 「가슴은 타는데」.
1914년의 일제 정보자료에는 현정건이 통관업 종사자로 기록되어 있었다(『機密 제32호, 朝鮮人排日運動企劃狀況=關スル內報ノ件』(1914. 3. 27), 『不逞團關係雜件—朝鮮人ノ部—在上海地方』 1).

33 『동아일보』 1925. 11. 11, 「기미춘에 변장출경」; 『조선미인보감』 3쪽.

34 조선 고유의 독특한 기생제도를 감시와 수탈과 억압을 통해 변질시키려던 일제의 통제책에 저항하여 무력화시킨 서울기생들, 즉 '유부기(有夫妓)'로 일컬어지던 예전의 관기와 삼패(三牌)가 광교조합(廣橋組合)을 설립하더니 1908년 한성기생조합(漢城妓生組合)으로 발전시켰다. 그러자 1910년대 초부터 서울로 진출해 간 지방기생들이 무부기(無夫妓)임을 명분으로 내세워 따로 만든 것이 다동조합이다. 평양기생들이 설립을 주도했지만 남도 출신 기생들도 폭넓게 수용되었다(권도희, 「근대 기생, 미정의 소수자」, 『한국사연구』 164, 2014, 114~115쪽).

였다.³⁵ 노래에 거침이 없고 72가지 춤을 출 줄 알며, 한문 알고 글씨 잘 쓰기로도 어느 기생이든 대적할 이 없었다고 한다.³⁶ 현계옥이 한문을 읽고 쓸 줄 알았다는 것은 출신배경과 성장환경에 비추어 의외이고 이채로운 일이었다. 상경 전에, 아마도 현정건과 알게 됨을 계기로, 어쩌면 그의 강력한 권유와 당부에 힘입어서도, 발심해 일부러 교육받고 부지런히 익힌 덕이 아니었을까 한다.

1917년 들어 그녀는 다동조합을 나와서 영·호남 출신의 동무들과 더불어 다옥정(茶屋町) 90번지에 한남기생조합을 세웠다. 다동조합을 같이 탈퇴한 대구 출신의 김남수(金南壽)와³⁷ 창립을 기획하고 성사 과정을 지휘해서였다. 그랬기에 그녀는 "운주유악(運籌帷幄)에 발종지시(發縱指示)한 공로가 여자 장자방(張子房)이라, 한남권번(漢南券番)의³⁸ 기린각(麒麟閣) 첫 자리를 차지할 만하다."는³⁹ 평을 들었다. 다동조합에서 했던 춘향연의(春香演義)를 재공연해 더 좋아졌다는 평을 받기도 했다.⁴⁰ 1918년 초의 한남조합은 소속 기생이 42명, 전년도의 총수입 14,245원이었다. 개인별 요리점 출장 수입에서는 황금란(黃金蘭)이 1,118원으로 최고액을 올렸고, 다음으로 현계옥

---

35 『조선미인보감』 「한남권번 편」 3쪽. 인원문에는 한자가 없지만 빠른 독해를 돕기 위해 몇몇 단어에 한자를 병기해 놓는다.
36 『동아일보』 1925.11.5, 「風情은 浮雲가치 馬山에 乾坤一擲」(이하, 「풍정은 부운가치」).
37 김남수는 '대구 달성 동편' 출신이고 1891년생이었다. 열한 살 때 기적에 이름이 올랐고 13세에 상경하여 고종에게 기묘한 승무를 추어 보이고 천금을 하사받았다. 그 후 노모 봉양 등으로 은둔해 있다가 24세경에 화류계로 다시 나와 다동조합에 들어가 있다가 자립을 목적으로 한남권번을 창립하고 뭇사람의 추천으로 취체역(取締役)이 되었다고 한다(『조선미인보감』 「한남권번」 편, 1쪽).
38 1918년 1월에 한남기생조합이 '한남권번'으로, 다동조합이 '대정권번'으로 개명된다.
39 『조선미인보감』 3쪽의 문장을 현대어로 다듬어 옮기는 것임.
40 권도희, 「기생의 가창 활동을 통한 근대에의 대응」 『조선시가연구』 32, 2012, 370쪽.

996원, 정금죽[41] 956원 순이었다.[42]

한남조합을 세우면서 현계옥은 자기보다 7년, 9년 연하의 동기이던 동생 계향과 월향도 서울로 불러들여 같이 살았다. 계향은 "어느 연회석에 가든지 나이 많은 기생 틈에 조그마한 기생이 가야금을 빗겨 안고 병창한다. 인물도 아름답고 재질이 특이하니, 사람마다 말하기를 '현계옥이 또 생겼다'고 하더라."는 평을 받았고, 1918년에 13세인 월향은 10세 때 동기가 되어 있었는데, 남중가요와 법고에 능하다 했다.[43]

이 무렵 현계옥은 중국 '제2혁명'의[44] 지도자인 황싱(黃興)의[45] '애인'이면서 여자혁명결사대의 통솔자가 되어 직예성장(直隸省長)을 암살코자 폭탄을 안고 들어갔다는 천진기루(天津妓樓) 출신의 혁명투사 '덩추진'의 행적을 들어 알게 되어 감흥이 컸고, 미래의 자아상에 그녀를 투사시키면서 모종의 새로운 결심을 하게 되었다고 한다.[46] '덩추진'이라는 이름으로만 보면 반청흥한(反淸興漢)의 기치를 높이 쳐든 중국혁명운동 초기의 여류혁명가이고 시인이었던 추진(秋瑾, 1875~1907)을 곧 떠올리게 된다. 그러나 해당 기사에서 말

---

[41] '정금죽'은 1897년 대구의 빈민가에서 태어난 정칠성(丁七星)의 예명이다. 그녀는 7세 때부터 기생훈련을 받았고 대구기생조합이 설립되자 입적해 있다가 18~19세 때 (아마도 현계옥과 함께) 상경하여 다동기생조합에 들어갔다. 『조선미인보감』에는 그녀가 대정권번 소속으로 나온다(「대정권번 편」, 47쪽).

[42] 『매일신보』 1918. 2. 15, 「舞袖에 落ᄒᆞ는 십만금」 같은 기사에서 다동조합(기생 총원 180명)의 개인별 최고 수입액은 주학선(朱鶴仙)의 2280원이었는데, 이는 칙임관 대우 중추원 고문의 수당 월액 133원 33전을 훨씬 상회하는 월평균 190원꼴의 액수였다.

[43] 『조선미인보감』, 「한남권번 편」의 〈玄桂香〉(13쪽)과 〈玄月香〉(37쪽).

[44] 흔히들 반청칭제(反淸稱帝)의 태평천국운동(1850~1864)을 제1혁명으로, 중국동맹회 계통의 인사들이 이끈 공화주의 신해혁명(1911)이 제2혁명이라고 일컬었다.

[45] 황싱은 1874년 호남성 장사(長沙) 태생으로, 1903년부터 청제(淸帝) 타도와 공화국 수립의 혁명운동에 나섰고 쑨원(孫文)과 함께 중국동맹회를 조직하여 이끌었다. 1912년 1월 남경에서 중화민국 임시정부가 수립될 때 육군총장으로 취임하여, 임시대총통 쑨원 다음의 실력자로 부상했다(薛君度, 「黃興과 辛亥革命」, 『아세아연구』 9-4, 1966, 133~145쪽). 1903년부터 1916년까지 14년간 중국혁명운동 차원의 무장봉기가 열 번 있었는데, 그 중 광서·운남·광동에서 일어난 총 8차의 봉기를 황싱이 주도했다(孫之梅, 「獨立蒼茫萬方範」, 『文史知識』 364, 中華書局, 2011, 38쪽).

[46] 『동아일보』 1925. 11. 4, 「時局에 刺戟밧고 胸裡에 熱血人物」(이하 「시국에 자극밧고」).

해지는 내용은 추진의 실제 사적(事蹟)과[47] 다른 점이 여럿이다.

현계옥이 이런 정보를 얻고 접한 통로가 무엇이었는지는 알 수 없다.[48] 현정건이 해주는 말이나 편지글을 통해 전해 받았을 가능성이 제일 크다. 아무튼 이 얘기 저 얘기 들은 것 모두를 너무 큰 감흥으로 받아들여 버린 그녀의 기억 속에서 여성혁명가 추진과 천진기녀 투사가 뒤섞이고 혼동됨이 벌어진 모양이라고 생각해버릴 수 있다. 그러나 그게 아니었다. 단순 착오나 혼동이었던 것이 아니라, 자기암시와 자기도취적 착란이 10년 전의 그녀에게서 실제로 일어났었던 것 같다. 그리고 이제는 그것을 마치 확실한 과거사실인 것처럼 마음속에서 변조해 굳혀놓고『동아일보』기사의 독자들에게도 그렇게 제시해 은근히 주입하고 각인시키려 하는 지능적 술수가 가동되고 있었다고 볼 만하다. 무슨 말인가 하면, 중국의 유명한 남성혁명가에게 '기녀이면서 혁명가인 애인'이 있었다는 세 겹짜리 스토리를 실제와 허구의 버무림으로 만들어내서는 미래의 현정건과 자기로 동일시했고, 현재도 천진기루 출신이라는 가공(架空)의 여성투사를 자신의 준거인적 미래상으로 삼고자 하는 마음의 발로이고 투사였다는 것이다. 현계옥이 섬가(蟾柯)라는 자(字)와 예상(霓裳)이라는 별호를 지어 가진 것도 추진의 자가 선경(璿卿), 별호는 단오(旦吾)였음을 그대로 본뜬 행위였다고 보지 않을 수가 없다.

아무튼 이런 배경에서의 '새로운 결심' 때문이었을까? 임진왜란 때 적장을

---

[47] 복건성 하문(廈門) 태생인 추진은 대상인의 장남과 결혼 후 불화를 겪다가 1904년 일본으로 유학 갔고, 거기서 중국동맹회에 참가하여 절강성 책임자가 되었다. 1906년 귀국 후 절강성 소흥(紹興)에서 비밀결사를 조직하여 혁명청년들을 모집하고 군사훈련을 진행했다. 1907년 5월 안휘성 안경(安慶)에서 무장봉기를 벌이려다 실패하고 청군에 붙잡혀 처형되었다(유연화, 「중국 근대의 여성 선구자 秋瑾의 여성해방사상과 혁명활동」, 『중국사연구』제49집, 2007).

[48] 추진이 1910년대의 국내신문 기사에 나온 적이 두 번 있었다. 『매일신보』(1912.6.14)의 「소설적 전장의 천사 (1)」과, 『매일신보』(1914.5.7)의 「시석(矢石) 중의 여호걸」에서였다. 그러나 앞의 기사는 추진의 이름만을, 뒤의 기사는 "츄우츄풍슈살인(秋雨秋風愁殺人)이라 하는 녯글을 대서특필ᄒ고 절동(浙東) 옥즁에서 목슘이 업서진 추근녀ᄉ(秋瑾女史)"라는 서술로 그녀의 최후만을 짧게 언급하고 지나갔기 때문에, 기사 자체가 그녀의 생애에 대한 정보의 원천이 되기는 어려웠다.

유인해 죽게 만들었음에서 의기(義妓)로 알려져 온 진주의 논개(論介) 사당과 평양의 계월향(桂月香) 사당이[49] 몹시 퇴락했음을 전해 듣게 된 그녀가 갖고 있던 비녀와 가락지를 팔아 중수(重修)토록 했다.[50] 이 사실이 경찰에 알려져 그녀는 여러 번 잡혀가 취조와 고문을 당했고, 이때부터 경찰 당국이 현계옥을 주목하여 노상 그녀의 행동을 감시했다고 『조선해어화사』는 전한다. 실제로 보면, 1917년 7월 초순에 현계옥이 경성 본정(本町)경찰서로 끌려가 취조받고 구류 7일에 처해지는 횡액을 겪는다. 개성군 송도면 고려정에 사는 김상익(金相益, 28세)과 동금(同衾) 중인 것이 형사에게 발각된 때문이라고 보도되었다.[51] 기생의 영업이나 사생활에 대한 이런 식의 경찰 개입은 관행에 비추어 이례적인일이었는데, 실은 논개와 계월향의 사당 중수를 못마땅히 여겨서가 아니었겠는가 한다. 게다가 구류처분의 이유를 언론에 제공한 것은 망신시키려는 의도임이 분명했다. 이는 엄연히 공연예술가이고 노동집단 소속원이며 정기납세자이기도 한[52] 유명기생 현계옥의 이름값을 1890년대 이후로 재조선 일본인들이 만들어내 새로운 풍속이 된 매매춘(賣買春)의 여성 전담자로 일제가 발명해낸 이름인 '창기'로 떨어뜨리려는 술책

---

49 논개와 계월향이 '의기'로 호명되고 그 기억이 형성, 전파되어 간 과정과 거기에 담긴 의미가 정지영, 「논개와 계월향의 죽음을 다시 기억하기: 조선시대 '의기(義妓)'의 탄생과 배제된 기억들」(『한국여성학』 23-3, 2007)에서 비판적으로 고찰된 바 있다.

50 그녀의 두 동생 이름이 계향이고 월향이었다는 것은 그 이름을 지어준 아버지부터가 계월향의 사적을 마음 깊이 담아두고 있어서 딸들도 그녀처럼 기개 있게 살아가기를 바랐을 뿐 아니라, 어린 세 딸에게 계월향의 얘기를 강조해 들려주었을 것이라는 느낌이 들게끔 한다.

51 『매일신보』 1917.7.17, 「현계옥 구류 칠일」.

52 권도희는 20세기 전반기의 기생이 대부분 '말하지 못하는' 존재로 남기는 했지만 주류사회 중심부의 요구·이념과 밀접하게 연결된 기예전문가였으므로, 버틀러(Judith Butler, *Bodies That Matter*, 1993)적 의미의 하위주체(subaltern)나 사회적 소수자 혹은 약자였기보다 일정 범위 내의 법적 약자 혹은 소수자였을 뿐이라고 보았다. 대부분 경우에 기생은 공연예술가, 정기적으로 세금을 납부하는 시민, 혹은 사회적 모순에 저항하는 노동집단이었음을 이제라도 제대로 보아야 함을 그녀는 강조해 말하기도 했다(권도희, 「근대 기생, 미정의 소수자」, 120쪽; 권도희, 「대한제국기 이후 삼패의 정치학」, 『한국고전여성문학연구』 38, 2019, 241쪽).

이기도 했다. 그런 일 때문인지 1918년에 그녀의 주소는 관할경찰서가 달라지는 청진동(淸進洞) 114번지로[53] 옮겨져 있었다.

그런 상황이 자아내는 긴장과 분노를 그녀는 승마 즐기기로 풀어보려 한 것 같다. 시원스러운 용모와 건장한 체구만큼이나 호쾌한 그녀의 성격에 잘 맞는 취미이고, 남자 본위의 일반적 사고방식과 풍속에 대한 의도적 도전이기도 했다. 이에 대해 『매일신보』가 1918년 3월에 특별히 기사를 만들어, "최근 고조되기 시작한 승마열이 기생들에게도 전염되어, 한남권번 소속 기생들이 황금정(黃金町) 훈련원 승마구락부(한상용[韓相龍]·정구창·성달영 등의 신사 십여 명이 회원임)에 드나들기 시작"했음을 보도하고, "그중에서 선수라고 할 만한 사람은 현계옥과 정금죽"이라고 콕 짚어 언급하였다[54].

당시의 승마 이유에 대해 정칠성(즉 정금죽)은 훗날 다음과 같이 술회한다.

> 나는 결코 오락덕이나 호긔심으로만 말타기를 배운 것이 아니올시다. 활동사진이나 소설 중에서 외국 녀자들이 흔히 말을 타고 전지(戰地)에 나아가서 적군과 싸울 때에 남자 이상으로 활발하고 용감스럽게 싸워서 개선가를 부르는 것을 보고는 거긔에 늣긴 바가 잇서서 혼자 생각에 나도 엇지하면 그런 여자들과 가티 말도 잘타고 쌈도 잘하야 한번 조선에 유명한 여장부가 될가 하고 먼저 말타기부터 배 슴니다. 원래에 잘 생각하엿거나 못 생각하엿거나 생각이 그러한 중에 말타기를 공부하야 불과 두어 달에 말도 비교   곳잘 타게 되야 남복을 하고 성내 성외로 달니고 도라다녀섯스니 그때에 마음이 엇지 상쾌치 안엇겟슴닛가.[55]

남복(男服)하고 말을 탄 것은 오락으로나 호기심만은 아닌 다른 동기와 이유가 있었으니, '조선의 유명한 여장부'가 되고 싶어 그 준비로 그랬다는

---

53 『조선미인보감』, 「한남권번 편」, 3쪽. 이때 정금죽의 주소도 청진동 77번지였다.
54 『매일신보』 1918. 3. 5, 「화류계의 기마열」.
55 「의분공분심담 구상통쾌!! 가장 통쾌하엿든 일」, 『별건곤』 8, 1927, 58쪽.

것이다. 현계옥의 마음도 꼭 그와 같았을 테고, 아마도 승마를 제의하며 앞장서 추진한 당사자였을 것인즉, 정칠성의 설명과 표현은 그 대변인 셈이었다고 보아도 되겠다.

하지만 기생들의 승마열이 곱게 보이지를 않았음인지 세간의 비평이 분분했다. 마침내 종로경찰서에서 김남수·현계옥·정금죽을 불러, "오늘날 기생이 말 타고 다니는 것은 온당치 않을 뿐더러 풍기 취체상 관계가 적지 않은즉 이후로는 말타기를 일절 없애라"고 설유했다. 이에 세 사람은 다시는 말을 타지 않겠다는 각서를 쓰고 돌아갔다.[56] 기생 신분에 대한 전래의 사회적 시선권력과 현실의 경찰력이 언제나 가두고 내리누르려는 중에도 고소득의 전문 예인이라는 정체성을 무기로 오연히 움직이고 다부지게 살아가는 모습을 내보이던 현계옥 등 3인의 반항인적 의기(毅氣)는 그렇게 또다시 꺾이고 말았다. 그 얼마 후 정금죽이 어느 부자의 소실(小室)로 들어가고만 것이나, 숨 막히는 조선 땅을 어서 빨리 벗어나 현정건이 있는 중국이나 만주로 나가고 말리라는 현계옥의 결심이 더욱 굳어진 것도 아마 그래서이지 않았을까?

1919년 이후의 새로운 삶과 행동

국외 탈출과 중국 망명

1919년은 현계옥에게 있어서 태어나 가장 기쁘고 잊을 수 없는 해가 된다. 그 징조는 2월경에 현정건이 밀입국해 서울로 들어오면서 나타나기 시작한

---

[56] 『매일신보』 1918.3.27, 「기생기마 금지」. 같은 기사에는 다동조합·광교조합·신창조합(新彰組合)의 몇몇 다른 기생도 승마를 즐기므로, 본정경찰서에서 각 조합 대표자를 불러 다시는 타지 못하도록 설유해 보냈다고 한다. 기사의 표현은 '설유'이지만 실제로는 으름장을 놨을 것이다.

다. "중국 길림에 근거를 둔 어떤 비밀결사의 단장"으로서[57] 모종 계획에 따른 자금조달을 위해서라고 했다.

고대해 마지않던 현정건과의 해후 끝에 현계옥은 그동안 다져온 결심을 털어놓고, 애인으로만 자기를 사랑하지 말고 동지로도 친하여 달라고 애원했다. 이에 정건과 그의 재경동지들은 대환영한다 하였고, 인사동으로 옮겨가 있던 그녀의 집에는 그들의 내왕이 빈번해졌다.[58] 왕래객 중에는 현역 일본군 장교인 김광서(金光瑞)와 지석규(池錫奎, 지대형[池大亨]의 관명[冠名]이면서 이청천[李靑天]의 본명)도 있었다.

일본 육사를 1911년에 23기로 졸업하고 도쿄의 제1사단에서 기병장교로 재직 중이던 김광서는 독립운동 투신을 위한 만주행 탈출을 심중의 계획으로 잡고, 칭병 특별휴가를 얻어 1919년 1월 서울에 들어와 있었다.[59] 육사 3년 후배인 지석규도 뒤따라 귀국하였다. 두 사람은 매일같이 사직동 김광서의 집에서 시국을 논했고, 마침내 국외 탈출(만주 망명)과 독립운동 투신을 결의하였다. 김광서는 일본 헌병대의 눈을 속이고 감시를 피하기 위해 장안의 '유명 기생'(그때의 기명[妓名]은 추강[秋江]) 현계옥의 집에 드나들기도 하고 중국요리 집 여화원(麗華園)에서 당구와 술로 소일하며 일부러 탕아처럼 지냈다.[60]

실은 그때 김광서와 지석규가 의친왕(義親王) 이강(李堈) 공(公)을 남몰래 만

---

57 『동아일보』1925. 11. 5, 「풍정은 부운가치」년 2월 이전의 길림에 근거를 두고 있던 독립운동 비밀결사는 광복회 만주지부가 유일한데, 선행연구에서든 원자료에서든 현정건의 참여가 확인되는 것은 아직 없다.

58 『동아일보』1925. 11. 4, 「시국에 자극밧고」

59 金擎天(김병학 정리), 『吾家世紀』『擎天兒日錄』, 학고방, 2012, 59·395쪽. '김경천'은 김광서의 별호 '경천아(擎天兒)'의 앞 두 자가 1919년 이후의 독립운동기에 이름으로 대용된 것이다(같은 책, 394쪽). '1월'이라고 한 것이 뒤에 가서는 '2월 20일경'으로 회고되었는데(俄領朝鮮人 金擎天, 「米雪 싸힌 西伯利亞에서 紅白戰爭의 실지경험담」, 『동아일보』1923. 7. 29.), 각각 음력과 양력이었을 것이다.

60 이명영, 『김일성 열전: 그 전설과 신화의 진상규명을 위한 연구』, 신문화사, 1974, 59~60쪽; 박환, 「재러 한인 민족운동가 김경천 연구」『한국독립운동사연구』12, 1998, 235쪽 재인용.

나면서 기맥 상통하고 있었고, 머지않아 결행할 행동계획을 위장하기 위해 공개적으로 기방 출입을 한 것이라고 전해진다. 그리고 그 3인의 주석에 '애국기생' 현계옥이 자주 동석했다는 것이다.[61] 아무튼 시내에는 김광서가 종로 명월관에서 '경성 최고 기생' 현계옥과 놀아나고 있다는 소문이 파다했다. 그 이상으로 "현계옥은 독립투사 현정건의 정인(情人)인데 의친왕 이강이 갖고 놀고 김광서 중위까지 끼어들어 4각관계가 됐다"는 낭설까지 돌았다.[62] 그러나 김광서와 현계옥의 그럴듯해 보인 관계는 전자의 철저한 위장일 뿐이었다. 결국 그는 6월에 지석규와 함께 남만주로 탈출해가서 신흥무관학교 교관이 되는 것으로 독립운동의 첫발을 내디딘다.

이에 앞서 현정건은 현계옥을 중국으로 데리고 가겠다고 작심하고, 3월에 같이 나가기로 예정하여 계획을 세워놓았다. 그러자 계옥은 은밀히 재산을 정리한 후, 오빠 내외와 두 동생을 대동하고 3월 어느 날 길을 떠나려 했다. 그러나 정건이 경찰의 수배와 급습을 받고 붙잡혀가는 바람에 계획이 틀어지고 만다. 다행히 3월 중순에 정건이 종로경찰서에서 풀려나긴 했는데, 현계옥과의 동반 출국은 쉽지 않게 되어버렸다. 그래서 계획을 바꾸어, 따로 탈출

---

61 이해경, 『나의 아버지 의친왕』, 도서출판 진, 1997, 247쪽. 의친왕의 다섯째 딸(1930년생)인 이해경은 이 대목에서 시인 이용상(李容相, 1924년생)의 '증언'이 그렇다며 첨언하기를, "이 기생이 호걸풍인 의친왕과 풍운아 김광서 대위 양쪽을 모두 흠모했었다는 그럴듯한 삼각연애 스토리가 당시의 시인 묵객들의 화제꺼리가 된 사실조차 있었다."고 서술했다. 그러나 필자는 이것이 현계옥과 현정건의 관계를 잘 모르던 세인들이 기생에 대한 왜곡된 시각을 갖고 추측하며 입방아 감으로 '그럴 듯'하게 지어낸 얘기가 후전(後傳)된 것이리라고 본다.

62 이원규, 『마지막 무관생도들』, 푸른사상, 2016, 217쪽. 성북동 숲속 언덕의 의친왕 별궁인 성락원(成樂園)에서 의친왕, 김광서, 지석규 3자가 밀회했을 때 현계옥이 동석하여 가야금을 뜯으며 노래하다 김광서와 지석규가 물러간 뒤 현정건의 군자금을 받아내려는 의도로 의친왕과 동침했다고 볼 만한 정황이 이원규, 『마지막 무관생도들』 228-232쪽과 이원규, 『김경천 평전』(선인, 2018), 276-283쪽에 자세히 그려져 있다. 그 부분의 각주를 보면 이해경의 『나의 아버지 의친왕』의 서술을 근거로 삼아서인 듯하다. 그러나 현정건의 신원에 대한 착오가 드문드문 보이고 현계옥과의 관계 내력과 밀도에 대한 이해가 충분치 못한 가운데 소설적 상상력이 지나치게 앞선 것처럼 보여서, 그 내용에 모두 동의하기는 어려움을 말해둔다.

할 방도를 강구하였다. 이 과정에 그녀가 이강·김광서와 같이 어울리면서 앞서와 같은 풍설이 경찰의 시선을 막아주는 사이에 3자가 각인의 탈출계획을 털어놓고 의논하며 다듬어갔다고 보는 것이 맞지 않을까? 이강도 그 몇 달 후 조선민족대동단의 전협(全協)·최익환(崔益煥) 등과 밀의하고 11월에 중국으로의 탈출을 시도하다 안동현에서 일본 경찰에 발각되어 실패하고 마는 사실을 같이 상기해보면 그런 추리가 무리하다고만 할 수는 없을 것이다.

훗날의 신문보도에 따르면, 현계옥은 3월 중에 "화조월석(花鳥月石)과 금의옥식(錦衣玉食)의 구름 같은 호강을 떠나" 경성 화류계에서 돌연 그림자를 감추었다. 그 기미를 뒤늦게 알아챈 경찰은 크게 낭패하여 한남권번을 수색하고 국경 각지에 전보하여 체포토록 했다. 하지만 계옥과 그 형제 일행 5명은 안내인 이씨를 따라 이미 서울을 빠져나갔고, 안동현에서 이틀 밤을 지낸 후 봉천(현재의 심양)에 당도한다.[63]

정건은 정건대로 입국 때 목표했던 운동자금 조달에 실패하자[64] 서울을 빠져나가 일단 만주 장춘(長春)으로 갔고, 봉천의 계옥에게 길림으로 가서 만나자고 통지하였다. 그리고는 길림의 조선독립군정사(朝鮮獨立軍政司) 주비원(籌備院)의 재무위원을 잠시 지내고 장춘으로 와있는 동지 강택진(姜宅鎭)을 음력 5월 초경에 만나 빌린 돈 200원을 길장일보사(吉長日報社)에 제공하고, 3.1 독립선언서와 조선 각지의 독립만세 시위 상황에 대한 원고를 써주어 싣게끔 했다. 음력 5월 20일경 강택진이 귀국할 때는 자기의 재경 동지 박시목(朴時穆)을 만나보아 상의하고 독립운동을 속행토록 당부하였다. 귀국한 강택진은 그대로 이행하여, 박시목과 함께 '조선 13도 총간부' 조직을 통한 군자금모집

---

63 이상의 탈출계획과 경위·경로에 관한 서술은 『동아일보』 기사 「시국에 자극받고」와 「풍정은 부운가치」에 주로 의거한다. 현계옥에 관해 논평한 안왕거(安往居)의 「評定 洌上閨藻 (5)」(『중외일보』 1927. 3. 8)에서는 현계옥이 연예단을 만들어 평양으로 갔다가 몰래 빠져나가 만주로 간 것으로 서술되었다.

64 실패한 것은 5만원을 내겠다던 모 부호에게 손(孫)아무개라는 청년이 먼저 찾아와 3만원을 받아가버린 때문이라 했다(『동아일보』 1925. 11. 5, 「풍정은 부운가치」). 그 부호와 청년 '손모'의 신원은 미상이다.

활동을 벌여갔다.[65]

뒤늦게 일제 당국은 현정건이 1919년 7월 상순경에 현계옥과 함께 행방불명되었는데 "길림 방면을 배회하고 있는 것 같다"면서 '현주지(現住地)' 난에 "1919년 7월, 지나(支那) 길림성"이라고 기재한 정보문서를 남겼다.[66] 그런 속에 계옥이 형제까지 대동하고 험로 속에 만주로 탈출해 간 것은 매우 큰 의미를 띤 행동이었다. '기생'의 세계와 '예단(藝團)'으로부터의 완전 작별을 고하겠다는 것이고, 또한 앞으로의 인생길은, 또한 독립운동의 길까지도, 현정건과 함께 걸어가겠다는 굳은 결심인 것임에 의심의 여지가 없다.[67]

'동지적 정인' 되기의 시작과 허물벗기의 진통

길림에서 현정건과 합류한 현계옥은 그곳의 청년지사들이 도모하는 일을 힘껏 돕는 한편으로,[68] 현정건과 가정을 이루어 지내보려 했다. 그러나 곧 의심과 시기가 와서 꽂히고, "요망한 여자를 그냥 둘 수가 없다"는 말이 돌더니 거처 습격을 당하기까지 한다.

이에 그녀는 여러 방법으로 자기의 결심을 표명함과 아울러, "송화강변(松

---

[65] 이 부분의 현정건 관련 강택진의 동정에 대한 서술은 「강택진 경찰신문조서(제2회)」(1920. 11. 13), 국사편찬위원회, 『한민족독립운동사자료집』 42, 2000, 151쪽; 「강택진 경찰신문조서(제3회)」(1920. 11. 18), 같은 책, 166쪽; 「강택진 검사신문조서」(1920. 12. 2), 같은 책, 188쪽에 따른 것임. 진술에서 강택진은 박시목을 '박시묵(朴時黙)'으로, 현정건을 '현정근(玄貞根)'으로 약간씩 비틀어 표음·표기했다.

[66] 국가보훈처, 『해외의 한국독립운동사료』 XVII(일본편 5), 1996, 195쪽 참조.

[67] 현계옥이 언제까지나 기생생활을 할 수 있는 것은 아니었다. 『조선미인보감』에 수록된 450명가량의 기생 신상정보에서 보면 14세~22세가 기생생활의 절정기에 해당하는 연령대이고 16세~19세가 그 정점이었던 것 같다. 하지만 그녀의 국내 탈출은 이런 이유 때문이 아니었다. 마음만 먹었으면 어느 부호에게 얹히거나 하여 안락하게 국내에서 살 수 있는 길이 넉넉히 열려있었다고 말할 수 있다.

[68] 그 일에는 조선독립군정사의 활동 일반과, 그 회계과장 황상규(黃尙奎)를 주축으로 하여 추진되고 있는 중인 청년결사대(즉 의열단) 창립 준비도 포함되어 있었을 것으로 본다. 조선독립군정사의 조직 정형과 추이가 의열단 창립으로 이어지는 과정에 대해서는 김영범, 「독립운동가 백민 황상규의 생애와 초상」, 『지역과 역사』 40, 2017, 210~214쪽(본서의 28-31쪽)을 볼 것.

花江邊)의 고요한 달빛 아래 웅장한 선율의 가야금을[69] 타며" 청년들의 고달픈 마음을 위로해준다. 그 덕분인지 점점 이해받게 되어 '신생의 희열'을 맛보고 마침내 '지사의 생애'로 들어가게 되었다. 막 창립된 의열단에 입단하기 위해 단장 김원봉(金元鳳)을 만나려 애쓰기도 했다.[70] 그러던 중 올케가 출산하니 오빠 부부를 귀국시켜놓고, 계옥은 1920년 봄에 현정건을 따라 상해로 내려간다.

현계옥의 국내 탈출, 중국 망명과 그 후의 상해 안착 및 독립투사로의 변신 경과는 10년쯤 후에도 국내 잡지에서 수차 소환하여 반복적으로 서사화하는데, 그때마다 내용이 조금씩 변조되기도 했다. 처음에는 그녀의 '붉은 연애'를 비꼬는 것인지 탄복하며 선망하는 것인지 모호한 어투로 다음과 같이 묘사하였다.

> 정인(情人) 현정건의 감화를 받고 기미(己未) 때에 M이란 명문의 도련님을 꼬여내어서 돈 4천원을 어더쥔 뒤에 그 돈으로 여비를 삼고서 애인 현정건과 가티 손에 손을 맞잡고 백(百)파센트의 스피드적 사상상(思想上) 비약을 하여 곳 상해에 이르러 둘이 다 운동선상에 몸을 내어던것.[71]

여기서 'M'이란 누구를 말함인가? 의친왕 이강을 직접 거명함은 물론이고 암시하는 것조차 거북하니 영자 이니셜 표기도 아주 바꿔버린 것일까? 아니면 민씨(閔氏)나 문씨(文氏)일 수 있을 제2의 다른 남성이란 말인가? 알 수 없는 바(였)다.

그 1년 후에는 같은 잡지 지면에서 그녀를 "긔미만세 때에 엇든 귀족의 도련님을 꼬혀 돈 삼천원을 만들어 쥐고 사랑하는 애인 현정건씨와 가티 상해

---

69 "그가 떠날 때 모든 것을 다 버리면서도 허리를 꺾어서야 겨우 가지고 가게 된 가야금"이었다.
70 이상의 두 문단은 『동아일보』 1925.11.6, 「남아의 피를 끌인 송화강반의 탄금」(이하 「남아의 피를 끌인」)에 의함.
71 草土, 「현대여류사상가들 (3), 붉은 연애의 주인공들」, 『삼천리』 17(1931.7), 15쪽.

로 내닷든 여장부"라고 추켜올린다.[72] 다시 그로부터 2년 후에는 "기미 때… 모 부호귀족의 아들을 달내어 2천원 돈을 어더 쥔 뒤 정든 애인이자 그때 운동의 투사이든 현정건과 함께 북경으로 달엿다."고[73] 다소 낮춰진 어조와 모가 좀 깎인 언사로 하나의 에피소드처럼 그녀의 탈주를 회고했다. 얻어낸 돈의 액수도 4천원에서 3천원으로, 다시 2천원으로 점점 줄여 서술되었다. 현계옥을 보는 제3자들의 시선이 하나로 고정되었기보다 조금씩 달라져 갔음을 보여주는 것이다.

상해 정착의 노력과 성과

상해로 간 현계옥은 처음에는 배정자(裵貞子)가 보낸 여자 밀정이 아닌가 하는 의심도 받았다. 하지만 가야금 선율에 맞추어 구슬피 노래하고 하염없이 눈물 흘리니 사람들의 의구심이 비로소 풀렸다. 더 적극적인 호소와 구인(求認)의 의미로인지 그녀는 화장도구를 모두 팔아치우고 비단옷을 벗어버린 뒤 나무 비녀, 베치마 차림으로 남의 집 부엌일도 맡아 했고, 연극배우가 되어 번 돈을 남김없이 군자금으로 희사했다.[74] 그리고 현정건과의 보금자리를 프랑스조계의 망지로(望志路)에 꾸민[75] 그녀는 현인근(玄仁槿)으로 개명도 했다.[76] 이 개명은 '꽃다운' 여성의 티를 지우는 것만 아니라 지난 시절의 허

---

[72] 「장안명기 榮華史」, 『삼천리』 제4권 10호(1932.10), 81쪽. 이 기사가 나온 것은 현정건이 출옥해 서울에서 정양 중일 때였다.

[73] 「연애소사」, 『삼천리』 제6권 11호(1934.11), 16쪽.

[74] 『조선해어화사』, 391쪽.

[75] 『동아일보』 1925.11.7, 「폭탄제조와 권총발사, 변장도 임기응변」(이하 「폭탄제조와 권총발사」).

[76] 1923년 1월 초에 상해 일본총영사관이 파악한 당지 한인 유력자 명단에(「公信 제27호, 上海及南京居住不逞鮮人ノ有力者氏名ニ關スル件」 1923.1.8, 『不逞團關係雜件-鮮人ノ部-在上海地方』) 5) '玄仁槿'이 현정건 바로 다음에 기재되어 있었다. 그런데 어떤 경우에는 재상해 일본총영사관의 정보보고나 기관통지문에서도 어쩌다 '槿'을 '權'으로 오독 또는 오기하게 된 데서 비롯된 습관으로인지 그녀의 이름을 '현인권'으로 적어놓곤 했다. 뒤에 가서 1929년에 상해서 피체된 여운형(呂運亨)을 신문한 경기도경찰부의 조서에도 그렇게 기재되었다(「피의자 신문조서(제4회)」, 『몽양여운형전집』 1, 한울, 1991, 432쪽).

물을 완전히 벗어버리는 의미로, 또한 일제 경찰의 추적을 차단하려는 의도에서도 한 것일지 모른다.

그 이름으로 그녀가 처음에 시도한 공개적 활동은 음악회 출연이었는데, 크게 호평받고 칭찬이 자자해 유사 행사의 출연이 1924년까지 매년 이어진다. 가장 먼저는 1921년 12월 20일 중국인청년회에서 상해 재류 중인 각국 음악대가(音樂大家)를 초청하여 개최한 연주회에서였다. 한교(韓僑) 대표로 나가서 자창(自唱) 가곡에 맞추어 신묘한 솜씨로 가야금을 연주하자 만장한 내·외국인 청중의 박수갈채가 장내를 진동시켰고, 각국 사람들에게 처음 소개되는 국악의 진수가 타국의 음악가들을 압도했다고 한다.[77]

몇 달 후 1922년 3월 초에는 상해의 대한애국부인회(집사장 김순애[金淳愛])에서 개최한 가무극(歌舞劇) 대연주회에 출연했다. 애국부인회가 향후 각지의 부인계와 연락하면서 사업을 확장해가는 데 소요될 재정을 충당키 위해 장당 1원의 비교적 고가(高價)인 입장권을 발매하고 3월 4일 밤 한구로(漢口路) 모이당(慕爾堂)에서 연 행사였다. 노래와 춤과 연극과 악기 연주 등의 다양한 순서로 짜인 연주회의 프로그램에 '현인근 여사'로 기명된 그녀는 가야금 독주와 가야금 병창의 두 레퍼토리를 맡아서 멋지게 해냈다.[78]

1년 후 1923년 3월에도 공개행사에서 가야금을 타는데, 이번에는 중한호조사(中韓互助社)에서 부설 중한(평민)어학강습소의 운영기금을 마련키 위해 개최한 (사녀[士女])유예대회(遊藝大會)에서였다. 음력 정월 대보름이던 3월 2일 밤 상해 사천로(四川路)의 청년회 대례당에서 무용, 판소리 창, 승무, 하모니카 연주, 연극공연 등의 다양한 레퍼토리를 갖고서 열린 그 행사에서[79] 그녀는 다

---

77 『독립신문』(1921. 12. 26), 「無上한 환영을 밧은 我音樂界의 호평」.
78 『독립신문』(1922. 3. 1), 「我애국부인회의 가무극 대연주회」.
79 『독립신문』(1923. 1. 17), 「중한호조사 소식」; 『독립신문』 유예대회 광고 특간호(일자 미상); 『독립신문』 (1923. 3. 7), 「중한호조사 주최 유예대회의 경과」; 「公信 제229호, 中韓互助社經費募集遊藝大會ノ狀況ニ關スル件」(1923. 3. 5), 『不逞團關係雜件-鮮人의 部-在上海地方』5 같이 참조.

시금 독보적 기예를 선보였다. 이튿날 3월 3일 밤에 남경에서도 한인기독여자청년회 주최의 여자유예대회가 열렸는데,[80] 현인근이 여기도 출연했을 공산이 크다. 1924년 11월 29일에도 상해 청년동맹회가 개최하는 유예대회가 침례당에서 열렸는데, 거기 또 출연한 현계옥은 "자유자재로 옥수를 놀리어 청중을 맘대로 지배하는 현인근 여사의 가야금은 내외국 손님에게 특별한 인상을 주었다."고 국내신문에 보도되었다.[81]

앞서 1923년 3월 2일의 상해 행사에는 국민대표회의 참석을 위해 국내외 각지로부터 상해로 와있던 한인 독립운동가들 중에서도 관람객이 적지 않았을 것이니, 대회 종료 후 원래의 자리로 돌아간 그들의 입으로 그녀에 대한 얘기가 사방으로 퍼져나갔을 것이다. 그렇게 그녀는 상해 한인사회와 독립운동계에서 공히 이름이 알려지고 인정받으며 차분히 정착해간 것이다. 그러는 사이 동생 계향은 1920년 4월에 상해로 건너온 박시목과 사랑하는 사이가 되었고, 3년 후쯤에 같이 공부한다고 일본 도쿄로 갔다. 그리고 막내 월향은 귀국하여 청진의 어느 실업가와 살림을 차린다.

유일한 여성 의열단원으로의 변신과 독보적 역할 행동

현계옥이 서울을 탈출해 상해로 간 데는 물론 현정건과의 관계가 가장 크게 작용했다고 볼 만하지만, 전적으로 그것 때문만은 아니었다. 계속되는 그녀의 행보를 유심히 들여다보건대는 그와의 관계가 20대 초의 기생 시절에 서울서 남몰래 품었던 웅장한 포부 즉 여류혁명가가 되기 위한 방편으로 빙자 또는 이용된 것일 수도 있었다. 이 견해를 강력히 지지해 줄 얘기가 앞서 길림 체류 때도 강력히 표출되었던 바 그녀의 의열단 가입 열망과 마침내의

---

80 『독립신문』(1923.3.7), 「3.1절 기념식 광경」.
81 『시대일보』(1924.12.12), 「상해청년동맹의 유예대회 성황」.

성사이다.

 1921년에서 22년 사이에 그녀는 애써 김원봉의 비밀거처를 알아내 찾아가서 자기를 의열단원으로 받아주기를 간청했다. 처음엔 들은 척도 않고 거부만 하던[82] 김원봉은 거듭되는 요청이 공연한 허영심이 아니라 진정성의 발로임을 느꼈는지 결국은 몇 가지 다짐을 받고 입단을 수락했다. 그리고는 상해 신공원의 사격장으로 그녀를 데리고 가, 폭탄투척법과 권총사격법을 가르쳐주었다.[83]

 다시 말하지만, 현계옥의 의열단 가입은 현정건의 권유나 동의 유무와 상관없이 전적으로 본인의 숙원을 풀려는 선택이었다. 그 열망과 입단을 드높은 민족의식이나 항일감정의 소산이었다고만 보아버리는 것도 단선적 논리의 좁은 해석에 그치고 마는 것일 수 있다. 그보다는 그녀만의 담대한 배포와 모험심 많은 기질에 더하여, 논개와 계월향의 고사를 늘 마음에 새겼고 여류혁명투사 추진과 천진기녀 이야기로부터 큰 감동과 자극을 받았음과 같이, 불의한 강자라면 그 누구건 무엇이건 간에 용납 말고 처부숴야 한다는 원초적 정의감과 반항심의 발로였다고 보는 것이 옳다.

 그 후로 현계옥은 의열단 안에서 독특한 역할을 맡아 해낸다. 의열단의 보물과도 같던 헝가리인 폭탄전문가 마자르를 도와, 폭탄 제조와 안전운반 작업의 수행에 일익을 담당한 것이다. 해방 후에도 김원봉은 그 사실을 특별히 기억하여, 다음과 같은 서술이 나오게끔 술회했다.

> 약산은 이 집[프랑스 조계에 마자르의 이름으로 세낸 양옥 한 채. 그 지하실을 비밀 폭탄제조공장으로 사용했음: 인용자]의 동거인으로 현계옥이라는 여자를 택하였다. 그는 대구 출신의 혁명 여동지로, 뒤에 모스크로 가서 공산대학을 졸업할 사람

---

[82] 김원봉이 그랬던 것은 현계옥에 관한 그동안의 여러 풍설을 의식했거나 상해파 고려공산당 간부이던 현정건에게 단의 내정(內情)이 누설될 것을 우려했는지도 모르나, 가장 큰 이유는 여자였기 때문일 것이다. 의열단 역사에서 여성단원의 존재는 현계옥의 경우에서 유일하게 확인된다.

[83] 『동아일보』 1925. 11. 7, 「폭탄제조와 권총발사」.

이다. 남들의 눈에는 한 젊은 외국인이 아리따운 동양여자를 데리고 이곳에 살림을 차렸다고도 볼 수 있었다.[84]

블라디보스토크에서 살았던 이력으로 러시아어에 능통한 단원 이동화(李東華)도 요리사로 위장하고 동숙하면서 폭탄 제조 공정의 조수가 되었다.[85] 폭탄 운반에서는 예컨대 상해로부터 천진을 거쳐 안동현까지 기선으로 가야 할 때, 마자르가 한가로이 유람길에 나선 서양인 부호가의 자제처럼 위장하고 김원봉과 몇몇 동지 및 조로태태(曹老太太)와[86] 현계옥이 1등실 선객으로 동행하여, 은연중 가족 같은 분위기를 연출해냄으로써 의심의 눈길을 차단했다. 누가 보면 서양인이 중국 여성과 결혼해 살면서 아내와 장모, 비서와 짐꾼을 대동하고 여행하는 것처럼 보이도록 한 것이다.[87]

천진으로 운송했던 폭탄을 사정상 상해로 되가져 갈 때도 양장 차림의 현계옥이 폭탄가방을 들고 혼자 승선해 가다가 관헌의 검문이 있을 때면 임기응변의 기지를 발휘했다. 생면부지의 서양인에게 다가가 영어 구사력을 뽐내듯이[88] 말을 걸고 대화를 이어가니, 남이 보면 부부여행의 모양새가 꾸며져 폭탄의 비밀운송을 방해받지 않을 수 있던 것이다.[89] 그렇게 현계옥은

---

84 박태원,『약산과 의열단』(재간본), 깊은샘, 2000, 101쪽.
85 1896년(추정) 경남 동래 태생인 그는 이때의 경험을 바탕으로 폭탄전문가가 되어, 1932년부터 남경의 의열단 간부학교(조선혁명군사정치간부학교)에서 폭탄제조법 및 사용법 등을 교수하던 중 항주(杭州)의 중국중앙경관학교 교관으로 초빙되어 갔는데, 시범교습 중의 폭발사고로 1934년 순직하였다(김영범,『한국 근대민족운동과 의열단』, 창작과비평사, 1997, 304·307쪽).
86 조로태태는 '曹씨 성의 할머니'라는 뜻의 만주어 경칭이다. 상해 외곽 오송(吳淞)의 방역의원장인 조사구(曹思劬)의 부인인데, 부산 출신의 의열단 간부 김병태(金餠泰; 중국명 曹國棟)를 알게 된 후 아들처럼 어여삐 여기어 양모를 자처하고 강만(江灣)의 친정집을 의열단의 아지트로 내준 이다.
87 박태원,『약산과 의열단』(재간본), 122~123쪽.
88 상해에서 현계옥은 남편에게 영어를 배우고 영어학교도 다녔다. 그 결과, "웬만한 소설은 넉넉히 볼 수 있는" 정도가 되었다. "후일 유창한 그 영어는.... 내외운동자 간에 일흠이 놉헛다"(草土,「현대여류사상가들 (3), 붉은 연애의 주인공들」, 15쪽)고 한다.
89 『동아일보』 1925. 11. 7,「폭탄제조와 권총발사」.

입단 후 얼마 안 되고부터 의열단의 여러 활동에 불가결의 존재처럼 되어갔다.

1923년 2월 어느 날, 한 달 전 벌어진 종로경찰서 폭탄사건의 배후 수사를 사유로 하여 중국출장을 간 황옥(黃鈺) 경부가 천진에 도착해 숙소를 정한 뒤, 개인 밀정처럼 데리고 간 의열단원 유석현(劉錫鉉)의 안내로 김원봉과의 대면 자리에 나갔다. 마자르가 제조해준 고성능 폭탄 36개가 동원될 대규모의 거사 추진이 협의될 자리였다. 거기서 장건상(張建相), 김원봉, 김시현(金始顯) 등이 열좌한 맞은편에 정복 차림의 황옥이 앉아 초면 인사를 나누고 탐색전 격의 주연(酒宴)을 벌였는데, 현계옥도 '주인석'의 어엿한 일원으로 참석했다고 한다.[90] 그리고는 상해로 돌아가서 3월 2일의 중한호조사 주최 유예대회에 출연하여 가야금을 탄 것이다. 그날은 앞의 주연에서 있게 된 김원봉과 황옥의 의기투합의 결과로 국내 반입된 다량의 거사용 폭탄의 일부가 서울로 운반되는 중인 때이기도 했다. 하지만 불운하게도 거사가 실행 직전에 좌절되고 말았으니, 유명한 '황옥경부 사건'이 그것이다.

사회주의 노선의 민족혁명운동 참여와 여자해방론 주창

의열단운동의 역사에서 가장 뼈아픈 실패의 기록으로 남을 위의 사건이 있었던 1923년 봄 이후로는 의열단과 연관되는 현계옥의 동정이 어떤 자료에도 나오지 않는다. 그 거사를 준비하면서 기울인 정성과 노력과 성공에의 기대가 완전히 허망해진 것과 같이 되어버린 그 사태로 크게 실망하고 분노도 했을지 모른다. 그래서인지 의열단원으로서의 그녀의 행보와 활동은 거기서 중지된 것처럼 보인다. 대신에 그녀는 현정건이 주요 역원인 상해파 고려공산당의 주도로 1924년 4월 청년동맹회가 창립되자 바로 가입한

---

90 이종률, 「조국을 세우기 위한 투쟁의 일생—김시현 선생과 그 영부인의 전기」(1961), 안동청년유도회, 『何求 김시현 先生 추모 학술강연회(자료집)』, 2006, 97쪽.

다.[91] 자기 활동의 새 거처와 근거를 거기서 찾은 것이다.

잘 알려진 사실이지만, 처음부터 의열단을 강하게 의식하고 견제도 하려는 입장이던 청년동맹회는 창립 후 반년만인 그해 10월에 발표한 선언문에서 의열단의 암살파괴운동을 '공포론'(terrorism)으로 깎아내려 비판하였다. 이에 분개한 의열단 간부진이 청년동맹회를 맹비난하더니 급기야 청년동맹회 간부들을 찾아가서는 구타한 외에, 집행위원 윤자영(尹滋瑛)과 현정건이 일본공산당에서 돈을 받아 유용하고 있다는 말을 퍼뜨렸다. 청년동맹회는 신속하게 자체 조사를 한 결과, 사실무근의 유언비어로 판명되었다고 발표했다.[92]

이 충돌사태에 현계옥은 무척 당혹도 했겠지만, 그 이상으로 마음 많이 상하고 의열단에 대한 배신감이 커졌을 것이다. 의열단이 악의적인 방법으로 조야하게 현정건을 매도하고 나섰으니 더욱 그럴 수밖에 없었다. 뒤로 갈수록 역력해질 것인 바 현계옥이 상해파 중심의 좌경 이념과 노선으로 기울어짐의 큰 계기는 이로부터 주어진 것으로도 보인다. 반면에 이 사건의 여파로 위신이 크게 손상되고 경제적 빈궁까지 겪게 된 의열단은 혁명적 군사·정치운동으로의 노선변경을 꾀하면서 1925년 여름에 광동으로 본거지를 옮겨간다. 그럼으로써 의열단과 현계옥의 관계는 멀어짐 이상으로 완전히 끊기게 되는 것이었다.

그런 맥락에서 그녀는 이제 청년동맹회를 주축으로 삼고서 사회주의 노선의 민족혁명운동을 이끌어가려 하는 현정건·윤자영과 전적으로 보조를 같이해 활동하기 시작한다.[93] 그리고 그 첫걸음이 국한문 잡지 『여자해방』

---

[91] 청년동맹회의 〈회비수입 성적일람표〉(「기밀 제176호, 鮮人靑年同盟會總會狀況ニ關スル件」, 1923. 10. 5, 『不逞團關係雜件-鮮人ノ部-在上海地方』 5)에 '현인근'이 1924년 4월과 5월에 회비를 낸 기록이 있다.

[92] 이 사건의 배경과 전말은 김영범, 『한국 근대민족운동과 의열단』, 126~131쪽과 최선웅, 「1924~1927년 상해 청년동맹회의 통일전선운동과 대한민국임시정부」(『한국근현대사연구』 44, 2008), 199~202쪽을 볼 것.

[93] 『동아일보』 1925. 11. 7, 「폭탄제조와 권총발사」도 "녀자는 여전히 상해에 잇다는데 그동안 고려공산당

을 간행해내는 일이었다. 1926년 12월에 조선총독부 경무국 보안과에서는 조선인들의 국외 독립운동의 동향 정보를 정리하면서 '재상해 공산당 관계 선인(鮮人)들의 기관지'로 발간되는 3종의 잡지가 있는데 그중 『혁명청년』 과 『불꽃』은 여운형파에서, 『여자해방』은 현정건파가 발간한다고 결론지었다.[94] 『혁명청년』은 최창식(崔昌植)이 주간이 되어 "한국독립 완성을 위한 세계피압박민족 및 피압박계급 해방운동과의 협력"을 모토로 그해 7월부터 '혁명청년사' 명의로 발간하기 시작한 논설전문지였고, 『불꽃』은 조선공산당 임시상해부의 기관지였다.[95] 그런데 이것들보다 먼저 『여자해방』이 현정건과 '현인권' 즉 현계옥의 주관으로 발간되었던 것이다.

『여자해방』 창간호는 1926년 3월 8일에 '국제 부녀일 특간'으로 나왔다. 거기 실린 「국제 부인데이와 한국여자운동」 제하의 논설기사 일부분을 관헌자료에서[96] 볼 수 있는데, 그 요지는 이러했다. 한국의 여자들은 한편으로 구습과 구풍속 아래 참혹한 속박을 받고 있고, 다른 한편으로는 제국주의 일본의 무서운 전제 아래 압박받고 있다. 그 고통은 구미 각국의 여자들과 비교해도 이중 삼중으로 심하다. 그러므로 '부녀운동'은 제일보로 일본제국주의를 박멸하고 다시 나아가 사회혁명의 승리를 도모하여 사회주의사회 건설을 실현시키지 않으면 안 된다. 진정한 의미에서의 한국여자의 해방은 한국민족의 해방과 한국무산계급의 해방이 같이 이루어지는 데 있다. 그로써 한국의 민족혁명과 사회혁명의 승리는 필히 세계무산계급혁명의 승리

일에 관련이 만튼 그 남편과 윤자영으로 더부러 여전한 활동을 하는 한편..."이라 했다.

[94] 「朝保秘 168호, 在上海赤化鮮人二關スル件」(1926.12.28.), 『不逞團關係雜件—朝鮮人ノ部—在支那各地』4. 이 자료에서 『청년혁명』은 상해 일본경찰의 정보계통에서 『혁명청년』을 오인, 오기한 것이다.

[95] 「조보비 834호, 「不穩雜誌『革命青年』二關スル件」 1926.8.16, 국사편찬위원회, 『한국독립운동사 자료』 37, 2001, 255쪽.

[96] 「高警 1177호, 不穩雜誌『女子解放』ノ記事二關スル件」(1926.4.8.), 국사편찬위원회, 『한국독립운동사 자료』 37, 213쪽.

와 그 진퇴를 함께 하는 것이다. 고로 한국여자들은 노동여자의 단결을 굳게 다지고 '한국여자해방운동'을 조직하여 적극적으로 한국혁명운동에 참가하며 또한 '세계무산여자운동'과 더욱더 밀접한 단결을 도모해야 한다. 거기에 오늘[부인의 날]의 의의가 있는 것이라고 하였다. 요컨대, 한국의 무산여자들이 일제 박멸과 사회주의사회 건설에 목표를 두는 민족해방운동 및 무산계급해방운동의 동시적 수행에 동참하여 위의 두 운동과 삼위일체를 이룰 여자해방운동을 조직하고 전개해가야 한다는 것이다. 이 주장에 걸맞게 기사는 "여자해방 만세! 한국민족해방 만세! 세계무산계급해방 만세!"라는 구호로 끝맺음했다.

『여자해방』 제2호는 두 달 후 1926년 5월 1일자로 나왔다.[97] 이번은 메이데이를 기해서였고, 석판 인쇄의 미농지 2매에 8쪽짜리였다. 기사는 2건, 짧은 분량의「한국혁명여자회 선언서」와 비교적 긴 글인「한국여자운동」이었다. 앞서 본 창간호의 기사처럼, 한국의 민족혁명과 무산계급혁명운동이 촉진되어야만 여자해방도 빨라짐을 강조하고 두 혁명운동의 연계와 제휴를 촉구함이 그 요지였다.

그러는 중에 국민혁명운동의 기세가 무서운 속도와 열기로 고양되어 7월 1일 국민혁명군의 북벌전이 정식 선포되고 개시되더니 양자강 이남의 군벌 군대를 연이어 격파해갔다. 그런 상황에서 10월 10일, 상해 한인 청년계의 유력자들이 중국사정연구회를 조직하는데, 명칭 그대로 급변하는 중국사정에 대한 조사연구와 선전 사업을 위해서라고 했다. 그러면서 실행력 있는 명망가들 중에서 집행위원 9인을 뽑았는데, 그중의 한 명이 현읍민(玄揖民: 현정건의 아호)이고 현인근이었다.[98]

---

[97] 「機密公」152호,「女子解放」記事ニ關スル件」(1926.6.3), 국사편찬위원회,『한국독립운동사 자료』37, 235쪽.
[98] 『동아일보』(1926.10.20),「상해재주 동포, 중국사정 사회과학 2회를 조직」.

그리고 한 달 후 11월 7일에 1917년의 러시아혁명 기념일을[99] 기하여 『여자해방』 제3호가 나왔다. 그 취지에 맞게끔 목차도 짜서, 기사 제목이 「제9회 러시아 혁명 기념일을 맞이함」, 「러시아 혁명 이야기」, 「영국 총동맹 파업 이래의 영국 여자 활동」, 「남녀동등 반대에 대하여」 등이었다.[100] 첫 번째 기사는 구도덕·구습관과 정치·경제적으로 이중·삼중의 압박을 받고있는 우리나라 여자들은 최초의 진정한 여자해방을 표방했던 러시아혁명의 기념일을 한층 더 의미 있게 보내야 한다는 요지였고, "11월 혁명 만세!"와 "한국 독립 만세"라는 구호로 끝맺었다.[101] 나머지 세 기사는 제목만 알 수 있고 내용은 확인되지 않는데, 세 번째와 네 번째 기사는 현계옥이 필자였을 가능성이 거의 100%이다. 상당한 수준의 영어 해득력으로 영자 간행물을 참고하여 써냈을 것이다.

그녀의 그런 문필활동은 정종명(鄭鍾鳴)·허정숙(許貞淑)·주세죽(朱世竹) 등이 주도했던 1924년의 조선여성동우회와 1925년 북풍회·화요회 계열의 경성여자청년동맹, 황신덕(黃信德)·정칠성 등 도쿄 유학생들의 삼월회(三月會) 결성에 발맞추어 기세를 올렸던 사회주의적 여성해방운동과[102] 호흡을 같이 하며 적극 호응하는 성질의 것이었다. '신여성' 개념이 "(구제도의) 모든 불합리한 환경을 부인하는 강렬한 계급의식을 가진 무산여성으로서 새로운 환경을 창조코저 하는 열정 있는 새 여성"으로 바뀌어야 한다고 역설한 정칠

---

[99] 구력(舊曆)으로는 10월이지만 신력으로는 11월이라고 설명을 붙였다.
[100] 「조선민족운동연감」, 국사편찬위원회, 『대한민국임시정부자료집』 별책 2, 2009, 1926년 11월 7일조.
[101] 경성지방법원 검사국, 『移輸不穩印刷物記事槪要』의 『여자해방』 항목에 이 잡지의 간행개요가 표로 제시된 데 이어 이 기사의 전문이 일역(日譯)되어 실려 있다.
[102] 이에 대한 전반적인 소개로 김경일, 『신여성, 개념과 역사』(푸른역사, 2016), 144~146쪽이 유용하고, 자세하고도 충실한 해설은 이임하, 『조선의 페미니스트: 식민지 일상에 맞선 여성들의 이야기』(철수와영희, 2019)의 유영준·정종명·정칠성 편들에서 볼 수 있다. '여자해방' 문제의 제기와 관련 주장들은 신문 지면에도 일찍이 1920년부터 나오기 시작하여 1920년대 말까지 간헐적으로나마 계속되었고, 1920년대 초·중반에 성행한 대중강연회들의 주요 주제이기도 했다.

성의 주장에[103] 큰 박수를 보내며 더욱 힘을 실어주는 것이기도 했다.

처음에 현계옥은 기생 시절에 접했던 중국의 천진기녀나 추진의 선례처럼 영웅적 여성투사가 되어서 민족해방만 아니라 자기해방도 이루어낼 마음으로 의열단에 가입해 활동하기를 열렬히 원했고 실제로 단원이 되었었다. 그러나 이제는 자기의 과거와 같은 위치에 놓여있을 모든 여성, 억압과 구속과 차별과 소외로 고통받는 존재인 노동여성, 주부여성, 빈민여성, 천업여성 모두의 해방을 필봉으로 고창하고 있다. 마음 맞을 여자 동지를 찾아보기조차 힘든 상해서, 페미니스트가 되기는 어려웠을 '남편 동지' 현정건과만 둘이서 외롭게 수행하고 있지만, 그녀로서는 최선을 다하면서 독보적인 목소리를 내보는 작업이었고 어느 모로 선구자적 행보였다. 그녀는 여자해방운동이 민족해방운동 및 무산계급혁명운동과 정확히 보조를 함께하여 나아갈 것을 주문하고 그래야만 3자의 해방이 동시에 이뤄진다고 역설했다. 그 얼마 후 정칠성도 "여성운동은 무산계급 해방과 함께" 가는 것이니 "선명한 계급의식 하에서 성적 차별 철폐 운동을 하는 것이 우리 여성의 사명"이라고 주장한다.[104] 두 친구의 생각과 목소리가 그렇게 서로 공명하며 거의 합치해가고 있던 것이다.

1925년 『동아일보』 연재 기사의 실제 필자와 그 진의 문제

여기서 1925년 11월 초의 1주일간 6회로 연재된 『동아일보』 기사로 시

---

103 정칠성, 「신여성이란 무엇―가치 대폭락의 허물은 누구에게」, 『조선일보』 1926.1.4. 정칠성은 직접 거명하지는 않았지만 나혜석(羅蕙錫)·김원주(金元周)·김명순(金明淳) 등의 '급진적 자유주의자' 페미니스트들이 주도해온 바의 '신여성'론과 여성해방론이 "뿌르조아의 인형이 되고저 하는 자유요 허영의 나래를 펴고 연애의 꿈나라로 비상(飛翔)코저 하는 자유"에 불과했다고 매섭게 비판하고 나서 이 주장을 개진했다. 정칠성의 일관된 무산계급여성해방론 및 여성의 경제적 독립 우선론과 그 실천 전반에 대해서는 박순섭, 「1920~30년대 정칠성의 사회주의운동과 여성해방론」(『여성과 역사』 26, 2017)과 이임하, 『조선의 페미니스트』, 144~151쪽 등에서 고찰·논의되었다.

104 정칠성, 「참 자유의 길」, 『여자계』 속간 제4호(1927.1), 17~18쪽; 김경일, 『신여성, 개념과 역사』, 146쪽에서 재인용. 『동아일보』 1927년 4월 20일자의 한 무기명 기사(「녀자운동선에도 방향전환의 필요」)도 계급해방운동과 여자해방운동이 밀접한 관계를 갖는다면서 '성적 해방에서 계급해방으로'의 방향 전환을 당시의 여성운동에 주문하고 있었다.

선을 좀 돌려볼 필요가 있다. 왜냐하면 그것은 현계옥과 현정건의 합작으로 이듬해 3월에 창간호가 나올 『여자해방』 제작과 간행의 사전 정지작업 겸 전초전이었다고 보이기 때문이다.

그 기사들의 필자로 기명된 '백두산인(白頭山人)'은 『개벽』지 주간(主幹)인 이돈화(李敦化)의 아호였는데, 지극히 정감 어린 문체로 봤을 때 실제로 그가 직접 썼을 가능성은 희박하다. 그는 그런 개인적 문제나 사생활에 대해, 그토록 오밀조밀 세세히 파고들어 장황하리만치 길고 긴 분량의 글을 써내는 이가 아니었다. 굳이 그럴 이유도 없었다. 이는 무엇을 뜻하는가? 확증되는 것은 아니지만, 자기 이름으로 저 기사가 나가도록 하기는 어려운 처지의 실제 집필자가 이돈화의 필명을 빌렸으리라는 추측을 가능케 해준다. 그러면 그는 실제로 누구였을까?

이에 대해서는 현정건의 7촌 재종숙(再從叔)인 문예운동가 현철(玄哲)이 주목된다. 본명이 현희운(玄僖運)이고 1891년 부산 동래 태생인 그는 도쿄의 메이지대학 법학과를 다니던 중인 1913년에 신극운동에 큰 흥미를 느껴 연극학교로 적을 옮겼고, 졸업 후 1917년에 상해로 건너갔다. 거기서 중국인 어우양 유킹(歐陽予倩)과 함께 싱지(星綺)연극학교를 경영했는데, 조카이지만 두 살 위, 아래여서 거의 형과 아우 같던 정건을 만났을 것임은 당연지사이다. 그리고 그때 현계옥과의 관계에 대해 그간의 경위와 내심도 다 토로·호소·상의 받았을 것이다. 1919년 2월에 그는 귀국했고, 이듬해 2월 연극강습소를 설립하여 연극인 및 무용인 양성을 시작했다. 그만큼 예술적 감성이 풍부했던 그는 가·악·무의 전문 예인인 기생을 아끼고 그 처지를 이해하는 마음도 컸을 것이다.

1920년 6월 『개벽』이 창간될 때 현철이 학예부장으로 영입되었는데, 3년 후 사임할 때까지 '현당(玄堂)'이라는 필명으로 총 19편의 문예평론과 2편의 번역희곡, 1편의 창작희곡(무려 46회나 연재)을 발표하였다.[105] 그렇게 왕성한 필력을 과시하는 중에 그는 '사상으로서의 문학'과 '인생 최오(最奧)의 진실을 그리는 문학'론을 제창했는데,[106] 그런 현철과 함께 『개벽』의 발간을 주관한 이가 편집인이던 이돈화였다.[107] 이런 배경적 사실과 인연을 무시하고 그냥 넘어가 버리면 『동아일보』 기사의 숨은 의미가 간취되지 않는다.

무슨 말인가 하면, 그때 현철의 글감이 된 많은 사실과 이면의 사연들은 전부 다 현정건이 자진해서 제공해주었다고 보아도 될 것이라 함이다. 어쩌면 그 글의 연재 자체를 정건이 먼저 제안해 부탁했고 초고도 그가 작성해 현철에게 보내줬을 가능성도 없지 않다고 본다. 그랬을 때 그 배후에는 당연히 현계옥의 종용 또는 사주와 공동집필이 있었을 가능성도 꽤 크다. 안 그랬다면 모든 전후 사실에 대해 그다지도 상세한 보고가 나오기란 불가능했을 테니 그렇다. 그리고 현철 자신도 포용과 동정의 시선으로 현정건과 현계옥의 문제를 보고 있었음이 명백하다.

그 연재의 3회 차 기사의 서두에는 "현여사의 육년간 생활을 쓰려면 적어도 조선을 중심으로 한 최근의 내외사정이 중심사실이 되지 않을 수 없으니, 그만큼 이 기사의 내용과 정신은 단순한 현여사의 내력이 아닌 것"이라고 쓰여있었다. 이제부터는 사실 그대로 다 밝혀 그릴 수가 없는 부분들이 있음을 이해하고 읽어달라는 당부도 편집자의 말로 넣어졌다. 연재의 진짜 취지와 목적은 세간의 속된 흥미에 영합하는 단순 연애담을 전하고 퍼뜨리려는 것이

---

[105] 문경연, 「1920년대 초반 玄哲의 연극론과 근대적 기획」, 『한국연극학』 25, 2005, 10쪽.
[106] 현철의 진보적 문예관과 활동에 대해서는 한기형, 「『개벽』의 종교적 이상주의와 근대문학의 사상화」, 임경석·차혜영 외, 『『개벽』에 비친 식민지 조선의 얼굴』(모시는 사람들, 2007), 425-429쪽과 유민영, 「근대극의 선도자 현철」, 『한국근대연극사』(단국대 출판부, 1996), 635-672쪽이 참고된다.
[107] 이돈화는 『개벽』의 매호 논조를 정하고 가장 많은 권두언·사설과 논설(1926년 폐간 때까지의 총 72호 중 42호에 78편의 글)을 써낸 대표적 필자이면서 시종 개벽을 이끌어간 중심인물이었다(조규태, 「『개벽』을 이끈 사람들」, 임경석·차혜영 외, 『『개벽』에 비친 식민지 조선의 얼굴』, 90-91쪽).

아니라, 진정성 어린 혁명운동의 행보에 사랑이 동반되고 있음을 알아주고 이해도 해달라는 뜻이었을 것이다. 그렇게 본다면, 두 사람의 애정의 밀도를 남녀관계의 잣대로만 재려 함은 잘못된 일이고, 그 심도를 굳이 따져서 추량하려 든다면 부질없는 호사 취미밖에 안 될 공산이 크다. 그보다는 '동지적 애인'이었다고 정리함이 가장 정확한 시각이 될 것이다.

게다가 그 시점은 현계옥이 의열단운동의 비밀스런 대오에서 이탈해 현정건과 동류의 사회주의자로 전신하고『여자해방』창간 등의 반(半)공개적 활동을 준비 중인 때였다. 그러니까『동아일보』의 연재 기사에는 현계옥이 현정건의 새 부인 되어 있음을 널리 공개하면서 윤덕경을 포함한 근친들도 그리 알고 있어 달라는 통고 이상의 의미가 있었다. 그와 더불어 이제는 '공적 개인'의 위치를 확고히 다지려는 현계옥이 독립운동 투신의 원초적 배경과 계기들을 상세히 밝히면서 계속해서 혁명가의 길을 변함없이 걸어가리라는 결의와 진로 예고를 전해주는 것이었다.

한 가지 더 언급한다면, 이돈화의 또 다른 필명이던 '야뢰(夜雷)'의 글 1편이 1926년 8월에 발간된『혁명청년』제2호에 실렸다는[108] 사실이다. 기고를 제의하며 원고를 청탁한 주체는 현정건이었을 가능성이 높아 보인다. 만약에 그렇다면 그것은 몇 달 전에 필명 대여라는 쉽지 않은 일을 이돈화가 수락해준 데 대한 보은의 뜻이 있지 않았을까 하는 생각도 든다.

---

[108] 夜雷,「6월운동에 출동했던 學生軍 20여 명을 남김없이 처벌한 京城 한인학교 당국자에 대하여」,『革命靑年』제2호(1926.8.5). 이 글의 日語譯 전문이 조선총독부 경무국장,「朝保秘 제1083호, 不穩雜誌「革命靑年」ノ記事ニ關スル件(1926.9.13; 국사편찬위원회,『한국독립운동사 자료』37, 264-266쪽)에 실려 있다. 총독부 학무국의 명령으로 배재·중앙고보와 협성·중동학교 학생들에게 퇴학과 무기정학 등의 가혹한 처벌이 가해진 것을 규탄하는 내용이다. 같은 호에 현정건의 필명임이 확실시되는 '玄眉'의 논설「6월운동과 중국국민의 後援聲」도 게재되었다.

홀로서기와 그 후의 행로

현정건의 피체와 수형과 급서(急逝)

1927년 4월 장개석(蔣介石)이 반공 쿠데타를 감행하여 국공합작을 깨면서 광주와 상해의 좌파세력을 극심하게 탄압하기 시작했다. 그 여파로 한인 좌파의 혁명운동자들도 갖가지 압박을 받고 곤욕을 치렀다. 그런 형세에 편승해 기회를 엿보던 일제의 간계로 상해에서는 중국(공안)·프랑스(조계 공부국)·일본(영사관) 3국 경찰 합동의 한인가택 수색이 불시에 벌어지곤 했다. 그러던 중 일경은 1928년 3월경에 프랑스조계 패륵로(貝勒路)에서 현정건을 지목 체포하였다. 현계옥의 존재를 현정건의 약점으로 본 일경이 그 점을 이용해 회유하고 석방 조건부의 전향과 밀정행위까지 유도하려는 의도로 그를 체포작전의 첫 표적으로 삼았을 공산도 있다. 하지만 현정건이 그런 계략에 넘어가고 굴복할 유약자(柔弱者)는 아니었다.

5월에 국내 압송된 그는 아무 연고도 없는 신의주의 경찰서에 유치되었다가 그곳 지방법원 검사국으로 송치된다. 예심에서 한국유일독립당 상해촉성회를 만들고 관내촉성회 연합회의 임원으로 활동했음이 유죄의 근거로 삼아져 '치안유지법 위반' 죄목으로 기소, 재판회부되었다. 재중국 독립운동자 중에서 독립당 촉성회 건으로 기소되기는 그가 처음이었다.

1928년 12월에 검사의 구형대로 3년 징역형이 선고되니 항소했지만, 이듬해 6월 10일 평양복심법원 판결에서도 원심대로 형이 선고되었다. 평양형무소로 이감되어 형기를 하루도 공제 없이 꼬박 채우고 복역한 그는 피체 4년 2개월여 만인 1932년 6월 10일에야 출옥하였다. 바로 상경해 윤덕경의 강력한 요구대로 그녀의 가회동 자택으로 들어간 정건은 활동 중의 과로와 그 후의 옥고로 인해 많이 쇠약해진 몸을 뉘어 정양하였다. 그러다 그해 12월에 형독(刑毒) 때문인지 급성 복막염이 발병하니, 병원에서 수술받고 입원 치료하던 중에 갑자기 상태가 악화해 그달 30일 운명(殞命)하고 말았다. '분투와 고난의 일생'(『동아일보』의 부음기사 제목)을 마흔 살 나이로 그렇게 마친 것이다.

비애를 넘어 다시 혁명의 길로: 모스크바행과 외몽고 활동

현정건이 돌연 붙잡혀가 돌아오지 못함에 그 빈자리만 휑하니 커 보이고 남들의 시선과 입방아도 의식되는 상해에 현계옥이 계속 머물러 있기는 힘들었다. 게다가 1920년대 말에서 30년대 초의 상해 한인사회는 좌-우 분극화와 대립 격화로 갈수록 긴장되고 험악해지는 분위기인데다,[109] 한인 공산주의자들은 중·일·프 3국 경찰당국의 합세에 의한 감시와 탄압의 연장에서 속속 검거되거나, 그것을 피해 소련으로 탈출해가는 정황이었다.

그래서일까? 현정건의 형기가 1년 정도 남은 때인 1931년 7월에 현계옥도 상해를 떠난다. 그리고는 모스크바로 가서 공산당원이 되었다.[110] 1934년 가을의 한 국내잡지 기사도 그 내용을 되풀이해 전하고는 그녀가 '모 기관에서 활약하는 중'이라는 말을 덧붙여놓았다.[111] 1930년대의 모스크바에 한인공산당 조직이 존재하지는 않았으니, 그녀가 '공산당원이 되었다' 함은 소련공산당에 입당했다는 의미로 읽는 것이 옳을 것이다. 하지만 다른 한편으로는, 한인 공산주의운동의 오랜 경력자도, 크게 두각을 나타내 보인 인물도 아니던 그녀의 입당이 그리 쉽게 승인되었을지가 의문이다. 그 점을 생각하면, 그녀가 '공산당원이 되었다'는 당시의 소식과 모스크바 (동방노력자)공산대학(Комм унистический университет трудящихся Востока)에 입학해 다녔다는[112] 후

---

109 이에 대해서는 김영범, 『한국 근대민족운동과 의열단』, 244-252쪽을 볼 것.
110 草土, 「붉은 연애의 주인공들」, 15쪽의 "현정건이... 지금 복역하고 있는데 일이 이러하게 되자 현계옥여사는 모스꾸바로 가서 큰일을 하고 잇다든가. 그도남(南)슈라처럼: 인용자 정당원(正黨員)이다." 참조.
111 「연애 소사」, 116쪽의 "현계옥은 지금 모스크바에 달려 여이당: 인용자원으로 모 기관서 활약하는 중" 운운 참조.
112 박태원, 『약산과 의열단』(재간본), 101쪽 참조. .

일의 전언은 어떤 관계에 놓이는 말인지를 다시 생각해볼 만하다. 현실적 가능성이나 개연성의 면에서는 그녀의 1931년 모스크바행은 그 대학에 입학하기 위해서였을 것 같기도 하다. 그러나 모스크바공산대학의 한인 입학자 관련 자료들을 살펴봐도 그녀의 이름(현인근 포함)은 발견되지 않는다. 윤자영이 공산대학 재학 중에 'Yun Za Yen'이란 본명과 함께 'Chen Min'이란 가명도 썼듯이 그녀도 새 가명을 만들어 썼을 것임에 착안하여, 이름 말고 성별·연령·출신지·이력사항 등의 다른 신원사항으로 혹시 유사점이 있는 인물이 있을까를 찾아보아도 역시 같은 결과이다.[113]

1935년 봄에 정칠성은 10여 명의 옛 동무를 한 명 한 명 회고하면서 그 근황을 모르겠고 소식도 없어 애타는 심경을 처연히 토해내는 수필을 한 잡지에 기고했다.[114] 그중 현계옥에 대해서는 "그 역(亦)[역시나 주세죽처럼: 인용자] 상해로 모스꾸바로 도라 다니다가 남편 현정건을 사별한 뒤 최근은 허굽흔 외짝몸을 잇글고 외몽고(外蒙古)에 잇다는 말을 풍문에 들엇다."고 썼다. 상해 → 모스크바 → 현정건 사망의 일들은 이미 알려진 바와 같았고, '외몽고 재류'가 새로이 추가되는 정보였다.[115]

정칠성이 들었다는 '풍문'의 원출처와 관계있을지 모르고 내용도 상당히 그럴듯해 보이는 가십 기사가 그 한 달 전의 국내 잡지에 실린 바 있었다. 모스크바로 갔던 현계옥이 얼마 전 상해 갈튼[Garden: 필자]구락부에 가야금을

---

113 한국외국어대학교 디지털인문학연구소 편, 『러시아문서보관소 자료집 1—문서 번역집: 모스크바 동방노력자공산대학(1921~1938)의 한인들』(방일권 외 역, 한울, 2020)의 학생 명부(89-138쪽)가 1차 검토 대상이었다.
114 정칠성, 「동지 생각」, 『삼천리』 제7권 3호(1935. 3), 100쪽.
115 현정건의 항소심이 진행 중이던 때인 1929년 5월 29일 평북 의주의 공회당에서 '근우회운동의 의의'라는 주제로 강연한 정칠성은 다음날 강 건너의 중국 안동현으로 갔다(『동아일보』 1929. 6. 1, 「근우회 강연 성황」). 국내로 들어오지 못하는 현계옥을 만나볼 일 말고는 그녀가 안동현으로 갈 이유가 딱히 있을 게 아니었다고 생각된다. 어쩌면 그때 미리 약속해서 만나본 현계옥의 편지와 영치물 같은 것을 정칠성이 받아서 귀경길에 평양형무소에 들러 현정건을 면회하고 전해주었을 수 있다. 그때로부터 거의 6년이 지난 시점에 이 잡지 기고문이 나온 것이다.

안고 나타나 무대에서 "반달가튼 이마를 숙이고 가야금 줄을 뜯으면서 붉은 입술[朱脣]을 열어 '고고천변일륜홍[皐皐天邊一輪紅: 인용자]'으로 시작되는 단가 한 곡을 멋지게 부르고는 다음 곡으로 〈춘희(椿姬)〉를 부르다 쓰러져 오열하니 감격한 관객들의 탄성과 환호가 쏟아졌는데, 그날은 남편이 돌아간 명일(命日)이었다."는 것이다.[116] 그러면 그 날짜는 현정건의 2주기 되는 날인 1934년 12월 30일이었다는 얘기가 된다. 기사는 그녀가 "그 뒤 곧 상해를 떠나 지금은 외몽고 어디에서 활동하고 있다든가."로 끝맺었다.

정황 묘사가 좀 선정적으로 윤색된 느낌이 들기는 하지만, 혁명가의 반려이면서 자신도 혁명가이던 여성에게 닥쳐왔던 불행이 남긴 큰 슬픔을 독자들도 충분히 공감하여 조소보다는 위무로 마음이 기울어지게끔 할 기사였다. 어쩌면 그것은 10년 전 『동아일보』의 연재기사처럼, 어느 특별한 인물에 대한 대중의 각별한 관심과 지속적인 기억에 조금이라도 부응해주려 한 것이었을지 모른다.

그러면 1934년 당시에 현계옥이 소속되어 있었다는 '모 기관'이란 무엇일까? 그리고 어찌하여 외몽고에를 갔을까? 흔한 통속적 화법으로는 슬픈 회억이 어려 있는 상해로부터 멀리 떨어진 곳이면서 풍정(風情)도 거의 정반대인 다른 어딘가로 도피하듯 가 있고픈 마음이 그녀를 외몽고로 가게끔 만들었다고 말할 수 있을지 모른다. 하지만 기관원이 되어 있다는 정보까지 같이 놓고 생각하면, 소속기관으로부터 모종의 임무를 부여받아 그리로 특파되었다고 보는 것이 합리적 추론이겠다.

그 무렵의 외몽고는 소련의 직접적인 통제하에 있었고, 얼마 전부터 정치

---

[116] 「담배 한 대 피어 물고」, 『삼천리』 제7권 2호(1935. 2), 157쪽. 국사편찬위원회의 한국사 DB에는 이 기사가 그해 1월 1일자로 발행된 제7권 제1호의 것이기도 한 것처럼 중복되어 나오는데, 자료탑재 작업 중에 잘못 삽입된 것이어 보인다. 안 해도 될 이 얘기를 여기 굳이 적는 이유는 현계옥이 가든구락부에 나타난 날인 12월 30일이 1934년이었을지 1933년이었을지를 정확히 가늠하기 위해서이다. 2월호였을 경우라야만 '1934년'이라는 추정이 가능해지기 때문이다.

적 격랑을 맞고 있었다. 1911년 청 제국의 붕괴로 몽골은 그 속국인 지위에서 벗어났는데, 1920년 로만 폰 웅게르-슈테른베르크 남작이 이끄는 러시아 백군에 점령되어버렸다. 그러자 몽골 인민군이 1921년 소비에트 적군의 지원으로 백군을 우르가(현 울란바토르)에서 내쫓고 친소 정권을 세운 데 이어 1924년 몽골인민당의 주도로 인민공화국 수립이 선포되었다. 인민당 정권은 1932년부터 사회주의 정책을 강력히 추진했는데, 농업 집단화에 불만을 품은 목축 농민, 라마교 승려, 지식인 집단이 1932년 4월에 일으켰다가 11월 정부군에 진압된 홉스굴(Khuvsgul) 봉기 후 코민테른과 몽골 정부는 강경파 축출 등으로 정책 추진의 속도를 조절해갔다.[117]

그 틈을 노리고 일제의 책동이 진행되었다. 1910년대부터 몽골 병탄의 야심을 품어온 일제가 1932년 3월의 만주국 수립 후부터 점차 노골화하여, 관동군 특무기관에서 1933년 7월에 〈잠행 몽고인 지도방침 강요안(暫行蒙古人指導方針綱要案)〉을 제정하고 1934년 2월에는 〈만주국 인접지방 점령지 통치안〉도 작성하여 동부 내몽고의 덕왕(德王; 德穆楚克棟鲁普의 약칭)을 조종해갔다. 그럼으로써 내몽고에 대한 정치적 영향력을 다지는 한편, 1935년 1월 차하르성(察哈爾省) 동부에서의 군사적 도발 감행('찰동사건')으로 위협하면서 내몽고에서의 친만·친일 자치정부 수립과 소련의 영향력으로부터의 외몽고의 이탈도 획책하였다.[118]

상황이 이리되어감에 긴장한 스탈린은 몽고인민공화국에 3만의 소련군을 보내 주둔시켰다. 현계옥이 정말 외몽고로 들어가 활동했다면 그 시작은 이즈음이었을 것으로 보인다. 소련 또는 코민테른 및 몽고 주둔군과 몽골인민

---

117 이상의 경과는 이재승, 「국경을 가로지르는 압송범죄—소련에 의한 몽골 정치인의 사법살인과 강제실종」, 『4·3과 역사』 23(제주4·3연구소, 2023), 117-121쪽을 참조. 이 내용의 원 출처는 여러 종의 서구 문헌이다.

118 邵雲瑞·李文榮(박강 옮김), 『일제의 대륙침략사』, 고려원, 1992의 제11장(「일본의 내몽고 독립운동」). '찰동사건'에 대해서는 같은 책, 21-27쪽을 참조.

당 사이의 지령·연락과 그 실행을 감독·조율하는 정치공작이 그녀에게 주어진 임무가 아니었을까 한다.

하지만 이 모든 얘기의 대부분을 한낱 추측과 상상에 불과한 것으로 만들지도 모르게끔, 1931년 이후로 몇 년간의 현계옥의 동선과 행적은 안개로 덮인 듯이 모호하고 아리송하다. 간간이 들려오는 소식과 풍문도 단편적인 것들 뿐이었고, 그마저도 1935년 이후로는 완전히 끊기어 사라져버렸다. 언제 어디서 생을 마쳤는지 지금도 알 수가 없다.

해방과 자립으로의 끝없는 여정

지금까지 현계옥의 생애사 관련 사실을 가능한 한 최대로 찾아내고 종합하여 복원적 정리를 해내는 데 일차적 목표를 두고서 전기적 방법에 의한 고찰과 논의를 해보았다. 결과를 요약하면 이러하다.

현계옥은 추정컨대 1896년에 경남 밀양에서 태어나, 유년기에 대구부 인근의 경북 달성으로 이주했고 악공이던 아버지로부터 가악을 교수받았다. 17세 때 기생조합에 들어가는 정식 예기가 되면서 대구부 내로 입거했고 빼어난 가무 실력으로 유명해졌다. 그러던 중 손님으로 찾아온 현정건과 급속도로 사랑에 빠져 연인이 되었다. 유학지이고 직업 기반이 있는 중국 상해로 돌아간 현정건과 편지로만 연정을 나누게 된 현계옥은 19세 때 서울로 올라가 다양한 가무 레퍼토리와 가야금 연주 솜씨로 이름을 날리며 '최고 기생'으로 대접받았다. 중국의 혁명가 황싱과 여성혁명가 추진과 또 어디서 접했는지 모를 천진기녀 출신의 혁명투사 얘기로부터 영감을 얻은 그녀는 미래의 자기상과 예정된 행로에 그것들을 투사(投射)시켜 의식을 고양시키고 상응하는 행동을 보이면서 '사상기생'이 되어갔다.

1919년 2월에 밀입국한 현정건과 상의하고 만주 길림으로 탈출해간 그녀는 의심받고 봉변도 겪었으나 지혜롭게 대처하여 그곳의 독립운동 진영에 받아들여졌다. 이듬해 상해로 내려간 그녀는 현정건과 동거동활하면서 꿈같은 '동지연애'의 나날을 보내는 한편, 한인사회와 독립운동계의 행사들에서 기품 있는 자태와 출중한 가무·연주 솜씨를 보여주어 '부인'의 지위를 인정받고 정착해갔다. 경성에서 품어보던 포부의 현실화 방도를 의열단운동에서 발견하고 김원봉에게 간청하여 유일의 여성단원이 된 그녀는 폭탄 제조 및 운반 등의 과정에서 남다른 역할을 해내면서 의열투쟁 국면의 의열단운동에 단단히 기여하였다. 상해에서 열심히 배워 능숙해진 영어실력도 거기 한몫했다. 그러다 1924년 의열단과 청년동맹회와의 사이에 충돌이 벌어지고 1925년 의열단 지도부가 광주로 옮겨가니 그녀는 의열단과의 관계를 완전히 정리한다. 그리고는 청년동맹회의 현정건이 견인차적 역할을 하는 사회주의적 민족혁명운동에 그녀도 투신하여 자기 몫을 해간다. 그것이 1926년부터 현정건과 함께 『여자해방』지를 수차 편간해내면서 사회주의적 여성해방론의 기치도 높이 드는 것으로 나타났다.

1928년에 현정건이 일제 경찰에 체포되어 국내로 압송되고 재판에 회부되면서 그녀에게 불행이 닥쳐왔다. 돌연히 사랑과 혁명의 반려를 잃어버리고 '외기러기' 신세가 된 그녀는 크나큰 상실감으로 고통받았으나 마음 다잡고 1931년에 모스크바로 갔다. 거기서는 공산대학 수학 후 코민테른 동양비서부로 추정되는 기관의 외몽고 특파원이 되어 활동한 것이 아닌가 하는 추측을 몇 가지 단서에 기대어 해볼 수가 있다. 하지만 그 행로의 종착점이 무엇이고 어디였는지는 전혀 알려지지 않고 불명이다.

결국 현계옥의 생애는 밀양과 대구에서의 불우한 유소년 시절, 그로부터 탈출하여 유명기생으로 입신하고[119] 사랑도 얻어 마냥 뿌듯해진 한편으로 사회적 시선과 현실권력의 속박을 이중으로 받으면서 그로부터도 해방될 자유의 획득과 사랑의 완성이 꿈꾸어지던 경성 시절, 그래서 탈출을 감행하여 남성들과 나란히 또는 그들에 못지않게 모험적 의열투쟁과 혁명운동의 대오에 몸담고 기량과 실력을 한껏 발휘하던 상해 시절, 이 세 대목으로 크게 구분된다. 이것은 1910~20년대의 상황에서 식민지 조선의 한 여성이 근대적 및 탈식민적 각성의 터널을 스스로 뚫고 가며 감당해낸 고투의 실제 경로이자 자기해방의 최고 경지였다.

그러나 인간사가 항시 좋을 수만은 없는 법. 행복감과 자부심이 충만해 있던 상해 시절의 어느 지점에서 갑자기 불운이 닥쳐왔다. 이에 대해서도 그녀는 고삐를 단단히 쥐고, 가던 길에 더욱 박차를 가하는 태세로 맞서면서 불행과 좌절의 기미를 떨쳐내고 재기하려는 모습을 보였다. 하지만 그런 결의와 노력이 뜻대로만 되어가지는 아닌 것 같으니, 운명의 여신의 유희 같은 것이 새삼 느껴진다.

주지하다시피 재소 한인혁명가들의 대다수가 1930년대 중·후반 스탈린정권의 정치적 탄압기에 '일본정탐', '반소 반혁명 활동', '종파분자' 등의 터무니없는 혐의를 쓰고 체포·처형되어갔다. 그 숫자는 무려 2,500명에 달했는데, 사회주의 노선의 민족혁명운동에 헌신해온 중심인물도, 공산당의 충직한 정수분자도, 어느 누구든 예외가 없었다.[120] 그러니 현계옥이라고 달랐으랴, 역

---

[119] "기생이라는 직업은 엄밀히 말하면 가난한 소녀들이 스스로 선택한 탈출구가 아니라 가난한 부모들이'의 딸을 이용한 탈출구였다."는 지적(노지승, 「젠더, 노동, 감정 그리고 정치적 각성의 순간」, 『비교문화연구』 43, 2016, 10쪽)은 현계옥의 경우에도 정확히 들어맞는다. 하지만 기생이라는 지위가 현계옥의 이후 삶에 다양한 가능성을 열어주는 기회요 통로가 되었음도 사실이니, 무척 역설적이다.

[120] 숙청과 희생의 자세한 내역은 반병률, 「항일혁명가 이인섭(1888-1982)의 회상기에 기록된 스탈린 대탄압과 항일혁명역사 복원기념운동」(『한국근현대사연구』 47, 2008)과 조철행, 「이충모의 독립운동」(『아세아연구』, 67권 4호, 2024)을 볼 것.

시 그 와중에 희생되었을 가능성을 배제하지 못한다. 그와 반대로, 홍범도(洪範圖)·이인섭(李仁燮)·주세죽처럼 변경지대 거주가 그나마 방파제가 되어주는 덕에 살아남아 여생을 다했는지도 모른다. 하지만 앞의 세 사람과는 달리 소련에서의 현계옥은 한마디 말도 글도 자취라도 남겨서 전해지는 것이 없다. 그렇게 그녀는 역사적 기억의 짙은 연무(煙霧) 저편으로 사라져, 미완의 전설로만 현전하는 것이다.

그녀의 사랑은 완성을 보긴 했으나 돌연한 상실에 봉착했고, 그 슬픔을 이겨내던 혁명가의 길도 얼마 안 가 끊겨버렸다고 봐야 할 것이다. 적어도 현재로서는 그렇다. 1920~30년대를 살아가던 한국인 독립운동가들의 사랑과 혁명은 남자든 여자든 대체로 그런 테두리 안에 갇히어 실패와 우울을 감내해야만 했다. 20세기 전반기의 동아시아 정치사와 혁명의 개인사는 그런 모습으로 엇갈리기도 하면서 자기만의 발자국을 남겨간 것이다.

12장
모럴과 모던 사이의 '또 다른 신여성':
윤덕경의 선택과 결단

나도 할 말이 있다

　전통시대 끝자락의 최하위 신분과 극빈가 출신의 기생에서 의열단원 독립투사로, 사회주의 계열의 민족혁명가로 거듭 전신해간 현계옥의 일생은 소설이나 영화의 제재가 되기에 족할 만큼 극적이다. 독립운동가이면서 유부남이던 현정건과의 열애 끝에 상해서 거의 10년을 같이 지냈다는 얘기까지 더해지면 흥미 요소가 배가된다. 기왕의 현계옥 관련 대중적 서사물 거의 모두가 그 부분에 집중해 부각시키는 양의 서술로 일관했고, 몇몇 연구자의 시론적 작업도 대체로 그러했다.[1]

　그렇더라도 흥미 위주의 기생서사에만 초점을 맞추거나 자유연애의 성공담으로만 '현계옥 스토리'를 끝낼 것이 아니다. 다양한 종류의 모티브가 거기 담겨 있었고, 이면의 다른 스토리도 병렬되고 있었음에서다. 두 사람 간의 밀

1　2000년대 이래의 기생연구 붐과 더불어 현계옥도 관심인물이 되면서 몇몇 연구자의 논구가 지속적으로 있어 왔다. 그런데 그 대부분은 『동아일보』 1925년 11월 1일~7일자에 6회로 분재된 장편 기사와 이능화의 『조선해어화사』(1927) 속의 왜곡된 서사를 텍스트 비평 없이 거의 그대로 차용하거나 약간 번안 배열하는 식이었고, 그녀의 기생 이력과 연애담에다 후일의 독립운동 행적을 큰 줄거리로 접속시키곤 하는 수준이었다. 그러다 폭넓은 1차 자료의 발굴과 구사로써 그녀의 생애 전체의 복원을 시도한 졸고, 「기생에서 혁명가로, 玄桂玉의 사랑과 자기해방의 고투」(『지역과 역사』 45, 2019; 본서의 3부 11장으로 수록)이 나왔다. 그녀가 여성해방론자였으며 사회주의 민족혁명가의 길을 걸어갔음이 거기서 구명되었다.

접해진 관계 밖으로 밀려나 소외된 존재가 되어버린 '본부인' 윤덕경(尹德卿)의 사연이 특히 그러하다. 이 제3의 인물에 대해, 또한 그녀 자신이, 할 말은 그 것대로 남아있고, 그 의미도 예사롭지 않을 것이다. 그러니 합당한 시선이 주어져야겠다. 현계옥에만 주목하고 조명하는 식의 일면적 시각이나 부조적(浮彫的) 방법에 갇혀서는 곤란하다. "그렇다고 윤덕경을 등장시켜봤자 결말이 뻔한 삼각관계일 뿐일 테고 그러면 '답정(答定)' 아니겠는가?"고 속단해버릴 일은 아니다. 어떤 일들이 있었고 무슨 얘기가 나오는지 한번은 살펴보고 귀를 열어도 보아야 한다. 지근거리에서 그녀들을 지켜봤거나 그 스토리의 조역이 되었던 이들의 언술은 혹시 없는지도 찾아봐야 한다고 생각된다.

그런 견지에서 이 글은 시대전환기의 '구여성'으로 태어나 주변적 존재임을 면하기 어려워지던 상황에서 그래도 '존재의 이유'를 찾으려 했고 그 나름의 항변도 해보인 이들에게 눈을 돌려보는 뜻에서 특히 윤덕경의 생애를 탐구해보고자 준비된 것이다. 선행연구로는 한 문학연구자의 논문이[2] 유일하다. 그런데 그 글은 윤덕경의 자살에 초점을 맞추고 그것이 담아냈다는 여성주체론적 의미를 해명함에 주력한 것이었지, 그녀의 생애를 온전히 되살려내 살펴보는 작업은 거의 생략된 것이었다. 또한 거기서는 윤덕경이 자살행동을 통하여 구여성에서 신여성이 되었다는 해석이 나왔는데, 실은 그보다 훨씬 앞선 시점에 다른 배경과 계기들을 통하여 신여성으로의 전환이 이루어졌다고 보아야 한다는 것이 필자의 소견이다.

그래서 우선 그녀의 생애과정을 다 밝혀 복원시켜내는 위에서 전면적인 고찰을 해보는 것이 이 글의 일차적 목표이다. 이어서 현계옥의 담대하고 거침없던 행보와 완전히 대비될 것인 바 윤덕경의 조심스럽고도 점진적이던 행보와 그 귀결은 별 의미가 없는 것이었는지를 고구해보고, 있었다면 무엇인

---

[2] 이상경, 「일제시대 열녀 담론의 향방: 독립운동가 아내의 '순종(殉終)'과 그 맥락」, 『여성문학연구』 28, 2012.

지를 검출해보려고도 한다. 또한 그녀의 자살에 대한 세간의 반응과 가능한 해석들에도 유의하여 다각도로 살펴볼 것이다. 관련하여, 그녀의 혼인 후 삶의 행로의 지속적인 참관자요 후견인과도 같던 인물인 시숙(媤叔) 현진건(玄鎭健)이 위의 반응 및 해석들이 나오는 데에 어떤 식으로든 개입했음을 구명하고, 그의 소설작품에서 현계옥이 어떻게 묘사되고 그녀와 형 정건과의 관계가 어떻게 해명되는지도 분석하려 한다.

이러한 작업들을 거치고 나면, 식민지시기 한국여성사의 맥락 속에 윤덕경은 어떻게 자리하고 있었으며 그 위치와 행로에 혹시 내재했을 여성사적 함의는 무엇이었을지도 같이 논해볼 수 있을 것 같다. 정연한 전체성의 논리적 외양을 우선시해 그것으로 구체와 개별성을 재단해버리는 우(愚)를 경계하고, 상충하며 모순되어 보이는 얘기일지라도 있었던 그대로 전달·제시하는 데 역점을 두려 한다. 보이는 대로 느껴지는 대로 서술해내는 것이 소소할지언정 진실의[3] 발견과 재구축에 일조하는 길이 되리라 믿기 때문이다.

윤덕경의 생애와 특이 면모들

버림받은 구여성

윤덕경은 1895년[4] 경남 양산군 상북면(上北面) 소토리(所土里)의 양반 대지

---

[3] 사회학자 김명희는 일본군 위안부 문제에 관해 우리가 읽어내야 할 것은 서사적 진실, 사건사적 진실, 구조적 진실 모두라고 짚어냈다(「〈탈진실의 시대, 역사부정을 묻는다〉에 대한 토론문」, 일본군 '위안부' 연구회 총회 제2부, 서울대학교 법학전문대학원 강의실 및 온라인 중계, 2020.5.30). 이를 빌려 말해보면, 구조적 진실에 더 잘 다가서기 위해서라도 서사적 진실과 사건사적 진실을 먼저 제대로 밝혀내야 하리라는 것이 이 글을 준비하면서 필자가 취한 입장이고 스스로의 기대였다.

[4] 『延州玄氏八修大同譜』卷之三(회상사, 2001)의 「贊成公派」第四疊, 176쪽에 그녀의 생년이 '乙未'로 되어 있음에 의한다. 월·일은 미상이다.

주 집안에서 태어났다. 조부는 사천현감(泗川縣監)을 지낸 파평 윤씨 윤홍석(尹洪錫/尹弘錫)이고, 아버지 윤필은(尹弼殷, 1861년생)은 하급 무관으로 출사(出仕)하여 1900년에 동래감리(東萊監理)와 동래부윤을 지냈다. 세 명의 숙부는 각기 한말의 군수, 은행·학교 설립자, 사립학교 교장이 되었다. 오빠가 두 명 있었는데, 1920년대에 백산무역회사 이사로 등장하는 윤현태(尹顯泰)와, 수립 직후의 대한민국 임시정부에서 내무위원을 거쳐 재무차장으로 봉직하다 1921년에 30세로 병사 작고한 윤현진(尹顯振)이다.[5]

"엄격한 가풍을 본받으며" 자랐고 "삼종(三從)의 도리를 당연하고 불가피한 것으로 수용"했다고 함에서[6] 그녀는 전형적인 구여성에 속했다고 볼 만하다. 그러면서도 작은오빠의 인격적 감화를 받아 "힘과 열의 적극적 정신"을 가졌으며 "성격이 퍽 활달하고 재주도 출중"했다는 데서는 말없이 순종하는 이미지의 구여성과는 다소간 거리가 있는 타입이었음도 간파된다. 양반가 부잣집의 외동딸이라는 조건이 가능케 해줄 상이었다.

주어서[7] 대구의 중인 집안 자제인 현정건(1893년생)과 결혼했다. 결혼 일자는 3월 20일이었던 것으로 보인다.[8] 이 혼인이 성사된 것은 윤필은처럼 무과에 급제하고 동래부의 일본어 역관이었다가 창원감리를 지내고 내장원경에까지 올랐던 현학표(玄學杓, 1844~1912)가 손자를 위해 나선 주선이 주효해서

---

5 가계와 가족에 관한 이 부분의 서술은 부산근대역사관, 『부산의 근대 자본가 청운 윤상은의 일생』 (2010) 외의 여러 자료를 참고하여 종합한 것이다.
6 윤덕경의 생애에 관한 이하의 서술과 사실 제시는 『신가정』1933년 3월호의 「血淚에 젖은 四十年間―故 尹德卿女史 殉終記」에 주로 의거하고, 『신여성』1933년 3월호의 鄭五星, 「尹德卿女史殉終悲話」로 일부 보충한 것이다.
7 윤상은, 「나의 회고록」, 부산근대역사관, 『부산의 근대 자본가 청운 윤상은의 일생』, 239·245쪽 참조.
8 김승, 「독립운동가 右山 윤현진의 생애와 활동」(부산근대역사관, 『부산의 근대 자본가 청운 윤상은의 일생』, 2010), 234쪽에 결혼 일자가 1919년 3월 20일이었다고 되어 있다. 그러나 다른 여러 자료와 모든 방증들로 보건대 현정건의 결혼은 명백히 1910년의 일이었다. 그래도 월·일의 기재는 어떤 근거가 있는 것일 터이고 다른 데서 찾아지는 것이 없기도 하므로 이것을 잠정적으로 취해 둔다.

가 아니었겠는가 한다.

그런데 혼인은 그 직후에 사실상의 파경을 맞고 만다. 결혼하고 3일 만에 신랑이 집을 나가 상경하더니, 아무 기별 없이 중국 상해로 가버리고는 눌러앉아 돌아오질 않은 것이다.[9] 이듬해 6월의 모친상(母親喪) 때는 당연히 다녀갔겠지만, 그 후로는 소식이 거의 두절이었던 모양이다. 기다리다 못한 그녀가 1916년에 시동생 현진건을 따라[10] 상해로 가서 남편과 해후하고 살림을 차렸다. 그러나 석 달 만에 내쫓겨 되돌아와야 했다.[11]

신여성 되기와 사회활동 경험

그 이듬해 1917년에 윤덕경은 시부모—시부는 상처(喪妻)하고 몇 달 만에 재혼해 있었음—와 작별하고 '반(半)유폐' 상태에서 벗어나 서울로 이주했다. 그리고 몇 년 뒤에 태화여자학원(泰和女子學院)에[12] 들어가 보통학교 과정을 이수하였다. 평균 98~99점의 최상위급 학과성적으로 졸업한 그녀는 재학 중에 자습한 자수 솜씨도 '천재적'임을 인정받았다. 소문이 났는지 그녀는 졸업과 동시에 진명학원(進明學院)의 자수 교사로 채용되고, 그 후 '경성여자미술학

---

[9] 「혈루에 젖은 四十年間—故 윤덕경여사 殉終記」, 141쪽.

[10] 현진건은 16세 때인 1915년에 결혼하고 얼마 후 형 정건의 부름을 받아 부형 모르게 상해로 도망쳐가서(朴鍾和, 「잊혀지지 않는 사람들: 빙허 현진건군」, 『신천지』 68호, 1954.10, 138쪽) 호강대학(滬江大學)의 독일어전문부에 들어가 수학하고 1917년 초에 귀국했다(백기만, 「빙허의 생애」, 김두우 편, 『백기만전집』, 대일, 1998, 153쪽과, 박현수, 「문인-기자로서의 현진건」, 『반교어문연구』 42, 2016, 285-289쪽 및 309쪽 같이 참조).

[11] 아내가 찾아와 살림 차리고 눌러앉았음을 모종의 '견제'로 여긴 남편의 종용으로 윤덕경이 귀국해야만 했음을 시사해주는 문구들이 앞의 「血淚에 젖은 四十年間」, 142쪽에 다음과 같이 나온다: "뒤엎일 듯한 긴장과 추측하기 어려운 변화 속에서 지나는 상해의 청년지사 현씨에게는 윤씨의 정성스러운 내조도 때로는 그의 행동을 견제하는 것 같아서 현씨는 마침내 윤씨를 3개월 만에 귀국케 하였다. 이때 윤씨는 다시 광명을 떠나 암흑으로 걸어가는 것 같이 전도가 암담하였으나... (하략)".

[12] 기독교 감리교단의 여성 선교사 마이어스(M. D. Myers)가 인사동의 요정 태화관 자리에 종합선교기관으로 설립한 태화여자관에서 1921년 여성교육사업의 일환으로 야학반을 개설한 것이 이 학교의 기원이다.

원'에서도 수년간 교편을 잡은 것으로 알려진다.

1925년 8월에 배화여고보 교사이고 서화가인 김의식(金義植)이 경성여자 미술강습원을 설립하고[13] 이듬해 7월에 당국의 정식 인가를 받아 '경성여자미술학교'로 승격시켰다.[14] 보통학교 졸업자 수준의 본과 2년과 여고보 졸업자 수준의 연구과, 학력 불문의 선과(選科)를 각 1년 과정으로 개설, 운영한[15] 이 학교는 교사(校舍)를 죽첨정(竹添町) 1정목(현 서대문구 충정로 1가)에 두었다가 1927년 4월에 내자동의 전 배화여고보(培花女高普) 자리로 옮겼다. 윤덕경이 미술학교 교사로 재직한 것이 언제부터인지가 불명인데, 1926년 12월에 학교가 공표한 '학과 담임자 씨명'에서는 그녀의 이름이 안 보인다.[16] 그러나 1928년 4월의 보도기사에는 자수 교사로 올라 있다.[17] 1931년 4월에는 개교 예정인 명성여자실업학원(明星女子實業學院)의 교원 명단에 황신덕(黃信德)과 함께 그녀의 이름이 나오기도 했다.[18]

늦게 채용되었든 선과 담당이었든 상관없이 윤덕경이 여자미술학교의 자수 교사였음은 사실로 인정된다. 그 시절에 자수는 부덕(婦德) 양성에 긴요한 교양임과 아울러 경제적 자립을 위한 신종 직업수단이 될 수 있었다. 그래서 여자미술학교의 자수과는 인기가 높았다.[19] 누구나 선망하는 교사 직업에 인기과목

---

[13] 『동아일보』 1925. 8. 27, 「여자미술강습원」; 『시대일보』 1925. 8. 27, 「여자미술원」.

[14] 『동아일보』 1926. 7. 12, 「경성여자미술학교」. 이 학교에 대한 개괄적 소개와 정리를 김소연, 「한국 근대 여성의 서화교육과 작가활동 연구」(『미술사학』 20, 2006), 184-188쪽에서 볼 수 있다.

[15] 『시대일보』 1926. 7. 11, 「조선 초유인 여자미술학교」 참조.

[16] 『중외일보』 1926. 12. 19, 「여자미술강연회」 참조.

[17] 『중외일보』 1928. 4. 8, 「경성여자미술 연구과 확장」 참조.

[18] 『매일신보』 1931. 4. 2, 「가정부녀를 위한 명성여자학원」 기사 속의 기명은 '尹德瓊'이지만 尹德卿과 동일인이었을 것으로 본다.

[19] 도쿄여자미술학교의 조선인 졸업자 수는 일제 강점기를 통틀어 110명 정도였는데, 그 중 편물 및 양재 전공자는 4명뿐이었음에 반해 85명가량이 자수과 출신으로 극히 편중된 현상을 보였다. 권행가, 「장선희와 조선여자기예원」, 『한국근현대미술사학』 38, 2019, 165-171쪽 참조.

담당이기도 했으니 그녀로서는 무척 다행이고 뿌듯한 바도 있었을 것이다.[20]

그렇게 자수교사로 봉직 중이던 그녀가 느닷없이 날아든 흉보에 접한 것은 1928년 3월의 일이었다. 남편이 상해에서 경찰에 붙잡혀 국내 압송되어 왔고 신의주감옥에 갇혀있다는 것이다. 황망 중에도 그녀는 "몇 해만 기다리면…"이라고 새 희망을 가져보며 스스로를 위안했다. 그동안 저축해온 돈으로 가회동에 집터를 사서 10여 칸짜리 집을 직접 설계해 짓기도 했다. 남편 출옥 후의 안식처를 마련해놓을 셈으로였다.

나아가 그녀는 사회활동의 장에도 발을 들여놓았다. 경성여자소비조합(이하 '소비조합') 가입과 회원모임 참석이 그것이다. 이 조합은 근우회원 중심의 여성 활동가들의 발기와 거의 반년 동안의 준비를 거쳐 1930년 3월 9일 300명의 회원으로 창립되었고, 4월 5일에는 낙원동 256번지에 회원 전용 구매점도 개설하였다.[21] 그런데 1년여의 운영 중에 초기의 외상거래 허용과 경상비 부담 등이 경영악화와 적자를 초래했다. 그래서 1931년 9월 19일에 '최후방책 강구'를 위한 임시대회가 인사동의 조합회관에서 열렸는데, 윤덕경도 참석자 20인 중의 1인이었다.[22] 1920년대 중반 이래 조선여성운동의 선봉장이 되어 온 유영준(劉英俊)과 황신덕이 감사로 출석했고 유영준이 새 이사장으로 선출되는 자리이기도 했다.[23] 윤덕경이 사회활동에 적극 참여하는 모습은 다소 의

---

20 1929년 4월 당시 경성여자미술학교 이사장은 현정건·현진건의 7촌 재종숙(再從叔)인 현철(玄哲, 본명 현희운[玄僖運])이었다. 「京鍾警高秘 제5233호의 3, 京城女子美術學校職員紛糾ノ件」(1929.4.30), 경성지방법원 검사국, 『思想問題ニ關スル調査書類』7(국사편찬위원회 한국사 데이터베이스) 참조.

21 『동아일보』1930.4.5, 「여자소조 5일 개점」; 『中外日報』1930.4.5, 「여자소비조합 금일부터 개업」 기사에서 점포 사진을 볼 수 있다.

22 「경종경고비 제2619호, 집회취체상황보고」(1931.9.21), 경성지방법원 검사국, 『思想ニ關スル情報綴』1(국사편찬위원회 한국사 데이터베이스) 참조.

23 신임 경영진이라고 뾰족한 수가 있는 것은 아니었는지, 소비조합은 1933년경에 해체되고 말았다. 주관이 뚜렷하면서도 진솔·겸손한 성격이고 일찍이 여성계몽운동을 주도했으며 이화여전(梨花女專)의 교의(校醫)이기도 하던 유영준은 근우회 출범의 한 주역이었고 간부로 활약했다. 1928년경의 결혼 후 가정생활에 전심하던 그녀는 여자소비조합 창립 때 감사장(監事長)으로 선임되었다. 그녀는 신·구

외일 수 있었는데, 그래도 그녀는 그 활동 장 속에서 다수의 '신여성' 부인들과 상면하고 그들의 생각과 주장과 행동양식에도 접하여 자기의 것과 견주어보면서 의미 있는 경험을 해가고 있었을 것이다.

정칠성과의 대면교류 개연성, 그 연유와 효과

낙원동의 소비조합 구매점 옆집에 '분옥수예사(粉玉手藝舍)'가 같은 해 개설되어 1931년 8월경의 폐업[24] 때까지 유지되었다. 판매영업과 무료 수예교습을 겸하던 이 점포의 주인은 근우회 중앙집행위원장인 정칠성(丁七星)이었다.[25]

본래 편물 쪽의 재주가 있던 그녀는 편물교사 경력도 갖고 있었다. 도쿄여자미술학교 출신인 장선희(張善禧)가 1927년 6월에 서대문정 2정목(현 종로구 신문로 2가)에 설립한 (조선)여자기예원(女子技藝院)에서[26] 동년 11월 10일에 개인교수식 편물강좌를 하루짜리로 열었을 적에 담당강사는 정칠성으로 예고되었다.[27] 두 달 후 1928년 1월 중순에 여자기예원에서 수예품 제작과 판매 겸

여성의 중간파를 자처하며 구여성도 여성운동에 동참토록 신여성이 노력해야 한다고 주장했다(신영숙, 「유영준」, 김경일 외, 『한국 근대 여성 63인의 초상』, 한국학중앙연구원 출판부, 2015, 307-310쪽). 역시 근우회 창립의 한 주역이었던 황신덕은 기자시절에는 사회주의적 여성해방론 주창에 앞장섰으나 1929년 결혼하고부터는 교사로 일하면서 점차 현실주의적 입장을 취해갔다(신영숙, 「황신덕」, 김경일 외, 위의 책, 501-506쪽). 두 사람의 그런 모습과 태도에서 윤덕경이 상당한 신뢰감과 친근감을 갖게 되었을 것이라고 생각된다.

24 『별건곤』 제42호 (1931.8), 「만화경」 참조.
25 "근우회 정칠성씨는 수월 전부터 낙원동 경성여자소비조합 옆집에다 자수, 편물을 전업(專業)하는 소상점을 새로 내엿는데 상호는 분옥수예사라고 하고 지원자가 잇스면 수예품을 무료 교수도 한다고 한다." 『별건곤』 제35호 (1930.12), 「풍문첩」.
26 『동아일보』 1927. 6. 13, 「여자기예원 창립」; 『중외일보』 1927. 8. 18, 「여자기예원」.
27 『동아일보』 1927. 11. 9, 「여자기예원 편물 개인교수」.
 기사에는 "일본에서 다년간 수예를 연구해가지고 온 정칠성씨"로 소개되었지만 과장된 표현이다. 정칠성이 후일 자술한 바에 의하면, 1차 도일 때인 1922년경에는 서양 갈 준비로 도쿄영어강습소에서 영어와 타자기 사용법을 배웠고, 2차 도일 때인 1925년에 도쿄여자기예학교에 들어가 1년간 편물을 배웠는데 그때는 사상서 읽기와 팸플릿 발간 및 지방순회 연설 등으로 바쁘게 지내느라 학교는 1주일에 몇 번 가지도 못했다고 한다(「저명인물 일대기」, 『삼천리』 9권 1호, 1937. 1, 40쪽). 그런 반면에 정칠성은 대구여자청년회가 1923년 12월부터 3개월간의 무료 편물강습을 사립 명신여학교(明新

용의 부속기관으로 조선여자직업사를 설립했는데, 그때도 교사로는 정칠성 1인의 이름만 내걸어질 정도였다.[28]

하지만 그녀의 교사이력은 오래 지속되지 못한 듯하다. 여자기예원에서도 자수과와 조화과는 계속 존치 운영되었지만 비인기 종목인 편물과는 얼마 안 가 폐설된 것 같은데,[29] 그런 사정은 여자직업사도 마찬가지였을 것이다. 그래서 정칠성이 강구해낸 대책이 수예점을 차리는 것이 아니었겠는가 한다.

소비조합과 수예사는 윤덕경의 새집 동네인 가회동에서 가까운 거리에 자리하고 있었다. 그러므로 생필품 구매의 편의를 좇아서든 직업적 관심에서든 그녀가 자주 들렀을 가능성이 커 보인다. 만일 그것이 사실이라면, 둘 중 어느 곳이 먼저였는지 지금 알 수는 없지만 그녀의 평소 관심사로 미루어보건대 수예사가 먼저였겠지 않을까 한다.[30]

女學校)에서 열었을 때 서복주(徐福珠)·이금조(李今祚) 등과 나란히 강사로 나선 바 있다(『동아일보』 1923.12.1, 「편물강습개최」). 정칠성이 1·2차 도쿄유학 때의 수학 이력을 뒤바꾸어 술회한 것일 수도 있는데, 그게 아니라면 그녀는 기예학교 입학 전에 편물을 배워놓고 있었거나 본래부터 편물 쪽에 특출한 재주가 있었다는 얘기가 된다.

28 『동아일보』 1928.1.15, 「조선여자직업사 설립」; 『중외일보』 1928.1.15, 「여자직업사 창립」; 『동아일보』 1928.3.31, 「여자직업기예사 학생모집」.
　　이보다 조금 앞서 경성여자미술학교 졸업생과 재학생들이 수예품을 제조, 판매하며 직업훈련도 해볼 목적으로 자본금 1만원의 주식회사를 만들어 1927년 4월 1일부터 개업키로 하고 조선여자실업사를 발기, 창립했다(『조선일보』 1927.2.19, 「여자실업사」). 그렇다면 본문의 '여자직업사'는 이 '여자실업사'의 대항마로 설립되었을 공산이 크다. 윤덕경이 미술학교 교사였다고 함도 실은 여자실업사의 지도교사였음이 와전된 것일 수 있다. 관련 주제의 몇몇 선행연구들에서는 여자실업사를 여자직업사와 구별하지 못하고 동일체로 간주했거나 애매하게 처리해버리곤 했다.

29 『동아일보』 1929.3.19, 「조선여자기예원 생도모집」; 『동아일보』 1930.9.4, 「조선여자기예원」 참조.
　　여자기예원의 편물과는 1930년 11월에 복설되고 박한표(朴漢杓)가 담임하지만(『동아일보』 1930.11.27, 「조선여자기예원 더욱 확장」), 1932년 4월의 보도기사(『동아일보』 1932.4.3, 「자수와 조화 무료로 교수」)에서는 편물과가 언급되지 않는다.

30 이 문단과 다음 문단에서 추론이 수차 행해진다. 그러나 터무니없는 억측이나 멋대로의 상상은 아니다. 일일이 밝혀 적으면 번잡해질 여러 방증사실과 다각도의 정황판단에 의한 것이다. 때로 추론은 앞·뒤 논의를 이어주는 불가피한 고리가 되면서 적절한 진행을 도와줌에서 정당하기도 함을 말하고 싶다. 국내외 미시사 연구의 여러 모본적(模本的) 선례들에서도 그러했다.

윤덕경이 소비조합의 중요 의사결정이 이루어질 임시대회에 참석할 만큼 집행부와 밀접한 관계에 있었다면, 그것은 열성 멤버십만으로 가능했기보다 특별한 연줄도 작용해서였을 것이다. 우선은 윤덕경이 수예점의 단골손님이 되었을 가능성이 크다. 그런 그녀에게 정칠성이 소비조합 참여를 권한 것 이상으로, 유영준·황신덕에게 소개해주기도 하지 않았을까 싶다. 그랬다면 윤덕경은 정칠성에게서 젠더 동일성과 직업 동질성에서 우러나오는 원초적 유대감 이상으로, 반대급부 격의 신뢰감도 가지게 되었을 것이다. 자연스러운 대화의 소재도 풍부했다. 수예사가 편물만 아니라 자수품도 취급하는 데다 교사 이력을 공유했고, 정칠성이 대구 태생인 점에서도 그러했다. 다만 자기가 현계옥과 기생시절 이래의 절친이었고[31] 지금은 소식이 끊어졌어도 여전히 막역한 사이일 수밖에 없음은, 윤덕경이 인지하고 있었든 아니든 간에, 정칠성이 구태여 발설·언급하지는 않았을 것이다.

1930년대에 나온 여러 기고문과 회견기 등에서 보면 정칠성은 다정다감하고 배려심도 많은 성격이었음이 간취된다. 그렇지만 여성문제 및 사회문제에 관해서만은 촌보의 물러섬도 없이 단호한 태도를 내보였다.[32] 1926년 초의 한 신문 기고문에서[33] 정칠성은 '신여성'을 다음과 같이 규정한 바 있다. 즉, "구제도의 불합리한 성격을 부인하는, 강렬한 계급의식을 가진 무산여성으로서 새로운 환경을 창조코저 하는 정열이 있는 새 여성"이라고. 아울러 기존의 '신여성' 상에 잠복해 있던 허위의식을 날카롭게 꼬집어 비판하고 그들을 진

---

31 이에 대해서는 졸고, 「기생에서 혁명가로, 현계옥의 사랑과 자기해방의 고투」, 273·276쪽을 볼 것.
32 정칠성의 생애와 여성해방운동 경로는 김일수, 「정칠성, 근우회의 버팀목이 된 신여성」, 성대경 엮음, 『시대를 앞서간 사람들』(선인, 2014); 박순섭, 「1920~30년대 정칠성의 사회주의운동과 여성해방론」(『여성과 역사』 26, 2017); 이임하, 「사람이 있고 운동이 있다: 정칠성」, 『조선의 페미니스트: 식민지 일상에 맞선 여성들의 이야기』(철수와 영희, 2019), 123-176쪽 등에서 고찰된 바 있다. 그러나 이 글에서의 정칠성에 관한 논술은 거의 모두 필자 자신의 관점과 자료분석에 기한 것이다.
33 재동경 조선여성사상단체 삼월회 간부 정칠성, 「신여성이란 무엇—가치 대폭락의 허물은 누구에게」, 『조선일보』 1926. 1. 4.

정한 여성해방에 반하는 존재로 규정지으면서, "부르주아의 인형이 되고자 하는 자유, 허영의 나래를 펴고 연애의 꿈나라로 비상하고자 하는 자유"를 조소하기도 했다. 근우회의 기관지 지면을 통해서는 농촌, 공장, 유곽, 부잣집 하인 등의 각 방면에서 '천대와 빈곤'에 시달리는 다수의 무산계급 여성에 "유산계급의 처·첩·딸임으로 타고난 팔자조흔 운명의 소유자"를 대비시키고, 후자 중에서도 "신교육을 좀 바든 안악내"는 더욱 행복할 것이라고 꼬집어 말하였다.[34] 부르주아 신여성의 해방이나 여성 일반의 해방을 막연히 부르짖기보다 무산계급 여성의 해방에 강조점을 두려 한 것이다.

그 해방의 관건을 처음에는 교육이 아니라 경제적 독립이라고 그녀는 보고 있었다.[35] 경제적 독립이란 쉽게 말해 여성 개인이 혼자서도 생계유지해 나갈 수 있음을 뜻하는 것이었다. 그렇다면 그 가능성을 현실화시켜 줄 직업 취득이 경제적 독립의 선결요건이고, 그런 의미에서도 직업 활동에 직결될 실용적 지식을 얻고 활용함이 경제적 독립으로 나아갈 통로인 셈이었다. 뒤에 가서 그녀가 농민·노동자층 중심의 '부인교양운동'에 매진하겠다는 다짐을 피력했을[36] 때의 '교양'도 계급의식 고취나 사회주의운동 대오로의 결집을 위한 '정치적' 교양의 의미로만 봐야 할 것이 아니고, 목전의 현실을 타개하며 생존의 여건을 개선해감에 도움이 될 '실용적' 차원의 교양이라는 의미를 강하게 담고 있던 것이라고 볼 수 있다.

그런 시각과 입장을 견지해온 정칠성이 볼 때 '유산계급의 따님'이면서 '신교육을 좀 받은' 윤덕경은 통념상의 신여성이 되어있음이 분명했다. 결혼 후 시가에 살고 있었을 때까지는 '구여성'이었겠지만, 상경 후로는 그 범주에서 벗어나 있음이 확실했다. 게다가 '팔자 좋은 운명의 소유자'일 법도 했다. 하

---

[34] 정칠성, 「의식적 각성으로부터―무산부인생활에서―」, 『근우』 창간호, 1929, 35-37쪽.
[35] 정칠성, 「참 자유의 길」, 『여자계』 속간호(1927.1) 참조.
[36] 『동아일보』 1930.1.2, 「1930년 전망, 우리는 어떻게 할까」.

지만 실제로는 그녀의 삶이 그다지 행복하지 못함을 정칠성은 잘 알고 있었고, 그런 대목이 사회주의적 여성해방 노선의 그녀가 직면케 되는 딜레마라면 딜레마일 터였다. 윤덕경 같은 경우를 특수한 개인적 문제로 치부해버릴 수도 있었겠지만, 그래도 그런 사례가 희소한 것은 아니기 때문이기도 했다.

결국 그것은 여성문제가 계급문제로 깡그리 환원될 수 있는 것은 아님을 말해주고 있었다. 그러기에 그녀는 여성이 남성으로부터의 독립을, 경제적 독립만 아니라 심리적·정신적 독립까지도 기할 수 있을 때 진정한 연애가 가능해질 것이라고 보게 되었다. 그런 인식을 다음과 같은 언어로 표명도 했다. "연애의 고민을 해결하는 유일한 방법은 남녀간 사회적 지위가 균등되고 또한 전인류가 모다 행복한 지상낙원의 시대가 도라오지 안으면 안 될 줄 압니다. 그러나 이것은 인류진화의 구원(久遠)한 장래에서나 바랄 것인즉 현하(現下) 정세 밋테서는 동지연애로서나 만족하라고 권하고 십습니다."고.[37] 그러면서도 다시 그녀는 "연애라는 관계가 여성에게는 처음부터 부당한 그 무엇이 되고 만다"는[38] 것을, 동지연애조차도 다른 여성에게는 부당한 결과를 떠안기는 것이 될 수 있음을, 윤덕경의 쓸쓸한 눈빛 앞에서 친구 계옥을 떠올리며 절감했을 것이다. 계옥의 연애가 마침내 성공하고 그 사랑이 결실을 보긴 했지만, 질곡 많은 조선의 현실에서는 그런 개인적 승리와 쟁취만으로 문제가 다 해결되는 것은 아니라는 생각이기도 했을 터이다. 그 점에서 여성해방론자로서의 정칠성은 윤덕경의 편이 되기가 쉽지 않았을지 모르지만 현계옥의 편에 서려는 것만도 아니었다고 하겠다.

자살로 마감한 생, 그리고 언론의 반응

---

37 정칠성, 「연애의 고민상과 그 대책」, 『조선지광』 제94호(1931. 1), 40쪽.
38 노지승, 「젠더, 노동, 감정 그리고 정치적 각성의 순간―여성 사회주의자 정칠성(丁七星)의 삶과 활동에 대한 연구」, 『비교문화연구』 43, 2016, 45쪽.

1932년 6월, 남편이 4년여의 옥고 끝에 출옥하니 윤덕경은 기쁘게 맞아 집으로 '모셔갔다'. 그로부터 그녀는 고적했던 시간들을 뒤로 하고 신생의 환희를 맛보았다. 그런데 6개월 만에 남편의 돌연 병사라는 변고가 닥쳐왔다.[39] 그녀는 즉시로 같이 따라 죽으려, 즉 '순종(殉從)'하려 했다. 그러나 주변의 제지로 뜻을 이루지 못하였다. 그리고는 10여 일을 줄곧 식음 전폐하며 두문불출했다. 집안사람들의 간곡한 설득으로 자리에서 일어난 그녀는 조석(朝夕)으로 영전(靈前) 상식(上食)도 하더니 망부 43일째인 1933년 2월 11일 자정쯤에 음독자살하고 말았다.[40] 한 통의 유서를 곁에 두고서였다.

서른아홉 나이로 윤덕경이 세상을 하직해버린 소식은 곧바로 전파되어 도하 3대 일간지에 특보되었다. 기사들에서는 '23년 전 그녀의 결혼 직후에' 부군이 중국으로 가버렸지만 "언제나 남편을 위하여 축도(祝禱)하고 남편을 위하여 생활하여 오며 언제건 반가운 낯으로 만날 날이 있을 줄 알고 괴로운 생활을 달게 여겨 왔"음이[41] 강조되었다. 그러다 남편과 '같이 삶'의 숙원을 드디어 풀게 되는가 싶었는데 반년 만에 사별의 황액을 당하자 슬픔을 이기지 못하여 '순종(殉終)'한[42] 것이라고 자살의 이유와 의미를 짚어냈다.

그녀의 자살을 '순종'으로만 보기에는 개운치 않은 점도 있다. 자결 3일 전에 반듯하게 예의를 갖춘 문투로 써둔 그녀의 유서를 봐도 그렇다. 거기에는

---

[39] 현정건의 작고와 장례 상황에 대해서는 졸고, 「현정건의 생애와 민족혁명운동」, 『한국민족운동사연구』 70, 2012), 187쪽을 볼 것.

[40] 현진건의 외동딸 화수(和壽)는 술회하기를, 현정건 사후에 윤덕경이 앓아누웠는데 이부자리를 걷어보면 검정 아편 덩어리가 나오곤 해서 치워버렸지만 또 구해서 먹고 숨을 거두었다고 한다(김태완, 「아, 빙허·월탄, 두 분의 내 아버지」, 『월간조선』 2014년 12월호).

[41] 『중앙일보』 1933. 2. 12, 「失君을 연모한 20년의 세월」(인용문의 표기는 현대어로 고침). 이 논평기사는 「현정건씨 미망인 윤덕경여사 殉終」이라는 제목의 보도기사 및 「"같이 썩겠사오니 함께 묻어주소서"」라는 제목의 유서소개 기사와 같이 실렸다.

[42] '殉從' '殉終' 둘 다 이희승 편, 『국어대사전』에도 국립국어연구원의 『표준국어대사전』에도 어휘 항목으로 오르지 않은 조어(造語)이다. 그러므로 단어별로 한자 낱자의 뜻을 조합하여 나름대로 어의를 붙이거나 막연히라도 해석하고 '이해'해볼 수밖에 없다.

짧지만 명료한 어구로, 절망감 이전의 원망과 회한도 알아달라는 듯이 언표되어 있었다. 전문을 그대로 옮겨보면 다음과 같다.[43]

> 시숙 시숙이여. 이 고적한 형수는 생각고 또 생각고 천만 번 생각하여도 시숙 형님에게 대한 <u>유감이 한두 가지 아니오니 안해된 나로서는 잊고저 하여도 잊을 수 없고</u> 또 형수의 지나간 일을 회고하고 앞길을 생각하니 <u>희망 없는 이 인생이 살아 무엇 하리오.</u> 차라리 죽어 남편 따라감만 같지 못합니다. 쓸쓸한 세상을 등지고 멀고 먼 저 나라로 끝없이 한없이 시숙 형님을 찾아서 영원히 갑니다. 시숙이여 많은 수고를 끼치오니, 미안한 말씀 어찌 다 기록하리까. 용서하시고, 죽은 몸이라도 형님과 한 자리에서 썩고자 하오니 같이 묻어주시고, 형편이 되는대로 이 두 백골을 선산에 안장하여 주소서. 우리 내외 40이 넘었으나 남녀 혈육이 없으니 백골인들 거두어 줄 이 없고 불쌍히 생각할 이 없사오니, 모든 것을 시숙에게 부탁합니다. 할 말씀 첩첩하나 눈물이 앞을 가리며 흉장이 막히어 이만 적나이다.
> 일천구백삼십삼년 이월 팔일, 셋째 형수 상.
> 빚을 정리 못하여 나날이 미루다가 지금 대강 정리하였습니다. 나머지 빚은 살림 방매하여 갚아주소서.

'셋째 형수'로 자신을 일컬었음에서[44] 유서는 현진건에게 쓴 것임이 분명했다. 어린 나이로 시집오자마자 생과부 신세가 되어버린 형수와 열두 살에 어머니를 여읜 '도련님/서방님'이 상호 연민으로 돌봐주기도 하면서 마음의 의지처로 오랜 시간 삼아왔음이 능히 짐작되는 부분이다. 그런 시숙에게 그의 '형님'이 자기 마음에 맺히게끔 한 슬픔과 유감이 '한두 가지 아니'고 도저히 '잊을 수 없'을 만치 사무치는 것임을 윤덕경은 솔직히 토로했다. 구구절절 다 써놓은 것은 아니지만, 결혼하자마자 훌쩍 곁을 떠나버린 것, 상해로 찾아갔

---

[43] 『동아일보』 1933.2.12, 「結緣 이십년에 동거는 半歲」 인용문의 철자법은 현대어로 고쳤고, 밑줄은 인용자의 것임.
[44] 이하 본문에서는 간략히 '형수'로만 표기하겠다.

으나 박절하게 내쫓아 보내버린 것, 그 후 10년 이상을 아무 소식도 없이 줄곧 방기해버린 것이 다 그러했다. 그렇게 남편의 시야와 생각에서 철저히 배제되고 완전히 무시되는 존재가 되어 홀로 소외된 삶을 견디어야만 했음에 대한, 결국은 '아내로 인정받지 못했음'에 대한 유감이고 슬픔이던 것이다. 그러다 남편이 비록 본심은 아니었을지 모르지만 어쨌든 자기 곁으로 돌아왔음에 숙망을 이루어 한없이 기뻤는데 돌연 이승을 떠나버린 것도, 생각해보니 '절대로 인정해줄 수 없다'는 뜻인 것만 같아 야속하기 이를 데 없었다. 이에 윤덕경은 같이 죽어 영원히 옆에 누워있음으로써[45] 시댁과 세상으로부터만 아니라 무엇보다도 남편 본인의 인정을 꼭 받아야만 하겠다는 심사로 자결한 것이라고 보아야 하지 않을까?

그 며칠 후에 『동아일보』가 윤덕경을 조상(弔喪)하는 사설을 내고,[46] '감동을 주는 자살'로 의미 부여했다. 논지는 이러했다. 윤덕경의 자살은 사회적으로는 비판받을 만하다. 남편을 따라 죽을 것이 아니라 살아남아서 남편이 위하던 세상을 위해 사회봉사를 하는 것이 도리어 남편을 사랑하는 일이 되었을 테다. 그러함에도 그녀의 자살은 그런 비난을 초월하는 '영원불변의 정과 의리'를 보여주는 바 있으니, 그 점을 상찬하지 않을 수 없다.

뒤이어 두 여성잡지 『신가정』과 『신여성』의 3월호에 윤덕경의 '숙덕(淑德) 많은' 천품(天稟)과 곡절 많던 일생을 다 밝혀 알려주는 기사가 실렸다. 그 내용 역시 그녀의 자살을 '순종'으로 의미 부여하고 이해를 촉구함이 골자였다. 그러면서 '두 영혼의 영원한 사랑'을 기원하는 것으로 끝을 맺었다. 자결 때 그녀의 심경을 "고독과 적막으로부터 신의와 사랑의 뜨거운 불길로 찼던 것"이

---

[45] 부부 합장의 비원(悲願)대로 그녀는 서울 망우리 공동묘지의 부군 묘소에 같이 묻혔다가 불명 시점에 경남 밀양군 하서면 곡량동(현 밀양시 무안면 양효리)의 시댁 선영으로 이장되었다. 쌍봉(雙封)인 부부의 묘는 지금도 그대로 있다.

[46] 『동아일보』 1933. 2. 14, 「사설, 변치 않는 정과 의리」.

라고 치장의 문구로 그려놓기도 했는데, 수사적 표현 이상의 강렬한 메시지 전달법이었다.

『신가정』의 기사 뒤로는 세 편의 짧은 비평문이 이어졌다. 김윤경(金允經)의 「신의의 표현」, 김미리사(金美理士)의 「차라리 사업」, 박인덕(朴仁德)의 「고상한 절개」가 그것이다.[47] 세 필자가 취한 관점과 논조는 조금씩 달라 보였지만 자살행동을 비판함에서는 이구동성이었다. "현대에는 보기 드문" 돈독한 신의나 "신여성이 본받아야 할" 고상한 절개, 혹은 "남편을 위한 열정"을 높이 사지만, 그것을 승화시켜 살아서 사업할 생각을 해야 하지 왜 그런 선택을 하고야 말았느냐고 안타까움 섞인 비판이 주조음을 이루었다.

근친 참관자 현진건의 문사적 개입과 정리

윤덕경과 현계옥에 대하여

윤덕경의 생애와 결혼 후의 속사정 중에는 생전에 현정건과 공유된 것도 조금은 있었을 것이다. 하지만 거의 대부분은 후자가 전혀 몰랐을 것, 친정이나 상시적 최근친이 아니라면 정말 모르고 있을 것들이었다. 그런데도 그것이 공공연히 기사화되었음은 어찌 된 일인가? 혹시 시숙이 제공해주었거나 취재에 적극 협조해서인[48] 것은 아니었을까? 만약에 그랬다면, 현진건은 무슨 생각으로 그리한 것일까? 형과 현계옥과의 관계를 어떤 눈으로 보아왔고 특히 후자에 대해서는 어떤 생각을 해온 것일까? 그냥 지나쳐버려도 될 물음

---

[47] '신여성들의 멘토'로 불리던 김미리사(원명은 차미리사)는 이때 근화여학교 교장이었고, 김윤경은 배화여고보의 국어·역사 교사였다. 박인덕은 미국유학 후 귀국하여 중산층 여성 대상의 교육과 계몽 위주의 다양한 사업을 벌이는 중인 활동적 여류명사였다.

[48] 윤덕경의 일생에 관해 가장 상세한 정보가 담긴 기사는 『신가정』에 실린 것이었는데, 그 잡지의 발행처도 다름 아닌 동아일보사였다.

들이 아니기에 이 부분도 추적해 한 번 살펴보기로 한다.

맨 먼저 눈에 띄는 점은 유독 『동아일보』에만 윤덕경 애도의 사설이 실려 나왔다는 것이다. 거기에 현진건 사회부장에 대한 경영진이나 논설주간의 특별 배려가 있지 않았을까 한다. 그에 앞서 유서 전문을 사진으로 사회면에 크게 실어 누구든 다 읽어볼 수 있게 한 것은 '데스크'인 그 자신의 지시에 의한 것임이 분명해 보인다. 어쩌면 사설이 나온 것도 그의 긴한 부탁이나 요청에 기한 것이었을지 모른다. 그랬을 때 거기에는 두 가지 의도가 있었으리라 보인다. 하나는 세간의 이런저런 구설과 비판적 논급을 미리 차단하여 고인의 이름을 정갈하게 지켜주려는 충심의 애도, 다른 하나는 "이 비극을 똑똑히 알고 마음에 새겨 반성하라"고 현계옥을 간접적으로, 그러나 강하게 질타하는 뜻이겠다.

냉정히 말해보면, 현계옥은 현정건에 대한 애정을 도무지 끊어내질 못하고 길게 가져가서 결국은 그의 마음을 사로잡으며 본부인 윤덕경을 마냥 버림받는 처지로 몰아넣었다고 보이기에 충분했다. 이와 비슷하면서도 엄밀히 말하면 좀 다른 경우들이 있었으니, '제2부인'으로 칭해지는 존재가 그러했다. 상대가 기혼남인 줄 '모르고' 연애한 끝에 사실혼 관계로 들어선 여성을 종래의 '첩'과는 좀 다르게 보아 그렇게들 부른 것이었다.[49]

1920년대 들어 양산된 존재양식이던 제2부인은 재래의 조혼 풍습과 새로운 자유연애 풍조의 충돌에서 빚어진 과도기적 현상으로 인식되어 동정을 사기도 했다. 제2부인 자신들도 '자유연애' 관념만 아니라 '전통적 인습과 부르

---

[49] 우연히도 윤덕경의 자결 직전 시점에 '제2부인 문제 특집호'로 나온 『신여성』 7권 2호(1933.2)의 글들에서 제2부인은 전대(前代)의 첩이나 소실(小室)과는 다르게 규정되었다. '조혼한 남자와 신여성의 결혼'으로 등장한 존재가 제2부인이라는 것이다. 그저 '여학생 첩'이 아니고 제2부인이 된다는 것은 돈이나 생활안정, 사치와 허영을 위해서가 아니라 자유연애와 사랑에 기인해 성립한 관계이면서 민적(民籍)에는 오르지 못하는 아내 됨을 말하는 것이었다(김윤선, 「또다른 '신여성'」, 태혜숙 외, 『한국의 식민지 근대와 여성공간』, 2004, 202쪽).

주아도덕 둘 다로부터의 해방'이라는 명분을 내세워 당당했다. '자기의사와 무관한 조혼'의 구습은 깨져야만 하는 폐풍이고 심지어 죄악이라고 여긴 신여성에게 있어서 사랑은 자연적 욕망의 대상일 뿐이고 오직 쟁취하는 자의 것이어야 하므로 제2부인들의 태도가 그럴 만도 했다. 하지만 그런 기류가 1930년대로 접어들어서는 조금씩 변해갔다. 신여성 범주의 지식층 여성들이 일부 남성 지식인들보다 더 큰 목소리로 제2부인을 질타하고 비난을 가하기 시작한 것이다.[50]

그렇지만 현계옥을 제2부인이라고 말하기가 어려운 면도 있었다. 그녀가 현정건을 연모하다 열렬히 사랑하게 된 것은 후자의 결혼 전 일이었고 이미 그때 장래를 약속했다고 볼 만한 사정이 있었다고[51] 할지라도 그렇다. 현정건의 결혼 후에도 계속 이어진 두 사람의 관계는 사랑의 굳은 맹세를 저버리지 않고 서로 철석같이 지켜간 것처럼 남들에게는 보일 법도 했다. 현계옥으로서는 그런 사이임을 굳이 강조하고, 자기에게 쏟아지는 냉담한 시선이나 부정적 언설에 항변도 했을 것이다. 게다가 그녀에게는 더 절절한 이유랄까 사연이 있었다. 처음에는 그저 이성으로만 좋아하고 사랑하던 남자 현정건이 점차로 자기해방의 길을 열어줄 멘토요 새 세상 열어감의 동지로도 새로이 다가오더라는 것이다. 그래서 '동지(적) 연애'였고, 방점은 점점 더 '동지'쪽에 두어져 간 것이다.

여장부 형의 활달·담대한 성격에다 행동주의자의 면모가 약여(躍如)한 그녀는 애정문제에서도 현정건보다 훨씬 더 능동적이고 적극성을 발했던 것 같

---

50 『신여성』 7권 1호와 10호(1933년 1월호와 10월호)도 각각 좌담회와 기고문들로 제2부인 문제를 다루었는데, 여성문인 또는 기자이던 박화성(朴花城)·모윤숙(毛允淑)·김활란(金活蘭)·김자혜(金慈惠)·이인숙(李仁淑) 등 참석자 대부분이 강한 어조로 부정적 견해를 표하였다. 상세 내용은 연구공간 <수유+너머> 근대매체연구팀, 『매체로 본 근대 여성 풍속사, 신여성』(한겨레신문사, 2005), 214-223쪽에서도 볼 수 있다.

51 이에 대해서는 조금 뒤에 근거를 제시하고 논의하겠다.

다. 그러면서도 상해에서는 조심스럽게 존재를 드러내되 자기 자신부터가 주변의 인정을 받음과 동시에 두 사람의 관계가 공인됨을 위해 여러모로 애썼다. 그런 태도와 노력은 긴 시간을 요하지 않고서도 효험을 냈고, 그래서 그녀는 그곳의 한인사회에 안착할 수 있었다.[52]

그런 현계옥의 노력이며 의도와는 달리, 현진건은 형과 현계옥의 관계를 이해만 하여 좋게 보아주지를 못한 것 같다. 그 점은 1922년의 『개벽』지에 4회 분재로 발표한 중편소설 「타락자」에서 엿볼 수 있다. 소설 속 화자인 '나'가 '명월관 C지점'에서 '계선(桂仙)'이라는 이름의 기생과 조우했음을 서술해놓은 대목이 그것이다. 이름자(字)며 형용과 행태묘사 모두가 일부러 현계옥을 빗댄 것 같고, 훗날의 그녀가 어떤 모습으로 흉하게 바뀌어 있을지를 미리 보여주겠다는 투의 풍유(諷諭)도 등장한다. "한참 당년에는 어여쁜 자태와 능란한 가무로 많은 장부의 간장을 녹이었다" 하나 이제는 "기생으론 老字를 붙일 만한 낫세"인 서른살 가까이 되어 "두 뺨은 부은 듯이 불룩하고 이마는 민 듯이 훌렁"한데다 '음담외설'을 은근히 즐기는 태도까지 보이는 '음탕녀'가 계선이다. 그런 그녀가 어쩌다 동향인이어서 "우리 형님을 잘 알았"으며 "어린 나를 몇 번 보기조차 하였다"고 넌지시 말하기조차 하더란다.[53] 이 마지막 부분은 작가의 실제 체험이 그대로 투영된 것이라고 보아도 됨직하다.

이는 현계옥에 대한 자기의 감정이 진작부터 영 불편했음을 알 만한 사람

---

52 일련의 그 경과에 대해서는 졸고, 「기생에서 혁명가로, 현계옥의 사랑과 자기해방의 고투」, 283쪽에서 상술했었다.

53 빙허생, 「타락자」, 『개벽』 1922년 1월호; 여기서는 이강언 외 편, 『현진건문학전집』 2(국학자료원, 2004), 19-20쪽에 의함.
서울 출신으로 1914년에 19세이던 '계선'이란 이름의 기생이 실재하기는 했다(『매일신보』 1914. 2. 3, 「예단 일백인(6): 계선」; 김영희, 『개화기 대중예술의 꽃, 기생』, 민속원, 2006, 279쪽; 손종흠·박경우·유춘동 편, 『근대 기생의 문화와 예술: 자료편 1』, 보고사, 2009, 328쪽). 그 이름을 현진건이 빌려 쓴 것일 수도 있지만, 하고많은 기생예명 중에서도 '계'자 이름을 콕 집어서 가져온 것은 다분히 의도적이었다고 보인다.

들은 알아차리라고 일부러 내비친 것이 아닐 수 없다. 망명 독립운동가가 되어 세속의 이욕(利慾)을 훌훌 떨쳐버리는 모습을 일찍부터 보여주던 형이 존경스럽고 따르고도 싶은 모범이었는데, 형수를 버리듯이 줄곧 외면하면서 현계옥과의 관계는 청산하지 못하고 자기만의 감정에 충실함과 같은 의외의 모습에서는 도저한 이기주의와 초지(初志) 훼멸의 '타락'까지 떠올렸음 직하다. 그것이 '모양새(pose)로만 혁명(가)'의 모습이라면 아무리 혈육일지라도 무척 실망스럽고 슬프다 할 것이었다.[54] 기생집에서 친우들과 술 마셨다는 것 말고는 '타락'이랄 것의 내용이나 일화가 별로 들어있지도 않은 소설의 제목을 그래서 그는 「타락자」로 붙여놓기까지 한 것이다.

형을 그렇게 만들어놓은 주범이야말로 현계옥임이 확실하다고 보는 현진건의 마음에서 그녀는 용서될 수 없는 분노유발자였을 것이다. 형수에 대한 연민과 안타까움이 갈수록 커지는 만큼이나 더 그러했을 것이다. 그가 '애인'과 '아내'를 철저히 구별해 전자는 혼전관계로만 국한되어야 한다고 공언한 것이나,[55] 두 살 위의 아내를 한결같이 사랑하여 이성문제에 관해 항상 선이 분명하고 염결성이 유난히 강했다는[56] 자세도 그런 연관에서였을 것이다.

54　한 연구자는 현정건이 "현진건의 삶에 결정적인 영향을 던진 사람"이었고, 그 형은 '역사라는 이름의 대명사'로서 "언제나 현진건의 내면에 존재하고 있었다"고 설명했다. 또한 현진건의 1933~34년작 장편소설 「적도」는 "그 행간마다 현정건의 투쟁과 죽음으로 요약되는 당대성을 숨기고 있다."고 평언했다(양진오, 『조선혼의 발견과 민족의 상상: 현진건의 학술적 평전과 문학 연구』, 역락, 2008, 121·122·130쪽). 그러나 이 해석에는 형에 대한 현진건의 양가적 감정을 놓친 채 일면만 보는 한계가 가로놓여 있다.

55　이를테면 다음과 같은 진술이 그러했다: "애인과 아내라는 것은 전혀 딴 것입니다. 그야 아내도 사랑하는 사람이고 애인도 사랑하는 사람임에는 틀림이 없겠지마는, 그래도 아내라 하면… 정정당당하게 결혼식을 거행한 뒤 동거하는 사람을 말하는 것이요, 애인이라 하면 결혼하기 전에 사귀는 여성을 가리켜 말하는 것인 줄 압니다. 아내가 있는 나에게 애인이 생긴다면 그때는 어쩌겠는가고요.[?] 공연한 근심을 하여 주십니다. 우리 부부의 사이는 물에 오리 사이 같아 아마 이 위에 애인 같은 이가 따로 생길 근심이라곤 조금치도 없습니다. 삼각관계는 로맨틱하기도 하지마는 나는 그런 와중에 들고 싶지 않으니까요." 현진건, 「애인과 안해—동거하는 이와 결혼 전 녀성」, 『삼천리』 제3호, 1929.12(철자법과 표기는 인용자가 바꾸었고, [ ]와 밑줄도 인용자의 것임).

56　이는 현진건의 고향 친우이던 문인 백기만의 회고를 필자가 압축해본 표현이다. 김두한 편, 『백기만전

형의 경우가 반면교사가 됨으로써 더 굳혀진 태도였을지도 모르는데, 아무튼 그는 성과 결혼 문제에서 매우 보수적이고 철저한 원칙론자였다.[57] 그러면서도 그는 근대적 가족제도를 떠받쳐줄 핵심요소인 부부중심 가정과 그 도덕률에 대해 매우 시니컬한 언술을 내놓기도 했다.[58]

현계옥과 형의 관계에 대하여

1925년 11월의 『동아일보』 지면에 현계옥 스토리가 총 6회로 연재되었을[59] 때 현진건이 그 신문사 사회부장이었고 그래서 그 글이 실릴 수도 있었다

집』(1998), 151쪽 참조.

57 현진건의 오랜 문우이고 술벗이던 방인근(方仁根)은 훗날 회고하기를, 현진건은 '외모가 깨끗한 만치 마음씨도 고결'하며 "대나무 같이 곧고 악과 불의와는 거리가 먼 군자"였다고 했다. 술집에서도 "기생이 옆에 와서 지근덕거리면… 좋아하는 체 대꾸를 하면서도 쌀쌀하게 범접치 못할 기상으로 난잡하게 굴지 않는" 빙허였으며, 그래도 "기생이 짓궂게 덤벼들면 호령"하면서 "묘하게 기생의 유혹을 피"하는 모습으로 일관했다 한다 (방인근, 「빙허 회고기」, 『현대문학』 1962년 12월호, 211쪽).

58 『동광』 28호(1931.12)의 「성에 관한 문제의 토론(其二), 이상적 가정제와 기생철폐」라는 제목의 기사에 유명인들의 설문조사 답변이 실렸는데, 현진건은 다음과 같이 쓰고 있었다. "1. 이 문제는 물으신 글월의 전두사(前頭辭)를 보아 가정을 위안기관으로 보시는 듯하나 <u>가정이란 인생고의 실험실인 줄 생각합니다</u>. 제도가 아무리 변한다 하드래도 이 고(苦)만은 의연히 고로 남을 것 같습니다. 내게 능력이 있다면 <u>가정·결혼·이혼 제도가 없는 사회</u>이겠지요. 2. 이 문제는 자못 범용하면서도 또 기발할까요. 그러나 1의 문제의 일 파생인 듯합니다. <u>남성의 일 위안기관으로 가정을 볼 때 기생제도란 역시 같은 의미로 필요하겠지요</u>. 현대 부르주아사회의 가정 즉 1녀가 1남을 위하야 [하는] <u>종생(終生)의 매춘</u> 대신에 이것은 일시적 매춘으로 간주할 수 있으니까요. 그야 가부를 말할 것 없이 이와 비슷한 즉 일시적 매춘은 남성전제왕국이 붕괴될 때 자연 소멸하겠지요."(밑줄은 인용자) 요컨대, '인생고의 실험실'이긴 하지만 '남성의 위안기관'이요 '종생의 매춘'이기도 한 부르주아적 가정과 그 기초가 되는 결혼제도에 대한 회의를, 그리고 기생제도는 '일시적 매춘'이되 '남성전제 왕국'의 산물이라고 보는 관점을 같이 드러낸 것이다. 지독히도 냉소적이어 보이는 그의 언술이 결과적으로 사회주의자 및 급진적 여성주의의 관점과 유사해진 것은 정건-덕경 부부와 현계옥의 문제가 의식됨에서 복잡해진 심경 때문이 아니었겠는가도 한다.

59 이 연재기사는 이제 널리 알려졌고 활용한 글도 다수 나와 있으므로 따로 상설하지를 않겠다. 다만 그것은 현계옥이 현정건의 '부인'되어 있음을 널리 알리면서 윤덕경을 포함하여 근친들도 그런 줄 알라고 하는 비공식적 통지랄까 포고의 의미도 띠었다는 것이 필자의 해석임을 강조해 말해두고 싶다. 내용과 표현 양면에서 현계옥이 아니고서는 알 수 없을 일화와 심사가 빈출하니, 바로 그녀가 연재를 제의 또는 종용하고 전체 구성의 얼개와 중심적 내용을 초고로 작성해 필자('白頭山人')에게 보내줬을 가능성이 짚인다. 안 그랬다면, 그녀의 그간 행적과 현재 상태 등의 모든 전후사실에 대해 그다지도 상

는 식으로 어느 논자는 말했었다. 하지만 사실과 전혀 맞지 않는 얘기이고,[60] 전후 정황도 그렇지를 못했다. 그 직전인 1925년 10월에 현진건은 (중편)소설 「새빩안 웃음」의 첫 회분 원고를 『개벽』에 보내 11월호에 실리게끔 했다. 그러나 연재는 1회로 중단되어버렸다. 문제의 『동아일보』 기사가 나오자 현진건이 2회분 이후의 연재를 즉시 중단하기로 작정했거나 아예 접어버렸다고 판단된다.

중단 또는 포기의 이유는 다음과 같이 두 가지 혹은 그중 어느 하나이지 않았을까 추측된다. 하나는 현진건이 읽어보고는 참으로 어처구니없다고 했을 『동아일보』 기사에 필자로 기명된 '백두산인(白頭山人)'이 바로 『개벽』지 주간(主幹)인 이돈화(李敦化)의 아호였다는 것이다. 실제로 이돈화 자신이 그 글을 써서 기고했을 개연성은 희박해 보이지만, 실제 여부를 따지는 것이 다음의 이유로도 현진건에게는 중요하지 않고 별 의미도 없었다. 다른 하나의 이유란 그가 막 연재를 시작한 소설 「새빩안 웃음」의 스토리를 앞서의 소설 「타락자」에서 그랬던 것과 같이 형과 현계옥의 관계, 특히 후자의 꼴사나움과 요사스러움을 주된 소재와 내용으로 삼아 재구성하고 전개해갈 예정이었는데 마치 그걸 눈치챈 선수 치거나 제동을 거는 것처럼 『동아일보』의 연재물이 나와버렸다는 것이다.

아무튼 그렇게 미완으로 끝났던 그 소설의 전체 구상과 1회분 내용이 현진건 사후 1년 만인 1933년 12월부터 만6개월간 『동아일보』에 연재된 장편소설 「적도(赤道)」에 되살려지고 삽입되었다고 볼 만하다. 그럴 단서들이 실제로 있

세하고 교묘히 윤색도 된 보고가 나오기란 불가능했을 것이므로 그렇다.

[60] 현진건은 1925년 6월경부터 염상섭(廉想涉)의 후임으로 『시대일보』 사회부장이 되어 재임하다 1926년 8월경 경영난으로 폐간되자 그해 10월경에 『조선일보』로 전직했다. 『동아일보』로 옮겨간 때는 1927년 10월이었으며 다음 해 비로소 사회부장이 되었다(박현수, 「문인-기자로서의 현진건」, 『반교어문연구』 42, 2016, 309쪽). '동아 미디어그룹 공식 블로그'인 《동네》의 〈동네역사관〉에 올려져있는 글 「문인 사회부장 현진건」에 공개된 그의 자필 이력서도 같이 강력한 방증이 되어준다.

다. 이 소설의 주인공 중 1인인 재상해 독립운동가 김상열과 그의 숨은 애인으로 등장하는 경성기생 이명화는 바로 현정건과 현계옥의 대유체(代喩體)였다고 보아도 될 것이다. 하지만 그려진바 두 인물의 상은 현격히 달랐다. 김상열은 견결한 의지의 투사로, 이명화는 팔뚝에 문신을 새길 정도로 애인을 사랑하고 그리워한다면서도 실제로는 이 남자 저 남자와 정분 맺거나 유혹도 하는 요부로 형상화되어 나온 것이다. 이 작품에 대한 그간의 분석과 논의들에서 이명화의 이런 면에 주목하고 그 숨겨진 의미를 지적해낸 경우는 없었다. 오히려 온갖 난관을 헤치며 이겨내고 마침내는 김상열과의 재결합에 이르는, 성공한 사랑의 완성자로만 보아졌다. 그러나 이제는 그런 시각에만 의존하고 고수하기보다 다각도의 접근과 심층적 독해가 있어야만 하리라고 본다.

이 소설에 그렇게 새로 접근해 정독해볼 때, 그냥 지나쳐버릴 수 없는 대목과 마주친다. 김상열과 이명화가 인연을 맺게 된 맨 처음의 연유와 그 후속 경위가 자세히 묘사된 부분이다. 이어질 본문의 서술을 위해서 좀 길지만 그대로 옮겨보면 다음과 같다.

이명화는 여학생이 되기를 열망했지만 가난한 부모는 소원을 풀어주지 않았다. 오히려 기생에 집어넣었다. 명화는 양금을 치고 승무를 배우면서도 생각은 학교로 달렸다. 그래서 틈만 나면 집에서 멀지 않은 보통학교 앞으로 가보곤 했다. 그러다 가정부인과 학교에 못가는 애들을 위해 야학교가 설립되자 부모 몰래 입학해버렸다. 명화는 저녁마다 얼굴의 분때를 지우고 야학엘 갔다. "나도 학교 다닌다!"는 기쁨도 기쁨이었지만, 교단에 나타나는 젊은 선생들이 딴 세상 사람처럼 보였다. 그 중에도 얌전하고 자랑스러운 김상열의 일거일동이 마음을 끌었다. 그러다 그녀의 본색이 드러나서 학부형들이 들고 일어났다. 학교는 명화를 퇴학시키기로 결정했다. 교무실에 불려가 통고받고는 설움에 울고 쓰러졌을 때, 그녀의 손길을 잡아 일으켜준 사람이 상열이었다. 우는 그녀를 집에까지 데려다주고 위로도 해주었다. 자기가 틈나는 대로 와서 가르쳐주겠다고 약속했고, 실제로 아침에든 밤늦게든 날마다 와서 가르쳐주었다. 그러나 점잖지 못한 행동은 일절 없이 늘 의젓하였다. 그

때 상열은 서울서 중학교를 갓 마치고 시골에 내려와 있던 터였고, 명화의 네 살 위였다. 그는 명화를 가르치는 데 청춘의 정열과 감격을 쏟는 듯하였다

결국 명화는 상열을 선생으로만 아니라 남성으로 사모하게 되었다. 그러자 두 사람이 정분났다는 소문이 높아졌다. 소문이 오히려 그들의 사랑의 꽃에 봄바람과 같이 되었다. 명화는 자기가 그에게 누가 된다고 울었지만 상열은 무어 상관이 있느냐고 웃었다. 그리하여 그들의 인연은 맺어졌다. 그 뒤로 상열은 몹쓸 놈이 되고 명화는 싹수없는 기생이 되었지만 단둘의 세상은 더욱 훗훗하고 오붓하였다. 하지만 상열은 사랑에만 매어있지 않고 열아홉 살 때 표연히 상해로 건너갔다. 그때 명화는 변치 않을 사랑을 맹세하고 싶어서 팔뚝에 먹실을 넣어 '백년낭군 김상열'이라고 새겨 넣었다. 기생 일을 하다 보니 명화는 육체의 정절을 지키려 해도 지킬 수 없었다. 사내들의 등쌀에 나중에는 팔뚝의 정표도 칼로 오려내고 말았다. 그러나 마음의 정절은 지키려 무던히 애를 썼다. 여러 해가 지나면서 그녀는 상해로 달아나 상열과 사랑의 둥우리를 엮을 꿈을 꾸었다. 그래서 돈냥이나 얻어 만들기 위해 갖은 재주와 수단으로 부자 남자들을 얼렸다.... [많은 우여곡절 끝에 폭탄거사를 위해 밀입국해 있던 상열은 명화를 데리고 경성을 탈출하여 중국 안동현과 봉천을 거쳐 남경으로 향해 갔다.[61]

어떤가? 여기 그려진 이명화의 삶의 경로와 직업 이력이 현계옥의 것과 놀라울 만큼 흡사하지 않은가? 현정건이 10대 후반에 걷고 있던 길을 그대로 연상시키고도 있지 않은가? 실제로 그는 1908년 5월에 그는 서울의 외국어학교를 졸업하고 대구로 귀향했는데, 그 직후인 6월에 대한협회 대구지회의 주도로 노동야학이 개설되고 현경운이 교장으로 취임한다. 학교가 설립되자 큰 호응이 있어서 학생 수가 70~80명이나 되었고, 현경운은 학부형과 학생들의 칭송을 받았다.[62] 하지만 교사는 미처 갖춰놓지 못하여, 교동(校洞) 소재 사립

---

61 이강언 편, 『현진건문학전집』 2(2004)의 「적도」에서 224-230쪽과 345-346쪽의 문장들을 인용자가 약간 압축하고 이어 붙이면서 재서술한 것이다.
62 『황성신문』 1908. 9. 22., 「광고」; 『大韓每日申報』 1908. 9. 22. 「대구노동야학」 참조.

수창학교(壽昌學校)의 건물 일부를 야간에만 빌려 쓴 것으로 보인다.[63]

그런데 그해 11월 초에 교장이 최시영(崔時榮)으로 바뀐다. 대한협회 지회의 통상평의회에서 내린 그 결정을 전하는 문서에 '현경운씨 대(代)'라고 되어 있다.[64] 이것은 그가 취임하고 몇 달 안 되었는데도 갑자기 사임했거나 휴직한 것이고, 그래서 '교장 대리'가 선임되었음을 시사해준다. 무슨 물의가 있어서 도의적 책임을 졌거나, 아니면 평의회의 어떤 지적이나 문제 제기에 교장이 반발해서 그런 것이 아니었을까?

앞의 인용문으로 보면, 귀향한 아들을 교장 현경운이 임시직 교사나 보조 교사로 임의 채용했을 수 있다. 앞의 평의회 결정에 1~2명의 교사를 증원키로 하고 그 명단을 확정함이 포함되었음을 보면, 학부형들의 민원으로 현계옥이 동기(童妓)라 하여 퇴학당하게 되었을 때 그 채용이 문제시되고 해임 권고도 같이 나왔을 수 있다. 그래서 학교를 나온 현정건이 따로 챙겨 개인교수를 해줌에서 현계옥은 매우 감동하지 않을 수 없었고, 그로부터 움텄을 경의와 사모의 마음에서 소설에 쓰인 것처럼 둘의 연애가 시작되었을 수 있다. 말하자면 소설의 김상열은 현실의 현정건이고, 이명화는 현계옥이었다는 것이다.

이것은 두 남녀의 연애가 1925년의 『동아일보』 기사에서와 같이 1910년대의 초짜 기생과 학생 손님의 하룻밤 정교에서 시작된 것이 아니라, 1910년 이전의 앳된 교사와 야학생의 관계로부터 발단된 것이라고 현진건이 애써 고쳐 말해줌과 같다. 그 관계의 발전을 막아서고 끊어버리려는 부모의 비상 대책으로 강구되어 나온 것이 정건을 서둘러 결혼시켜버리는 것이었을 테다. 당연히 정건은 강력히 반발했을 것이고, 그런 마음이 억지 혼인 직후에 신부를 놔

---

63 다음의 기사들에 근거한다. "大邱壽昌學校 學徒가 現今 二百餘名이오 測量夜學 二所와 勞働夜學 一所인 디 ... (하략)"(『大韓每日申報』 1909. 2. 19, 「壽昌大昌」); "大邱郡 私立壽昌學校에 現今 晝學生徒가 貳百餘 名이요 測量夜學이 二所요 勞働夜學一所라...(하략)"(『대한매일신보』 1909. 5. 27, 「수창보조금」).

64 『대한협회 회보』 제12호(1909. 3. 25), 「會中歷史」.

두고 혼자 중국으로 내달아 가버리는 행동으로 나타났다고 볼 수 있다. 신부가 마음에 든다 안 든다의 문제가 아니고, 서로 사랑이 깊어져 장래도 약속했을 여인이 이미 그에게 있었던 반면에 신부는 사랑해서 결혼하는 상대가 아니지 않으냐는 이유로 그랬을 것이다. 그 후 계속해서 현정건과 현계옥이 편지를 주고받다 급기야 몇 년 후의 3.1운동 직후에 사전계획대로 현계옥이 국내 탈출하고 상해로 가 보금자리를 꾸민 것이 두 당사자로서는 충분히 이유 있는 일이었다.

일찍이 20세기 초에 연애를 통한 자유결혼이라는 새 관념이 청춘남녀의 마음을 사로잡아 흔들고 있었음을 우리는 여기서 본다. 외래 관념을 멋모르고 받아들여 맹종해서가 아니라, 자연발생적 정념을 소중히 여기고 그것에 맞추어 일관되게 움직여갔다는 점에서 두 현씨 남녀는 선구적 근대인이었고, 어찌 보면 신판 이도령에 춘향인 것이었다. 그만큼 두 사람의 사랑은 애초부터 진정성 넘치는 것이었고, 이후로도 그것을 충실히 따라간 행보는 어른의 명을 '감히' 거역했다는 말로 덮어놓고 비난하기가 어려운 것이었다.

그 점은 현진건도 인정 못할 바 아니었다. 그래서 형의 연애가 기혼자의 방탕이나 일시적 불장난과 같은 것이 결코 아니었음을 그의 사후에라도 문학적 장치를 빌려 대신 변명해준 것이다. 하지만 그럴지라도, 형수의 신세가 딱하기 이를 데 없음은 역시 부정될 수 없는 사실이었다. 배제되고 지워져 간 존재로서 그녀는 진실로 전시대의 낡은 관념과 풍습에 기인한 희생자였다. 그런 형수의 처지를 현진건은 도외시할 수가 없었고, 절대 외면하지 않으려고도 했다. 형과 그 애인의 사정보다 더 마음에 담고 품어서 감싸주고픈 것이 형수의 고적한 삶과 슬픈 최후였다. 윤덕경의 죽음에 가장 고상한 의미가 붙여지게끔 그가 애쓴 것도 그런 마음의 절절한 발로였다. 그와 더불어 얼마 후에 소설 「적도」를[65] 써냄으로써 그는 형과 형수의 엇갈린 삶과 죽음, 그리고 그 의미를 각각 추스르고 정리해낸 것이다. 그렇게 하면서도 그의 심경은 또 얼마나 착잡했을 것인가. 그의 붓끝이 때로 중심을 잃고 좀 오락가락하는 것처럼도 보였음은 아마 그래서였을 것이다.

윤덕경의 삶과 죽음의 숨은 함의들

배제된 자의 활로 찾기와 인정투쟁 수행

현계옥 스토리와 윤덕경의 생애는 떼놓고 따로 논의하기보다 관계 지어 같이 복기하며 살펴보아야 훨씬 생산적인 것이 된다. 제대로 된 해석도 그래야 나올 수 있다. 각자의 항변이나 호소도 같이 들으면서이다.

앞 절에서 시사되었듯이 현계옥의 입장에서 현정건과의 애정관계는 후자의 결혼 전에 시작된 서로사랑을 변함없이 지속시켜간 것일 뿐이다. 그 관계는 시종일관 열정과 진심에 터한 것이었고, 그의 사랑을 실제로, 유일하게 받은 이는 자기뿐이라고 자부할 수 있었다. 그러니 실은 자기가 그 남자와 결혼해 아내가 되어야 했고 그러고픈 욕망이 절실했는데, 집안은 가난하고 천민 신분의 예비기생이다 보니 가부장들의 강력한 반대에 부딪혀 실현되지 못했을 따름이다. 그 틈을 비집고 부당하게 들어선 존재가 '양반집 규수'라는 윤덕경이고 급기야 자기는 '혼외 연인'쯤으로 밀려나 버렸다는 생각에 그녀는 오히려 반발하듯 사랑의 완성을 끈질기게 추구했다. 그리고는 기어코 이뤄냈

---

[65] 지리상의 '적도'는 이 소설의 배경이나 내용과 무관하다. 그래서 참 이상한 제목이라 생각될 법하다. 필자는 이 단어가 이 소설을 쓸 당시의 현진건에게는 '붉은 무리가 걷는 길'이라는 새 뜻을 얻고 있었다고 본다. 붉은 무리란 혁명을 외치는 사회주의자인 것이고, 현계옥은 그때 여성 사회주의자로 이름 높았다. 말하자면 이 소설은 그 무렵 국내 잡지들에서 회자되고도 있던 '붉은 연애'에 대한 현진건의 관찰자적 냉소이고 신랄한 고발이기도 했다는 것이다.

다. 중국으로 탈출해가서 현정건과의 사실혼 관계로 들어섰고 부인됨의 지위에 대한 사회적 인정까지 받아냈으니 그렇다. 일련의 이 과정을 통해 그녀는 '기생'이라는 기표에 필연인 듯 얽혀있던 인식론적 굴레로부터 해방되어갔고, 혁명가의 길로 들어서서 새 삶을 살며 거듭났다. 여성사의 맥락에서 보면 완벽하게 '신여성'이 되어간 것이다.

현계옥의 그런 용행(勇行)과 그 뒷심이 되어준 현정건의 선택은 봉건적 인습에 맞서고 그것에서 벗어남의 한 표상이요, 근대지향적 '자유인'의 면모를 확연히 보여준 바이기도 하다. 하지만 그것이 결과적으로는 윤덕경에게 감당키 어려운 슬픔과 상처를 안겼다. 그 해소책의 하나로 이혼 청구와 재가(再嫁)의 길이 열려있긴 했지만, 적합 사유를 찾아보고 말고 할 것도 없이[66] 이혼할 마음 자체가 없었을 것이다. 누가 이혼을 권했더라도 외려 화내며 완강히 거부했을 것이다. 그것은 현계옥에게 두 손 들고 "내가 졌다!"고 자복함과 무엇이 다를 바 있었겠는가. 묵묵히 인고하며 기다리고 있으면 언젠가 돌아오리라는 기대와 혼자 다짐 말고는 달리 무엇을 요구한다고 하겠는가. 그저 시가에서 나와 사는 것이 그녀가 해보는 최대치의 대응 행동이었다. 그 점에서 그녀는 구여성의 의식을 완전히 탈각시키지 못했다고 보일 만도 하다. 그렇지만 생활과 의식의 다른 여러 면에서는 신여성에 매우 근접해가고 있었다.

---

[66] 소현숙의 『이혼법정에 선 식민지 조선여성들—근대적 이혼제도의 도입과 젠더』(역사비평사, 2017)은 신여성만 아니라 구여성도 불행한 결혼생활에 종지부를 찍기 위해 이혼소송을 제기하거나 제도적 이혼 밖의 다양한 방법을 활용하여 적극 대응해갔음을 풍부한 사례들로 보여준다. 1912년에 조선총독부가 공포한 〈조선민사령〉은 1922년 12월의 제2차 개정 때 이혼에 대해서도 일본 민법을 의용(依用)키로 결정하였고 아내의 이혼청구권을 인정하였다. 그리고 이혼청구 요건 10개 중에는 "배우자로부터 악의로써 유기당하였을 때"와 "배우자의 생사가 3년 이상 분명하지 않을 때"라는 항목이 포함되어 있었다(위의 책, 77-81쪽 참조). 하지만 그 어느 것도 윤덕경이 끌어다 쓰기에는 난점이 있었다. '악의적 유기'라는 사유는 중국으로 망명하여 독립운동을 벌이고 있다고 널리 알려진 남편에게 들이대면서 그의 위명(偉名)에 맞설 수 있는 것이 못되었다. '3년 이상 생사 불분명'이라는 사유도 남편이 엄연히 살아있어 활동 중임이 시숙에게 간간이 보내오는 편지나 신문기사 같은 것으로 확인되고 있었기에 역시 적합치 않았다.

남편의 돌연 피체와 3년 수형은 그녀에게 놀람과 걱정을 동시에 안겨주는 바였다. 하지만 달리 보면 역설적으로 다행스러운 것이기도 했다. 현계옥과의 관계가 자연히 끊어지고 청산되어 마침내 남편이 제 곁으로 돌아올 계기가 뜻밖에도 주어졌음에서다. 실제로 남편의 출옥과 더불어 그리되었고, 그로부터 윤덕경은 참고 기다림의 보람을 한껏 맛보면서 평생 반려됨의 행복을 꿈꾸었을 것이다.

　하지만 그녀의 신가정 설계는 남편의 병사로 반년 만에 부서지고 꿈은 허무히 사라지고 말았다. 밀려오는 절망감 속에서 그녀가 생각해내고 택한 길이 죽어서라도 남편 곁에 영원히 눕는다는 것이었다. 그래서 즉각 자살이 결행되었다. 그것을 당대인들은 '일부종사' 관념의 보기 드문 실천으로 해석하며 칭송하려 들었다. 그렇지만 윤덕경 자살의 속 깊은 의미는 '신의와 사랑', '절개', '순종'이라는 어휘들로 규정될 수 있는 것이 아니었다.

　실제로 그것들과는 사뭇 다른 시각 및 독법으로 그 의미를 읽어내려는 시도도 있었다.[67] 거기서의 분석과 해석은 이러했다. 유서를 자세히 읽어보면 망부(亡夫)에 대한 미망인의 '도리'나 '(따라 죽어야만 하는) 운명'에 대한 언급이 없다(434쪽). 그보다는 앞으로의 자기 인생에 희망이 없음만을 말하면서,[68] 그런 삶을 살기보다는 차라리 남편 따라 죽는 것이 낫겠다고 심경을 토로한다. 그러니까 그녀의 자살은 '도리'에 내몰려 부득불 실행케 되던 이전 시대의 '순종'

---

[67] 이상경, 「일제시대 열녀 담론의 향방: 독립운동가 아내의 '순종(殉終)'과 그 맥락」이 그것이다. 이 문단에서 이 논문이 참조됨을 표기함에서는 번다한 각주 반복을 줄이기 위해 해당 부분 끝의 ( ) 안에 쪽수만 적기로 한다.

[68] 이 부분에서 이상경은 '희망 없음'의 내용이 '애인이자 동지' 됨이 불가능해졌음을, "혼자 기다리며 오래 준비해온 바 남편의 동지 될 날이 없음"을 의미하는 것이고 그래서 죽음으로써 '아내이자 동지'되는 길을 선택한 것처럼 말했다(435쪽). 그러나 일면적 관점의 과잉해석이어 보인다. 어느 모로든 간에 윤덕경이 남편의 독립운동 '동지' 됨을 기다리고 준비한 기색은 찾을 수 없다. 그처럼 현계옥을 모방함은 윤덕경이 할 일도, 하고픈 일도 아니었다. 그보다는 다만 아내의 지위를 온전히 회복하는 것, 더 큰 욕심이라면 '좋은 아내'가 되고 '사랑받는 여성'이 되는 것, 그것이 그녀의 절대적 소망이었고 착실히 그 길을 준비했을 뿐이라고 필자는 본다.

과는 달리, 자기의 감정에 충실한 선택적 행동으로서 '정사(情死)'에 가까웠다. 그것은 전통적인 '열녀의 윤리'가 아니라 근대적인 '낭만적 사랑'의 한 형태이다(416쪽). 그 점에서 그녀의 자살은 그녀만의 어떤 목소리 내기였다. 또한 그것은 "죽어서라도 한곳에 묻히고 싶다는 욕망"의 발화였다(433쪽). 죽음으로써만 비로소 '현정건의 아내'임을 공인받을 수 있고, 한곳에 묻혀야만 아내의 지위를 되찾고 확고히 갖게 된다는 것이 윤덕경의 생각이었다는(436쪽) 것이다.

이 해석에는 윤덕경의 자살이 낭만적 사랑의 한 표현형인 정사에 가까웠다는 관점과, 아내 됨의 지위 회복·확립에 대한 절절한 욕망의 발로였다는 관점이 혼재해 있다. 그런데 우리가 보기에는 윤덕경과 현정건 사이에 사랑은 없었다. 제대로 사랑해볼 시·공간적 기반 자체가 그녀에게 주어진 바 태무했다. 하물며 그녀가 사랑받은 것도 아니었다. 정사라는 의미 부여는 그러므로 일방적인 것이 되고 무리한 것이다. 뒤늦게라도 아내로 인정됨에의 희원이 크게 작용했다는 해석만이 설득력 있고 받아들일 만하다.

'신의와 사랑'은 그녀가 죽음으로써 보여준 것이기보다 생전의 남편에게 강력히 바라고 내심 요구하던 바였다. 하지만 그것은 철저히 저버려졌다. 그랬을 때 그녀가 마지막 출로로 여기어 선택한 것이 사회적 공인의 획득이었다.[69] 자살에 어떤 의도가 있었다면 오직 그것 때문이던 것이다. 민적부 속의 엄연한 자기 자리를 세상에 두루 재인식시킴과 동시에 현계옥(과 같은 부류의 여성들)에게는 심정적 복수의 일격(혹은 경종)이 될 자결이었다. 남편에게, 현계옥에게, 그리고 그 두 사람에게만 시선 주며 추어올린 세상의 일각에 대해, 처음이자 마지막으로 걸어보는 싸움이기도 했다. 그런 의미에서 그것은 자유연애 풍조와 해방론의 범람 속에 배제되어간 존재의 처절히 수행된 '인정투쟁'이었다.

---

[69] 현계옥의 경우에는 기생에서 혁명가로 변신해간 고투와 노력이 단독자로서 '인정받기' 욕망의 추구와 맥을 같이했다.

신여성적 주체 형성의 상이한 경로와 그 바탕

이상경이 내놓았던 해석에는 위와 같이 재음미하고 확장시켜 볼 여지가 상당 정도 있었다. 반면에 재검토되어야만 할 관점도 개재해 있었다. 그에 따르면, 윤덕경의 자살 결행은 급격히 닥쳐온 '연애의 시대'에 여전히 침묵과 인종을 요구받던 '구여성'이 드디어 자기 목소리를 내는 방식의 하나였다고 한다. 그로써 자신의 존재를 증명하고 현계옥에게서 현정건을 쟁취하여 온전히 자기 남편으로 되돌려놓는 의식을 치른 것으로 설명된다. 그러므로 그녀의 자살은 전통적인 열녀도, 초기 근대가 호명하던 '민족의 아내'도 아닌 존재로서 순전히 개인적인 자기결정권을 행사했음과 같다고 그는 주장한다. 그것은 구여성이 어떻게 말할 수 있는지를 보여준 것임과 아울러 "구여성이 신여성이 된 순간"이기도 했다고 부연된다.[70]

이것은 '자기 목소리를 내는 존재', '자기결정권을 행사하는 존재'라는 의미를 '신여성' 개념에 곧바로 결착시켜 양자는 필요충분조건이라는 관점을 전제한 해석이라고 생각된다. 좀 달리 말하면, '여성주체 형성'론의 입장에서 발해지는 해석이되 신여성만이 '주체'의 이름에 값한다는 고정관념에 묶여 있다는 것이다. 설사 그 관념을 받아들인다 해도, 신여성적 주체 형성에는 여러 경로와 방식들이 복수의 것들로 다르게 설치되고 있었음이 인정되어야 한다.

윤덕경의 행동이 나름의 '자기 목소리 내기'였다고 함은 타당한 해석이다. 하지만 그제야 비로소 그녀가 신여성이 되었다고 보는 것은 지나치게 주관주의적 해석일 뿐이고, 신여성으로의 존재 이전이 그보다 훨씬 전에 진행되어 왔음을 간과해 놓쳐버린 것이라 하겠다. 재언하거니와 그녀는 1920년대 경성의 '근대'를 직접 보고 겪고 피부로 느꼈을 뿐 아니라, 신교육을 이수하고 그 과실을 투입하는 교사 직업도 가졌다. 그런데다 신여성들 주도 하의 사회활

---

70 이상경, 「일제시대 열녀 담론의 향방」, 417·436·444쪽 참조.

동의 장에 발을 들여놓기도 했다. 그러므로 그녀는 활동적 생시 때 이미 신여성의 대열로 들어서서 당당히 편입되고 있던 것이다.

요컨대 윤덕경도 그렇게 신여성이 되어 있었다. 이제 될 것이 아니었다. 다만 현계옥이나 정칠성과는 경로가 좀 다르고, 지향점과 그 바탕은 확연히 달랐다. 그 결과로 신여성의 지배적 유형과는 다른, 어떤 새로운 유형이 될 수가 있었다. 이렇게 볼 때 윤덕경의 삶과 죽음은 '스토리' 감이 될 만한 어떤 개인의 볼 만한 생애사 이상의 것이 된다. 그뿐 아니라 신여성 문제를 좀 더 넓은 스펙트럼으로 들여다보려 할 때 유의미한 참조 항의 하나가 될 수도 있다.

'현대여성' 등장의 징후이자 예고편

위와 같은 견지에서 윤덕경 스토리도 폭넓은 여성사의 맥락 속에 집어넣어 그 의미를 찾아본다면 어떤 얘기를 할 수 있을 것인가? 거칠게나마 그 작업을 이제 시도해보려 한다.[71]

1910년대 후반부터 해외유학 특히 일본유학을 다녀온 여성들은 서양의 여성해방 담론과 그것의 직수입 번안판과도 같던 일본적 여성주의 담론에 영향받아, 민족의식보다는 탈전통의 근대주의 지향을 강하게 내면화시켜갔다. 1920년대 전반기에 이르러 이들의 목소리와 행동양식은 일괄하여 '신여성'으로 지칭되기 시작했고, 참으로 '새로운' 시대감각을 구유한 존재들처럼 여겨졌다. 자유연애의 욕망과 인습 파괴의 충동 앞에서 머뭇거림이 없던 그들은

---

[71] 이 절에서 원용되는 '신여성'의 개념과 그 범주적 속성, 내부구성 및 분화상의 서술에 부분적으로 반영되거나 전반적인 논지 구성에 참고가 된 선행연구는 주로 다음과 같다. 신영숙, 「일제하 한국여성사회사 연구」, 이화여대 사학과 박사학위논문, 1989; 박용옥, 『한국여성항일운동사 연구』, 지식산업사, 1996; 문옥표 외, 『신여성: 한국과 일본의 근대 여성상』, 청년사, 2003; 임옥희, 「신여성의 범주화를 위한 시론」, 태혜숙 외, 『한국의 식민지 근대와 여성공간』, 여이연, 2004; 김수진, 『신여성, 근대의 과잉: 식민지 조선의 신여성 담론과 젠더정치, 1920~1934』, 소명출판, 2009; 김경일 외, 『한국 근대여성 63인의 초상』, 한국학중앙연구원 출판부, 2015; 김경일, 『신여성, 개념과 역사』, 푸른역사, 2016; 이임하, 『조선의 페미니스트』, 철수와 영희, 2019.

민족의식이나 항일기세 같은 것보다 서구 및 일본의 유행사상과 문물에 훨씬 더 민감하며 그 수용에 앞장서는 태도가 두드러졌다. 나혜석(羅蕙錫)을 필두로 1920년대 신여성의 대표주자들이 그러했고, 신여성 담론도 그들 자신이 선두에서 주도해갔다. 급기야 그들의 말과 행동은 생활상의 자유주의 이념을 충실히 따르고 전파하면서 '급진적 여성주의'를 선도하는 것이 되었다.

자유주의적 신여성은 돌출했던 몇몇 연애사건들에서처럼 주로 지방사회의 양반가 구여성들과 부딪치게 되면서 반발도 많이 샀다. 그럼에도 근대지식이 장악해가는 문화적 헤게모니에 힘입어 구여성 상(像)을 압도하고 대세를 점해갔다. 그들의 자유주의적 성향은 '탈민족'까지는 아니더라도 민족주의를 방기하고 외면도 하는 쪽으로 경사되어 보였다. 그러더니 1930년대로 들어서면서 그 범주의 여성 일부가 식민지적 근대성을 생활과 의식 양면에서 아주 익숙한 것으로 받아들여 당연시하고 중산층적 안정도 도모하는 '순응적 여성주의'의 자리로 옮겨갔다. 매우 현실주의적인 태도로의 안착을 주도한 그들은 '양처현모' 상을 내세워 강조하면서 앞 시기의 신여성의 어떤 측면을 계승하되, 그 핵심 요소는 비판하고 거부하기까지 했다. 이것은 식민지체제에 동화되는 '체제내적 근대여성'의 전면화를 예고해주는 징후였고, 민족주의의 후퇴와 여성주의의 온건화를 아울러 의미하는 것이기도 했다. 그로부터 새로 정립되고 강조되기에 이른 여성상이 이른바 '현대여성'(modernized woman)이다.

여학교 졸업자의 수가 급증한 1920년대 말부터 1930년대 초 사이에 종래의 신여성에 대한 논란이 커짐과 비례하여 '참된 신여성' 혹은 '현대여성'을 운위하는 경우가 많아졌음은 익히 알려진 바와 같다. 가정과 모성을 강조하여 여성이 유능한 가정관리자이면서 현숙한 어머니가 되기를 요구하는 의미의 새로운 호명이었고, 신여성을 가정의 영역으로 소환하는 의미도 띤 용어였다. 유행이나 사치, 허영 등 외형적으로만 신생활을 추구하는 일부 신여성의 부정적 면모를 경계하면서 '뿌리 있는 교양', '현대적 의식'이 강조되기도 했다.

그러다 1930년대 중반 이후로 더욱 널리 쓰이는 말이 되었고, 전통과의 조화를 기하는 절충적 성격도 띠어갔다.[72]

이러한 흐름의 사회적 배경이 된 것은 대공황이 엄습한 후의 전반적인 보수화였다. 그것과 병행하는바 급진주의 퇴조 추세에 부응하는 한편으로, 신여성 이념이 '이상적 가정과 이상적 결혼'으로 세속화함(즉, 부와 능력 중시)과 맞물린 현상이기도 했던 것이다. 그리하여 근대교육이 부여한 특권을 개인 차원에서 향유하고 '모던걸'이 뿌려놓은 허영과 낭비의 '경조부박' 풍조는 배격하면서 실용과 검약이 미덕으로 설파되었다. 실로 '현대여성'은 1920년대를 배경으로 만개했던 신여성 개념과 그 실체가 이제는 억압되거나 사라짐의 증좌이고, 새로운 시대정신을 담아내는 관념으로 여겨졌다. 어찌 보면 '제3세대 근대여성'에 해당하는 존재였지만, 변화하는 현실에 가장 적합하다는 의미에서 '새로움'을 강조하여 '현대'여성이라 부른 것이다.[73]

돌이켜보면 1920년대의 자유주의적 신여성의 실제 경쟁상대는 사회주의적 근대여성이었다. 후자는 전자와 달리 민족문제와 계급문제 둘 다를 민감하게 의식하고, 근대성을 외피로 삼는 식민성을 거부하면서 전자와의 의식적인 구별 짓기를 행하고 비판적 입장도 드러냈다. 그리하여 그녀들은 동시대에 선출(先出)했던 신여성 상이 부르주아적 허위의식에서 벗어나지 못한 것이었다고 질타하고, 무산계급의 노동여성을 중심에 두는 것으로 신여성 개념의

---

[72] 이 부분에서는 이상경, 「신여성의 자화상: 여성 작가의 작품을 중심으로」, 문옥표 외, 『신여성』, 192-193쪽 및 233쪽이 특히 참고되고 있다.

[73] 김수진, 『신여성, 근대의 과잉』(2009)의 제6장("양처, 모방의 바람직한 주체」)에서는 '현대여성'을 '양처현모'이념과 주부 규범―1900년대 이래로 일본의 전철대로 서서히 진행된바 전통가족의 변형적 재구축과 서구형 '부부중심의 신가정'이데올로기 수용이 선택적으로 접합·절충된 결과로서―이 1930년대라는 시대배경 속에서 기왕의 신여성 상을 압도하고 그 핵심은 배제하면서 확립된 것으로 보았다. 그러면서 그는 통상적인 신여성 범주에 포함시켜져 온 자유주의적 '신여자'와 '모던걸'외에 '양처'도 그 하위범주(유형?)의 하나로 귀속시켰다. '현대여성'개념의 출현 배경과 그 의미를 이와는 좀 다르게 보는 설명은 김경일, 『신여성, 개념과 역사』(2016), 49-51쪽에서 볼 수 있다.

재규정적 변화를 꾀하기도 했다. 요컨대 그녀들은 자본주의와 일제 식민체제 둘 다를 과녁으로 삼는 '반체제적 근대여성'이라 할 만했다. 그럼으로써 '혁명적 신여성'의 전조처럼 보이던 그들 존재는 그러나 1930년대로 들어서고부터는 전면화하지도 지속성을 갖지도 못하고 분절화한 모습으로 간헐적으로만 나타났다. 결국은 자유주의적 신여성 조류와 사회주의적 여성해방운동 어느 쪽도 종국의 승리를 거두지 못한 채 '현대여성'에 밀려나면서 잔여범주로 치부되기에 이르는 것이다.

그와 반면에 일제가 조선에 구축해간 자본주의도 식민지체제도 다 현실로 수용하면서 '신가정을 꾸려' 안착코자 한 '현대여성'은 이중의 부정을 수행해낸 셈이었다. 신여성의 자유주의 이념을 부분적으로 계승하되 행동상의 특성에서 어떤 면들은 소거시키고 그 자리에 전통여성의 '부덕'을 되살려 앉혀서 이제 '양처'가 되려 함이 그 하나였다. 또한 사회주의 이념과 무산계급 여성해방론에 대해서도 각종 조직과 담론활동을 통해 의식적으로 배척하고 억누르려 했다. 결과적으로 '현대여성'적 지향은 체제의 요구와 지배세력의 주문 둘 다를 담아내면서 점점 더 순응성을 높여가는 것이 되었다. 급기야 1930년대 말부터는 '국민주의'에 입각하여 전면적인 체제협력도 불사하는 '동화적 여성주의'로 나아갔다.

이와 같은 흐름에 비추어 볼 때 윤덕경의 삶과 죽음에서는, 또한 후자에 대한 사회적 반응들에서, 개인사 너머의 어떤 사회사적 함의가 새롭게 포착된다. 그것을 '구여성 대 신여성' 구도로만 바라보는 것은 협소하고도 안이한 시각이고, 그녀를 구여성 쪽에다 세워놓으려 한들 사실과 맞지 않은 점이 적잖이 노출되어버린다.

윤덕경의 '숙덕(淑德)'을 강조하여 추장(推獎)하려던 당대 주류사회의 일각에서는 그녀의 제반 면모와 자결 행동 모두가 구여성의 어떤 바람직한 측면을 결연히 되살려내는 것으로 보였을 것이고, 그렇게 보고 싶어도 했다. 그러나 엄밀히 말하면 구여성 상의 단순 복립이 꾀해진 것은 아니었다. 그보다는 과거 10년쯤 동안에 여성담론의 알맹이였고 현실적 추세의 방향타이기도 해온 '신여성' 상에 대한 일종의 반동형성(reaction formation)으로서, 그것과 대척하며 넘어서기도 할 '신신여성' 상을 그녀의 죽음에서 구하고 미리 투사시켜본 것이었다. 그런 맥락에서 윤덕경의 자결은 '모던걸' 현상의 경박함과 사회주의적 무산여성 해방론에 반감과 함께 불안감도 느낀 보수적 중산층의 여성들이 양자에 대해 똑같이 길항체가 될 새 여성주체로 등장함이 예고됨과 같았다. 그러므로 일종의 징후적 사건이었고, '현대여성' 개념이 대두해가는 새 추세의 밑자락 하나가 순간적으로 깔아놓아짐과 같은 의미의 것이기도 했다.[74]

이것이 윤덕경의 신여성 되기 행로와 그 귀결이 된 자살사건의 숨은 함의였다고 말할 수 있지 않을까? 물론 그녀가 의식적으로 그 추세를 대변하려 했거나 자진해 그 의미를 감당코자 한 것은 아니었다. 자기의 본래 성품에 부합하면서 실제의 감정에도 충실한 행동으로 나아간 것이 결과적으로 그렇게 현상화했을 뿐이다. 신여성이 되긴 하였으나 '양처'형에 속해있던 여성개인으로서 그녀의 절실한 소망은 늦었으나마 남편과 정상가정을 이루어내 두터운 사랑을 받고 그 결실도 얻음이었다. 마땅히 가질 수 있고 소중도 했을 그 욕망의 실현이 좌절되어버린 것이 그녀를 자기소멸로 몰아갔다. 그러면서 그녀의 행동은 '존재 인정'에의 근원적 욕구가 근대인의 새로운 보편감정으로서 얼마나 심대한 것인지를 잘 보여주는 것이기도 했다.

---

[74] 사정이 이러했을진대, '현대여성'을 '신여성'의 하위범주로 위치시키는 근래의 분류법은 재검토가 필요해 보인다. 생활양식의 '근대적'외양이 비슷하고 인적 계보의 연맥도 다소 있기는 하지만 지향점과 성격에서는 양자가 무척 달랐기 때문이다. 철저히 가정을 중시한다는 면에서 '현대여성'은 신여성에 포섭되거나 접합되었기보다는 균열에서 단절로 점점 나아가며 결국은 그 하위유형 이상의 대립범주가 되었다. 이 점을 확실히 인식한 위에서 여성사적 이행경로도 '구여성→신여성→현대여성'으로 새로 세워져야 하지 않겠는가 한다. 장기사회사적 관점에서 보면, '현대여성'이 1930년대 이래로 1970년대까지 한국 여성사회의 지배적·주류 모델이 되어온 반면에, '신여성'은 1980년대부터 재발견되어 그 후의 여성운동의 방향 조정과 페미니즘 확산에 적지 않은 영감을 주어왔다고 할 것이다.

상쟁하는 욕망과 '신여성 되기'의 두 갈래 길

　현계옥과 현정건이 주역 되는 스토리와 그에 관한 논의가 간간이 있어왔다. 필자도 두 편의 졸문으로 참여한 바 있고, 이 글은 그것들에 잇대어 3부작의 제3편 격으로 작성된 것이다. 본문에서는 두 남녀의 사랑의 영지로부터 추방되어 줄곧 배제와 소외됨의 처지에 놓여있긴 했지만 그래도 지워질 수는 없는 존재이던 윤덕경의 삶과 죽음에 대해 살펴보았다. 또한 이 3자 관계를 다른 누구보다도 더 잘 알고 있었고 그들 삶의 행로 중의 상당 부분에 대해 참관인도 되고 있던 정칠성과 현진건이 각자 사안을 어떻게 보았고 어떤 평가 또는 판단을 내렸으며 혹은 언제 어떻게 개입했는지도 추적하여 살펴보았다. 그러면서 그동안 잘못 알려졌거나 오해되었다고 여겨지는 부분들은 짚어내 보정도 해보았다.

　현계옥에 대해 먼저 말해보면 이렇다. 그녀는 대구의 동기이던 13세(1908년) 무렵에 배움의 열망으로 노동야학에 들어가 계몽적 신교육을 받다가 신분이 들통 나 쫓겨났고, 교장 아들이면서 보조교사이던 현정건의 격려성 개인 교수를 받던 중에 서로 사랑하여 장래를 약속했던 것 같다. 두 사람의 첫 만남과 결연이 기생과 손님의 관계로서가 아니었다는 것이다. 그 사실을 인지한 현정건의 집안에서 서둘러 그를 결혼시키는 바람에 앞길이 막막해지고 경제적으로도 궁박 상태인 그녀는 기생의 길로 직행했다. 그러다 편지를 주고받음으로써 연인관계를 회복하여 유지해갔고, 중국으로 도피 후의 결합을 희원하였다. 아울러 청년 독립지사인 애인의 영향으로 항일의식을 갖게 되고, 자신의 생활상의 원체험에서 발원하는 반봉건적 의식도 강화해갔다. 결국 숙원의 현실화에 성공한 그녀는 중국에서 독립운동의 투사로 입신하고, 사회주의 노선에 입각한 여성해방운동의 기치도 높이 쳐든다. 신여성으로서 그녀는 자유주의자이면서 민족주의자였고, 나중에 사회주의자로 전신해간 것이다.

본의와는 무관하게 현계옥의 연적(戀敵)처럼 되어버린 윤덕경은 근대전환기에도 반가(班家)의 잔존 구습이 되고 있던 가문정혼식 조혼의 애처로운 희생자였다. 망명 독립운동가인 남편의 철저한 외면과 배척을 겪고서 시가를 벗어나 상경한 그녀는 뒤늦게 신교육을 이수하고 미술학교의 교사직을 갖게 되면서 신여성 대열로 들어섰다. 하지만 심성과 태도의 근본은 신여성 일반의 것으로 완전히 개변된 것이 아니었으니, 전통과 근대가 한 몸에 섞인 이행기적 신여성 혹은 양처지향형 신여성이었다고 할 수 있다. 성향 면에서 그녀는 자유주의와 사회주의 어느 쪽과도 거리가 멀었다. 다만 사회주의적 여성운동을 한동안 주도하다 결혼 후로는 가정에 충실한 모습도 보여주는 유영준·황신덕과의 친교가 수예점 출입을 매개로 한 정칠성의 주선으로 있게 된 것 같고, 그들과의 신뢰관계 속에서 소비조합 활동에 적극 참여하였다. 그 사이 상해에서의 남편의 피체와 국내압송, 투옥과 재판 및 수형이 이어졌고, 오랜 기다림 끝의 해후와 재결합이 출소와 더불어 성사되었다. 하지만 이제라도 정상가정을 이루어내 행복한 삶을 영위해보려던 그녀의 꿈은 반년 만에 남편의 급환 사망으로 깨지고 말았다.

그로 인한 절망감이 그녀를 자살로 이끌었다는 해석은 일반론의 틀을 벗어나지 못한 것이 된다. 훨씬 더 그 이상으로, 원망스럽기 그지없는 망부이지만 그래도 그의 본부인이라는 지위를 두루 재인식시켜 확정지으려는 의도의 인정투쟁이라는 의미가 거기에 담겨 있었다. 그런데도 세간의 여론은 그것을 순종으로만 읽으려 했고, 그 연장선에서 그녀는 전통적 부덕의 완전한 체현자인 것처럼 비춰졌다. 하지만 그녀가 그런 유형의 구여성에 머물러 있어 온 것은 결코 아니었다. 그렇다고 신여성의 어떤 전형에 속해있는 것도 아니었다. 그보다는 오히려 둘 다를 넘어서거나 그에 등을 돌리는 새로운 여성상의 등장을 예감케 하면서 그 예고편 격의 역할을 의도와 상관없이 수행한 셈이었다. 요컨대 그녀의 자결은 부부 중심의 '신가정'에 터하는 '현대여성'적 삶에

의 절절한 희원이 꺾여버린 데 대한 나름의 격렬한 항의였음으로 그 의미가 새로이 포착되는 것이다.

그런 윤덕경을 시종일관 마음으로 감싸 품으려 했고 그녀의 삶의 의미와 사후 명예까지도 높이며 지켜주려 한 이가 작가 겸 언론인이던 시동생 현진건이었다. 반면에 그는 형과 현계옥의 관계에 대해 상당히 불편한 감정을 노출시켰다. 그 사랑의 시발은 인정될 점이 있으나 형의 혼인 후로는 부부의 신의를 저버리는 것이 되기에 부정(不貞)한 혼외관계에 불과했다고 보아서였다. 특히나 현계옥에게로 그의 부정적 평가와 냉소적 시선이 집중되었다. 그러면서도 총체적으로는 개개인의 성향보다 현대의 가정이라는 것에 대한 부르주아적 환상과 결혼제도 자체가 문제의 근원이 아니겠는가 하는 회의도 짙게 표하였다.

식민지 조선사회에서 여성됨의 푯대와 좌표는 이렇듯 여러 모습으로 세워지고 바뀌어도 갔다. '전통'의 짓누름이 여실한 중에도 '근대'의 도래와 그 삶의 조건은 세계변혁의 열정과 사랑의 환희가 어우러져 빛을 발하게끔 했고 그 광휘의 뒤편에는 누군가의 좌절과 비애가 짙은 그림자로 드리워지기도 했다. 그런 풍경 속에서 새것이 묵은 것을 밀어내고 그 새것에의 어떤 길항이 이윽고 더 새로움을 자처하며 일어서는 다이내믹스가 작동했다. 서로의 장엄이 남루를 가리는 양상이기도 했다.

그러면 우리 시대는 어떠한가? 이런 물음을 던지고 성찰해보게끔 함에서도 현정건과 현계옥 그리고 윤덕경, 이 3자의 스토리는 의미가 있다. 그러므로 되짚어볼 이유가 있었던 것이다.

수록논문의 출처와 원제

1장: 「독립운동가 백민 황상규의 생애와 초상」, 『지역과 역사』 제40호, 부경역사연구소, 2017.
2장: 「의열단운동의 서막을 올린 박재혁의 부산의거」, 이경재 엮음, 『영원한 청년 박재혁 의사』, (사)박재혁의사기념사업회, 2021.
3장: 「1920년 밀양 항일폭탄의거의 배경과 전말」, 『한국민족운동사연구』 제85집, 한국민족운동사학회, 2015.
4장: 「시대의 불의에 온몸으로 맞선 의열투사 이종암」, 대구역사문화연구소 편, 『인물로 보는 근대 대구의 역사와 문화』, 대구문화재단, 2017.
5장: 「의열단운동과 부산」, 〈박재혁의사 순국 100주년 기념 학술회의〉 발표문, (사)박재혁의사기념사업회, 2021.
6장: 「독립운동가 장진홍의 항일 의열투쟁과 그의 동지들」, 〈경북 독립운동사 아카데미―구미〉 강연문, 경상북도 독립운동기념관, 2019.
7장: 「박시목의 독립운동과 항일결전 준비사업」, 『한국독립운동사연구』 제89집, 독립기념관 한국독립운동사연구소, 2025.
8장: 「민산 김교삼의 민족운동과 광복 후 정치활동」, 『한국민족운동사연구』 제105집, 한국민족운동사학회, 2020.
9장: 「대구사람들의 무장독립운동」, 권대웅 외, 『알기 쉬운 대구독립운동』, 광복회 대구광역시지부, 2020.
10장: 「현정건의 생애와 민족혁명운동」, 『한국민족운동사연구』 제70집, 한국민족운동사학회, 2012.
11장: 「기생에서 혁명가로, 현계옥의 사랑과 자기해방의 고투」, 『지역과 역사』 제45호, 부경역사연구소, 2019.
12장: 「현계옥 스토리 이면의 '또다른 신여성' 윤덕경 연구」, 『여성과 역사』 제32집, 한국여성사학회, 2020.

찾아보기

• 사 항 색 인 •

ㄱ

ㄱ당 사건 308
갑산화전민사건 59
강릉공작위원회 172
개령(凱寧)호텔 229~232
건국동맹 242, 243
경남청년연맹 173
경북 유림단사건 313
경북 의열단사건 111, 125, **126**, 138
경성여자미술학교 434
경성여자소비조합 435, 436
고려공산당 162
고명학교 20
공포론 411
광복군사운동 295, 300~303, 306, 319, 325~327
광복단 22
광복회 22, 23, 26, 129, 192, 296, 315
광복회 평안도지부 102
광저우봉기 151
교남교육회 210
구세단 80, 158, 163
국민대표회의 169, **305**, 357, 407
군사운동 262, 299, 300
군사주비단 308

군사통일주비회 305
극동민족대회 169
근우회 171, 436, 439
금릉대학 31, 265, 348
길림광복회 27, 104
길림군정사 30
길림군정서 147
김익상 의거 121, 147
김지섭 의거 147

ㄴ

나석주 의거 147
남의사 152, 251, 260, 290

ㄷ

다물단 195
달성친목회 296, 304
대공단 318
대구권총사건 304
대구노동학교 336, 389
대동청년단 305, 310
대한군정부 29, 30

대한군정서 29, 306, 310
대한독립선언서 28, 297
대한독립의군부 27, 28
대한애국부인회 406
덕흥여관 189, 190, 198
독립당촉성회사건 373
독립동맹 280, 281
독립동맹 경성특별위원회 281
독립전쟁론 299
동래청년연맹과 173
동방노력자공산대학 169, 420
『동방전우』 322
동화학교 19, 93, 105, 108

밀양여자청년회 49
밀양읍교회 94
밀양청년회 117
밀양폭탄사건 39, 79, 147, 158
밀흥야학교 20

ㅂ

반간첩(反間諜) 228
백산학교 304
보합단 240
부민단 305
북로군정서 30
북조선로동당 251, 282, 283
『불꽃』 412

ㄹ

레닌주의정치학교 151, 172

ㅅ

사회주의적 근대여성 462
사회주의적 여성해방운동 414
살신성의 148
삼광상회 130, 136
3.1운동 296, 297
삼민주의역행사 152, 260
삼월회 414
삼일공학 370
삼일중학 370
상해고등보수학원 370
상해 공산사건 373

ㅁ

명정학교 93, 94, 95
무장독립운동 298, 300
민족유일당운동 153, 364
민족혁명 145
민족혁명당 153, 165, 172, 177, 247, 259
민주주의민족전선 281
민중대회사건 173
밀양경찰서 66, 88, 107, 116, 122
밀양공립농잠학교 49

상해사건 373, 374
상해파 고려공산당 135, 148, 162, 363, 378
상해 한인청년회 사건 372
「새빨안 웃음」 450
성자군관학교 262
숭실학교 98, 101
신간회 52, 60, 63, 65, 173, 216
신간회 대구지회 312
신간회 동경지회 217, 218
신간회 동래지회 173
신간회 밀양지회 52
신간회 복대표대회 55, 65, 173
신민부 136
신신여성 463
신여성 414, 455, 456, 459, 460, 462~465
신흥무관학교 130, 307
신흥학우단 307
13도 총간부 211, 212, 403

유아사무라(湯淺村) 91
유월(留粵)한국혁명동지회 368
6.10 만세운동 196
의민단 306
의성 적색독서회 사건 221
의열단 76
의열단운동 144, 146
의열단 전국대표대회 150
의열투쟁 145
의용대 322
의용대 부녀복무단 322
이르쿠츠크파 고려공산당 148, 162, 223
인면전구공작대 177
인명학교 192
인민공화당 165
인성학교 180, 369
일합사 24
임시토지조사국 96, 128

ㅇ

암살단 195, 205
암살파괴운동 127, 144, 146, 411
여유(旅渝)조선부녀회 270, 271
『여자해방』 412, 413
연계소 49, 53
영신농장 230, 236
예경령 302, 308, 309, 312
5당파 146
운남강무당 305, 310

ㅈ

자유주의적 신여성 461
작탄투쟁 299
재중국한인청년동맹 151
적기단 135, 149, 168
「적도(赤道)」 450
전진대 152
제2부인 445, 446
조선건국준비위원회 242
조선공산당 239

조선공산당재건설동맹 151, 171
조선교육협회 51
조선국권회복단 304
조선국민회 130
조선독립군정사 28, 131, 210, 402
조선독립동맹 251, 277, 279
조선로동당 252, 285, 288, 289
『조선미인보감』 386, 387, 388, 394, 395
조선민족전선연맹 261, 321
조선민족혁명당 165
조선보병대 192
조선신민당 251, 281, 283, 290
조선은행 대구지점 189
〈조선의용군 행진곡〉 322
조선의용대 179
조선의용대 부녀복무단 179
『조선의용대(통신)』 269, 270
조선청년혁명학교 278
『조선해어화사』 387, 397, 429
조선혁명간부학교 167, 173, 178, 251, 265
조선혁명군사정치간부학교 152, 164, 256
조선혁명군정학교 278
조선혁명선언 135, 136, 149, 151
주비단 308
중공당 229, 231
중국공산당(중공당) 151, 374
중국본부한인청년동맹 372
중국사정연구회 366, 413
중산대학 150, 177, 368
중외일보사 50, 51
진성학교 18

진영사건 40, 79, 106, 147
집성학교 18
집의학교 255

ㅊ

창성금광 101
청년동맹회 361, 362, 363, 411
최수봉 의거 147
최후의 결전 208
취운정 211
7가살 43, 146

ㅌ

「타락자」 447, 450
태화여자학원 433
테러 196
『투보』 354, 355

ㅍ

팔로군 276

ㅎ

한국광복군 324

한국대일전선통일동맹 165, 180

「한국혁명여자회 선언서」 413

한남권번 394, 398

한남기생조합 394

한인사회당 193, 353, 354

해동신숙 339

『혁명청년』 367, 412, 418

'현대여성'(modernized woman) 461~464

협동조합운동사 53

혜성단 305

화북대학 255, 266

화북조선청년연합회 277

『화요보』 354

황옥사건 135, 162

황포군관학교 150, 220

황포탄 의거 134

후지시마공관(福島公館) 227

훈춘사건 306

흥업단 304

• 인 명 색 인 •

* 한자가 병기된 항목은 중국인 혹은 일본인임.
  각 장의 표제에 기재된 인물은 그 장 안에서는 색인화 하지 않고 다른 장에 등장할때만 그러함.

ㄱ

강세우 131, 132, 147, 157
강천민 214
강택진 210~12, 213, 215, 402, 403
강홍렬 169, 356
계화 29, 30
고바야시 호지(小林峯治) 197
고삼종 94, 99
고생호 227
고용준 232, 234, 235, 239
고인덕 100, 104, 111, 112, 133, 137, 138
고찬보 290
곽병도 214, 215
곽재기 32~35, 39, 40, 42, 77, 132, 147, 155~157
구여순 135, 169
구영필 24~26, 29, 44, 45, 78, 79, 83, 103, 130, 132, 133, 136, 138, 156, 157
권동진 56, 62
권태석 241
기석복 286
기타하라 다츠오 225
김경천(김광서) 304, 351, 400, 401
김공신 257, 268
김관제 133

김교림 214
김교삼 179
김교식 239
김구 355, 359
김규면 361, 367, 373
김규식 165, 181, 347, 369, 370
김근 307
김기득 35, 38, 40, 47, 78, 132, 156, 157
김기용 201, 202
김남수 394, 399
김대지 20, 24, 25, 26, 133, 155, 156
김동삼 305
김동훈 219
김두봉 161, 171, 180, 185, 236, 251, 261, 277~279, 281~284, 289, 290, 353, 369
김래봉 117
김립 353, 354, 355
김명숙 201
김명식 354
김무 227
김무열 318, 319
김방우 320
김배준 286
김병로 56, 57, 58, 59, 61, 63, 65, 68
김병태 80, 81, 158, 163, 164, 165, 178, 180, 185, 409

김병환 37, 39, 40, 48, 52, 106, 117, 132, 137, 155, 220
김봉규 308~310, 312
김봉년 231, 247
김봉한 65
김붕준 165, 359, 361
김사묵 254
김상덕 259, 358, 359, 362, 363, 367, 373
김상윤 21, 35, 40, 108, 131, 133, 134, 147
김선 316
김선기 222, 232, 234, 239, 241
김성근 131
김성숙 269
김성진 234, 235
김세광 278
김세일 258, 260, 269, 272, 276, 278
김소지 105
김순애 406
김승곤(황민) 185
김승학 362
김시악 21
김시현 162, 208, 223~226, 228, 230, 236,~238, 240~242, 246, 247, 410
김약수 28, 31, 32, 376
김영배(왕권) 175, 176
김영우 312, 313
김영주 81, 158, 159, 160, 259
김용만 307
김우영 162
김원봉 20, 21, 31~33, 37, 69, 73, 77, 79, 131~133, 140, 147~149, 155, 158, 161, 164~167, 171, 172, 180, 251, 260, 269, 276, 289, 324, 362, 404, 408~410
김위 227
김응섭 310
김익상 134
김일곤(문명철) 185
김일성 243, 282, 283, 289
김일청 211, 212, 213
김재수 40, 137, 157, 224
김정득 239
김정묵 179, 193, 195, 249, 254~256, 352
김정현 135, 169
김정희 218
김종상 370, 371
김종철 308, 309
김좌진 27, 28, 29, 30, 136
김주익 20, 21
김준 167
김지섭 136, 310
김진규 41, 46
김진만 129, 312
김진우 129
김진환 56
김찬기 222, 234, 235
김창만 227, 277, 285
김창수 355
김창숙 195, 313, 314, 352
김철 44, 359, 371
김철수 354, 355, 358
김태석 25, 26, 39, 41, 43, 79, 132, 157

김태주 232, 234, 235, 239
김태준 235, 243
김학무 247, 276
김한 134
김한중 285
김항규 56, 57
김현석 211
김형달 60, 64, 66
김형식 290
김홍권 51
김홍일 275
김화식 313

ㄴ

나경석 29
나석주 139, 203, 315
나혜석 415, 460
남자현 241
남정구 309
남형우 195, 305
노기용 311
노석호 234, 235, 238
노종균 355
노태준 324

ㄷ

다나카 기이치(田中義一) 134

ㄹ

류시언 255
류인식 214, 215

ㅁ

마오쩌둥(毛澤東) 282
마자르 166, 408, 409
명도석 25, 26
무정 243, 277, 285, 290
문길환(호영) 175, 176
문상직 307
문시환 169, 170, 358
문영박 301
민영익 345

ㅂ

박건 213, 217
박건웅 165, 171, 180
박관영 197, 202
박광 169, 307
박기출 69
박길수 117
박노선 189, 198
박노수 223, 234
박문호 170, 171, 172, 179
박문희 56, 63, 64, 170~173, 174, 175, 177

박봉필 230, 231, 236, 247
박사목 218
박상목 211, 212, 213, 214
박상오 117
박상진 22, 193, 296
박소종 105
박승환 242
박시목 402
박영덕 232
박영모 304
박은식 347
박인수 116, 117
박임수 59
박재혁 107, 133, 147, 158, 159
박종원 137, 138
박준목 232
박중화 23
박진목 222, 234, 237, 239
박차정(임철애) 170~172, 173, 176, 179, 2185, 267
박찬익 27, 28, 29
박태수 59
박태호 232, 239
박한철 209, 239
박한필 223, 224
박헌영 282
박효삼 269, 272, 274, 276, 278
박희규 235, 238
박희도 56
박희돈 239
방용신 318

배위량(William Martyne Baird) 98
배정자 339, 405
배중세 33, 40, 78, 79, 106, 133, 137, 138, 147, 155, 220
배천택 195, 304, 351, 367
백남운 281, 284
백철 237
변영로 123
변장성(변동화) 369, 372~375
보잉 155, 161

ㅅ

서동일 305
서상락 35, 40, 130, 131, 133, 147
서상일 234, 304
서세충 56
서응호 368
서일 29, 30
서정희 63, 68
서희안 129, 140
성주식 290
손병희 23
손양윤(손백현) 315, 317
손영필 44
손일민 27, 103
손호 316, 317
송두환 224, 308, 309, 310, 312
송병조 211, 212, 213
송영호 313, 314

송정덕 307
송학선 125
스탈린(I. Stalin) 282, 423
시천조 178
신광범 223, 226, 228~231, 233, 237, 239
신국권 370
신규식 83, 161, 347
신명균 135
신병원 175, 176
신상태 56, 129
신석우 55
신악 167, 258, 261
신채호 135, 347, 353
신철휴 35, 37, 40, 130, 131, 147
신현규(신양춘) 315, 317
심재윤 222, 232, 234, 237

ㅇ

안광천 151, 171
안동형 228~233, 237, 239
안의와(James Edward Adams) 99
안재홍 68
안창호 364
안철수 55, 56, 59
안태익 41, 46
안학수 111, 112
안확 21, 26
안희제 50, 51, 301
양건호 111

양규열(양재훈) 303
양민산 179, 181, 185, 251, 253, 259, 261, 262, 268~274, 276~280, 282
양인보 44
여운형 161, 241~243, 348, 353, 358, 359, 367, 369, 371, 373, 406
여준 27, 29
여해 56
엽홍덕 272
오균 259
오기수 221
오면직 355
오성륜 134, 147
오지숙 368
오택 160
오학선 325
왕계현 270
왕삼덕 354, 357, 358, 359
왕자인 277
왕통 276, 278
우재룡 104
유동열 28, 36
유석현 240, 241, 410
유영준 435, 438
유진희 354, 376
윤공흠(이철) 261, 285
윤기섭 359
윤덕경 342, 343, 377, 392, 419
윤상태 304
윤세복 96, 304, 316
윤세주(윤소룡) 32, 35, 37, 38, 40~42, 48,

73, 78, 105, 132, 147, 157, 165, 180, 208, 258, 259, 277
윤자영 135, 136, 354, 358, 359, 360, 362, 363, 373, 411, 421
윤장혁 202
윤징우 267
윤창선 316
윤치형 24, 32, 33, 40, 44, 47, 53, 78, 105, 147, 157
윤태선 211, 212, 213, 214
윤현진 352, 392, 432
윤홍렬 224
윤홍선 316
윤희규 20
의친왕(이강) 209, 212, 400, 401, 404
이경도 324
이경희 51
이관용 56, 59, 62, 218
이국필 193
이규동 230
이규홍 352, 359
이극 242
이극로 284
이기양 137
이낙준 35, 38, 40, 57, 132
이내성 192, 194, 195, 199, 200
이달 269
이대성 321, 322, 323
이덕생 305
이덕후 254
이돈화 416, 417, 418, 450

이동호 321, 322, 323
이동화 166, 167, 168, 258, 259
이동휘 353, 354, 368
이두산(이현수) 269, 321, 322, 324
이란 241
이명건 31
이무용(이남해) 175, 176
이민호 238
이병묵 316, 317
이병철 37, 78, 96, 103, 132, 136, 137, 155, 156
이병헌 63
이병희 236, 237, 238, 247
이복원 259
이봉로 313, 314, 315
이상룡 28
이상욱 211, 212, 213
이상일 305
이상지 167, 259
이상협 51
이상훈 222, 224, 234, 239, 241
이선장 236
이성우 35, 38, 40~42, 77, 78, 131, 132, 147, 155, 157
이소원 270
이수영 310, 312
이수택(이일몽) 24, 33, 37, 38, 40, 78, 79, 83, 132, 133, 147, 155~157, 311
이승만 213, 362
이승우 115
이시영 304
이여성 31

이영 242
이영식 194
이영준(왕현지) 180, 259
이용 284
이용익 341, 345
이우식 51
이원경 112
이원기 190
이원유(이원일) 190
이유민(리유민) 282, 285, 289
이육사(이원록) 190, 235, 237, 238, 247, 260
이익성 276, 278
이임수 241
이재영 214
이정기 195
이정호 262, 269, 321, 322, 323, 324
이종률 213, 220, 221
이종린 56, 68
이종암 32, 79, 111, 147, 157
이종형 240, 242
이주연 57, 59
이주현 39, 40, 83, 155
이진룡 102
이청천(지청천, 지석규) 351, 400, 401
이춘숙 56
이춘암 261, 277
이풍환 214
이학균 345
이항발 57
이헌일 324
이화림 267

이화천 363
인노절(Roger Earl Winn) 99
임병직 285, 287
임서봉 63
임철애 181
임평 227

ㅈ

자오한즈 269
장제스(蔣介石) 289
장건상 83, 161, 162, 165, 178, 179, 185, 224, 236, 255, 26~266, 284, 357, 358, 373, 410
장길상 197, 351
장석천 61
장수연 179, 185, 262, 267, 270, 273, 274, 276, 277
장수원 179, 255, 262, 266, 267, 268
장승원 129, 193
장언조 325
장용희 200
장지갑 178, 185, 265
장지필 192, 195
장직상 351
장택원 191
장평산 289
전진대 152
전진한 218
전홍표 20, 93, 105, 116, 118

정광조 36
정광호 49, 117, 358
정내영 309, 312
정대윤 325
정동석 309, 312
정동찬 105
정명선 28
정백 373
정성국 239
정세호(정원) 314
정신 29
정운해 27
정웅 67
정유택 320
정율성(유대진) 185
정일수 325
정재학 129
정준석 172
정준수 306
정칠성 395, 398, 399, 414, 415, 421, 436, 437~40
정후섭 214
조덕진 359, 362, 363, 367
조동우 373
조동호 353
조로태태 409
조만식 56
조병옥 56, 59, 61, 62
조봉원 181
조사구(曹思勖) 164, 409
조성환 28

조소앙 27
조용주 27
조헌영 56, 217, 218
조현균 102
주덕(朱德) 279
주종건 354
주진수 104
진가강(陳家康) 276
진가명(최장학) 165, 175~177, 185, 259, 261,
진건 339, 349
진광화(김창화) 277
진덕심(陳德心) 322
진동명 227
진유일 258
진한중 277

ㅊ

채기중 22, 129, 193
채충식 215, 224
최경학 97
최계화 136
최동희 23, 27, 36, 40, 43
최병규 129
최석순 371
최석현 191, 197, 311
최수봉 21, 82, 133
최시형 23
최윤동 310, 312

최준 301
최창식 367, 369, 370, 412
최창익 279, 282, 283, 289
최채 276
최천택 81, 159, 160
추진(秋瑾) 395, 396

ㅎ

하경용 117
하시모토 슈헤이(橋本秀平) 81, 147
한봉근 32, 35, 40, 147
한봉인 48, 130, 138
한빈 277, 279, 281, 282, 289
한용운 62
한인수 116, 117
한일래 176, 180
한지성 247, 269, 290, 322
한춘옥 44, 48
한태은 267, 322, 324
허낙구 51
허영 222, 234, 235, 239
허위 296
허정숙 171, 414
허택 18, 30, 41, 42, 45
허헌 55, 56, 58, 61, 62, 242, 285
현경운 335, 336, 337, 389, 452, 453
현계옥 166, 210, 215, 352, 438, 446~449, 451~454, 466
현계향 215, 216, 387, 395

현상건 340, 344, 346, 347, 349, 350
현석근 339, **346**, 375
현영운 339, 340, 341
현인근 405, 406, 407, 411
현정건 210, 215, 346, 360, 383~85, 389, 392, 394, 401, 403~405, 411, 413, 415, 418, 419, 421, 432, 451, 453
현진건 333, 339, 433, 442, 445, 447~450, 454, 467
현천묵 29
현철(현희운) 367, 416, 434, 435
현학표 337, 340, 342, 432
호리키리 시게사부로(堀切茂三郎) 196, 200
홍남표 365, 373
홍명희 56, 57, 62, 284
홍우제 307
황상규 77, 78, 131, 132, 147, 156, 157, 173, 220, 403
황신덕 414, 434, 435, 438
황싱(黃興) 395
황영주 259
황옥 39, 162, 222, 223, 410
황용암 68
황일청 312
황진박 197, 198, 199, 202

독립운동으로 보는
근대인의 초상
지사와 혁명가와 여성들

초판 1쇄 인쇄 2025년 05월 23일
초판 1쇄 발행 2025년 05월 30일

지 은 이 김영범

발 행 인 한정희
발 행 처 경인문화사
편　　 집 양은경 김지선 한주연 김한별
마 케 팅 하재일 유인순
출판번호 제406-1973-000003호
주　　 소 경기도 파주시 회동길 445-1 경인빌딩 B동 4층
전　　 화 031-955-9300 팩스 031-955-9310
홈페이지 www.kyunginp.co.kr
이 메 일 kyungin@kyunginp.co.kr

ISBN 978-89-499-6866-7 03910
값 36,000원

저자와 출판사의 동의 없는 인용 또는 발췌를 금합니다.
파본 및 훼손된 책은 구입하신 서점에서 교환해 드립니다.